L'histoire véritable de la Bastille

D1665628

Claude Quétel

L'histoire véritable de la Bastille

LAROUSSE

Édition
Carl Aderhold, Nora Schott
Index
renaud Thomazo
Direction artistique
henri-françois Serres Cousiné
Conception graphique
François Junot
Mise en page
Bernard Van Geet
Recherche iconographique
Valérie Perrin
Fabrication
Martine Toudert
En couverture :
Cachot de la Bastille au moment où l'on délivre
les prisonniers le 14 juillet 1789.
Gouache de Jean-Pierre Houel.

ISBN 2 03 505 576 8

l'histoire véritable de la Bastille

En 1989 paraissait aux éditions Robert Laffont *La Bastille – Histoire vraie d'une prison légendaire*, de Claude Quétel. L'ouvrage, qui parut dans le flot éditorial du bicentenaire de la Révolution française, n'en fut pas moins unanimement salué par la presse. « Claude Quétel, écrivait Jean-Pierre Rioux dans *Le Monde* a fort heureusement bâti son livre, très sûr, assis sur une remarquable collation d'archives et plaisant de bout en bout, sur ce décalage entre le mythe, les commémorations et la réalité ».

Pierre Enckell, écrivait, dans *L'Evénement du Jeudi* : « Quétel a consulté de très vastes dossiers pour peindre un tableau nuancé de ce haut lieu carcéral, de ses clients, de ses gardiens, de ses fournisseurs. Mille anecdotes, une multitude d'affaires racontées avec intelligence et clarté, et non sans humour ».

« L'ambition, pleinement satisfaite, de Claude Quétel est de retracer, pour reprendre le sous-titre de son livre, l'histoire vraie de cette prison légendaire. Écrire une vie quotidienne à la Bastille était déjà en soi un sujet passionnant, mais l'auteur fait beaucoup mieux en éclairant la genèse d'un des plus puissants mythes de notre histoire », commentait F. Cornut-Gentille dans *La Croix*.

La revue *L'histoire* (tout en se demandant si l'absence de point d'interrogation dans le titre de la conclusion – *Éloge de la Bastille*, relevait de la provocation ou de l'humour), la revue *Historia* (« un gros livre, extrêmement vivant, bien ordonné, où l'érudition n'englue pas l'écrivain dans de lassantes énumérations »), le *Magazine littéraire* (« Claude Quétel sait tout sur la Bastille. En cinq cents pages, il réussit le tour de force sacrilège de la reconstruire pierre après pierre ») saluèrent également l'ouvrage.

Celui-ci fut rapidement épuisé mais ne fut pas réédité. « En pleine célébration du bicentenaire de la Révolution, avait écrit Anne Muratori-Philip dans *Le Figaro*, Claude Quétel fait œuvre utile en rompant le silence sur cette bâtisse mal connue et taxée des pires maléfices ». Pendant ces 17 dernières années, le silence est en quelque sorte retombé sur la Bastille et son histoire. Et pourtant la sombre forteresse et sa légende, plus sombre encore, continuent de nous interpeller. « La Bastille, écrivait Claude Quétel dans son introduction, est une vieille dame défunte qui nous intéresse. Elle nous intéresse parce qu'on veut savoir qui elle fut réellement et parce qu'elle aussi nous questionne : "Qu'a-t-on envie d'y trouver ? Que voudrait-on ne pas y voir ?" »

Cette histoire de la Bastille a conservé aujourd'hui tout son intérêt et il était temps de la proposer de nouveau au grand public, dans une édition entièrement revue et actualisée pour certains de ses chapitres (le Masque de fer, l'Affaire du collier) à la lumière de la bibliographie récente. C'est ce que la « Bibliothèque historique Larousse » est heureuse de faire aujourd'hui.

Voici donc une « histoire totale » de la Bastille, de la première à la dernière pierre, de la forteresse inutile à la geôle à la fois privilégiée du pouvoir et honnie de tout un peuple à la veille de la Révolution française. En rouvrant les portes de la fameuse prison, Claude Quétel bouscule le mythe. Pourquoi entrait-on à la Bastille ? Comment fonctionnait la lettre de cachet qui y conduisait et quel était le rapport de celle-ci au roi ? Comment y vécurent les quelque 6000 embastillés qui s'y succédèrent ? Restait-on longtemps à la Bastille, comme l'a prétendu la légende ? Pourquoi la Bastille, plus que tout autre prison d'État (le donjon de Vincennes, l'abbaye du Mont-Saint-Michel et bien d'autres), a-t-elle été détestée bien avant 1789 ? Et cette prison hors du commun valait-elle finalement mieux que sa réputation ?

Les éditions Larousse

● ● ●

La Bastille nous intéresse

Le jour de la mobilisation de 1939, Gaston Bonheur (*Qui a cassé le vase de Soissons ?*) se demanda ce qui faisait que les Français se sentaient français, ce qu'on trouverait si on ouvrait leur cœur. Il y devina les Gaulois, Calais, le vase de Soissons trinquant avec le décalitre, quelques récitations et quelques dictées qui font que justement on est Français. Entre autres constituants de l'identité nationale, on entendait aussi « au fond d'une forêt somnolente, brutal, clair, métallique, insoutenable, le bruit que fait la lance d'un cavalier endormi tombant sur le casque du cavalier précédent : bruit de casserole si horrible qu'il rendit instantanément fou ce pauvre Charles VI ». (Tout cela bien sûr dans une France et une école communale aujourd'hui disparues.) Curieusement ou plutôt symptomatiquement, Gaston Bonheur ne mettait pas la prise de la Bastille dans ce grenier de l'inconscient collectif des Français, y discernant peut-être une symbolique moins unanimiste que celle des bourgeois de Calais allant s'offrir à la vindicte des Anglais. Mais cet événement majeur de l'Histoire de France était tout de même rattrapé plus loin dans le livre, non plus avec le seul 14 juillet 1789 mais avec les 14 juillet dont la grande chance, soulignait malicieusement l'auteur, est d'arriver en même temps que les vacances. L'Ancien Régime disparaissait en même temps que les pensums, et les écoliers n'en avaient que plus de gratitude pour les Vainqueurs de la Bastille.

Et pourtant, quel Français n'a pas, imprimée dans sa mémoire, l'image de la Bastille, parfois sombre et redoutable prison du temps des rois absolus, mais plus souvent représentée au 14 juillet 1789, empanachée de la fumée des combats. La Bastille, massive avec ses huit grosses tours, unique autant par son architecture que par son histoire devenue mythe... Le 14 juillet 1789, date encore plus facile à retenir que 1515, point de rupture messianique, avec un avant royaliste tout rempli d'opprobre et un après républicain tellement voué au progrès que l'Empire, la Restauration, la monarchie de Juillet, le second Empire n'apparaissaient que comme des parenthèses plus ou moins fâcheuses (mais non dépourvues d'éléments positifs) dans cette marche en avant de l'Histoire de France dont le kilomètre zéro commençait avec la prise de la Bastille.

Car il y avait bien là-dessus un consensus, de Michelet (« Seul le 14 juillet fut le jour du peuple entier [...], le premier de la délivrance ») à l'école républicaine (la forteresse du despotisme est prise par le peuple qui fonde ainsi la liberté) et jusqu'à de Gaulle : « Quand la lutte s'engage entre le peuple et la Bastille, c'est toujours la Bastille qui finit par avoir tort » (discours à Alger, 14 juillet 1943). D'un côté donc le peuple, de l'autre le roi et sa Bastille. Les bons et les méchants...

Le bicentenaire de 1789 a réveillé passions et querelles d'interprétations qui, en réalité, n'avaient pas cessé depuis deux siècles. Néo-jacobins et « néo-muscadins » affûtèrent leurs armes dialectiques mais le débat eut tôt fait de retomber dans le clivage gauche/droite.

Pour n'en rester qu'à la Bastille, que vaut, à travers son histoire de quatre siècles, sa légende noire ? Et que pèse le 14 juillet, en tant qu'événement d'abord, en tant qu'idée ensuite ?

Ces questions ne sont pas d'hier et certains pourraient s'étonner de voir paraître « encore un livre sur la Bastille ». Or, curieusement, les ouvrages sur la célèbre prison d'État sont rares et anciens. Après une première vague déferlante d'ouvrages sur la Bastille et surtout sur sa prise, tous écrits au lendemain du 14 juillet et tous unanimes dans l'exécration, il a fallu attendre l'institution en 1880 du 14 juillet comme fête nationale pour éveiller l'intérêt des historiens à la fin du XIXe siècle et au tout début du XXe siècle. Autant la première vague lui avait été unanimement et violemment hostile, autant la seconde lui fut plus ou moins favorable : F. Bournon, J. Flammermont,

F. Funck-Brentano... Certes, on pourra objecter non sans raison que les sentiments du premier (pour ne pas dire le seul) grand défenseur de la Bastille que fut Frantz Funck-Brentano étaient hostiles à la République naissante, et que défendre la Bastille c'était défendre aussi la monarchie. Mais il ne faut pas oublier, en revanche, que pour la première fois, ce distingué chartiste, qui ne dédaigna pas d'écrire pour le grand public, mettait le nez dans l'énorme fonds des archives de la Bastille (après F. Ravaisson qui l'avait précédé à la bibliothèque de l'Arsenal). Pour la première fois, la Bastille apparaissait, comme sortant d'un puits, toute nue dans la vérité de ses archives. Mais Funck-Brentano s'employa alors à démontrer que la Bastille, c'était la prison-palace de l'Ancien Régime, en réplique à tous ceux qui jusqu'alors en avaient fait le lieu par excellence de l'horreur carcérale, y compris tortures et exécutions sommaires.

Ces grands-pères de l'école historique critique, de l'histoire quantitative et de la nouvelle histoire, allaient-ils cependant faire le lit d'un ouvrage postérieur et « définitif » sur la Bastille ? Pas même. Il y avait d'autres urgences, des sujets plus vastes (les civilisations, les institutions) ou réputés plus nobles (la démographie, les mentalités). Et puis il y a un certain vertige de l'historien devant des sujets trop célèbres qui prennent dès lors figure d'interdits. Ainsi, il aura fallu attendre 1986 pour lire la première biographie solide de Louis XIV (F. Bluche, éd. Fayard). Même chose pour la Bastille.

C'est dire qu'il y avait place pour une histoire « totale » de cette prison d'État. Il y a en chacun de nous plus que de l'intérêt ou de la curiosité pour la Bastille, mais bien une certaine fascination. Elle pèse sur notre mémoire collective avec sa légende noire que d'aucuns ont voulu transformer en légende dorée. Est-ce que tout cela ne valait pas le détour d'une visite attentive ?

Et d'abord, il restait à faire l'étude jamais entreprise jusqu'alors des prisonniers de la Bastille. Comment comprendre l'opprobre qui s'est attachée à la célèbre prison d'État dès avant 1789 sans examiner au plus près ses pensionnaires ? Très tôt, pratiquement aussitôt après sa construction à la fin du XIVe siècle, la Bastille, tout en conservant d'abord son statut de citadelle à l'est de Paris, a servi occasionnellement de prison. Louis XI et les souverains du XVIe siècle et de la première moitié du XVIIe ont fait de cette prison à tout faire, où l'on mettait aussi bien des prisonniers de guerre que des délinquants, une prison d'État enfermant des « politiques » (ainsi il n'est pas jusqu'au bon Henri IV, moins répressif toutefois que les régentes qui l'ont pré-cédé et suivi au pouvoir, qui n'y fasse exécuter le maréchal de Biron). Mais après le formidable multiplicateur que va être la lettre de cachet à partir du règne de Louis XIV, le nombre des emprisonnements à la Bastille (on ne dit pas encore embastillement) va bondir : peut-être 800 de la fin du XIVe au milieu du XVIIe siècle, peut-être même davantage ; contre à coup sûr 5 279 de 1659 à 1789, période pour laquelle il existe le fabuleux fonds d'archives de la bibliothèque de l'Arsenal.

6 000 prisonniers, donc, ont été enfermés à la Bastille et un tel nombre méritait à la fois une étude quantitative et qualitative. Pourquoi allait-on à la Bastille ? Fidèle à sa légende, la Bastille a d'abord été le fait du prince, qu'il s'agisse d'enfermer des « politiques » au sens strict du mot ou plus simple-ment de veiller à la sécurité du roi ou de punir, d'ailleurs légèrement, les manquements de la noblesse à la discipline militaire ou à l'étiquette de la Cour. Mais la Bastille a tout autant concerné les affaires de religion (protes-tants, jansénistes, etc.), le contrôle de la librairie, et même, majoritaire-ment, ce qu'on appellerait aujourd'hui le droit commun : escrocs en tous genres surtout, dont la Bastille s'était fait une véritable spécialité, mais encore criminels, débauchés, sodomites, fous...

Comment allait-on à la Bastille ? C'est examiner à travers le fonctionne-ment de la prison d'État tout le système du para- et de l'infra-pénal sous l'Ancien Régime. Le roi est le maître des lois générales comme des lois par-ticulières. Dans le second cas, il exprime sa volonté par une lettre de cachet, ou « ordre du roi ». On est enfermé à la Bastille sur ordre du roi et c'est un autre ordre du roi qui en fait sortir. Car on en sort et même, on le verra chif-fres à l'appui, on n'y reste pas longtemps. En revanche, avec l'institution sous le règne de Louis XIV du lieutenant général de police de Paris, ce moyen commode s'est considérablement multiplié au point de provoquer l'hostilité croissante de l'intelligentsia du XVIIIe siècle, laquelle était mieux placée que le petit peuple pour en craindre les effets.

Et pourquoi la Bastille plutôt qu'une autre prison d'État du royaume (le donjon de Vincennes par exemple, ou le Mont-Saint-Michel ou encore le château d'Angers) ? La « typologie » des 6 000 embastillés montre qu'au-delà de la diversité des motifs d'arrestation, la Bastille n'enferme que les pri-sonniers importants soit du fait de leur statut social, soit de celui de la gravité d'une affaire, ou encore pour le moins parce que la mise au secret étant l'une des spécialités de la maison, le lieutenant général de police peut y interroger dans les meilleures conditions les nouveaux venus et opérer consécutivement des arrestations en chaîne, quitte à les envoyer ensuite croupir à Bicêtre ou à la Salpêtrière qui sont assurément des maisons de force de moindre considération.

C'est dire qu'on voit passer à la Bastille les plus grandes affaires de l'Ancien Régime, que ce soit l'Affaire des poisons sous le règne de Louis XIV ou celle du collier de la reine sous Louis XVI, sans parler d'affaires moins connues mais tout aussi stupéfiantes telles que, au XVIIIᵉ siècle, les grandes affaires d'escroqueries de l'Extraordinaire des guerres ou du Canada. C'est dire aussi qu'a défilé à la Bastille la plus incroyable galerie de prisonniers célèbres : Condé, Bernard Palissy, Foucquet, La Rochefoucauld, Bussy-Rabutin, le maréchal de Richelieu, le Masque de fer, Voltaire, Latude, Damiens, Dumouriez, le marquis de Sade, Cagliostro, le cardinal de Rohan et bien d'autres encore. Si on ajoute à ces vedettes toute une kyrielle de personnages qui pour être mal connus de l'Histoire n'en ont pas moins eu un destin souvent rocambolesque, on conviendra que l'étude qualitative de ces centaines de biographies intéresse tout autant qu'une étude quantitative stricte et au demeurant indispensable.

La Bastille n'est donc pas la prison de tout le monde. Le roi, jusqu'à Louis XIV en tout cas, suit de près ses embastillés. On n'y enferme que le haut de gamme de la désobéissance au roi et de la délinquance. « Il ne vaut pas la dépense qu'il occasionne au roi », dit parfois le ministre d'un prisonnier de moindre acabit qui ne mérite pas de rester à la Bastille. Et quand Latude, après avoir ridiculisé les prisons d'État par ses évasions et lassé tout le monde par ses incessantes récriminations, est transféré de la Bastille à Charenton puis à Bicêtre, il est à même de regretter amèrement sa première prison. C'est qu'à la Bastille, en effet, on est mieux qu'ailleurs. On le constatera dans la peinture de la vie quotidienne, même si en fait on retrouve à l'intérieur de la prison d'État le statut social de l'extérieur. Ainsi s'explique la contradiction des témoignages, entre ceux qui se plaignent et ceux qui célèbrent la qualité des menus. Ils n'ont pas connu la même Bastille tout comme ils n'ont pas connu la même vie avant leur emprisonnement (ni d'ailleurs après). À la Bastille comme dans tout le royaume, il y a les nobles et les roturiers, les riches et les pauvres, les familles que le roi connaît et celles qu'il ne connaît pas.

La Bastille, c'est la société d'Ancien Régime en réduction, et son fonctionnement ne nous paraîtra étrange que si nous le mesurons à l'aune du xxe ou même du xixe siècle. Quand on est à la Bastille sous le coup d'une lettre de cachet, on est puni et jamais par hasard, mais on n'est ni condamné ni déshonoré. On est dans un système paternaliste où la correction familiale et la correction « de par le roi » (le monarque n'est-il pas le père de tous ses sujets ?) ne font qu'un. Il ne s'agit pas tant de punir que de corriger – d'où un temps de détention qui ne saurait être fixé à l'avance et qui, pour être la plupart du temps très bref, peut tout aussi bien se prolonger une vie.

On comprend qu'un tel système ait pu heurter l'esprit des Lumières et aussi frustrer les parlements de leur compétence judiciaire, provoquant des attaques de plus en plus nombreuses à partir du milieu du xviiie siècle contre la Bastille qui cristallise dès lors tous les mécontentements. En fait, il sera intéressant de se demander si à travers la Bastille ce n'était pas déjà la monarchie qui était visée. Il faudra aussi essayer de discerner qui exactement, derrière ce peuple qu'on ne cessera plus dès lors d'invoquer, ne voulait plus et de l'une et de l'autre.

On aperçoit du même coup à quel point, au-delà de l'histoire de ses 6 000 prisonniers, combien l'histoire de la Bastille nous intéresse en elle-même. Citadelle médiévale qui, dès le début de son histoire, prendra l'habitude de se rendre sans combat, château royal et surtout prison d'État redoutée pour ses « secrets » (on se raconte celui du prisonnier au masque de fer bien avant la Révolution), détestée comme instrument du pouvoir et bientôt symbole du despotisme, il sera important de pointer les étapes de l'exécration de la Bastille, des premiers témoignages de ceux qui en reviennent et des pamphlets qui se multiplient dans la seconde moitié du xviiie siècle, au déchaînement qui suit la prise de la Bastille.

Reste le 14 juillet 1789 lui-même, souvent raconté mais dont il fallait revoir, en confrontant plus systématiquement témoignages et récits contradictoires, le film heure par heure des événements, avec aussi ses prémisses et à l'autre bout le cheminement de l'extraordinaire nouvelle : la Bastille est tombée ! On a souvent affirmé que l'événement n'avait été magnifié que par la suite, mais les témoignages des contemporains disent le contraire. C'est pourquoi il importait aussi d'étudier le développement des mythes et des interprétations (quand ce n'est pas la même chose) de 1789 à nos jours, ainsi que l'histoire des commémorations du 14 juillet. Il n'est pas jusqu'à l'histoire de la place de la Bastille elle-même qui n'ait été mouvementée et chargée de sens commémoratifs.

On voit que le programme est vaste. On mesure aussi qu'il n'est pas sans risque car, sur la Bastille, chacun a sa grande ou sa petite idée. Mieux en comprendre le fonctionnement au jour le jour pourra apparaître comme une tentative de réhabilitation, tant il est évident qu'on part d'une image négative que ne font finalement que conforter *a contrario* les anecdotes d'ailleurs authentiques d'un Marmontel s'y gobergeant ou d'un abbé Morellet venant y asseoir sa réputation d'écrivain. À l'inverse, s'attacher à démonter les mécanismes du mythe avant et après 1789 pourra faire figure de dénigrement. Mais ces écueils sont de bon augure. Personne n'est indifférent devant l'histoire de la Bastille, comme s'il y avait un peu de nous dans ce qu'on peut appeler ce personnage. La Bastille est une vieille dame défunte qui nous intéresse. Elle nous intéresse parce qu'on veut savoir qui elle fut réellement et parce qu'elle aussi nous questionne : Qu'a-t-on envie d'y trouver ? Que voudrait-on ne pas y voir ?

Il y avait donc un fabuleux dossier à rouvrir, riche de ses interprétations et de ses symboles, mais riche d'abord de ses sources, car loin d'être secrète, la Bastille a laissé non pas seulement des traces mais le témoignage presque complet de son existence. Ces archives et nombre de mémoires de l'époque parlent si éloquemment et souvent si spirituellement de la Bastille, de ses prisonniers, de son état-major, de la vie quotidienne de cette microsociété avec ses petits et grands événements, sans oublier ce personnage central qu'est le lieutenant général de police que, nous défiant des gloses savantes qui souvent dissimulent l'Histoire plus qu'elles ne la servent, nous les avons constamment privilégiés en les organisant dans un récit qui s'adresse résolument aux non-spécialistes. Puissions-nous avoir réussi.

●　●　●

CHAPITRE 1

De la forteresse
à la prison d'État

La « bastide Saint-Anthoine de Paris »

D'une certaine façon, les États généraux de 1356, réunis après le désastre de Poitiers et la capture du roi Jean le Bon, ont préludé à la construction de la Bastille, comme ceux de 1789 préluderont, quatre siècles plus tard, à sa chute. Déjà on voulait de l'argent et déjà on ne trouva que des opposants...

Parmi ceux-ci, en 1356, s'est dressé le prévôt des marchands de Paris, Étienne Marcel, qui dicte ses volontés au nom du bon peuple, et dont des historiens égarés ont fait l'un des fondateurs de la démocratie populaire alors que sa famille était la plus riche de la capitale et que sa politique était toute personnelle et fort maladroite au demeurant. Toujours est-il que parmi les décisions qu'il prend avec ses conseillers, figure celle d'élever un nouveau rempart englobant les quartiers du nord de la Seine qui ont franchi depuis longtemps l'ancienne enceinte de Philippe Auguste. On sait qu'Étienne Marcel finit misérablement ses jours le 31 juillet 1358, assassiné alors qu'il voulait faire entrer dans Paris Charles le Mauvais et, derrière lui, les Anglais. Détail curieux, cette scène mémorable se déroule à la porte Saint-Antoine, là où il a été décidé d'appuyer le nouveau rempart, et là où va bientôt s'édifier la Bastille.

Deux jours après, le dauphin régent (futur Charles V), qui avait dû s'enfuir, réintègre sa capitale, accorde sa grâce aux Parisiens et entreprend la réorganisation militaire du royaume, à commencer par la défense de Paris. Sous la pression des événements, les travaux décidés en 1356 n'avaient été qu'ébauchés. Le nouveau rempart de la rive droite n'est qu'une double ligne de fossés en arrière desquels s'élève un mur de faible hauteur. Les portes Saint-Denis, Saint-Martin et Saint-Antoine sont mieux défendues avec un bastion fortifié appelé bastide, ou encore bastille. Mais il faut renforcer tout cela.

Les hauteurs du faubourg Saint-Jacques se trouvant enfin fermées, l'est de Paris devient un point d'attaque particulièrement vulnérable. Ainsi s'explique la décision de Charles V d'entreprendre à la fois la construction du donjon de Vincennes en position avancée et celle d'une bastille exceptionnellement renforcée à la porte Saint-Antoine. Le prévôt de Paris, Hugues Aubriot, qui a été chargé par le roi, et sur son trésor, de diriger les travaux, pose lui-même la première pierre de « la bastide Saint-Anthoine de Paris », le 22 avril 1370.

Cette fois on a vu grand : deux grands donjons reliés par un mur défendant la porte de la ville, tandis que deux autres regardent le faubourg et flanquent la porte des champs. Puis ce sont quatre autres tours, deux de chaque côté, qui sont édifiées. Un énorme mur unit ces huit donjons formant une forteresse aux dimensions formidables : vingt-quatre mètres de hauteur, trois mètres d'épaisseur à la base et un mètre quatre-vingts au sommet. De larges fossés renforcés de pierre de taille, des ouvertures rares et étroites, un chemin de ronde faisant le tour complet du sommet, les huit donjons peu espacés et en saillie modérée permettant cependant de battre entièrement la courtine en évitant les points morts font de la Bastille un exemplaire unique d'architecture militaire dont la masse énorme garantit à elle seule la résistance à toute attaque, que celle-ci vienne de l'extérieur ou de la ville. Son implantation urbaine en accroît encore l'originalité, et d'ailleurs elle ne sera jamais imitée.

Il ne faudra pas moins de douze ans pour construire la Bastille que Charles V, mort en 1380, ne verra pas achevée. On ne sait pas au juste quand il fut décidé de ne plus laisser y passer les citadins entrant et sortant de la ville afin de convertir définitivement la porte fortifiée en citadelle. Toujours est-il qu'on construit une nouvelle porte à côté de la Bastille tandis qu'on mure l'entrée regardant sur la ville et qu'on la remplace par une entrée sur le flanc sud. On conserve toutefois la porte des champs, ce qui n'est pas une mince question car, écrit Antoine d'Asti, un poète italien du XVe siècle admirant par ailleurs la solidité de l'édifice. « Le roi peut secrètement par là ou bien entrer en ville ou bien en sortir, de jour et de nuit, et se rendre où il veut. » Jalouse de ses prérogatives sur les entrées de Paris, la municipalité demandera périodiquement la suppression de cette porte mais le pouvoir royal tiendra bon.

Un « capitaine de la Bastille » veille sur la forteresse avec tout au plus une dizaine d'hommes d'armes. C'est non seulement une place forte mais encore un véritable arsenal où l'on entasse de la poudre, des canons, des couleuvrines et « quantité de piques que le Roi avait fait pour les affaires de guerre, hallebardes et autres bastons » (1480). En 1504, un inventaire y dénombre 3 600 bonnes piques et 1 060 autres « de nulle valeur ». Magasin royal, on y entrepose aussi les chaînes qui barrent les rues de Paris en temps de troubles ou encore, au XVIIe siècle, d'impressionnantes quantités de drapeaux.

Un enjeu militaire

Tant pour les armes qui y sont entreposées que pour un intérêt stratégique assez surfait (qui prend la Bastille prend Paris, croit-on), la Bastille sera souvent assiégée. En mai 1413, le prévôt des marchands, André d'Épernon, du parti bourguignon, s'y retranche, mais il est assiégé par une troupe si nombreuse qu'il rend la place, inaugurant ainsi une tradition de reddition qui se poursuivra fidèlement jusqu'au 14 juillet 1789. En 1418, les Bourguignons s'emparent de Paris tandis que Tanneguy du Chatel, prévôt de Paris, se réfugie dans la Bastille avec le jeune dauphin, futur Charles VII. La porte des champs prouve alors son utilité, car c'est par là que peuvent finalement s'enfuir de Paris le prévôt et le dauphin.

Durant les seize ans d'occupation anglaise qui suivent, des capitaines anglais commandent la Bastille d'ailleurs fort délabrée. Puis c'est la reprise de Paris, en avril 1436, par le connétable de Richemont. De nouveau, la Bastille, où se sont retranchés les Anglo-Bourguignons, capitule après un simulacre de siège.

Après une accalmie de plus d'un siècle dans l'histoire militaire de la Bastille et plus généralement de Paris, de la fin du règne de Charles VII à la fin du règne de François Ier, la guerre contre la Maison d'Autriche détermine Henri II, fils de François Ier, à entreprendre une nouvelle fois la réfection de l'enceinte de Paris au nord de la Seine. Les travaux durent de 1553 à 1560 et portent une nouvelle fois essentiellement sur l'est. Le rempart est renforcé de bastions tandis que la

Bastille se voit dotée d'une immense redoute en saillant tournée vers l'est (la « pointe de la Bastille »). Enfin, un fort mur sépare le fossé de la Bastille de celui des remparts de la ville.

Avec les guerres de Religion, la Bastille est l'enjeu de nouveaux combats. En février 1565, le premier prince de Condé, chef calviniste, réussit à y pénétrer avec 300 gentilshommes mais cause une telle émotion populaire qu'il juge plus prudent de regagner la Picardie. Désormais s'affrontent protestants, autour du roi de Navarre, et catholiques de la Sainte Ligue, derrière Henri de Guise. Après l'assassinat de celui-ci, le 23 décembre 1588, Paris s'insurge au cours de la journée des Barricades qui, pour ce qui concerne l'histoire de la Bastille, porte à la place déjà enviée de capitaine-gouverneur Jean Bussy-le Clerc, « archiligueur » dont le dévouement au duc de Guise a fait la fortune. Il s'y distingue aussitôt puisque le 16 janvier 1589, raconte Pierre de l'Estoile, on le voit sortir de la Bastille, « accompagné de 25 ou 30 coquins comme lui armés de cuirasses, ayant le pistolet à la main ». La petite troupe fait irruption au Parlement et ordonne au Premier président, à deux présidents et à une cinquantaine de conseillers de les suivre à l'Hôtel de Ville. C'était une ruse car ils « furent par lui contraints de passer outre et menés à la Bastille Saint Antoine tout au travers des rues pleines de peuple, qui épandu par icelles les armes au poing, et les boutiques fermées pour les voir, les lardait de mille brocards... »

Pierre de l'Estoile s'indigne de voir « la première cour d'Europe [...] emmenée en triomphe et emprisonnée par un petit procureur armé, accompagné de vingt-cinq marauds qui, entrant en la Chambre des pairs de ce royaume où les plus grands laissent leur épée à la porte, par révérence de justice, porte l'épée à la gorge au Parlement de France, l'emmène, le retient et l'enferme en sa Bastille où il est fort rudement et chèrement par lui traité, les uns plus longtemps, les autres plus court, selon qu'ils trouvèrent les moyens et occasions d'en pouvoir sortir ».

Les factions tour à tour maîtresses de Paris se disputent la Bastille qui, toujours aux mains de Bussy-Le Clerc, se rend sans combat le 18 novembre 1591 devant les soldats du duc de Mayenne. Du Bourg, ligueur plus modéré, succède à Bussy-Le Clerc qui s'est enfui honteusement. Au tout début de 1594, il déjoue un complot visant à faire pénétrer par ruse des troupes espagnoles dans la Bastille. Le 22 mars 1594, quand c'est au tour d'Henri IV d'entrer dans Paris et de faire mettre le siège devant la Bastille, du Bourg fait d'abord semblant de vouloir se défendre, mais voyant la ville ralliée et son peu de ressources en hommes et en vivres, il capitule le 26 mars, obtenant par un acte en bonne et due forme de sortir de la place le lendemain avec les honneurs de la guerre et refusant l'argent que le roi veut lui faire remettre pour la reddition de la place.

Au XVIIᵉ siècle, le curieux destin militaire de la Bastille se poursuit : voilà une citadelle redoutable, faite pour se défendre tant contre des ennemis venus de l'extérieur que contre des ennemis surgis de la ville, et qui ne se défend pas... Ce destin peu glorieux se vérifie de nouveau pendant la Fronde, après que, dix ans auparavant, en 1640, le cardinal de Retz eut envisagé, si l'on en croit ses propres *Mémoires*, de s'emparer de la Bastille pour déclencher une nouvelle journée des Barricades. La Fronde commencée, les Parisiens songent naturellement à s'assurer de la Bastille. Le 6 janvier 1649, commission est donnée à un président et à un conseiller du Parlement d'aller « se saisir du château de la Bastille ». Le gouverneur du moment est Charles Le Clerc du Tremblay dont nous aurons l'occasion de reparler. D'abord il ne paraît pas disposé à se rendre et refuse la somme énorme de 40 000 écus qu'on lui promet en échange de sa reddition. Alors, raconte Nicolas Goulas dans ses *Mémoires*, « on l'assiégea dans les formes, avec canon et tranchées mais le cardinal se soucia si peu de lui et de sa place quand il lui eut fait savoir l'état où elle était, et le peu de gens et munitions qu'il avait, qu'il lui manda tout crûment qu'il n'avait que faire de la Bastille. Il sortit donc après quinze volées de canon, et vous savez qu'il n'y eut guère de sang répandu dans ce siège ; aussi était-il dangereux de foudroyer la rue Saint-Antoine sans espérance de secours ». Cette nouvelle capitulation eut lieu le 12 janvier 1649.

Le dernier épisode de l'histoire militaire de la Bastille (le 14 juillet 1789 mis à part) n'est pas le moins étonnant. Après la paix de Rueil en 1649, la Fronde des princes a pris le relais de la Fronde parlementaire. Le Grand Condé, quatrième prince du nom, vainqueur de Rocroi, s'estimant mal récompensé de l'appui qu'il a jusqu'alors fourni au cardinal Mazarin et à la reine, a pris la tête de la rébellion. Le 2 juillet 1652, vers midi, un combat s'engage faubourg Saint-Antoine entre les troupes royales commandées par Turenne (qui, lui, est un frondeur repenti) et celles des princes commandées par Condé. Le gouverneur de Paris et le prévôt des marchands ont fait fermer les portes de la ville à commencer par la porte Saint-Antoine devant laquelle se déroule le combat où Condé commence à avoir le dessous. C'est alors qu'intervient Mlle de Montpensier, petite-fille d'Henri IV, qu'on appelle la Grande Mademoiselle. Elle défend avec passion la cause de la Fronde et plus encore celle du séduisant, du sublime Condé. La voici qui harangue les conseillers municipaux. Vont-ils laisser les troupes du cardinal Mazarin mettre Paris à sac après que Monsieur le Prince aura péri ? La grande demande, celle qu'elle a gardée pour la fin, confie-t-elle dans ses *Mémoires*, c'est qu'on lui donne les clefs de la porte Saint-Antoine pour que la petite armée des princes puisse s'échapper. Elle les obtient et, ce qui est plus fort encore, elle obtient de son père, Gaston d'Orléans, l'ordre pour le gouverneur de la Bastille de faire tirer sur les troupes « des ennemis », en l'occurrence celles de Turenne. Mademoiselle court à la Bastille, montre son ordre, parcourt la plate-forme et fait pointer sur le faubourg les canons qui étaient jusqu'alors dirigés sur la ville. Lorsque les soldats de Condé commencent à être acculés vers le fossé, prélude à un inévitable massacre, on tire de la Bastille quelques volées de canon qui plongent les troupes royales dans le plus grand désarroi. Pendant ce temps on ouvre la porte Saint-Antoine par laquelle Condé et ses troupes peuvent s'enfuir.

En octobre 1652, le roi, qui vient de reprendre enfin possession de sa capitale, envoie un exempt (choisi parmi « les plus capables ») s'assurer de la Bastille restée pendant quatre mois, comme le reste de la capitale, aux mains des princes. Son gouverneur est La Louvière, fils du frondeur Pierre Broussel, qui d'abord refuse de rendre la forteresse. Il finit toutefois par se soumettre après qu'on lui eut fait savoir qu'en cas de résistance, la Bastille serait attaquée avec une forte artillerie et qu'ensuite il serait pendu à la porte d'entrée. Mais cette reddition sans combat n'est-elle pas désormais de bonne tradition ? C'est en tout cas la dernière fois que la Bastille doit se rendre, ou, si l'on veut, l'avant-dernière en comptant le 14 juillet 1789.

La Fronde échoue donc et Louis XIV n'oubliera pas de sitôt cette ultime révolte contre la monarchie pas plus que l'épisode de la Grande Mademoiselle faisant quasiment le coup de feu sur les tours de la Bastille. « Le roi, raconte Saint-Simon dans ses *Mémoires*, ne lui avait jamais bien pardonné la journée de Saint-Antoine et je l'ai ouï lui reprocher une fois à son souper, en plaisantant, mais un peu fortement, d'avoir fait tirer le canon de la Bastille sur ses troupes. Elle fut un peu embarrassée, mais elle ne s'en tira pas trop mal. »

Le château royal

La Bastille est non seulement une citadelle dans les fossés de laquelle le roi interdit encore en 1653 le flottage du bois (afin de ne pas affaiblir sa défense) mais aussi un château royal même si le roi n'y réside jamais. En revanche, pendant les périodes de paix, il peut s'y rendre ou y recevoir des hôtes de marque comme en 1518, lorsque François Ier y donne une fête splendide en l'honneur de quatre ambassadeurs d'Angleterre : « Le roi leur refit son banquet au lieu de la Bastille, le mercredi vingt-deuxième jour de décembre ensuivant [1518] qui fut la chose la plus solennelle et magnifique qu'on vit jamais ; car première-ment ladite Bastille était toute tendue par terre de draps de laine à la livrée du roi. [...] Et fut ce banquet fait de nuit à torches ardentes. Brièvement on ne sau-rait exposer le triomphe fait tant en viandes que en parements. [...] Puis, il y eut moresques d'hommes et femmes, habillés tout de drap d'or et d'argent ; en après, y vinrent des masques habillés en hommes et femmes qui dansèrent. »

Les canons de la Bastille saluent la naissance d'un enfant royal, un mariage princier, la venue à Paris du roi ou de la reine, etc. Le 3 janvier 1667, par exem-ple, une missive signée du roi Louis XIV s'adresse au gouverneur de la Bastille en ces termes : « M. de Besmaux, ne voulant rien omettre de tout ce qui peut contribuer aux réjouissances publiques que j'ai ordonné être faites en ma bonne ville de Paris à cause de la naissance d'une fille dont la Reine, mon épouse et compagne, fut hier heureusement délivrée, je vous fais cette lettre pour vous dire que mon intention est, qu'à l'issue du *Te Deum* que j'ai ordonné d'être chanté en l'église cathédrale de ma bonne ville de Paris, mercredi pro-chain, cinquième jour du présent mois, vous ayez à faire tirer l'artillerie de mon château de la Bastille, ainsi qu'il est accoutumé en pareilles occasions... »

Louis XV, quand il se rend au Parlement le 13 décembre 1756 pour rappeler celui-ci à l'ordre et tenir son lit de justice, fait tonner le canon de la Bastille à son entrée et à sa sortie de Paris, manifestant par là son autorité. Mais, à cette époque, les occasions se multiplient et on verra tout aussi bien le canon de la Bastille saluer la venue à la Comédie-Française du roi Louis XVI ou même de son frère, le comte d'Artois. D'ailleurs les nombreuses canonnades occasionnent de sérieux dommages à la vieille forteresse : les planchers supérieurs sont ébranlés et il faut périodiquement remplacer les vitres brisées. Dans les temps plus anciens, il fallait des circonstances autrement solennelles, comme en ce 1er jan-vier 1540 où l'on salua l'empereur Charles Quint quittant Paris par la porte Saint-Antoine. La Bastille, si ménagère de son artillerie quand on l'attaque, tira alors, notent les registres de l'Hôtel de Ville, huit cents coups de canon.

La Bastille sert aussi de coffre-fort royal. On ne sait si les rois de France du XVe siècle y mirent une partie du trésor de la couronne, comme il était de cou-tume dans les autres châteaux royaux. C'est peu probable durant les temps trou-blés de la guerre entre les Armagnacs et les Bourguignons mais possible sous les règnes de Charles VII ou de Louis XI. Au XVIᵉ siècle, sous le règne d'Henri III, le trésor royal se trouve à coup sûr à la Bastille, puisqu'on y paie un garde spécial chargé de surveiller le « buffet du roi ». Mais c'est incontestablement sous le règne d'Henri IV que ce dépôt prend des allures de « Fort-Knox » : la somme fabuleuse de 13 millions de livres y est entreposée en prévision du grand projet d'Henri IV qui est de faire la guerre à l'Espagne. Les premiers préparatifs mangent la moitié de ces réserves dans les mois qui précèdent la fin tragique du roi.

L'existence du trésor de la Bastille n'est pas un secret, puisque Mathurin Régnier écrit dans ses *Satires* : « Prenez-moi ces abbez, ces fils de financiers, dont, depuis cinquante ans, les pères usuriers, volant à toutes mains, ont mis en leur famille plus d'argent que le Roy n'en a dans la Bastille. »

À l'avènement du jeune Louis XIII, il ne reste que 5 millions dûment vérifiés avant la disgrâce de Sully (le 27 janvier 1611) qui n'a cédé qu'à grand-peine le gouvernement de la Bastille qu'Henri IV lui avait confié. On se jure par édit de ne pas toucher à cet argent, sauf pour la guerre, mais après trois ans de patience, Marie de Médicis, la Régente, n'y tient plus. Les grands, enhardis par l'interrègne, réclament honneurs et pensions, le prince de Condé en tête. Il faut les calmer. Le 23 février 1614, on puise dans le trésor de la Bastille un million de livres à la suite d'un ordre du roi évidemment dicté par la Régente et dont la formulation s'emploie à contourner l'interdiction : « Le feu roi notre très honoré seigneur et père, que Dieu l'absolve, ayant fait mettre en réserve dans notre château de la Bastille par son épargne quelque notable somme de deniers [...], nous n'y aurions voulu toucher depuis son décès, et la reine régente, notre très honorée dame et mère s'en serait abstenue [...] jusqu'à présent que, pour opposer la force aux mouvements qui se préparent dans le royaume et tendent à exciter une guerre civile, il est nécessaire de recourir à cette épargne... »

Cela ne suffit pas à convaincre le Parlement qui, l'année suivante, rappelle dans ses remontrances au roi qu'il y avait sous le règne du feu roi Henri IV, tant à la Bastille qu'entre les mains du trésorier de l'Épargne, plus de 14 millions de livres et que maintenant 2,5 millions de livres seulement restent à la Bastille. Ces respectueuses remontrances n'empêchent pas Marie de Médicis de recommencer en alléguant cette fois le mariage du roi. Comme il ne s'agit pas de guerre, la Chambre des comptes refuse net. Qu'à cela ne tienne, la reine, accompagnée du jeune Louis XIII, de tous les princes et les ministres, sans oublier les gardes suisses, se rend solennellement à la Bastille le 15 juillet 1615 en fin d'après-midi. Le roi n'est-il pas chez lui ? On ouvre. On arrive au pied de la tour du trésor dont la solide porte ne peut être ouverte qu'avec trois clefs différentes. La reine a celle du roi mais les deux autres sont détenues par le conseiller général des Finances et le trésorier de l'Épargne qui sont présents mais qui refusent de donner leur clef en dehors des formes légales. Pour toute réponse, la reine fait avancer le capitaine des gardes à qui, pour cas de force majeure, les clés sont enfin remises. Cette fois, la reine fait emporter 1 200 000 livres tandis que procès-verbal est pris de ce mémorable coup de force. Un mois après, Marie de Médicis fait enlever ce qui reste du trésor de la Bastille, toujours au mépris des prérogatives de la Chambre des comptes.

Pendant la minorité de Louis XIV, la Bastille est encore utilisée comme le lieu le plus sûr où l'on puisse mettre l'argent de l'État. Le comte de Brienne, dans ses *Mémoires*, signale que Mazarin y avait déposé 7 millions de livres qu'on retrouva après sa mort. On ne mettra plus dès lors d'argent à la Bastille.

Sans parler des réparations qui doivent être faites régulièrement à la forteresse proprement dite, un certain nombre de constructions nouvelles viennent compléter le château de la Bastille au XVIIe siècle : à l'intérieur avec une chapelle et plusieurs bâtiments contre le mur ouest, et un corps de garde contre le mur sud ; à l'extérieur avec une maison du gouverneur dans une avant-cour menant au pont-levis de l'entrée. La paix intérieure et l'autorité du roi étant revenues l'une et l'autre dans le royaume, on se décide enfin à murer la porte des champs. Au XVIIIe siècle, plusieurs bâtiments nouveaux partagent la cour en deux parties inégales tandis que les constructions extérieures se poursuivent : des cuisines dans la première avant-cour, des casernes et des écuries dans une seconde avant-cour, et même le long du fossé extérieur, des échoppes dont nous aurons l'occasion de reparler. Quant au bastion avancé, pourtant renforcé au XVIIe siècle de casemates et de souterrains, il ne sera jamais utilisé militairement et on y fera des jardins, à la française évidemment.

Premiers prisonniers

À peine construite, la Bastille a servi occasionnellement de prison. Paris, à la différence des villes de province, ne manquait pourtant pas de geôles (une bonne dizaine en tout avec notamment le Temple, le Grand Châtelet et le Petit Châtelet). Mais, en ces temps troublés de la guerre de Cent Ans, les prisonniers ne manquaient pas non plus.

En 1417, rapporte Enguerran de Monstrelet, le seigneur de Chauny, envoyé par le roi Charles VI pour une ambassade extraordinaire auprès du duc de Bourgogne à Amiens, est accusé par le Conseil royal d'imprudences et d'indiscrétions. « Pour ceste cause fut mené prisonnier en la Bastille Saint-Anthoine, auquel lieu il fut par longue espace de temps et jusques à la prinse de Paris. »

L'année suivante, toujours selon la même chronique, les Bourguignons firent grand massacre d'Armagnacs dans les prisons « et ce fait s'en allèrent en la cour de ladite Bastille et demandèrent à avoir sept prisonniers qui dedans étaient. Lesquels on ne leur voulut point délivrer à leur première requête. Pour quoi, ils commencèrent à démaçonner les murs de la forteresse et dirent que jamais ne cesseraient jusqu'à ce que ces prisonniers leur seraient délivrés ». Peu désireux de subir un siège en règle, la maigre garnison abandonne finalement les prisonniers aux Bourguignons en échange de la promesse qu'ils seront menés au Châtelet et mis dans les mains de la justice, « lesquels, pour accomplir une partie de leur promesse, les menèrent jusques à l'entrée dudit Chastelet, et là les occirent et tuèrent tous, et puis les desvestirent et prirent leurs robes, qui estoient bonnes, chapperons, chaintures et tout ce que ils avaient ».

En 1423, Anglais et Bourguignons étant maîtres de Paris, Philippe de Bourgogne fait délivrer le seigneur de l'Isle-Adam « lequel par long temps avait esté détenu dedans la Bastille Saint-Anthoine ». Toujours sous le règne de Charles VI, on enferme aussi à la Bastille du gibier de moindre importance : hommes d'armes en otages mais aussi des civils, comme ces deux sorciers venus guérir le roi de sa folie et qu'on héberge à la Bastille avant de les y enfermer parce que leur médecine n'a pas réussi.

Sous le difficile règne de Charles VII, alors que Paris et toute la France du nord de la Loire reconnaissent pour roi Henri VI d'Angleterre, la Bastille tend à devenir une véritable prison. Ainsi, en 1428, un inventaire « des ustensiles, artillerie et autres habillements de guerre estans oudict chastel » nous apprend qu'il n'y a pas moins de dix-sept prisonniers à la Bastille : quatre Anglais dont deux adolescents, un chevalier, trois autres chevaliers et trois écuyers bretons en otage, deux moines, un curé, deux vignerons (?) et même un enfant de treize ans – le tout réparti dans différents niveaux de trois des huit tours. Côté « accessoires », on trouve dans la tour de l'angle sud-ouest des barreaux et des chaînes de fer « pour mettre un homme en géhenne, avec les fers et habillemens du col, des pieds et de une main ».

Voilà qui justifie la création d'un emploi de geôlier. Celui-ci, par une belle journée de mai 1430, a la malencontreuse idée de s'endormir sur un banc, après dîner. Un prisonnier de guerre, pour lequel on avait déjà payé rançon et qui avait de ce fait le droit de se promener librement dans la Bastille en attendant son élargissement, lui ôte ses clefs et s'en va délivrer ses compagnons de captivité qui tuent plusieurs gardiens. Le reste de la garnison arrive à la rescousse avec à sa tête le seigneur de l'Isle-Adam, capitaine de la Bastille après en avoir été le prisonnier. D'un coup de hache, il tue raide le premier rebelle qu'il trouve devant lui. Les autres se rendent. Ils « reconnurent qu'ils avaient eu pensée de tuer tous ceux qui étaient dedans le chastel et de livrer le chastel aux Arminalx (Armagnacs, partisans d'un roi français) pour prendre Paris par trahison ou autrement. Et tantôt qu'ils eurent dit cela, le capitaine les fit tous tuer et jeter à la rivière ».

Louis XI et la prison d'État

Louis XI, nous a enseigné le petit Lavisse, était laid et difforme avec un nez énorme et des jambes grêles. Il s'habillait pauvrement et se coiffait d'un bonnet ridicule, orné de médailles pieuses. L'intérieur du personnage était pire encore : peureux, dissimulé voire menteur, avare, méchant. On ne manquait pas cependant d'ajouter qu'il mettait tout cela au service de son royaume. Mais il ne faisait pas bon être son ennemi. On le voit rouler dans la farine puis pour finir dans la neige du siège de Nancy le bien-nommé Charles le Téméraire. On se plaît à le montrer dans les estampes populaires ordonnant l'exécution du duc de Nemours non sans avoir fait placer au préalable ses deux fils sous l'échafaud afin qu'ils soient éclaboussés du sang de leur père. Le fin du fin, ce sont les fameuses cages de fer, ses « fillettes », où l'on ne pouvait se tenir debout et où l'on mourait à petit feu.

Il aura fallu un historien anglais, Paul Murray Kendall, pour réhabiliter de façon éclatante ce pauvre Louis XI, mais il n'en subsiste pas moins que les « fillettes » ont existé. Philippe de Commynes, conseiller et historiographe de Louis XI après avoir été celui de Charles le Téméraire, en témoigne : « Il est vray qu'il avait fait de rigoureuses prisons, comme cages de fer et autres de bois, couvertes de pattes de fer par le dehors et par le dedans, avec terribles fermures. [...] Le premier qui les devisa fut l'évêque de Verdun qui, en la première qui fut faite fut mis incontinent et y a couché quatorze ans. Plusieurs depuis l'ont maudit, et moi aussi qui en ait tâté sous le Roy de présent (Charles VIII) huit mois. Autrefois, avait fait faire à des Allemands des fers très pesants et terribles pour mettre aux pieds et y était un anneau pour mettre au pied, fort malaisé à ouvrir, comme un carcan, la chaîne grosse et pesante et une grosse boule de fer au bout, beaucoup plus pesante que de raison, et les appelait-on les Fillettes du Roy ».

Ce serait donc par glissement de sens qu'on aurait appelé « fillettes » les fameuses cages de fer. Toujours est-il que Guillaume de Haraucourt, évêque de Verdun, est effectivement enfermé à la Bastille dans une de ces cages. S'il est vrai, comme le prétend Commynes, qu'il en était l'inventeur, il eut ainsi l'occasion de maudire chaque jour son œuvre. En 1475, la cage est refaite à neuf avec de grosses solives garnies de gros boulons de fer, non pas par raffinement de cruauté mais parce qu'on veut empêcher toute possibilité d'évasion et tout commerce avec l'extérieur. La cage n'est-elle pas une prison dans la prison ?

On a dit que l'évêque de Verdun avait été mis là pour ne pas révéler le secret de ces fameuses cages. C'est évidemment grotesque. En fait, il avait comploté avec le cardinal La Balue en vue de livrer Louis XI au Téméraire. L'un et l'autre furent donc emprisonnés pour haute trahison (mais La Balue, quoi qu'on ait dit, n'eut pas la cage de fer). À ce titre, l'évêque de Verdun est le premier véritable prisonnier d'État qui ait été enfermé à la Bastille. Le roi, et par conséquent l'État, ayant été mis en danger, les coupables doivent être mis au secret le plus rigoureux dès lors qu'ils n'ont pas été aussitôt mis à mort. Il est normal, en revanche, que ce soit le roi qui finance la détention de ses propres prisonniers « politiques ». On verra même Louis XI faire remettre quelque argent à l'évêque de Verdun au moment de sa libération, après douze ans de Bastille et de cage.

Deux autres comploteurs de très haut rang sont enfermés à la Bastille en même temps que l'évêque de Verdun. Ils y restent moins longtemps mais n'en sortent que pour être exécutés. Le premier est Louis de Luxembourg, comte de Saint-Pol et connétable de France, qui a eu l'imprudence de se brouiller à la fois avec le roi et le duc de Bourgogne, et qui entre à la Bastille le 27 novembre 1475. Après un procès instruit rapidement et en secret au Parlement, il est décapité en place de Grève le 16 décembre. Le second est Jacques d'Armagnac, duc de Nemours, comte de la Marche, gouverneur de Paris et de l'Île-de-France. Louis XI lui avait déjà pardonné une première trahison mais c'est trop de la seconde qui visait à livrer le roi et le dauphin au duc de Bourgogne. Eu égard à son rang on fait tendre les murs de sa cellule de nattes mais comme on craint qu'il s'évade avant son supplice, on l'enferme la nuit dans une cage, et son procès est instruit dans sa cellule même. Et puis, le 4 août 1477, on le mène à la Halle où il est décapité à la hache.

C'est aussi sous le règne de Louis XI qu'on découvre l'existence à la Bastille d'une Chambre de la question, autrement dit de torture. Mais nous aurons l'occasion de voir que son emploi tenait plus à un rituel précédant les exécutions qu'à l'extirpation systématique du renseignement ou de l'aveu qui est l'une des belles inventions de notre civilisation contemporaine.

D'une régente à l'autre

La vocation de prison si bien commencée se poursuit au XVIe siècle, concurremment aux autres fonctions de la Bastille. Les « politiques » y ont toujours leur place, mais aussi les « droit commun » comme ce Beaune de Samblançay, enfermé au début de 1527 pour concussion et qui ne sort au bout de sept mois d'emprisonnement que pour aller subir le dernier supplice au gibet de Montfaucon.

Les responsabilités des capitaines de la Bastille s'accroissent en conséquence, au point que la forteresse est bientôt considérée comme un « gouvernement » que le roi confie à un personnage de confiance et de haut rang, quitte à ce que celui-ci délègue ses fonctions à un lieutenant.

Au XVIe siècle, les Montmorency constituent une véritable dynastie de capitaines de la Bastille, puisque trois d'entre eux s'y succèdent de 1492 à 1579. Le second, Anne de Montmorency, connétable de France et gouverneur de Paris, profite du renforcement qui est fait à la citadelle en 1556 pour faire de sévères remontrances à la municipalité tant pour la conservation de la place que pour la sûreté des prisonniers. Il exige notamment qu'on s'emploie désormais à surprendre ceux qui entrent dans le fossé pour « parlementer et donner avertissement aux prisonniers ». On est donc bien au-delà d'une simple prison occasionnelle. Les capitaines qui succèdent aux Montmorency n'ont pas la même conscience professionnelle. De Laurent Testut qui leur succède, Pierre de l'Estoile dit dans son journal qu'il était « plus propre à garder un jambon et une bouteille qu'une telle place que la Bastille ». Quant à Bussy-Le Clerc qui le remplace de force après la journée des Barricades, on a vu ce que valait le personnage. Il est vrai que ce mauvais exemple fut salutaire, et qu'on apporta ensuite le plus grand soin à la nomination de ceux qu'on appela bientôt « lieutenants de Sa Majesté » ou encore « gouverneurs ». Bref, la Bastille intéresse de plus en plus le pouvoir royal.

Catherine de Médicis

Pendant la première moitié du siècle, avec des rois tournés vers l'aventure italienne et une capitale en paix, la Bastille ne compte que peu de prisonniers. Il en va différemment après la mort d'Henri II, prélude à de douloureuses décennies de guerres de religion et de luttes entre les partis. Dès 1559, Anne du Bourg, magistrat qui a eu l'honnêteté et la témérité de protester contre les premières persécutions infligées aux protestants, est enfermé deux mois à la Bastille avant d'être pendu et brûlé.

À cette date, alors que vient de mourir accidentellement Henri II, la reine Catherine de Médicis s'apprête à exercer une longue régence (François II règne moins d'un an et le futur Charles IX n'a que dix ans). Éclipsée du vivant de son époux par la favorite Diane de Poitiers, elle se montre vite très douée pour la conduite des affaires encore que peu scrupuleuse sur le choix des moyens. C'est dire que la Bastille va lui servir.

En effet, si Louis XI a le premier utilisé véritablement la Bastille comme prison d'État en y mettant des « politiques », Catherine de Médicis commence à généraliser un usage demeuré jusque-là exceptionnel. Dès 1560, c'est probablement sur son conseil que François II, à peine roi et déjà mourant, fait enfermer à la Bastille François de Vendôme, vidame de Chartres, ancien colonel général des bandes de Piémont avant la paix du Cateau-Cambrésis et type même du grand seigneur. Brantôme nous le montre prié par un grand d'Espagne de venir lui servir de parrain dans un duel outre-monts. Le voilà qui s'en va « avec cent gentilshommes, en poste, tous vêtus d'une même parure et fort superbe, tant de la poste que de pied, et chacun une chaîne d'or au col faisant trois tours [...] et lui seul fit les frais du combat qui n'étaient pas petits ».

Mais cette magnificence s'accompagne d'intrigues politiques, et l'accusation d'avoir pris part aux menées du premier prince de Condé, son parent, le fait enfermer à la Bastille où il se trouve bientôt atteint d'un mal auquel il succombe peu de temps après sa libération. Brantôme laisse entendre que Catherine de Médicis l'aurait d'abord aimé puis haï au point de concourir à sa disgrâce. Pourquoi pas ? Toujours est-il que ce Vendôme, dont Mme de La Fayette fera l'un des principaux héros de *La Princesse de Clèves*, préfigure une longue lignée de grands personnages du royaume rebelles et comploteurs que le pouvoir royal va désormais s'employer à abaisser. Pour servir cette politique, la Bastille, château royal sous les yeux du roi (le Louvre est proche), est un instrument de choix et pas seulement pour les affaires graves. Ainsi, pratiquement en même temps que François de Vendôme, le Seigneur de Boisy est embastillé pour quelques semaines à cause d'une querelle avec le duc de Guise.

La correspondance de Catherine de Médicis constitue un document précieux sur les emprisonnements qu'elle ordonne. Le 8 novembre 1564, c'est une lettre au gouverneur de la Bastille pour lui annoncer l'arrivée d'un prisonnier de Rouen « qui est le directeur de tous les faux-monnayeurs du pays ». Il s'agit de « l'envoyer secrètement à Paris pour être serré dedans la Bastille et en lieu où il ne puisse être nouvelles de lui ». Cette mise au secret sur laquelle la Régente insiste (« qu'il soit mis et tenu si secrètement qu'aucun ne le puisse découvrir ») est d'ores et déjà la caractéristique principale des emprisonnements à la Bastille. L'année suivante, s'adressant toujours au maréchal de Montmorency, et cette fois à propos d'un financier accusé de malversations, Catherine de Médicis écrit : « Vous commanderez bien expressément au lieutenant de la Bastille qu'il ne lui permette d'écrire ni parler à personne ni de faire autre acte qui donne connaissance qu'il soit là dedans. »

S'il est encore impossible pour cette période de faire le compte exact des prisonniers de la Bastille, on peut estimer leur nombre à moins d'une dizaine à la fois, parfois davantage lorsqu'il y a des prisonniers de guerre. Les motifs d'incarcération, on l'a vu, sont déjà variés : haute et basse politique, discipline militaire, délits financiers... En 1587, en pleine guerre de Religion, un capitaine est extrait de la Conciergerie où il attend l'exécution d'une sentence de mort pour être mis à la Bastille en vue d'un échange comme prisonnier de guerre. Dès cette époque, la Bastille fonctionne en totale indépendance de l'appareil judiciaire et même prend le pas sur celui-ci. Seul le roi a autorité sur les prisonniers qui y sont et la Régente elle-même doit s'autoriser de lui lorsqu'elle s'adresse au gouverneur : « Monsieur, je vous ferai ce mot de lettre pour vous dire que le Roy monsieur mon fils trouve bon de... » (incarcérer ou libérer le sieur Untel, payer tant de sous par jour pour l'un, obliger l'autre à payer quand il est là pour concussion ou malversation au détriment de l'État).

Pendant la dernière année du règne de Charles IX, en mai 1574, Catherine de Médicis tient toujours le gouvernail du royaume alors qu'est déjoué un complot visant à écarter du trône Henri III, le troisième fils de Catherine. Deux des conjurés, l'un et l'autre maréchal de France, sont emprisonnés à la Bastille. Ils y restent un an et on s'interrogerait en vain sur les mystérieux mécanismes, les liens subtils de lignage et de clientèle, qui, pour le même motif, conduisent les uns directement sous la hache du bourreau et libèrent les autres dans des délais relativement brefs au regard du crime reproché. Il en va de même pour les régimes de détention qui vont de la clôture la plus rigoureuse à un certain train de vie à l'intérieur de la prison. Ainsi, en 1583, sous le règne d'Henri III (au cours duquel l'influence de Catherine de Médicis décroît progressivement), un gentilhomme gascon, qui a assassiné et détroussé un courrier qui transportait en Italie 30 000 écus, est incarcéré à la Bastille tandis que ses deux complices, simples soldats, sont plus simplement pendus à la Halle le 5 novembre. Passe encore d'éviter à ce noble le déshonneur d'une exécution pour assassinat (l'exécution des grands seigneurs pour haute trahison ou conspiration – ce qui est d'ailleurs la même chose – se supporte en revanche très bien), mais que penser de la recommandation qui est faite au capitaine de la Bastille « de lui faire bon traitement » alors qu'il était l'instigateur du crime ?

Et cependant, ce bandit de grand chemin, estimant sans doute que toutes ces faveurs ne suffisent pas, tente de s'évader moins d'un mois après son incarcération. Pierre de l'Estoile en raconte les péripéties : « Déplaisant de tenir si longue et étroite prison, brûla la nuit avec la paille de son lit et ce qui put recouvrer de bois la porte de son cachot ; duquel sorti, prit la corde du puits étant à la cour, monta dessus la terrasse de la Bastille au plus haut, attacha le bout de cette corde à une roue d'artillerie et l'allongea d'une autre forme de corde faite de ses draps, de sa couette, de sa paillasse et de la couverture de son lit, et se dévalant dans le fossé, la corde se trouvant courte, se laissa tomber en bas et demeura accroché par l'épaule à la pointe d'un barreau du treillis d'une fenêtre, d'où criant, fut secouru et remis dans la prison ». (On s'étonne presque d'apprendre qu'il y avait quand même des gardiens !)

Henri IV

Quand meurt Catherine de Médicis en 1589, tout va de mal en pis dans le royaume. Paris s'est révolté au cours de la journée des Barricades, la Ligue triomphe et l'assassinat d'Henri III ouvre une terrible crise de succession. Une fois de plus la Bastille montre l'envers de ce décor historique ou, si l'on veut, l'arrière-cuisine. On y voit passer et parfois périr les vaincus du moment, les fauteurs de troubles ou au contraire les empêcheurs de se révolter en rond. Le prévôt des marchands, Perreuse, enfermé à la Bastille au lendemain de la journée des Barricades pour cause de fidélité au roi, en est libéré au bout de quelques jours puis y est remis manu militari par des mutins. On a vu la Bastille changer de main au gré des événements, sans opposer de résistance, et Bussy-

Le Clerc, toujours en cette année terrible de 1589, avoir l'audace inouïe d'y enlever en otage le Parlement entier.

Henri IV, roi réputé pour sa clémence, n'en nomme pas moins Sully gouverneur de la Bastille en 1602, « afin que si j'ai des oiseaux à mettre en cage et tenir sûrement, je m'en repose sur votre prévoyance, diligence et loyauté ». (Lettre citée par Sully dans ses *Économies royales*.) Il ne semble pas toutefois qu'Henri IV ait beaucoup utilisé la Bastille comme prison d'État, préférant y entasser le trésor royal.

La répression de la conspiration de Biron prend un relief d'autant plus grand : ce maréchal de France, couvert de lauriers, rêvait d'un apanage et conspirait avec l'Espagne et la Savoie. Le roi apprend la chose, le convoque à son château de Fontainebleau et le presse d'avouer, prêt à pardonner. Biron s'obstine à nier. Il est perdu. Vitry, capitaine des gardes, s'avance et s'assure de sa personne. Il est conduit secrètement par la Seine jusqu'à la Bastille, le 15 juin 1602. Le procès pour haute trahison est instruit par le Parlement à la Bastille même, tant on craint un soulèvement en faveur du prisonnier. Une sentence de mort est prononcée le 29 juillet et deux jours après, le duc de Biron entend la lecture de la sentence dans sa cellule. Tant pour éviter à sa famille le scandale d'une exécution publique que par prudence (les plus grands personnages du royaume ont supplié pour obtenir la grâce du roi), l'exécution a lieu à l'intérieur même de la Bastille. Alors que soixante-dix personnes « seulement » assistent au supplice, Biron, célèbre pour sa bravoure et les blessures qu'il a reçues au combat, fait fort mauvaise contenance devant l'échafaud. Il pleure ; il supplie ; il se débat et c'est avec les plus grandes difficultés que le bourreau parvient enfin à lui bander les yeux et à lui faire sauter la tête d'un seul coup de hache.

Cette exécution fut la première et la dernière en quatre siècles à avoir lieu à l'intérieur même de la Bastille. Pourquoi faut-il que ce singulier privilège ait échu au « bon roi Henri », l'homme de la poule au pot ? La tête de Biron fut la seule qui tomba pendant son règne mais Henri IV, comme Louis XI, ne pardonnait qu'à ceux qui le lui demandaient et pas deux fois. Or, à une époque antérieure, il avait déjà sollicité les aveux du conspirateur.

La même conspiration provoque l'arrestation et l'incarcération à la Bastille de Charles de Valois, comte d'Auvergne, fils naturel de Charles IX, complice avec le duc de Bouillon qui, lui, a réussi à s'enfuir. Henri III, son oncle, l'a recommandé au futur Henri IV sur son lit de mort. Aussi sort-il de la Bastille au bout de quelques mois. Un exemple suffit et Henri IV tremble encore de celui qu'il a fait avec Biron. À peine sorti, le bâtard de Valois recommence à conspirer avec les Espagnols, ce qui lui vaut enfin une condamnation à mort en 1606. Gracié par Henri IV, il est de nouveau emprisonné à la Bastille. Cette fois, il va y rester dix ans.

Marie de Médicis

Avec l'assassinat d'Henri IV en 1610, alors que Louis XIII n'a que neuf ans, commence la régence de Marie de Médicis, nettement moins douée que Catherine de Médicis pour les choses du gouvernement. Elle tombe vite sous la coupe de Leonora Galigaï et de son époux Concini, bientôt fait maréchal d'Ancre et jouant le rôle de Premier ministre. De nouveau les grands seigneurs s'agitent, tantôt dans le parti de la reine, plus rarement dans celui du jeune roi. De temps à autre, l'un de ces seigneurs échoue à la Bastille comme le troisième prince de Condé (Henri II de Condé, le père du Grand Condé) qui, fidèle à l'esprit d'agitation de sa prestigieuse famille, se mêle de tout et surtout de politique, remplit la Cour de ses exigences et de ses rodomontades et prépare rien de moins que la guerre civile. Amadoué d'abord par le gouvernement du Berry et la bagatelle d'un million de livres, il revient faire de l'agitation à la Cour et se montre hostile à Concini qui le fait arrêter le 1er septembre 1616 et emprisonner à la Bastille, puis au donjon de Vincennes où il va rester trois ans et dont il sortira tout à fait assagi.

Une nouvelle fois, la Bastille ne compte pas que des prisonniers politiques. On y punit tout aussi bien, mais pour moins longtemps, les affaires d'indiscipline militaire ou de scandale à la Cour. En 1611, par exemple, le baron de la Châtaigneraie, capitaine des gardes du Louvre, s'en prend violemment aux ducs d'Épernay et de Bellegarde. Les épées sont presque mises hors du fourreau, ce qui constitue une violation grave du respect que chacun doit montrer dans une résidence royale. La reine voudrait bien pardonner à son capitaine qui lui a sauvé la vie autrefois mais, écrit le cardinal de Richelieu dans ses *Mémoires*, « il valoit mieux pour lui-même qu'elle le châtiât en apparence, pour satisfaire les grands en effet, que de laisser sa faute impunie, ce qui fit qu'elle se porta sans peine à l'envoyer à la Bastille, où il ne fit qu'entrer et sortir, pour se retirer d'un mauvais pas où il s'était mis inconsidérément ».

L'assassinat de Concini, le 24 avril 1617 (par Vitry, capitaine des gardes de Louis XIII, celui-là même qui avait arrêté Biron, quinze ans auparavant), occasionne à la Bastille l'étonnante conjonction de trois grands personnages : d'abord Claude Barbin, intendant de Marie de Médicis, sur laquelle il a de l'influence et même de l'autorité. Personnage important encore que peu connu, il est l'un des artisans de l'ascension politique de Richelieu, évêque de Luçon, qu'il a présenté à Concini. Hostile aux entreprises de subversion contre la couronne, il organise l'arrestation de Condé, l'année même où il se trouve promu contrôleur des Finances. L'assassinat de Concini le fait considérer, d'ailleurs à tort, comme l'un des responsables du complot et écrouer à la Bastille. Il s'y trouve non loin du prince de Condé qu'il avait si bien contribué à faire arrêter. Une nuit de mai 1617, les deux prisonniers entendent des cris de femme dans la cour de la Bastille. Celle qui proteste ainsi contre son arrestation n'est autre que la femme de Concini. Condé, réveillé par ces clameurs, se réjouit d'abord quand il apprend qu'après Barbin, voilà la Galigaï qui le rejoint dans la prison d'État. Mais, ajoute Richelieu dans ses *Mémoires*, « quand elle fut tirée de là pour être exposée au jugement des hommes » (elle fut condamnée à mort et exécutée le 8 juillet), « il eut lieu de craindre le commencement si sanguinaire de ce nouveau gouvernement ».

La suite de l'histoire de Barbin nous éclaire non seulement sur l'histoire déjà riche de cette prison mais aussi sur les étranges mécanismes du pouvoir. Après son arrestation, Richelieu est intervenu auprès d'Albert de Luynes, véritable instigateur de l'assassinat, devenu Premier ministre. Marie de Médicis a supplié le jeune roi. Rien n'y a fait et Barbin, homme de la reine et par conséquent de Concini, doit rester à la Bastille. Il y jouit d'une relative liberté et a obtenu l'autorisation de correspondre avec la reine mère, exilée à Blois d'où elle se prépare à livrer bataille contre les troupes du roi. Barbin n'a pas compris que cette mansuétude n'a pour raison que l'espionnage de son courrier pour le compte de Luynes. Au début de 1618, celui-ci montre d'un coup toute la correspondance à Louis XIII, provoquant la colère escomptée. Richelieu, qui n'y est pour rien, doit s'exiler à Avignon, cité papale, tandis que Barbin est jugé et n'échappe que de justesse à une condamnation à mort.

Luynes, qui d'ailleurs était en 1615 gouverneur de la Bastille (un poste clef, décidément), continue de régler ses comptes. En 1618, il fait emprisonner à la Bastille ses deux anciens lieutenants devenus pour lors, l'un gouverneur de la Bastille, l'autre de Vincennes, soupçonnés tous deux d'être favorables à la reine et de ce fait mauvais gardiens des prisonniers politiques du moment. Il y envoie aussi Charlotte du Tillet, dame d'honneur de la reine, et beaucoup d'autres encore s'il faut en croire Richelieu dans ses *Mémoires* : « On mène des religieux à la Bastille aussi librement qu'en leur couvent ; on la remplit de toutes sortes de personnes, nulle condition ni qualité n'étant capable de mettre à couvert ceux qui étoient jugés avoir quelque empreinte d'affection pour la Reine dans le cœur ; on s'attaque à tout le monde. »

Luynes fait mettre aussi à la Bastille des auteurs d'écrits hostiles. Deux d'entre eux, Étienne Durand et François Siti (le frère de Leonora Galigaï) n'en sortent que pour être rompus et brûlés avec leurs écrits en place de Grève. Coup de chance pour les autres, ce personnage vindicatif meurt en 1621, à la veille d'ailleurs d'être disgracié.

D'un cardinal à l'autre

Après que les insurgés conduits par Marie de Médicis ont été vaincus aux Ponts-de-Cé (près d'Angers) en 1620, Richelieu rentre en grâce en se faisant l'artisan de la réconciliation difficile entre la reine mère qui voudrait gouverner encore et le roi qui veut gouverner enfin. Il entre au Conseil du roi en 1624 et s'y comporte bientôt en chef, au point de déplaire à Marie de Médicis qui s'emploie alors à le discréditer auprès de Louis XIII. Le 11 novembre 1630, Marie de Médicis et ceux que Richelieu appelle dans ses *Mémoires* « les cabalistes de la cour » croient triompher enfin. Déjà opportunistes et ennemis du cardinal se pressent chez la reine mère pour la féliciter et Richelieu se prépare à l'exil quand, le lendemain, on apprend à la consternation générale que le roi vient de renouveler sa confiance à Richelieu. C'est la journée des Dupes qui va provoquer enfin l'exil définitif de Marie de Médicis.

Richelieu

La plus illustre victime de cette journée est François de Bassompierre, maréchal de France depuis 1622. Affectionné d'Henri IV puis de Louis XIII, excellent soldat et chéri des dames, il se rapproche de la reine mère, l'aide à faire entrer Richelieu au Conseil et la seconde dans ses intrigues. De plus en plus hostile à la politique du cardinal, il se lie avec ses ennemis et participe à plusieurs conseils où l'on trame sa perte. Après la journée des Dupes, les ennemis du cardinal courbent l'échine mais Bassompierre refuse de fuir. Signe du destin, son carrosse, qui se dirige vers la place Royale le dimanche 23 février 1631, s'accroche avec un chariot qui transporte à la Bastille le lit de l'abbé de Foix, arrêté le matin même. Le soir, le duc d'Épernon lui apprend que la reine mère est arrêtée et que lui-même est en danger. Le lendemain, raconte-t-il dans ses *Mémoires*, il brûle plus de six mille lettres d'amour (!) afin de ne pas compromettre ces dames en cas d'arrestation. Le soir, il voit le roi mais celui-ci baisse la tête et continue de jouer de la guitare sans le regarder ni lui dire un mot. La disgrâce est proche et, de fait, le lendemain à six heures du matin, un lieutenant des gardes du corps entre dans la chambre du maréchal et lui dit : « Monsieur, c'est avec la larme à l'œil et le cœur qui me saigne, que moi, qui depuis vingt ans suis votre soldat et ai toujours été sous vous, sois obligé de vous dire que le Roi m'a commandé de vous arrêter. »

Un carrosse du roi, entouré d'un grand déploiement de mousquetaires et de chevau-légers, le transporte à la Bastille où, caprice du destin qui se répète souvent, il a été lui-même quelque temps gouverneur quatorze ans auparavant. Charles Le Clerc du Tremblay, récemment nommé par Richelieu « capitaine et gouverneur du chasteau de la Bastille », l'accueille fort civilement, dîne avec lui et le conduit à la meilleure chambre qui est celle qu'occupait récemment encore le prince de Condé. Le frère aîné du nouveau gouverneur n'est autre que le fameux père Joseph, capucin d'origine mais surtout collaborateur intime de Richelieu et principal agent de la politique étrangère, dont l'influence auprès du cardinal lui vaudra le surnom d'« Éminence grise ». On constate au passage comment, dans la mise en place des hommes dévoués à Richelieu, le gouvernement de la Bastille constitue désormais un poste important.

« Le mercredi 20, raconte Bassompierre, M. du Tremblay me vint voir et me dit, de la part du roi, qu'il ne m'avait point fait arrêter pour aucune faute que j'eusse faite, et qu'il me tenait son bon serviteur, mais de peur que l'on ne me portât à mal faire, et que je n'y demeurerais pas longtemps ; dont j'eus beaucoup de consolation. Il me dit, de plus, que le roi lui avait commandé de me laisser toute liberté, hormis celle de sortir ; que je pouvais prendre avec moi tels de mes gens que je voudrais ; et me promener par toute la Bastille. Il ajouta encore à mon logement une autre chambre auprès de la mienne pour mes gens. Je ne pris que deux valets et un cuisinier. » En fait, Bassompierre ne sortira de la Bastille qu'à la mort de Richelieu, après une détention de treize ans qui ruinera sa santé (il meurt à soixante-sept ans, trois ans après sa libération). L'inexorable vengeance du cardinal sera saluée par ce quatrain anonyme :

> *Enfin dans l'arrière-saison,*
> *La fortune d'Armand s'accorde avec la mienne ;*
> *France, je sors de ma prison*
> *Quand son âme sort de la sienne.*

Richelieu n'a pas attendu la divine surprise de la journée des Dupes pour mettre en œuvre une politique intérieure qui ne vise qu'à renforcer l'État. Or à raison d'État, prison d'État. Les *Mémoires* du cardinal ne dissimulent pas le nombre grandissant des incarcérations à la Bastille. Les conspirateurs figurent en bonne place bien sûr, même si les plus célèbres, la plupart du temps exécutés, ne sont pas passés par la Bastille : Chalais, le dernier duc de Montmorency, Cinq-Mars, de Thou... Derrière eux, on retrouve toujours les intrigues de Gaston d'Orléans, intouchable puisqu'il est frère du roi. En revanche, son surintendant général, Jean-Baptiste d'Ornano, fait connaissance une première fois avec la Bastille pour avoir conspiré avec son maître. Transféré au château de Caen puis gracié par Richelieu en 1624, il est impliqué de nouveau dans la conspiration de Chalais et incarcéré au donjon de Vincennes le 4 mai 1626 (où il mourra la même année) tandis que ses deux frères et deux de ses proches sont embastillés. En cette période si fertile en complots, on trouve encore à la Bastille, en 1628, les comtes de La Suze et de Rancy, « pour ce qu'ils voulaient soulever les huguenots en Picardie », précise Richelieu.

La raison d'État sanctionne aussi de Bastille ceux qui se battent en duel en dépit des interdictions répétées, ou encore, pour quelques jours seulement, les grands seigneurs qui se querellent à la Cour. Tout cela mis bout à bout finit par faire du monde : pas moins de 53 prisonniers à la Bastille sur le premier état nominatif qui date de 1643, un an après la mort de Richelieu. On y trouve des prisonniers politiques, nobles pour la plupart, soupçonnés « de vouloir entreprendre », ou accusés de « mauvais desseins contre M. le Cardinal », des agents doubles, des militaires indisciplinés. Mais il y a aussi cinq fous, deux criminels, deux faux-monnayeurs, sans compter un certain nombre de religieux et de « croquants » pour lesquels aucun motif n'est indiqué. Avec Richelieu, la Bastille en tant que prison connaît incontestablement le plein emploi, avec un contingent majoritaire mais non unique de prisonniers politiques qui dès cette époque donnent à la forteresse son image de prison d'État.

Pierre La Porte a raconté de son côté ses démêlés avec le cardinal de Richelieu. Ses *Mémoires* sont du plus haut intérêt car ils nous éclairent de nouveau sur l'envers du décor politique et constituent le premier témoignage détaillé et non dénué d'humour sur la vie à la Bastille. Avant de devenir maître d'hôtel et premier valet de chambre de Louis XIV, La Porte occupe le poste de « porte-manteau » de la reine Anne d'Autriche. Ce sont là de hautes fonctions, et son fils sera doyen du Parlement de Paris tandis que sa fille épousera le marquis de Clères. Son attachement pour la reine en fait un agent zélé de la correspondance que celle-ci entretient avec son frère le roi d'Espagne.

Un ordre du cardinal le fait jeter à la Bastille le 10 août 1637 alors qu'il est porteur pour Mme de Chevreuse, éternelle conspiratrice, d'une lettre hostile à Richelieu. Le voici qui raconte son incarcération : « Après avoir été fouillé, l'on me fit passer le pont, et entrer dans le corps-de-garde entre deux haies de mousquetaires de la garnison qui avaient la mèche allumée et se tenaient sous les armes comme si j'eus été un criminel de lèse-majesté. Je fus bien une demi-heure dans ce corps-de-garde, pendant qu'on me préparait un cachot, qui fut à la fin celui d'un nommé du Bois, qui en avait été tiré depuis peu pour aller au supplice, parce qu'il avait trompé le roi et S.E. à qui il avait promis de faire de l'or ; on me vint dire qu'il fallait marcher et j'entrai dans cette tour même du corps de garde où l'on avait coutume de mettre ceux que l'on devait bientôt faire mourir. Étant arrivé dans mon cachot, on me déshabilla pour fouiller une seconde fois ; après avoir été fouillé, je repris mes habits ; on m'apporta un lit de sangles pour moi, et une paillasse pour un soldat qu'on enferma avec moi, avec une terrine pour mes nécessités naturelles, et l'on ferma sur nous trois portes, une en dedans de la chambre, la seconde au milieu du mur, et la troisième en dehors sur le degré. Chacune de ces portes se fermait à clef, la fenêtre se fermait de la même façon avec trois grilles... »

On l'interroge pour savoir s'il ne cache pas d'autres lettres et de fait, La Porte confie dans ses *Mémoires* qu'il a caché dans un trou du mur de sa chambre tout « un magasin de toutes les pièces du temps contre Son Eminence ». Extrait de son cachot en pleine nuit, il croit sa dernière heure venue mais c'est pour le conduire chez le cardinal qui essaie en vain de le « retourner ». Ramené à la Bastille, on le presse d'avouer et même, un jour, on le descend à la chambre de la question, « et là ils m'en firent voir tous les instruments [...] et me firent un grand sermon sur les ais, les coins, les cordages, exagérant le plus qu'ils pouvaient les douleurs que cela causait, et comme cette question aplatissait les genoux [...]. Je lui dis que le roi était le maître de ma vie, qu'il pouvait me l'ôter, et qu'à plus forte raison, il pouvait me faire aplatir les genoux ; mais que je savais qu'il était juste, et que je ne pouvais croire qu'il consentît qu'on me traitât de la sorte sans l'avoir mérité ».

Faut-il prendre pour argent comptant la scène où la reine, après sa réconciliation avec le roi, arrête son carrosse après avoir franchi la porte Saint-Antoine et échange des signes d'amitié avec son fidèle valet de chambre monté pour la circonstance sur les tours de la Bastille ? On sait en tout cas que cette réconciliation permit le 5 décembre 1637 la conception d'un dauphin à laquelle plus personne ne croyait et que La Porte appelle plaisamment « le fils de son silence ». Cette grossesse providentielle pour le royaume l'est aussi pour lui, car il est libéré à la demande de la reine, alors à mi-terme et à qui le roi ne saurait rien refuser. Il sort de la Bastille le 12 mai 1638 en signant toutefois la promesse d'aller s'exiler à Saumur. Ses *Mémoires* nous confirment la présence d'une « infinité d'autres personnes qui étaient à la Bastille pour divers sujets ».

Mazarin

Mazarin, qui succède à Richelieu à la direction du Conseil et doit faire aussitôt face à l'hostilité des Grands, va lui aussi faire un large usage de la Bastille. Les procès-verbaux annuels de visites de prisonniers qui s'effectuent sous son ministère montrent bien que la prison a cessé d'être occasionnelle pour devenir institution. Il y a environ 35 prisonniers en 1645 et 1646 : des nobles, dont le chevalier de Lorraine qui est « aliéné d'esprit » (et un autre fou, enchaîné pour avoir été trouvé chez le cardinal de Mazarin, une arme à la main), des moines et des prêtres, un officier espagnol, un avocat, des mousquetaires et des gendarmes du roi dont il y a lieu de penser qu'ils sont là pour duel ou indiscipline – mais les motifs d'emprisonnement ne sont qu'exceptionnellement indiqués. Il semble toutefois que les « politiques » soient moins nombreux que sous le ministère de Richelieu et que, d'une façon générale, le gibier soit de moindre envergure qu'au temps des régences des deux Médicis. La Bastille se démocratise en même temps qu'elle se remplit plus régulièrement.

Le « haut de gamme » subsiste cependant par son imbrication étroite avec la haute politique, comme le montrent les avatars de Jean Héraud, plus connu sous le nom de Gourville. Né en 1625, il commence modestement sa carrière en devenant en 1643 valet de chambre de l'abbé de La Rochefoucauld puis du frère, François, futur auteur des célèbres *Maximes* mais qui, avant de se retirer dans un amer désenchantement, a fort vaillamment combattu puis conspiré contre Richelieu – ce qui lui a valu d'être emprisonné à la Bastille en 1637. L'intelligence de Gourville le hisse vite au rang de secrétaire du duc et, comme La Porte, il montre aussitôt un grand talent pour l'intrigue. On le voit s'employant secrètement pour Condé, auprès duquel le duc de La Rochefoucauld a été gravement blessé en 1652, et même pour le service du roi, puisqu'il est l'un des négociateurs de la paix de Bordeaux qui termine la Fronde. Gourville devient l'un des familiers du prince de Conti, époux d'une nièce de Mazarin et

frère du Grand Condé. Ses intrigues au sein de la petite cour des Conti, ses van-
tardises et les jalousies qu'il suscite conduisent Mazarin à le faire emprisonner à
la Bastille en novembre 1656.

Même s'il n'est pas bien né, Gourville profite de la réputation des grandes
familles qu'il sert et, ce qui plus est, il sait des choses. Cela explique les égards
avec lesquels on le conduit puis on l'enferme à la Bastille, s'il faut en croire ses
Mémoires : « Monsieur le Cardinal, au commencement d'avril 1656, donna l'ordre à M. de la Bachelerie, gouverneur de la Bastille, de m'y mener. Il vint pour
cela le lendemain à mon appartement, accompagné de quelques gens, et, ayant
trouvé mon laquais à la porte de ma chambre, il lui demanda si j'étais là et ce
que je faisais. Ce laquais lui répondit que j'étais avec mon maître à danser.
M'ayant trouvé que je répétais une courante, il me dit en riant qu'il fallait
remettre la danse à un autre jour, qu'il avait ordre de Monsieur le Cardinal de
me mener à la Bastille. Il m'y conduisit dans son carrosse, et, comme il n'y avait
alors aucune personne de considération, il me mit dans une chambre au premier qui était la plus commode de toutes. Je fus renfermé avec mon valet pendant huit jours sans voir personne que celui qui m'apportait à manger ; mais
Monsieur le gouverneur, m'étant venu voir, me dit que Monsieur le surintendant l'avait prié de me faire les petits plaisirs qui pourraient dépendre de lui et
que je pourrais communiquer avec les autres prisonniers, mais qu'il ne fallait
pas qu'aucun de mes amis demandât à me voir. Cela me fit un grand plaisir,
m'étant déjà ennuyé au delà de ce que l'on peut s'imaginer. »

Peu de temps après, Gourville se fait apporter un brochet qu'il mange avec
le gouverneur avec qui il joue ensuite au trictrac. Mais, bien qu'il soit traité
avec beaucoup d'amitié, il se plaint de « s'ennuyer extrêmement », surtout à
partir de neuf heures du soir, heure à laquelle on ferme la porte de sa chambre.
Il songe d'abord à s'évader mais préfère finalement user de ses talents de diplomate qui ne sont pas minces. L'homme clef (c'est le cas de le dire) est le frère
du surintendant des Finances, l'abbé Basile Foucquet à qui Mazarin a confié
une espèce de surintendance de la police. Cet abbé Foucquet à la réputation,
outre celle d'être un fieffé coureur de jupons, d'être « fort employé par Monsieur le Cardinal pour faire mettre des gens à la Bastille », mais il en fait aussi
sortir. Gourville fait si bien agir ses relations que l'abbé Foucquet, qui porte de
temps à autre au Cardinal la liste des prisonniers de la Bastille, obtient sa libération. À peine sorti, il court remercier Mazarin : « M'y étant rendu et présenté le
soir à lui, comme il sortait de chez le roi, je lui fis une révérence, en lui disant

que j'avais bien des remerciements à faire à Son Éminence de m'avoir fait mettre à la Bastille et de m'avoir donné lieu de bien repasser sur ma conduite, que j'avais reconnue n'être pas trop bonne. Il se mit à rire et me dit de le venir trouver le lendemain à sept heures du matin. »

« Retourné » par Mazarin, Gourville se lance dans la finance après que le Cardinal lui ait prêté de très fortes sommes d'argent. En échange, Gourville accomplit plusieurs missions de bons offices pour le Cardinal, et même l'une d'entre elles le conduit jusqu'à la Bastille où il négocie avec un prisonnier. Mazarin est si content de lui qu'il obtient la Ferme des tailles de Guyenne puis la fourniture des blés pour Paris et l'armée des Flandres, et encore la Ferme des papiers et des bières, et on en passe. Devenu immensément riche, il manque de sombrer avec Nicolas Foucquet, voyant un moment ses biens confisqués et son effigie pendue tandis qu'il a filé en Hollande où il se lance de nouveau dans la diplomatie secrète.

Ce personnage étonnant, inconnu cependant des dictionnaires biographiques, revient secrètement en France avant de gagner son pardon en s'employant à recouvrer les créances de Condé en Espagne. Ce sont alors de nouvelles missions, sans cesse plus difficiles, qu'il accomplit directement pour le roi alors qu'il est toujours officiellement condamné à mort (les lettres d'abolition n'arrivent enfin qu'en 1671). À l'en croire dans ses *Mémoires*, Gourville aurait été à deux doigts d'être nommé contrôleur général à la mort de Colbert. À coup sûr l'État n'y aurait pas perdu car ce diable d'homme avait le don, devenu bien rare en politique, de trouver des solutions à tout. Il meurt en 1703, à soixante-dix-sept ans.

La correspondance de Mazarin nous éclaire plus que celle de Catherine de Médicis ou que les *Mémoires* très arrangés de Richelieu, sur l'usage qu'il fait de la Bastille. Encore une fois, on est frappé par la très grande diversité des motifs d'incarcération, avec déjà une certaine banalisation dans l'emploi de la Bastille qui n'a plus rien d'exceptionnel. Les prisonniers politiques y sont de moins en moins nombreux et au surplus ce mot a de nombreuses significations. Au sens strict, ce sont les quelque dix personnes mises à la Bastille en 1659 pour l'affaire des assemblées de la noblesse en Normandie qui est l'une des principales « assemblées illicites » de nobles provinciaux qui ont constitué les ultimes retombées de la Fronde. Dans cette affaire, la Bastille ne joue que le rôle de « prison préventive » tandis que c'est le tribunal du Châtelet qui instruit, faisant libérer la plupart au bout de cinq à six mois, mais condamnant à mort et faisant exécuter l'un des instigateurs en décembre 1659.

Mais il y a aussi des cas où la politique s'adorne des délits les plus divers. En 1657 par exemple, si le sieur de Barbezières est maréchal de camp au service de Condé, et de ce fait adversaire de Mazarin, il ne se rend pas moins coupable d'un rapt sur la personne d'un financier nommé Girardin – mais c'était pour le livrer à Condé. Mazarin fait aussitôt mettre le frère de Barbezières, à la Bastille et c'est Gourville qui vient lui faire comprendre avec bien des circonlocutions qu'il ne sortira de la Bastille que lorsque Girardin aura été relâché et qu'il répond de la vie de ce dernier sur la sienne.

En juillet 1659, c'est Abraham Wicquefort, résident de l'électeur de Brandebourg, que Mazarin considère comme un homme fort méchant et dangereux et dont un plus long séjour en France ne pourrait être que très préjudiciable au service de Sa Majesté. « S'il refuse, poursuit Mazarin dans la lettre qu'il écrit à Michel Le Tellier, secrétaire d'État à la Guerre, il sera mis à la Bastille car il y a déjà longtemps qu'il mérite cette récompense. » Un mois plus tard on l'y trouve, en effet, en dépit de ses protestations d'immunité diplomatique. Quant au fond de l'affaire, il semble que Wicquefort ait accepté des fonds importants de Mazarin pour jouer les agents doubles puis se soit empressé de manger l'argent, chose horrible et insupportable pour le Cardinal.

En dépit ou à cause de la colossale fortune personnelle qu'il a amassée au détriment de l'État, Mazarin frappe sans faiblesse escrocs, faussaires et autres banqueroutiers frauduleux, expédiant nombre d'entre eux à la Bastille, souvent pour leur faire rendre gorge. On trouve aussi, comme sous le ministère de Richelieu, des militaires désobéissants, des duellistes, des fous et des prisonniers de famille, un malheureux qui a eu la drôle d'idée d'épouser trois femmes, des sacrilèges, des trublions de toutes sortes, bref une addition de ratons laveurs sur laquelle nous aurons l'occasion de revenir.

Deux catégories se distinguent déjà : ceux qui écrivent ou distribuent des gazettes prohibées, avec ou sans « mazarinades », et les premiers jansénistes. Mazarin toutefois n'est pas un féroce, et il semble que sous son ministère les durées d'incarcération n'ont pas été très longues, moins en tout cas que sous celui de Richelieu.

À propos d'un gazetier incarcéré à la Bastille en 1659, Mazarin écrit à Le Tellier que c'était « sans mauvaise intention mais seulement pour gagner sa vie ». Bref, puisque le maréchal de Gramont a parlé en sa faveur et qu'« il m'assure qu'il ne se mêlera plus de ce métier-là », qu'on le fasse libérer. Quant à ce prêtre sacrilège qui a écrit des choses abominables contre la Vierge et la religion et que le Châtelet a condamné à mort, qu'on suspende l'exécution afin d'éviter le scandale et que le prisonnier reste à la Bastille.

Néanmoins, en 1661, l'année où meurt Mazarin et où Louis XIV décide de gouverner seul, la Bastille compte une quarantaine de prisonniers. Elle est devenue un instrument de répression commode dans les mains du pouvoir royal. Elle va le rester.

●　　●　　●

CHAPITRE 2

La Bastille et les lettres de cachet

Tout l'État est dans le prince

Politiques ou non, les emprisonnements qui sont ordonnés pour la Bastille à partir du règne de Charles VI, c'est-à-dire dès sa construction, par le seul effet de la volonté du roi et sans autre forme de procès, reposent sur cette simple constatation : le roi est le maître de toutes choses, y compris de punir. Lorsque les régentes Catherine et Marie de Médicis, ou les ministres Richelieu et Mazarin, pourtant tout-puissants, font enfermer quelqu'un à la Bastille (ou l'en font sortir), c'est toujours au nom du roi, même s'il ne s'agit là que d'une clause de pure forme. Bien sûr, le grand nombre de seigneurs conspirateurs et révoltés qui tâtent de la Bastille ou de Vincennes, du règne de Louis XI à la minorité de Louis XIV, prouve à quel point cette autorité est sinon contestée, du moins bafouée. En 1661, au lendemain de la mort de Mazarin, un véritable coup d'État royal va changer tout cela : « Je commençai à jeter les yeux sur toutes les diverses parties de l'État, et non pas des yeux indifférents, mais des yeux de maître [...], le désordre régnait partout », écrit Louis XIV dans ses *Mémoires* pour l'année 1661. On sait comment va s'affirmer dès lors l'absolutisme sous le long règne de Louis XIV.

L'absolutisme est fondé par le droit divin dont Bossuet fait l'apologie : « La majesté est l'image de la grandeur de Dieu dans le prince. » Tout l'État est dans le prince. Toute la volonté du peuple est renfermée dans celle du prince. Toute la puissance des particuliers est réunie dans la personne du prince, « comme en Dieu est réunie toute perfection et toute vertu ». Et, encore de Bossuet, cette apostrophe : « Taisez-vous, pensées vulgaires : cédez aux pensées royales. Les pensées royales sont celles qui regardent le bien général. »

Chacun à sa place donc, comme le souligne Louis XIV dans ses *Mémoires* pour 1666 : « Peut-être qu'à bien estimer les choses, l'homme particulier qui sait obéir est plus heureux que le prince qui n'est pas en pouvoir de commander. [...] C'est pervertir l'ordre des choses que d'attribuer les résolutions aux sujets et la déférence au souverain. C'est à la tête seulement qu'il appartient de délibérer et de résoudre, et toutes les fonctions des autres membres ne consistent que dans l'exécution des commandements qui leur sont donnés. »

Après l'archevêque Claude de Seyssel au XVIe siècle mais dans une formulation plus radicale, Pierre Bayle, au siècle suivant, explique que le seul moyen d'empêcher discordes et guerres civiles dans le royaume de France est « la puissance absolue du souverain, soutenue avec vigueur et armée de toutes les forces nécessaires à la faire craindre ». Les souverains, écrivait Jean Bodin dès le XVIe siècle, ne doivent être en aucun cas sujets à la volonté d'autrui, peuvent faire et défaire les lois et ont « la puissance de donner loy à tous en général et à chacun en particulier... ». Le roi doit avoir sur ses sujets l'œil et l'autorité du père, d'un père d'une immense famille étendue à tout le royaume. « Commander à un royaume ou à sa maison, il n'y a de différence que les limites », écrivait le maréchal de Tavannes au XVIe siècle.

Dans ce contexte, toute espèce d'ordre que le roi adresse à un particulier sous forme écrite prend valeur de loi particulière. C'est l'« ordre du roi » bientôt appelé « lettre de cachet ». Dès le XVIe siècle et peut-être avant, ces messages royaux convoquent un particulier ou un corps constitué, ordonnent de chanter un *Te Deum* à l'occasion d'une victoire militaire, ou encore prononcent un exil ou une arrestation. De même, après avoir reçu un « placet » qui lui a été adressé directement et parfois remis en main propre, le roi prononce tout aussi directement sa décision. Louis XIV va multiplier cet usage : « Je donnai à tous mes sujets, sans distinction, la liberté de s'adresser à moi, à toute heure, de vive voix et par placets [...] manière dont j'avais moi-même accoutumé de rendre la justice à ceux qui me la demandaient immédiatement. »

Ce dernier mot est important. Toute justice vient du roi, même si par la force des choses le souverain doit déléguer ses pouvoirs à des juridictions sans cesse plus nombreuses et plus complexes. De même que Saint Louis rendait la justice sous son chêne, le roi peut exercer à tout moment la « justice retenue » en dessaisissant par avance toute espèce de tribunal. Le sceptre, bâton de commandement, est aussi main de justice et personne alors ne songerait à mettre un pareil principe en question.

À partir du règne de Louis XIV, la multiplication des « ordres du roi », sans constituer une rupture avec le droit coutumier, va toutefois marquer un tournant important dans l'histoire des institutions. Ce moyen simple, rapide, discret, en entrant en conjonction avec l'affirmation réussie de la monarchie absolue, va permettre au roi d'avoir si nécessaire le dernier mot, par le simple énoncé de sa volonté particulière.

Le lieutenant général de police de Paris

Au début du règne de Louis XIV, Paris, dont la population commence à s'accroître considérablement, possède une structure judiciaire complexe et une organisation policière insuffisante, le tout étant inefficace et même anarchique. Après les malheurs de la Fronde, rien d'étonnant donc que Paris soit devenu un véritable coupe-gorge. Ainsi s'expliquent deux mesures royales importantes : l'institution en avril 1656 de l'hôpital général de Paris destiné à renfermer les mendiants, et la création en mars 1667 de la charge de lieutenant général de police de Paris (ce terme n'apparaît en fait qu'en 1674). La fonction principale de ce dernier est clairement définie : il « connaîtra de la sûreté de la ville ». Il devra en outre s'occuper des approvisionnements, de la voirie, des inondations et des incendies, de l'assistance, des règlements sur les métiers, les lieux publics, la presse et la librairie, etc. Ce « super-préfet » de police est aussi un magistrat qui peut juger en flagrant délit et, dans certains cas, seul et en dernier ressort.

De grands commis

Le premier nommé à un poste aussi important est Gabriel Nicolas de La Reynie, maître des requêtes de quarante deux ans, type même du grand commis à la fois intelligent et docile dans les mains du roi. Inventeur des opérations « coup de poing » au cours desquelles par exemple il fait évacuer puis détruire les dernières cours des miracles de Paris, il opère aussi discrètement, écrivant au chancelier Séguier dès la première année de son entrée en fonction : « Nous faisons tous les jours, Monseigneur, quelques progrès dans les matières de police et le bien qui peut en réussir est d'autant plus considérable qu'il se fait sans bruit. » On aura compris que cette police « sans bruit » a eu tôt fait d'utiliser cet autre instrument silencieux qu'était la lettre de cachet.

Quand La Reynie doit démissionner après trente ans de fonction, la puissance du lieutenant général de police s'est considérablement accrue jusqu'à, écrit Saint-Simon pour 1697, « une sorte de ministère, et fort important par la confiance directe du roi, les relations continuelles avec la Cour et le nombre de choses dont il se mêle et où il peut servir ou nuire infiniment aux gens les plus considérables et en mille manières ». Ailleurs, Saint-Simon définit le lieutenant de police comme « une espèce de ministre secret et confident, une sorte d'inquisiteur ».

Après un si beau début, le successeur de La Reynie, Marc René de Voyer de Paulmy, marquis d'Argenson, va donner son second souffle à une fonction qui a fait ses preuves. Pendant vingt et un ans, il va réprimer avec intelligence et sans faiblesse tous les désordres de la capitale : les simples délits d'abord, de l'assassinat au détour d'une sombre ruelle à toute la gamme des vols et des escroqueries, mais aussi le libertinage, les désordres du clergé et de la noblesse, les contraventions à la police des métiers ou des spectacles, le vagabondage des mendiants ou des fous, les troubles et les complots, etc.

Or, d'Argenson se plaint sans cesse des lenteurs et même de l'incapacité de la justice. Reste l'autorité immédiate du roi, la lettre de cachet. « C'est ainsi, écrit d'Argenson, le 25 juillet 1701, que la justice ordinaire autorise souvent les plus grands crimes par une jurisprudence relâchée et c'est ce qui m'oblige aussi dans ces occasions de recourir à l'autorité immédiate du roi qui, seule, fait trembler nos scélérats et sur qui les détours ingénieux ni le savoir-faire de la chicane ne peuvent rien. » À propos d'un jeu clandestin et scandaleux qui se tient chez un conseiller du Parlement (ce qui exclut d'avance toute action judiciaire), d'Argenson a cette formule charmante et révélatrice : « Je ne puis donc que recourir à l'autorité du roi, la ressource ordinaire de ma faiblesse... » Des milliers de lettres de cachet sont parties ainsi à l'initiative de d'Argenson qui en a fait non plus un instrument d'exception à l'initiative du roi, mais un moyen de répression habituel bien que restant soumis à la décision du roi. On verra quel rôle privilégié la Bastille a joué à l'intérieur de ce système.

Cette multiplication des lettres de cachet a été perçue et critiquée par certains contemporains tels que Saint-Simon qui écrit dans ses *Mémoires* : « Avant Louis XIV, les lettres de cachet étaient peu connues. Elles furent commodes aux ministres et aux directeurs de conscience ; ce fut à la fin une inondation. » Pourtant, le même Saint-Simon, qui portera des jugements très sévères sur les autres lieutenants généraux de police, a brossé un portrait plutôt flatteur de d'Argenson : C'était, écrit-il, « un homme d'infiniment d'esprit et d'un esprit souple. [...] Il faisait depuis longtemps la police et avec elle l'inquisition, d'une manière transcendante. [...] Avec une figure effrayante, qui retraçait celle des trois juges des enfers, il s'égayait de tout avec supériorité d'esprit, et avait mis un tel ordre dans cette innombrable multitude de Paris qu'il n'y avait nul habitant dont jour par jour il ne sût la conduite et les habitudes, avec un discernement exquis pour appesantir ou alléger sa main à chaque affaire... »

Lorsque d'Argenson meurt en 1721, trois ans après avoir quitté sa charge, le peuple de Paris, qui, cinquante ans auparavant, se plaignait de vivre à la fois dans un cloaque et un coupe-gorge, conspue son cercueil. En revanche, le bel esprit qu'était Fontenelle a écrit pour l'Académie des sciences un éloge funèbre qui est le plus grand panégyrique de la police qui ait jamais été prononcé : « Les citoyens d'une ville bien policée jouissent de l'ordre qui y est établi, sans songer combien il en coûte de peine à ceux qui l'établissent ou le conservent, à peu près comme tous les hommes jouissent de la régularité des mouvements célestes sans en avoir aucune connaissance. [...] Mais qui voudrait le connaître et l'approfondir, en serait effrayé. Entretenir perpétuellement dans une ville telle que Paris une consommation immense, dont une infinité d'accidents peuvent toujours tarir quelques sources ; réprimer la tyrannie des marchands à l'égard du public, et en même temps animer leur commerce ; empêcher les usurpations mutuelles des uns sur les autres, souvent difficiles à démêler ; reconnaître dans une foule infinie tous ceux qui peuvent si aisément y cacher une industrie pernicieuse, en purger la société, ou ne les tolérer qu'autant qu'ils lui peuvent être utiles par des emplois dont d'autres qu'eux ne se chargeraient pas, ou ne s'acquitteraient pas si bien ; tenir les abus nécessaires dans les bornes précises de la nécessité qu'ils sont toujours prêts à franchir, les renfermer dans l'obscurité à laquelle ils doivent être condamnés, et ne les en tirer pas même par des châtiments trop éclatants ; ignorer ce qu'il vaut mieux ignorer que punir, et ne punir que rarement et utilement ; pénétrer par des conduits souterrains dans l'intérieur des familles, et leur garder les secrets qu'elles n'ont pas confiés, tant qu'il n'est pas nécessaire d'en faire usage ; être présent partout sans être vu ; enfin mouvoir ou arrêter à son gré une multitude immense et tumultueuse, et être l'âme toujours agissante et presque inconnue de ce grand corps : voilà quelles sont en général les fonctions du magistrat de la police... »

Voilà des formules dont l'audace peut aujourd'hui surprendre et qu'aucun ministre de l'Intérieur de nos républiques n'oserait formuler. Cet éloge académique nous montre que dans l'esprit de l'Ancien Régime, au contraire, les missions de la police n'avaient rien d'inavouable et que la lettre de cachet, plus efficacement que la justice, savait « renfermer les abus dans l'obscurité et ne les en tirer pas même par des châtiments trop éclatants ».

Les lieutenants généraux de police qui succèdent à d'Argenson jusqu'en 1725 ne restent en fonction qu'un ou deux ans. Ce sont Machault d'Arnouville, Marc Pierre d'Argenson (fils cadet de Marc René), Taschereau de Baudry, de nouveau Marc Pierre d'Argenson, et d'Ombreval. Leurs noms, de même que ceux de tous les lieutenants généraux de police qui vont suivre, ne sont pas indifférents tant leurs rapports furent étroits avec la Bastille.

En 1725, René Hérault est nommé à trente-cinq ans à cette charge si importante, après une carrière classique de grand commis de l'État : avocat du roi au Châtelet puis maître des requêtes et procureur général au Grand Conseil, enfin intendant de la généralité de Tours à partir de 1722. On a reproché à Hérault sa bêtise – ce qui paraît difficile à admettre, eu égard aux capacités qu'exigeait la charge de lieutenant général de police. Travailleur infatigable en tout cas, il multiplie les édits de police pendant les quatorze ans qu'il reste en fonction : voirie, jeux, service du guet, numérotage des maisons et indication des noms de rues, etc. C'est également sous son administration que la répression des jansénistes, nous le verrons, prend de vastes proportions.

Son gendre, Claude Henri Feydeau de Marville, lui succède en 1740 alors que le cardinal de Fleury est toujours chef du gouvernement en dépit de ses quatre-vingt-sept ans. Le ministre de la Maison du roi, qui a le détail de Paris, est le supérieur direct du lieutenant général de police. C'est alors le comte de Maurepas qui sera disgracié en 1749 au terme d'une farouche lutte d'influence avec la marquise de Pompadour.

Marville exerce sa charge pendant sept ans, instaurant ou réformant les règlements sur les garnis, le colportage, les cafés, billards et débits de boissons, surveillant l'hygiène de la ville (la visite des puits et des fontaines...) et l'approvisionnement en intervenant notamment sur le stockage et le prix des blés en période de cherté. Bien entendu, il exerce aussi la police au sens actuel, en surveillant et arrêtant les malfaiteurs. Il poursuit également la répression du jansénisme et des délits de librairie, de plus en plus nombreux. Il surveille la présence des étrangers dans la capitale, les mœurs, etc. Voici l'une de ses journées parmi tant d'autres : le 13 mars 1743, il a surveillé personnellement l'enterrement du curé de Saint-Germain-le-Vieux, janséniste notoire. Il y avait beaucoup de monde mais pas du meilleur, souligne-t-il dans son rapport à Maurepas. À propos, ajoute-t-il, qui va-t-on choisir à sa place ? Qu'on prenne bien garde de prendre cette fois un bon sujet. Suit la rubrique nécrologique et médicale des personnages en vue dans la capitale, puis celle des crimes : une rixe entre soldats avec un blessé grave, la découverte d'un infanticide... On exécute cet après-midi un assassin. Un autre a été condamné ce matin à être roué vif, mais il ne sera exécuté que la semaine prochaine à cause de la loterie. L'interrogatoire de plusieurs témoins d'une affaire criminelle lui a ensuite pris l'après-midi et la soirée, jusqu'à minuit et demi.

Une immense machine

En 1747, Berryer, intendant de la généralité de Poitiers, succède à Marville et reste en poste jusqu'en 1757. La police de Paris est devenue, selon une expression du temps, « une immense machine, un étonnant mécanisme ». Au sommet, le lieutenant général de police règne désormais sur 48 commissaires, tantôt répartis dans les vingt quartiers de Paris, tantôt spécialisés (ravitaillement des Halles par exemple). Assistés par des inspecteurs, ils sont l'œil et le bras du lieutenant général, mais ne pourraient suffire à la tâche s'ils n'étaient renseignés par près de 3 000 espions appointés. Il semblerait que, à certaines années de la Régence et du règne de Louis XV, le budget consacré à ces espions ait atteint la moitié de celui de la police, soit un million de livres. Une force armée considérable est en outre à sa disposition : 3 000 hommes d'armes et quelque 400 exempts. Ces derniers ont mauvaise réputation du fait notamment qu'ils sont les porteurs des lettres de cachet. « L'exempt, écrit Louis Sébastien Mercier dans son *Tableau de Paris*, est orgueilleux en secret de la foudre qu'il porte ; il se croit l'oiseau de Jupiter, mais il marche à la manière des serpents... » Et Mercier de camper la scène d'une arrestation par lettre de cachet : « Je suis au désespoir, Monsieur, mais j'ai un ordre, Monsieur, qui vous arrête, Monsieur, de par le Roi, Monsieur – Moi, Monsieur ? – Vous-même, Monsieur. »

Neuf bureaux composent l'administration du lieutenant de police, chacun employant un secrétaire et quelques commis : bureau de la capitation des corps de métiers, bureau des sommiers judiciaires (le futur « sommier ») où l'on met soigneusement en fiche tous ceux qui ont eu maille à partir avec la police ou qui sont simplement suspectés, bureau des amendes et des confiscations, bureau des voitures publiques, des lanternes et de l'enlèvement des boues, bureau des foires, marchés, poids et mesures, bureau pour la police des soldats et des cabarets, bureau des domestiques, des nourrices, des pensions et des écoles, bureau de la voirie et enfin bureau des lettres de cachet et des prisons d'État. D'une manière plus générale, ce dernier traite des affaires du roi, toujours considérées comme urgentes et secrètes.

Bien entendu, même si la répression ne constitue pas une solution unique, nombre de ces affaires mènent leurs protagonistes tout droit en prison – sauf que la prison comme peine afflictive prononcée par les tribunaux n'existe pas. Toute une gamme de lieux d'enfermement y supplée. C'est d'abord l'Hôpital général de Paris avec les énormes établissements que sont devenus au XVIIIe siècle la Salpêtrière, pour les femmes, et Bicêtre pour les hommes. Établissements d'assistance recueillant enfants et vieillards, ce sont aussi des instruments de répression renfermant (comme on dit à l'époque) mendiants, fous et aussi des correctionnaires de bas étage, à commencer par les nombreuses prostituées de la capitale. Le lieutenant général de police ne réclame que rarement une lettre de cachet pour les « renfermés » de l'Hôpital général. Un ordre de police suffit. Ce sont ensuite des couvents faisant fonction de maisons de force et pour lesquels une lettre de cachet est en principe nécessaire. À Paris, ce sont notamment la Madeleine et Sainte-Pélagie pour les femmes, For-l'Évêque, Charenton et Saint-Lazare pour les hommes. Il y a enfin les prisons d'État qui sont placées sous l'administration directe du roi et où tout prisonnier fait obligatoirement l'objet d'une lettre de cachet. À Paris, ce sont la Bastille et le donjon de Vincennes, mais il y a des prisons d'État dans tout le royaume : Sainte-Marguerite (aux îles de Lérins) et le château d'If en Provence, le Mont-Saint-Michel en Normandie, le château du Taureau en Bretagne, de Ham en Picardie, celui d'Angers, la citadelle Pierre-en-Cize à Lyon, le château Trompette à Bordeaux, et occasionnellement tout donjon royal, autant dire chaque ville ayant une place forte et un gouverneur.

Le lieutenant général de police de Paris est non seulement chargé de faire un rapport régulier à Versailles sur les détenus des diverses maisons de force parisiennes qu'il contribue à alimenter pour une bonne part, mais entretient en outre une correspondance active avec les intendants des généralités de la province pour donner et demander des renseignements sur le gibier qu'il traque ou qu'il surveille. Ces généralités possèdent une palette de maisons de force tout aussi variée qu'à Paris – ce qui permet au lieutenant de police d'opérer des dosages subtils de transferts entre Paris et province, entre maisons dures et maisons douces. Dans cet immense orchestre, la Bastille n'est qu'un instrument parmi d'autres – mais c'est un premier violon...

Il est certain, en effet, que dans son action quotidienne le lieutenant de police est amené, dans des circonstances très diverses, à demander à Versailles des lettres de cachet pour les maisons de force parisiennes et notamment pour Vincennes et la Bastille, réservées, nous le verrons pour la Bastille, aux cas intéressants. L'ordre du roi n'est-il pas, comme le disait si joliment d'Argenson, l'instrument ordinaire de sa faiblesse ? Impossible donc de comprendre la Bastille sans mesurer le rôle et la puissance du lieutenant général de police puisqu'il est à la fois son principal pourvoyeur et l'œil du roi dans la prison d'État, celui dont les rapports peuvent écourter ou prolonger la détention.

Une telle puissance concentrée sur un seul personnage aurait pu avoir des effets désastreux si le choix des lieutenants de police ne s'était porté sur des hommes incontestablement supérieurs, entièrement dévoués au roi certes, mais aussi assez intelligents pour être capables d'initiatives personnelles que d'ailleurs, à la différence de la nôtre, la haute administration de l'Ancien Régime permettait. Après Berryer, puis Bertin qui ne reste en charge que d'octobre 1757 à novembre 1759, Sartine, qui va être en fonction pendant quinze ans et déchaîner une haine universelle, à preuve de son pouvoir, est peut-être celui qui nous éclaire le mieux sur cette étonnante institution, si éloignée de nos codes républicains.

Quand Sartine entre en charge en 1759 après avoir été lui aussi maître des requêtes, il n'a que trente ans mais la figure grave. C'est lui qui va développer jusqu'à son point le plus extrême la surveillance de Paris. « Toutes les affaires d'éclat commencent par être dites à l'oreille de M. de Sartine, juge et conseil de paix dans la capitale », ironisera Beaumarchais. Catherine II de Russie et Marie-Thérèse d'Autriche prendront modèle sur sa police. Un rapport, pris parmi non pas cent mais mille autres suffira à montrer ce qu'était devenue la surveillance dans Paris sous le règne de Louis XV. En 1761, le prince de Repnin, ambassadeur de Russie à la cour d'Espagne, a une liaison affichée au cours de ses séjours à Paris avec une demoiselle L'étoile, prostituée mondaine de la pension Héguet. « Il voit encore avec le plus grand mystère la demoiselle Rossignol, demeurant rue de Cléry avec sa mère. » Cette demoiselle, plus ou moins prostituée elle aussi, avait tu de son côté le nom de son amant et l'inspecteur zélé qui a suivi l'affaire confie : « J'ai été obligé, pour en être instruit, de poser une mouche pendant plusieurs jours sur sa maison. » On songe à la définition que donnait Talleyrand du ministre de la Police sous l'Empire : « Un homme qui se mêle de ce qui le regarde, et ensuite de ce qui ne le regarde pas. »

Sartine, en perfectionnant à ce point la surveillance, connaît son monde et évite que les enquêtes ne partent à chaque fois de zéro. Bref, il fait de la prévention, jetant sur les corps et les âmes de la capitale une immense toile d'araignée. Mieux, il constate lui-même avec ironie que là où il n'y a ni inspecteurs ni mouches, chacun croit en apercevoir. Mais la peur du lieutenant de police n'est-elle pas le commencement de la sagesse ? À la fin du XVIIIᵉ siècle, Mercier dira de lui : « Un lieutenant de police est devenu un ministre important, quoiqu'il n'en porte pas le nom. Il a une influence secrète et prodigieuse ; il fait tant de choses qu'il peut faire beaucoup de mal ou beaucoup de bien, parce qu'il a en main une multitude de fils qu'il peut embrouiller ou débrouiller à son gré. Il frappe ou il sauve ; il répand les ténèbres ou la lumière ; son autorité est aussi délicate qu'étendue. »

Le Noir, intendant de la généralité de Limoges, succède à Sartine en août 1774. Il n'a ni la sévérité de La Reynie ou de d'Argenson, ni l'aimable cynisme de Sartine. C'est un libéral, un doux auquel on reprochera du même coup un manque de fermeté. En conflit avec Turgot à propos de la libre circulation des grains, il doit quitter ses fonctions en mai 1775. Après une courte disgrâce d'un an pendant laquelle il est remplacé par Albert, il est rappelé aux fonctions de lieutenant général de police qu'il ne quittera qu'en août 1785 pour laisser la place à Louis Thiroux de Crosne qui clôt la liste des lieutenants de police de l'Ancien Régime.

Les attaques auxquelles Le Noir est en butte après avoir quitté ses fonctions en disent long sur le climat politique de la France dans les années qui précèdent la Révolution. Le temps n'est plus où le lieutenant général de police était intouchable et au-dessus de tout soupçon. Le Noir, qui curieusement voudrait qu'on l'aime, répond dans un *Mémoire* de 1787 : « Ma magistrature m'a coûté des veilles, des soins et des sacrifices ; mais j'ai pu compter au nombre de mes jours heureux ceux où j'ai consolé des infortunés, arrêté les désordres, réconcilié deux ennemis, rapproché deux époux et prévenu la ruine ou le déshonneur d'une famille. »

Le Noir n'a pas compris que la police, sa police, et avec elle les lettres de cachet sont désormais discréditées. Trois ans plus tard, s'indignant que la police de Paris ait pu passer « pour une des merveilles du monde », la Révolution en fera une peste, se demandant « comment des sots et des esclaves avaient pu être persuadés qu'ils devaient admirer et bénir la plus compliquée, la plus dispendieuse et la plus despotique des polices ».

Du rapport de police comme un genre littéraire

À partir de l'institution du lieutenant général de police de Paris en 1667, l'usage s'est introduit peu à peu que celui-ci transmette des rapports réguliers au ministre de la Maison du roi, à charge pour celui-ci d'en faire la synthèse auprès du roi. En raison du caractère confidentiel et parfois piquant de ces rapports, les ministres successifs de Louis XIV à la Maison du roi (Colbert, Seignelay, Pontchartrain père puis le fils), chargés entre autres de proposer au roi la signature d'une lettre de cachet, ont pris goût à ces lectures. Louis XIV de son côté, désireux de savoir « tout ce qui se passait dans Paris », a pris à son tour l'habitude de lire ces rapports sans déguiser sa curiosité.

Les rapports de d'Argenson

La Reynie n'avait guère le tempérament à cela, mais d'Argenson au contraire en fit un véritable genre littéraire, d'autant mieux documenté que la surveillance de Paris faisait des progrès. La diversité et la richesse de ses rapports incisifs et ironiques sont encore un régal aujourd'hui, mais un régal qui en dit long sur l'omniprésence de la police à partir de la fin du xviie siècle.

Le libertinage occupe une place de choix dans les rapports de d'Argenson. Voici, parmi cent autres personnages, Mme Murat dont on suit les frasques presque au jour le jour. Lesbienne affichée, elle fait la fête toutes les nuits, non sans tapage. Hélas, « sa naissance quoiqu'un peu défigurée par la suite de sa vie mérite quelques égards ». En clair, cela signifie qu'il est difficile de la frapper d'une lettre de cachet. Qu'à cela ne tienne, on en envoie une contre son amante du moment, Mme de Nantiat, mais celle-ci s'esquive à temps. Quant à Mme Murat, elle est prévenue par d'Argenson que le roi a été informé de ses débordements, mais « elle compte qu'il ne se trouvera aucune communauté religieuse pour la recevoir ». De toute façon, le grand sceptique qu'est d'Argenson n'a qu'une médiocre estime pour « ces couvents de contrebande d'où l'on sort à toute heure et qui ne sont proprement que des séminaires de débauche ».

Voici encore la nommée Forgerot qui après avoir fait ses armes dans diverses villes de garnison du nord de la France se prostitue à Paris avec une de ses sœurs « qu'elle avait attirée auprès d'elle pour se faire une compagnie plus nombreuse ». En quelques mois d'Argenson les met à l'amende, menace, prévient personnellement un homme de condition que « la » Forgerot s'est mis en tête d'épouser. Rien n'y fait : « Elle s'est attachée aux gens mariés et elle en est maintenant à sa douzième ou quinzième dupe, sans compter quelques ecclésiastiques du plus bas étage. » Et puis elle est encore grosse « après que plusieurs enfants lui sont échappés ». D'Argenson, après ces trésors de patience, demande au ministre une lettre de cachet mais, pour ce menu fretin, la Salpêtrière suffira.

D'Argenson vient aussi au secours des ménages, faisant fuir les amants et terrorisant les épouses folles de leur corps. En voici une autre qu'on a mariée à seize ans et « qui publie hautement qu'elle n'aimera jamais son mari, qu'il n'y a point de loi qui l'ordonne et que chacun est libre de disposer de son cœur et de sa personne comme il lui plaît et que c'est une espèce de crime de donner l'un sans l'autre ». D'Argenson essaie de la raisonner mais en vain : « Je lui ai parlé deux fois et quoique accoutumé depuis plusieurs années aux discours impudents et ridicules, je n'ai pu m'empêcher d'être surpris des raisonnements dont cette femme appuie son système. Le mariage n'est proprement qu'un essai, selon son idée ; quand l'inclination ne s'accorde pas avec le contrat, il n'y a rien de fait. Elle veut vivre et mourir dans cette religion... » Le lieutenant de police propose une lettre de cachet pour quelques mois dans la maison de force du Refuge. « Trop fort, répond en marge le ministre, lui parler sévèrement. »

Ce même ministre (Pontchartrain) demande souvent des précisions, des détails : « Je vous prie, écrit-il le 15 juillet 1705 à d'Argenson, d'être exact à m'écrire tout ce qui peut mériter attention, et même les choses indifférentes qui peuvent réjouir le roi. » À peu près à la même date, il questionne d'Argenson sur deux demi-mondaines qui défraient la chronique : « Leur charme a-t-il vraiment baissé ? Parlez-vous d'une seule ou des deux ? Donnez des nouvelles ! » En fait, au-delà des potins et des secrets d'alcôve dont on se régale à Versailles, un duel subtil s'est instauré entre le ministre, qui voudrait se faire valoir auprès du roi et qui, dit Saint-Simon, voudrait tenir d'Argenson « petit garçon sous lui », et le lieutenant de police qui s'entend à merveille à mesurer ses révélations, conservant nombre de secrets pour la constitution d'un vaste réseau de renseignement.

« Il me semble, écrit Pontchartrain à d'Argenson le 10 février 1706, que vous négligez fort, depuis quelque temps, plusieurs affaires dont vous devriez cependant me mettre en état de rendre compte au roi. Tels sont les irrévérences dans les églises, les désordres dans les spectacles, le luxe, les mendiants, les étrangers établis à Paris ou qui y sont en passant seulement, les nouvelles qui se débitent parmi eux, soit parmi les autres sujets du roi, les espions qui peuvent s'introduire dans Paris, les libelles de doctrine, les placards et les chansons. Vous oubliez aussi le mémoire des prisonniers de la Bastille que je devais avoir à la fin du mois passé, et même les ordonnances qui s'expédient à la fin de l'année pour les officiers de police sont échappées à votre mémoire. Après toutes ces omissions essentielles, il ne m'est pas permis de vous dire que vous oubliez aussi Mlle de Villefranche et Mlle de La Motte, de la conduite desquelles vous aviez accoutumé de m'entretenir quelquefois. Voyez donc, s'il vous plaît, à réparer tant de fautes par une plus grande exactitude. Vous savez que le roi a attention sur toutes ces choses et qu'il veut en entendre souvent parler... »

Mais d'Argenson, en dépit de ses protestations de soumission, sait qu'il suffit que le roi soit satisfait de lui. Saint-Simon, qui détestait Pontchartrain, écrit : « D'Argenson en savait plus que lui ; il s'était habilement saisi de la confiance du roi, et par elle, du secret de la Bastille et des choses importantes de Paris ; il les avait enlevées à Pontchartrain, à qui, en habile homme, il n'avait laissé que les délations des sottises des femmes et des folies des jeunes gens. »

Pendant ce temps, d'Argenson attrape un nombre croissant de criminels et de voleurs, démasque des escrocs, persécute les jansénistes, punit les libellistes et les colporteurs de livres prohibés, traque avec une sévérité particulière charlatans et faux sorciers, surveille les mœurs de la noblesse et du clergé. Il écrit à propos d'un moine accusé d'être « un monstre d'impiété » et envoyé en maison de force : « Quand l'ennui de sa pénitence lui aura fait désirer de rentrer dans la religion, on pourra le rendre à son ordre... » Le nouveau Rhadamanthe qu'est le lieutenant de police devient ainsi le dispensateur des ténèbres qu'est, mais seulement en désespoir de cause, l'envoi dans une maison de force par lettre de cachet. Quant à la Bastille, on aura compris qu'elle ne saurait contenir à elle seule un tel flot.

Les successeurs de d'Argenson n'ont pas manqué de perpétuer le genre littéraire qu'était devenu le rapport à Versailles. Sous la Régence, le cardinal de Fleury fait venir Hérault chaque semaine et se fait rendre compte oralement et par écrit de ce qui se passe dans Paris. De même Louis XV, après la mort de Fleury, recevra Marville tous les lundis à Versailles, et cela hors de la présence du ministre de tutelle, Maurepas.

Mieux, ces rapports se nourrissent et s'accompagnent au XVIII⁰ siècle d'une espèce de gazette à usage interne, le « gazetin » : des nouvellistes, souvent ceux qu'on retrouvera à la Bastille lorsqu'ils voudront travailler pour leur propre compte, rédigent pour la police, et à partir des renseignements obtenus par les inspecteurs et leurs mouches, des informations confidentielles que le lieutenant de police réunit, réécrit parfois et présente au ministre et au roi.

Le « Who's who » des cocottes

Les inspecteurs du lieutenant de police, pris par l'émulation, se mêlent à leur tour de faire des rapports où la valeur du renseignement le dispute à l'agrément de la lecture. Les plus connus et à coup sûr les plus réussis sont ceux de Meunier et de Marais, spécialisés dans la surveillance du Paris galant.

Un véritable « *Who's who* » des cocottes et de leurs nombreux clients apparaît ainsi dans des tableaux piquants : (24 janvier 1750) « La demoiselle Fel, actrice récitante à l'Opéra, demeure rue Saint-Thomas-du-Louvre, [...] elle est petite, brune, âgée de trente-trois à trente-quatre ans, la peau noire, généralement laide ; elle n'en veut rien croire cependant [...] on assure qu'elle va se marier avec M. de Cahuzac, [...] il travaille ordinairement pour M. Rameau... » ; (3 février 1751) « Mlle de Retz, surnommée Fanchon Chopine. [...] Elle fut mal élevée par sa mère qui était une franche ivrognesse. À l'âge de quatorze ans elle fit, je ne sais comment, connaissance avec le sieur Datainville, actuellement maréchal des logis chez le roi, qui sut lui donner de si bonnes raisons qu'elle lui abandonna son pucelage qu'elle a cependant depuis vendu bien chèrement. [Sa tante] la fit entrer à l'Opéra où son début eut un succès étonnant, et à peine eût-elle paru sur ce théâtre qu'elle devint la fille de Paris la plus à la mode. Elle fit tourner la tête à plusieurs de nos jeunes petits maîtres qui faisaient l'impossible pour lui plaire ; mais sa tante Duval voulait de l'argent et non pas des fleurettes... » Suit l'énumération des « bienfaiteurs », dont deux ducs et le maréchal de Saxe, le vainqueur de la bataille de Fontenoy.

La police s'intéresse particulièrement à Mlle Clairon, actrice d'abord cantonnée aux rôles de soubrettes mais bientôt hissée à ceux d'héroïne de tragédie grâce à des talents de toutes sortes. « Cette fille, confie un des premiers rapports sur son compte, daté de 1748, passe pour un tempérament des plus forts et passionnés, et pour une demoiselle la plus lubrique. Elle crie dans l'action qu'il faut fermer les fenêtres. » C'est dire que les amants défilent tandis que la police, au-delà du voyeurisme, se renseigne. En effet, le compte rendu minutieux de ces fredaines ne paraîtrait futile que si l'on perdait de vue que les domiciles des demi-mondaines constituent autant d'observatoires de la police.

Le zèle déployé par les inspecteurs est proprement confondant. La demoiselle de Saint-Phallier, femme de chambre de l'épouse d'un fermier général et maîtresse du fils, a pris un nouvel amant qu'on soupçonne être maître des requêtes ou conseiller au Parlement. Mais, écrit Meunier, « les précautions qu'il apporte dans ses visites nocturnes ont dérouté jusqu'à présent toutes les mesures qu'on avait prises pour découvrir qui il est. [...] Malgré ces petits obstacles, on ne se tient pas pour battu, et dût-on y passer des jours et des nuits entiers, on fera en sorte de savoir son nom, son état et sa demeure ».

À la différence de ces trop discrets amants, nombreuses sont les filles qui instruisent elles-mêmes la police des secrets qui leur sont confiés sur l'oreiller. En échange, celle-ci ferme les yeux sur leur industrie, selon un usage de tous temps. Ces (fines) mouches ajoutées à celles, plus dormantes, que la police a postées dans les estaminets, les théâtres, les relais de poste, l'office des grandes maisons, bref tous les endroits où on peut entendre des choses intéressantes, renseignent les inspecteurs qui renseignent à leur tour le lieutenant général de police qui, de son côté, trie tout cela, mettant de côté ce qu'il veut avant d'adresser à Versailles un rapport circonstancié et quasi journalier, avec son lot de demandes de lettres de cachet.

6 000 embastillés

Le formidable multiplicateur qu'a été, à partir du règne de Louis XIV, la lettre de cachet dans les mains du lieutenant général de police de Paris a radicalement augmenté le nombre des incarcérations dans les maisons de force de la capitale. Pour ne considérer que la Bastille en deçà et au-delà de 1659, date à laquelle l'administration royale a pris l'habitude de conserver des archives de la prison d'État, le nombre des prisonniers, qui n'a probablement pas dépassé le total de 800 pendant les deux siècles et demi qui ont précédé le règne personnel de Louis XIV, est de 5 279 de 1658 à 1789, soit sept fois plus en deux fois moins de temps.

Ces 5 279 embastillements entre 1659 et 1789 (on ne possède aucun renseignement statistique pour les emprisonnements antérieurs à 1659) se situent donc bien au-delà du coup par coup pratiqué auparavant par le pouvoir royal : 2 320 emprisonnements sous le règne de Louis XIV (2 016 hommes et 304 femmes),

1 459 sous la Régence et le ministère de Fleury (1 233 hommes et 226 femmes), 1 194 sous le règne personnel de Louis XV (1 019 hommes et 175 femmes), 306 sous le règne de Louis XVI (274 hommes et 32 femmes) – non pas que les lettres de cachet aient progressivement diminué dans le royaume tout au long de l'Ancien Régime, bien au contraire, mais les incarcérations à la Bastille coûtant cher et les maisons de force se multipliant au XVIIIe siècle, le pouvoir préféra de plus en plus souvent mettre les prisonniers ailleurs. Si l'on ramène ce total à une moyenne annuelle, on observe un rythme d'entrées moins impressionnant : 43 entrées par an en moyenne sous le règne de Louis XIV, 52 pendant la Régence et le ministère de Fleury (« l'aimable Régence » battant tous les records d'incarcération à la Bastille), 33 sous le règne personnel de Louis XV (1743-1775) et 20 sous le règne de Louis XVI.

Avec six fois plus d'hommes que de femmes, 400 prêtres, moins d'un millier de nobles (dont la proportion décroît progressivement) pour près de 4 000 roturiers allant de la haute bourgeoisie au petit artisanat, les embastillés offrent une diversité qui se retrouve dans les motifs d'incarcération. Quatre ensembles se détachent nettement et constituent plus de 70 pour 100 des motifs connus : les motifs « politiques » sont largement présents, certes (20,9 pour 100), mais viennent derrière les infractions aux règlements de librairie (22,4 pour 100), c'est-à-dire tout ce qui concerne l'écriture, l'imprimerie et la vente des écrits prohibés. Quant au terme « politique », nous verrons qu'il recouvre en fait des notions aussi différentes que la sécurité personnelle du roi, la haute trahison et les grandes affaires impliquant directement le souverain, l'espionnage, la discipline militaire, l'étiquette de la Cour, etc. Les deux autres grandes catégories sont constituées par les délits financiers qui atteignent à eux seuls 15,7 pour 100 des motifs connus, et par la répression religieuse des protestants et des jansénistes (13,8 pour 100).

Le reste est partagé entre les motifs les plus divers. Ce sont d'abord les délinquants au sens actuel du mot : assassins, voleurs, contrebandiers, violents de toutes sortes, calomniateurs et faux témoins. À la différence des escrocs, des faussaires et des concussionnaires dont la Bastille s'est fait une spécialité, ce type de prisonniers n'apparaît qu'occasionnellement, et encore n'est-ce le plus souvent que pour les transférer dans une autre maison de force ou devant un tribunal. On compte aussi en plus grand nombre fauteurs de trouble, fous, charlatans, faux sorciers et autres astrologues.

Un contingent non négligeable (15 pour 100 des embastillés) apparaît sans motif déclaré. Souvent ce n'est qu'une lacune dans les archives, puisque cette marge mystérieuse diminue nettement au fur et à mesure que se perfectionne l'administration de la prison. Mais parfois le motif d'incarcération est gardé volontairement secret afin, nous le verrons, de protéger l'honneur des familles devant certains motifs scabreux mais aussi, bien que rarement, pour ce qu'on appelait alors des « crimes d'État ». C'est ce dernier qualificatif qui a fait croire, à ceux surtout qui en avaient envie, que la Bastille était remplie d'innocentes victimes de l'arbitraire royal.

Rien de mieux connu pourtant que les prisonniers de la Bastille et cela grâce à ses propres archives : registres d'entrée, correspondance du lieutenant général de police avec Versailles et avec le gouverneur de la Bastille, et surtout lettres de cachet. Pas question en effet d'être emprisonné à la Bastille sans un ordre du roi, qui commence toujours par un solennel et péremptoire : « De par le Roy ». Cet ordre est lapidaire et ne précise pas le motif d'arrestation. À l'économe de Bicêtre qui a demandé qu'on lui indique les motifs d'incarcération sur les ordres du roi, Marville répond de façon cinglante : « Vous sentez que je ne vous dois pas compte des raisons qui déterminent le gouvernement à donner les lettres de cachet. »

Pour la Bastille, l'ordre du roi s'adresse le plus souvent au gouverneur : « Monsieur de..., je vous fais cette lettre pour vous dire de recevoir en mon château de la Bastille le nommé... et à le tenir en bonne et sûre garde » (ou encore « et à l'y détenir jusqu'à nouvel ordre de ma part »). Écrit à Versailles (ou à Marly, ou à Saint-Germain-en-Laye), le... signé Louis et contresigné du ministre de la Maison du roi ou du ministre demandeur de l'ordre du roi. Quand il s'agit de très grands personnages, une seconde lettre de cachet s'adresse directement à l'intéressé : « Monsieur (ou mon cousin quand il s'agit d'un duc), mon désir est que vous vous rendiez en mon château de la Bastille... »

Après avoir été manuscrites, les lettres de cachet deviennent si nombreuses dans la seconde moitié du XVIIIe siècle qu'elles sont imprimées et qu'il n'y a plus qu'à les remplir et à les signer, sinon de la main du roi, du moins de son nom. Cela pose la question de savoir si c'est à chaque fois le roi qui signe de sa main ou qui à tout le moins décide personnellement. C'est probable pour la Bastille pendant le règne de Louis XIV et même au-delà, mais pratiquement impossible pour les centaines de milliers de lettres de cachet qui étaient délivrées dans tout le royaume pour un demi-millier de maisons de force. Encore est-on plus d'une fois surpris de constater qu'une obscure demande de lettre de cachet (car, à l'exception des prisons d'État, les autres maisons de force sont remplies le plus souvent à la demande des familles), instruite au fond d'une province, a été soigneusement examinée à Versailles.

Autre question difficile à élucider que celle des lettres de cachet en blanc. Ont-elles vraiment existé ? Parfois, une lettre d'anticipation signée par le seul ministre ou même par le lieutenant de police précède la lettre de cachet pour prévenir toute fuite ou manœuvre dilatoire de la personne visée. Mais alors une lettre de cachet doit régulariser les choses dans les jours qui suivent. Quant à des ordres du roi en blanc signés à l'avance par le roi ou un secrétaire de la main et dont n'importe quel ministre (voire, a-t-on dit, quelque puissant occulte) aurait pu disposer à son gré, cela paraît difficile à admettre au-delà peut-être de quelques cas d'exception. Le fonctionnement de la lettre de cachet est en effet strictement régi par l'usage. Ce mot est souvent prononcé : « Il n'est point d'usage... » ; « L'usage ne permet pas que vous conduisiez votre frère à telle abbaye » ; « Il n'est point d'usage de faire mention de ces sortes de choses (une recommandation particulière) dans les ordres ou lettres de cachet »... Pour la Bastille en tout cas, pour la première des prisons d'État, il est hors de question que le roi n'ait pas eu à se prononcer personnellement sur chacune des incarcérations.

La fine fleur

La Bastille n'enferme pas n'importe qui, réservant ses murs soit aux personnes de considération, soit à des individus susceptibles d'avoir des complices et qui doivent de ce fait être mis au secret pendant leur interrogatoire. Or le secret est une des spécialités de la Bastille, la seule prison d'État de Paris avec le donjon de Vincennes où les prisonniers peuvent être isolés de tout contact entre eux et avec l'extérieur. En même temps qu'un exempt procède à l'arrestation, « de par le Roy », d'un particulier, ses papiers sont mis sous scellés et soumis à l'examen attentif du lieutenant général de police, avant même que celui-ci ne commence l'interrogatoire du prisonnier. Cet interrogatoire, qui a toujours lieu à l'abri des murs épais de la Bastille et peut durer des jours voire des semaines, permet souvent de véritables coups de filet quand il y a des complices. Dans tous les cas, la Bastille est réservée aux affaires importantes : « Comme vous ne me désignez point la prison, écrit le lieutenant général de police Berryer au ministre, le 21 février 1753, j'ai pensé qu'il conviendrait de le mettre à la Bastille, l'affaire de cet homme pouvant être de quelque conséquence... »

La condition sociale est également déterminante. Le 14 octobre 1703, le secrétaire d'État des Affaires étrangères s'adresse à d'Argenson en ces termes, après que le duc de Savoie se fut allié aux ennemis de la France alors qu'il avait d'abord joint ses troupes à celles de Louis XIV : « Le roi m'ordonne de vous écrire de faire arrêter les sujets du duc de Savoie qui se trouveront à Paris, à l'exception néanmoins de M. l'ambassadeur et ceux de sa suite ; comme je ne sais point quels gens vous trouverez, je ne puis vous déterminer les lieux où vous les mettrez, mais en général vous pouvez envoyer à la Bastille ceux de quelque considération, ou à Vincennes, et faites mettre les autres dans les prisons ordinaires ; donnez-moi avis de tout ce qui se passera à cet égard. »

En parlant du comte de Lauraguais, Bachaumont écrit dans ses *Mémoires* pour le 22 août 1766 que « le roi a bien voulu accorder la Bastille ». Parfois la sollicitude du roi pour sa noblesse va jusqu'à intervenir contre le cours de la justice, ce qui n'est pas dans la tradition des ordres du roi. Ainsi le duc d'Entragues de Falary, dûment condamné à mort pour s'être associé à des faux-monnayeurs et à des voleurs de grand chemin, est gracié et mis à la Bastille par considération pour sa famille. De même, en 1682, une femme Benoist, décrétée par la justice ordinaire, s'est réfugiée dans le château du comte d'Harcourt. Une lettre de cachet lui accorde la Bastille, « Sa Majesté, écrit Colbert, voulant que le comte d'Harcourt reconnaisse comme une marque de sa bonté la résolution qu'elle prend de faire remettre la Benoist à la Bastille, au lieu de la laisser à la justice dans les formes ».

Au contraire, le menu fretin qui échoue parfois à la Bastille n'y reste que le temps d'être transféré dans une maison de force de moindre renom. « Au reste, écrit Mercier dans son *Tableau de Paris*, le peuple craint plus le Châtelet que la Bastille : il ne redoute pas cette dernière prison parce qu'elle lui est comme étrangère, n'ayant aucune des facultés qui en ouvrent les portes. Par conséquent, il ne plaint guère ceux qui y sont détenus et le plus souvent il ignore leurs noms. » La Bastille n'est pas pour le commun sauf, répétons-le, si l'affaire est d'importance – ce qui en quelque sorte hisse alors une personne de peu à la considération.

Comme dans toutes les prisons d'État, le roi paie tout à la Bastille : l'entretien de la prison, le salaire du personnel et la pension des prisonniers. Celle-ci, nous y reviendrons, est considérable, dix fois supérieure au moins à celles qui sont demandées dans les autres maisons de force (la moins chère est Bicêtre qui coûte 200 livres par an au milieu du XVIIIe siècle). Cela fait dire à Sébastien Locatelli dans son *Voyage de France* des années 1664 et 1665 que « c'est une faveur particulière du roi que de se voir condamné à une si belle prison ». Il arrive que le roi fasse enfermer un prisonnier à ses dépens, ce qui peut selon les cas renforcer la punition (afin par exemple qu'un militaire indiscipliné ne profite pas de la Bastille pour économiser sur sa solde) ou permettre de se payer sur la bête lorsqu'une somme importante a été saisie au moment de l'arrestation.

En raison même de leur importance sociale ou de la gravité du motif qui les a conduits à la Bastille, les prisonniers y sont suivis de très près, infiniment plus que dans les autres prisons d'État (à l'exception peut-être de Vincennes) et a fortiori des maisons de force. Dès le règne de Louis XIV, Pontchartrain se fait adresser par le lieutenant général de police un état mensuel des prisonniers de la Bastille, se faisant non seulement rendre un compte exact des entrées et des sorties, mais encore de l'état d'esprit de chaque prisonnier, de ce qu'il écrit, de ce qu'il a dit au lieutenant de police ou à ses gardiens. Le lieutenant de police adresse en outre à chaque ministre un mémoire annuel des prisonniers de la Bastille qui intéressent son administration (celui de la Guerre, par exemple, pour les affaires militaires). « Je prends la liberté, écrit d'Argenson le 27 mars 1705 au ministre des Affaires étrangères, de vous envoyer un mémoire qui vous rappellera, en fort peu de lignes, le souvenir des uns et des autres ; afin que, si vous le jugez à propos, vous puissiez les nommer au roi, et faire confirmer leur détention ou ordonner leur sortie ; je les visite ainsi tous les huit ou dix mois, pour apprendre par eux mêmes la situation où se trouvent leur esprit et leur santé, afin qu'ils ne se croient pas entièrement oubliés et que, dans la longue durée de leur prison, que le service du Roy rend nécessaire, ils aient la consolation d'apprendre que Sa Majesté en est informée de temps en temps. »

Dans ce contexte, le fameux « pour y être oublié », qui a fait couler tant d'encre et de la plus noire, sur les prisonniers de la Bastille qui auraient été là sans que personne ne sache plus pourquoi, a été très abusivement interprété. Cette formule, qui apparaît souvent sous la plume des lieutenants généraux de police, veut dire avant tout que c'est le scandale d'une faute qu'un emprisonnement à la Bastille fera oublier à ce qu'on appellerait aujourd'hui l'opinion publique. Quant au prisonnier lui-même, on ne l'oublie pas et quand, à Versailles, on ne sait plus pourquoi il est là, on demande à ceux qui savent, au lieutenant général de police ou au gouverneur de la Bastille. Le 5 avril 1675, Louvois écrit à M. de Besmaus, gouverneur de la Bastille : « Il m'a été remis un placet de la femme de Jean Horst, prisonnier à la Bastille, par lequel elle demande sa liberté ; mais comme je ne me souviens point du temps qu'il y a qu'il est détenu ni du sujet pour lequel il a été arrêté, je vous prie de me faire savoir ce que vous en savez. »

Quoi de moins secret donc que les archives de la Bastille soigneusement tenues à partir du règne de Louis XIV ? Au milieu du XVIIIᵉ siècle, Versailles demande à Chevalier, major de la Bastille, de « débrouiller et rassembler » les papiers de la Bastille. On apprend à cette occasion qu'elles sont constituées de 21 gros volumes in-folio de 500 à 600 pages chacun où sont conservés les ordres du roi, ainsi que 54 volumes in-quarto où sont conservées les lettres des magistrats « avec des observations pour servir de règle dans les différentes occurrences » – et c'est compter encore sans les états mensuels de prisonniers, les états de dépenses, etc.

Tout cela est parfaitement tenu et comptabilisé, consultable à tout moment par les autorités de tutelle. Dans 99 pour 100 des cas, des motifs d'incarcération se lisent noir sur blanc avec force détails et pièces à l'appui. Il n'y a là-dedans ni complot du pouvoir ni mystère. On a presque envie d'ajouter : hélas ! Reste à mieux connaître, grâce à ces archives qui dans leur majeure partie ont subsisté, les milliers d'embastillés qui ont constitué la fine fleur des prisonniers du royaume.

• • •

CHAPITRE 3

Le fait du prince

La sécurité du roi

S'il est un domaine où lettres de cachet et Bastille trouvent leur pleine raison d'être, c'est bien celui qui touche au roi et à sa sécurité personnelle. Au début du règne personnel de Louis XIV, le souvenir d'un Ravaillac hante encore les esprits, d'autant plus qu'on entre à la Cour et jusque dans l'antichambre du roi très facilement et que le roi se doit de se montrer journellement en public. Dès 1662, à propos de trois quakers enfermés à la Bastille, Louis XIV écrit : « Pour les trois hommes qui ont été mis à la Bastille, ils sont de ces fous de trembleurs qui font gloire de mépriser et de mal parler de toutes les personnes souveraines, jusqu'à être capables même de tenter quelques mauvais coups sous prétexte de se sacrifier pour le bien public. » Lettre révélatrice où l'on voit que le souverain s'intéresse de près aux prisonniers de la Bastille, ses prisonniers, et que le souci de sa grandeur passe par celui de sa conservation.

Menaces

On ne s'étonnera donc pas que la répression de ceux qui menacent de près ou de loin la sécurité du roi soit constante et sans faiblesse, et que le règne de

Louis XIV batte tous les records dans ce domaine. Ainsi on trouve à la Bastille en 1665 un comte Pagano qui est enfermé là depuis treize ans pour s'être vanté qu'il ferait mourir le roi par magie. En 1684, c'est un valet de pied de l'ambassadeur de Venise qui, en attendant son maître dans l'antichambre royale, a la sotte idée de dire à ses camarades : « Qu'est-ce qui pourrait m'empêcher d'aller tuer le roi ? » Une lettre de cachet l'expédie aussitôt à la Bastille avec un de ses camarades qui n'a eu que le tort de se trouver là.

À peu près à la même époque, un clerc du diocèse de Coutances fait le malin en disant que l'appartement du roi est peu sûr et que la garde s'y fait mal. Lui aussi se retrouve à la Bastille où La Reynie lance contre lui une lettre de cachet en blanc : « Je vous envoie un ordre en blanc que vous remplirez, s'il vous plaît, du nom de l'étudiant que Desgrez a arrêté, pour le faire mettre à la Bastille. » Il est à noter que cet ordre en blanc n'a été établi qu'en raison de l'urgence et contre un individu précis dont on n'ignore que le nom. L'étudiant imprudent est aussitôt interrogé. Qu'a-t-il voulu dire par là ? Qui lui a parlé et à qui a-t-il parlé ? Le lieutenant de police a tôt fait de réaliser que ce clerc n'est qu'un sot inoffensif. On le relâche donc moins d'un mois après son arrestation mais, sait-on jamais, la nouvelle lettre de cachet qui ordonne sa sortie le condamne à se tenir éternellement à plus de dix lieues de tous les endroits où se trouvera la Cour.

De même, une demoiselle d'Anglebermes, fille d'un apothicaire d'Orléans et certainement assez irresponsable, elle aussi, fait connaissance avec la Bastille en 1671 pour avoir confié à l'archevêque de Paris qu'elle avait dessein d'attenter à la personne du roi. Là encore, on veut bien admettre que ces propos sont ceux d'une demi-folle mais, justement, n'y a-t-il lieu de craindre par la suite quelque acte insensé ? On la transfère dans un couvent d'Angoulême pour le restant de ses jours aux frais du roi. Elle s'y agite beaucoup, est placée dans d'autres couvents, remise à la Bastille puis au château d'Angoulême. Trente-cinq ans ont passé quand le ministre Pontchartrain écrit à l'intendant de la généralité de Tours : « Comme la prison et l'âge peuvent avoir amorti ses visions et changé son tempérament, et qu'il serait à désirer qu'on pût la confiner dans quelque communauté moins ennuyeuse qu'une prison, le roi m'a ordonné de vous écrire de la voir pour essayer à connaître la situation présente de son esprit. [...] Je crois qu'il est inutile de vous observer qu'il ne faut point qu'elle espère revenir en ce pays-ci [Pontchartrain parle de Versailles] et que plus elle sera éloignée, mieux cela sera. »

On pourrait multiplier les exemples : un garçon tailleur de quinze ans, disant qu'il voulait tuer le roi, est étroitement gardé à la Bastille quelques semaines au cours de l'été 1687 puis transféré dans une autre prison d'État pour le reste de ses jours (ce terme étant explicitement indiqué par d'Argenson). Un boulanger, quelques années plus tard, est enfermé à vie à la Bastille pour avoir dit « qu'il ne se soucierait pas de quelle mort on le ferait mourir pourvu qu'il tuât le roi... ». Dans ce dernier cas, le fait que cet individu ait récemment abjuré la religion protestante donne quelque crédit à ses propos et le ministre demande qu'on recherche activement ceux qui, dans son entourage, « ont aussi mal parlé de Sa Majesté ». Vingt ans après, alors que « le pauvre diable est devenu tout à fait imbécile et affligé en outre d'une descente d'organes », on le transfère à Bicêtre. Ce n'est qu'après la mort de Louis XIV que le ministre décide enfin la liberté de ce vieillard presque mourant.

Noirs desseins

Pourtant il ne s'agit là que de demi-fous qui n'ont pas apporté le moindre commencement d'exécution à leurs menaces régicides et qui en sont pour la plupart du temps tout à fait incapables physiquement. Que dire alors de ceux qui ont donné quelque apparence de réalité à leur dessein ?

En 1688, dans l'affaire dite de Rouen parce que les principaux coupables ont été arrêtés dans cette ville, on enferme à la Bastille une demi-douzaine d'individus dont un chanoine de l'hôpital de Coutances, Jean-Jacques Lemière, à qui on reproche, outre toutes sortes de « faussetés, complots, maléfices, incendies, assassinats » (et on en passe), le crime majeur d'avoir correspondu avec des pays étrangers et donné des avis contre la personne du roi. Dans un cas semblable, la Bastille ne joue que le rôle de prison préventive puisque, moins d'un an après, l'affaire est normalement jugée par la Chambre de l'Arsenal. Lemière y est condamné à être pendu par arrêt du 8 juin 1689, et exécuté aussitôt.

La justice du roi est alors sans faiblesse, comme on le constate dans la pénible façon dont se termine l'affaire Roux de Marsilly (et comme on va le constater dans l'affaire Damiens). Qu'avait-il fait au juste ce Roux de Marsilly, enfermé à la Bastille le 17 mai 1669 ? À coup sûr ce protestant convaincu avait conspiré avec les Anglais en pleine guerre de Dévolution, mais surtout « il avait tenu plusieurs discours pernicieux qui marquaient ses desseins abominables contre la sacrée personne de Sa Majesté ». Moins d'un mois après son entrée à la Bastille, à la veille d'être jugé au Châtelet et se voyant menacé de la question, Roux de

Marsilly trouve le moyen de s'emparer d'un couteau et se tranche verge et testicules. Mais il ne faut pas que son crime demeure impuni et les juges du Châtelet se rendent en toute hâte à la Bastille où le prisonnier est à la dernière extrémité. « Crainte qu'en le condamnant plus loin, il ne soit expiré en chemin », on le condamne à être rompu vif à un carrefour proche de la Bastille, tout en regrettant que l'endroit soit trop isolé. Le pauvre diable a entendu sa sentence sur une civière, s'évanouissant sans cesse. L'après-midi même, on le porte en hâte sur le lieu d'exécution. Alors qu'on le hisse sur l'échafaud, il retrouve un semblant de vigueur que les juges s'empressent de mettre à profit pour lui demander s'il a des complices. (Souvent, de fait, les minutes qui précèdent une exécution sont fertiles en révélations. Il n'est pas bon de mentir, même par omission, quand on est sur le point de comparaître devant Dieu.) Mais Marsilly ne veut décidément pas collaborer à son exécution et se répand en imprécations, disant « qu'il mourait dans la volonté de persécuter le roi jusqu'à l'extrémité, puisqu'il poussait à outrance ceux de sa religion, et que s'il était encore en état, il n'y aurait rien qu'il épargnât et qu'il fît pour cela ». Il n'y a plus qu'à le mettre sur la roue et lui rompre les membres de quatre grands coups d'une barre de fer. L'âme chevillée au corps, Roux de Marsilly n'expirera qu'une heure plus tard.

Faux dénonciateurs

Le souci obsessionnel de la sécurité du roi conduit aussi à la répression féroce des nombreuses fausses dénonciations de complots ou d'attentats contre la vie du roi. Car quoi ? N'y a-t-il pas tout à craindre d'un sujet assez fou pour parler de pareilles choses et même pour faire de la mise en scène ? Malheur à la femme de chambre de Versailles qui a voulu jouer les empoisonnées ou au garde du roi qui s'est donné quelques petits coups de couteau pour faire croire à un attentat qu'il aurait vaillamment repoussé. Ils ne sortiront de la Bastille que pour être exécutés. Quant à ceux qui, dans l'espoir d'une récompense, prétendent avoir surpris un complot contre la personne du roi, on les retient à vie à la Bastille ou dans quelque autre prison d'État, une fois les interrogatoires terminés, avec quelque part l'idée qu'une ombre de vérité est toujours possible et qu'on récoltera peut-être tardivement un aveu.

Le cas du père Damas, récollet de Limoges, est à cet égard exemplaire : emprisonné à la Bastille en 1693 pour avoir accusé plusieurs personnes de conspiration contre le roi, et bien que rapidement catalogué comme visionnaire, on en est encore, à Versailles, vingt ans après, à espérer tirer quelque chose de ce pauvre fou qu'on n'a même pas voulu garder à la Bastille et qu'on a transféré à Bicêtre, puis aux galères. « Il ne suffit pas, écrit le ministre à l'intendant général des galères, de mander que le père Damas est un calomniateur et frénétique, porté à répandre son venin contre les premiers hommes en place qui lui viennent dans la pensée ; vous avez dû l'interroger de nouveau, ainsi que je vous l'ai marqué, et très aisément, puisqu'il est dans l'hôpital des forçats, et il est absolument nécessaire que vous lui déclariez précisément qu'il vous est ordonné de le faire remettre au cachot pour le reste de ses jours, s'il ne vous révèle nettement et sans réserve tous les faits mystérieux et équivoques dont il ne s'est expliqué qu'ambigument dans ses premières dépositions. » Toutefois, deux mois après, le même ministre, qui a pris connaissance d'un journal extravagant de la main du père Damas, interdit qu'il écrive d'autres mémoires.

Souvent, celui qui est accusé à tort d'avoir voulu assassiner le roi fait connaissance avec la Bastille et doit y subir de longs interrogatoires. Ainsi, Jacques Viger, avocat qui est emprisonné de mai 1694 à février 1695, le temps de prouver son innocence devant une commission de la Chambre de l'Arsenal et de faire démasquer les calomniateurs qui sont emprisonnés à leur tour à la Bastille avant d'être condamnés les uns aux galères, les autres au bannissement.

Aucune piste n'est négligée dans ce genre d'affaire et, en 1703, Pontchartrain écrit au gouverneur de la Bastille la lettre suivante : « Le roi envoie au château de la B. un homme dont le seul crime est de m'avoir averti qu'il a une chose très importante à découvrir concernant la personne du roi et l'État, et qu'il ne veut la déclarer qu'à Sa Majesté ; j'ai inutilement essayé de le faire parler, ce qui me fait croire, quoiqu'il s'en défende en de bons termes, que la pauvreté et le mauvais état de ses affaires l'auront obligé à inventer ce prétendu avis dans l'espérance de quelque récompense ; on n'a pas trouvé de meilleur parti que de l'envoyer à la B., afin de l'y faire souffrir et de l'obliger à déclarer son avis ou son imposture ; il m'est difficile de vous déterminer quel genre de souffrance, car si vous le mortifiez par la faim, vous pourriez lui altérer l'esprit et, par ce moyen, le rendre moins capable de raison ; vous en conférerez, s'il vous plaît, avec M. d'Argenson, à qui je mande de l'aller entendre toutes les fois que vous le jugerez à propos. » On voit jusqu'à quelle cruauté tranquille (encore qu'il faille comprendre « souffrir » au sens de « languir ») va la recherche d'un renseignement pourtant bien aléatoire. Tant pis. La sécurité du roi d'abord.

Au XVIIIe siècle, les faux dénonciateurs sont tout aussi sévèrement punis que sous le règne du Roi-Soleil. L'histoire du célèbre Latude en est la preuve. En

1749, ce garçon chirurgien à bout de ressources imagine d'envoyer à la marquise de Pompadour un faux colis piégé. Persuadé qu'il sera récompensé, il court aussitôt à Versailles dénoncer deux individus vêtus de noir dont il aurait surpris aux Tuileries la conversation et qui veulent attenter à la vie de la favorite. Il les a suivis et il les a vus mettre un paquet à la poste. De fait, le colis arrive, provoquant une émotion intense à la Cour. Menacer la marquise de Pompadour, c'est menacer le roi dans ce qu'il a de plus cher, et c'est à peine si Louis XV et sa maîtresse sont rassurés quand le colis se révèle inoffensif.

Berryer, le lieutenant de police, va pouvoir déployer son zèle qui n'est pas mince. On cherche les fameux hommes en noir pendant qu'on se renseigne sur l'unique témoin de l'affaire. On compare l'écriture de Latude à celle du colis. C'est la même. Moins de quarante-huit heures après l'arrivée du colis à Versailles, une lettre de cachet expédie Latude à la Bastille, le 1ᵉʳ mai 1749. On ne contera pas ici l'histoire extraordinaire de Latude et de ses évasions, mais qu'il suffise de souligner que ses trente-cinq années de détention à la Bastille, au donjon de Vincennes, à Charenton et à Bicêtre s'expliquent du fait que ses mensonges puis son silence ont d'abord persuadé le lieutenant de police qu'il avait des complices et parmi eux, peut-être, le ministre Maurepas, ennemi mortel de la marquise de Pompadour. Quand Latude se décide à avouer la simple vérité, c'est trop tard. On ne le croit plus.

Les histoires de ce genre ne sont pas rares. Deux ans et demi après l'affaire du faux colis piégé, c'est au tour d'un prêtre, le père Bartel, d'imaginer un stratagème tout aussi abracadabrant. Il écrit une lettre à un de ses pénitents qui lui aurait confessé quelques jours auparavant qu'il voulait tuer le roi, Mme de Pompadour et M. d'Argenson. Le père Bartel adjure ce pénitent imaginaire de n'en rien faire et que la fidélité qu'il doit à son roi va l'obliger à révéler la conjuration en dépit du secret de la confession. Il ne reste plus au père Bartel qu'à égarer sa lettre de telle façon qu'elle arrive à d'Argenson. La police en a vu d'autres et de plus malins. Le faux confesseur est démasqué, enfermé à la Bastille puis à Vincennes d'où il s'évade en 1760, non sans avoir volé au passage de l'argent dans la salle du Conseil, pour se dédommager sans doute de la récompense qu'il avait manquée. On ne le retrouvera jamais, ce gaillard n'éprouvant pas le besoin, à la différence de Latude, d'écrire au lieutenant de police (avec son adresse au dos de la lettre) pour lui demander des comptes sur son emprisonnement.

Il est interdit d'approcher de la personne du roi quand on ne lui a pas été présenté – mesure de sécurité tout à fait justifiée quand on songe à la cohue du palais de Versailles. Un jour, au moment où Louis XV va monter à cheval pour aller à la chasse, un vieil homme se jette à travers les gardes du roi et tombe aux pieds du roi pour le supplier de lui faire justice dans une très obscure histoire de trésor. Le roi a eu très peur et on enferme aussitôt à la Bastille non seulement ce vieux fou mais encore son fils et sa belle-fille, bien que celle-ci soit enceinte.

L'attentat de Damiens

Au cas où un tel luxe de précautions aurait pu paraître inutile aux yeux des contemporains, l'attentat de Damiens vient brusquement justifier l'obsession du régicide. Le 5 janvier 1757, vers six heures du soir, à Versailles, les courtisans attendent dans la neige et le froid que le roi monte dans sa voiture pour aller souper à Trianon. La foule habituelle des curieux est là, vaguement contenue par les mousquetaires et les valets de pied. Enfin le roi paraît et descend les marches, lourdement appuyé au bras de son grand écuyer. On se presse autour de lui quand soudain il s'écrie qu'on l'a poussé dans le dos. Le roi a ressenti aussi une piqûre, a porté sa main sous sa veste et l'a retirée ensanglantée. « C'est ce monsieur, dit-il en désignant un homme derrière lui, qu'on l'arrête et qu'on ne le tue pas. » Tandis que le roi se retire dans ses appartements, l'émotion est telle que d'abord on ne songe pas à arrêter l'assassin. Enfin on se saisit de lui, on l'attache et, fait inouï, le ministre Machault lui fait appliquer incontinent la question en lui faisant brûler les jambes avec des pincettes rougies au feu. Sur lui, on trouve un couteau à double lame. C'est la plus petite qui a servi et, par la suite, Damiens ne cessera d'affirmer qu'il n'a jamais eu l'intention de tuer le roi mais qu'il a seulement voulu lui donner un avertissement salutaire. Ce jeune domestique est un isolé, exalté par les querelles entre jésuites et jansénistes, et par les remontrances du Parlement.

Bien que les chirurgiens aient trouvé la blessure insignifiante, le roi se croit à la dernière extrémité et demande à se confesser. La plaie est petite mais certainement empoisonnée, estime le monarque qu'on rassure à grand-peine. L'émotion soulevée dans le royaume va être à la mesure de la peur du roi et la terreur du complot surgit plus que jamais. À l'aube du 6 janvier, le ministre de la Maison du roi, de Saint-Florentin, écrit à tous les intendants du royaume la lettre suivante : « Le bruit de l'attentat affreux qui a été commis contre la personne du Roy est de nature à répandre un si juste effroi dans l'esprit de tous ses sujets, que je ne crois pas devoir perdre un moment pour diminuer vos alarmes, à vous mettre au fait des véritables circonstances de cet horrible événement, et de l'état où se trouve actuellement Sa Majesté. J'aurai soin de vous informer régulièrement des suites. Vous sentez parfaitement combien une circonstance pareille à celle-ci exige de votre part d'attention, de soins et de prudence. Vous devez rassurer les esprits, prévenir les faux bruits, veiller aux propos dangereux et à toutes les suites qu'ils pourraient avoir ; et pour cet effet, vous ferez bien de donner à vos subdélégués les O. [ordres du roi] que vous jugerez les plus convenables, et d'avertir les maréchaussées de votre département de redoubler de vigilance et de se tenir prêts à tous événements, et d'examiner avec soin tous les gens suspects qu'ils pourraient découvrir. »

Damiens est enfermé à la Bastille tandis qu'on répare spécialement pour lui la tour Montgomery, située entre la grande salle du Palais de justice et la Sainte-Chapelle, celle-là même où l'on avait déjà emprisonné Ravaillac. En attendant, vingt-quatre personnes rejoignent Damiens à la Bastille dans les jours qui suivent : tous les membres de sa famille, ses proches et même plusieurs individus dont le seul tort sera d'avoir tenu sur cette affaire des propos inconsidérés. Bref, on cherche des suspects partout et on en trouve. Les libellistes s'emparent de l'affaire. Les uns accusent les jésuites, et les autres les jansénistes et le Parlement. Ces publications sont aussitôt saisies. « C'est un mystère d'État, écrit Michelet dans son *Histoire de France*. Silence. La *Gazette de France* n'ose en dire que trois mots. Et le *Mercure* n'en parle que pour dire qu'il n'en peut pas parler. [...] Les magistrats, bien décidés à plaire, hésitent encore. À qui plaire ? »

Il est assez clair pour tout le monde que Damiens est un déséquilibré, irresponsable de ses actes, mais le sacrilège est tel que le châtiment doit être exemplaire. Jugé au Parlement, il est condamné à mort le 28 mars 1757 et mené le jour même sur le lieu de son exécution après avoir subi la question (aux brodequins). On assiste à cette occasion au plus grand déploiement de troupes qu'on ait jamais vu. De la tour Montgomery où Damiens a été transféré de la Bastille pour son procès, jusqu'à la place de Grève où il doit être exécuté, toutes les rues adjacentes ont été bouclées par la troupe, et les entrées de Paris gardées par la maréchaussée.

Après une station devant Notre-Dame où il doit faire amende honorable, la torche au poing, il est remis dans son tombereau jusqu'à l'échafaud. En chemise et garrotté, le fameux canif attaché par une cordelette à la main qui a frappé le monarque, il attend une bonne demi-heure que les bourreaux aient terminé leurs préparatifs. Commence le supplice. On brûle la main régicide puis on le tenaille au gras des jambes et des bras et aux seins. Les exécuteurs, quoique robustes, ont peine à arracher quelques pièces de chair. Damiens crie beaucoup (mais sans jurer, précise le procès-verbal). Il lève la tête de temps à autre pour regarder ce qu'on lui fait. Des bourreaux jettent à profusion du soufre bouillant sur ses plaies puis attachent ses membres à quatre chevaux, chacun tenu par un exécuteur. Pendant plus d'un quart d'heure et bien qu'on ait ajouté deux autres chevaux aux jambes, les membres ne veulent pas quitter le tronc tandis que les confesseurs exhortent le malheureux supplicié. « Il leur disait, je l'ai entendu [celui qui relate cette exécution particulièrement atroce est Bouton, exempt de la compagnie de robe courte] : "Baisez-moi, messieurs". Le curé de Saint-Paul n'ayant osé, de Marsilly a passé sous la corde du bras gauche et l'a été baiser sur le front. Les exécuteurs juraient entre eux, et Damiens leur disait de ne pas jurer et de faire leur métier ; qu'il ne leur en voulait pas, les priait de prier Dieu pour lui et recommandait au curé de Saint-Paul de prier pour lui à sa première messe. Après deux ou trois tentatives, l'exécuteur Samson et celui qui l'avait tenaillé ont tiré chacun un couteau de leur poche et ont coupé les cuisses au défaut du tronc du corps ; les quatre chevaux ont tiré à plein collier, ont emporté les deux cuisses après eux, savoir : du côté droit la première, l'autre ensuite ; ensuite en a été fait autant aux bras et à l'endroit des épaules et aisselles, et aux quatre parties il a fallu couper les chairs presque jusques aux os, les chevaux tirant à plein collier, ont emporté le bras droit le premier et l'autre après. Ces quatre parties retirées, les confesseurs sont descendus pour lui parler, mais un exécuteur leur a dit qu'il était mort, quoique la vérité est que je lui voyais encore l'estomac agité et la mâchoire inférieure aller et venir comme s'il parlait ; l'un des exécuteurs a même dit peu après que lorsqu'ils avaient relevé le tronc du corps pour le jeter sur le bûcher il était encore vivant. »

Barbier, qui raconte lui aussi cette épouvantable exécution dans son journal, précise que dans un premier temps les commissaires de l'Hôtel de Ville avaient refusé qu'on tranche les jointures « pour le faire souffrir davantage, mais à la fin il a fallu le permettre ». Le supplice avait été plus cruel encore que celui de Ravaillac et la foule énorme qui avait envahi toits et cheminées donnant sur la place de Grève, n'avait apprécié que médiocrement le spectacle, sa sympathie allant plutôt au malheureux Damiens qui avait montré un si grand courage au milieu de ses atroces souffrances. On trouvait le châtiment bien grand pour un si petit coup de couteau et la monarchie ne sortait pas grandie de cette affaire.

Et pourtant on n'en reste pas là. Tandis que le père de Damiens quitte la Bastille pour l'exil et que les autres membres de la famille sont condamnés à changer de nom, la maréchaussée arrête dans tout le royaume un grand nombre d'individus qui, dans les cabarets ou ailleurs, ont publiquement regretté que l'attentat ait été manqué. On punit certes, et très lourdement, le délit d'opinion et le crime de lèse-majesté à un moment où une partie de l'opinion publique commence à basculer, mais on craint aussi que Damiens ne fasse des émules. Les enquêtes sont menées avec la plus grande exactitude, ne négligeant pas même des demi-fous comme ce Manem, de Marseille, qui prétend depuis des années qu'une conspiration s'est formée pour ruiner la monarchie. Quand survient l'attentat de Damiens, il ajoute dans les nombreuses lettres qu'il envoie aux souverains d'Europe que c'est un coup manqué de la cabale. Il n'en fallait pas plus pour qu'on le prenne au sérieux et qu'on l'envoie à la Bastille. Il y reste vingt ans avant d'être transféré au couvent des cordeliers de Marseille alors qu'il est devenu complètement fou.

Peu importe la folie, l'imbécillité, l'ivresse ; peu importe aussi le jeune âge, à preuve cet enfant de treize ans qu'on enferme à la Bastille le 27 avril 1757 parce qu'il a dit qu'il tuerait le roi. « Ce qui dans tout autre temps, écrit le lieutenant de police, ne mériterait peut-être pas beaucoup d'attention, eu égard à l'âge de cet enfant, semble en demander une très grande après le funeste événement qui a causé tant d'alarmes et tant d'horreur à tous les sujets du roi. » En fait, il s'agit d'un calomniateur qui est un autre enfant, de douze ans celui-là, qu'on envoie aussi à la Bastille avant de l'enfermer à Bicêtre pour un an.

Le 28 juillet 1758 c'est au tour d'un huissier des requêtes de l'Hôtel, nommé Jean Moriceau de La Motte, d'entrer à la Bastille pour avoir tenu dans une auberge un violent discours sur la façon dont a été conduit le procès de Damiens. Barbier, qui dépeint l'homme comme « cerveau brûlé, fanatique et frondeur du gouvernement », raconte que ce sont les gens de l'auberge qui, « inquiets des suites d'une pareille déclamation », ont averti le lieutenant de police qui opéra l'arrestation dès le lendemain. Le cas de Moriceau de La Motte se trouve nettement aggravé lorsqu'on saisit à son domicile des placards séditieux tels que ceux qui ont été affichés aux portes des jardins publics à la suite de l'attentat de Damiens. Promptement jugé le 6 septembre par le Parlement, il est condamné à être pendu en place de Grève après avoir subi la question ordinaire et extraordinaire et avoir fait amende honorable devant Notre-Dame, en chemise, la corde au cou, avec une torche ardente et l'écriteau : « auteur de propos séditieux et attentatoires à l'autorité royale ».

Barbier raconte qu'il y eut grande affluence à l'exécution et que « quelques-uns disaient qu'on ne fait point mourir pour des paroles et de simples écrits ;

d'autres espéraient qu'il aurait sa grâce ; mais on a voulu faire un exemple sur un bourgeois de Paris, homme ayant une charge, pour réprimer la licence d'un nombre de fanatiques, qui parlent trop hardiment du gouvernement par un esprit de parti, qui est une suite du jansénisme porté loin depuis trois ou quatre ans ».

Après une telle fièvre, les faux dénonciateurs de complot retrouvent un semblant de crédit. Ainsi Sartine fait envoyer à la Bastille le 20 décembre 1759 un certain Morlot, cuisinier de son état, qui aurait entendu plusieurs inconnus comploter contre la vie du roi. Très vite, le lieutenant de police conclut que ce sont là des propos « chimériques et imaginaires », mais n'est complètement rassuré que lorsque Morlot avoue enfin son mensonge. Il n'y a plus dès lors qu'à envoyer ce pauvre diable à Bicêtre. Son aveu, ajouté à sa condition sociale, le rend désormais inutile à la Bastille où il faut de surcroît faire constamment de la place.

Toujours en 1759, deux ans donc après l'attentat de Damiens, entre à la Bastille un certain Tavernier qui nous intéresse particulièrement puisqu'il fera partie de ceux qui seront délivrés le 14 juillet 1789. Fainéant, ivrogne, violent, maltraitant ses parents, ce modeste employé aux vivres avait été mis à For-l'Évêque en 1746 à la demande de sa famille, puis transféré dans diverses maisons de force avant d'échouer, après un bref épisode de liberté, aux îles Sainte-Marguerite, prison d'État.

Un de ses compagnons de captivité, le chevalier de Lussan, dénonce Tavernier : « Savoir, que son père et sa mère étant morts, qu'il aurait infailliblement sa liberté, et qu'alors il ferait ressentir à Monsieur Louis Quinze que si Damiens l'avait manqué, il ne le manquerait pas et qu'il ferait connaître dans tous les siècles le tort qu'il a d'exterminer des personnes entre quatre murailles, qui n'ont commis aucun crime, avec des lettres de cachet... »

Un jour, pour prouver à son compagnon de cellule que la torture ne lui fait pas peur, il s'enfonce une longue aiguille dans la cuisse. Une autre fois, il se brûle la main. La seule chose qu'il craint toutefois est « le tenaillement des mamelles ». Or nous sommes en mai 1759 et le souvenir encore vivace de l'attentat de Damiens fait prendre cette déclaration très au sérieux. Les deux prisonniers sont aussitôt transférés à la Bastille où ils vont subir de longs interrogatoires des jours et des jours durant.

Une fois de plus surgit le spectre du complot. Tavernier, « féroce, cruel, dur à lui-même, énergique et insolent dans ses discours au suprême degré », fait de longues confessions incohérentes au lieutenant général de police, encore qu'il ne manque ni d'instruction ni d'humour : « Je suis actuellement par la grâce du

Roy logé dans un appartement de son château royal de la Bastille avec une bonne pension. [...] La coutume de ce pays est de garder un profond silence sur l'affaire pour laquelle on est détenu aussi, Monsieur, je suis au désespoir de ne pouvoir satisfaire votre curiosité sur cet article... » Mais à la Bastille, surtout sur le chapitre de la sécurité du roi, il ne fait pas bon jouer les malins ou les imbéciles. On attendra dès lors indéfiniment qu'il dise la vérité et, quand il avouera qu'il a tout inventé, il sera trop tard pour qu'on le croie ; ce qui explique, comme pour Latude, la longueur de sa détention, soit trente années au cours desquelles sa raison déjà chancelante achèvera de se déséquilibrer.

En 1762 encore, cinq ans après l'exécution de Damiens, un garde de Versailles fait semblant d'avoir été agressé dans un corridor par deux inconnus, mais on a aussitôt des soupçons car ses blessures sont très superficielles. On conduit donc le garde à la Bastille pour y être interrogé. « Il mériterait une plus grande punition, écrit Barbier, s'il avait été capable d'imaginer une fable de cette espèce. » Et pourtant c'était bien une fable que le garde avait imaginée pour obtenir une pension. « On dit, que lors de son interrogatoire dernier, il a pleuré très amèrement et qu'il a même fait pleurer tous ses juges, en disant qu'il n'avait pas imaginé ni prévu que cela pût affecter le Roi à un certain point, ni faire une telle sensation dans le public. » Cela n'empêche pas qu'il soit condamné à être rompu vif pour crime de lèse-majesté. Il n'est finalement « que » pendu, avec cet écriteau : « fabricateur d'impostures contre la sûreté du Roi ».

La pérennité de la couronne

Assez proches sont les affaires qui, sans menacer le roi dans sa vie même, le menacent dans l'exercice de son pouvoir par le complot, l'espionnage ou la trahison. Menaces et propos hostiles suffisent, on l'a vu après l'attentat de Damiens, à constituer un crime de lèse-majesté. De plus, les discours séditieux proférés en public ont l'inconvénient de provoquer des attroupements, « circonstance dangereuse en période de cherté du pain », ajoute le lieutenant de police qui connaît son monde.

Fausses alertes

Comme pour la sécurité du roi, le soin le plus scrupuleux est apporté aux enquêtes, toujours susceptibles de révéler des complots aux ramifications nombreuses et, pourquoi pas, quelque nouvelle Fronde. Et tant pis si les mesures prises sont disproportionnées, comme pour Esliard, ce jardinier de Coutances arrêté en 1693 pour avoir affiché à Rouen et à Paris des placards « tendant à soulever les peuples contre le roi et à faire perdre la couronne à Sa Majesté ». Deux gardiens sont placés en permanence près de lui à la Bastille, tandis que le roi en personne fait mander à Versailles l'intendant de la généralité de Caen. Cet Esliard n'a-t-il pas parlé d'un seigneur de Normandie « prenant la qualité de prince » ? Rien ne doit être épargné pour que l'affaire soit tirée au clair. La Reynie enquête de son côté jusqu'à ce qu'on s'aperçoive qu'Esliard, jardinier et taupier, est connu dans son pays comme un vieux fou, souvent ivre, se livrant à des extravagances à l'église et ayant toujours une troupe d'enfants à ses trousses. Malgré cela, il est décidé que notre homme devra rester à la Bastille toute sa vie (« le roi n'a pas voulu qu'on le fît mourir »). Il y meurt huit ans plus tard et on l'enterre sous un faux nom de circonstance, Pierre Navet, « n'étant pas à propos de dire son nom, étant cru criminel d'État ».

On peut constater que le bénéfice du doute ne va jamais à l'accusé en semblable occasion. Pas question en effet de prendre le plus petit risque dès que le monarque ou sa couronne sont menacés. En conséquence toutes les dénonciations sont prises au sérieux – ce qui implique que là encore on punisse très sévèrement les faux dénonciateurs. En 1677, par exemple, une certaine Marie-Anne d'Incarville a rédigé de fausses lettres pour faire supposer – et ce pour des raisons qu'on ignore – que le lieutenant du roi à Montmédy se proposait de livrer la place aux Espagnols. Enfermée à la Bastille pour y être interrogée, et convaincue de fausse accusation, elle est condamnée à mort avec un complice par le tribunal du Châtelet tandis que son mari, arrêté lui aussi, est acquitté. Le 19 octobre 1677, on lui tranche la tête.

Espionnage

Mais, hors de ces fausses alertes, les affaires d'espionnage qui se terminent à la Bastille sont nombreuses : près de 400 au total, dont 65 pour 100 sous le seul règne de Louis XIV. Elles figurent en permanence tout au long des XVIIᵉ et XVIIIᵉ siècles mais se multiplient de façon spectaculaire en période de guerre : guerres de Hollande, de la ligue d'Augsbourg et de la Succession d'Espagne sous Louis XIV, guerre de la Succession d'Autriche et de Sept Ans sous Louis XV.

La question est complexe, car c'est le type même de motif (contre-espionnage oblige) qui figure de façon la plus sibylline dans les archives. Ainsi, en

1659, un conseiller du prince de Condé est mis à la Bastille pour s'être chargé d'une mission secrète auprès de la cour d'Espagne. Voilà qui en effet, du point de vue de la couronne, motive largement un emprisonnement à la Bastille bien qu'on ignore tout de la nature exacte de la mission. En outre ce prisonnier ne reste enfermé que quelques semaines, avec ordre de rejoindre mystérieusement une des maisons de campagne du président de la Chambre des comptes. Cela pose d'emblée la question du sort qu'on réserve aux « espions » et autres agents secrets. Là encore règne la plus grande diversité. Ou bien on les exécute aussitôt, surtout lorsqu'ils se trouvent sur les « théâtres d'opérations », ou bien on en fait une monnaie d'échange. En 1656, Loret écrit dans sa *Muse historique* :

> On a sorty, en ces jours derniers
> Le nombre de neuf prizonniers
> Français (mais tenant pour Castille)
> Du fort enclos de la Bastille,
> Qu'on a changez de bonne foy
> Pour de vrais serviteurs du Roy,
> Lesquels, depuis quelques semaines,
> L'espagnol tenait dans ses chaînes...

Le plus souvent, c'est au prisonnier lui-même de négocier son propre échange : « Le Roy en examinant la liste des prisonniers qui sont à la Bastille, écrit Pontchartrain au gouverneur de la Bastille le 16 avril 1704, m'a ordonné de voir si on pourrait échanger le sieur de Gromis, Piedmontais. Comme personne ne peut mieux que lui ménager cet échange, dites-lui, s'il vous plaît, qu'il peut écrire à son pays, et s'il fait sur cela quelques propositions convenables, j'en rendrai compte au Roy... »

Qu'on y reste longtemps ou pas, la Bastille est toute désignée pour détenir ce type de prisonniers pour lesquels le secret s'impose. On ne saurait faire ici l'histoire de toutes ces « barbouzes » avant la lettre, à commencer par ce George Vane, espion anglais enfermé à la Bastille en 1691, spécialisé dans le passage des frontières, tantôt avec barbe, tantôt sans. Quant à Jones Simpson, il constitue un exemple achevé, pour n'en rester qu'aux Anglais pendant la guerre de la ligue d'Augsbourg, de ces espions qui tôt ou tard se retrouvent à la Bastille. Dès la bataille de la Boyne, en Irlande, où Guillaume III d'Orange triomphe en 1690 de Jacques II, réfugié en France depuis deux ans, Louis XIV juge la cause des Stuart irrévocablement perdue et ne garde plus Jacques II que comme une vague menace d'invasion contre l'Angleterre. Établi ou plutôt prisonnier au château de Saint-Germain où il tient une petite Cour, Jacques II est le jouet des agents de Guillaume d'Orange, de ceux du Roi-Soleil, sans compter ceux, car il y en a, qui jouent son propre jeu, non sans le trahir souvent. L'un de ces agents doubles, sinon triples, est Jones Simpson, un des rares personnages capables de traverser le détroit sans qu'on sache bien qui il sert exactement, encore qu'il soit officiellement accrédité par le parti jacobite. Toute cette gymnastique le conduit finalement à la Bastille le 1er décembre 1692.

L'abbé Renaudot, petit-fils de Théophraste, qui ne comprend rien à cette affaire compliquée mais qui sait un peu d'anglais, est chargé de faire la navette avec le château de Saint-Germain. Plongé dans les messages chiffrés, il est bientôt le seul à croire ce que lui raconte Simpson qui n'est qu'une pièce infime d'un puzzle qui aujourd'hui encore défie l'historien. On verra même cette chose inconcevable : Simpson quitter secrètement la Bastille pour l'Angleterre, puis y revenir tout aussi secrètement après une mission très obscure dont il est permis de supposer que le bénéfice ne peut aller qu'au roi de France. Le 9 juin 1693, il est officiellement libéré et s'en va aussitôt faire ses dévotions à Jacques II, tout auréolé de la gloire du martyr même s'il est probable qu'il sert en fait Guillaume d'Orange.

Fort heureusement, toutes les affaires ne sont pas aussi compliquées (encore qu'il ne faille pas y regarder de trop près), et l'on ne saurait faire la liste des espions simplement accusés d'entretenir un commerce de lettres chiffrées avec l'étranger afin de livrer divers secrets militaires. Parfois ce sont de véritables « taupes » qui s'installent solidement en France, y exercent une profession et même s'y marient. La police y perd quelquefois son latin, ayant bien du mal à repérer par exemple ce comte de Montroyal qui a eu la suprême astuce de se faire cataloguer par avance comme entêté alchimiste, ce qui ôte à la police l'idée de chercher plus loin.

Mais il y a le fameux Cabinet noir de Louvois pour qui le secret des postes ne passe que loin après le secret d'État. On ouvre donc les lettres (comme bien plus tard, en dépit de la chute de la royauté, on installera des écoutes téléphoniques) avec un intérêt plus marqué pour celles qui viennent de l'étranger. Dans le cas de ce comte de Montroyal, dont le vrai nom est de Thun, des lettres en allemand, ajoutées au fait qu'il est neveu de l'archevêque de Strasbourg, partisan zélé de l'empereur d'Allemagne, et que la police remarque chez lui un prêtre napolitain souvent « travesti en cravate et en perruque », suffisent amplement à justifier une lettre de cachet pour la Bastille.

Étrangers suspects

Dans une société traditionnelle où les déplacements sont rares, il est facile de repérer les individus qui franchissent les frontières. En 1704, d'Argenson fait arrêter à la faveur de la guerre de la Succession d'Espagne un certain Bonelli, Italien établi à Dijon et faisant le commerce de joaillerie. Mais « ce commerce peut servir de prétexte à tous ses voyages et cacher des desseins plus importants ». Les interrogatoires qu'il subit à la Bastille et les passeports établis à différents noms qu'on trouve chez lui vont en effet aggraver les présomptions d'espionnage.

Toujours pendant la guerre de la Succession d'Espagne, on arrête à Versailles le père Fleurant, capucin de la province de Liège, porteur de bijoux et de portraits de la reine douairière d'Espagne. On l'enferme à la Bastille comme « homme paraissant très attaché à la Maison d'Autriche, intrigant, persuasif et capable de tout entreprendre ». Professeur de philosophie à Liège, démis de ses fonctions en raison de ses appétits sexuels, il avait néanmoins obtenu de son ordre la permission d'aller à Rome. En Italie, il avait su s'attirer les bonnes grâces de protecteurs puissants, les amusant d'abord puis les scandalisant par ses penchants pour le théâtre, l'opéra, le jeu et les femmes. Poursuivi par une lettre circulaire du père vicaire général, il était passé en Catalogne où, là, il avait su entrer dans les grâces de la reine douairière. Arrêté en compagnie du frère Fidèle, « pour le moins aussi ennemi de la Maison de France », on ne le garde à la Bastille que le temps de s'assurer qu'il n'est guère dangereux, et on se contente de l'exiler en Flandre non sans l'avoir averti qu'il n'est plus question pour lui de remettre les pieds en France.

Autre étranger suspect que ce Motola qu'on trouve à Paris, toujours pendant la longue guerre de la Succession d'Espagne, sans passeport et affublé d'un habit de franciscain à l'évidence usurpé. Voilà qui suffit pour faire connaissance avec la Bastille. Ce malheureux, explique d'Argenson au ministre, est avant tout un libertin qui a fort peu d'esprit et encore moins de religion. « Il dessine parfaitement et il se pique d'avoir un nouveau secret pour faire des canons, enfin il a bien envie qu'on le croie propre à être espion, et il tiendrait à honneur de le devenir en effet. » Imperturbable, Pontchartrain répond qu'il faut examiner à quoi pourra servir cet homme dans les pays étrangers mais, sur l'avis de d'Argenson, il est décidé que, par précaution, il restera à la Bastille jusqu'à la paix.

Dumouriez ou le secret du roi

Sous le règne de Louis XV, les affaires d'espionnage qui se soldent par un emprisonnement à la Bastille sont moins nombreuses que sous celui du Roi-Soleil.

L'une d'elles pourtant mérite d'être racontée, car non seulement elle concerne Charles François du Périer dit Dumouriez, le futur vainqueur de Valmy et de Jemmapes, mais elle y montre le roi en personne sous un jour assez curieux.

En 1770, tombe Choiseul, secrétaire d'État aux Affaires étrangères, l'homme de la Pompadour dont on dira que « parmi les pygmées du règne il fut une manière de grand homme ». Il est remplacé par le duc d'Aiguillon qui vient de Bretagne où il a montré peu de talent, et qui ne vaut pas Choiseul. C'est ce moment délicat que le colonel Dumouriez choisit pour entrer en scène. Distingué par Choiseul après la guerre de Sept Ans et les opérations de Corse, il est nommé conseiller militaire des confédérés de Pologne que la France se prépare à abandonner après qu'elle l'eut poussée à se révolter contre les Russes.

Profitant de la vacance entre Choiseul et d'Aiguillon, Dumouriez se lance dans une équipée militaire quelque peu personnelle avant d'être rappelé par d'Aiguillon en 1772 à la veille du premier partage de la Pologne. Mis en demi-solde, Dumouriez part alors pour une mission secrète en Allemagne pour le compte du ministre de la Guerre, et sans que celui des Affaires étrangères le sache. Seul le roi, qui adore ce genre de situation, sait tout. En Allemagne, Dumouriez se montre si imprudent que d'Aiguillon le fait surveiller puis arrêter d'une lettre de cachet qu'il signe seul. Il a tout intérêt à monter l'affaire en épingle, car c'est là une belle occasion de ruiner le crédit du ministre de la Guerre. Et le roi ? Un mot suffirait. Mais Louis XV est peu soucieux d'avoir à s'expliquer devant un de ses ministres et laisse emmener à la Bastille Dumouriez qui ne peut plus désormais que se taire. Pour une fois, Sartine n'avait pas été prévenu, mais il a vite fait de comprendre la situation et s'emploie à calmer le jeu dans les longs interrogatoires qui commencent à la Bastille à partir de septembre 1773. N'empêche que le secret du roi coûtera à Dumouriez non seulement six mois de Bastille, mais ensuite un transfert au château de Caen où il devra attendre que l'affaire se dissolve d'elle-même.

Haute trahison

Ces affaires d'espionnage, toutefois, ne mènent jamais leurs auteurs bien loin, à condition justement qu'ils aient eu droit à la Bastille, véritable bourse de renseignements et d'échanges. Il en va tout autrement des affaires de haute trahison qui menacent plus directement et plus gravement la couronne. Telle est, peu de temps après la Fronde, la conspiration du chevalier de Rohan qui conduit son auteur à la Bastille en septembre 1674 avec une vingtaine de complices. Louis de Rohan, ancien grand veneur de France tenu en disgrâce, avait imaginé une conspiration assez fumeuse où il était question de créer une agitation en Normandie en réclamant la convocation des États généraux de cette province, puis, étant sûr du refus du roi, d'appeler les Hollandais et les Espagnols dont on aurait facilité le débarquement à Quillebeuf, et enfin d'ériger la province en république en espérant que la France entière suivrait. La Reynie est nommé procureur général d'une commission extraordinaire chargée d'instruire l'affaire (en fait de la juger).

Voilà créée la Chambre de l'Arsenal. Mais La Reynie estime avec raison qu'il n'est pas de bonne politique de montrer aux mécontents leur force et leur nombre. « L'affaire de la Bastille comme procès, écrit-il à Colbert le 16 octobre, grossit, ce semble, plus qu'il ne faut. On apprend et on apprendra tous les jours quelque chose de nouveau, et si l'on se met en peine de suivre tout ce qu'on pourra découvrir, il est à craindre qu'on ne s'égare dans cette longue poursuite. On voit clairement le gros de l'affaire. » Et, de fait, le gros de l'affaire est rapidement expédié puisque le 26 novembre la Chambre de l'Arsenal condamne le chevalier de Rohan à mort avec ses trois principaux complices. Les autres sont déchargés de l'accusation et sortiront de la Bastille quelques jours plus tard. Quant aux quatre condamnés, ils sont menés le lendemain de la sentence sur la petite place de la rue Saint-Antoine, au pied de la Bastille, et proprement exécutés. « L'exécution entière, rapporte La Reynie au ministre Seignelay, a été faite sans tumulte quoiqu'il y eût grand concours de monde. [...] On peut dire, après ce qu'on a vu en ce jour, que la justice du roi a fait un exemple terrible... » Ici lettre de cachet et justice expéditive ont fait bon ménage, comme elles feront bon ménage quelques années plus tard à propos de l'Affaire des poisons.

Près d'un siècle plus tard, l'affaire de Lally-Tollendal sera la dernière de cette liste, assez longue finalement, des conspirateurs et des grands traîtres (ou en tout cas considérés comme tels) qui n'ont été mis à la Bastille que pour peu de temps, avant d'être exécutés. Ce général français d'origine irlandaise s'était distingué pendant les guerres de la Succession de Pologne et de la Succession d'Autriche avant d'être envoyé en Inde, pendant la guerre de Sept Ans, à la tête d'un corps expéditionnaire. Lally-Tollendal échoue devant Madras en 1758 et finit par capituler dans Pondichéry, en 1761, à la suite d'une résistance héroïque. Il est néanmoins accusé de haute trahison, de concussion et regardé par Versailles comme la cause de la perte des établissements français des Indes. Conduit à la Bastille le 1er novembre 1762, il est jugé et condamné à mort par le Parlement le 6 mai 1766, transféré à la Conciergerie le 8 et décapité le lendemain en place de Grève. Son fils et Voltaire s'emploieront dans les années suivantes à le faire réhabiliter mais, au-delà d'une culpabilité effectivement douteuse, ce type de procès et d'exécution également sommaires, et d'ailleurs beaucoup plus rares qu'au XVIIᵉ siècle, commencent à être mal supportés de l'opinion. Car désormais il y a une opinion.

En 1718, une autre affaire de haute trahison a conduit à la Bastille pas moins d'une quarantaine de personnes, et du meilleur monde. C'est l'affaire du duc et de la duchesse du Maine, parfois appelée conspiration de Cellamare, qui commence avec la dispute pour la Régence. À la mort de Louis XIV en effet, Philippe d'Orléans et son entourage se sont heurtés à la « vieille Cour » du parti dévot de Mme de Maintenon et des princes légitimés. Parmi ceux-ci, le duc du Maine, fils de Mme de Montespan, est chargé dans le testament de Louis XIV de l'éducation du jeune Louis XV et de sa maison militaire. Une fois le testament cassé par le Parlement et les beaux rêves envolés, la duchesse du Maine, petite-fille du Grand Condé, va pousser son époux, homme doué mais pusillanime, à conspirer contre le Régent avec le prince de Cellamare, ambassadeur d'Espagne en France. Sur le fond, il ne s'agit de rien moins que de mettre Philippe V d'Espagne sur le trône de France, puisque après tout il est le petit-fils de Louis XIV. Les choses auraient pu aller assez loin si le célèbre abbé et plus tard cardinal Dubois, âme damnée du Régent, n'avait pas profité des renseignements que lui donnèrent ses contre-espions. La conspiration est démasquée, Cellamare arrêté et ses papiers saisis. Les lettres de cachet pleuvent. En décembre 1718, le duc du Maine est conduit, muet d'épouvante, à la citadelle de Doullens, prison d'État. La duchesse du Maine, véritable responsable de la conspiration, est emprisonnée au château de Dijon, tandis que les complices sont enfermés par dizaines à la Bastille dans les semaines qui suivent. Il n'y aura cette fois ni condamnation à mort ni exécution, mais le Régent saura admirablement tirer parti de cette affaire pour discréditer définitivement ses adversaires.

Le Masque de fer

Le 18 septembre 1698, le lieutenant de roi à la Bastille, Étienne du Junca, qui tient soigneusement un journal officieux des entrées et des sorties, assez souvent complété de quelques précisions, note : « Du jeudi 18ᵉ de septembre, à 3 heures après-midi, M. de Saint-Mars, gouverneur du château de la Bastille, est arrivé pour sa première entrée, venant de son gouvernement des îles Sainte-Marguerite et Honorat, ayant avec lui dans sa litière un ancien prisonnier qu'il avait à

Pignerol, lequel il fait tenir toujours masqué, dont le nom ne se dit pas et, l'ayant fait mettre en descendant de sa litière dans la première chambre de la tour de la Bazinière en attendant la nuit, pour le mettre et mener moi-même à 9 heures du soir avec M. de Rosarges, un des sergents que M. le Gouverneur a amenés, dans la troisième chambre, seul, de la Bertaudière, que j'avais fait meubler de toutes choses quelques jours avant son arrivée, en ayant reçu l'ordre de M. de Saint-Mars, lequel prisonnier sera servi et soigné par M. de Rosarges et que M. le Gouverneur nourrira ».

La tour de la Bazinière est la plus proche du pont-levis et sert assez souvent d'accueil provisoire et discret avant l'installation définitive du prisonnier d'État. Mais l'attente de la nuit pour le transfert et surtout le port d'un masque nourrissent dès ce moment la légende du *Masque de fer*. À vrai dire, et comme l'étudie minutieusement Jean-Christian Petitfils[1], la légende a commencé bien avant et aboutira jusqu'à nos jours à pas moins de 52 identités différentes. Parmi celles-ci, une, que retient l'auteur : Eustache Danger, un valet que le major de Dunkerque conduit par lettre de cachet en août 1669 à la forteresse de Pignerol (aujourd'hui dans le Piémont). Cet obscur personnage a dû à coup sûr trahir quelque grand secret d'État, probablement à propos des affaires d'Angleterre où il aurait joué un rôle d'émissaire et appris à cette occasion ce qu'il n'aurait pas dû savoir. On n'en sait pas plus. En revanche, on sait que Louvois, ministre de la Guerre ayant initié la lettre de cachet, ordonne à Saint-Mars, gouverneur de Pignerol, le secret le plus absolu. Nul ne doit approcher ni entendre le prisonnier qui, sous peine de mort, ne doit lui-même « parler d'autre chose que de ses nécessités ».

À partir de 1675, l'isolement d'Eustache Danger s'atténue, probablement parce que le secret de 1669 (qu'on ignore toujours) n'en est plus un. Voilà soudain Danger affecté comme valet au service de Nicolas Foucquet, lui-même prisonnier d'État à Pignerol. Cette affectation, qui atteste au passage le mince statut social de Danger, aboutira sous la Révolution à la thèse, parmi tant d'autres, que Foucquet aurait été le Masque de fer enfermé à la Bastille. Car c'est très vite de masque qu'il s'agit. L'initiative en revient probablement à Saint-Mars lui-même, hors de toute instruction de Versailles. Évidemment Saint-Mars n'est pas l'inventeur du procédé, très en vogue dans la haute société sous le règne de Louis XIII et qui peut, rarement il est vrai, être utilisé lors du transfert d'un pri-

---

[1] Jean-Christian Petitfils, *Le Masque de fer — Entre histoire et légende*, Perrin, 2003.

sonnier d'État dont l'identité doit être tenue secrète. C'est le cas à la Bastille en 1686 où un homme et son épouse font leur entrée, lui avec un large chapeau aux bords rabattus sur le visage, elle avec un masque. En 1695, Gédéon Philbert, capitaine des galères en odeur d'espionnage, est conduit de Marseille à la Bastille « le visage caché ». C'est tout de même très rare, au point que la *Gazette d'Amsterdam* évoque le mois suivant un personnage, certainement important, qu'on a mené à la Bastille en litière et masqué, « escorté de vingt cavaliers ».

Saint-Mars a-t-il voulu ainsi, comme le soutient Jean-Christian Petitfils, se mettre en valeur lui-même et en imposer à son entourage ? Mission réussie alors puisque ce masque va non seulement questionner et enfiévrer les esprits contemporains mais nous interroge encore. Il est probable d'ailleurs qu'à cette époque et notamment quand Saint-Mars s'en va prendre le commandement du fort en montagne d'Exiles, non loin de Pignerol, que le masque ait alors été bel et bien de fer, peut-être même un heaume médiéval, avant de devenir le masque de velours noir à mentonnière que Danger portera en arrivant à la Bastille.

Toujours est-il que le prisonnier, devenu soudain mystérieux et qui ne saurait être désormais qu'un très haut personnage, suit Saint-Mars au fil de ses affectations successives. Et Saint-Mars, qui laisse filer bon train les interprétations les plus fantaisistes et qui même les encourage, de mentionner dans ses rapports : « mon prisonnier », « mon ancien prisonnier ». À l'évidence, Danger fait partie des prisonniers d'État qui ne seront jamais libérés. Il suit Saint-Mars dans l'île Sainte-Marguerite en 1687, puis encore à la Bastille en 1698. Quant à Saint-Mars, il a trop bien réussi son coup et en retire décidément trop de considération pour y renoncer. Il s'obstine donc à ce que son prisonnier conserve son masque à la Bastille, au moins quand il y arrive ou quand il se rendra à la messe ou encore quand on faisait venir le médecin ou l'aumônier. Décidément ce Saint-Mars, ancien mousquetaire quelque peu égaré dans la fonction de geôlier, connu par ailleurs pour ses rodomontades, était un farceur, quoique dans une catégorie bien cruelle.

Au bout de cinq ans de secret absolu, le prisonnier masqué meurt, le 19 novembre 1703, presque subitement, en revenant de la chapelle. On l'enterre au cimetière de la paroisse Saint-Paul sous un faux nom, comme c'est l'usage, Marchioly (qui étayera la thèse, souvent admise, selon laquelle le prisonnier masqué était le Comte Matthioli, lui aussi prisonnier d'État à Pignerol). Saint-Mars quant à lui meurt cinq ans plus tard, à 82 ans, alors qu'il est toujours gouverneur de la Bastille.

Une tradition, beaucoup moins sûre quoique entretenue par les officiers, gardiens et domestiques de la Bastille tout au long du XVIIIe siècle, rapporte qu'on brûla alors soigneusement les meubles de sa cellule, qu'on regratta et blanchit les murs et qu'on remplaça jusqu'aux pavés du sol. Ceci, par contre, eut été du jamais vu mais la première mention qui en est faite, dans un rapport du major de la Bastille à Malesherbes, est postérieure d'un demi-siècle à la mort du Masque de fer.

Indiscutablement, celui qui va devenir l' « homme au masque de fer » est l'un des prisonniers les plus mystérieux de la Bastille. Voltaire, dans *Le Siècle de Louis XIV*, a donné le premier le branle à la version d'un grand, d'un très grand de ce monde, si grand que personne ne devait voir son visage, pas même ses gardiens. « Quelques mois après la mort de Mazarin, écrit-il, on envoya dans le plus grand secret au château de l'île Sainte-Marguerite, dans la mer de Provence, un prisonnier inconnu, d'une taille au-dessus de l'ordinaire, jeune et de la figure la plus belle et la plus noble. Ce prisonnier, dans la route, portait un masque dont la mentonnière avait des ressorts d'acier qui lui laissaient la liberté de manger avec le masque sur son visage. On avait ordre de le tuer s'il se découvrait [...]. Le marquis de Louvois alla le voir dans cette île avant la translation (à la Bastille) et lui parla debout et avec une considération qui tenait du respect. Cet inconnu fut mené à la Bastille, où il fut logé aussi bien qu'on peut l'être dans le château. On ne lui refusait rien de ce qu'il demandait. Son plus grand goût était pour le linge d'une finesse extraordinaire, et pour les dentelles [...]. On lui faisait la plus grande chère, et le gouverneur s'asseyait rarement devant lui... ». Voltaire raconte encore que lorsque ce mystérieux prisonnier était dans l'île de Sainte-Marguerite, il écrivit quelque chose au dos d'une assiette d'argent qu'il jeta par la fenêtre, vers un bateau de pêche. Le pêcheur, qui ne savait pas lire, rapporta l'assiette au gouverneur. « Allez, lui dit le gouverneur, vous êtes bien heureux de ne pas savoir lire ».

Un pas restait à franchir qui le fut bientôt, et ce, bien avant Dumas et son flamboyant *Vicomte de Bragelonne* : si l'on craignait à ce point que le prisonnier fût reconnu, à qui pouvait-il ressembler sinon au roi lui-même ? Les légendes allèrent en s'enflant : le frère utérin illégitime c'était Louis XIV, et le bon, le vrai, c'était le Masque de fer. Mieux, on alla jusqu'à imaginer sous l'Empire que le roi légitime pendant qu'il était prisonnier à l'île de Sainte-Marguerite s'était marié à la fille d'un de ses gardiens. De cette union était né un garçon qu'on avait fait passer dans l'île de Corse toute proche comme un enfant venant non

pas de nulle part mais de bonne part (buona parte). Dans cette version écheve-
lée, Napoléon (car il ne pouvait s'agir que de lui) devenait ainsi l'héritier naturel des Bourbons.

Dès avant la Révolution, qui sera trop heureuse de s'emparer du mythe pour
mieux dénoncer la cruauté de l'Ancien Régime, le XVIIIᵉ siècle s'est plongé avec
délectation dans le mystère du Masque de fer. La Pompadour demanda à Louis
XV s'il connaissait le secret et Marie-Antoinette demanda à Louis XVI. Les deux
rois répondirent qu'ils ne savaient pas. La favorite et la reine en furent certainement contentes car elles purent ainsi continuer à échafauder d'extraordinaires
histoires sur le mystérieux prisonnier accablé par un destin qui ne pouvait être
que royal. Il restait et il reste encore, heureusement, un peu de place pour le
mystère de ce prisonnier masqué montant lourdement les interminables escaliers de la Bastille, écrasé par son incommensurable secret. Place au rêve, en
quelque sorte :

> *Dans le cachot de ma tristesse*
> *Auprès de mon cercueil ouvert,*
> *Inconnu et coupable Altesse,*
> *Je suis l'homme au masque de fer.*
> *[...]*
> *Chacun valet, soudard ou reître,*
> *Hôtes de ce donjon fatal,*
> *Guette encor les regards du maître*
> *Sous mes paupières de métal.*

Le service du roi

Hors de la défense au sens strict de sa sécurité personnelle et de sa couronne, le
roi réserve aussi la Bastille à la répression, moins sévère cette fois, de toutes les
fautes commises dans son service : la diplomatie, cousine germaine de
l'espionnage, la discipline aux armées, l'étiquette à la Cour...

Diplomatie

Et d'abord point n'est besoin de faute pour aller à la Bastille quand l'exige le
service du roi. En temps de guerre, les étrangers font l'objet d'une surveillance
spéciale, car ils constituent autant d'otages en puissance, même lorsqu'ils ne

sauraient être soupçonnés de la moindre « intelligence avec l'ennemi ». Au début de la guerre de la ligue d'Augsbourg, par exemple, Louis XIV ordonne à La Reynie que tous les sujets de l'empereur « soient mis en sûreté ». On appréciera l'euphémisme puisqu'il s'agit soit de fournir une caution de 10 000 livres, soit d'entrer à la Bastille où les Allemands « auront toutes sortes de libertés, hors celle d'en sortir ». Le but de l'opération est simple : on s'assure que les Français qui se trouvent au même moment en Allemagne n'y seront pas retenus. La guerre a commencé si brusquement que le fils de Louvois lui-même est resté à la cour de Vienne.

Dans ces cas spéciaux, les étrangers retenus à la Bastille bénéficient effectivement d'un traitement de faveur surtout lorsque ce sont des personnes de qualité, comme ces trois gentilshommes allemands, arrêtés pendant la guerre de Hollande, pour lesquels le ministre écrit au gouverneur : « Vous les ferez, s'il vous plaît, traiter avec honnêteté, leur permettant de se promener dans la cour et de voir du monde. »

En 1684, Louis XIV, furieux de voir la République de Gênes se ranger du côté des Espagnols, fait fi de l'immunité diplomatique en faisant mettre à la Bastille le marquis Marini, ambassadeur génois en France, avant d'ordonner le bombardement de la ville par ses galères, « jusqu'à ce qu'elle se soit mise à son devoir », ajoute superbement Louis XIV. Voici donc Marini en otage et garant des représailles que les Génois auraient pu exercer sur les marchands français.

De la même façon, le marquis d'Argenson (c'est le fils de l'ancien lieutenant de police), pour lors ministre des Affaires étrangères, écrit dans ses *Mémoires* comment on enferma à la Bastille pendant la guerre de la Succession d'Autriche un certain comte Morton, précieux du fait qu'il était parent et ami d'un des ministres anglais en exercice. Ce gentilhomme écossais, explique le marquis d'Argenson, était depuis un an en France pour sa santé, voyageant sur les bords de la Loire « que les Anglais aiment beaucoup ». On commence par ne pas lui renouveler son passeport et, puisque le voilà désormais en situation irrégulière, il n'y a plus qu'à le mettre à la Bastille avec toute sa famille et sa suite, soit quatorze personnes au total. On ne trouve rien de criminel dans ses papiers mais, ajoute d'Argenson, « les grâces et l'indulgence vinrent après que nous eûmes détenu quelque temps cet otage. Le ministère britannique fit un règlement assez équitable pour les différentes classes d'officiers faits prisonniers à la bataille de Culloden. On traita mieux les prisonniers jusqu'à leur échange, qui ne se fit qu'à la fin de l'an 1746 ».

Cette même défaite de Culloden avait ruiné les ambitions des jacobites, partisans de Jacques II lui-même réfugié en France après la « Glorious Révolution » de 1688. Le dernier prétendant jacobite au trône d'Angleterre était Charles Edouard Stuart, dit « le Jeune Prétendant », lui aussi réfugié en France. Moins magnanime que son aïeul qui avait toujours accordé refuge et soutien aux malheureux Stuart, Louis XV, à l'occasion du traité d'Aix-la-Chapelle (18 octobre 1748) qui met fin à la guerre de la Succession d'Autriche, s'est engagé à chasser le prince Charles Edouard. C'est un épisode peu glorieux de la diplomatie française où l'on voit cet allié fidèle et populaire, et qui d'ailleurs avait fait une brillante campagne en Ecosse en 1745, arrêté « de par le Roi » à l'Opéra le 9 décembre 1748, au milieu d'un prodigieux déploiement de troupes. Barbier, dans son journal, parle d'un enlèvement par crainte d'une émeute : « Aussitôt qu'il a été descendu de carrosse pour entrer dans le cul-de-sac de l'Opéra, M. de Vaudreuil, major du régiment des gardes, lui a dit qu'il était chargé de l'ordre du roi pour l'arrêter, et, dans le moment même, six sergents aux gardes, qui étaient en habits bourgeois, l'ont saisi par les deux bras et par les deux jambes et l'ont enlevé de terre ; on lui a jeté et passé sur-le-champ un cordon de soie, qui lui a embrassé et serré les deux bras. On lui a dit après que ç'avait été crainte de quelque violence sur lui-même et pour sa conservation. Il s'est, dit-on, un peu trouvé mal... » On conduit le prince au donjon de Vincennes tandis qu'on enferme à la Bastille, le lendemain et le surlendemain, plus de quarante personnes de sa maison.

Mais, plus souvent, en dehors même des affaires d'espionnage, il ne s'agit que de punir des diplomates français qui ont commis des fautes dans leur mission. D'autres sont enfermés quelque temps à la Bastille pour les punir du « faux relief » qu'ils ont voulu se donner. Les durées de détention sont alors relativement courtes tout comme celles qui viennent sanctionner chez les militaires des fautes contre la discipline.

Discipline

Presque toutes les affaires de discipline militaire (72 sur 85) relèvent du règne du Roi-Soleil, lequel, comme on sait, était particulièrement soucieux de la bonne tenue de ses officiers, c'est-à-dire de sa noblesse. Certaines sont graves comme lorsqu'en août 1666 un certain Troisfontaines, gendarme de la garde du roi cassé par son commandant, veut lui faire insulte à la fin d'une revue. Le lieutenant de la Bastille qui se trouvait là ordonne de l'arrêter. Alors, devenu furieux,

Troisfontaines tue roide un sergent qui mettait la main sur lui et marche sabre haut sur le lieutenant. Celui-ci, bien qu'il n'ait à la main qu'une épée de parade, se défend fort bien mais est blessé en voulant ménager son adversaire. Le forcené, abattu par un soldat d'un coup de pistolet dans la cuisse, est porté à la Bastille. En dépit de la gravité des faits, Troisfontaines obtient la grâce qu'a sollicitée pour lui son commandant et sort de la Bastille deux mois après y être entré, non sans toutefois qu'on l'ait démis de sa charge et banni pour six ans en lui interdisant de porter désormais les armes. L'argumentation qui semble prévaloir en cette affaire est que le garde du roi se serait défendu contre ce qu'il aurait cru être une attaque et donc que l'autorité du roi n'a pas été bafouée.

La Bastille, en l'occurrence, ne joue que le rôle d'une actuelle maison d'arrêt comme dans le cas, assez identique, d'un chevau-léger de la reine, nommé de Saint-Jean, qu'on a mis à la Bastille à la même époque pour avoir tiré deux coups de pistolet sur son officier. Jugé prestement après huit jours de Bastille par le prévôt général de la connétablie de France, condamné à mort et déjà attaché au poteau d'exécution pour y être fusillé (ou plutôt « pistolé »), une grâce royale accordée à la demande du duc d'Orléans vient le sauver de justesse.

Passe encore de vouloir trucider son officier, mais le roi ne saurait pardonner à ceux qui se rendent à l'ennemi alors qu'ils sont encore en état de se défendre. En 1709, La Boulaye, qui s'était rendu avec sa garnison à Exiles avant d'aller lui-même se constituer prisonnier à la Bastille, est condamné à la détention perpétuelle et transféré trois mois après son entrée à la Bastille, à Briançon puis à la prison de Pierre-en-Cize. En fait, c'est le roi qui a ajouté la détention à la sentence du conseil de guerre qui ne condamnait La Boulaye qu'à être cassé et dégradé de l'ordre de Saint-Louis. Là plus qu'ailleurs, le roi décide en dernier ressort, aggravant ou allégeant les punitions, et se contentant par exemple de faire exiler sur ses terres en 1712, après trois mois de Bastille, Charles d'Espalungue de La Badie, accusé lui aussi de ne pas avoir su défendre Le Quesnoy assiégé par le prince Eugène.

On pourrait craindre le pire aussi pour le comte Bar de Saint-Rom, capitaine au régiment des gardes de Lorraine, qui, chargé à la fin du règne de Louis XV de lever 23 000 recrues pour les régiments du roi, en avait fait un régiment nouveau baptisé en toute simplicité « volontaires de Bar » et composé d'une bonne part de mauvais sujets. Déjà il avait nommé les officiers, donné un uniforme et pris le titre de colonel, habitant un hôtel luxueux et menant grand équipage, lorsqu'une lettre de cachet lui fait rejoindre la Bastille le

13 mars 1760. Curieusement, au regard de la faute commise, il n'y reste que trois mois avant d'être exilé sur ses terres en Périgord.

Dans le cas du sieur Perrot, gouverneur de Montréal au début du règne de Louis XIV, des sentiments contradictoires font hésiter le roi entre la sévérité et la clémence. Certes ledit Perrot a l'air de se conduire là-bas en petit potentat et il a même été jusqu'à faire arrêter un envoyé du ministre de la Marine. Le roi écrit personnellement au ministre qui se répand en clameurs, et qui a déjà fait infliger dix mois de prison au gouverneur, que certes il n'est pas question de le désavouer et que même il va ajouter à cette peine trois semaines de Bastille pour « réparer publiquement le violemment de mon autorité ». Mais, ajoute le roi, la prison de dix mois était « un peu trop rigoureuse » et à l'avenir il faudra se montrer moins sévère. Colbert, qui écrit de son côté, donne au ministre une raison de plus de faire preuve de mansuétude : « À l'égard de M. Perrot, comme les dix mois de prison qu'il a soufferts, et celle de trois semaines dans la Bastille, doivent suffire pour expier la faute qu'il a faite, et que d'ailleurs il est parent et allié de personnes que je considère beaucoup, je vous prie de recevoir les excuses qu'il vous fera avec agrément, et comme il n'y a aucune apparence qu'il puisse jamais retomber en aucune faute qui approche celle qu'il a faite, vous me ferez aussi un singulier plaisir en lui accordant l'honneur de vos bonnes grâces et votre amitié, de lui donner les moyens de servir agréablement en ce pays-là. » Colbert n'était pas bon prophète car, par la suite, le gouverneur de Montréal accumula contre lui tant de plaintes que le roi dut le destituer.

Certaines affaires de discipline militaire, pour être grotesques, n'en sont pas moins assez graves pour amener le roi à intervenir personnellement. En 1705, à l'armée de Flandre, Antoine Château de La Barre, commandeur de l'ordre de Saint-Louis et maréchal de camp, refuse d'exécuter un ordre de Louis Charles d'Hautefort, marquis de Surville, lieutenant général. Après avoir été séparés de justesse au cours d'un repas alors qu'ils allaient en venir aux mains, ces deux bouillants militaires de grade équivalent trouvent le moyen de poursuivre leur altercation en pleine revue des troupes devant l'Électeur de Bavière. Aux paroles succèdent les mauvais gestes. Une perruque vole. C'est celle de La Barre qui veut se saisir de son pistolet, prétendant que Surville l'a fait exprès (celui-ci dira que c'est un bouton de sa manche qui s'est accroché dans la perruque). On imagine le scandale et le roi en personne entreprend d'écrire à l'Électeur de Bavière en s'appliquant à démêler, c'est le cas de le dire, qui de la perruque ou du bouton de manche a fait le plus preuve de mauvaise volonté. Finalement, c'est Surville qui est envoyé à la Bastille. « La matière est si délicate que vos meilleurs amis n'osent se flatter de rien », lui écrit Chamillart, secrétaire d'État à la Guerre, qui s'excuse dans la même lettre de n'avoir pu empêcher le roi de le faire escorter d'un exempt pour se rendre à la Bastille où il va rester dix mois. Saint-Simon dit que Surville demeura perdu dans la considération du roi alors même que le public trouvait la punition trop sévère.

Sous le règne de Louis XV, infiniment plus rares sont les affaires de discipline militaire punies de la Bastille et, le roi ne se mêlant plus d'arbitrer entre qui a raison et qui a tort, la tendance est de punir indifféremment les parties opposées. Ainsi, bien qu'ayant exilé à quarante lieues de Paris en 1769 M. de Kerlérec, le gouverneur de Louisiane, « en punition de sa conduite tyrannique avec les officiers », Versailles n'en punit pas moins de quelques semaines de Bastille un capitaine commandant une compagnie du régiment suisse de la Louisiane, un enseigne et un lieutenant qui ont commis la faute de se plaindre de leur tyran de gouverneur sous forme de mémoires imprimés – ce qui constitue un grave manquement à la déjà sacro-sainte voie hiérarchique. Un autre capitaine des troupes de Louisiane, également puni de trois semaines de Bastille, était même allé jusqu'à publier contre le gouverneur un livre entier, intitulé *Nouveaux Voyages aux Indes orientales*. Mais c'est aborder là aux vastes rivages de la librairie...

Déserteurs

Les déserteurs, pour relever eux aussi de la discipline militaire, n'en sont pas moins punis plus sévèrement. Rares sont d'ailleurs ceux qui ont droit à la Bastille (une quinzaine) et ceux qui y vont ne font qu'y passer, transitant vers quelque autre maison de force ou le conseil de guerre, prélude aux sentences les plus graves. En fait, c'est toujours pour une autre raison qu'on a jugé bon de les faire passer à la Bastille pour les y interroger : soupçons d'espionnage, affaire concomitante de protestantisme, de vol d'argent ou de documents qu'on cherche à récupérer.

Parfois des officiers étrangers « en pékin » opèrent sur le territoire français, s'employant à inciter des soldats français à la désertion pour les enrôler au compte de leur propre pays. Ainsi, en 1765, Rapin, sujet suisse au service du roi de Prusse avec le grade de colonel et qui, ce n'est pas simple, travaille en fait pour le gouvernement russe qui l'a chargé de faire déserter des soldats français près des frontières pour les envoyer comme colons en Astrakan. Pour ce genre de personnage, pas de pitié, et les quinze jours de Bastille qui ont suffi à éclairer son cas ne font que préluder à un envoi au donjon de Vincennes où il demeurera prisonnier jusqu'à sa mort.

Sont considérés également comme déserteurs les ouvriers qui au XVIIe siècle et plus encore au XVIIIe siècle essaient de passer à l'étranger pour y exercer leur art. La Russie, la Pologne, la Prusse, la Suisse, l'Espagne, l'Angleterre entretiennent en France des agents plus ou moins secrets, aux crédits pratiquement illimités. Certains sont spécialisés dans la quantité, comme ce Rollwagen, emprisonné à la Bastille de 1766 à 1769 et soupçonné d'avoir cherché à recruter des émigrants clandestins en Alsace pour les colonies de Russie. Il avait déjà fourni pour ces mêmes colonies près de 4 000 familles allemandes et venait de passer contrat pour 3 000 nouvelles.

D'autres, plus nombreux, recherchent la qualité avec les ouvriers des manufactures royales. Il s'agit cette fois de préserver les secrets de fabrication comme lorsqu'on met à la Bastille en avril 1753 un certain Caillat, ouvrier à la manufacture de porcelaine de Vincennes, déjà coupable d'avoir vendu pour la somme rondelette de 4 000 livres le secret de compositions des couleurs et de l'or à la manufacture de Chantilly, mais qui, ce qui est bien pis, voulait passer en Suisse. Il reste huit mois à la Bastille avant d'être transféré au Mont-Saint-Michel, prison d'État justement réputée comme dure. Bastille aussi en 1732 pour Antoine Terrasson qui, au terme d'une faillite frauduleuse, se proposait de passer à l'étranger pour y vendre les dessins des manufactures de Lyon. Il meurt à la Bastille au bout de douze ans de détention.

Bussy-Rabutin

Mais, pour en revenir aux militaires indisciplinés, il est des personnages pour lesquels on croirait que la Bastille a été inventée tout exprès. C'est assurément le cas de Roger de Rabutin, comte de Bussy, incontestablement l'une des figures vedettes de la galerie pourtant riche des prisonniers de la Bastille. Né en 1618 dans une famille de la très vieille noblesse de Bourgogne, Bussy, après de brillantes études chez les jésuites, se découvre une profonde vocation militaire à laquelle s'ajoute pourtant un don d'écrivain-né, tout comme sa cousine, la future marquise de Sévigné, dont il partage la verve et l'esprit de médisance. Mais, par-dessus tout, c'est un libertin, non pas au sens qu'on donnera à ce mot au XVIIIe siècle (encore que Bussy soit un grand coureur de jupons) mais au sens, presque politique, que le terme a pris au XVIIe siècle : Bussy ne croit à rien et ne respecte rien. Ainsi son courage devant l'ennemi n'a d'égal que son incapacité à accepter la discipline et on le verra, un beau jour, abandonner un siège qui traînait en longueur, pour aller se donner du bon temps à Dijon. Sa carrière est fulgurante pourtant : à quinze ans, il commande une compagnie au régiment de son père ; à dix-huit ans, il est à la bataille de Corbie (1636) et deux ans plus tard il succède à son père comme maître de camp (colonel).

Bussy est de toutes les batailles, de tous les duels, de toutes les aventures galantes. Au cours d'une de ses absences chez une nouvelle maîtresse, des soldats de son régiment se rendent coupables de désordres chez l'habitant, à la fin de l'année 1640. Bussy, qui est mis en cause, a si peu le sens de la discipline qu'il s'étonne en toute bonne foi qu'on lui reproche quelque chose qui s'est passé pendant qu'il n'était pas là. On imagine sans mal le cardinal Richelieu répondant d'une voix glaciale à l'envoyé de Bussy, qui aussitôt a fait jouer le système familial, que c'est justement là ce qu'on lui reproche.

Une lettre de cachet adressée directement à Bussy (noblesse oblige) l'envoie à la Bastille pour cinq mois. Les années qui suivent se partagent entre des amours avec sa cousine, un mariage de raison avec une riche héritière et la poursuite d'une brillante carrière militaire : lieutenant général au gouvernement du Nivernais en 1645, campagne de Flandre avec le duc d'Enghien en 1646, siège de Lérida en 1647. Mais tout ne réussit pas à Bussy, loin de là. Très vite veuf, avec trois filles, il n'a guère de chance en amour et on le voit par exemple enlever par erreur (il avait cru comprendre que la dame était d'accord) une riche veuve de dix-neuf ans. Côté militaire, il suit d'abord Condé dans la Fronde puis, quand celui-ci prétend lui ôter son commandement, il se rallie au roi. Maréchal de camp en 1651, lieutenant général en 1654, il participe brillamment à toutes les campagnes mais ne s'entend pas avec son nouveau chef, Turenne, lequel craint sa causticité et fera sur Bussy ce bref rapport : « Le meilleur officier de mon armée... pour les chansons. »

Rarement présent à la Cour, Bussy trouve cependant le moyen de s'y compromettre avec des libertins. Déjà les portraits féroces qu'il fait des dames de la Cour font sa renommée, plus que ses indiscutables faits d'armes. Tout cela lui vaut l'animosité croissante du roi qui goûte pourtant ses *Maximes d'amour* et ne s'oppose pas à son admission à l'Académie française en 1665. C'est alors que paraît *L'Histoire amoureuse des Gaules*, chef-d'œuvre de médisance où Bussy, s'inspirant du *Satiricon* de Pétrone, dépeint cruellement les vices de la Cour et même les amours du jeune roi. Une liste de clefs accompagne l'ouvrage qu'on s'arrache et qui connaît trois éditions en un an. Plus qu'un délit de librairie, c'est la goutte d'eau qui fait déborder le vase. Assailli des jérémiades des courtisans brocardés, Louis XIV décide aussitôt de frapper durement l'insolent et à travers lui tout le parti libertin. Bussy aura beau prétendre que l'éditeur a interpolé des passages qui ne sont pas de lui et qui se trouvent être ceux qu'on lui reproche (il fera même parvenir au roi le manuscrit original – ce qui, bien entendu, pouvait tout aussi bien signifier qu'il avait pris ses précautions), le voilà de nouveau embastillé le 17 avril 1665.

Pas question, en cette occasion, de s'adresser directement à l'intéressé en s'excusant presque de devoir lui demander de se rendre à la Bastille (marque d'égard d'ailleurs de plus en plus rare dès le règne de Louis XIV). C'est au gouverneur de la Bastille que Louis XIV adresse sa lettre de cachet : « Envoyant en mon château de la Bastille M. de Bussy-Rabutin, mestre de camp général de la cavalerie, pour y être détenu prisonnier ; je vous fais cette lettre pour vous dire que vous ayez à l'y recevoir et faire loger, et à l'y tenir sous bonne et sûre garde jusqu'à nouvel ordre de moi, sans permettre qu'il ait aucune communication avec qui que ce soit, de vive voix ni par écrit, apportant pour cela toutes les précautions que vous verrez nécessaires, et m'en reposant sur vous, etc. À Paris, le 16 avril 1665. »

Bussy, dans ses *Mémoires*, raconte qu'on vint l'arrêter comme il s'en allait au lever du roi : « Je ne fus pas trop surpris, car bien que j'eusse quelquefois des rayons d'espérance, ma mauvaise fortune qui me faisait toujours craindre, me faisait toujours prendre tout au pis, ainsi j'eus le cœur et la contenance fermes en cette rencontre. » Un exempt des gardes vient s'assurer de sa personne et inspecter ses papiers. Un chevalier du guet le conduit en carrosse à la Bastille où le gouverneur l'accueille et écoute respectueusement ses protestations. On le met dans une chambre étroitement gardée et, deux jours plus tard, le gouverneur lui annonce que le lieutenant criminel va monter pour l'interroger de la part du roi. « Quoique ce fût là à un homme innocent le chemin de sortir bientôt d'affaires, il me parut de l'aigreur dans ce procédé. [...] Le lieutenant criminel commença par me dire qu'il était bien fâché de me voir là, mais qu'il fallait que je prisse cette touche comme venant de la main de Dieu et que tout le monde disait que ma manière de vie l'avait bien mérité. Je trouvai ce discours impertinent en tout temps et particulièrement alors... » Bref, Bussy ne s'estime pas coupable et quand, huit jours plus tard, le lieutenant criminel, qui a eu le front de lui dire qu'on le traite comme il a traité les autres, est assassiné dans sa maison, Bussy y voit le jugement de Dieu. Il est bien le seul : « Il y a aujourd'hui huit jours, écrit un courtisan, que le comte de Bussy fut mis à la Bastille pour avoir fait des histoires et des vers qui font un étrange bruit. [...] Il est à plaindre, car il a beaucoup de qualités et d'esprit, mais outre cela, il faut être sage en ce monde, et quiconque ne le sera pas de ce règne aura tout loisir de s'en repentir. »

« Quoiqu'il soit gentilhomme de naissance et d'une valeur peu commune, on croit son affaire mauvaise », écrit de son côté l'ambassadeur de Venise. Et, de fait, elle l'est car Bussy s'est irrémédiablement perdu dans l'esprit du roi. Ce « gentilhomme satirique », comme l'appellent certains, se voit d'abord contraint par Louvois, qui vient personnellement lui rendre visite à la Bastille, de se défaire de sa charge de maître de camp général de la cavalerie légère (il la vend tout de même 84 000 écus, somme énorme). Très vite, le chagrin et l'ennui minent cet homme de plein air et de compagnie. Le roi, alerté sur le mauvais état de santé de Bussy, lui dépêche même son premier médecin et son premier chirurgien, mesure assurément exceptionnelle. Rien n'y fait et, au treizième mois de sa détention, le pauvre Bussy est bien près de rendre l'âme. Le roi fait alors transporter Bussy sur un matelas jusque chez un maître chirurgien, le temps d'y être soigné. Là, de nombreux courtisans viennent contempler le spectacle de ce pauvre Bussy qui a perdu la faveur du roi pour avoir donné sur les galanteries de la comtesse d'Olonne et de la comtesse de Châtillon des détails qu'au surplus tout le monde connaissait déjà.

Bussy est finalement libéré le 10 août 1666, mais avec exil sur ses terres. Sa carrière est brisée ; sa maîtresse l'a quitté ; il ne lui reste plus qu'à embellir son domaine, chasser, écrire ses *Mémoires* sur un ton désabusé et correspondre avec les beaux esprits de son temps. L'homme, pourtant, a encore du ressort : s'opposant au remariage de sa fille chérie, la marquise de Coligny, il enlève celle-ci et la fait accoucher clandestinement. Le 12 avril 1682, le roi lui permet de revenir à Versailles et d'assister à son lever. Bussy ne se sent plus de joie mais il n'a pas compris que le Roi-Soleil a voulu ainsi, c'est bien dans son caractère, surprendre sa Cour, faire un effet comme on dit au théâtre. Dans les jours qui suivent, le roi lui témoigne une telle froideur qu'il ne lui reste plus qu'à s'exiler de nouveau. On le verra encore une fois à Versailles en 1688 et même le roi accordera à ce vieux serviteur à demi ruiné une pension annuelle de 4 000 livres. Mais Bussy, revenu de tout, passe les dernières années de sa vie à rédiger de très édifiants « discours à ses enfants » et à lire les écritures saintes. Il meurt d'apoplexie à Autun en 1693, à soixante-quinze ans, avec pour regrets de n'avoir pu obtenir ni le cordon bleu ni le seul grade qui lui restait à conquérir : celui de maréchal de France.

Duels

Aurait-on eu besoin de chercher un motif supplémentaire d'embastiller Bussy-Rabutin qu'on l'eût trouvé avec les duels. En dépit des édits réitérés et des châtiments promis et d'autant plus exemplaires qu'ils sont rarement appliqués, les duels font rage sous l'Ancien Régime. En 1638, par exemple, un jeune gentilhomme gascon a la mauvaise idée de chercher noise à Bussy. Aussitôt, les épées sont mises à la main mais on décide de faire les choses dans les règles et surtout tranquillement. De part et d'autre les amis des adversaires se bousculent pour participer au combat. Hélas, on est à quatre contre cinq. Qu'à cela ne tienne, un mousquetaire qui passait par là épouse aussitôt la querelle. Finalement Bussy et le gentilhomme conviennent de se battre seuls. Au second assaut, l'adversaire de Bussy a le poumon transpercé, mais en reculant Bussy tombe et le Gascon trouve tout de même le moyen de se jeter sur lui en lui criant de demander grâce. Bussy est en train de rendre son épée quand le Gascon a la bonne idée de vomir un flot de sang, ce qui assurément est l'indice qu'il est blessé à mort. Une autre fois, chose jamais vue de l'aveu même de Bussy, c'est un duel à six contre six dont, détail piquant, deux à cheval pour permettre à un estropié de se battre quand même. On est venu prévenir Bussy que son adversaire est un coriace, à preuve une blessure à la joue témoignant d'un coup de fleuret reçu la veille. « C'est bon, a dit Bussy, c'est signe qu'il ne pare pas bien. »

La police pourtant est attentive à réprimer les contrevenants et l'on considère qu'il y a eu duel dès que les épées ont été sorties du fourreau. Un projet de duel peut même suffire à envoyer à la Bastille, ne serait-ce que pour quelques jours. C'est ce qui arrive en 1664 aux comtes de Crussel et de Sault qui veulent se battre pour les beaux yeux de Mlle de Montausier, fort riche.

L'année d'avant, voici comment l'ambassadeur Grimani avait relaté au doge de Venise un duel mémorable commencé pratiquement sous les yeux du roi lors d'un bal somptueux donné par Monsieur (son frère) : « M. de la Frette, après avoir franchi la dernière porte, descendit l'escalier au milieu de la cohue, en criant : gare ! gare ! Un autre seigneur, M. de Chalais, était devant lui avec son frère. Il trouva cette façon d'agir trop impertinente et lui dit qu'il n'avait jamais entendu rien de pareil. Ils échangèrent quelques paroles pleines d'aigreur. Chalais souffleta la Frette. Celui-ci, soutenu par son frère, rendit les coups avec usure. Le marquis de Noirmoutiers, beau-frère de Chalais, vint à son secours avec deux autres amis ; cependant on fit cesser ce tumulte, et tous les six ils montèrent en voiture et se firent conduire au loin. Les sieurs la Frette ayant trouvé deux autres seigneurs pour seconds, ils se rendirent le matin même, dès la pointe du jour, derrière une chartreuse qui se trouve dans le faubourg Saint-Germain. Ils se sont battus tous les huit, et chose singulière, tous les quatre d'un seul côté ont succombé, c'est-à-dire du côté de Chalais. Le marquis d'Antin est resté sur la place. Noirmoutiers n'en reviendra pas, et M. Flamarens et Chalais sont blessés. De l'autre parti, les deux la Frette, de Saint-Aignan et d'Argenlieu n'ont pas reçu de blessures ; les sept survivants se sont sauvés aussitôt, et le cadavre fut caché afin de dérober ce spectacle au public. Le roi est extrêmement ému d'un duel si grand et si nombreux, fait au mépris de ses ordonnances et de ses ordres exprès. Il veut en faire une justice rigoureuse et exemplaire. Sa Majesté montre aussi quelque ressentiment contre les autres seigneurs et contre les gardes qui ont assisté au commencement de cette querelle, sans que les premiers aient empêché ce malheur par leur intervention et par l'autorité des maréchaux de France et les autres, en arrêtant les combattants. » Deux des duellistes sont arrêtés et enfermés à la Bastille en attendant d'être jugés.

Plus nombreux sous le règne de Louis XIV, les duels qui se terminent à la Bastille sont sanctionnés de durées variant avec la cote d'amour auprès du roi : cinq jours au marquis de Villequier, mais treize mois au marquis de Varennes et au marquis de Tallart, l'un et l'autre militaires il est vrai – ce qui rendait le duel passible du conseil de guerre. Le duel n'avait d'ailleurs été qu'une simple provocation auquel le jeune comte de Tallart n'avait pas répondu. On appréciera au passage comment Bussy connaissait l'art de se faire des amis. Il ne put s'empêcher de faire contre Tallart, l'un des favoris du roi, et contre Mme de La Baume, sa mère, qu'il soupçonnait d'avoir été à l'origine de son embastillement (la scène se passe en 1678) et qui était la maîtresse de Louvois, l'épigramme suivante :

> Le jeune comte de Tallart,
> Pour ne rien donner au hasard,
> Manque au rendez-vous qu'on lui donne ;
> Cette prudence me surprend,
> Car jamais sa maman mignonne
> Ne s'avisa d'en faire autant.

En 1689, le duel du comte de Briosne, fils de M. d'Armagnac, grand écuyer, montre que pour être absolu le monarque ne faisait pas tout ce qu'il voulait. Si l'on en croit Saint-Simon, M. de Briosne était assez honnête homme mais fort plat. En revanche, il était le premier danseur de son temps, et c'est à un bal de la princesse de Conti qu'il rencontra Mlle d'Hautefort, une des femmes les plus laides de la Cour. Ils s'aimèrent et tout alla bien jusqu'au mariage de Briosne avec une autre. Le frère de la demoiselle d'Hautefort somma alors Briosne de revenir à son premier devoir et, sur le refus de celui-ci, le provoqua en duel. Ils se battirent près de l'étang de Versailles et furent blessés tous les deux. Ce duel, mené à grand bruit dans l'enceinte du château royal, détermina le roi à faire un exemple. M. d'Hautefort, exempt des gardes du corps, fut cassé et envoyé à la Conciergerie et M. de Briosne mis à la Bastille. Tous deux furent traduits par ordre du roi devant le Parlement (« cela est utile au public et peut empêcher des combats », marque Louis XIV), mais celui-ci acquitta les accusés en s'appuyant sur la législation en vigueur qui voulait que seul le duel prémédité fût puni par la justice. Or le duel en question avait visiblement eu lieu à l'improviste.

Autre duel puni de la Bastille que celui, deux ans plus tard, du prince de Courtenay et du comte de La Vauguyon. Ce dernier, aux dires de Saint-Simon, « était un des plus petits et des plus pauvres gentilshommes de France [...], homme parfaitement bien fait mais plus que brun et d'une figure espagnole ; il avait de la grâce, une voix charmante, qu'il savait très bien accompagner du luth et de la guitare ; avec cela, le langage des femmes, de l'esprit, et insinuant. Avec ces talents et d'autres plus cachés, mais utiles à la galanterie, il se fourra chez Mme de Beauvais, première femme de chambre de la reine mère et dans sa plus intime confidence, et à qui tout le monde faisait d'autant plus la cour qu'elle ne s'était pas mise moins bien avec le roi, dont elle passait pour avoir eu le pucelage ». Il est certain en tout cas que Mme de Beauvais avait du pouvoir et qu'elle poussa La Vauguyon, homme de peu, jusqu'à en faire un proche courtisan du roi, bientôt fait conseiller d'État et chevalier dans l'ordre très envié du Saint-Esprit. Un après-midi, au château de Fontainebleau, rencontrant M. de Courtenay pourtant réputé pour sa gentillesse, La Vauguyon l'oblige à se défendre l'épée à la main sans qu'il y ait eu le moindre motif de discorde entre eux. Des gardes suisses les séparent mais La Vauguyon les bouscule, court chez le roi, force les huissiers et se jette aux pieds du souverain. Le roi, chez qui on n'entre que mandé, demande avec émotion à La Vauguyon à qui il en a. À genoux, La Vauguyon s'accuse d'avoir tiré l'épée dans sa demeure – ce qui est effectivement très grave, mais que, insulté par M. de Courtenay, son honneur a été plus fort que son devoir. Le roi, après avoir eu bien du mal à se débarrasser de La Vauguyon, fait éclaircir l'affaire et arrêter les deux courtisans qu'on mène aussitôt à la Bastille dans deux carrosses distincts.

Chacun accusant l'autre d'avoir commencé, le doute va subsister dans l'esprit du souverain qui, lorsqu'il ordonne leur liberté au bout de quatre mois, l'assortit d'un exil loin des endroits où il se trouvera. On retrouve là le souci de la sécurité du roi, encore que les deux courtisans reparaissent finalement assez vite à la Cour.

Quelque temps après, un gentilhomme muni du cordon bleu saute sur un cheval qui appartenait à la maison de Condé et galope jusqu'à la Bastille. Là, il monte chez le gouverneur et dit qu'il a eu le malheur de déplaire au roi et qu'il faut lui donner une chambre. C'est La Vauguyon. Ne pouvant se faire montrer une lettre de cachet en bonne et due forme, le gouverneur essaie de se débarrasser de l'importun mais en vain. Il doit garder La Vauguyon dans ses propres appartements jusqu'à ce que le ministre Pontchartrain, après avoir pris l'avis du roi, insiste pour qu'on éloigne cet incommodant personnage. Par ce nouvel incident, on put juger de l'affaire précédente et bientôt le bruit courut que M. de La Vauguyon était fou. Désormais on l'évita et il n'y eut plus guère que le roi pour lui témoigner encore de la bonté. Quelques mois plus tard, on apprit que La Vauguyon s'était tué d'un coup de pistolet dans son lit.

Au XVIIIe siècle, les affaires de duel punies d'un séjour, souvent bref, à la Bastille sont beaucoup moins nombreuses, et d'ailleurs il s'agit plus souvent de prévenir un duel que de le punir. De plus, comme pour les affaires d'étiquette à la Cour, ni le Régent ni Louis XV ne suivront leurs courtisans d'aussi près que Louis XIV. La Bastille, annexe punitive de la Cour, était le domaine réservé du Roi-Soleil. Après lui, ce sera de plus en plus un instrument dans les mains du lieutenant général de police de Paris.

Étiquette

Pas plus que les duels, Louis XIV ne supporte les querelles entre ses courtisans. Certaines d'entre elles sont proches des affaires de duel comme dans l'altercation qui survient, le 18 juin 1713, à un souper chez la duchesse d'Albret entre le duc d'Estrées, qui avait déjà tâté de la Bastille dix ans auparavant pour débauche et scandale, et le comte d'Harcourt, lesquels, selon Saint-Simon, ne valaient pas mieux l'un que l'autre. La suite de l'affaire montre assez la complexité des modalités punitives hors de toute procédure judiciaire. Et qu'aurait-elle eu à voir là dedans ? Bien entendu, l'affaire fait grand bruit à Paris et à Versailles, où l'on voit par exemple Mme de Maintenon se perdre en conjectures dans une lettre à la princesse des Ursins pour savoir s'il y a eu ou non un soufflet. Comme dans tout ce qui touche à la Cour, chacun attend que la nouvelle aille jusqu'aux oreilles du roi mais souvent ce dernier, une fois informé, prend un malin plaisir à différer sa sentence – car c'est bien de sentence qu'il s'agit, au sens judiciaire du mot.

Pendant ce temps d'expectative, la juridiction des maréchaux de France, apte à connaître des affaires de la noblesse et de l'armée sur les questions de point d'honneur, ordonne d'envoyer chez d'Estrées et d'Harcourt un exempt pour s'assurer qu'il n'y aura pas duel. Sur le refus de ceux-ci de reconnaître le tribunal des maréchaux, le maréchal de Villeroi court une première fois chez le roi et obtient une lettre de cachet sommant ces deux orgueilleux d'accepter une garde. Ils l'acceptent donc, mais en soulignant que c'est à l'ordre du roi qu'ils obéissent et quand, voulant pousser son avantage, le maréchal de Villeroi les convoque au tribunal des maréchaux, ils refusent à nouveau d'obtempérer. Le maréchal court une nouvelle fois se plaindre chez le roi et obtient alors des lettres de cachet pour la Bastille : deux aux intéressés avec ordre de s'aller remettre à la Bastille, et une au gouverneur (c'est celle-là qui est indispensable) avec ordre de les y recevoir.

La procédure, car c'en est une, pour contraindre le comte d'Harcourt et le duc d'Estrées à la réconciliation est tout aussi complexe. Il ne faut pas moins d'une commission de trois maréchaux nommés par le roi « pour terminer l'affaire de ces Messieurs ». L'ultime scène de ce mince incident hissé aux dimensions d'une affaire d'État se passe chez le maréchal de Villeroi. On y mesurera la morgue extraordinaire de ces deux fâcheux qui après seulement treize jours de Bastille sont libérés et conduits le plus civilement du monde chez Villeroi. Là, pendant toute la séance de réconciliation officielle et y compris dans l'embrassade de rigueur, ils vont s'appliquer à conserver le silence le plus absolu et le plus méprisant. Villeroi aurait pu considérer avec raison que c'était là insulter non seulement les maréchaux dont ces messieurs s'obstinaient à ne pas reconnaître la juridiction, mais aussi les commissaires du roi et par suite l'autorité royale. Mais, en parfait homme de cour, il savait combien Louis XIV avait de l'indulgence pour ses courtisans.

Le roi n'était-il pas un père de famille dans une grande maison ? C'est pourquoi on ne doit pas s'étonner de le voir, par exemple, soutenir sans broncher et même en riant les querelles à la limite des injures que lui fait une fille d'honneur de la reine parce qu'il ne fait pas sortir assez vite de la Bastille l'homme de sa vie, un certain Cavoye puni, lui aussi, d'avoir secondé un duel.

Dans cet esprit, on comprend que les punitions de Bastille soient dans ces cas légères : dix jours au duc de Créquy et au fils du comte de Saint-Aignan, en

1661, pour avoir échangé des « paroles vives et mordantes dans les salons du roi » ; quinze jours en 1667 au duc de Montbazon ayant presque insulté le roi parce que celui-ci ne voulait pas lui donner la place enviée de grand veneur que détenait son père (il est vrai que la faiblesse d'esprit du duc expliquait et le refus du roi et la légèreté de la punition) ; un mois au marquis de Rhodes en 1684 qui, oubliant sa fonction de grand maître des cérémonies de France, a giflé brutalement un huissier dans la chambre de la dauphine sous prétexte que celui-ci regardait trop tendrement Mlle de Tonnerre, fille d'honneur de la dauphine, que le marquis aimait éperdument, jusqu'à ne pouvoir souffrir qu'on la regarde.

Saint-Simon raconte comment en 1696 il fît lui-même « la Nouvelle » (c'est-à-dire la nouvelle du jour) : il parla haut devant le roi en menaçant du bâton un calomniateur inconnu pour un ragot au demeurant sans intérêt. De deux maux, explique le célèbre mémorialiste, le plus grand était de se laisser calomnier sans broncher, et le moindre « une réprimande du roi, ou peut-être quelques jours de Bastille ». Dans ces cas-là, en effet, la Bastille n'est nullement infamante et, à la limite, c'est une façon comme une autre de se faire remarquer dans ce théâtre d'ombres qu'est la Cour. Au XVIIIe siècle, les punitions pour contravention à l'étiquette sont, comme les duels, beaucoup plus rares : en 1723, un lieutenant-colonel fait huit mois de Bastille suivis d'un transfert à la citadelle de Besançon « pour avoir eu la folie de s'asseoir dans la chambre de S.A.S. (Son Altesse Sérénissime, le Régent) en sa présence » ; en 1779, un gentilhomme, pour avoir fait du scandale dans la galerie du château de Versailles, est puni de deux jours de Bastille assortis d'un exil en Auvergne. Il semble que dans ces deux cas les peines plus sévères témoignent non seulement d'une moindre sollicitude du prince pour sa Cour mais aussi de l'éternelle crainte d'avoir affaire à des fous, dangereux par définition et qu'il convient d'écarter.

L'une des grandes causes de querelles entre courtisans est le jeu. À la Cour, en effet, on joue furieusement, et les fortunes les mieux établies peuvent se trouver sérieusement écornées en une nuit de malchance. Le marquis de Dangeau, gouverneur de Touraine, est l'un de ces joueurs enragés avec cette particularité qu'il a une chance infernale, ce qui lui vaut l'animosité des courtisans qui ont joué contre lui, à commencer par la marquise de Sévigné. Du dépit à l'accusation de tricherie, le pas est parfois franchi, bien que Dangeau soit d'une parfaite probité. Sa chance lui suffit. Ainsi, on voit arriver à la Bastille en 1669 un certain Belin qui a cherché noise à Dangeau parce qu'il était « mécontent d'être ruiné ».

Huit ans plus tard, c'est autour de Dangeau d'aller à la Bastille pour s'être battu à coups de poing et de canne avec Claude Langlée, maréchal général des logis des armées (à ne pas confondre avec maréchal des logis), arbitre des élégances à la Cour et joueur invétéré lui aussi, souvent en compétition de ce fait avec le marquis de Dangeau. Ravi d'avoir gagné pour une fois, Claude Langlée s'était vu proposer pour tout paiement un billet endossé de 800 pistoles de Monsieur (le frère du roi). Or celui-ci était réputé pour payer très mal ses créanciers et ses billets ne valaient pas grand-chose. Le gagnant n'en avait donc pas voulu. Le perdant s'était obstiné et le premier avait levé sa canne. Or la scène s'était passée dans les appartements de la comtesse de Soissons, aux Tuileries. Il fallait réparer l'honneur bafoué du bâtiment royal.

Dangeau ne reste qu'une journée à la Bastille tout comme, en 1679, le comte d'Armagnac et le duc de Gramont pour « des claques sur l'oreille » lors d'une course de chevaux à Saint-Germain. Les courses de chevaux, encore dans l'enfance, n'avaient pas de règles bien établies et, les paris aidant, on s'y disputait beaucoup. À peine le roi est-il plus sévère (une semaine de Bastille) pour Philippe de Vendôme, grand prieur de France, qui en 1698 s'est disputé grossièrement avec le prince de Conti au cours d'une partie de cartes à Meudon chez le dauphin et, le lendemain encore, a insulté le prince. Déjà, en 1657, Loret dans sa Muze historique avait raillé ces punitions fort peu sévères :

> Deux des puissans de notre cour
> Ayant ensemble eu, l'autre jour,
> Dans le Louvre quelque castille,
> Furent conduits à la Bastille.
> Mais, comme ce lieu là n'a pas
> Assez d'agremens ny d'apas
> Pour divertir ceux qu'on y loge,
> N'y fût-on qu'une heure d'orloge,
> De tous les rois le plus humain
> Les fit sortir le lendemain.

La dignité offensée

Foucquet, ou le malheur de déplaire

Par une belle journée de la fin du mois d'août 1661, chacun s'interroge dans l'antichambre du roi sur les raisons qui ont pu amener Sa Majesté à convoquer un simple sous-lieutenant de mousquetaires et à s'entretenir seul avec lui. Ce mousquetaire, qui s'appelle d'Artagnan, est un honnête militaire qui ne connaît que son devoir et n'a rien de commun avec le héros bondissant imaginé par Dumas. Quand d'Artagnan sort de chez le roi, c'est pour aller aussitôt s'enfermer chez Le Tellier, secrétaire d'État à la Guerre. Là, il se trouve si faible qu'il doit s'asseoir et demander du vin. Enfin il annonce à son ministre l'incroyable, la stupéfiante nouvelle : Sa Majesté lui a déclaré « qu'étant mal satisfaite de M. Foucquet, elle avait résolu de le faire arrêter... ».

Procureur général du Parlement de Paris à trente-cinq ans, surintendant des Finances à trente-huit ans, Nicolas Foucquet, à la fois ministre et grand financier de la couronne, est un puissant personnage avec lequel le roi lui-même doit compter. Sa richesse passe pour immense, même si par la suite on constatera qu'elle était surtout faite de dettes. Et puis il y a le magnifique château de Vaux-le-Vicomte où Foucquet vit en mécène au milieu d'une véritable Cour, et où il commet l'erreur d'inviter le roi, le 17 août 1661, pour une fête trop somptueuse. Quand le jeune Louis XIV, ulcéré, a dû regagner ses appartements inconfortables du Louvre, à coup sûr la coupe était pleine. Comment pardonner, à celui qui après tout n'était qu'un de ses sujets, la richesse, la puissance, la réussite, l'intelligence, la séduction, et jusqu'au dévouement même ?

Le roi et Colbert, véritable instigateur et futur bénéficiaire de la disgrâce de Foucquet, ont conspiré dans la fièvre et dans la crainte. C'est pratiquement d'un coup d'État qu'il s'agit. Pour donner le change, une partie de chasse avec le roi est organisée le 5 septembre. D'Artagnan, muni de la lettre de cachet qu'il a reçue de la main du roi lors de son audience, arrête la chaise du surintendant qui en sort et ôte son chapeau à demi. Alors d'Artagnan « lui dit qu'il avait ordre du roi de l'arrêter prisonnier. À quoi M. Foucquet ne répondit autre chose, après avoir demandé à voir cet ordre et l'avoir lu, sinon qu'il avait cru être dans l'esprit du roi mieux que personne du royaume, et en même temps il acheva de se découvrir, et l'on observa qu'il changea plusieurs fois de visage en priant le sieur d'Artagnan que cela ne fît point d'éclat ».

Désormais Foucquet ne verra plus personne que d'Artagnan à qui le roi donnera plus tard la charge de capitaine lieutenant d'une de ses deux compagnies de mousquetaires, « qu'il avait méritée par beaucoup de services importants », ajoutera énigmatiquement Louis XIV dans ses *Mémoires*. Emprisonné à Angers, Blois puis Vincennes, Foucquet est finalement mis à la Bastille le 19 juin 1663 tandis que s'instruit un long procès de trois ans, entaché tout au long de graves irrégularités de procédure, sans parler de la haine déclarée de certains juges. Tout est joué d'avance de toute façon et, huit mois avant le jugement, le bruit court déjà que Foucquet sera envoyé à la forteresse de Pignerol. Et de fait, en dépit d'une sentence de bannissement perpétuel, c'est bien à Pignerol que sur, ordre du roi, Foucquet est transféré le 22 décembre 1664 et où il restera enfermé jusqu'à sa mort.

Près de cinquante personnes ont été enfermées à la Bastille, de 1661 à 1665, dans le cadre de l'affaire Foucquet : nombreux greffiers, commis et domestiques du malheureux surintendant, mais aussi le trésorier général de France et les deux trésoriers de l'épargne, Guénégaud et La Bazinière. Le dernier nous intéresse plus particulièrement car l'une des tours de la Bastille prendra désormais son nom. Saint-Simon nous le dépeint comme « un riche, délicieux et fastueux financier, qui jouait gros jeu, qui était souvent de celui de la Reine, et qui la quittait familièrement à moitié partie, et la faisait attendre pour achever qu'il eût fait sa collation, qu'il faisait apporter dans l'antichambre, et dont il régalait les dames. Il était si bon homme, et si obligeant, qu'on lui passait toutes ces impertinences ; fort galant, libéral, magnifique, homme de grand chère, et si aimé, que tout le monde s'intéressa pour lui. Il parut constant qu'il n'y avait nulle friponnerie en son fait, mais un grand désordre faute de travail et d'avoir su régler sa dépense ». N'empêche qu'il reste tout de même quatre ans à la Bastille, tout comme Guénégaud.

En cette affaire, le roi avait frappé vite et fort, craignant jusqu'au bout quelque nouvelle Fronde ou à tout le moins une résistance du clan Foucquet. La surprise avait été complète ainsi qu'en témoigne le premier commis de Foucquet, Paul Pellisson, futur historiographe de Louis XIV, dans une lettre qu'il écrit à Colbert au début de 1662, de la Bastille où il va rester emprisonné quatre ans lui aussi : « Ainsi quand l'orage serait encore plus grand qu'il n'est pour moi, je ne croirai point que Dieu m'ait donné un cœur aussi bon, aussi français, et si je l'osais dire aussi amoureux de son devoir en toutes choses, et qu'il m'ait fait naître sous un Prince aussi grand, aussi juste, aussi extraordinaire que le nôtre, sans me destiner à recevoir plutôt des grâces et des faveurs que des châtiments de sa main. »

L'abbé de Choisy écrit que l'erreur que commit le surintendant des Finances, ce fut de croire qu'un jeune roi de vingt ans se laisserait facilement amuser, « ce qui déplut fort au roi qui, n'ayant alors de confident que lui-même, se faisait un plaisir du mystère, et qui d'ailleurs, allant au solide, voulait commencer tout de bon à être roi ». Et ce fut là en effet, dès la première année de la « prise du pouvoir », une puissante démonstration d'autorité. Ici, lettre de cachet et Bastille constituent une arme terrible prête à frapper comme la foudre les personnages les plus puissants. Ainsi Saint-Simon écrit que « Louvois était, quand il mourut, tellement perdu qu'il devait être arrêté le lendemain et conduit à la Bastille ». En fait même si, à la fin de sa vie, le crédit de Louvois avait considérablement décru, il n'est pas certain qu'on doive suivre ici Saint-Simon qui pourtant à cinq endroits différents de ses Mémoires affirme la disgrâce certaine et l'arrestation résolue. Mais qu'importe, après tout ; on ne prête qu'aux riches et il est certain que, après la brusque disgrâce de Foucquet, plus personne dans le royaume ne saurait se considérer comme hors d'atteinte de la vindicte royale.

L'Affaire des poisons

Peu de temps après l'arrestation et le pseudo-procès de Foucquet, commence l'Affaire des poisons, énorme et dramatique scandale où la Bastille va jouer un rôle central, voyant défiler dans ses murs plus de 60 prisonniers, record absolu pour une seule et même affaire. Cet épisode célèbre encore que mal connu est difficile à comprendre si l'on n'est pas pénétré de l'extrême importance qu'ont encore, au début du règne de Louis XIV, astrologie, magie et sorcellerie, philtre et poisons. La Fontaine, en 1678, atteste cette mode :

> Une femme, à Paris, faisait la pythonisse ;
> On l'allait consulter sur chaque événement :
> Perdait-on un chiffon, avait-on un amant,
> Un mari vivant trop au gré de son épouse,
> Une mère fâcheuse, une épouse jalouse,
> Chez la devineuse on courait
> Pour se faire annoncer ce que l'on désirait.

Des simagrées pour les timorés au poison pour les décidés, il n'y a qu'un pas que la plupart des « magiciens » n'hésitent pas à franchir, les tarifs n'étant d'ailleurs pas les mêmes. Et même au niveau des simagrées, la nécessité d'impressionner le client amène déjà à des pratiques de magie noire : appel au démon pour exaucer un vœu, main de pendu momifiée (la « main de gloire ») portée en pendentif, discret tout de même, pour avoir de la chance au jeu, etc. Quant aux poisons, ils peuvent être administrés sous diverses formes : de l'arsenic dans la nourriture d'un aïeul à héritage qui ne se décide pas à mourir (c'est la fameuse « poudre de succession »), les chemises d'un mari devenu gênant enduites d'arsenic – ce qui avait pour résultat supplémentaire et inattendu de faire croire que la malheureuse victime avait la vérole du fait des ulcé-rations produites dans cette mort lente et, *horresco referens*, de faire plaindre par l'entourage la vertueuse épouse. Bien entendu, la lieutenance de police n'étant encore qu'au berceau, ces pratiques hautement répréhensibles se passent dans la clandestinité la plus absolue, avec une atroce tranquillité, difficile à expliquer dans un siècle aussi chrétien.

L'affaire commence avec l'histoire de la marquise de Brinvilliers, fille aînée d'un conseiller d'État, parfaitement éduquée et richement mariée à vingt et un ans. Il semble que le trait dominant de cet étonnant personnage soit une aboli-tion totale du sens moral dès son plus jeune âge. Marie-Madeleine d'Aubray, marquise de Brinvilliers, est dépourvue de morale comme d'autres sont privés de la vue ou de l'ouïe. Elle avouera elle-même avoir été déflorée à sept ans et s'être livrée par la suite à ses jeunes frères. Il est certain, en tout cas, que son mariage se passe en folles dépenses et en liaisons qu'encourage un mari très occupé lui aussi de ce côté. Et puis, en 1659, Marie-Madeleine qui n'a encore que vingt-neuf ans tombe éperdument amoureuse d'un capitaine de cavalerie, ami du marquis, Godin dit Sainte-Croix, aventurier sans scrupules que le père de la marquise fait enfermer à la Bastille le 19 mars 1663 afin de faire cesser le scandale d'une liaison qui a surtout le tort d'être affichée.

Est-ce à la Bastille, au contact d'un certain Exili, Italien enfermé au même moment sous la suspicion d'alchimie et d'espionnage, que Sainte-Croix a appris le secret des poisons ? Voltaire, dans son *Siècle de Louis XIV*, l'affirme, mais il est plus probable que la pratique des poisons était déjà tellement répan-due à l'époque qu'il n'y avait pas besoin d'un professeur italien. Toujours est-il qu'à peine libéré, Sainte-Croix va renouer avec la marquise de Brinvilliers et entreprendre avec elle d'assassiner le père demandeur de lettres de cachet. Huit mois d'empoisonnement lent seront nécessaires, après des essais préalables effectués au cours de visites d'hôpitaux, ce qui fera dire à la marquise de Sévi-gné que les plus grands crimes sont « une bagatelle en comparaison d'être huit mois à tuer son père et à recevoir toutes ses caresses et toutes ses douceurs, où elle ne répondait qu'en doublant toujours la dose. Médée n'en a pas fait tant ».

Au grand dépit des amants criminels, le gros de la succession revient aux frères. Qu'à cela ne tienne, on va aussi empoisonner les frères qui expirent l'un en juin et l'autre en septembre 1670. Cette fois, le médecin qui constate les décès conclut à l'empoisonnement, mais qui irait soupçonner la propre sœur des victimes ? Et puis, la marquise de Brinvilliers s'emploie encore, mais en vain, à empoisonner sa sœur, sa belle-sœur, sans oublier son mari dont l'existence empêche son mariage avec Sainte-Croix. Mme de Sévigné raconte que l'amant, qui ne voulait pas d'une femme aussi méchante, aurait donné sans rien dire du contre-poison au pauvre marquis. Pourquoi pas ?

Le 30 juillet 1672, on trouve chez Sainte-Croix, mort brusquement mais de mort naturelle, des lettres qui compromettent gravement la marquise de Brinvilliers. Un de ses domestiques, La Chaussée, complice des empoisonnements, est promptement condamné à mort et à la question préalable (nous allons revenir sur cette institution qui consistait à torturer un condamné à mort juste avant son exécution pour lui faire avouer des points restés obscurs, et notamment le nom de complices). Curieusement, La Chaussée résiste à la torture mais avoue sur le matelas où on l'a mis à se reposer. Celle qu'on ne va plus appeler désormais que « la Brinvilliers » s'enfuit en Angleterre tandis qu'on la condamne à mort par contumace. Arrêtée à Liège le 25 mars 1676, elle essaie plusieurs fois de se suicider avant son procès qui se déroule du 29 avril au 16 juillet. Longtemps elle va nier tout en bloc, mais l'abbé Pirot, professeur de théologie à la Sorbonne et confesseur d'élite, va réussir à faire sortir la condamnée de son mutisme. Certes, il s'agit de sauver une âme en perdition mais il faut aussi en savoir plus sur ces sombres affaires de poisons.

Le récit que l'abbé Pirot a laissé, minute par minute, de la dernière journée de la Brinvilliers, après avoir réussi à la convertir et à lui faire confesser ses crimes, est remarquable. La résignation et la sincère contrition de l'empoisonneuse vont édifier la postérité : « Demain sera une journée de grande fatigue », dit-elle doucement à l'abbé, dans la nuit qui précède la décapitation et la question préalable. Mme de Sévigné, venue assister à l'exécution, écrira : « Jamais il ne s'est vu tant de monde, ni Paris si ému ni si attentif. »

Quand tombe la tête de la Brinvilliers, le 17 juillet 1676, ce qui aurait pu n'être qu'une affaire criminelle isolée a déjà commencé à prendre une nouvelle dimension. En 1668, on avait arrêté et enfermé à la Bastille pour sorcellerie un abbé Mariette et un certain Cœuret, dit Dubuisson. Transférés au Châtelet pour y être jugés, le premier avait été condamné au bannissement et le second aux galères. En fait, avec Dubuisson, on avait mis la main sur un des principaux protagonistes de l'Affaire des poisons mais on ne le savait pas encore. Ce qu'on sait déjà, c'est que de grands personnages de la Cour pourraient être compromis, d'où la Bastille, plus discrète que la Conciergerie ou toute autre prison. Déjà on se doute de quelque chose, et, quatre jours après l'exécution de la Brinvilliers, Colbert écrit au premier président du Parlement de Paris qu'il aille dire au roi « tout ce qui se passe dans la suite de l'affaire de la dame de Brinvilliers ». Car il y a bel et bien une suite. Quinze jours après entrent à la Bastille deux clercs de notaire impliqués dans l'affaire Brinvilliers. De faux dénonciateurs sont arrêtés pour avoir parlé de « poudres » menaçant le roi et sa famille, tandis que des confesseurs de Notre-Dame signalent que certains pénitents et surtout pénitentes s'accusent du crime de poison. Cela vient fâcheusement rappeler que les années passées plusieurs grands personnages sont morts mystérieusement : Madame, duchesse d'Orléans, en 1670 et le duc de Savoie, notamment.

L'année suivante, une première prise d'importance est réussie en la personne de Madeleine Lagrange, veuve du receveur des tailles et des gabelles d'Anjou, devineresse, « artiste en poisons et en faisant commerce ». D'abord enfermée au Châtelet, elle écrit à Louvois qu'elle a des avis importants à donner concernant la sécurité du roi, ce qui a pour effet de la faire transférer aussitôt à la Bastille où l'interroge La Reynie, le lieutenant général de police de Paris dont le roi a institué la charge dix ans auparavant. La Reynie la renvoie très vite devant le Châtelet où elle est condamnée à mort et exécutée après que le Parlement a confirmé la sentence en appel. Toutefois, on soupçonne un commerce particulier entre des prisonniers de la Bastille suspects d'être mêlés à des affaires de poisons, et on a longtemps examiné un message mystérieux qui, pour avoir été certainement inspiré de « la Lagrange » croyant ainsi sauver sa misérable vie, n'en est pas moins fâcheux. On y parle notamment à un mystérieux destinataire de « cette poudre blanche que vous voulez mettre sur la serviette de qui vous savez ».

À la fin de l'année 1677, les événements se précipitent : six personnes sont mises à la Bastille sous l'accusation de poisons. Parmi eux, un certain Louis de Vanens, gentilhomme de Provence, introduit à la Cour et fervent des pratiques démoniaques que d'ailleurs il poursuit à la Bastille à l'indignation des prisonniers qui partagent sa cellule.

Le Conseil d'En-Haut a définitivement confié l'information de cette affaire qui commence à prendre des proportions inquiétantes à La Reynie qui, là comme ailleurs, va faire la démonstration de sa terrible efficacité. Des dizaines de fois, il va se rendre à la Bastille pour interroger Vanens, entrant dans son jeu, le flattant presque. Et ce qu'il apprend le fait frémir d'horreur, lui qui est pourtant bien placé pour connaître tous les détours du vice et du crime. D'abord, loin d'avoir affaire à des malfaiteurs isolés, il apparaît que c'est d'un vaste réseau qu'il s'agit : alchimistes, faux-monnayeurs et magiciens, cachant comme un fruit son noyau une autre association composée, elle, d'empoison-neurs à gages autour d'une dame Vigoureux, d'une certaine Marie Bosse et de sa fille (elles seront toutes les trois à la Bastille au tout début de l'année 1679), et surtout de Catherine Deshayes, dite la Voisin, qu'on arrête le 12 mars 1679 alors qu'elle sortait de la messe, à Notre-Dame-de-Bonne-Nouvelle. On arrête quelques jours plus tard son amant et complice, Dubuisson, dit Cœuret, dit Lesage, qui, mis à la Bastille et condamné aux galères, avait trouvé le moyen de s'en échapper ou peut-être, on ne sait trop, de s'en délivrer grâce aux hautes relations de sa compagne. Ce Bas-Normand, né près de Caen, fut certainement, plus que la célèbre Voisin, le cerveau de l'équipe : magicien, escamoteur, fai-sant et défaisant les mariages, recherchant des trésors perdus, il a aussi d'autres spécialités, procurant à qui en demande, contre espèces sonnantes et trébu-chantes, avortements et empoisonnements.

Une foule énorme, et du meilleur monde, défilait chez Lesage et la Voisin. On y allait en société ou en catimini pour les demandes les plus diverses : pré-dictions, guérisons, élixirs d'amour... À cette époque comme aux autres, on perdait son temps à vouloir à toute force se faire aimer par quelqu'un qui bien entendu ne vous aimait pas. Alors s'avançait la Voisin, Lesage ou un acolyte de moindre renom qui frappant la terre d'une baguette faisait dire par exemple au client ou plus souvent à la cliente : « Per Deum vivum, per Deum sanctum, Untel, je te conjure de la part du Tout-Puissant d'aller trouver Unetelle (la cliente) et qu'elle possède entièrement ton corps, ton cœur et ton esprit et que tu ne puisses plus aimer qu'elle. » Parfois on enveloppe les deux noms inscrits sur une feuille de papier dans une boule de cire qu'on jette dans le feu qui alors se met à crépiter. Même si on a invoqué le nom de Dieu, il faut bien un peu de diablerie pour impressionner le client.

Si ça marche, il reste à se débarrasser du vilain mari. Là les tarifs sont plus éle-vés et les techniques plus compliquées. L'une d'elles consiste par exemple à prendre un crapaud, lui faire avaler de l'arsenic et en recueillir ensuite le pissat. Si l'on exclut le folklore, il reste l'arsenic dont l'administration à doses diluées, si elle a l'inconvénient pour la victime de mourir à petit feu dans d'atroces souf-frances, a l'avantage pour les assassins de faire croire à l'entourage qu'il s'agit d'une maladie naturelle, longue et pénible. Quant à l'avortement, c'est le moin-dre des talents de ces sinistres personnages. On appelle cela « vider une femme » ou une fille, l'opération s'effectuant par un abondant seringage à l'eau de la matrice. Mais, comme on a de la religion, l'avortée, pour peu qu'elle ait senti

LE FAIT DU PRINCE

auparavant bouger ce qu'il faut bien appeler son bébé, fait ondoyer le pauvre fruit de ses entrailles et le fait porter clandestinement dans une petite boîte dans quelque coin d'un cimetière par un fossoyeur acheté. Des sorcières comme la Voisin ont aussi le secret des poudres qui empêchent le lait de monter.

Et puis, il y a aussi les abbés Guibourg et Davot, prêtres en rupture de ban qui se sont spécialisés dans la messe noire. Le prêtre, en habits sacerdotaux, officie de nuit dans une cave au milieu de cierges noirs allumés. L'autel est le corps nu de la demanderesse quand celle-ci tient particulièrement à ce que son vœu (n'importe lequel) soit exaucé par le diable, flatté par cette anti-messe parfois dite à l'envers. Chaque fois qu'il faut baiser l'autel, le prêtre baise le sexe de la femme dans lequel il insère l'hostie qui va être « consacrée ». Après quoi, mais pas toujours, il pénètre la femme et avec lui les autres officiants quand il y en a, puis se lave la verge dans le calice posé depuis le début de l'office sur le ventre de l'officiante. Dans le calice, on a mis aussi le billet où sont les demandes à exaucer. Il ne reste plus alors qu'à communier sous ces fort peu ragoûtantes espèces. En ces années 1670, l'usage de ces messes est devenu si répandu qu'elles sont parfois dites par procuration quand la cliente est trop timide pour se prêter à toute cette gymnastique. On loue alors une catin, mais les prêtres-sorciers leur préfèrent quelque petite mendiante à peine pubère qui les fait ainsi profiter et de sa virginité et de sa surprise horrifiée. L'enquête révélera que l'une d'elles, âgée de treize ans, en mourut de peur et que le prêtre et le sous-diacre qui officiaient durent l'enterrer dans le plus grand secret. Pour corser encore ces pratiques, il est probable que l'on alla jusqu'à mettre dans les calices le sang d'enfants fraîchement sacrifiés. Une fois arrêtés, Guibourg et la fille de la Voisin avoueront en tout cas cette pratique non seulement horrible mais étonnante au siècle de Descartes et de Pascal.

Devant de tels crimes que révèlent progressivement les interrogatoires menés par La Reynie, le roi décide de créer un tribunal spécial, jugeant sans appel et hors de la compétence du Parlement. Il en nomme les membres, conseillers d'État ou maîtres des requêtes (dont La Reynie) qui ne vont avoir qu'à juger les affaires de poisons et vont siéger à l'Arsenal, à deux pas de la Bastille où s'entassent déjà, ainsi qu'à Vincennes, nombre d'empoisonneurs. Ainsi commence à fonctionner de nouveau, le 10 avril 1679, la Chambre de l'Arsenal qui avait été instituée cinq ans plus tôt pour juger, nous l'avons vu, le chevalier de Rohan et ses complices. On va l'appeler aussi Chambre ardente par référence à certains criminels distingués par leur naissance ou par leurs forfaits qu'on jugeait dans une salle tendue de noir et éclairée par des flambeaux. Or, non seulement l'horreur des crimes jugés va justifier cette dénomination, mais encore le rang de ceux qui vont s'y trouver compromis. Le roi a exigé qu'on agisse sans faiblesse mais, comme l'écrira Michelet, « à l'interrogatoire, ce furent les juges qui pâlirent ».

Très rapidement, en effet, il apparaît que nombreux sont les grands personnages cités, non sans duplicité, par les empoisonneurs. On y trouve par exemple le duc de Luxembourg, pair et maréchal de France qui, du fait de son rang, est autorisé à se rendre librement à la Bastille le 24 janvier 1680. Il y proteste d'abord de son innocence mais perd vite de son assurance première quand on lui fait lire les procès-verbaux d'interrogatoires de Lesage, lequel a déclaré que M. le duc de Luxembourg l'a consulté plusieurs fois en lui demandant des invocations pour que sa femme meure (richement dotée, mais laide et infirme, elle ne mourut qu'en 1701, ce qui fut une chance pour le duc de Luxembourg), pour que son fils épouse la fille de Louvois et aussi « quelque chose contre M. le maréchal de Créquy alors un des meilleurs maréchaux de France ». Bref, le duc se serait « mêlé de diableries ». La Chambre ardente l'acquitte pourtant, mais Louis XIV et Louvois ne le libèrent de la Bastille qu'à condition qu'il s'exile sur ses terres. Comme l'écrira dans ses *Mémoires* le maréchal de Villars, « on a peine à comprendre qu'un homme à la tête des armées peut s'amuser à de vaines superstitions, plus capables de surprendre des esprits faibles de femmes ». À vrai dire, le maréchal de Luxembourg n'est allé à la Bastille que parce que Louvois ne l'aimait pas et nombreux sont ceux au contraire qui, bien en Cour, vont y échapper. La Reynie, tout lieutenant général de police qu'il est, doit compter avec la morgue de ces grands. Voltaire raconte que La Reynie « fut assez malavisé pour demander à la duchesse de Bouillon si elle avait vu le diable ; elle répondit qu'elle le voyait dans ce moment, qu'il était fort laid et fort vilain, et qu'il était déguisé en conseiller d'État. L'interrogatoire ne fut guère poussé plus loin ».

Le 1er octobre 1680, alors que le roi était personnellement intervenu peu de temps auparavant pour que la justice soit rendue avec plus de fermeté, les séances de la Chambre ardente sont brusquement suspendues, tant il est devenu évident que Mme de Montespan est gravement compromise dans l'Affaire des poisons et cela depuis des années. Cette femme d'une grande beauté et d'un bel esprit, devenue en 1667 à vingt-six ans la maîtresse du roi, supporte mal la concurrence. Elle voudrait le roi pour elle toute seule. C'est pour cela qu'elle se serait fait donner par la Voisin des poudres d'amour qu'elle aurait administrées au roi, qu'elle aurait fait dire sur elle plusieurs messes noires lorsqu'à partir de

1673 le roi a commencé à se lasser d'elle et même qu'elle aurait comploté contre la vie de la nouvelle favorite, Mlle de Fontanges. Or celle-ci meurt le 28 juin 1681, à vingt-deux ans, persuadée comme le reste de la Cour qu'elle a été empoisonnée par sa rivale, même s'il est probable que c'est la turberculose qui l'a emportée. Mais Mme de Montespan est intouchable. Elle est la mère des enfants préférés du roi, qui ont été légitimés. Il n'est pas question de l'arrêter ni même de l'interroger. Elle a néanmoins perdu irrévocablement l'amour que lui vouait encore le roi. Désormais celui-ci l'écrase de son mépris, allant jusqu'à interdire à sa mort, en 1707, que ses enfants portent son deuil.

Les séances de la Chambre ardente reprennent à partir du 19 mai 1681, mais à la condition implicite qu'il n'y sera jamais question de Mme de Montespan. Pourtant les aveux circonstanciés de Guibourg et de la fille de la Voisin, interrogés séparément, mettent nettement la favorite en cause, notamment sur des affaires de messes noires ayant été précédées d'égorgements d'enfants. À La Reynie et à Louvois, le roi a demandé de suivre toute cette affaire, de poursuivre les procès sans y impliquer la favorite. Mais, parmi les grands, il n'y a pas que Mme de Montespan de compromise : on trouve aussi la duchesse d'Alluye, la comtesse de Soissons qui s'enfuit aux Pays-Bas, la duchesse d'Angoulême et la duchesse de Bouillon, nièce de Mazarin, qui, en dépit de sa fière réponse à La Reynie, doit finalement comparaître devant la Chambre des poisons sous l'accusation d'avoir voulu empoisonner son vieux mari pour épouser son amant, le duc de Vendôme. Mme de Sévigné, qui suit toute cette affaire de près, nous montre Mme de Bouillon arrivant au tribunal dans un carrosse à six chevaux, assise entre son mari et son amant. La même scène se répétera avec d'autres grands grands personnages accompagnés de leur famille jusqu'à la porte du tribunal. Il s'agit de montrer ainsi qu'on s'irrite que de vulgaires magistrats, La Reynie en tête, osent pousser leurs enquêtes jusqu'à la Cour.

Cependant, La Reynie tient bon et continue d'interroger sans relâche ses prisonniers de la Bastille et de Vincennes. Sans cesse, de nouvelles personnes sont compromises et Racine lui-même se trouve accusé par la Voisin d'avoir empoisonné Mlle Du Parc, sa maîtresse. À leur tour, nombre de bourgeois et bourgeoises de Paris sont impliqués et on trouve même des coupables ruraux aux alentours de la capitale : des bergers, des laboureurs et des artisans qui font « mourir par poison du monde et des bestiaux ».

Tous ces nouveaux noms sont arrachés la plupart du temps aux « sorciers » sous la torture, appelée « question », qui précède obligatoirement leur exécution.

On a peine à imaginer aujourd'hui cette procédure assurément curieuse et cruelle qui ne peut se concevoir que dans une société chrétienne où même le condamné à mort pour crime de sorcellerie et de poison peut espérer, on l'a vu avec la Brinvilliers, échapper à la damnation par le repentir. Mais pas de repentir sans aveu des fautes et, quand on est à quelques heures de se présenter devant saint Pierre, autant avoir l'âme nette. Cela d'ailleurs explique que la torture ainsi appliquée n'ait rien de comparable avec celles qu'infligeront nos modernes gestapistes et leurs épigones. Il faut faire souffrir certes mais raisonnablement, si l'on ose dire.

À la Bastille, on n'emploie plus que l'eau ou les brodequins. Dans le premier cas, on lie le condamné en extension sur des tréteaux et le bourreau entonne dans une corne un nombre soigneusement codifié de pots d'eau, selon qu'il s'agit de la question ordinaire ou extraordinaire. Le poids de l'eau distendant l'estomac devient vite intolérable et, entre chaque pot d'eau ainsi administré, un magistrat pose ses questions, soigneusement transcrites en même temps que les réponses et même les cris de douleur. Pour les brodequins, les jambes du condamné sont insérées entre des planches qu'on serre progressivement avec des coins de bois dont le nombre est, lui aussi, immuablement fixé (quatre à la question ordinaire, huit à l'extraordinaire). Un médecin et un chirurgien assistent à la torture après laquelle on fait reposer le supplicié sur un matelas devant un grand feu. Pendant qu'on lui fait boire un peu de vin, on lui donne lecture du procès-verbal qu'on lui demande alors de signer – et ce n'est pas sans un certain frisson que l'historien examine aujourd'hui ces pièces d'archives où figurent des signatures tremblées, encore sous l'effet de la torture.

Mais, pour le condamné, le plus dur reste à faire : il lui faut encore mourir le même jour. La guillotine, ô combien égalitaire, n'étant pas encore passée par là, on peut être au gré des juges roué vif (rarement), pendu, décapité à la hache, brûlé (avec ou sans strangulation préalable, à l'insu des spectateurs toujours nombreux et fort exigeants sur ces matières). L'écartèlememt est réservé aux seuls régicides.

Si, à l'issue de la question préalable, le condamné n'a pas parlé, on n'insiste pas. Personne, à l'époque, ne songerait à prolonger la torture pour obtenir quelque renseignement capital. Le torturé reste avec sa conscience et le lieutenant de police avec ses questions. Mais il est bien rare que celui qui sent déjà sur lui les flammes de l'enfer persiste dans son mutisme. Parfois un condamné, qui n'a pas soufflé mot sous la torture, demande à parler quand il se trouve au pied de l'échafaud, « par cette envie naturelle d'allonger ses jours d'une heure », commente Barbier dans son journal. Ces procès-verbaux arrachés à l'article de la mort sont les plus riches de renseignements pour les magistrats et la police.

À la différence de la question préalable qui n'a pour but que de tirer d'ultimes et utiles renseignements d'un condamné à mort qui a déjà avoué son crime, et que personne ne songe à abolir, la « question préparatoire » qui consiste à faire avouer à quelqu'un sa culpabilité est, elle, de plus en plus décriée et sera supprimée sous le règne de Louis XIV. Cette torture, écrit l'abbé de Véri, « avait ordinairement deux effets. L'un de sauver les coupables vigoureux qui avaient plus peur de la mort que de la douleur ; l'autre, de conduire à la mort les accusés de complexion faible et même des innocents qui préfèrent une mort prompte à une douleur excessive et durable ». Faut-il s'étonner que soit précisément ce dernier mode de torture qui ait été conservé ?

La Chambre des poisons rendait donc arrêts sur arrêts, évitant toutefois de frapper les grands et même les membres de la bourgeoisie, alliés pour beaucoup à ceux-là mêmes qui devaient les juger. Comme l'écrivait une mauvaise langue en 1681 à propos de l'acquittement du maréchal de Luxembourg, « la Chambre ardente commence à flamber plus que jamais ; trois pauvres misérables ont été brûlés hier ; mais au milieu de tout cela le duc de Luxembourg est purifié sans passer par le feu... ». Et de fait, la répression s'abat beaucoup plus sur ceux qui ont vendu les poisons que sur ceux qui les ont achetés. Le roi le premier n'a-t-il pas donné aux juges le mauvais exemple en faisant retirer des procès-verbaux tout ce qui concernait la marquise de Montespan ? De toute façon, il ne voit pas le terme de ces affaires qui vont finir par discréditer le royaume de France et compromettre sa politique de grandeur. Il décide donc, au mois de juillet 1682, de mettre fin par lettre de cachet aux séances de la Chambre des poisons.

Ce tribunal d'exception aura siégé trois ans, tenu plus de 800 séances, accusé plus de 400 personnes, condamné 218 et exécuté 36. Si la Voisin a fait partie, en vedette, des charrettes de condamnés, sa fille, Lesage alias Dubuisson, Guibourg et beaucoup d'autres (une bonne douzaine au total) vont sauver leur misérable peau du seul fait qu'ayant mentionné Mme de Montespan parmi leurs clients l'instruction s'est trouvée interrompue. Ce qui est certain, en revanche, c'est que tout ce joli monde, de même que ceux qui s'entassent encore à la Bastille et à Vincennes et qui attendent d'être jugés, devra rester enfermé à vie. « Il est d'une grande conséquence, écrit La Reynie, de conclure et de mettre la dernière main à ces malheureuses affaires, de telle sorte qu'il reste de la terreur dans l'esprit des méchants, et qu'ils puissent se souvenir de la recherche qui en a été faite. On ne doit pas perdre le fruit de tout ce que le Roi a fait à cet égard, et on le perdrait sans doute si ceux qui sont dans le commerce du poison et dans la pratique des plus étranges sacrilèges, pouvaient penser comme ont fait plusieurs de ceux qui ont été exécutés à mort, et comme d'autres, qui se tiennent cachés, le disent encore à ceux qui leur font des propositions, qu'il y aura plus de liberté après cette recherche finie, et qu'ils travailleront avec moins de péril et à meilleur marché. »

On ne saurait être plus clair... En juillet 1682 est promulgué un édit resté fameux qui bannit du royaume sorciers et devineresses et qui réglemente strictement la fabrication et l'usage des produits toxiques (c'est ainsi qu'est créé le registre des produits toxiques, toujours en usage chez les pharmaciens). Au mois de décembre de la même année, Louvois et La Reynie arrêtent soigneusement la liste de ceux qui vont être transférés pour être enfermés jusqu'à leur mort dans diverses prisons d'État et citadelles du royaume. Les instructions les plus sévères sont données par Louvois : chaque prisonnier sera au secret le plus absolu, ne pouvant communiquer ni avec l'extérieur ni avec un autre prisonnier ; il sera attaché par une chaîne de fer à la muraille ; il n'aura plus de nom. « Surtout, écrit Louvois le 16 décembre 1682 à l'intendant de Franche-Comté, recommandez, s'il vous plaît, à ces messieurs (les gouverneurs de la citadelle de Besançon et du fort Saint-André) d'empêcher que l'on n'entende les sottises qu'ils pourront crier tout haut, leur étant souvent arrivé d'en dire touchant Mme de Montespan qui sont sans aucun fondement, les menaçant de les faire corriger si cruellement au moindre bruit qu'ils feront qu'il n'y en ait pas un qui ose souffler. »

Quant à ceux qui, arrêtés pour une autre raison, auront eu le malheur d'être enfermés, ne serait-ce que quelques heures, avec un empoisonneur, ils devront eux aussi demeurer enfermés « pour toujours » sur la présomption qu'ils ont pu recueillir quelque terrible secret. À aucun moment cette sévérité ne faiblira et on voit encore, beaucoup plus tard, d'Argenson, qui a succédé à La Reynie, écrire d'une de ces prisonnières enfermée à la Salpêtrière et devenue folle : « Il faudra nécessairement qu'elle meure à l'hôpital. » De même, en 1707, pour cette empoisonneuse aveugle et mourante, d'Argenson écrit : « L'ordre du roi porte qu'elle sera toujours à l'hôpital, cet exemple suffit pour faire connaître qu'il est des cas où la détention perpétuelle et indéfinie n'est pas moins juste que nécessaire. »

La doyenne des poisons semble avoir été la Chapelain, épouse du contrôleur général des domaines et trésorier des offrandes et aumônes du roi, enfermée à la Bastille le 21 septembre 1679 et transférée au château de Villefranche le 15 décembre 1682, où elle meurt quarante-deux ans plus tard à quatre-vingt-trois ans. Seul adoucissement à son sort à partir de 1717, alors qu'elle avait déjà soixante-seize ans, on avait toléré qu'elle fasse cellule commune avec une autre empoisonneuse aussi vieille qu'elle. Chacune cependant faisait « sa potée à part », par crainte peut-être de quelque ultime poison.

Les esprits furent frappés d'une terreur salutaire par cette horrible affaire et par la répression qui s'ensuivit même si, finalement, celle-ci eut des limites et, surtout, fut discriminatoire. Il y eut parfois d'étranges retombées, comme lorsque le comte de Clermont-Lodève se présenta à la Bastille le 23 juillet 1692, douze ans après avoir été décrété de prise de corps par la Chambre des poisons. Enfui à l'étranger puis rentré en France, et désirant se disculper des accusations de distillations dangereuses et autres pratiques de magie, il fut certainement le seul prisonnier de la Bastille à apporter lui-même à la fois son ordre d'entrée et son ordre de sortie. Même symboliquement, il fallait purger la contumace.

Il y eut certes d'autres affaires d'empoisonnement, comme celle qui conduisit à la Bastille en 1761 le chambellan de la reine de Hongrie et son valet de chambre, mais ces affaires furent tout à fait isolées. La Chambre ardente avait bel et bien fait passer le goût des poisons.

Il n'y eut guère qu'en 1712 que l'on put croire qu'une nouvelle Affaire des poisons allait surgir au sein même de la famille royale. En 1711, le vieux roi, en proie aux difficultés de la fin du règne, avait vu mourir son fils, le dauphin, puis en février 1712, à six jours d'intervalle, son petit-fils qu'il aimait tant, le duc de Bourgogne, puis l'épouse de celui-ci. C'est le moment que choisit un certain Le Marchant pour encourir l'accusation de vouloir empoisonner le roi d'Espagne, Philippe V, petit-fils de Louis XIV. Enfermé à la Bastille où il est soigneusement interrogé par le lieutenant de police d'Argenson, il prononce le nom de Philippe d'Orléans, neveu du roi, alors exilé de la Cour pour avoir précisément émis des prétentions sur le trône d'Espagne.

Plus de quarante interrogatoires finiront par convaincre d'Argenson que le duc d'Orléans est hors de cause. Mais celui-ci s'intéresse à la chimie et possède un petit laboratoire. Bientôt une rumeur persistante l'accuse d'avoir empoisonné les héritiers directs de Louis XIV. Outré et désespéré devant de pareils bruits, Philippe d'Orléans va trouver le roi et lui propose avec insistance d'aller se mettre à la Bastille pour qu'il puisse se disculper. Qu'au moins on y mette Homberg, son chimiste (Homberg ira se présenter devant la Bastille mais sera refusé, faute de lettre de cachet). Si l'on en croit Saint-Simon qui relate cette scène, Louis XIV et Mme de Maintenon auraient été persuadés de la culpabilité du duc d'Orléans.

Voltaire raconte de son côté que le roi aurait même relevé le défi du duc d'Orléans en expédiant la lettre de cachet demandée pour la Bastille. (Il est vrai que ce n'est ni avec Saint-Simon ni avec Voltaire qu'il faut écrire l'Histoire.) Il faudra toute la prudence et la rigueur du lieutenant général de police pour faire fi de cette rumeur alors que toute la Cour tourne le dos au duc. Devenu Régent, celui-ci saura s'en souvenir et nommera d'Argenson garde des Sceaux.

Attaques contre la Pompadour

Sous le règne de Louis XV, plus d'affaires de poisons donc ni de messes noires. Mais, les mœurs du siècle étant devenues moins respectueuses de la couronne, on s'attaque volontiers à la favorite du moment, la marquise de Pompadour, femme de basse extraction et qui de surcroît a le malheur de s'appeler Poisson, ce qui inspire des dizaines de chansons du genre de celle-ci :

> *Chanson sur l'air des Trembleurs, qui est dans un opéra.*
>
> *Les grands seigneurs s'avilissent,*
>
> *Les financiers s'enrichissent,*
>
> *Tous les Poissons s'agrandissent,*
>
> *C'est le règne des vauriens.*
>
> *On épuise la finance*
>
> *En bâtiments, en dépense ;*
>
> *L'État tombe en décadence,*
>
> *Le Roi ne met ordre à rien, rien, rien, etc.*
>
> *Une petite bourgeoise*
>
> *Élevée à la grivoise*
>
> *Mesure tout à sa toise,*
>
> *Fait de la Cour un taudis.*
>
> *Le Roi, malgré son scrupule,*
>
> *Pour elle froidement brûle ;*
>
> *Cette flamme ridicule,*
>
> *Excite dans tout Paris, ris, ris, etc.*

Insulter la Pompadour, c'est toutefois offenser le souverain, et nombreux sont ceux qui, de ce fait, font connaissance avec la Bastille. L'un d'eux, embastillé le 10 mai 1749, illustre à lui seul ce type d'accusation : « Cet homme, écrit Berryer, le lieutenant de police du moment, était joueur de profession et grand babillard. Il tenait des discours contre le roi, les ministres et Mme de Pompadour au café Procope. »

Parfois, ce sont des lettres injurieuses. Une autre fois, c'est un clerc de procureur qui s'avise d'écrire à Mme de Pompadour qu'il a « des choses de conséquence à dire au roi » et qui demande qu'on lui envoie au pont-tournant des Tuileries une chaise de poste pour se rendre à Versailles. Le 17 septembre 1752, à l'heure dite, une chaise se présente en effet. Notre clerc y monte. Le voilà incontinent conduit à la Bastille.

Ce sont aussi, à l'instar de Latude et de son faux colis piégé, des fausses dénonciations de complot adressées à Mme de Pompadour qui procèdent autant de l'offense à la dignité du roi que d'une menace, souvent bien vague, à sa sécurité. Souvent dictées par la misère et le désespoir, nous avons vu que ces fausses dénonciations sont sévèrement punies.

Certaines affaires sont heureusement plus réjouissantes, comme celle qui provoque l'emprisonnement à la Bastille de Jean Constans le 8 mars 1760. Depuis le mois d'octobre 1758, la marquise de Pompadour recevait des lettres aussi impertinentes qu'anonymes, écrites toutes de la même main et d'une écriture déguisée. Un seul renseignement pour la police de Sartine : l'auteur disait avoir cent onze ans. On se souvient alors d'un ancien prisonnier de la Bastille dont la manie était de se dire âgé d'un siècle. Les archives de la prison sont bien tenues. On retrouve le nom du suspect et la police fait le reste.

Des experts sont commis qui concluent à la culpabilité du suspect. « Il y a tout lieu de croire que c'est l'auteur, ajoute Sartine, d'autant plus que c'est un parleur et un bavard éternel qui fait le nouvelliste. Je pense qu'un pareil homme, qui est un homme à projets, et qui a toujours de l'humeur parce qu'il n'est point à son aise, est bon à arrêter et à mettre à la B. par O. du R. » Voilà donc Constans, entrepreneur des vivres et fourrages mais encore nouvelliste à ses heures, de nouveau à la Bastille. Il proteste de son innocence mais chose curieuse dit avoir cent onze ans alors qu'il n'en paraît que soixante. C'est exactement l'âge avoué par l'auteur des lettres anonymes. Sartine, qui est tout ce qu'on veut sauf un imbécile, se dit que ce qui paraît accabler Constans plaide plutôt en sa faveur et que cette marotte peut fort bien avoir été connue du véritable auteur des lettres qui aurait ainsi égaré les recherches. Un commissaire, expert lui aussi, va alors passer des heures et même des jours à examiner de nouveau les écritures. Bien entendu, ses conclusions infirment celles des experts précédents. Constans est donc relâché faute de preuves au bout d'un mois.

Ce qui est intéressant ici, c'est le sérieux et le soin extrême qui sont apportés à une affaire assez mince finalement. Mais que ne ferait pas le lieutenant général de police pour plaire à celle que les insulteurs qu'il pourchasse inlassablement, et qui sont nombreux, appellent la première putain de France ou encore la reine des garces ? Ces attaques prennent souvent la forme de libelles imprimés qui circulent clandestinement. Mais c'est rejoindre là les délits de librairie...

La révolte parlementaire

Parmi les nombreuses forces de dissolution contre lesquelles le pouvoir royal doit lutter au XVIIIe siècle, les parlements ont une place de choix. Muselés sous Louis XIV, réveillés par le Régent et en lutte ouverte contre le roi sous le règne de Louis XV puis de Louis XVI, ils sont traditionnellement les gardiens des institutions, jugent en appel et surtout constituent un rouage essentiel de l'appareil « législatif » puisque les décisions royales ne sont exécutoires que lorsqu'elles ont été enregistrées par le Parlement. Devant le refus de plus en plus fréquent de celui-ci d'enregistrer les ordonnances royales, le seul recours du souverain est souvent l'emploi de la lettre de cachet. Tantôt au sens large par une « lettre de jussion » où le roi, en prélude à un « lit de justice », somme les magistrats de procéder à l'enregistrement malgré ses remontrances, tantôt au sens habituel en sévissant individuellement contre les meneurs.

Louis XV, souvent considéré et bien à tort comme un roi incapable et sans volonté, a mené avec une grande fermeté le combat contre les parlements en révolte. La Bastille a constitué un instrument de choix dans cette lutte, mais pas le seul, les parlementaires en révolte de plus en plus fréquente contre l'autorité royale se voyant souvent exilés. Ainsi dès 1732, le cardinal Fleury exile par un lot impressionnant de 139 lettres de cachet les conseillers du Parlement de Paris qui protestaient contre la diminution de leurs pouvoirs. En 1757 puis en 1763, pour ne citer que les grandes séries, des lettres de cachet viennent de nouveau frapper les parlementaires en révolte.

En 1765, l'ancien président et le procureur du Parlement de Pau sont conduits à la Bastille (dix jours) pour s'être publiquement prononcés contre les lettres de cachet. La lutte culmine en 1770, quand le Parlement de Paris entre en conflit ouvert contre le roi à propos d'une querelle entre le duc d'Aiguillon, gouverneur militaire de la Bretagne, et le procureur général du Parlement de Rennes. Louis XV se décide alors à frapper un grand coup. Poussé par le chancelier Maupeou, il fait sommer les parlementaires en grève de reprendre leurs fonctions, puis, devant leur refus, de démissionner. Cent trente lettres de cachet prononcent individuellement leur exil ainsi que la suppression de leur

charge. Un mois plus tard, en février 1771, le Parlement de Paris dont la juridiction était immense est remplacé par six conseils supérieurs de justice dont
les juges sont nommés et rétribués par le roi.

Ce véritable coup d'État entraîne de véhémentes protestations du monde de la
basoche, sans oublier l'intelligentsia de l'époque très présente. Qu'à cela ne
tienne, sur les 85 prisonniers de la Bastille entrés en 1771 et 1772, près de la
moitié y vont pour avoir pris parti en faveur du Parlement. Hélas (ou tant mieux,
si d'autres préfèrent), Louis XV meurt en 1774 alors que le nouveau système
venait à peine de se mettre en place. Louis XVI, avec le génie du sabotage inconscient qui sera le sien, se hâte alors de rappeler les parlements qui se promettent
bien qu'on ne les y prendra plus. C'est là, d'une certaine façon, que la Révolution
a commencé ou en tout cas que le pouvoir royal a abdiqué pour la première fois.

L'agitation parlementaire reprend donc de plus belle sous le règne de
Louis XVI, culminant notamment avec l'affaire du Parlement de Bretagne qui,
depuis l'arrestation et l'incarcération à la Bastille en 1766 de La Chalotais, procureur général du Parlement de Bretagne, avait pris des proportions considérables. La Chalotais, son fils et quatre autres conseillers du Parlement de Rennes
étaient coupables aux yeux du roi d'avoir cherché à semer du trouble dans le
ressort de leur parlement, d'avoir tenu des assemblées illicites, entretenu des
correspondances clandestines et enfin d'avoir favorisé voire suscité la diffusion
clandestine de libelles injurieux à l'autorité du roi. Or, parvenu au règne de
Louis XVI, ces motifs ne paraissent plus suffisants à ce qu'on appellerait aujour-
d'hui l'opinion publique mais qu'il serait plus juste d'appeler pour lors l'intelligentsia. Mieux, faire paraître sans passer par la censure des brochures telles
que le *Procès de M. de La Chalotais* et la *Seconde lettre d'un gentilhomme breton*, qui provoquent pourtant l'envoi à la Bastille de leurs imprimeurs et de leurs colporteurs, apparaît aux yeux de beaucoup non pas comme une insulte à la dignité
royale mais comme une défense de la justice.

Assez proches des révoltes parlementaires sont les révoltes nobiliaires qui
prétendent instaurer une représentativité des « états » (clergé, noblesse et tiers
état). Ainsi en 1772 plusieurs hobereaux normands sont mis à la Bastille pour
avoir osé présenter au roi une requête de la noblesse de Normandie demandant
d'assembler les États de la province. C'est d'ailleurs dans ce sens qu'en 1776,
après la destitution de Turgot, Necker tentera, mais en vain, de créer les assemblées provinciales. C'est aussi pour avoir prétendu présenter au roi au nom de
la noblesse de Bretagne un mémoire sur des réformes à faire qu'entre à la Bas-

tille, en juillet 1788, une dernière fournée composée d'une quinzaine de gentilshommes bretons. Il aurait suffi qu'ils y restent un an pour assister de l'intérieur à la prise de la Bastille, mais ils sont libérés au bout de deux mois après avoir été traités avec les plus grands égards, l'adoucissement de la Bastille ne faisant que refléter la déliquescence du pouvoir.

L'Affaire du collier ou le commencement de la fin

À chaque règne son scandale : Louis XIV avait eu l'Affaire des poisons ; Louis XVI eut l'Affaire du collier. À chaque fois la Bastille joua son rôle mais, comme nous allons le voir, dans des registres très différents... L'histoire vaut d'être racontée en entier car elle a été souvent romancée et, comme c'est souvent le cas, la vérité est encore plus abracadabrante.

En 1785, Marie-Antoinette, qui vient d'avoir trente ans, est l'épouse du roi Louis XVI depuis quinze ans. Fille cadette de l'impératrice d'Autriche, elle a épousé le Dauphin en 1770. D'abord adulée des Parisiens sinon de la Cour, ses dépenses, ses frivolités à l'égard de ce qui est devenu sa propre Cour, ses liaisons vraies ou supposées, en ont progressivement fait la bête noire de Versailles et du peuple. On la surnomme « Madame Déficit ». Elle se mêle en outre de plus en plus des affaires de l'État, défendant les intérêts autrichiens – ce qui lui vaudra, la Révolution venue, cet autre surnom de « l'Autrichienne ».

Fidèle dans ses amitiés et ses amours, la reine l'est aussi dans ses inimitiés. Parmi ceux qui lui sont antipathiques figure le cardinal de Rohan. Le baron de Frénilly, dans ses *Mémoires* dépeint ainsi le prince Louis de Rohan, descendant de l'une des plus grandes familles du royaume, évêque depuis 1760, membre de l'Académie française depuis 1761 et cardinal depuis 1778 : « Bel homme de tournure, fort grand seigneur de manières, très aimable de ton et d'esprit [...] il croyait à tout et en tout, hors peut-être en Dieu ; superstitieux, crédule, illuminé, visionnaire, lui, sa réputation et sa fortune étaient devenus le jouet et l'apanage de tous les charlatans ».

En 1770, Louis de Rohan a reçu et complimenté la Dauphine alors âgée de 16 ans lors de son entrée en France. La légende voudra qu'il en soit alors tombé amoureux, platoniquement cela va sans dire. Rien n'est moins certain lorsque l'on suit l'excellente étude d'Evelyne Lever[2]. Ce qui est sûr en revanche c'est que, nommé ambassadeur extraordinaire à Vienne en 1772, l'évêque de

---

[2] Evelyne Lever, *L'Affaire du collier*, Fayard, 2004.

Rohan, d'ailleurs mauvais diplomate, choque l'impératrice Marie-Thérèse par sa magnificence et les scandales de sa vie privée. Rappelé à Paris sur les instances de l'impératrice, Louis de Rohan, bien que devenu grand aumônier de France (et donc officiant à Versailles), n'en est pas moins en butte à la prévention de Louis XVI et surtout de la reine qui subit l'influence de sa mère. « Je crois, écrit Marie-Antoinette dans une lettre à celle-ci, le prince Louis de très mauvais principes et très dangereux par ses intrigues et, s'il n'avait tenu qu'à moi, il n'aurait pas de place ici ». Le cardinal quant à lui n'a plus qu'une idée en tête : rentrer dans les bonnes grâces du couple royal.

À cette époque, le grand aumônier qui s'en va vers la cinquantaine (il est né en 1734) mène toujours grand train, partageant sa vie dans plusieurs résidences toutes aussi somptueuses. À telle enseigne que ce prince, l'un des plus riches d'Europe, a fort entamé sa fortune et s'est même compromis pour la relever dans un certain nombre d'affaires spéculatives. Il est (mal) conseillé en cela par un aventurier et charlatan italien déjà fameux : Cagliostro. La comtesse de Fars-Fausselandry dit de lui : « Sa conversation brillante et instructive, tout à la fois, ne languissait jamais, il la soutenait avec les récits de ses voyages lointains ; les anecdotes bizarres, les faits curieux, les observations profondes qu'il savait y mêler y donnaient un charme tout particulier. Nous éprouvions un vif plaisir à l'entendre ; ses manières étaient aisées, il s'annonçait bien et se parait avec magnificence : ses bijoux étaient de haut prix ; on ne lui connaissait aucune fortune, nul banquier ne fournissait à sa dépense, et pourtant il ne faisait point de dettes ».

Le dernier trait est piquant car il semble lui être imputé, c'est le cas de le dire, à crédit. La comtesse de Fars-Fausselandry est d'ailleurs aussi crédule que le cardinal de Rohan puisqu'elle rapporte comme un fait avéré que son ami le marquis de Bérigni a vu Cagliostro faire apparaître à un souper chez le prince Louis « les hommes et les femmes les plus célèbres de l'Antiquité ». Hors la femme de Cagliostro, Italienne dont la grande beauté ne sert pas peu l'éclat des soupers du cardinal, une autre intrigante s'est immiscée dans l'entourage immédiat du prélat. C'est la comtesse Jeanne de La Motte, prétendant descendre des Valois et qui, comme Cagliostro, a promis au prince Louis un retour en grâce auprès de la reine. Mais, tandis que Cagliostro s'occupe à mille choses, la comtesse de La Motte ourdit avec son mari, qui ne vaut pas mieux qu'elle, un complot machiavélique. Elle a appris que le joaillier de la couronne a proposé à la reine un collier magnifique dont le prix de 1 600 000 livres représente la valeur de trois beaux châteaux en province avec leurs domaines. La reine, bien qu'ayant la folie des bijoux, a dit non.

Alors Mme de La Motte persuade le cardinal qu'elle est reçue à la Cour (alors que lui en est tenu éloigné par une disgrâce qui ne désarme pas) et même qu'elle est entrée dans l'intimité de la reine. Elle multiplie les anecdotes et en même temps les emprunts auprès du cardinal, car tout cela coûte cher. Puis, au bout de quelques mois, la grande nouvelle arrive : Mme de La Motte a obtenu que la reine lui écrive. Qu'on imagine l'émotion du crédule cardinal, et plus encore celle qu'il éprouvera en recevant le premier billet de la reine, fabriqué de toutes pièces par Mme de La Motte et que celle-ci brûlera ensuite soigneusement devant lui.

Le faux agent de liaison qu'est Mme de La Motte réussit alors l'une des mystifications les plus ahurissantes de l'Histoire de France. Dans la soirée du 11 août 1784, dans le parc de Versailles et, ce qui plus est, au « bosquet de Vénus », elle a conduit dans le plus grand secret le cardinal de Rohan. On l'a prévenu que forcément l'entrevue serait brève. Mais voici la reine. Éperdu, aveugle de béatitude, le cardinal tombe à genoux et baise le bas de la robe royale qui dans un froissement irrité disparaît presque aussitôt. Celle qui a joué ainsi le rôle de la reine est une petite modiste qui se fait appeler la baronne d'Oliva et qui de fait ressemble à Marie-Antoinette, en plus jolie peut-être.

Cet épisode rocambolesque a certainement accrédité la thèse d'un cardinal de Rohan amoureux de la reine. Et pourquoi pas après tout ? Toujours est-il que le poisson ainsi solidement ferré, il n'y a plus qu'à passer à l'acte final. La comtesse de La Motte demande au cardinal s'il veut bien servir d'intermédiaire pour un achat que la reine n'ose faire ouvertement. Les joailliers, mystifiés eux aussi, sont allés voir le cardinal de Rohan à qui ils ont montré le collier. Celui-ci l'a trouvé « trop chargé » mais, s'il discute l'esthétique, il ne discute pas les désirs de la reine qui pour lui sont des ordres. C'est entendu, il paiera de six mois en six mois par quartiers de 400 000 livres qui lui seront remis préalablement par la reine, toujours par l'entremise de la comtesse de La Motte chargée d'aller porter le collier à Marie-Antoinette. Le cardinal a d'ailleurs fait l'avance du premier versement.

Le tour est joué. Le couple La Motte disparaît avec le collier. À partir de là, toute cette escroquerie diabolique débouche sur une conduite bien imprudente : le collier est dépecé à la va-vite et diamants et brillants sont vendus à si vil prix que le lieutenant de police de Paris s'intéresse très vite au train de vie mirobolant que mènent M. et Mme de La Motte. Pendant ce temps, la reine, intriguée par les remerciements que lui a prodigués le joaillier Boehmer reçu à Versailles, lui a demandé un rapport où, tout au long, le nom du cardinal de Rohan s'étale. La reine a couru chez le roi et le roi a appelé le baron de Breteuil, principal Ministre.

Le 15 août 1785, jour de la fête de l'Assomption, le scandale éclate, effroyable, dans la galerie des Glaces du palais de Versailles. Toute la Cour est là pour assister à la messe que va célébrer le cardinal de Rohan dans la chapelle royale. Le grand aumônier de France paraît revêtu de ses magnifiques habits sacerdotaux. Mais le roi l'a fait mander dans son cabinet. Que se passe-t-il ? Lorsque le cardinal se présente, il voit devant lui le roi, la reine qui paraît courroucée, le baron de Breteuil et Mr de Miromesnil, Garde des Sceaux. Un véritable tribunal.

Le roi lui demande s'il est vrai qu'il a acheté un collier de diamants pour la reine. Le cardinal balbutie et suffoque, comprenant qu'il a été trompé et que le collier a disparu en même temps que Mme de La Motte. La reine s'indigne. Comment monsieur le cardinal a-t-il pu croire qu'elle se prêterait à une telle mascarade ? Le cardinal implore le pardon. Il dit qu'il paiera. Le roi, si faible à l'ordinaire, lui rétorque qu'il ne paiera rien et qu'il sera arrêté en sortant de son cabinet. Lorsque le cardinal reparaît dans la galerie des Glaces, c'est pour entendre le baron de Breteuil dire à un capitaine des gardes du corps : « Arrêtez monsieur le cardinal ! » Extraordinaire émotion ; énorme bousculade. L'Affaire du collier vient de commencer.

La nuit du 15 au 16 août, le cardinal dort encore chez lui mais, le lendemain soir, le gouverneur de la Bastille vient personnellement chercher le prélat pour le conduire dans la prison du roi. Dans les jours qui suivent, une vingtaine de personnes se retrouvent à la Bastille. Parmi elles, le 20 août, Mme de La Motte dont le mari, complice de toujours, s'est enfui en Angleterre avec ce qui reste des diamants et, le 23 août, Cagliostro et sa si belle épouse. Le 4 novembre, c'est au tour de la baronne d'Oliva d'entrer à la Bastille après extradition des Pays-Bas où elle s'était enfuie. Puis, quelques mois plus tard, Rétaux de Villette (c'est lui qui a écrit les fausses lettres de Marie-Antoinette sous la dictée de Jeanne de La Motte). Les autres ne sont que des comparses ou de simples suspects à interroger dans le secret de la Bastille.

C'est alors que Louis XVI, lui d'ordinaire si timoré mais qui a osé utiliser avec éclat et contre un Grand du royaume la bonne vieille recette de la Bastille et de sa lettre de cachet, commet l'erreur de ne pas en rester là. On n'est plus au temps du Roi-Soleil où les seigneurs les plus puissants pouvaient être envoyés à la Bastille sans que personne n'ose protester. En cette année 1785, alors que le régime est déjà en pleine crise et que tout Paris applaudit au *Mariage de Figaro*, le cardinal de Rohan va solidariser autour de lui non seulement sa famille et ses alliés qui sont puissants (dans la lettre de cachet qui l'envoie à la Bastille, le roi le nomme « mon cousin », comme il est d'usage pour les ducs et les princes), mais encore le clergé (il est cardinal), le Parlement (qui s'indigne, ô combien tardivement, que la Bastille ne soit pas de son ressort), la Sorbonne, les ennemis de la reine, bref tous les mécontents du royaume. Bientôt, le cardinal va apparaître comme une illustre victime du despotisme, et Rivarol le comparera à un coquelicot que le ministre Breteuil aurait écrasé sur le front de la reine qui en serait restée marquée.

C'est en effet la reine qui, bien involontairement cette fois, est au centre du scandale. De ce fait, Louis XVI lui a demandé de s'exprimer devant les ministres qu'il avait déjà réunis autour de lui le 15 août à Versailles. Et c'est sur l'avis de Marie-Antoinette, après de longues tergiversations, que le choix va être laissé au cardinal d'opter pour la « voie d'administration » (la lettre de cachet et la seule volonté du prince) ou pour la « justice réglée » (le procès devant le Parlement). Profondément humiliée par cette affaire, la reine veut seulement que son honneur soit promptement rétabli. Or, le cardinal, exalté par le sentiment de son innocence et après de longues conversations avec ses avocats, choisit le procès régulier. Le roi et la reine, persuadés quant à eux de la culpabilité du cardinal et du choix qu'il aurait dû faire du secret (relatif en la circonstance) de la lettre de cachet, sont atterrés. Mais il est trop tard. La Bastille ne va pas jouer ici son rôle d'éteignoir. Il est vrai que Louis XVI, à la différence de ses prédécesseurs n'en est pas un adepte puisque sur 5279 embastillés, 306 seulement le seront sous son règne. Comme l'écrira le baron de Frénilly dans ses mémoires : « C'était jeter une mèche sur un baril de poudre, et le baril éclata avec un fracas épouvantable ».

L'opinion publique (parisienne en tout cas) ne tarde pas en effet à arbitrer en faveur du « malheureux » cardinal jeté sur la paille de la Bastille, dont la sombre masse à la porte Saint-Antoine est plus que jamais la bête noire des adversaires du « despotisme ». Il y a bientôt dans Paris un véritable « parti du cardinal », arborant un large ruban jaune au milieu duquel repose un mince ruban rouge et qu'on appelle « cardinal sur la paille ».

Pendant l'instruction, Mme de La Motte se défend pied à pied, mentant habilement, se disant la maîtresse du cardinal pour en faire le véritable instigateur de l'affaire, accusant Cagliostro et se livrant à de véritables crises d'hystérie lors des confrontations. Sur le point d'accoucher et d'une beauté diaphane, la petite baronne d'Oliva éveille la sympathie. Non, elle n'a pas compris le rôle qu'a voulu lui faire jouer la comtesse de La Motte au bosquet de Vénus. Non, elle ne sait pas qu'elle ressemble à la reine et elle ne permettrait pas qu'on lui en fasse la remarque qu'elle juge irrespectueuse, elle qui n'est qu'une petite modiste. Quant à Rohan, il a commencé par refuser d'être interrogé par le lieutenant général de police, pour cause d'inimitié personnelle, et par le ministre de Breteuil, celui-ci n'étant pas d'un rang à l'interroger. On a alors, chose impensable dans les règnes précédents, accepté de remplacer ces deux personnages, les seuls habilités à entrer à la Bastille, par Vergennes, ministre des Affaires étrangères, et le maréchal de Castries, ministre de la Marine. Dès le 20 août, le cardinal leur a remis un mémoire fort clair et rigoureusement exact sur ce qu'il sait de l'affaire, c'est-à-dire fort peu. Il comparaît dans son habit de pourpre cardinalice (d'un ton plus pâle que ne l'exige l'uniforme), son cordon bleu de l'ordre du Saint-Esprit se détachant délicatement sur le surplis en dentelle de Bruges, le regard doux et triste sous la calotte pourpre. Le secret de la Bastille est tout relatif en ce qui le concerne et il a eu tout loisir de correspondre avec ses défenseurs.

Le procès passionne de plus en plus l'opinion. Les mémoires de défense des différents accusés sont aussitôt imprimés et vendus, en toute illégalité, à des prix élevés (il y a trois éditions le même jour, 16 mai 1786, du mémoire du cardinal de Rohan). Le petit peuple va s'asseoir au bord des fossés de la Bastille et chante :

> *Le Saint-Père l'avait rougi,*
> *Le Roi, la Reine l'ont noirci,*
> *Le Parlement le blanchira.*
> *Alléluia !*

Le Parlement siège du 22 au 31 mai et, pour la circonstance, les accusés sont transférés de la Bastille à la Conciergerie. A l'aube du 31, une foule énorme assiège le palais de justice pour entendre les arrêts tandis que, détail étonnant, les familles de Rohan-Soubise et de Lorraine se sont installées en tenue de deuil dans l'antichambre qui donne accès à la Grand-Chambre. Louis de Rohan lui aussi est en deuil quand il comparaît le 30, le deuil des cardinaux qui est du meilleur effet et dont la longue robe violette est rehaussée des notes rouges que jettent la calotte ainsi que les bas et les talons cardinalices. Pour le cardinal, on a d'ailleurs fait enlever l'ignominieuse sellette, petit siège bas et inconfortable sur lequel les accusés sont contraints de s'asseoir. Autre fait extraordinaire, les juges se sont levés pour rendre son salut au cardinal lorsque celui-ci a été invité à se retirer.

Les seules peines sévères vont au couple La Motte : galères perpétuelles par contumace au mari toujours en fuite ; enfermement à vie à la Salpêtrière pour Jeanne de La Motte après confiscation de ses biens et marque au fer rouge du « V » des voleuses (elle réussira par la suite à s'évader de la Salpêtrière et à s'enfuir à Londres où elle finira misérablement). Nicole d'Oliva, qui vient d'accoucher à la Bastille, est relaxée, ainsi que Cagliostro et son épouse, lesquels sont cependant exilés hors du royaume. Quant au cardinal de Rohan, il est acquitté par 26 voix contre 22 qui n'ont voté que le « hors de cour », lequel comporte une nuance de blâme. Une énorme liesse populaire s'ensuit et Mirabeau dira : « Je ne sais pas où le Parlement se serait enfui s'il avait mal jugé ». Bien entendu, cette joie bruyante vise la reine et l'humilie. D'ailleurs, Marie-Antoinette a été salie pendant le procès, Mme de La Motte ayant affirmé qu'effectivement la reine et le cardinal s'écrivaient et se rencontraient. Elle a été salie aussi du seul fait qu'un des plus grands seigneurs du royaume ait pu croire que la reine de France pouvait lui donner rendez-vous la nuit, dans un bosquet du parc de Versailles.

Après avoir commis l'erreur de laisser l'affaire au Parlement, trop content de trouver là un nouvel élan dans son opposition au pouvoir royal, Louis XVI commet celle de remettre en question la chose jugée en exilant par une nouvelle lettre de cachet le cardinal de Rohan dans son abbaye de La Chaise-Dieu, en Auvergne, après l'avoir démis de sa charge de grand aumônier. « La prévention contre la cour était si forte, écrit le baron de Besenval dans ses *Mémoires*, qu'on cria à la tyrannie en apprenant qu'il perdait sa charge et qu'il était exilé. En général, une multitude est toujours outrée ; mais une multitude française l'est plus qu'une autre. Je sais qu'il était peu régulier que le roi, qui avait laissé un libre cours à la justice, après qu'elle eut lavé le cardinal de toute accusation criminelle, reprît ses droits de souverain, et semblât punir le cardinal et le Parlement, l'un d'avoir absous, l'autre de l'avoir été : mais pourtant il était impossible qu'il gardât sa place ; et quant à l'exil, il l'avait bien mérité ».

En fait d'exil, le cardinal de Rohan ne reste en son abbaye de la Chaise-Dieu que jusqu'en septembre 1786, le temps d'un été. Un séjour plus adapté à la saison froide en son autre abbaye de Marmoutier près de Tours, ne fait que précéder la levée d'exil qui lui permettra, en 1788, de retourner dans son château de Saverne, la plus somptueuse assurément de ses multiples résidences.

Le roi, protecteur des familles

Hors de sa convenance personnelle, le prince qui est le père de ses sujets peut, sur demande circonstanciée d'une famille, corriger par lettre de cachet un élément perturbateur qui menace l'honneur de celle-ci. C'est cet usage, bien plus que l'exercice direct du pouvoir, qui explique la formidable multiplication des lettres de cachet au XVIIIe siècle. Parmi les 7 000 à 8 000 correctionnaires par lettres de cachet qui sont enfermés à la fin du XVIIIe siècle dans les cinq cents à six cents maisons de force du royaume, la quasi-totalité l'est à la demande des familles qui supplient humblement le roi de bien vouloir délivrer une lettre de cachet et qui d'ailleurs doivent demander précisément un lieu d'enfermement en s'engageant à payer la pension correspondante.

Hors de ce contexte, la Bastille fait illusion puisque c'est la prison d'État par excellence où au contraire les lettres de cachet qui prononcent l'emprisonnement sont presque toujours à l'initiative du souverain ou à tout le moins de ceux, ministre de la Maison du roi et lieutenant général de police surtout, à qui il délègue ses pouvoirs. La Bastille a cependant interné elle aussi un certain nombre de prisonniers de famille (43 au total, ce qui est peu), principalement sous le règne de Louis XIV lorsque le roi pouvait et voulait encore avoir l'œil sur sa Bastille.

Mauvais fils, mauvaises épouses

Il est difficile de comprendre, dans le cas des prisonniers de famille, le choix de la Bastille plutôt que d'une autre maison de force, et il semble bien que, plus souvent qu'ailleurs, ce soit une affaire de circonstance. Pourquoi, par exemple, le roi accorde-t-il la Bastille en 1694 au bâtard du marquis de Termes alors que le père a déjà été lui-même emprisonné deux fois à la Bastille, une fois pour avoir tué son adversaire en duel et l'autre pour avoir été suspecté dans l'Affaire des poisons ? Le bâtard du marquis de Termes nous est dépeint « ayant ses cheveux », c'est-à-dire sans perruque – ce qui est digne d'un roturier bien qu'il vienne d'une école de cadets d'où d'ailleurs il a fallu l'ôter comme « fort méchant et libertin ». Or ce mince personnage est soigneusement tenu caché à la Bastille où il demeure enfermé quatre ans et demi. Personne ne doit le voir ni s'en approcher. À moins que cette mise au secret soit le résultat de quelque grand crime qu'on ignorerait (les archives ne disent pas tout), il apparaît que la correction à la Bastille, pour ne pas être infamante pour celui qui la subit et plus encore pour la famille qui l'a demandée, doit laisser le moins de traces possible – et c'est dans ces cas de correction paternelle qu'il arrive que certains prisonniers soient obligés de porter un masque.

En matière de correction familiale, la Bastille est en tout cas une faveur royale. « Le roi donne cela à son père et à son frère », écrit en 1661 le gouverneur de la Bastille à Colbert à propos d'un correctionnaire.

Les motifs invoqués par les familles sont variés mais se résument le plus souvent au libertinage. « Étant informé de la mauvaise conduite de Daniel Coquet, écrit le roi au gouverneur de la Bastille le 17 juin 1680, et de ses débauches et emportements qui le peuvent conduire à quelque extrémité fâcheuse et au déshonneur de sa famille, j'ai bien voulu, à la très humble prière qui m'est faite par ses proches parents, le faire mettre à la Bastille, moyennant la pension qui sera à leur charge. »

Il est assez rare d'avoir la version du correctionnaire lui-même comme c'est le cas ici : « Il y a six mois que je suis à la Bastille, et ce n'est point pour les affaires de Sa Majesté, mais pour la satisfaction d'une mère qui ne m'aime point et d'un beau-père qui ne me veut pas voir. Si j'étais encore un enfant, je prendrais ce traitement pour une correction paternelle ; mais j'ai présentement vingt-sept ans. Mon malheur est que je ne me sens pas appelé à me rendre religieux ; si j'avais pu entrer dans cette pensée, ma mère et mon beau-père n'auraient point eu de meilleur ami que moi ; mais, parce que Dieu m'a donné des sentiments d'employer ma vie pour le service de mon roi, je suis devenu leur ennemi. »

Qui faut-il croire ? Daniel Coquet qui poursuit cette lettre, adressée à Colbert, sur le thème de la belle vocation militaire contrariée ou la mère qui persiste dans ses accusations en rappelant que son fils, joueur, voleur et débauché, n'a jamais servi dans l'armée, n'a jamais pu garder un emploi et a déjà été enfermé à Saint-Lazare où on n'a pas voulu le garder à cause du désordre qu'il causait dans cette maison ? Certes une enquête précède toujours l'octroi de la lettre de cachet et, par ailleurs, les correctionnaires protestent traditionnellement de leur innocence même lorsque les témoignages concordent pour en faire de fort méchants sujets. Mais il faut compter aussi avec un système de réseaux familiaux extrêmement contraignant et dont, aujourd'hui, on peut à peine imaginer la force.

Encore plus méticuleuses dans ce genre d'affaires où il y va de l'honneur de familles suffisamment proches du roi pour qu'on lui demande la Bastille, les enquêtes du lieutenant de police nous permettent toutefois de bien connaître nombre de dossiers. En 1696, c'est le marquis de Donzy, fils aîné du duc de

Nevers, qui est tombé follement amoureux d'une petite bourgeoise, veuve mais jolie, et que le père fait mettre à la Bastille dans la crainte d'un mariage secret. Il n'y reste que quatre mois car il ne s'agissait que de réprimer « un peu de jeunesse ». En 1705, c'est autour du comte de Tavannes, sous-lieutenant au régiment des gardes françaises, libertin évadé de la citadelle d'Amiens où son père l'avait fait enfermer, et qui vivait caché avec une fille du peuple.

C'est encore Mlle Pellerin, dite Florence, fille de gargotier et « danseuse » à l'Opéra, qui est mise à la Bastille le 31 décembre 1707. Certes, la Bastille est très au-dessus de sa condition, mais cette très jolie fille, fameuse pour les agréments de sa personne et sa très petite vertu, ne s'est pas contentée d'être la maîtresse royalement entretenue de Philippe d'Orléans, le futur Régent (d'Argenson fera protéger leurs ébats par toute une compagnie du guet). Elle a pour l'heure une véritable liaison avec le prince de Léon, fils du duc de Rohan. Horreur, le prince de Léon est tellement amoureux qu'il a même fait voyager « la Florence » dans son carrosse en allant présider les États de Bretagne. La puissante famille de Rohan a fini par craindre un mariage ou à tout le moins un concubinage scandaleux, et le duc de Rohan a supplié le roi d'intervenir. Celui-ci a convoqué à Versailles le prince de Léon qui a fondu en larmes à la seule idée d'une séparation. D'aucuns rapportent que Mme de Maintenon pleura aussi et que le roi, fort compréhensif sur le chapitre de la galanterie, y alla également de sa larme. L'amour, pour une fois, avait triomphé.

Pas pour longtemps, hélas, car quelques mois plus tard, lorsque la famille de Rohan apprend que « la Florence » est enceinte des œuvres du prince de Léon, le roi ne peut plus refuser une lettre de cachet pour la Bastille – lettre de cachet qui, en toute injustice, ne frappe que la pauvre Florence. Cette affaire embarrasse beaucoup d'Argenson qui avait pronostiqué dans un rapport au ministre Pontchartrain que cette liaison tapageuse était de toute façon très rafraîchie et qui apprend que le prince de Léon, à la nouvelle de l'embastillement de sa maîtresse, est entré dans une colère épouvantable, se refusant à voir désormais son père et sa mère. Voici comment d'Argenson rend compte des interrogatoires de « la Florence » à Pontchartrain : « Elle assure très précisément qu'elle n'est point mariée et que le prince de Léon ne lui a donné ni promesse de mariage ni engagement dont sa famille doive être alarmée en aucune manière, et je pense qu'elle dit vrai. Si M. le prince de Léon était aussi raisonnable qu'elle, cette affaire serait bientôt terminée, à la satisfaction de M. le duc et de la duchesse de Rohan, mais il est d'un emportement qui a fait craindre, avec raison, qu'il ne se portât aux dernières extrémités s'il lui était libre de suivre sa passion et son caprice ; ainsi l'on ne peut prendre trop de précautions pour lui ôter les occasions de se perdre, et il n'y a pas moins de charité que de justice à secourir sa raison qui s'égare de plus en plus. [...] Elle est grosse de trois mois, et je ne l'ai pas trouvée aussi changée qu'on me l'avait dit. Sa taille se soutient toujours, son teint est un peu grossi par le rouge, mais ses yeux ont conservé toute leur vivacité. Elle a la bouche agréable, les dents blanches et bien rangées, la gorge fort belle, et un assez grand air de beauté, qu'elle orne de beaucoup de mines. »

À la Bastille, Florence bénéficie d'un traitement de faveur et, comme il est de coutume lorsque la lettre de cachet n'a pas été à l'initiative du roi, c'est le duc de Rohan qui paie la pension, en dépit d'une avarice légendaire. Au bout de six mois, on la fait sortir de la Bastille pour faire ses couches chez un chirurgien-accoucheur réputé, après quoi on se propose, avec son accord, de la retirer dans quelque couvent confortable pour, écrit d'Argenson plus pince-sans-rire que jamais, « chercher dans une oisiveté tranquille et régulière, plus de repos qu'elle n'en a trouvé jusqu'à présent ». Quant au prince de Léon, l'inconsolable, il a mis ces quelques mois à profit pour enlever du couvent de Montmartre une demoiselle de Roquelaure et l'épouser secrètement.

La Bastille punit aussi quelquefois les mauvaises épouses comme en 1705 cette dame de Sassy, épouse d'un colonel d'infanterie. Veuve d'un premier mari, pauvre et aînée de vingt ans de son colonel, elle se refuse par-dessus le marché à remplir ses devoirs conjugaux. « Elle s'était mis en tête, dit d'Argenson, d'avoir le bénéfice sans les charges. » Or, voilà que le mari disparaît et la famille de M. de Sassy d'accuser aussitôt la dame d'avoir fait périr le pauvre homme par ses maléfices. À défaut de sorcellerie, l'interrogatoire des domestiques révèle que la dame faisait tourner son mari en bourrique. Suspectée de l'avoir fait assassiner, on l'enferme à For-l'Évêque puis à la Bastille en attendant d'être jugée. Coup de chance pour elle, le mari refait surface deux ans plus tard. Il s'était enfui à Jersey, persuadé par sa femme que la police le recherchait.

C'est aussi l'épouse du prince de Nassau-Siegen qui fait son entrée à la Bastille le 4 mai 1715. Voici comment Saint-Simon, avec sa verve habituelle, raconte l'affaire : « À propos d'honnêtes gens, le marquis de Nesle avait une sœur fort laide, qui avait épousé un Nassau, de branche très cadette, qui servait l'Espagne d'officier général et qui avait eu la Toison. C'était la faim et la soif ensemble. Le mari était un fort honnête homme et brave, d'ailleurs un fort pauvre homme, qui avait laissé brelander sa femme à son gré, qui vivait de ce métier et de l'argent des cartes. Toute laide qu'elle était, elle avait eu des aventures vilaines qui avaient fait du bruit. Le mari se fâcha ; elle prit le parti de le plaider ; de part et d'autre il se dit d'étranges choses. Le mari à la fin présenta un placet au Roi, par lequel il lui demandait, sans toutefois en avoir besoin, la permission d'accuser sa femme d'adultère et d'attaquer en justice ceux qui l'avaient commis avec elle. Il y avait encore pis : il prétendait avoir preuve en main qu'elle avait voulu l'empoisonner et qu'il l'avait échappé belle. Les Mailly s'effrayèrent de l'échafaud, et obtinrent qu'elle serait conduite à la Bastille ; elle en est sortie depuis, et a bien fait encore parler d'elle. »

Et, de fait, il faudrait tout un volume pour raconter la vie de cette diablesse, les nombreux couvents où la mit après son divorce son oncle, le cardinal de Mailly, les multiples procès qu'elle fit et gagna, et les scandales qu'elle continua d'occasionner.

Le duc de Richelieu

Le prisonnier de famille le plus célèbre qu'a connu la Bastille est certainement le petit-neveu du cardinal de Richelieu, Louis François Armand de Vignerot du Plessis, d'abord appelé du vivant de son père duc de Fronsac, puis duc de Richelieu. Là aussi, il faudrait tout un livre pour conter une vie si agitée, ponctuée par trois embastillements.

Marié à quinze ans à une fille du marquis de Noailles plus âgée que lui, celui qui n'est pour l'heure que le fils du duc de Richelieu, mais avec de l'esprit et du plus mordant, devient la coqueluche de la Cour et surtout des dames (« Personne, écrit le maréchal de Villars, n'avait fait si jeune plus de bruit parmi les dames »), se montre trop assidu auprès de sa marraine, la duchesse de Bourgogne, l'épouse du petit-fils du roi, perd gros au jeu, et, bien entendu, délaisse sa femme dont Saint-Simon nous dit que « la figure n'avait rien de désagréable » mais que Mme de Maintenon trouvait « parfaitement laide ». Laide ou pas, le vieux duc de Richelieu exige qu'on lui fasse un petit-fils. Le duc de Fronsac ne veut pas ? Son père obtient contre lui le 20 mai 1711 une lettre de cachet pour la Bastille où son épouse lui rendra régulièrement visite et d'où il ne sortira que lorsque celle-ci sera enceinte.

On profite de l'embastillement du jeune duc pour parfaire une éducation jusque-là fort négligée. D'érudits abbés défilent dans sa cellule en alternance avec de grands personnages de la Cour, tels que le prince de Conti, qui s'ennuie en l'absence de ce boute-en-train. Bref, voilà la Bastille devenue « le dernier salon où l'on cause ». Le vieux duc de Richelieu est venu aussi et son fils s'est montré bien soumis. Tout ce beau monde s'échappe quand le duc de Fronsac trouve le moyen d'attraper à la Bastille la terrible petite vérole (variole), chose jamais vue et qui ne se reverra jamais, mais qui plonge les autorités de la prison dans la terreur de voir l'épidémie se répandre parmi les prisonniers. En comédien consommé qu'il est déjà, notre prisonnier édifie son entourage en demandant la confession et même, pendant qu'on y est, l'extrême-onction. Jamais on n'a vu correctionnaire si parfait. On ne tarit plus d'éloges sur lui : M. le duc de Fronsac va mieux ; il mange tous les jours « des bouillons et plusieurs potages avec deux ailes d'un gros poulet et le corps ; il s'est promené hier pour la première fois dans le jardin » (le jardin du bastion). Quant à la grossesse tant attendue, rien n'y fait (et rien n'y fera car Anne Catherine de Noailles mourra sans enfants), et c'est finalement l'épouse délaissée qui intervient auprès du terrible père pour qu'on libère son époux volage. Après treize mois de détention, la lettre de cachet de libération arrive. Par un beau matin d'été, notre prisonnier enfin ragaillardi sort de la Bastille où est venu l'attendre un petit comité d'amis.

En fait, la carrière mouvementée du duc de Richelieu (il prend ce nom en 1715 à la mort de son père) ne fait que commencer. Il part pour l'armée comme aide de camp du maréchal de Villars puis devient le compagnon de débauche du Régent, ce qui ne l'empêche pas d'être mis une seconde fois à la Bastille le 5 mars 1716 pour un duel avec M. de Matignon, comte de Gacé. Quoique blessé assez sérieusement, il était allé à l'Opéra pour donner le change, mais le Régent avait ordonné son emprisonnement, décidé à ne pas plus tolérer les duels que le défunt roi. Le duc de Richelieu reste à la Bastille six mois et trouve le moyen d'y retourner une troisième fois en 1719 comme suspect dans la conspiration de Cellamare, à moins qu'une fois de plus il y ait eu là-dessous une histoire de femmes, rien de moins en l'occurrence que la fille du Régent.

Mais, après ces six nouveaux mois de Bastille, c'en est fini des péchés de jeunesse. Embastillé trois fois, marié trois fois également, le duc de Richelieu, qui ne savait pas l'orthographe mais était d'une grande intelligence, entre à vingt-quatre ans à l'Académie française. Ambassadeur à Vienne, il travaille au rapprochement de la France et de l'Autriche. Il s'illustre à Fontenoy, gagne son bâton de maréchal en 1748 dans la magnifique défense de Gênes, fait en un mois, en 1757, la conquête de Brunswick et du Hanovre mais s'attarde à des pillages qui lui valent son rappel. Favori de Louis XV et premier gentilhomme de la chambre du roi (comment comprendre aujourd'hui l'honneur, le privilège inouï qu'était celui d'ôter les bottes du roi ?), il ne sait pourtant pas plaire à la marquise de Pompadour, à la fille de laquelle il refuse d'unir son fils. Cela ne l'empêche pas de reprendre sa vie de grand seigneur libertin et cynique. Et, comme on ne prête qu'aux riches et qu'il est toujours arrivé par les femmes, on dira que c'est lui qui mit la du Barry dans le lit du roi – ce qui est faux.

Il faut garder du duc de Richelieu une dernière image, celle d'un alerte vieillard de quatre-vingt-dix ans se présentant le 25 août 1786 devant la Bastille. On ne refuse pas un tel pèlerinage à un maréchal de France. Le voici donc qui gravit lentement les degrés qui mènent au haut des tours où il va passer un long moment à se rappeler sa jeunesse folle. Le 8 août 1788, deux ans exactement après cet étrange pèlerinage, le maréchal de Richelieu meurt à quatre-vingt-onze ans et demi, à moins d'un an du 14 juillet 1789, lui qui avait eu Louis XIV pour parrain.

Le marquis de Sade

À vrai dire, il y a eu au XVIIIe siècle, à la Bastille, un prisonnier de famille encore plus célèbre mais ce n'est pas de la même célébrité qu'il s'agit. Parmi les rares cas de correction à la Bastille après le règne de Louis XIV, celui de Sade fait effectivement figure de vedette. Né en 1740, d'une famille de la vieille noblesse provençale, Donatien Alphonse François de Sade avait commencé une carrière militaire, terminant même la guerre de Sept Ans comme capitaine, lorsqu'il entra dans celle de la débauche. Sa première arrestation par lettre de cachet demandée par sa famille date des premiers mois de son mariage et le conduit le 29 octobre 1763 au donjon de Vincennes où il ne reste que quinze jours.

Sade fréquente dès lors actrices, danseuses, courtisanes et accumule les scandales. En 1768, à la suite de sévices sexuels sur une femme de rencontre, il est de nouveau emprisonné, toujours à la demande de sa famille qui paie la pension. Mais on aimerait en savoir plus sur ce sadisme avant la lettre (Sade n'a pas encore commencé à écrire ses œuvres), alors que de nombreux gens de lettres s'emploient depuis plusieurs décennies à réhabiliter le personnage en essayant de démontrer qu'on fit toute une montagne de quelques peccadilles de jeunesse.

Quelques années plus tard, Sade est de nouveau compromis à Marseille dans une affaire assez grave pour provoquer une condamnation à mort par contumace par le Parlement d'Aix. Mais là encore, le dossier est obscur. Tandis que l'accusation parle d'empoisonnement, plusieurs récits mentionnent avec peu de précisions une séance mémorable où le marquis aurait abusé de sa belle-sœur grâce à des bonbons cantharidés. Mais pourquoi diable celle-ci le suit-elle à Gênes où il s'est enfui ? On doute que la cantharide ait continué son effet jusque-là... En tout cas, la belle-mère du marquis obtient une nouvelle lettre de cachet. Extradition de Chambéry, internement dans une forteresse, évasion, arrestation à Paris, transfert à Aix où l'arrêt de mort est cassé, maintien de la lettre de cachet enfin sont les étapes successives qui conduisent le marquis de Sade à l'internement définitif à partir de 1777.

Il reste d'abord emprisonné à Vincennes jusqu'en 1784 et c'est là qu'il écrit ses premières œuvres : *Les Cent Vingt Journées de Sodome*, et la première *Justine*. On pourrait s'étonner de voir ainsi le marquis de Sade libre de coucher sur le papier les turpitudes dont les travaux pratiques ont justement provoqué son incarcération, mais l'Ancien Régime était plein de ces contradictions qu'à coup sûr les régimes qui suivirent firent disparaître.

Le 29 février 1784, le donjon de Vincennes cessant, pour causes d'économies et de moindre répression sous Louis XVI, de fonctionner comme prison d'État, Sade est transféré à la Bastille où va lui rendre visite dès le lendemain Lenoir, lieutenant général de police. Sans vouloir anticiper ici sur le chapitre que nous consacrons à la vie quotidienne à la Bastille, il faut noter le confort dont jouit le marquis de Sade. En sus de la coquette pension que paie sa famille, il a fait tapisser et meubler sa chambre ; sa garde-robe, composée principalement d'habits galonnés et brodés, est impressionnante et même il fait venir une barrique de son vin de Provence, trouvant mauvais celui qui est servi à la Bastille. Il doit tout cela à son épouse qui nous donne là un exemple stupéfiant de dévouement conjugal. Elle fait littéralement le siège du lieutenant de police pour obtenir de fréquentes permissions de visite. Et comment les lui refuser puisqu'il s'agit d'un prisonnier de famille ? Elle apporte à son mari du linge, des friandises, des livres, et surtout du papier à écrire en impressionnantes quantités car l'œuvre du « divin marquis » se poursuit. Entre ses visites mensuelles elle lui écrit avec tendresse et lui envoie mille douceurs : « Tu auras, mon petit, tout ce que tu m'as demandé lundi au plus tard », lit-on sur l'un de ses nombreux billets. Pour tout salaire, Sade rabroue durement la marquise, se moque d'elle, pique de véritables crises de nerfs quand, dans les longues listes de ce qu'il a demandé, il manque quelque chose. Au mépris haineux dont il l'accable, elle répond par la résignation et la douceur. Si l'on peut dire, le premier « sado » a trouvé son premier « maso ».

Rare privilège, Sade a obtenu le droit de promenade sur les tours, mais on est en juin 1789 (Sade est à la Bastille depuis cinq ans) et les troubles qui augmentent chaque jour dans Paris obligent le gouverneur à faire charger les canons des plates-formes et du même coup à supprimer cette promenade aux rares prisonniers qui y avaient droit. Sade alors fait un tapage affreux, veut forcer les sentinelles de sa porte qui le font rentrer dans sa chambre *manu militari* ; là, il se confectionne une espèce de porte-voix qu'il introduit à travers les grilles de la croisée et se met à hurler qu'on égorge les prisonniers de la Bastille et qu'il faut venir le délivrer. Beaucoup de monde s'est assemblé, et le lieutenant de police est d'autant plus furieux que la Bastille n'est pas faite pour les correctionnaires de famille. Aussi fait-il aussitôt transférer l'importun à Charenton, le 4 juillet 1789, à une heure du matin pour éviter un nouvel esclandre.

À dix jours près, donc, le marquis de Sade aurait été délivré par les révolutionnaires et on mesure toute la publicité qu'il a ainsi perdue. La fin de sa vie vaut tout de même d'être racontée : en 1790, la Révolution libère Sade qui a alors tout juste cinquante ans. Il devient secrétaire puis président de la section des Piques, se fait emprisonner pendant la Terreur pour modérantisme, échappe de justesse à la guillotine grâce à la chute de Robespierre. Déjà connu comme écrivain avec la parution en 1791 de *Justine ou les Malheurs de la vertu*, il accède à une véritable notoriété sous le Directoire.

Mais arrive le Consulat qui le fait arrêter de nouveau, cette fois comme auteur pornographique. Cela, d'ailleurs, intéresse notre propos, car cet emprisonnement constitue bel et bien dans les faits une survivance de la lettre de cachet dont l'abolition a pourtant été solennellement prononcée au début de la Révolution. Comme l'écrit finement Jean Tulard, « le nom de Sade provoquait dans la police de Napoléon, héritière des dossiers de la lieutenance générale de l'Ancien Régime, un réflexe conditionné » – à cette différence près que sous l'Ancien Régime c'était sa propre famille qui avait demandé l'internement, alors que cette fois c'est le pouvoir qui en prend l'initiative. Autre différence : l'Ancien Régime l'avait enfermé à cause de sa vie ; le Consulat l'enferme à cause de son œuvre.

Détenu à Sainte-Pélagie puis à Bicêtre, Sade ne comparaît devant aucun tribunal en dépit de ses demandes et finit par réintégrer Charenton en 1803 où il va rester jusqu'à sa mort. Lors de son transfert de la Bastille, en juillet 1789, Charenton était encore une maison de force, tenue par les frères de la Charité et recevant dans des bâtiments séparés des correctionnaires et des fous. C'est donc au premier titre que Sade avait été transféré. Mais la Révolution ayant supprimé lettres de cachet et maisons de force, Charenton n'est désormais qu'une maison de fous. Force est donc de constater que c'est à ce titre que Sade fait sa nouvelle entrée à Charenton, et il est assez curieux de voir l'administration employer une expression telle que « démence libertine » au moment même où Charenton, comme la Salpêtrière, s'apprête à devenir le laboratoire de la psychiatrie de Pinel et d'Esquirol.

Quoi qu'il en soit, Sade poursuit à Charenton son œuvre littéraire, rédige un journal et devient le metteur en scène de représentations théâtrales qui vont bientôt devenir célèbres. Cette dernière activité lui vaut d'être au mieux avec le directeur de l'établissement, fort entiché de théâtre, qui le laisse vivre dans un petit appartement confortable et coquet où l'a rejoint dès 1804 Mme Quesnet, ancienne maîtresse qui lui sert désormais de servante. Certains panégyristes du « divin marquis » se sont donc laissé emporter par le parti pris (Sade : martyr littéraire) en prétendant que Sade était mort misérablement à Charenton où on l'aurait traité à l'égal des fous. Quand Sade meurt en 1814, à soixante-quatorze ans, il en est encore à poursuivre de ses assiduités une jeunesse de seize ans. De son lit de mort, il lui avait fait promettre qu'elle n'irait pas au bal.

• • •

CHAPITRE 4

Les affaires de religion

Sans prétendre retracer ici l'histoire religieuse de la France à l'époque des Réformes, rappelons qu'au début du XVIIᵉ siècle, le catholicisme est loin de s'imposer comme une évidence tranquille. « Le retard de la France catholique sur l'Italie et sur l'Espagne éclate à la fin du XVIᵉ siècle, au sortir des guerres de Religion, écrit Pierre Chaunu, [...] Rien de plus naturel : tout ce qui aspire, dans les pays de langue française, à vivre une vie chrétienne active et profonde a subi la séduction de la Réforme protestante. » On sait l'ampleur et le succès que prend pourtant la Réforme catholique en France dans la première moitié du XVIIᵉ siècle, mais c'est un succès de combat. L'*Augustinus*, ouvrage posthume de l'évêque Jansen, qui paraît en 1640 et donne son nom au jansénisme, relance l'idée du salut par la foi seule, provoquant la polémique au sein même du camp catholique et ralliant les esprits les plus brillants comme les bourgeois les plus humbles. Le jansénisme, que les catholiques romains traiteront de calvinisme rebouilli, s'affirme avec succès en France dans la seconde moitié du XVIIᵉ siècle en attendant de prendre, au siècle suivant, un nouvel essor mais aussi un nouveau visage.

C'est dans ce contexte religieux que Louis XIV accède au pouvoir en 1661. Or il considère dès la première année de son règne que le prince doit être avant tout un rassembleur, en religion comme dans les autres domaines, méprisant les querelles théologiques et montrant une hostilité déclarée à toute tentative de division, qu'elle procède de la R.P.R. (religion prétendue réformée) ou du jansénisme. Dans ses *Mémoires* (pour 1661), Louis XIV s'inquiète de l'agitation vraie ou supposée des protestants ; et « à l'égard du jansénisme, je travaillais sans cesse à dissiper les communautés et les assemblées où se fomentait cet esprit de nouveauté ».

La Fronde est encore toute proche et la raison d'État se mêle étroitement à la politique religieuse qui est « la première et la plus importante partie de notre politique » (il s'adresse à son fils) puisque « notre soumission pour Dieu est la règle et l'exemple de celle qui nous est due. [...] Les armées, les conseils, toute l'industrie humaine seraient de faibles moyens pour nous maintenir sur le trône, si chacun [...] ne révérait pas une puissance supérieure, dont la nôtre est une partie ».

La persécution des protestants

Si la persécution des protestants, autre fait du prince, a pris maintes formes, des exactions financières aux dragonnades, l'emprisonnement par lettre de cachet en a été toutefois la forme privilégiée – l'ordre du roi prononçant là plus qu'ailleurs, non pas une condamnation à une peine afflictive, mais une correction qui subordonnait la libération à la conversion à la religion catholique. Cette répression particulièrement injuste et cruelle faisait bon marché de la sincérité et de la ferveur de la foi protestante. Nous en donnons pour premier exemple ce pasteur qui fut enfermé à la Bastille en 1690 et y resta jusqu'à sa mort. Pourquoi ? « Il était de religion protestante. Il n'a jamais voulu se convertir... » On est loin de la punition des courtisans ou des fils de famille, et c'est là l'aspect indiscutablement le plus sombre, le plus indéfendable de la lettre de cachet.

À partir de 1679, le vent tourne contre la R.P.R. Indépendamment de la volonté d'unité religieuse exprimée par Louis XIV dès le début de son règne, les explications conjoncturelles ne manquent pas : entrée en dévotion du roi, influence croissante de Louvois et de Le Tellier au détriment de celle de Colbert, conscient de l'intérêt économique des protestants français. Mais, écrivait Mme de Maintenon, « M. Colbert ne pense qu'à ses finances, et presque jamais à la religion. » Dès ce moment, il faut souligner un consensus populaire qu'on a trop tendance à sous-estimer. Les « catholiques de la base » sont souvent scandalisés par les refus de confession des protestants au moment de leur mort. Le protestantisme, pour beaucoup, fait scandale avant la révocation de l'édit de Nantes. C'est d'ailleurs ce mot qu'utilise le lieutenant général de police de Paris à la fin du règne de Louis XIV, à propos d'une protestante emprisonnée, restée « fanatique », et qu'on ne saurait remettre en liberté « sans une espèce de scandale ».

Après l'édit de Fontainebleau en 1685 qui révoque l'édit de Nantes, la persécution peut se donner libre cours : les couvents catholiques se font maisons de force pour emprisonner « nouveaux convertis » et « nouvelles converties ». On rase les maisons de ceux, de plus en plus nombreux, qui choisissent l'émigration et on prend en otage des membres de leur famille. On condamne les opiniâtres aux galères. La Bastille qui, avait vu mourir dans ses murs un siècle plus tôt le protestant irréductible qu'était Bernard Palissy, a joué un rôle important dans cette immense répression, emprisonnant près de 300 protestants, dont une centaine pour les seules années 1685 et 1686.

Là comme ailleurs, le lieutenant de police de Paris et les intendants en province déploient un zèle remarquable qui, rappelons-le, ne remplit pas la seule Bastille mais la plupart des maisons de force du royaume. On surveille tout particulièrement les carrosses en partance pour l'étranger et notamment les Pays-Bas. Rien ne servira à la dame Mallet d'avoir travesti deux de ses filles en garçons ; on l'a repérée comme ayant déjà été emprisonnée à la Bastille pour la R.P.R. Rien ne sert non plus à deux religionnaires d'avoir fabriqué un faux passeport pour aller à Bruxelles ; un exempt de La Reynie y remarque que la couleur des cheveux du signalement du faux valet de chambre ne correspond pas à la réalité et que la signature de Colbert est accompagnée d'une grille qui normalement ne figure pas sur ce type de document. Un grand nombre d'arrestations s'opère à Paris : « Il y a des gens de province qui sont cachés à Paris, écrit La Reynie en 1686, et qui attendent l'occasion. On en prend tous les jours quelqu'un... »

Comme d'autres prisons et maisons de force de la capitale, la Bastille ne sert que de plaque tournante avant l'envoi dans quelque citadelle au fond de la province, le temps d'opérer des interrogatoires serrés. Ici plus qu'ailleurs, le pouvoir préfère la lettre de cachet à la justice dont la sévérité vis-à-vis des protestants est problématique.

Les ministres du culte sont particulièrement recherchés car, religion oblige, ils sont les plus « opiniâtres » et organisent soit des lieux clandestins pour continuer à pratiquer leur culte, soit des filières d'émigration. On ira jusqu'à édicter la peine de mort contre ceux qui tiendront des assemblées clandestines et promettre 5 000 livres à ceux qui permettront leur capture.

Parmi les protestants embastillés, on trouve surtout des petits nobles ou des bourgeois : médecins, petits banquiers, commerçants... Bref, un échantillon représentatif du protestantisme en France. La plupart est là pour avoir voulu quitter le royaume en dépit de l'interdiction qui leur en est faite, ou pour avoir favorisé une émigration clandestine (pour tout le pays on évalue cette véritable hémorragie à 200 000 âmes) ; d'autres sont des conjoints de protestants emprisonnés, refusant de se convertir. La grande affaire est en effet de ramener ceux de la R.P.R. dans le droit chemin du catholicisme. « Vous ne sauriez rien faire de plus agréable à Sa Majesté que d'obliger les gens de la R.P.R. qui sont à la Bastille à se convertir », écrit le ministre de la Maison du roi au gouverneur de la Bastille.

Dans les années qui suivent la révocation de l'édit de Nantes, la Bastille vit à l'heure de la R.P.R. tout comme dix ans plus tôt elle vivait à celle des poisons. L'état-major de la Bastille et le lieutenant de police ne parlent pas d'autre chose, et l'on a délégué tout spécialement un jésuite, le père Bordes, pour prêcher la bonne parole. Le 12 novembre 1691, le ministre Pontchartrain lui écrit de Versailles : « Je vous envoie la liste de quelques gentilshommes de Poitou, prisonniers à la Bastille, que le Roi pourrait faire mettre en liberté s'il était assuré de leur bonne disposition sur le fait de la R. ; et S.M. m'a ordonné de vous écrire de les voir souvent pour savoir dans quels sentiments ils sont, et de vous appliquer à les bien instruire et de me faire savoir les progrès que vous ferez auprès d'un chacun... »

Une fois de plus, on est étonné de constater à quel point les prisonniers de la Bastille sont suivis nommément par Versailles : Que devient M. de Maisonneuve ? Est-il vrai que M. de Briquemault est devenu entièrement fol et qu'il ne parle que des visions de l'Apocalypse ? Le père de Bordes répond par de longs rapports circonstanciés où d'abord il se flatte des quelques conversions qu'il a obtenues. Mais, à y regarder de plus près, le bilan n'est pas fameux. Mme de Villarnou mère, depuis un an et demi qu'elle est à la Bastille, n'a pas encore pu être « gagnée » ; M. de Vrigny-Joigny paraît disposé à reconnaître les préceptes de la religion catholique, mais « il se défend comme les autres et demande au moins un an pour étudier à fond » – et le père Bordes de proposer divers aménagements, de subtils dosages faits de transferts, de libérations conditionnelles ou au contraire d'enfermement d'un fils ou d'une fille dont l'influence est jugée pernicieuse.

Quant aux conversions arrachées ainsi, d'Argenson, qui a succédé à La Reynie en 1697 et qui poursuit les protestants avec le même zèle que son prédécesseur, ne se fait guère d'illusions sur leur sincérité. À propos d'un nouveau converti, il note : « Il paraît dans des dispositions très louables sur le fait de la religion, attentif à tous ses devoirs ; aussi l'on peut seulement douter du sentiment intérieur que la crainte des lois ni l'autorité des hommes ne peuvent changer. » Du Junca, lieutenant du roi à la Bastille, n'est pas plus optimiste quand il note la sortie de M. de Boisrogue, « lequel, ayant été instruit par le père Bordes, doit incessamment changer de religion, suivant qu'il a promis, ce qu'il ne fera pas ».

Le grand nombre de réembastillements de soi-disant nouveaux convertis surpris à tenir des assemblées clandestines incite les pouvoirs à se méfier de la trop facile soumission de protestants. Ainsi, lorsqu'un gentilhomme du Poitou sort de la Bastille en 1702 après s'être très consciencieusement fait instruire de la religion catholique romaine et avoir promis qu'il abjurerait, on juge plus prudent d'enfermer alors aux *Nouvelles Catholiques* sa femme, signalée comme « très huguenote » et qui « pourrait encore gâter son mari ».

De toute façon, nombreux sont les protestants dont la foi ne saurait s'accommoder d'une fausse conversion et qui demeurent inébranlables. Beaucoup finiront leurs jours en prison, à la Bastille ou ailleurs, à moins que parfois, de guerre lasse, on ait fini par les relâcher. En cette affaire, la Bastille ne se montra ni juste ni efficace – singulier paradoxe dont chacun, sauf Louis XIV, avait vaguement conscience. Un rapport laconique du lieutenant de police au président du Parlement de Paris en dit long sur la détermination de ces protestants qui ne voyaient pas comment une lettre de cachet pourrait les faire renoncer à leur foi et par suite à leur salut : « Meusnier, banquier, a été arrêté par Desgrez ; il l'a trouvé prêt, son paquet disposé pour la Bastille, et muni d'une grande résolution pour demeurer dans sa religion. »

Les quiétistes

La répression du quiétisme a été sans aucune commune mesure avec la persécution des protestants et n'a envoyé à la Bastille qu'une douzaine de personnes. Elle nous intéresse cependant car elle se déroule à la même époque, annonce le jansénisme et prouve le souci qu'avait le pouvoir de s'attaquer à tout ce qui pouvait diviser la stricte religion catholique.

À vrai dire, le quiétisme n'était pas une doctrine nouvelle puisqu'il s'agissait d'aimer Dieu, mais de l'aimer totalement, en abîmant l'âme dans son amour et en s'y reposant absolument, sans préoccupation des œuvres. L'extase de sainte Thérèse d'Avila ne procédait pas d'autre chose et tout serait allé pour le mieux dans le meilleur des cieux si un certain Molinos, théologien espagnol, n'était allé jusqu'à prétendre que, l'âme ainsi imprégnée de Dieu, il n'y avait plus à s'inquiéter de ses péchés, ou plutôt qu'enfreindre les commandements dans un tel état de grâce n'était pas pécher. Cette façon agréable de faire son salut fut goûtée par beaucoup, même si le pape Innocent XI condamna cette doctrine en 1687 et fit enfermer Molinos dans un couvent jusqu'à la fin de sa vie.

On passe sur nombre d'épisodes pour en arriver à celle qui est au centre de l'affaire : Mme Guyon, obscure provinciale, veuve d'un non moins obscur financier, qui fut pourtant le détonateur de la terrible querelle du quiétisme, à la fin du XVIIe siècle. Elle avait entendu prêcher à Montargis, en 1680, le père Lacombe, adepte de la doctrine de Molinos, avait été séduite par les idées comme par le prédicateur et avait laissé là ses enfants et sa fortune qui était honnête, pour rejoindre le père Lacombe. « Ce fut un coup de flèche, confie-t-elle dans l'histoire de sa vie ; je me sentis une plaie d'amour délicieuse » – bien entendu c'est de Dieu et non de Lacombe qu'elle parle.

Partout désormais cet étrange couple va répandre la bonne parole en même temps que le scandale de sa conduite. Après mille aventures à travers la Savoie, les voici à Paris en 1686. L'archevêque de Paris les fait arrêter l'année suivante, craignant non sans raison le danger des doctrines nouvelles. Le père Lacombe est d'abord mis à la Bastille où il ne reste que trois mois avant d'être exilé à l'île d'Oléron. Quant à Mme Guyon, on se contente de lui faire signer une rétractation complète et on la renvoie dans sa province.

Mme Guyon, qui a alors quarante ans, est loin d'être laide et fait de l'effet plutôt aux femmes, ce qui, ajouté aux doctrines également séductrices qu'elle professe sur l'absence de péché chez les élus et surtout les élues, va lui assurer un rapide succès. C'est d'abord Mme de Miramion qui la prend dans sa communauté, puis sa fille la comtesse de Vaux chez qui elle reste deux ans non sans faire des incursions à Dijon et à Paris. Puis elle demeure chez la duchesse de Charost où elle rencontre divers grands personnages, dont Fénelon, déjà célèbre, qu'elle va rapidement ouvrir au « pur amour ». Avec Fénelon, sincèrement gagné au quiétisme, elle exerce bientôt son influence sur la Maison de Saint-Cyr, récemment fondée, et par là même sur Mme de Maintenon. Voilà les jeunes filles en fleurs des plus hautes familles du royaume, assises en rond dans les jardins de Saint-Cyr, écoutant avec délices celle que Saint-Simon appelle « l'illustre béate » leur dire que l'amour est le plus sûr moyen d'arriver à Dieu et qu'il n'est point besoin pour cela d'austérité et de pénitence.

Malheureusement pour la petite société, l'évêque diocésain de Saint-Cyr est aussi le confesseur de Mme de Maintenon. D'abord surpris puis furieux d'entendre ainsi proférer les doctrines de Molinos dans son diocèse, il fait de si fortes représentations à Mme de Maintenon déjà gagnée par le quiétisme que celle-ci prend peur et interdit Saint-Cyr à Mme de Guyon. L'affaire est d'autant plus sérieuse que, non contente de prêcher les filles de bonne famille, Mme de Guyon a aussi fait paraître de nombreux « catéchismes » aux titres évocateurs : l'*Âme amante de son Dieu...*, le *Cantique des Cantiques, interprété selon le sens mystique et la vraie représentation des états intérieurs*, ou encore un *Moyen court et très facile de faire oraison* qui connaît de nombreuses éditions.

Ainsi débute une répression mesurée en nombre mais qui va faire du bruit. Un curé de Dijon gagné au quiétisme fait connaissance avec la Bastille, puis un « illuminé lié de sentiment avec Mme de Guyon » ; enfin, Mme de Guyon en personne est arrêtée, mise à Vincennes en 1695 d'où elle sort après avoir signé, cette fois entre les mains de Bossuet, une nouvelle rétractation de ses erreurs, puis arrêtée de nouveau et enfermée à la Bastille en 1698.

Quelques autres suivront. Entre-temps, Bossuet lui-même s'est opposé à Fénelon en publiant sa *Relation sur le quiétisme* ; puis l'Église a condamné la doctrine et les œuvres de Mme de Guyon. On n'hésitera pas, Bossuet en tête, à employer contre celle-ci les moyens les plus bas. L'attaquer sur Dieu n'étant pas facile, on ira jusqu'à produire une lettre du père Lacombe avouant avoir couché « quinze nuits au moins » avec elle – « révélation » qui produira sur le naïf Fénelon un effet terrible et d'ailleurs escompté.

Mme de Guyon sort de la Bastille en 1703 avec exil à Blois auprès de son fils. Là, elle maintiendra néanmoins l'existence d'un cercle quiétiste où se retrouveront, pour une fois, des catholiques et des protestants. Le père Lacombe ne quittera le fort d'Oléron que pour Vincennes puis pour Charenton, comme fou, maudissant tous les saints à l'exception de Mme de Guyon et convaincu que tous les prêtres étaient des femmes. Il y mourra en 1715 après vingt-huit années d'emprisonnement, ce qui est beaucoup pour avoir professé l'amour de Dieu et celui de Mme de Guyon.

Quant à Fénelon, archevêque de Cambrai et précepteur de l'héritier du trône, l'Église avait condamné ses très quiétistes *Maximes des saints* et le gouvernement l'avait exilé dans son diocèse. On avait du mal à croire qu'il ait pu trébucher ainsi sur une petite provinciale scandaleuse. Nombreux furent ceux qui, du coup, se mirent à lire des livres mystiques.

Les jansénistes

À partir de l'instauration en 1657 du « formulaire », condamnation officielle de l'*Augustinus* que doit obligatoirement signer chaque membre du clergé, le jansénisme passa rapidement d'un débat de doctrine à une contestation de la hiérarchie épiscopale avec cette idée que tous les membres du corps de l'Église étaient égaux – d'où son succès dans le bas clergé et nombre d'ordres religieux.

Les prélats qui n'étaient que rarement exempts de tout reproche se tournèrent naturellement vers le prince, soutien de toute hiérarchie et adversaire d'un individualisme dangereux non seulement pour l'Église mais pour l'État. Michelet a assez justement défini le jansénisme comme une fronde religieuse, car « il a donné une petite porte à l'esprit de liberté qui s'est fait tout petit pour passer par là ». C'est bien ainsi en tout cas que le pouvoir royal l'a compris, et dans ce sens on ne saurait mettre sa répression sur le même pied que la persécution religieuse des protestants.

Comme l'écrit Pierre Chaunu, le « formulaire » va « pour plus d'un siècle empoisonner la vie de l'Église de France ». Et en effet la Bastille a emprisonné, cette fois avec une quasi-exclusivité, près de quatre cents jansénistes, en majorité pendant la Régence et le ministère de Fleury, prenant ainsi le relais de la persécution des protestants. Cependant, des jansénistes ont été emprisonnés à la Bastille dès le règne de Louis XIV (soixante-treize au total). Dès octobre 1659, Mazarin écrit à Michel Le Tellier à propos d'un libraire qui vient d'être mis à la Bastille pour avoir vendu des écrits jansénistes que l'interrogatoire de celui-ci confirme qu'il y a intelligence entre Port-Royal, fief du jansénisme, et les curés de Paris, et qu'il est devenu urgent de frapper Port-Royal « d'où partent la plupart des libelles séditieux ». Quant au libraire qui est à la Bastille, qu'on l'y laisse « si ce n'est qu'on soit assuré de le pouvoir faire punir sévèrement par les formes ordinaires ».

Nombreux sont ceux qui sont punis d'un emprisonnement à la Bastille non pas pour ce qu'on appellerait de façon moderne un délit d'opinion mais pour avoir édité ou colporté des écrits jansénistes. On rejoint là encore les affaires de librairie mais le prosélytisme des libraires et des colporteurs arrêtés est pour la plupart du temps si évident qu'il s'agit bien là quand même de jansénisme.

D'abord on a écrit contre le formulaire, puis en 1674 on a publié le « best-seller » janséniste du moment, l'*Évêque de cour opposé à l'évêque apostolique*, qui fait mettre à la Bastille une première fournée de six prisonniers. L'auteur, activement recherché par la police, s'appelle Le Noir, chanoine du chapitre de la cathédrale de Sées, où il est chargé des cours de théologie, bien que janséniste notoire. Il s'était permis de corriger les « hérésies » d'un catéchisme écrit par son évêque. Devant le silence de celui-ci, il s'était adressé à l'archevêque de Rouen dans une longue lettre. Un nouveau silence l'avait déterminé à publier la lettre, et le scandale était devenu public, au point de valoir au chanoine un premier embastillement en 1671. Libéré et exilé, il avait alors rédigé ce nouveau pamphlet qui, cette fois, attaquait avec virulence les prélats de Rouen et de Paris.

Au début, la police ne peut s'en prendre qu'aux imprimeurs et aux libraires mais La Reynie fait tous ses efforts : « M. de La Reynie, écrit le procureur du roi à Colbert le 26 novembre 1674, espère très peu de chose du côté de Praslard. Il juge néanmoins à propos de le suivre encore quelque temps, pour tâcher de découvrir par lui ce qu'il ne voudrait pas que nous sussions. Nous tenons cependant les autres en haleine, et tâcherons de tirer de nouvelles lumières et de vaincre leurs défiances. » Le Noir se tient pourtant si bien caché grâce aux multiples solidarités jansénistes que La Reynie ne met la main dessus qu'en 1683, neuf ans plus tard. Comme il refuse obstinément de répondre, sous prétexte qu'il n'est pas devant un « tribunal ecclésiastique libre », on lui fait son procès comme à un muet et on le condamne aux galères. Condamné en outre à faire amende honorable devant Notre-Dame « nu en chemise, la corde au col », il est un des rares condamnés à refuser de jouer le jeu, clamant lorsqu'on veut lui faire prononcer les paroles de réparation que si c'est une formalité, il l'accomplira pour plaire aux juges, mais que si on prend cela pour une vérité, il ne le fera pas. Il prononce tout de même les paroles mais en ajoutant à chaque fois : « C'est une simple formalité, car je n'ai rien dit de faux. » Puis, quand on fait l'autodafé de ses écrits, on voit avec étonnement ce vieil homme aux traits émaciés qu'orne une grande barbe blanche s'avancer calmement vers le feu et y chauffer ses pieds nus. Colbert est peu soucieux d'envoyer un prêtre janséniste au banc des forçats et d'en faire ainsi un martyr. La peine est donc commuée en prison perpétuelle et Le Noir quitte la Bastille, où il avait été emprisonné pour la seconde fois, pour aller finir ses jours dans la citadelle de Nantes.

La supplique qu'il a adressée à la reine au lendemain de sa condamnation est révélatrice à bien des égards de l'état d'esprit des jansénistes sous le règne du Roi-Soleil : « Madame, Dieu faisant une infinité de biens à la France, en vue de votre piété et de vos prières, on peut tout espérer de Votre Majesté si elle a la bonté de s'employer auprès de Jésus-Christ dans une affaire où le Roi même est intéressé, par le jugement rendu au Châtelet, contre un prêtre innocent, dont les ennemis mêmes n'ont pu accuser la vie exemplaire d'aucun crime que de celui dont les pharisiens ont accusé Jésus-Christ même, et pour lequel il a été crucifié ; ce prêtre innocent, après avoir passé deux ans dans la Bastille, sans changer de linge ni d'habit, a paru depuis huit jours au Châtelet, n'ayant plus quasi l'apparence d'homme, les cheveux et la barbe longue jusqu'à la ceinture, abattu de mauvais traitements, accablé de jeûnes et de misères, et, pour comble de rigueurs, condamné aux galères dans un royaume très-chrétien et sous le règne triomphant de notre invincible monarque. On ne l'a pas trouvé coupable d'avoir manqué de fidélité au Roi, puisqu'on ne l'a pas condamné à mort, et néanmoins on a mêlé dans sa cause des traits de cette calomnie, pour étourdir l'esprit des juges qui n'étaient pas en garde contre de telles surprises ; sa partie est M. l'archevêque de Paris, dont il n'a pas loué la doctrine devant le pape, ni béni l'intégrité de la conduite et la sainteté des mœurs. »

Les jansénistes ne manqueront pas de répandre dans le public des copies de cette lettre – ce qui, on s'en doute, ne servira pas la cause de Le Noir. L'affaire de *L'Évêque de cour* avait d'ailleurs fait un bruit considérable. « J'ai vu avec beaucoup de joie, écrit Louvois, que M. Le Noir, théologal de Sées, a été arrêté ; le gibet ne perd jamais son droit. »

Celui qui a permis l'arrestation de Le Noir et qui est lui aussi à la Bastille pour jansénisme se voit récompensé en étant gracié des galères. Quant à la longue recherche dont l'entêté chanoine a été l'objet, elle a souvent permis d'autres captures : ainsi un autre chanoine de Sées, Nicolas Bordin dit l'Inconnu, capturé par hasard alors qu'il corrigeait des épreuves de *L'Évêque de cour*, mis à la Bastille puis condamné aux galères ; ou encore un autre Le Noir confondu avec l'autre par un jésuite dénonciateur mais menant la police à un véritable nid de jansénistes, tous embastillés. L'un d'eux, curé d'un petit village du diocèse de Beauvais, ne manquait jamais dans sa messe de prononcer l'oraison suivante avant de communier : « Mon Dieu, je crois aussi fermement que les jésuites sont vos ennemis que je crois que votre corps est réellement sous les espèces du pain et du vin. »

Après cette affaire, les jansénistes vont bénéficier d'une accalmie de près de vingt ans, à partir de la révocation de l'édit de Nantes qui ouvre la chasse aux protestants. La Bastille, pas plus que les autres maisons de force du royaume, ne peut recevoir tout le monde à la fois.

En 1709 toutefois, après le réveil de la contestation janséniste que constitue en 1702 l'invention du « cas de conscience » (peut-on absoudre un pénitent qui s'en tient à un « silence respectueux » mais qui, en quelque sorte, n'en pense pas moins ?), Louis XIV décide d'en finir avec Port-Royal des Champs, fief du jansénisme, dont les dernières religieuses s'obstinent à refuser un nouveau formulaire. En 1666, déjà, on avait enfermé à la Bastille une prise d'importance avec l'abbé de Sacy, directeur de conscience des religieuses de Port-Royal, et Fontaine son secrétaire, lequel avait profité de ses trente mois de détention pour écrire l'*Histoire du Vieux et du Nouveau Testament, représenté avec des figures et des explications tirées des Saints Pères* (ouvrage qui sera maintes fois réimprimé, qu'on attribue à tort à l'abbé de Sacy et qu'on peut s'étonner d'avoir vu composer en toute liberté à la Bastille).

De même, en 1707, on voit passer à la Bastille, entre deux séjours au donjon de Vincennes, l'avocat des religieuses de Port-Royal des Champs. Mais c'est dans la nuit du 28 au 29 octobre qu'est frappé le coup mortel : « Vers le milieu de la matinée du 29, raconte Saint-Simon, d'Argenson arriva dans l'abbaye avec des escouades du guet et d'archers ; il se fit ouvrir les portes, fit assembler toute la communauté au chapitre, montra une lettre de cachet, et, sans leur donner plus d'un quart d'heure, l'enleva tout entière. Il avait amené force carrosses attelés, avec une femme d'âge dans chacun : il y distribua les religieuses suivant les lieux de leur destination, qui étaient différents monastères à dix, à vingt, à trente, à quarante et jusqu'à cinquante lieues du leur, et les fit partir de la sorte, chaque carrosse accompagné de quelques archers à cheval, comme on enlève des créatures publiques d'un mauvais lieu. [...] Après leur départ, d'Argenson visita la maison des greniers jusqu'aux caves, se saisit de tout ce qu'il jugea à propos [...] et s'en retourna rendre compte au roi et au père Tellier de son heureuse expédition. [...] Il faut achever cette matière de suite, ajoute Saint-Simon, quoique le reste en appartienne aux premiers mois de l'année suivante. Ce ne furent qu'arrêts sur arrêts du Conseil et lettres de cachet. Il fut enjoint aux familles qui avaient des parents enterrés à Port-Royal des Champs de les faire exhumer et porter ailleurs, et on jeta dans le cimetière d'une paroisse voisine tous les autres, comme on put, avec l'indécence qui se peut imaginer. Ensuite on procéda à raser la maison, l'église et tous les bâtiments, comme on fait des maisons des assassins des rois, en sorte qu'en fin il n'y resta pas pierre sur pierre. Tous les matériaux furent vendus, et on laboura et sema la place ; à la vérité, ce ne fut pas de sel : c'est toute la grâce qu'elle reçut. »

Port-Royal n'existait plus mais le jansénisme continuait, et il y a toujours une sorte de naïveté dans la répression quand elle espère que l'action sur les choses et les corps sera suivie de l'effet escompté sur les esprits. Après la condamnation en 1713 par la bulle Unigenitus des cent une propositions extraites des très jansénistes *Réflexions morales* du père Quesnel, les poursuites reprennent de plus belle contre les jansénistes qui refusent la bulle pontificale et s'allient aux partisans du gallicanisme, surtout après que la déclaration royale du 4 août 1720 a sanctionné la bulle Unigenitus.

Cette fois la question janséniste change de visage. C'est désormais « une machine de guerre derrière laquelle viennent combattre tous les mécontents, les ennemis de l'État, comme ceux de l'Église » (J. Carreyre). Pourtant le Régent, fort peu excité en matière de religion, avait commencé par faire libérer la plupart des protestants et des jansénistes emprisonnés lors de son arrivée au pouvoir, mais il aurait fallu se taire et, à la différence des protestants qui se turent d'autant plus volontiers qu'ils n'avaient jamais rien dit et qu'ils désiraient seulement qu'on les laisse tranquilles, les jansénistes continuèrent de plus belle et montrèrent par là combien leur combat était de ce monde, surtout lorsqu'ils firent cause commune avec les parlements. Le Régent fut donc obligé de sévir.

Deux cent quarante-deux lettres de cachet sont distribuées pour la seule Bastille pendant la Régence et le ministère de Fleury, période qui sera la plus active de la lutte antijanséniste : près de 50 pour 100 des embastillements pour les années 1735 et 1736 et un gros tiers pour les années 1740 et 1741. Sur ce total, cent soixante dix-huit poursuivent en fait la publication d'écrits jansénistes. Quatre évêques ont donné le signal de la reprise des hostilités en 1717 en déposant chez un notaire de Paris un acte d'appel au futur concile contre la bulle Unigenitus. Il ne s'agit de rien moins que de nier la suprématie et l'infaillibilité du pape. Enfermer ces évêques à la Bastille aurait provoqué un tel scandale que la cause des jansénistes s'en fût trouvée servie ; aussi se contente-t-on d'y mettre les notaires qui ont reçu l'acte d'appel. Le mouvement des « Appelants » vient de naître et n'est pas près de s'éteindre.

Après des résistances individuelles, les jansénistes s'organisent désormais en de véritables réseaux clandestins qui vont mettre sur les dents la police pourtant bien faite du siècle des Lumières. Rien ne manque à cette « Résistance » : noms de guerre (« le Petit Coq », « l'Ange gardien », « le Père le doux »), cloisonnement strict évitant qu'une arrestation permette la destruction d'un réseau entier, filières avec l'étranger et notamment la Hollande, elle-même profondément touchée par le jansénisme.

Le lien le plus puissant entre les « Appelants » est désormais constitué par un bulletin clandestin, *les Nouvelles ecclésiastiques*, dont le succès est tel qu'il devient un hebdomadaire imprimé à partir de 1728 et ne cessera plus dès lors de paraître. On est loin des ouvrages jansénistes du XVIIᵉ siècle réservés à une élite cultivée. Le jansénisme tend, toute proportion gardée, à devenir un mouvement de masse.

La chasse aux jansénistes se confond dès lors avec celle aux imprimeurs et diffuseurs des *Nouvelles ecclésiastiques* et autres écrits jansénistes. L'on ne saurait énumérer les multiples embastillements sous ce seul chef : arrestation à une barrière de Paris de trois sœurs, filles d'un avocat au Parlement, faisant entrer dans Paris des publications prohibées qu'elles cachaient sous leurs jupes, découverte d'imprimeries clandestines (certaines sont dans des caves où l'on n'accède que par une trappe et d'où les ouvriers, évidemment militants, ne sortent pas même pour prendre leurs repas), saisie chez des libraires jansénistes de livres prohibés dont les titres sont à eux seuls tout un programme : l'*Almanach jésuitique* ; le *Testament du P. Quesnel* ; *Lettre de Paris à un ami de province au sujet des violences que l'on exerce tous les jours contre les appelants et ceux qui leur sont attachés*, etc. Des estampes tantôt édifiantes tantôt satiriques sont également diffusées par les jansénistes : pape à la broche lardé de jésuites, danse de diables tenant l'archevêque de Paris par la main et le faisant danser devant un feu où l'on brûle les *Nouvelles ecclésiastiques*, etc.

Hérault, lieutenant général de police de 1725 à 1739, se trouve au cœur de la lutte contre les jansénistes tout comme, nous allons le voir, il doit aussi réprimer le mouvement convulsionnaire, rameau particulièrement exubérant du jansénisme. Si l'on ajoute à l'efficacité habituelle des lieutenants de police de Paris le fait que Hérault, qui d'ailleurs a un frère jésuite, est un ennemi juré des jansénistes à la différence des magistrats du Parlement, on aurait pu penser que cette sédition aurait fini par se trouver jugulée. Mais il n'en est rien. En 1737 par exemple, Hérault réussit la saisie spectaculaire de 20 000 exemplaires de la *Vérité des miracles...* de Carré de Montgeron, « best-seller » convulsionnaire sur lequel nous allons revenir. Mais ce chiffre même n'est-il pas décourageant ? Ne traduit-il pas l'ampleur d'un mouvement qu'il est devenu impossible d'arrêter, même « de par le Roy » ? En 1728, à propos d'un autre ouvrage, janséniste celui-là, *Consultation des avocats*, on avait fait cette épigramme révélatrice :

> Hérault, la terreur des écrits,
> En guette un, dit-on, de friande capture ;
> Il l'a trouvé, on le dit, on l'assure,
> Entre les mains de tout Paris.

Les jansénistes sont partout et si la police s'emploie à les surveiller étroitement, ceux-ci le lui rendent bien – au point que, le 27 décembre 1731, on voit entrer à la Bastille, où il restera treize ans, le propre domestique de Hérault qui espionnait pour les jansénistes. D'ailleurs la Bastille, ultime avatar d'une longue chaîne répressive de séminaires, d'abbayes et de couvents où l'on a mis des prêtres jansénistes en punition, est tellement pleine qu'en dépit du désir qu'on a d'y laisser les jansénistes pour longtemps, il faut périodiquement faire de la place pour en mettre d'autres. De plus, il n'y a rien à tirer d'interrogatoires de prisonniers qui entrent à la Bastilles dans l'état d'esprit des martyrs des premiers temps chrétiens promis à la fosse aux lions.

Marville, qui succède à Hérault, ne baisse pourtant pas les bras. *Les Nouvelles ecclésiastiques*, qui appellent régulièrement la vindicte céleste sur sa tête, montrent assez que la répression est efficace bien qu'elle soit parfois noyée sous le nombre. On peut toutefois distinguer à partir de la mort du cardinal Fleury, en 1743, une nette atténuation du mouvement, même si l'on compte encore quelques dizaines d'embastillements sous le règne personnel de Louis XV.

Si les principaux « Appelants » ont disparu, *les Nouvelles ecclésiastiques* continuent. On en trouve les feuilles jusque dans la Bastille, et l'une des tâches du lieutenant de police est de les offrir très régulièrement à la lecture du ministre. Mais, un peu tardivement comme toujours, le pouvoir comprendra que la meilleure façon d'amener le public à oublier ce genre de publication était de l'oublier elle-même au lieu de lui donner la publicité des saisies et de l'emprisonnement de ses auteurs.

Les convulsionnaires

Le jansénisme a produit un rameau fort curieux qu'est le phénomène convulsionnaire, sorte d'hystérie collective, grande perturbatrice de l'ordre public, qui va amener à la Bastille cent soixante-douze prisonniers, sous le ministère du cardinal Fleury principalement, mais aussi dans la première moitié du règne personnel de Louis XV.

Pour bien comprendre ce que furent les convulsionnaires, il faut souligner à quel point déjà les jansénistes de Port-Royal sont grands amateurs de reliques et par suite de miracles, se flattant, par exemple, de détenir l'un des vases du miracle de Cana. Quant à l'abbé de Saint-Cyran, le chef de Port-Royal, il est littéralement dépecé à sa mort en 1643. On lui coupe les mains, on lui scie le crâne pour que tous les vrais croyants puissent recevoir un petit morceau de celui qu'on considère comme un saint. On rouvre les fosses ; on fait bouillir les restes pour récupérer les os. Au décès de M. de Pontchâteau en 1690, une foule en délire prend le cercueil d'assaut ; une fillette à qui on a fait toucher la main du mort est aussitôt guérie de ses écrouelles, attestation des médecins à l'appui.

C'est dans ce contexte qu'on doit regarder la mort en odeur de sainteté jan-séniste d'un diacre obscur de la paroisse de Saint-Médard, François de Pâris, fils d'un conseiller au Parlement. De son vivant, il est l'incarnation même d'un jan-sénisme plus populaire, vivant, loin de la dialectique théologique, une vie de foi et de pauvreté rehaussée de mortifications qui lui vaut le respect du petit peuple et une mort prématurée à trente-six ans.

Le diacre Pâris a été inhumé en 1727, dans un petit cimetière de Saint-Médard, et aussitôt sa tombe est devenue un lieu de pèlerinage. Bientôt le bruit court qu'il s'y fait des miracles, que les infirmes marchent, que les aveugles voient et que les sourds entendent. Des cortèges sans cesse grandissants se ren-dent alors sur la tombe de Pâris ; on prie ; on crie ; on se roule par terre. Les convulsions ont commencé et, cette fois, ce ne sont pas celles du diable auquel plus personne ne croit guère, mais celles d'un Dieu merveilleux et bienfaisant. Aux candidats au miracle, issus de tous les milieux sociaux y compris de la noblesse, se mêlent curieux et voyeurs qui viennent se régaler à la vue des jeu-nes filles convulsionnaires qui se découvrent la gorge et se retroussent les jupes fort avant, au cours de leur crise salvatrice. Un certain professionnalisme s'em-pare de la chose et l'on distingue bientôt des « sauteuses », des « aboyeuses », des « miauleuses » dont certaines font figure de vedettes. À ce désordre indes-criptible, s'ajoutent des malédictions contre la bulle *Unigenitus*, les jésuites, les évêques, sans oublier le gouvernement – ce qui, ajouté aux effroyables embou-teillages de carrosses qu'on voit désormais à Saint-Médard et aux bagarres entre gargotiers et marchands de vin attirés par une telle affluence, est un motif plus que suffisant pour attirer les foudres de la police.

Le 27 janvier 1732, le cimetière de Saint-Médard est fermé par ordonnance royale. « Grand événement dans Paris, écrit Barbier dans son journal ; ce matin, M. Hérault, en vertu d'une ordonnance du roi du 27, a fait fermer le petit cimetière de Saint-Médard, où est le tombeau de M. Pâris. Le guet à cheval était dans le faubourg Saint-Marcel à quatre heures du matin et à chaque corps de garde de ce faubourg, il y avait vingt soldats aux gardes avec les armes chargées. » Et, le mois suivant, Barbier ajoute : « On dit qu'on a trouvé un placard à la porte de Saint-Médard où il y avait :

De par le roi, défense à Dieu
De faire miracle en ce lieu. »

Mais les assemblées convulsionnaires continuent en privé et même dans le cimetière de Saint-Lambert, paroisse de Port-Royal des Champs, où, dans une atmosphère de frénésie, on entasse pêle-mêle dans les carrosses des ossements, du bois de cercueil, de la terre, et où on prend parfois le temps de faire des convulsions et de chanter des psaumes.

Comme à son habitude, la police surveille les choses très exactement, se glisse dans les cimetières et pose des mouches dans les maisons où il se fait des « assemblées de convulsionnistes » : « Vous m'avez fait l'honneur, écrit un exempt au lieutenant de police le 3 octobre 1732, de me charger d'un *Mémoire*, il y a environ neuf mois, qui vous avait été remis par votre frère, qui marquait que depuis la fermeture du cimetière, la maison d'Obigan ne vidait pas de monde, et que ses deux filles s'y donnaient en spectacle toutes à tous, et avaient des convulsions les plus fortes et les plus extraordinaires. J'ai examiné les faits qui y étaient contenus, suivant votre ordre, l'espace d'un mois. J'ai vu effective- ment qu'il y avait des assemblées très nombreuses, trois ou quatre fois la semaine, composées de prêtres, de femmes toutes bien mises, même des dames à carrosse, qui faisaient attendre leur carrosse plus loin ; il y avait un chirurgien qui y assistait, leur tâtait le pouls et faisait des raisonnements à sa fantaisie sur leurs convulsions, leur faisant entendre que la guérison s'approchait. »

On verra la police surveiller encore quotidiennement le cimetière Saint-Médard dix ans après sa fermeture et non sans raison puisque, le 9 février 1742, le sergent des gardes du quartier rapporte « qu'il n'y a pas eu beaucoup de monde aujourd'hui à Saint-Médard » – en désignant tout de même un conseiller au Parlement, dûment reconnu, sa femme, deux vieilles dames et un ecclésiastique dans un carrosse, plusieurs bourgeois à pied, quelques malades et gens de la campagne.

Malgré la fermeture du cimetière, l'agitation continue donc et finit par pro- voquer l'ordonnance royale du 17 février 1733 contre les « prétendus convul- sionnaires » : « Sa Majesté étant informée que depuis l'ordonnance qu'elle a rendue le 27 janvier 1732, pour faire fermer le petit cimetière de Saint- Médard, plusieurs personnes, par un dérèglement d'imagination, ou par un esprit d'imposture, se prétendent attaquées de convulsions, et qu'elles se donnent même en spectacle dans des maisons particulières pour abuser de la crédulité du peuple et faire naître un fanatisme déjà trop semblable, par de chimériques prophéties, à celui qu'on a vu dans d'autres temps... »

Après avoir considéré que de pareils excès sont dangereux non seulement pour la religion mais aussi pour la police, l'ordonnance, marquant de nouveau l'indignation du roi « contre les auteurs d'un pareil scandale », déclare ouverte, si l'on peut dire, la chasse aux convulsionnaires qui vont emplir dès lors non seulement la Bastille, mais encore le donjon de Vincennes, Sainte-Pélagie, Bicêtre et la Salpêtrière – toutes maisons de force parisiennes qui montrent assez que le phénomène convulsionnaire, à la différence du jansénisme, fut presque exclusivement parisien, quelques tentatives d'acclimatation en province mises à part, comme celle de ce marchand de galons ayant fait venir des convulsionnaires à Auxerre « afin d'en former une troupe » (ce qui lui vaut la Bastille).

On apprend, grâce aux irremplaçables rapports de police rédigés au moment des arrestations, de bien étranges choses. Des convulsionnaires professionnelles, des femmes en majorité et souvent jeunes, donnent aux fidèles rassemblés et eux-mêmes enfiévrés des spectacles corsés qui vont bien au-delà des transes et des cris. Au plus fort de leur crise et plus qu'à moitié dévêtues, elles demandent en gémissant les « consolations » ou « les grands secours ». Alors quatre assistants poussent quatre pelles tranchantes au défaut des côtes et sur chaque sein, mais les tranchants ne peuvent pénétrer même lorsque les officiants, toujours de robustes jeunes hommes, montent sur les pelles. Une jeune convulsionnaire, convenablement allongée, peut se faire aussi frapper violemment l'épigastre avec un lourd pilon de fer : la patiente n'en est nullement affectée, et tandis que les coups ébranlent une assistance frémissante, elle empoigne l'instrument pour mieux le conduire.

Un livre orné de planches suggestives a popularisé ces scènes : c'est la *Vérité des miracles opérés par l'intercession de M. de Pâris et autres appelants*, publié en 1737 et dont le lieutenant de police Hérault fait saisir d'un coup 20 000 exemplaires. Son auteur est Carré de Montgeron, conseiller au Parlement de Paris qui, à propos de la description qui précède, a bien aperçu le dérapage possible d'une affirmation selon laquelle la convulsionnaire ainsi administrée reçoit les coups sans douleur et même avec plaisir, et il ajoute aussitôt : « Il ne s'agit pas d'un plaisir corporel, mais de la joie céleste que ressentent les martyrs... »

Ce livre suffisait à lui seul à faire mettre son auteur à la Bastille, mais Carré de Montgeron aggrava sérieusement son cas de la façon suivante : quand le roi dînait en public, chacun, à condition d'être décemment vêtu, pouvait assister en silence au repas. Le 29 juillet 1737, un inconnu en manteau à rabat avec une perruque de parlementaire, qui assistait au petit couvert, se met à genoux devant le roi une fois le repas fini et lui remet avec mille protestations de respect un ouvrage destiné, dit-il, à l'instruire sur ses véritables intérêts. Chacun, à commencer par le roi, est tellement pétrifié d'une telle audace que l'inconnu peut s'en aller sans être inquiété.

L'ouvrage était la *Vérité des miracles...* et l'homme, Carré de Montgeron dont la police retrouve la trace dès le lendemain. Depuis longtemps la police avait repéré ce janséniste presque intouchable du fait de son appartenance au Parlement. Mais cette fois c'est le roi qui a été mis en danger (le livre aurait pu être empoisonné) et une lettre de cachet expédie aussitôt Carré de Montgeron à la Bastille. On ne tarde pas à s'apercevoir que l'homme est assez fou, mais il n'est plus temps de s'arrêter à de telles considérations. On brûle en autodafé ses livres dans les fossés de la Bastille et, comme le Parlement s'apprête à faire des remontrances pour défendre l'un des siens, on se hâte de le transférer deux mois plus tard loin du ressort de Paris, d'abord à l'abbaye de Saint André-lès-Avignon puis à la citadelle de Valence où il restera emprisonné jusqu'à sa mort en 1754.

Comme si la connotation sexuelle des « grands secours » ne suffisait pas, il apparaît à travers les rapports de police que les « partisans des convulsions » pratiquent volontiers ce qu'ils appellent « le mariage spirituel », c'est-à-dire l'union libre et parfois la vie en communauté. Les convulsionnaires qui vivent ainsi se font appeler les augustinistes, non pas, qu'on se rassure, à cause de saint Augustin, mais du nom d'un frère Augustin, janséniste alors fameux qui érige les péchés de la chair en vertus pourvu qu'ils soient accomplis par des convulsionnaires. La police, qui s'en offusque, ne tarde pas à y voir de solides prétextes à orgies sexuelles surtout lorsque, suivant à la trace quelques-unes des demoiselles « convulsionnistes » les plus en vue, elle s'aperçoit qu'elles ont passé la nuit à quatre, voire à six, dans le même lit, avec des hommes souvent déguisés.

En tout cas, le lien des convulsions avec les vapeurs (nom qu'on donne alors à l'hystérie) est nettement établi par les autorités, ainsi que l'escroquerie de ces véritables actrices qui ne sont pas sans évoquer celles qui feront les beaux jours des leçons de Charcot à la Salpêtrière. « Il résulte donc, écrit un commissaire du Châtelet à propos de l'une d'elles, qu'il n'y a rien que de très naturel dans les prétendues convulsions ; que toute la merveille gît dans l'ignorance du peuple, dans la singularité de la maladie et dans l'imposture de gens affidés et intéressés à y faire trouver du merveilleux, que les convulsions sont de véritables vapeurs auxquelles les femmes sont très sujettes. » Quant aux fameux grands secours, la police n'a pas tardé à s'apercevoir qu'ils étaient toujours administrés par les mêmes aides et qu'à l'évidence il y avait un truc.

Les premiers convulsionnaires enfermés à la Bastille y arrivent en 1732 : 18 la même année, pour la plupart du petit peuple, apprentis et petites ouvrières. Le lieutenant de police n'a pas l'intention de se montrer tendre avec ces trublions d'un nouveau genre et à propos de Catherine Lefebvre, qui a eu des convulsions dans le carrosse qui l'emportait, il écrit au gouverneur le 29 octobre : « En parlant ferme à la Lefebvre, que l'on a conduite aujourd'hui à la B., vous verrez que ses convulsions cesseront, comme elles ont cessé à tous les autres. Mettez autant de monde que vous jugerez à propos auprès de cette particulière ; mais il me semble que plus on marquera d'attention à la soulager et plus elle se donnera de mouvements pour en imposer. Il faudrait la faire observer quand elle sera seule par quelque fente des portes, afin de ne lui donner des secours que dans un cas d'absolue nécessité. » Heureux temps, où la police savait se montrer psychologue...

Encore que des erreurs peuvent se produire, comme, toujours en 1732, dans le cas de Jeanne Lelièvre qui n'est pas convulsionnaire mais épileptique. Il est vrai qu'on la relâche alors aussitôt tandis que les autres restent à la Bastille plus d'un an, quelques filles voyant cette peine prolongée par un transfert à la Salpêtrière.

Nombreux sont ceux et celles qui, pour être libérés, promettent qu'« ils ne feront plus de convulsions » – ce qui montre assez que le lieutenant de police en fait des escrocs plus que des religionnaires. On n'enferme pratiquement que ces convulsionnaires « professionnels », en estimant non sans raison que ceux-là absents, les autres, qui ne sont que des dupes, ne se rassembleront plus. Mais de pareils talents sont très recherchés par les partisans des convulsionnaires (ne se convulse pas qui veut) et beaucoup sont récupérés une fois rendus à la liberté. On voit ainsi les sœurs Moulère, filles d'un humble cordonnier mais fameuses pour leurs convulsions et leurs aptitudes à recevoir « les grands secours », remises à la Bastille pour avoir récidivé. Cette fois le lieutenant de police se prononcera contre une nouvelle demande de libération, affirmant que leur famille a toujours cherché à vivre par le moyen de cette comédie et que, si on les mettait en liberté, elles seraient immédiatement enlevées et cachées par les personnes les plus accréditées du « parti des convulsionnistes ».

Les apostilles du lieutenant de police montrent d'ailleurs à quel point il a pris du pouvoir au XVIIIe siècle, stipulant qui doit entrer à la Bastille et pour combien de temps. « Cette créature est bonne à laisser où elle est », écrit Marville en 1743 à propos d'une convulsionnaire. On est loin du temps où Louis XIV se mêlait personnellement de tout ce qui se passait à l'intérieur de sa chère prison.

La police attrape parfois de plus gros poissons, comme Carré de Montgeron. C'est aussi le cas de l'abbé Vaillant, prêtre du diocèse de Troyes et bien connu des jansénistes et des convulsionnaires sous le nom du prophète Élie. Mis une première fois à la Bastille pour jansénisme de 1728 à 1731 avec exil hors du royaume, il y est remis en 1734 comme convulsionnaire et, ce qui pis est, chef d'une secte dite des « vaillanties » qui croira que l'abbé Vaillant était lui-même le prophète Élie, venu sur terre pour convertir les juifs au jansénisme (six d'entre eux seront enfermés à la Bastille encore en 1745). En 1756, le lieutenant de police Berryer écrit au ministre que l'abbé Vaillant qui est à la Bastille depuis vingt-deux ans est très vieux et très infirme, « que cet homme paraît destiné pour mourir en captivité parce qu'il est chef d'une secte de convulsionnistes qui le croient le véritable prophète Élie » mais qu'« on pourrait par humanité lui accorder l'adoucissement qu'il demande ». L'adoucissement en question n'est qu'un transfert à Vincennes où le pauvre Vaillant meurt en 1761. De même, pour Leguay, compagnon doreur, un des derniers convulsionnaires à avoir été mis à la Bastille, en 1757, il est résolu par le Parlement de l'enfermer jusqu'à la fin de ses jours à cause de son « fanatisme invincible ». Il meurt à la Bastille le 21 mai 1786.

À la fin du XVIIIᵉ siècle, Louis-Sébastien Mercier ne manquera pas de brosser un tableau ironique de l'étonnant phénomène convulsionnaire, lié avec raison à l'opposition janséniste : « Pendant son vivant, il (le diacre Pâris) ne se douta guère du genre de célébrité qu'il obtiendrait après sa mort. Le parti des jansénistes voulut à toute force en faire un saint, et ils allèrent en foule grimacer et convultionner sur son tombeau. L'enthousiasme communiqué au peuple aurait eu des suites, sans l'aurore de la philosophie, qui dissipa ces extravagances, ridiculisa les novateurs et le thaumaturge et servit le gouvernement assez inquiet sur cette épidémie morale. Les esprits échauffés, avec les noms de religion et de miracle, auraient pu aller loin, tant le délire devenait universel. Une princesse douairière, que l'âge avait rendue aveugle, acheta pour mille écus les vieilles culottes du diacre, pour s'en frotter les yeux ; mais il y eut quelque chose de plus étonnant encore : ce fut un gros livre in-4°, avec figures, contenant le recueil des miracles prétendus de l'abbé Pâris. Ce livre d'un M. de Montgeron est excellent en son espèce ; c'est-à-dire, pour humilier l'esprit humain et l'avertir des écarts dans lesquels il est toujours prêt à tomber... »

Jésuites, juifs, visionnaires et quelques autres

Il faut mentionner aussi, pour la curiosité, quelques contingents, infiniment moins nombreux que les précédents, d'embastillés pour diverses affaires de religion. La question des jésuites occupe là une place originale : fer de lance de la Réforme catholique aux XVIe et XVIIe siècles, confesseurs du roi, ennemis jurés des jansénistes, artisans des conversions forcées de protestants, les jésuites se sont impliqués progressivement dans une politique à l'échelle européenne, fondée sur la suprématie pontificale à laquelle s'oppose le despotisme éclairé du XVIIIe siècle. Si on ajoute à cela la haine que leur vouent les jansénistes attachés au gallicanisme et celle du « parti philosophique », on comprend qu'une telle conjonction ait provoqué, sous d'ailleurs de fort mauvais prétextes, la suppression de l'ordre des jésuites au Portugal d'abord (1759) puis en France (1764) et en Espagne (1767) avant que le pape Clément XIV ne supprime lui-même l'ordre en 1773 (il ne sera rétabli qu'en 1814 par Pie VII).

En fait, il n'y aura pas de jésuites emprisonnés à la Bastille mais seulement quelques-uns de leurs rares partisans. On reconnaîtra là leur intelligence manœuvrière ainsi que leur discipline. La devise d'obéissance absolue du *perinde ac cadaver* fut appliquée dans la renonciation comme elle l'avait été dans l'action : point question de résister comme les protestants, de se constituer en parti clandestin comme les jansénistes ou de se rouler par terre comme les convulsionnaires. On disparut puisqu'il fallait disparaître.

Pourtant, en dehors même de leur présence (sauf à les y voir circuler pour convertir de force les protestants incarcérés), il est intéressant d'observer leur histoire à travers le miroir répressif de la Bastille. D'abord on les voit faire enfermer ceux qui écrivent contre eux. On les surprend aussi en train de monter de véritables opérations à la James Bond comme lorsqu'ils font enlever dans l'île de Chio, en Grèce, avec l'aide de l'ambassadeur de France à Constantinople, le grand patriarche d'Arménie accusé, non sans raison, d'être l'instigateur de la persécution des Arméniens catholiques. Faisant du même coup la démonstration de leur supranationalité, les jésuites, sous la conduite du père Braconnier (un nom qui ne s'invente pas), réussissent à transporter le grand patriarche en France, d'abord au Mont-Saint-Michel puis à la Bastille où il entre le 18 décembre 1709 sous la seule dénomination d'« un prisonnier important ».

En moins d'un an, les jésuites, décidément spécialistes en la matière, lui font abjurer solennellement ses erreurs. « J'ai vu ce matin M. le Cardinal de

Noailles, écrit Pontchartrain au gouverneur de la Bastille, le 29 octobre 1710, qui m'a dit que le roy trouve à propos que vous conduisiez vous-même à Notre-Dame, samedi matin, le patriarche nouveau converti, parce que vous trouverez mieux que personne le moyen de lui faire voir les cérémonies de la messe solennelle, que Son Éminence célébrera, dans une place d'où il pourra moins être remarqué par le peuple. Je suis persuadé que vous trouverez à propos de le faire habiller pour cet effet en prêtre séculier et que vous ne serez pas fâché d'apprendre que vous en serez bientôt délivré. Sa Majesté m'ayant ordonné de lui faire préparer une chambre aux Nouveaux Convertis où il sera plus en liberté. » En fait, le grand patriarche d'Arménie est mis dans la maison d'un interprète des langues orientales où il meurt quelques mois plus tard.

En 1762, deux ans avant l'expulsion de l'ordre, on voit entrer à la Bastille l'auteur d'un libelle révélateur : « Que ferons-nous des jésuites ? » Ou encore, dans les mois qui précèdent la date fatidique, deux personnages suspects d'entretenir des relations avec la cour de Rome. Ensuite, c'est la cohorte, d'ailleurs bien restreinte, de tous ceux qui vont répandre des brochures favorables aux jésuites. Ils ne restent tous à la Bastille qu'un mois.

Il ne faut citer que pour mémoire les juifs qui, bien que faisant l'objet d'une surveillance étroite du lieutenant général de police de Paris du fait qu'ils sont astreints au XVIIIe siècle à fournir un passeport lorsqu'ils se rendent à Paris, ne font pas connaissance avec la Bastille. De toute façon, plutôt que leur religion, c'est leur internationalité et leur dangerosité supposée qui sont ici visées : « Parmi le nombre de juifs qui sont à Paris, écrit l'inspecteur de police spécialement chargé de leur surveillance, il y en a plusieurs de très suspects et capables de commettre beaucoup de friponneries, et de receler ou achepter des effets volez ».

Citons encore pour mémoire les francs-maçons dont la première loge en France date de 1725 et dont le lieutenant de police Hérault fait interdire les réunions, accusées, non sans raison, de propager le rationalisme philosophique et par suite l'irreligion. Là non plus, pas de Bastille, sauf à entrer dans la catégorie des imprimeurs ou des colporteurs d'ouvrages clandestins tels que *Francs-maçons*. Il est vrai que dans le cas des juifs, la Bastille serait de toute façon trop relevée et que dans celui des francs-maçons, au contraire, le recrutement important dans la meilleure noblesse empêche que l'on sévisse trop durement.

Au XVIIIe siècle, la police réprime aussi avec une sévérité croissante les sectes religieuses et les visionnaires isolés dont on retrouve quelques spécimens à la Bastille. En dépit de leur faible nombre, il est intéressant d'observer la différence radicale avec laquelle ces affaires sont traitées entre le xviie et le xviiie siècle. Le 3 mars 1662, on enferme à la Bastille Simon Morin, comptable d'un commis de l'Extraordinaire des guerres. C'est un homme d'une ignorance grossière qui pourtant se prend pour un nouveau messie. Il a même fait imprimer en cachette un ouvrage dédié au roi qu'il a intitulé en toute simplicité *Pensées de Morin* et qui renferme « une grande partie » des idées condamnées par l'Église, à commencer par les théories quiétistes qu'il pousse fort loin. Pour lui, les plus grands péchés non seulement ne font pas perdre la grâce, mais encore servent à abattre l'orgueil humain. Il dit encore beaucoup d'autres choses, et par exemple qu'en toute secte et nation, Dieu a des élus vrais, membres de l'Église. Mis quelque temps en prison et relâché peut-être parce qu'on le considère comme un fou, c'est sur l'accusation de sorcellerie d'un certain Jean Desmarets de Saint-Sorlin, poète à ses heures et certainement aussi fou que celui qu'il accuse et avec qui d'ailleurs il a été un temps lié, qu'il est enfermé à la Bastille en même temps que sa femme, son fils et trois autres personnes. Transféré au Châtelet, il est condamné à être brulé vif en mars 1663 et bel et bien exécuté.

Il est difficile de déterminer exactement pourquoi Morin a été exécuté. Certes, l'accusation de sorcellerie a pesé d'un grand poids et nous reviendrons sur cette question importante. Mais à aucun moment on n'a fait de Morin lui-même un sorcier, l'accusant seulement d'avoir été en relation avec deux sorcières, l'une ayant dit être mariée au diable et l'autre, fort peu orthodoxe en matière de sorcellerie, se contentant d'avoir prétendu que l'esprit de Jésus-Christ était dans Simon Morin pour son second avènement sur terre – ce que Morin avait fini par croire et enseigner. Il semble donc que ce soit bel et bien par inquisition religieuse, et une des toutes dernières fois, que l'on ait condamné Morin à mort, et non pour sorcellerie.

D'ailleurs, le lieutenant criminel Tardieu écrit au chancelier Séguier pendant que Morin est à la Bastille : « La doctrine de Morin est très-pernicieuse, et, dans l'instruction du procès, j'ai été obligé de faire arrêter un maître d'école nommé Poitou, crainte qu'il ne l'enseignât. » On dira même qu'un des rares sectateurs de Morin, envoyé de ce fait aux galères, ne cessera de prêcher, non sans quelques succès, la résurrection du nouveau Messie. Il est vrai que Morin, dans sa rusticité, avait eu une idée géniale de simplicité : celle de fonder l'Église universelle de toutes les sectes et de toutes les religions. Son exécution en tout cas parut bien sévère à beaucoup, et l'on pensa qu'on aurait plutôt dû le mettre avec les insensés aux Petites Maisons.

Loret ne s'y trompe pas et n'y voit aucune sorcellerie, en écrivant à la page du 17 mars 1663 :

> *Un imposteur, un téméraire,*
> *Un malheureux visionnaire*
> *Qui, par des profanations*
> *Et sottes explications,*
> *À Dieu même faisant injure,*
> *S'appliquait la sainte Écriture,*
> *Par maint argument abusif,*
> *Mercredi fut brûlé tout vif.*

À l'orée du XVIIIᵉ siècle, le paysage mental s'est légèrement modifié : trois ans de Bastille tout de même, suivis de douze ans à Bicêtre, à ce serrurier qui se croyait prophète et avait des visions, mais seulement cinq mois à « l'Apocalypse d'Orléans », surnom donné à Antoine Boutet, boulanger et marchand de vin à Orléans et ayant eu la mauvaise idée de lire l'*Apocalypse* après s'être ruiné dans son commerce. C'était un bon moyen de croire qu'elle était arrivée et une raison suffisante pour l'annoncer alentour. Des visions avaient suivi mais elles avaient opportunément cessé à la Bastille. On renvoya « l'Apocalypse d'Orléans » chez lui et Pontchartrain, en demandant la lettre de cachet de libération au roi, parla de lui comme d'un malheureux. On n'était pourtant qu'à une quarantaine d'années du bûcher de Simon Morin...

Dès lors, on voit passer à la Bastille pour quelques mois, avant un transfert à Bicêtre ou à la Salpêtrière, la petite cohorte toujours folklorique des visionnaires et des prophètes : en 1707, un étranger vêtu d'une longue robe brune parsemée de croix et de couronnes d'argent est arrêté à Versailles où il voulait prophétiser au roi de nouvelles conquêtes ; en 1708, c'est un visionnaire qui veut fonder un ordre d'ermites et se promène dans Paris avec une crosse d'évêque – ce qui provoque des attroupements ; en 1738, c'est au tour d'un « prophète Élisée » parcourant la campagne et prêchant les populations, accompagné d'un sectateur lui aussi embastillé. Citons encore en 1779 une demi-douzaine d'« Illuminés » (c'est le nom qu'ils se donnent) autour de Catherine Théo, une domestique qui a pu les persuader que, dans une nouvelle Annonciation, elle est la Vierge qui va concevoir le petit Jésus.

« Je ne suis pas surpris, écrit Barbier dans son journal pour décembre 1734, à propos du prophète Élisée, qu'il y ait un homme assez entreprenant pour se dire de la famille de Dieu ; mais je ne conçois pas qu'il y ait des particuliers assez fanatiques, dont les cerveaux soient brûlés au point de donner dans ces visions. » Pourtant ni la police, ni Versailles ne se posent la question de la folie alors qu'ils l'aperçoivent très bien en d'autres circonstances.

Il faut distinguer des véritables illuminés les faux dévots comme ces deux garçons de boutique organisant des assemblées dans des maisons particulières où comme par hasard ils n'attirent que des jeunes filles « pour leur prêcher de bonnes choses chrétiennes », ou encore comme cette pseudo-secte d'illuminés prétendant faire renaître le règne de Salomon pour extorquer de l'argent à ses dupes. Le lieutenant général de police ne s'y trompe pas et se montre beaucoup plus sévère dans ce cas, tout comme il se montrera impitoyable avec les faux sorciers.

Les affaires d'impiété ou de sacrilège sont beaucoup plus graves. On en voit quelques-unes à la Bastille sous les différents règnes : écrits contre la religion, crucifix brûlés, blasphèmes. Cependant certains sacrilèges commis sous le règne de Louis XV, qui auraient expédié leurs auteurs au bûcher aux siècles précédents, ne sont punis que de quelques mois de Bastille. Ainsi en 1734, une servante qui achète des hosties non consacrées et les met dans sa bouche au beau milieu d'une église, ou en 1746, un compagnon serrurier gravement malade, à qui un prêtre de Saint-Sulpice a présenté le saint viatique et qui s'est emparé de l'hostie et l'a serrée dans sa main en bêlant comme un agneau. Il est vrai que dans ces deux cas, on veut bien reconnaître la folie.

Quant à l'athéisme militant, on s'étonne presque de le voir puni au XVIIIe siècle. Pourtant quatre pédagogues et deux imprimeurs sont mis à la Bastille en 1747, pour peu de temps il est vrai, parce qu'ils ont fait paraître plusieurs ouvrages « remplis d'athéisme et où l'on enseigne la révolte contre les puissances ecclésiastiques et temporelles ». On remarquera parmi ces ouvrages un prometteur *Système de raison sur la religion* – mais nous voilà de nouveau dans les affaires de librairie...

● ● ●

CHAPITRE 5

Le contrôle
de la librairie

Parlant de la librairie sous l'Ancien Régime, c'est-à-dire, au sens de l'époque, de tout ce qui touchait à l'édition et la diffusion de l'écrit, des livres aux périodiques en passant par les estampes et surtout par les fameuses « nouvelles à la main », un auteur de la Révolution écrivit : « On précipitait dans les gouffres de l'ignorance les éditions entières du génie. » (Pierre Manuel – *La Police de Paris dévoilée.*) Et le temps n'est pas si lointain où nos chers professeurs de lettres, nourris aux mamelles d'un latinisme jacobin, nous dépeignaient complaisamment *Le Mariage de Figaro*, pièce soi-disant révolutionnaire parce qu'on y empêche un noble de mettre dans son lit sa servante, comme le type même du chef-d'œuvre odieusement interdit par le « bon plaisir » du roi, sans parler de ce pauvre Beaumarchais qu'on avait enfermé à Saint-Lazare par lettre de cachet.

Aujourd'hui, de nombreuses études ont sérieusement révisé la thèse de l'obscurantisme de l'Ancien Régime ou en tout cas du XVIIIe siècle en matière d'expression littéraire, en commençant par rappeler l'existence d'une réglementation en la matière, à quelque chose près aussi ancienne que la machine à imprimer de Gutenberg, dont on connaît la sévérité au XIXe siècle et dont on ne voit pas bien pourquoi l'Ancien Régime en aurait été excepté.

Un imprimeur contemporain de Voltaire ou de Rousseau pouvait fort bien ne pas vouloir, pour diverses raisons, s'embarrasser de la réglementation en vigueur mais, celle-ci existant, il ne pouvait pas s'étonner d'encourir de ce fait des sanctions. C'est pourquoi on ne saurait parler en la circonstance d'arbitraire royal, à la différence du coup de tonnerre de 1685 où l'on demanda aux protestants, du jour au lendemain, d'abjurer leur foi.

Pas plus que l'histoire religieuse, nous ne saurions retracer en détail celle de la presse et du livre sous l'Ancien Régime. Il faut pourtant tenter de comprendre comment la Bastille a incarcéré à elle seule près de mille individus sous ce seul chef (neuf cent quarante-six exactement en comptant les délits de librairie jansénistes) : un quart sous le règne de Louis XIV et trois quarts dans un XVIIIe siècle pourtant tronqué en amont (1715) comme en aval (1789). Ce nombre impressionnant constitue l'un des principaux motifs d'embastillement : 22,4 pour cent, devant « le fait du prince » (20,9 pour cent) dont nous avons pourtant montré la diversité.

Les « nouvelles à la main »

Étrange système que celui des « nouvelles à la main » : un nouvelliste écrit de sa plus belle plume des potins dans une espèce de lettre ouverte ; des copistes la recopient autant de fois qu'il y a d'abonnés. Tout se fait dans la discrétion, car il suffit d'avoir de l'encre, du papier et si possible un peu de talent. Plus les nouvelles sont piquantes, plus il y a d'abonnés et plus le réseau est clandestin. On se doute que rien de tout cela n'est licite et que la police s'active mais, là, point d'imprimerie pour trahir les auteurs. Et quoi de plus interchangeable qu'un nouvelliste ? Il suffit d'être bien placé pour recevoir des informations ou assez imaginatif pour en inventer.

On ne sait au juste quand les nouvelles à la main appelées aussi « gazettes à la main », « gazettes secrètes » ou « gazetins », le plus souvent hebdomadaires, ont commencé à circuler. Certainement dès le XVIe siècle mais surtout à partir du début du XVIIe siècle où, déjà, un prospectus de 1609 nous apprend que :

> *La gazette a mille courriers...*
>
> *De duels, de commissions,*
>
> *De pardons pléniers et de bulles,*
>
> *D'ambassadeurs venus en mules...*

Elle parle aussi de mode :

> *Nœuds argentés, lacets, écharpes,*

Bouillons en nageoires de carpes,
Porte-fraizes en entonnoir,
Oreillettes de velours noir...

Mais de quoi la gazette secrète ne parle-t-elle pas ? Dans un style plus ramassé, un prospectus de 1762 dit que : « Les nouvelles à la main contiennent tous les objets dignes de fixer la curiosité publique. » La nouvelle à la main, écriront les Goncourt, « entre partout ; elle sait le dessous des masques, le dessous des cartes, le dedans des alcôves... elle est une puissance déjà ; elle sera la presse. »

On a fort heureusement conservé de nombreux recueils de ces nouvelles à la main des XVIIᵉ et XVIIIᵉ siècles. Certaines d'entre elles étaient tellement fraîches qu'on les épinglait au dernier moment aux feuilles prêtes à l'expédition, d'où leur nom de « notes à l'épingle ». En voici une datée de février 1786 : « On parle beaucoup de l'aventure dont le comte d'Archambaud, fils du chevalier de Talleyrand, a été le héros. La fenêtre du château, par laquelle il descendait précipitamment lorsqu'on l'a arrêté, s'est trouvée celle de l'appartement de la duchesse de Guiche, fille de la duchesse de Polignac et l'une des plus jolies personnes de la Cour. Les deux familles prennent beaucoup de soin pour donner le change sur cette anecdote, à laquelle leurs efforts ne font que procurer plus de célébrité. » On ne s'étonnera pas que les nouvelles à la main aient pris en préférence cette direction, mais on y traitait tout aussi bien de l'actualité sans cesse changeante de la Cour, de la haute et de la petite politique, de la santé et des mariages des grands de ce monde, du théâtre et des théâtreuses.

Beaumarchais aura beau faire dire à Figaro « qu'il n'y a que les petits hommes qui redoutent les petits écrits », le pouvoir s'est aussitôt montré fort incommodé par ces feuilles clandestines dont le succès populaire avait été immédiat. Les nouvelles à la main sont, chose plus grave, envoyées à l'étranger où elles suscitent l'enthousiasme qu'on devine, d'autant plus qu'elles sont le plus souvent bien renseignées. Au XVIIIᵉ siècle, les cafetiers les communiquent aux consommateurs, comme aujourd'hui on demande le journal, et ce sont autant de foyers de fermentation sur lesquels la police ne saurait fermer les yeux. Là encore, la Bastille va jouer un rôle prépondérant...

Au lendemain de la Fronde, période pendant laquelle le Châtelet est allé jusqu'à prononcer contre certains nouvellistes la peine de mort, le jeune Louis XIV se montre particulièrement sévère contre cette engeance. On en voit entrer seize à la Bastille en 1660 et 1661, puis beaucoup d'autres dans les années suivantes consécutivement à l'arrestation et au procès de Foucquet. Il faut qu'ils soient particulièrement nombreux et de piètre condition sociale pour que Louis XIV, d'ordinaire si sourcilleux sur l'identité des gens qu'il fait enfermer à la Bastille, écrive au gouverneur, le 8 mars 1662 : « Mons. de Besmaus, ayant donné mes ordres au lieutenant civil en la prévôté et vicomté de Paris, pour faire arrêter tous ceux qui, sans permission, s'ingèrent de faire ou vendre des gazettes et de débiter des nouvelles par écrit, et désirant qu'ils soient gardés sûrement, je vous fais cette lettre pour vous dire que mon intention est que vous ayez à recevoir et faire loger dans mon château de la Bastille tous ceux que le lieutenant civil y enverra, sans y apporter aucune difficulté. » – Document qui montre par ailleurs que dès le début du règne de Louis XIV, le « suivi » du roi n'est pas systématique, même à la Bastille, dès qu'on n'est plus dans ce qui touche directement au prince.

Rédacteurs, copistes et colporteurs connaissent à la Bastille des emprisonnements plus ou moins longs selon qu'il se trouve ou non quelqu'un pour répondre d'eux. À cette caution morale doit s'ajouter, pour sortir de la Bastille, la promesse de ne plus écrire ou colporter aucune gazette. Parfois l'affaire est jugée au Châtelet, et parfois non, sans qu'il nous soit possible de déterminer pourquoi au juste la Bastille a joué dans le premier cas le rôle d'une maison de force se suffisant à elle-même, et dans le second celui d'une prison préventive, dans l'attente d'un jugement. Les procès, quand ils ont lieu, sont souvent instruits « à l'extraordinaire », c'est-à-dire par une commission qui juge sans appel. Quant aux condamnations, elles sont souvent rigoureuses (bannissement, galères à temps et parfois même potence), encore que très inégales, punissant plus sévèrement (qui s'en étonnera ?) les contrevenants de condition modeste que ceux, d'ailleurs rares, qui peuvent se prévaloir d'un certain statut social.

En dépit de cette répression, les nouvellistes prolifèrent, et à peine un nid est-il détruit qu'il en renaît d'autres. La Reynie n'est pas pour qu'on leur fasse des procès afin de ne pas « exposer à la vue [...] de pareils libelles qu'on ne saurait tenir trop secrets, ni trop tôt supprimer ». La Bastille, donc, toujours et encore la Bastille qui ne peut apparaître en l'occurrence aux nouvellistes capturés que comme la moindre des punitions. Quant à ceux qui, un siècle plus tard, en feront le monument même du despotisme et de l'injustice, ils s'interdiront certainement de penser à ce nouvelliste qu'un bouillant marquis, dont la sœur avait été gravement outragée, avait pu atteindre avant la police. Comme il n'avait pas de Bastille à lui ni d'ailleurs de haute et basse justice, il se contenta, pour venger l'honneur de la famille, de lui trancher le nez.

Le soin traditionnel avec lequel les interrogatoires sont conduits permet parfois de découvrir des réseaux renseignés par les ambassadeurs étrangers. Ainsi en 1669, Colbert de Croissy, futur secrétaire d'État aux Affaires étrangères et pour lors ambassadeur de France à Londres, écrit au ministre anglais : « Le Roi, mon maître, ayant fait donner une grande chasse aux gazetiers de Paris qui remplissent, toutes les semaines, toute l'Europe des plus fausses et des plus détestables nouvelles, il est arrivé que le lieutenant de police, ayant fait prendre comme dans une nasse, tout à la fois, huit ou dix de ces principaux gazetiers, qui ont été conduits à la Bastille, on a trouvé, par leurs dépositions, que la plus grande partie de ces écrits pernicieux partaient de la boutique de M. Petit, Français de nation et qui s'est, depuis quelques années, introduit dans la maison des ambassadeurs d'Angleterre ; et que c'est sur les « mémoires » que celui-ci leur donnait, que leurs gazettes étaient fabriquées. »

Le pis, c'est que c'est vrai et que cela dure depuis cinq ans. Petit, bénéficiant de l'immunité diplomatique de son maître, l'ambassadeur d'Angleterre, n'a pu être arrêté, mais on apprend par ceux qui sont à la Bastille et qui fournissaient quant à eux des nouvelles de Venise et de Savoie, que le nouvelliste qui orchestre tout cela s'appelle Delisle. Il est relayé par une « petite femme en robe garnie » qui s'appelle La Cliquette. Au nom de « toute l'amitié qui est entre leurs majestés », Croissy obtient qu'on exile au moins le « si méchant instrument » qu'est Petit. Quant à Delisle, qui avait, grâce à sa gazette si bien informée, un des meilleurs fichiers d'abonnés de Paris, il est condamné ainsi que plusieurs de ses collaborateurs à neuf ans de galères. Il n'y a guère que La Cliquette qui se tire indemne de l'affaire – ce qui, ajouté au fait qu'elle obtenait pour rien des « nouvelles fraîches » chez un véritable chef d'agence réputé pour les vendre habituellement cher, nous fait supputer qu'elle devait être jolie.

À la fin du règne de Louis XIV, l'impudence et la hardiesse des nouvellistes sont telles qu'on voit entrer à la Bastille en 1708 deux commis au bureau de la poste qui, pour alimenter un réseau de gazettes à la main, ont été surpris à ouvrir les lettres que le nonce écrivait ou recevait de Rome. Passe encore que ce soit aussi l'occupation du Cabinet noir, mais comment supporter que les nouvellistes en fassent autant ?

En 1715, c'est un procureur au Parlement qui entre à la Bastille pour avoir « intoxiqué » les nouvellistes par de faux bruits sur la Bourse afin de favoriser ses propres opérations. À preuve que le pouvoir prend tout cela très au sérieux, on voit alors, sur ordre du lieutenant général de police, les commissaires courir chez les commerçants et les bourgeois de leur quartier respectif afin d'assurer chacun que la nouvelle est fausse.

Sous la Régence et le ministère de Fleury, la Bastille connaît une accalmie relative en matière de nouvellistes, non pas parce que l'espèce en a diminué, bien au contraire, mais parce que le pouvoir a un moment la tentation de laisser filer ou plutôt de récupérer le mouvement. En 1724, le lieutenant de police, toujours lui, peut autoriser officiellement « les particuliers qui veulent donner des nouvelles au public » après avoir lui-même pris lecture et éventuellement retranché ce qu'il juge pernicieux. Voilà bientôt son successeur, Hérault, qui critique le style ou biffe une nouvelle comme « trop vieille ». Un nouvelliste s'en excusera : « S'il n'a pas donné de nouvelles fraîches, c'est qu'il était en prison. » Quant à Marville, qui prend ses fonctions à partir de 1739, il devient littéralement le rédacteur en chef de toutes les nouvelles à la main autorisées (il y en a quatorze), comme si les multiples attributions du lieutenant de police ne suffisaient pas. Aujourd'hui encore, il est confondant de voir tous ces manuscrits apostillés, amendés, réécrits parfois par paragraphes entiers de la main de Marville. « Vérifier l'article – Est-ce bien vrai ? » lit-on souvent.

Hélas, les abonnés ne prisent guère ces officines estampillées par la police, et l'on voit par exemple le duc de Richelieu, celui-là même qui a tâté plusieurs fois de la Bastille, écrire le 31 mai 1742 à son nouvelliste qu'il met fin à son abonnement de nouvelles à la main : « L'obligation où vous me marquez être de les subordonner à la police les rend si peu intéressantes, que je vous avoue que, dès que je vois le paquet, je le jette dans le feu sans le lire. »

Les abonnés difficiles préfèrent donc les nouvelles « sauvages » qui subsistent malgré tout. Peu importe que leur véracité ne soit pas attestée. « Les grands et les riches, écrit Mercier dans le *Tableau de Paris*, après avoir parcouru les gazettes, lisent plus attentivement les nouvelles à la main. [...] Si leurs auteurs approchent quelquefois de la vérité, plus souvent ils s'en éloignent par la pente insurmontable qu'ils ont à vouloir flatter le goût malin du public par le ton immodéré de la satire : mais il ne suffit pas d'être mordant pour être véridique. »

Bref, ceux qu'on va appeler les « faux nouvellistes » ou les « nouvellistes de contrebande » prolifèrent de nouveau, ce qui, ajouté à la guerre de la Succession d'Autriche et à la censure qui accompagne toutes les guerres, fait interdire en 1742 le commerce de toutes les nouvelles, autorisées ou non. Les années qui suivent voient de nouveau la Bastille se remplir de nouvellistes, encore qu'elle soit à la même époque très encombrée de jansénistes et de convulsionnaires.

On opère, comme pour ceux-ci, par arrestations massives, comme le 24 novembre 1743 où dix-sept nouvellistes sont arrêtés en même temps, dont un certain Girardin, « fameux nouvelliste ». « La plus grande partie de tous les copistes, rapporte un inspecteur, sont garçons-domestiques sans conditions ou fuyards de milice ; les compositeurs sont des sujets de très bas états qui ne vivent que de faire des nouvelles. »

Bien qu'une ordonnance du 18 mai 1745 ait remis en vigueur les graves peines encourues au XVIIe siècle, la « république des nouvellistes » se réveille donc. Les ministres de Louis XV et plus encore la marquise de Pompadour ne cessent de déplorer cette véritable calamité même si la favorite qui souvent « fait la nouvelle » affecte l'indifférence et le mépris : « Ces faiseurs de nouvelles, écrit-elle dans une lettre à Mme de Balleroy, seraient bien attrapés, s'ils savaient que je les méprise souverainement et qu'ils ne me font pas la plus légère peine. »

Sous le règne de Louis XVI, où les nouvellistes se déchaînent de plus belle, Beaumarchais lui-même ne sera pas épargné – ce qui, à tout prendre, constitue une espèce de justice. Malgré la *Gazette* et le *Mercure galant*, les nouvelles à la main (jusqu'à 150 copies par jour du même exemplaire) font plus que jamais recette. Elles ont des abonnés fidèles et souvent de haut rang. En 1752, par exemple, quand on enferme à la Bastille un certain Bousquet de Colomiers, nouvelliste, ses interrogatoires révèlent qu'il comptait parmi ses abonnés de nombreux nobles, des parlementaires, l'archevêque de Narbonne et l'évêque de Lombez, les ambassadeurs de Hollande et d'Angleterre (ce qui n'étonnera personne) et aussi l'intendant du Languedoc (ce qui est fâcheux quand on songe que les intendants sont, entre autres, les premiers magistrats de police de leur généralité).

Les nouvellistes emplissent donc de nouveau la Bastille et bien d'autres maisons de force. Là encore la grande prison d'État joue souvent le rôle de centre de triage où sont réunies les meilleures conditions d'interrogatoires à chaud. Viennent ensuite, après quelques mois de détention, la liberté souvent assortie d'exil au fond de la province ou le transfert dans l'une des nombreuses maisons de force du royaume.

On voit ainsi en 1750 passer de la Bastille au Mont-Saint-Michel (la « Bastille des mers ») , Esprit-Jean-Baptiste Desforges qui est aussitôt mis dans la cage de fer du Mont, de sinistre réputation. C'est une des dernières qui subsistent de ces fameuses fillettes de Louis XI et on la réserve aux « ennemis publics numéro un ». En 1745, déjà on y avait laissé pendant un an un autre nouvelliste, Dubourg, enlevé à Francfort par les « barbouzes » du roi (la lettre de cachet qui régularisait, si l'on peut dire, cet enlèvement, mentionnait : « A distribué ou fait distribuer des feuilles périodiques qu'il composait à Francfort avec la licence la plus effrénée, et sans aucun égard au respect qui est dû aux têtes couronnées »).

Le cas de Desforges nous intéresse pour plusieurs raisons et tout d'abord parce que ce qu'il a écrit tranche et par la noblesse des sentiments et par le style sur les potins qu'on lit habituellement dans les nouvelles à la main. Le « scoop » du jour était l'arrestation à l'Opéra le 9 décembre 1748 du prince Charles-Édouard, épisode diplomatique peu glorieux dont nous avons déjà eu l'occasion de parler et qui conduit à la Bastille une quarantaine de personnes de la suite du prince, lui-même étant mis à Vincennes avant son exil. Nombreux sont ceux qui furent indignés de cette mesure inique prise contre un prince qui avait la sympathie des Parisiens. Il ne fallut que trois jours à Desforges pour composer une pièce de vers qui commençait ainsi :

> Peuple jadis si fier, aujourd'hui si servile,
> Des princes malheureux vous n'êtes plus l'asile.

Certes le roi y est pris à partie (« De l'amitié du Roy, exemple mémorable – Et de ses intérêts victime déplorable ») en même temps que sa politique étrangère, mais surtout on attribue d'abord la pièce, qui s'est répandue comme une traînée de poudre dans Paris, au ministre Maurepas qui vient d'être exilé. De même certains le soupçonneront d'avoir été pour quelque chose dans le faux colis piégé envoyé, toujours à la même époque, par Latude à la marquise de Pompadour. Du coup, la police, stimulée par Mme de Pompadour, ennemie implacable de Maurepas, s'active plus que jamais. On met alors la main sur Desforges, frère d'un procureur au Châtelet, qu'on enferme à la Bastille le 17 août 1749. Seize personnes plus ou moins impliquées dans cette affaire sont également mises à la Bastille pour quelques mois avant d'être exilées à cinquante lieues de Paris. Quant à Desforges, six ans de « Bastille des mers » s'ajouteront aux neuf mois de Bastille de Paris. C'était assez cher payé mais, comme d'ailleurs pour Latude, on crut longtemps que Desforges ne disait pas tout et qu'il protégeait notamment Maurepas. Dans le système de la lettre de cachet qui est une correction et non une peine, c'était assurément le meilleur moyen de prolonger sa détention.

Parfois, il suffit de faire peur aux nouvellistes : « Vous voudrez bien, Monsieur, écrit en 1762 le ministre Choiseul au lieutenant de police, faire venir chez vous le faiseur de bulletins ridicules, et lui dire que vous le ferez mettre au cachot s'il s'avise de faire paraître aucune feuille qui n'ait pas été revue de la part de la police. » Mais il n'en demeure pas moins que la lutte contre les nouvellistes est sans espoir. Dans les dernières années de l'Ancien Régime, alors que les nouvelles à la main sont plus nombreuses et virulentes que jamais, le ministre Vergennes écrit : « Les inconvénients de la tolérance en pareille matière l'emportent de beaucoup sur l'utilité qu'on pourrait s'en promettre, même sans la surveillance de l'administration. [...] De toutes les classes des écrivains, celle des nouvellistes à gages est la plus difficile à contenir. Quel homme sage osera se rendre garant de la conduite d'un bulletiniste qui calcule ses profits sur le nombre d'anecdotes secrètes qu'il peut recueillir ? » Mais c'est revenir à la question de la tentative de récupération des nouvelles à la main par le pouvoir...

Les gazetins de police

À propos de l'institution des lettres de cachet et du lieutenant général de police, on a vu comment le rapport « au vrai » que le lieutenant de police doit remettre personnellement au roi s'est progressivement transformé en gazette confidentielle au seul usage du roi et des ministres : c'est le gazetin de police dont Louis XIV est très friand, non seulement par goût des potins, mais parce qu'en maître de cette grande maison qu'est le royaume, il veut savoir tout ce qui s'y passe. Sous la Régence, un inspecteur de police est nommé avec pour seule mission de traîner incognito dans tous les endroits publics afin « de savoir ce qu'on dit » et d'en faire des fiches qui viennent alimenter le gazetin et par suite le fichier du lieutenant général de police : les Renseignements généraux sont nés.

Louis XV ne rate pas, lui non plus, la lecture du gazetin de police qui prend un développement considérable à partir de la lieutenance de police de Marville dont on a déjà signalé la vocation journalistique dans la censure des nouvelles à la main. C'est lui qui le premier confie la rédaction du gazetin de police à certains nouvellistes de confiance qui font ainsi la synthèse entre les nouvelles à la main vérifiées (à commencer par celles que la police a censurées) et les informations de police. Certains gazetins sont même subrepticement répandus dans le public afin d'agir sur une opinion qui ne demande qu'à croire ce que l'on veut à condition que ce ne soit pas par la voie officielle.

Mais ces extensions du bon vieux rapport de police tel que le connaissait Louis XIV sont dangereuses, car elles conduisent le rédacteur attitré de Marville, Laurent-Maximilien Gauthier, avocat de formation, à se tailler une clientèle secrète et huppée de soixante abonnés, tant français qu'étrangers, payant à prix d'or la copie de ces nouvelles de première main (c'est le cas de le dire). Cette activité hautement prohibée lui vaut la Bastille le 14 décembre 1740, ainsi qu'à son frère et à une complice. On peut se demander si Gauthier n'a pas su négocier au dernier moment quelque information de prix, car il ne reste à la Bastille qu'un mois et demi alors même que son cas s'est trouvé aggravé du fait qu'on a découvert que des plagiaires contrefaisaient sa marque, multipliant ainsi les lecteurs de gazetins pourtant « top-secret ». Il est vrai qu'il est exilé aussitôt à cinquante lieues de Paris (200 kilomètres), ce qui met fin *ipso facto* à sa carrière.

Berryer, qui succède en 1747 à Marville, apporte lui aussi tous ses soins à la rédaction des gazetins qui nécessite désormais toute une escouade de nouvellistes secrètement salariés par la police. Berryer parfois les diversifie, en envoyant un au ministre de la Maison du roi et un, différent, au ministre de la Guerre. Il ne montre cependant pas tout à Versailles et on le surprend par exemple, le 3 juin 1747, en train de « bâtonner » le paragraphe d'un de ses inspecteurs, trop zélé, qui a signalé que son arrivée à la lieutenance de police avait fait augmenter le prix de la viande.

C'est un monde plus étonnant encore que celui de ces nouvellistes à la solde de la police, tous plus faméliques les uns que les autres. « J'ose prendre la liberté de vous observer, écrit l'un d'eux au lieutenant de police Hérault, qu'il y a une année entièrement révolue que j'ai l'honneur de travailler sous vos ordres et que je n'ai touché que 550 livres. Vous n'ignorez pas, Monseigneur, que le travail que je fais ne soit des plus délicats et que quiconque le veut faire avec régularité ne peut se dispenser de faire journellement des dépenses, pour parvenir à s'introduire dans les lieux publics qui sont les cafés, dépenses néanmoins qui ne tiennent lieu de rien à celui qui est obligé de les faire. Je suis dans ce cas et vous puis dire en vérité qu'il n'y a guère de jours qu'il ne m'en coûte 25 à 30 sols, en me ménageant fort. »

On sait, grâce aux travaux de Robert Darnton, que Mirabeau et Brissot furent eux aussi des nouvellistes de police avant d'être des héros révolutionnaires. Mais on n'est pas à l'abri d'une lettre de cachet pour autant et, tandis que Mirabeau fera connaissance avec le donjon de Vincennes pour ses frasques sexuelles, Brissot sera enfermé deux mois à la Bastille pendant l'été 1784, parce qu'on l'aura soupçonné d'avoir publié des pamphlets satiriques contre certaines personnalités. Sur le banc des accusés, le chef des Girondins se verra rappeler par la gent montagnarde qu'il était « un agent de police sous les rois » – ce qui est assurément beaucoup dire pour ce que tout un chacun pouvait entendre dans les cafés du Palais-Royal. Brissot, de son côté, tentera d'utiliser ses deux mois de Bastille pour camper le personnage d'une victime du despotisme royal : « Je languissais dans les cachots, moi, innocent » – ce qui est aussi beaucoup dire, mais que l'Histoire lui pardonnera volontiers du fait que l'ombre de la guillotine se dressait devant lui.

Certains nouvellistes de police finissent par se mépriser d'une si coupable industrie tel Dumont, « nouvelliste fameux », mais écrivant également pour la police à 1 500 livres par an sous le pseudonyme de Lallemand. On apprend cette étonnante nouvelle à sa mort, en 1745 : « On prétend que sa servante a révélé que, depuis un an, il était déchiré de remords et que, lorsqu'il était seul, il se parlait tout seul pour se détester. »

Celui qui raconte cette anecdote est le chevalier de Mouhy, le plus fameux à coup sûr des nouvellistes de police. Né en 1701, il parle lui-même de son enfance comme d'une période où il écoutait à toutes les portes et regardait par les trous de serrure. À cette vocation d'espion ou de journaliste s'ajoute une incroyable fécondité de plume, avec par exemple douze volumes parus pour la seule année 1733. Voltaire l'emploie comme agent d'affaires et aussi nouvelliste privé sous la dénomination plus flatteuse de « correspondant littéraire », mais en lui spécifiant qu'il préfère « rien plutôt que des faits hasardés ». Voilà Mouhy l'homme à tout faire de Voltaire, sollicitant pour lui dans ses nombreux procès, faisant ses commissions, lui servant à l'occasion de prête-nom, mais appuyant cet entier dévouement par d'incessantes demandes d'argent, ce qui fait écrire à Voltaire : « Ce Mouhy est insatiable, mais il m'est utile. »

En 1741, ce polygraphe écrit un ouvrage de trop, *Les Mille et Une Faveurs*, roman licencieux à clefs en huit volumes, lequel, ajouté à une activité de nouvelliste non autorisée, lui vaut la Bastille le 28 avril. Il n'y reste que douze jours mais trouve le temps d'écrire à Marville une lettre qui commence ainsi : « Vous êtes de tous les magistrats le plus respectable et le plus digne d'être admiré. En regrettant les causes de ce qui vient de m'arriver, je me félicite de mes souffrances, puisqu'elles ont amené l'heureuse occasion de vous connaître et de vous faire ma cour. » Mouhy explique qu'il n'a que sa plume pour vivre et nourrir une famille de cinq enfants. « L'inaisance donne de l'industrie et de l'intrigue », poursuit-il, mais il ne tient qu'au lieutenant de police d'y remédier. « Cette lettre fait pitié, écrit en apostille Marville qui d'abord fait semblant de ne pas comprendre cette offre de service. Que ce malheureux gagne sa vie, mais qu'il tâche de ne se brouiller ni avec le gouvernement ni avec la police. » En fait, Mouhy va si peu se brouiller avec la police qu'on le retrouve l'année suivante collaborant aux gazetins de police. « Vous pouvez, Monsieur, lui écrit Marville le 28 mai 1742, continuer à m'envoyer des feuilles dans le goût de celle que vous m'avez adressée ce matin, et, si vous voulez venir chez moi vendredi dans la matinée, comme, ce jour-là, j'en aurai reçu plusieurs, je serai plus à portée de vous dire le goût dans lequel il convient que vous travailliez. En attendant, je suis fort content de ce que j'ai reçu. » Quelques semaines plus tard, il a remplacé Gauthier comme rédacteur en chef des gazetins de police.

Mouhy va partout : au théâtre, au café, dans les salons, chez les grands seigneurs. Il envoie un bulletin à Nancy à Stanislas Leszczynski, le père de la reine – ce qui, en dépit de l'importance et de la bonté de son correspondant, le fait déjà marcher sur les traces de Gauthier. Il supplie Voltaire de lui obtenir la place de correspondant littéraire du roi de Prusse mais en même temps il renseigne la police : « Voltaire est d'une humeur épouvantable, traite avec la dernière dureté la marquise [du Châtelet] et la fait pleurer toute la journée. »

Sachant que le roi lira ses gazetins, il trouve le moyen de s'y nommer ou de citer, mine de rien, un de ses nombreux ouvrages, à commencer par celui qui l'a fait embastiller. Il voudrait Le Mercure et ne cesse de harceler pour cela son patron, le lieutenant de police : « J'ai un secrétaire habile, Gardon, qui a été jésuite », avance-t-il entre autres arguments. À défaut du Mercure, il aurait pu faire carrière dans le journalisme policier, car il se piquait au jeu, à la différence de Dumont qui se parlait seul pour se détester. On le voit en effet dénoncer la concurrence des gazettes de contrebande, déplorant qu'elles donnent « le ton au public ou du moins le cours à toutes les impertinences qui s'y débitent ». Il demande qu'on sévisse mais c'est de nouveau contre lui qu'on sévit.

Le 15 février 1745, l'inspecteur Poussot, spécialement chargé des affaires de nouvellistes, conduit le chevalier de Mouhy à la Bastille. Comme Gauthier, il n'a pu résister à la tentation d'envoyer des copies des gazetins de police à des abonnés privés, tous de haut rang et que son arrestation va plonger dans la désolation. Comment peut-on rester sans nouvelles au siècle des Lumières quand on s'appelle le cardinal de Tencin ou le maréchal de Saxe ? Avec la fausse ingénuité qui le caractérise, Mouhy essaie d'argumenter auprès de Marville qu'envoyer les gazetins à de tels personnages n'était pas selon lui répréhensible. Ce qu'il ne dit pas c'est qu'en échange de ses gazetins, les secrétaires des maréchaux de Saxe, de Coigny, de Belle-Isle et de Richelieu, envoyèrent à Mouhy en 1743 et 1744 le journal des opérations militaires de leurs maîtres – ce qui faisait de Mouhy le nouvelliste le mieux renseigné de Paris, mais plongeait le ministre de la Guerre dans la plus grande consternation. « C'est un crime que de cesser un moment de vous plaire », écrit-il à Marville de la Bastille. Mais cette fois, rien ne lui servira de parler une fois de plus de sa femme et de ses cinq enfants, pourtant réellement dans une situation financière désastreuse, et de promettre à Marville de lui être désormais totalement dévoué. « Il faut que cet homme me croie bien sot, répond Marville, s'il s'imagine que je croirai jamais un mot de ce qu'il me dit. »

Après un mois de Bastille, il est relégué pour six mois à Rouen puis disgracié à jamais. Il s'en va alors fonder à La Haye, au pays de la liberté de la presse, une feuille périodique joliment appelée : *Le Papillon ou lettres parisiennes*. Mais il revient bientôt en France où il poursuit inlassablement la rédaction de nombreux ouvrages. « Il a vécu longtemps de ses ouvrages, écrira de lui l'abbé Voisenon, et ce qu'il y a de plus étonnant, c'est que ses libraires en vivaient aussi. »

Il retrouve même quelque emploi auprès des successeurs de Marville qui lui laissent faire la sortie des théâtres. En fait, il en vivait bien mal, et c'est dans une quasi-misère que meurt le chevalier de Mouhy en 1784 à quatre-vingt-trois ans. Ultime prétention, il s'est fait inhumer à Saint-Eustache sous le titre de « Chevalier titré du roi ».

Bref, la seconde moitié de la vie de Mouhy n'aura pas été employée au mieux de ses capacités qui étaient grandes. On en veut pour ultime exemple ce dernier trait : à la fin de février 1745, Marville reçoit une lettre qui lui apprend que, la veille, le roi a augmenté sa pension de 2 000 livres. Or celui qui lui apprend cette bonne nouvelle n'est autre que ce diable de Mouhy qui, du fond de la Bastille où il est alors prisonnier, a réussi à en savoir plus que l'homme le mieux renseigné du royaume et, ce qui est encore plus piquant, sur quelque chose le concernant. Le plus étonnant de l'affaire est que Marville ne s'en étonne pas, se contentant d'écrire au ministre de la Maison du roi : « Mouhy me mande que le roi m'a accordé hier une augmentation de pension de 2 000 livres. Je vous prie d'en recevoir mes très humbles actions de grâce. »

Les mauvais livres

La question de la librairie

Sous l'Ancien Régime, la police ne fait que sanctionner un délit en punissant ceux qui « se sont écartés des bornes prescrites aux imprimeurs ». Ces bornes sont fixées par une législation constante selon laquelle aucun ouvrage ne peut être imprimé sans permission, contrairement à aujourd'hui où le droit d'éditer n'est soumis à aucune condition préalable, mais est astreint en revanche à un dépôt légal et à d'éventuelles poursuites ultérieures. Le système même de la monarchie absolue ne saurait accepter la liberté de la presse et de l'édition pas plus que la religion officielle ne saurait tolérer les « hérésies ». Avec le début du pouvoir personnel de Louis XIV, la surveillance de la librairie et la répression des contrevenants entrent donc dans une phase décisive, encore que les souverains du XVIe siècle n'aient pas manqué de sévir en la matière. Soucieux de liquider définitivement la Fronde, grande productrice de libelles injurieux, Colbert va jusqu'à faire décréter la peine de mort contre les contrevenants. Mais, comme pour les nouvelles à la main, cette sévérité, toute théorique, traduit l'impuissance du pouvoir à endiguer le flot montant de l'édition non autorisée.

Cependant, le problème prend une tout autre ampleur au XVIIIe siècle avec la folle croissance de l'imprimé qui tend de plus en plus à échapper à une réglementation au demeurant complexe. Pour qu'un livre soit autorisé, il doit être soumis à la fois à une censure préalable et à un permis d'imprimer qui peut revêtir plusieurs formes : sur ordre du roi, par privilège ordinaire, par permission du sceau, et de plus en plus par permission tacite. Cette dernière concerne des ouvrages qui n'ont pas le privilège d'imprimer et constitue une tolérance rendue nécessaire par l'emballement de l'édition. On aperçoit le danger pour le pouvoir d'une telle diversité réglementaire qu'aggrave encore la multiplicité des services chargés du contrôle de la librairie : Chambre royale et syndicale des imprimeurs et libraires, bureau de la librairie dépendant du garde des Sceaux et qui délivre privilèges et permissions, inspection de la librairie subordonnée au lieutenant général de police de Paris...

Des séries d'ordonnances tentent entre 1730 et 1750 de lutter contre l'anarchie naissante : libraires tenus d'enregistrer leurs achats (ordonnance de police du 28 septembre 1734), défense de vendre et de distribuer des libelles dans les promenades publiques, les cafés, aux portes des spectacles et des églises (ordonnance de police du 2 juin 1735), interdiction de toute importation subreptice de livres (ordonnance du 25 septembre 1742)...

Une ordonnance royale du 8 juin 1747 dresse un bilan général de la question, devenue véritablement angoissante aux yeux du pouvoir : « Sa Majesté étant informée que la licence touchant l'impression et le débit des livres serait parvenue à un tel point que toutes sortes d'écrits sur la religion, sur le gouvernement de l'État, et contre la pureté des mœurs, imprimés dans les pays étrangers ou furtivement dans quelques villes de son royaume, sont introduits par des voies obliques et détournées dans sa bonne ville de Paris, et y sont distribués par gens sans qualité et sans aveu, qui les colportent dans les maisons particulières, dans les hôtelleries, cabarets, les cafés, et même par les rues, ou qui les débitent à des étalages de livres sur les ponts, quais, parapets, carrefours et places publiques ; [...] et que ces abus également défendus par les ordonnances et règlements intervenus sur le fait de la librairie et de l'imprimerie ont fait un tel progrès, que ceux préposés pour y veiller n'ont pu en arrêter le cours, ni même exercer la police qui leur est commise, sans exposer leur vie par la rébellion et la violence de ces sortes de gens, qui sont soutenus par les gagne-deniers servant sur les ports, et autres de la populace... »

À quoi, l'ordonnance royale « renouvelle les défenses de l'introduction, impression et débit des livres contraires à la religion, à l'État et aux bonnes mœurs ; et fait pareillement défense de faire aucun étalage de livres ». L'ordonnance énumère en outre les peines encourues : confiscation, amende, prison « et autres plus grandes peines s'il y échet ». Un édit de 1757 ira même jusqu'à punir de mort le colportage des livres clandestins. Une nouvelle fois, la peine prévue est d'autant plus sévère qu'on sait par avance qu'elle ne sera jamais mise à exécution. En revanche, 330 personnes entrent à la Bastille entre 1721 et 1751 pour délits de librairie.

En 1737, deux mesures ont intensifié la petite guerre entamée depuis la Régence entre le monde du livre et le pouvoir. D'abord d'Aguesseau, garde des Sceaux, a nommé au Bureau de la librairie le comte d'Argenson, fils du célèbre lieutenant de police de Louis XIV et lui-même nommé deux fois à cette charge sous la Régence. C'est l'amorce d'une spécialisation qui va aboutir à la création en 1750 d'une véritable direction de la librairie. Ensuite, toujours en 1737, le lieutenant général de police Hérault, qui a de son côté la surveillance de l'entrée des livres « étrangers » dans Paris, fait nommer un inspecteur à la Chambre syndicale qui examine les ballots de livres arrivant de province ou de l'étranger, examen qui jusqu'alors, précise l'ordre du roi du 24 juin créant cette nouvelle fonction, « donne lieu à l'introduction et à la vente et distribution d'une infinité de livres prohibés par les règlements, dont les imprimeurs et libraires font souvent eux-mêmes un commerce public ».

Or ce poste apparemment subalterne est confié en 1748 à Joseph d'Hémery. « Le sieur Tapin, lieutenant de robe courte, explique la lettre de commission, qui a été chargé de veiller à l'exécution des règlements concernant la librairie et sur la conduite des colporteurs, s'étant retiré, il convient de nommer à sa place une personne intelligente et en état de nous rendre compte de ce qui se passera sur cet objet ; à ces causes, nous avons commis le sieur d'Hémery, officier de robe courte, pour tenir la main à l'exécution des règlements concernant la librairie, constater les contraventions qui y seront faites, arrêter et conduire en prison les colporteurs et autres qui ne seront pas autorisés et approuvés par nous et par la Chambre syndicale, et nous rendre compte exactement de tout ce qu'il apprendra de contraire à la bonne police et au bon ordre... »

Cette lettre de nomination appelle deux commentaires : d'abord que les attributions de l'inspecteur de la librairie vont bien au-delà du seul examen des ballots entrant dans Paris ; ensuite que c'était un heureux temps que celui où l'on exigeait d'un fonctionnaire ayant un poste de responsabilité qu'il soit d'abord intelligent. Et intelligent, d'Hémery l'est...

D'Hémery va surveiller la librairie pendant vingt-cinq ans, aidé seulement de trois adjoints. Tandis que défileront au-dessus de lui directeurs de la librairie et lieutenants généraux de police, il va effectuer des tâches multiples en s'appuyant sur une machine policière désormais bien rodée : d'abord la surveillance des imprimeurs, des libraires, des colporteurs et surtout des auteurs sur lesquels il finit par constituer un véritable fichier détaillé de 500 noms d'où ne sont pas exclues les critiques littéraires (« La Barre écrit une prose passable, mais ses vers laissent fort à désirer », note-t-il par exemple). Mais d'Hémery ne se contente pas de faire du renseignement. On le voit fouiller les ballots dans les ports de Paris, inspecter les bibliothèques particulières mises en vente, saisir un peu partout les livres prohibés, poursuivre les coupables et la plupart du temps les attraper, courir en province pour prolonger certaines enquêtes, assurer enfin le service des nouveautés, à commencer par les titres prohibés, à quelques très hauts personnages tels que la marquise de Pompadour qui est une lectrice ou en tout cas une bibliophile enragée.

En 1760, malgré les protestations véhémentes du monde du livre, ou plutôt, comme on disait alors, de la république des lettres, il obtient le droit par arrêt du Conseil d'État d'opérer des visites domiciliaires dans les imprimeries et les librairies. Le mémoire qu'il adresse le 21 octobre 1773 au lieutenant général de police en dit long sur l'étendue de ses attributions : « Après au-delà de vingt-cinq ans de travaux dans la partie de la librairie, lorsque le sieur d'Hémery s'aperçoit que l'âge l'appesantit tous les jours, et qu'il sent les approches de la vieillesse par des infirmités qui, quoique légères, annoncent celles qu'elles doivent bientôt amener à leur suite, celui-ci pourroit-il différer plus long-tems de songer à se procurer quelque repos ? »

C'est donc de retraite qu'il s'agit. Pas tout à fait cependant car, après un aussi modeste début, d'Hémery demande seulement qu'on lui « diminue ses travaux » et que « pour sa retraite », on lui conserve la visite des imprimeries, l'inspection des graveurs et des fondeurs de caractères et enfin le service de deux exemplaires de toutes les « nouveautés » licites ou non (un au magistrat de tutelle et un pour lui, « comme pour le passé »). Il serait dommage en effet que sa bibliothèque, à laquelle il ne manque aucun ouvrage prohibé, ne soit plus alimentée.

Quant au nouvel inspecteur, que d'Hémery puisse, les premiers temps tout du moins, en surveiller les fonctions (ce qui devient sous sa plume « lui donner tous ses soins ») qui, au fil des années, sont devenues aussi importantes que nombreuses : inspection des auteurs, libraires, imprimeurs et colporteurs, recherche des imprimeries clandestines et des ouvrages imprimés sans permission, vérification de toutes les plaintes et renseignements intéressant la librairie, surveillance des « colporteurs sous le manteau », des écrivains publics, des garçons et ouvriers imprimeurs, perquisitions, enfin capture des contrevenants après délivrance d'une lettre de cachet...

Il en est décidé ainsi car, précise le lieutenant général de police, « il a mérité, après ses longs travaux, de conserver une retraite pendant laquelle il puisse encore employer son zèle pour le service et être utile au gouvernement ». Et quand survint la Révolution, d'Hémery était toujours inspecteur de la librairie.

En 1750, le chancelier de Lamoignon, « protecteur-né de la librairie », crée une direction de la librairie qu'il donne à son fils, Malesherbes. À la différence de d'Hémery, nommé deux ans auparavant au poste d'inspecteur sous l'autorité directe du lieutenant de police, Malesherbes n'est pas un policier. Président de la Cour des aides, il s'y fait remarquer par des remontrances contre l'usage abusif des lettres de cachet qu'il accuse de s'être « prodigieusement multipliées ». Et pourtant, il va diriger pendant treize ans les affaires de librairie dont la répression se règle principalement à coups de lettres de cachet.

D'ailleurs, quand le Parlement s'en mêle, il n'est pas plus tendre, et l'on voit par exemple M. de Saint-Fargeau, président à mortier, sévir sans relâche contre les délinquants en matière de librairie. Ainsi, le 2 octobre 1768, il fait lacérer et brûler par l'exécuteur des hautes œuvres trois livres contraires à la religion et aux bonnes mœurs. Le même jour, les deux vendeurs sont marqués au fer rouge avant d'être envoyés aux galères, l'un pour cinq ans, l'autre pour neuf ans. Il est vrai, raconte Bachaumont, que chacun se récria contre la sévérité de M. de Saint-Fargeau qui n'aimait que les chats et qui, quelques mois avant cet arrêt, en avait caché un sous sa robe pendant une séance du Parlement, mais celui-ci avait miaulé si fort qu'on avait découvert le pot aux roses et qu'il avait fallu mettre l'animal dehors.

Parlant de Malesherbes, Sainte-Beuve dira : « Il était impossible qu'il n'indisposât point presque tout le monde » (*Causeries du lundi*). D'un côté en effet, cet homme bon et juste, ami des philosophes, protège l'*Encyclopédie* contre la volonté de Versailles ; de l'autre, il lui faut bien présider, certes avec modération, à la lutte contre des libelles qui d'ailleurs se caractérisent plus souvent par leurs basses calomnies que par leurs qualités littéraires.

Chose amusante, les philosophes de l'*Encyclopédie* ne sont pas les derniers à lui demander de sévir et l'on voit notamment d'Alembert écrire le 23 janvier 1758 à Malesherbes pour lui demander de punir Fréron, agent du parti dévot, déjà embastillé l'année précédente pour avoir diffusé des écrits injurieux aux Espagnols. Cette fois d'Alembert reproche à Fréron de l'avoir mêlé aux attaques contre l'*Encyclopédie* qui se trouvent dans *les Cacouacs*, pamphlet pourtant bien réjouissant dépeignant les encyclopédistes comme une peuplade pleine de séduction mais acharnée à détruire la morale, la religion et l'État. Dans une longue lettre, finement ironique, Malesherbes répond à d'Alembert qu'il devrait être au-dessus de cela et que ses « principes sont qu'en général la critique littéraire est permise ». Mais, à l'abbé Morellet, autre collaborateur de l'*Encyclopédie*, Malesherbes écrit plus nettement qu'il ne comprend pas qu'on demande froidement justice de Fréron au moment où paraît l'article « Genève » dans le tome VII de l'*Encyclopédie*.

La différence de personnalité entre un d'Hémery et un Malesherbes illustre assez bien les hésitations d'un gouvernement qui, en matière de librairie comme ailleurs, n'ose faire franchement pencher la balance ni du côté du libéralisme ni du côté de l'autoritarisme. Toujours est-il que les nouveaux services ont le plus grand mal à contrôler une édition en pleine expansion à partir du milieu du XVIIIe siècle. La permission tacite, qui ne devait être qu'une tolérance, tend à devenir la règle générale pour les 44 000 ouvrages imprimés entre 1750 et 1789. Cette situation de semi-clandestinité favorise par contamination l'apparition puis la multiplication des ouvrages franchement clandestins, soit après une interdiction (prononcée plus souvent par la Sorbonne ou le Parlement que par le pouvoir royal), soit plus souvent pour avoir choisi dès le départ la clandestinité. Un rapport de 1748 au lieutenant de police, qui dresse l'état de toutes les « nouveautés », compte autant d'ouvrages clandestins que d'ouvrages par permission tacite.

Mais qu'en pensent auteurs et éditeurs ? Diderot s'est longuement expliqué sur la question dans une *Lettre historique et politique adressée à un magistrat sur le commerce de la librairie*. Ce mémoire a été rédigé en juin 1767 à la demande du lieutenant de police Sartine. Diderot y réclame la « permission tacite » systématique pour lutter contre l'impression à l'étranger qui constitue, selon lui, le vrai danger. L'anonymat permet les pires choses, et on n'aurait certainement pas le front de s'adresser au magistrat, ajoute Diderot, « pour ces productions infâmes dont les auteurs et les imprimeurs ne trouvent pas assez profondes les ténèbres où ils sont forcés de se réfugier, et qu'on ne publierait en aucun lieu du monde [...] sans être poursuivi par la vengeance publique ». Diderot estime que, de toute façon, la prohibition n'empêche pas les livres de circuler, et ne sert qu'à leur faire de la publicité : « et combien la condamnation n'en a-t-elle pas fait connaître que leur médiocrité condamnait à l'oubli ? Combien de fois le libraire et l'auteur d'un ouvrage privilégié, s'ils l'avaient osé, n'auraient-ils pas dit aux magistrats de la grande police : "Messieurs, de grâce, un petit arrêt qui me condamne à être lacéré et brûlé au bas de votre grand escalier." »

Le plus illustre représentant de la philosophie des Lumières pense donc, comme le pouvoir, qu'il y a des mauvais livres, des productions « infâmes ». Par contre, il préconise pour tout remède un laxisme généralisé et ne propose guère de protection contre la diffamation ou la calomnie éventuelle, sinon « une sorte de bienséance qui satisfasse les petits esprits ». Il récuse enfin le système anglais : « La chose est tout à fait différente à Londres ; il n'y a ni privilèges ni censeurs. Un auteur porte son ouvrage à l'imprimeur, on l'imprime, il paraît. Si l'ouvrage mérite par sa hardiesse l'animadversion publique, le magistrat s'adresse à l'imprimeur ; celui-ci tait ou nomme l'auteur : s'il le tait, on procède contre lui ; s'il le nomme, on procède contre l'auteur. Je serais bien fâché que cette police s'établît ici ; bientôt elle nous rendrait trop sages. »

Quant aux libraires qui crient si fort quand le lieutenant de police les fait emprisonner pour avoir vendu des ouvrages prohibés, c'est à leur sollicitation qu'une lettre de cachet envoie à la Bastille, en 1725, le doyen des colporteurs et des imprimeurs. Serait-ce, par mesure syndicale, pour le colportage d'un ouvrage n'ayant reçu aucune permission ? Non. C'est pour avoir osé se charger d'un ouvrage, *le faux prosélyte*, où ils étaient vilipendés.

Libelles

Le décor ainsi posé, qui entre à la Bastille et pourquoi ? Il faut d'abord remarquer qu'une grande partie des auteurs de libelles rejoint le monde des nouvellistes, surtout dans la catégorie famélique, facile à utiliser par la police et que Sartine dépeindra comme une « classe d'hommes plus indépendants en apparence que beaucoup d'autres, besogneux et avides d'argent, toujours aux cent coups pour en avoir, et par cela même faciles quoique dangereux à gagner, car la vanité leur fait débiter à tort et à travers tout ce qu'ils savent ». À ces gens de plume s'ajoutent libraires, colporteurs et imprimeurs tantôt avec pignon sur rue, tantôt clandestins, et souvent les deux à la fois.

Les premiers cas sanctionnés par une détention à la Bastille apparaissent dès le début du règne de Louis XIV. Installées par Mme Foucquet en personne dans les faubourgs de Paris, pas moins de quatre imprimeries clandestines travaillent en effet à imprimer des mémoires en faveur du surintendant, jusqu'en 1663, date à laquelle sept ouvriers typographes sont arrêtés et enfermés à la Bastille pendant dix-huit mois. Estimant toutefois avoir été assez sévère avec Nicolas Foucquet, le roi donne l'ordre que son épouse ne soit pas inquiétée.

Les délits de librairie sont toutefois beaucoup moins nombreux sous le règne de Louis XIV qu'au XVIIIe siècle. Les motifs sont multiples, et on punit avec une égale constance les auteurs, tel, en 1693, ce « faiseur de libelles dangereux remplis d'injures atroces contre la France, le gouvernement et les ministres », mais aussi les imprimeurs, les colporteurs, les libraires...

On punit, mais avant, on surveille : « Le libraire Bellay, que je croyais mort, vit encore, écrit, dans un rapport de 1701, le lieutenant de police au ministre, mais il n'est plus en état de conduire sa boutique, et c'est sa femme qui la gouverne. J'ai enfin découvert qu'elle avait un magasin secret chez un relieur nommé Julien, et il s'y est trouvé quatre-vingt-quatre exemplaires de la pièce latine qui renouvelle la querelle de Confucius, et qui critique sans ménagement la censure de Sorbonne. C'est le sieur Coulo, bibliothécaire des Quatre-Nations, qui en est l'auteur. Il avait pour associé le nommé Prieur, maître de pension, pour imprimeur le nommé Wit, et pour correcteur d'imprimerie le nommé Canu, garçon de sa bibliothèque. Tous ces faits sont constants, et il ne sera pas difficile d'en assurer la preuve si vous l'ordonnez. Cependant, j'ai fait arrêter la femme de Bellay et le relieur, son complice, mais j'ai différé de les envoyer au Châtelet. Je ne sais même s'il ne serait point plus à propos de faire conduire le relieur à la Bastille ou à Vincennes pour deux ou trois mois, et la

Bellay à For-l'Évêque, non pour instruire leur procès dans toutes les règles, mais pour contenir les autres libraires par la crainte de l'autorité du roi, qui les touche infiniment davantage que celle de la procédure ordinaire, qui se termine presque toujours à simples amendes. Je croirais aussi que, pour rendre cet exemple plus remarquable, il serait à propos que les boutiques du libraire et du relieur fussent fermées par ordre de Sa Majesté, et que vous mandassiez au sieur Coulo de nous venir rendre compte de sa conduite. »

Si, dans le cas qui précède, l'efficacité de la lettre de cachet, de « l'autorité immédiate du roi », est préférée à une poursuite judiciaire, la Bastille peut tout aussi bien, et une fois de plus sans qu'on sache pourquoi, ne servir que de maison d'arrêt avant un jugement au Châtelet. C'est le cas par exemple en 1691 où trois libraires et un relieur d'abord enfermés à la Bastille pour commerce de livres prohibés sont déférés devant le Châtelet qui en bannit deux hors de la vicomte de Paris et qui envoie les deux autres aux galères pour cinq ans.

L'un des auteurs mis à la Bastille sous le règne du Roi-Soleil mérite qu'on s'y arrête un instant : il s'agit de Gatien de Courtilz de Sandras d'abord mousquetaire, puis cornette au régiment Royal-Étranger avant de devenir capitaine au régiment de Beaupré-Choiseul et d'être finalement cassé. Il est l'un des auteurs les plus féconds de son siècle, écrivant un nombre énorme de romans historiques, à commencer par les apocryphes *Mémoires de M. d'Artagnan* que Dumas recopiera pratiquement mot pour mot pour en faire *Les Trois Mousquetaires*. Il fait partie de ces auteurs méprisés mais sans cesse pillés qu'il faut redécouvrir. Courtilz de Sandras est enfermé à la Bastille le 22 avril 1693 sous l'accusation d'avoir composé, de Hollande, des livres attaquant le roi et la France. Il va y rester six ans, rigoureusement gardé comme le montre ce billet que Pontchartrain écrit en 1694 au gouverneur de la Bastille : « La femme de Courtilz ayant permission de le voir, il faut que vous lui en donniez la liberté pour une fois seulement, et en présence d'un officier, et au surplus que vous empêchiez que cet homme n'écrive et ne reçoive aucune lettre ni mémoire, étant d'un esprit dangereux. » C'est pourtant selon toute vraisemblance à la Bastille que Courtilz a commencé à composer ses *Mémoires de M. d'Artagnan*.

Parfois, souvent même, la Bastille confère à un ouvrage une célébrité qu'il n'aurait pas eue sans cela. Le 2 avril 1676, par exemple, on y enferme Amelot de la Houssaye, auteur d'une *Histoire du gouvernement de Venise*. L'ouvrage, publié chez l'imprimeur du roi et dédié à Louvois, n'a rien pour déplaire au gouvernement, puisque les défauts d'une république en décadence s'y trouvent complaisamment étalés. En revanche, l'ambassadeur de Venise a poussé de telles clameurs qu'il a fallu mettre l'auteur à la Bastille où d'ailleurs on ne le garde que six semaines et où il commence à traduire son ouvrage en italien. Les emportements de l'ambassadeur et le séjour à la Bastille auront pour effet de donner à cette *Histoire du gouvernement de Venise* une publicité inespérée, puisqu'elle connaît en trois ans vingt-deux éditions différentes, avec des traductions en hollandais, en anglais, en allemand, en castillan, sans oublier l'italien.

Comme pour les nouvellistes, les embastillements de libellistes augmentent radicalement à partir de la Régence, et l'on ne saurait les énumérer tous. L'affaire du *Tanastès* illustre assez bien la répression des libelles au milieu du XVIIIe siècle, encore qu'elle implique un nombre exceptionnellement élevé de personnes. Le *Tanastès* était un roman à clefs, satire allégorique des amours de Louis XV avec Mme de Châteauroux. On voit d'abord entrer à la Bastille, au cours de l'été 1745, une bonne vingtaine de libraires et de colporteurs qui y précèdent l'auteur anonyme enfin découvert, une demoiselle Bonafon, femme de chambre de la princesse de Montauban. Marville, qui cherche derrière cette fille inconnue quelque réseau d'auteurs à gages, l'interroge longuement pour conclure finalement qu'elle a agi seule et que c'est parce qu'elle lit beaucoup qu'elle a eu le goût d'écrire. Comme on veut bien considérer que cette fille a constamment vécu comme isolée du monde, on la transfère au bout de dix-huit mois dans un couvent confortable, aux bernardines de Moulins. Elle y reste tout de même douze ans, mais se voit octroyer à sa sortie une petite pension de 300 livres « pour lui aider à vivre dans tel lieu qu'elle voudra ». Mais pour en revenir à l'été 1745, une bonne dizaine d'ouvriers imprimeurs ont suivi à leur tour l'auteur du *Tanastès* à la Bastille – ce qui porte le total au nombre impressionnant d'une trentaine de personnes qui d'ailleurs ne restent emprisonnées que quelques mois.

Plus que la répression pour la répression, la police s'attache à démanteler des réseaux, s'intéressant particulièrement aux imprimeurs qui malheureusement sont légion et joignent à cette industrie, la plupart du temps minuscule, celle de libraire. Ainsi l'affaire du *Tanastès*, qui n'est pourtant au XVIIIe siècle qu'une parmi des centaines d'autres, a permis, à partir de l'embastillement et de l'interrogatoire d'un libraire-relieur de la petite ville de Versailles, la découverte d'une importante filière rouennaise, de dépositaires et de colporteurs, d'abord, chez qui l'on saisit même une *Suite du Tanastès* et que l'on envoie tout de go à la Bastille, d'imprimeurs ensuite, tous de la famille Machuel et bien connus des services de police. Le père, Jean-Baptiste, a déjà été enfermé à la

Bastille en 1715 puis en 1724, entre autres pour avoir imprimé une prétendue lettre écrite « par le Grand Seigneur (?) à l'Empereur portant déclaration de guerre contre les chrétiens », et qui, accuse la police, « était capable de répandre la terreur dans les esprits faibles ». Puis c'est au tour du fils, Pierre, et d'un oncle, Robert, l'un et l'autre enfermés à la Bastille en 1752.

On constate à cette occasion l'étroite imbrication qui existe pour une fois entre l'action de la justice et l'envoi à la Bastille ou dans tout autre maison de force par lettre de cachet : Robert Machuel avait déjà été emprisonné en 1728 par décision de justice dans les prisons du bailliage de Rouen pour impression des *Lettres persanes* et d'une *Suite du parallèle de la religion avec celle des païens*. À la fin de 1752, le voilà à la Bastille avec son neveu. Il n'y restent que deux mois mais pendant ce temps un arrêt du Conseil condamne le neveu à 500 livres d'amende et à la fermeture de sa boutique pour six mois. Quant à l'oncle, un arrêt du même jour, tenant compte de la récidive, le déclare déchu de sa maîtrise d'imprimeur-libraire avec défense de faire désormais commerce de livres, supprime sa boutique à Rouen et confisque presses et caractères d'imprimerie au sein de la Chambre syndicale des libraires et imprimeurs de Rouen. On retrouve de nouveau Pierre Machuel à la Bastille, en 1764, en même temps qu'un autre imprimeur de Rouen, pour avoir débité en librairie : le *Secret des finances divulgué*, le *Traité sur la tolérance* et le *Supplément à l'Antifinancier*.

La liste des libelles prohibés après lesquels la police s'obstine à courir serait infinie. Parmi eux figurent en bonne place ceux qui attaquent la marquise de Pompadour, tel que le *Voyage d'Amathonte*. Son auteur, évidemment anonyme, est le chevalier de Resseguier, officier au régiment des gardes-françaises que la police finit par repérer comme ayant « ses habitudes » chez une femme mariée, la dame Sireuil, « rue des Moulins, la première porte cochère à droite, par la rue des Moineaux. [...] Elle a environ vingt-huit ans, assez jolie, de l'esprit et fait des vers ». La police, qui n'est pas inhumaine, laisse l'imprudent chevalier passer une dernière nuit avec sa maîtresse avant de le conduire à la Bastille où il entre par un froid matin de décembre 1750. La perquisition d'usage à son domicile permet de découvrir le manuscrit autographe ainsi que de méchantes épigrammes du genre de celle-ci :

> Fille d'une sangsue et sangsue elle-même,
> Poisson, dans son palais, sans remords, sans effroi,
> Étale aux yeux de tous son bonheur extrême,
> La dépouille du peuple et la honte du Roi.

On trouve aussi d'autres écrits dont certains sont parfaitement licites, notamment le manuscrit d'une *Ode à Mgr le Dauphin sur sa première campagne*, imprimée en 1746 dans le recueil de l'Académie des jeux floraux. Chevalier, major de la Bastille, écrit le 19 janvier 1759 au lieutenant de police : « Le chevalier de Rességuier, depuis deux jours, fait une triste mine ; il se chagrine au point qu'il n'a pas la force de boire ni de manger. » Alors, comme il est certain que la Bastille ne réussit pas à tous les prisonniers et qu'après tout Rességuier est chevalier de l'ordre de Saint-Jean de Jérusalem, on décide de le transférer le mois suivant à la prison d'État de Pierre-en-Cize, à Lyon, avec mille recommandations de douceur, à cette restriction près qu'il ne devra ni écrire ni communiquer avec qui que ce soit.

D'Hémery en personne effectue le transfert, qui dure trois jours et demi, et profite de ce long voyage pour extorquer quelques nouveaux renseignements au prisonnier : « Il m'a paru sincèrement fâché de son ouvrage, rapporte d'Hémery qui ajoute : il regrette beaucoup Paris et surtout sa maîtresse qui est Mme de Sireuil, femme mariée qui fait des vers et dont je vais m'informer. »

D'autres libelles ne révèlent leur caractère pernicieux que lorsqu'on y regarde de plus près : ce sont les ouvrages et notamment les faux mémoires dans lesquels un auteur anonyme glisse insidieusement satires ou attaques contre le gouvernement et les personnages en vue. La Beaumelle est un spécialiste du genre et se trouve une première fois enfermé à la Bastille en 1753 pour avoir publié une édition falsifiée du *Siècle de Louis XIV* de Voltaire dans laquelle il a introduit des notes injurieuses à la Maison d'Orléans. Il reste emprisonné trois ans mais avec un statut privilégié qui lui permet d'obtenir plusieurs permissions de séjour à Paris pour vaquer à ses affaires.

De nouveau, La Beaumelle est enfermé à la Bastille en 1756, cette fois pour de faux mémoires de Mme de Maintenon comportant le nombre impressionnant de neuf volumes de pseudo-correspondance. Dans un paradoxe qui est bien dans sa manière, la Bastille laisse La Beaumelle accumuler dans sa cellule une véritable bibliothèque de plusieurs centaines de volumes et utiliser ses treize nouveaux mois d'emprisonnement à poursuivre son activité littéraire. Il est vrai qu'il ne s'agit plus que de traduire les *Annales* de Tacite et les *Odes* d'Horace dont il déclame les vers d'une voix de stentor, remplissant d'inquiétude gardiens et officiers. Mais on le laisse aussi écrire bien que son goût de la falsification soit tel que, lors de son premier embastillement, il avait imaginé d'écrire clandestinement à un autre prisonnier de la Bastille en se faisant passer pour une femme. Le correspondant, qui était Antoine d'Allègre, futur compagnon d'évasion de Latude, s'était enflammé progressivement au point de devenir bientôt amoureux fou de cette mystérieuse prisonnière. Les deux correspondants étaient convenus de détruire leurs lettres, mais d'Allègre n'avait pu s'y résoudre et voilà qu'une fouille dans sa cellule avait permis de saisir le précieux paquet entouré d'un ruban – ce qui avait coûté à d'Allègre quelques semaines de cachot, sans compter les sarcasmes de la Bastille entière, gardiens et prisonniers.

L'un des problèmes majeurs qui se pose à la police est la récidive qu'autorise au XVIIIe siècle la brièveté relative des emprisonnements, elle-même causée par la multitude des contraventions aux règlements de librairie. François Gérard, fils d'un marchand de vin, est un de ces nombreux récidivistes enfermés une première fois à la Bastille en 1752, « pour avoir composé une pièce de vers satiriques sur la mort de Mme Henriette, et une autre encore plus abominable contre le roi et contre Mme de Pompadour et contre le gouvernement, et L'École de l'homme, qu'il distribuait dans Paris ». Les interrogatoires de sa femme, d'un colporteur et d'un imprimeur embastillés en même temps que lui, nous permettent de connaître le tirage de L'École de l'homme : 1 500 exemplaires.

Libéré au bout de neuf mois après avoir promis de ne plus jamais écrire sur un sujet qui puisse déplaire, Gérard est néanmoins remis à la Bastille trois ans plus tard pour avoir écrit des épigrammes contre la religion et une comédie, L'Indécis, où il bafoue tout ensemble la marquise de Pompadour (« Marie-Jeanne, fermière de Bel-Air »), le ministre d'Argenson, l'archevêque de Paris et le Parlement. Cette fois la récidive est punie encore plus fortement que d'habitude car Gérard, après dix mois de Bastille, est transféré au donjon de Vincennes où il reste sept ans. Il est vrai que, lorsqu'il s'agit d'auteurs, le pouvoir considère non sans raison que la responsabilité est beaucoup plus grande que celle des imprimeurs, des libraires et des colporteurs.

Autre récidiviste que cette veuve Stochdorff, libraire à Strasbourg, conduite à la Bastille le 20 novembre 1771 pour vente de livres prohibés. Un courrier de la poste de Strasbourg et un cocher de la « voiture » de Strasbourg y sont enfermés en même temps qu'elle pour avoir fait entrer dans Paris des ballots de ces mêmes livres. Tout ce petit monde est libéré au bout d'un mois, mais voilà la veuve Stochdorff de nouveau enfermée à la Bastille en mars 1773 pour avoir recommencé à vendre des livres prohibés. Cette fois l'affaire est jugée au Châtelet qui condamne, par un arrêt du 8 juillet, la libraire à être attachée au carcan en place de Grève avec cet écriteau : « Marchande libraire faisant à Strasbourg en récidive le commerce de livres contraires à la religion et aux bonnes mœurs. » Elle est en outre condamnée au bannissement de Paris et de Strasbourg pour neuf ans.

Souvent, comme pour les Machuel, imprimeurs à Rouen, on ne sort pas de la famille comme chez les Pasdeloup qui battent tous les records en la matière : Jean-Baptiste le fils, relieur et colporteur de livres, est conduit à la Bastille en juillet 1767 pour vente de livres contre la religion et les bonnes mœurs. Dix ans auparavant son père avait déjà été emprisonné à la Bastille pour la même raison. Jean-Baptiste n'y serait pas resté bien longtemps si sa mère, profitant de l'occasion, n'avait demandé une prolongation de détention pour cause d'impiété et libertinage. Du coup, il reste à la Bastille cinq ans au bout desquels on lui fait contracter, comme il était souvent d'usage, un engagement pour servir dans les colonies. Mais voilà que pendant ce temps, la police a découvert que la mère, demandeuse de lettre de cachet contre son fils, se livre elle-même depuis long-temps avec sa fille, âgée de quatorze ans, au commerce des livres prohibés « rela-tifs aux affaires du temps ». Elles sont à leur tour enfermées à la Bastille dans la même cellule où elles restent six mois. Les archives ne disent pas ce qu'il advint par la suite de cette curieuse famille qu'à coup sûr la police continua à surveiller.

Mais que faire contre des infractions aussi répétées ? En 1750, parlant d'un colporteur de « nouveautés », enfermé à la Bastille depuis un an, le lieutenant de police dit : « Cet exemple était bon à faire pour contenir les esprits. » Mais comment parler d'exemple alors que la Bastille doit, à l'instar des affaires de jansénisme, sans cesse relâcher des prisonniers pour en faire entrer d'autres, et cela exactement pour les mêmes motifs ?

Dans la catégorie des écrivains à tout faire, il semble que les abbés en rup-ture de ban soient assez nombreux. Voici par exemple, à la fin de la Régence, l'abbé de Margon, qui a d'abord mis sa plume au service des jésuites, puis du Régent puis des lieutenants de police successifs. Mais comme il a de l'esprit et qu'il est bon poète, il travaille aussi pour son compte, s'employant à écrire force médisances et calomnies sur tout un chacun. Toujours prêt à complaire aux puissants du moment, il s'attaque de préférence à leurs adversaires présu-més. Hélas pour lui, son talent de libelliste l'emporte largement sur son sens politique, car il commet l'erreur de lancer un libelle contre l'évêque de Fréjus, croyant flatter l'inimitié du duc de Bourbon qui vient d'accéder au pouvoir, et pour peu de temps, au lendemain de la Régence. Erreur fatale, car le duc de Bourbon s'en effraie et fait mettre l'abbé Margon en 1724 à Vincennes puis à la Bastille pour montrer qu'il n'est pour rien dans tout cela.

Après un véritable tour de France des nombreuses prisons d'État et maisons de force du royaume qui durera trente-six ans, l'abbé Margon finira ses jours en 1760 aux îles Sainte-Marguerite, prison dure. On peut s'interroger sur les raisons d'une telle sévérité en notant au passage que cette fois encore la Bastille n'a été qu'un maillon d'une longue chaîne d'emprisonnements ayant pour dénominateur commun la lettre de cachet. Il semble que dans le cas de l'abbé Margon, le ressentiment qu'il s'était attiré par ses libelles fielleux qui n'épargnaient personne ait été tellement général qu'un véritable consensus ait présidé à son incarcération définitive.

Autre abbé polygraphe que ce Nicolas Langlet du Fresnoy, compilateur infatigable et éditeur à tout faire à qui la Bastille ne faisait pas peur. La suite le prouva bien puisqu'il y alla cinq fois : la première en 1718 pour un mémoire risquant de brouiller le Régent et le duc de Bourbon ; une deuxième en 1725 pour un mémoire jugé séditieux à propos de l'affaire du ministre de la Guerre Le Blanc dont nous aurons l'occasion de reparler ; une troisième en 1743 pour avoir fait imprimer un ouvrage contrairement aux ordres du garde des Sceaux ; une quatrième en 1750 pour avoir composé un almanach en faveur de la Maison Stuart en dépit de l'exil du prince Charles-Edouard ; et enfin une cinquième fois en 1751 pour un mémoire insolent envers le contrôleur des Finances, sous le pseudonyme du chevalier de Lussan, l'accusant de mauvaise gestion. À chaque fois il n'est resté à la Bastille que quelques mois, ce qui peut paraître étonnant au regard des récidives mais peut-être est-ce une telle accumulation de fautes qui paradoxalement désarmait Versailles ? Ce vieil habitué de la Bastille mourut en 1755 à quatre-vingt-cinq ans, par une froide nuit de janvier. S'étant mis à lire devant sa cheminée, car il lisait autant qu'il écrivait, il s'endormit et tomba dans le feu.

Citons encore pour en terminer avec les abbés libellistes et embastillés, l'abbé Méhégan que d'Hémery capture en août 1751 pour avoir écrit deux pamphlets intitulés Zoroastre et l'Origine des Guèbres ou la Religion naturelle mise en action. Ses aveux spontanés ne lui épargneront pas dix-huit mois de Bastille, pas plus que la supplique qu'il adresse au lieutenant de police : c'est à son insu qu'on a porté son ouvrage chez l'imprimeur dont il ignore jusqu'au nom et d'ailleurs « si de continuelles inquiétudes depuis trois mois, les reproches des personnes les plus chères, la douleur d'une étroite prison, les conséquences qui en rejailliront, m'en ont assez puni ; si la jeunesse, cet âge des erreurs, le peu de temps que j'ai mis à cet ouvrage, la légère part que j'ai eue à son impression peuvent être des excuses, si le sang de mes pères qui a si souvent coulé pour l'État, le plus vif repentir peuvent mériter quelque grâce, souffrez, comme je vous le conjure, d'abréger une captivité que la faiblesse de mon tempérament ferait bientôt mon tombeau ».

En matière de libelles plus qu'ailleurs, la Bastille a eu ses célébrités, à commencer par Voltaire à qui nous consacrons une place à part. Il ne faut évoquer que pour mémoire Mme de Tencin, car ce n'est pas pour cause de littérature mais pour une affaire criminelle qu'elle est enfermée à la Bastille en 1726. Il est vrai que d'une certaine façon les deux choses sont liées, car le salon de Mme de Tencin est déjà en train de devenir célèbre. Au milieu d'une société très mêlée, la mère de d'Alembert y reçoit ou y recevra l'abbé Prévost, Fontenelle, Montesquieu, Marmontel, Helvétius. À cette époque elle était encore assez belle et s'appliquait à avoir des amants. Or voilà que l'un d'eux, conseiller au Parlement de Paris, dont un rapport de police dit qu'« il avait six pieds et plus de haut (c'est-à-dire près de 2 mètres) et pouvait servir les dames », mais qui se voit néanmoins délaissé, a le mauvais goût de se brûler la cervelle dans la chambre à coucher de la dame. Ne voulant pas croire à un tel excès de stupidité, la famille du conseiller saisit la justice – ce qu'un gazetin de police traduit poliment par cette formule : « Les uns disent qu'il ne s'est point suicidé lui-même et d'autres assurent que si. » L'affaire s'aggrave du fait que l'amant défunt a laissé un testament dans lequel il peint sa maîtresse sous les couleurs les plus noires. Mme de Tencin est donc bel et bien accusée d'assassinat et d'abord enfermée au Grand Châtelet le 11 avril 1726.

Une nouvelle fois, il nous est donné de saisir la complexité du fonctionnement de la Bastille où l'on transfère l'accusée le lendemain du fait de sa richesse et surtout de ses relations (N'a-t-elle pas été la maîtresse du duc de Richelieu, de l'abbé Dubois et même du Régent ?). « Elle est actuellement d'une santé si altérée, écrit le ministre Maurepas, qu'elle pourrait difficilement soutenir l'air des prisons du Châtelet. » Toutefois, ajoute Maurepas à l'intention du lieutenant criminel, « l'intention de Sa Majesté n'est pas que cette translation arrête le cours de vos procédures ». Normalement jugée, Mme de Tencin est finalement déchargée de son accusation et sort de la Bastille le 3 juillet 1726 pour retrouver sa brillante société.

Un autre grand nom de la littérature aurait normalement dû figurer sur les rôles de la Bastille : celui de l'abbé Prévost, bénédictin en rupture de ban – ce qui, du fait de la discipline très laxiste de cet ordre à cette époque, demandait une certaine application. Un rapport de police du 30 novembre 1728 nous apprend que ce fils de procureur, âgé alors de trente-deux ans, contre lequel le supérieur de la congrégation de Saint-Maur demande une lettre de cachet, est « d'une taille médiocre, blond, yeux bleus et bien fendus, teint vermeil, visage plein. [...] Il se promène impunément tous les jours dans Paris. C'est lui qui est auteur d'un petit roman qui a pour titre *Les Aventures d'un homme de qualité* et qui a fait beaucoup de bruit dans Paris, à cause d'une sottise qui s'y trouve sur le grand-duc de Toscane ».

Tombe alors de la main du lieutenant de police la terrible apostille « Bon », qui signifie qu'une lettre de cachet va être demandée à Versailles. Mais, entre-temps, le père de *Manon* a eu la bonne idée de fuir en Hollande d'où il reviendra quelques années plus tard pour se réconcilier avec son ordre et devenir même l'aumônier du prince de Conti. Cela n'empêche pas cet inlassable écrivain de composer des nouvelles à la main. L'une d'elles, particulièrement scandaleuse, lui vaut en 1741 une lettre de cachet pour la Bastille. Fort heureusement pour lui, le prince de Conti, qui est son premier lecteur, a vent de la chose et lui donne de l'argent pour qu'il s'échappe à Bruxelles. La police sait tout cela mais que peut-on faire contre la puissante famille de Conti ? L'abbé Prévost ne sera pas un ingrat et, quand il rentrera en France après s'être assuré que Versailles veut bien considérer que la lettre de cachet dirigée contre lui n'a plus cours, c'est en homme enfin assagi et d'ailleurs pourvu d'un bénéfice ecclésiastique qu'il entreprendra une monumentale histoire des Condé, branche aînée de la Maison de Conti.

Plus célèbre de son temps qu'aujourd'hui, il faut citer aussi l'abbé Morellet, l'un des principaux collaborateurs de l'*Encyclopédie*, pour laquelle il rédige les articles sur la religion. Ce fidèle du salon de Mme de Geoffrin a le rare privilège d'y venir plusieurs fois par semaine. Le baron de Frénilly le dépeint ainsi dans ses souvenirs : « Bénéficier, prêtre sans croire en Dieu, et pensionné par l'Église pour la détruire, garçon philosophe quand Voltaire l'appelait l'abbé Mords-les et passé maître dans les dîners du baron d'Holbach, il avait l'esprit pesant, mais caustique ; sec, mais juste ; une grande connaissance des classiques, le goût sûr, l'humeur satirique [...] tenant réputation dans le monde et siégeant à l'Académie, sur le crédit d'ouvrages qu'il avait commencés et qu'il ne finit jamais. »

Mais, Morellet est avant tout un polémiste du parti des philosophes, frondant le gouvernement, appuyant Voltaire contre Pompignan et s'attaquant à Palissot de Montenoy, écrivain ennemi des philosophes (car il s'en trouvait tout de même quelques-uns) qui a composé une comédie satirique intitulée *Les Philosophes*. Cette pièce, commente Barbier, « est en récompense d'une méchanceté au-dessus de tout, jusqu'à la personnalité. On y reconnoît chacun de ceux qu'on a voulu jouer, et on y traite ces philosophes et ces savants comme des coquins qui n'ont cherché qu'à pervertir les mœurs, et à détruire tous les préjugés nécessaires pour maintenir le bon ordre dans la société. » Morellet répond aux *Philosophes* en faisant paraître, anonymement comme il se doit, une *Préface de la comédie des Philosophes* dans laquelle il reconnaîtra lui-même dans ses *Mémoires* « avoir passé beaucoup les limites d'une plaisanterie littéraire ». Toute cette polémique entre gens de lettres aurait laissé le gouvernement indifférent si au passage la princesse de Robecq, qui était mourante, n'avait été insultée.

À partir de là, la répression se met en marche. *La Préface de la comédie* n'est point la véritable préface de Palissot, écrit Malesherbes à Sartine le 26 mai 1760, « c'est au contraire une brochure sanglante non seulement contre Palissot, mais contre des personnes respectables et qui par leur état devraient être à l'abri de pareilles insultes. Ces deux brochures (Malhesherbes parle aussi d'un autre libelle intitulé *La Prière universelle*) ne sont sûrement revêtues d'aucune permission et cependant elles ont été vendues ce matin chez les marchands établis au Palais-Royal et ailleurs avec la même publicité qu'un ouvrage imprimé avec privilège. Je vous supplie, monsieur, de vouloir bien faire cesser ce scandale, mais ce n'est pas assez. Il y a plus de 500 exemplaires de débités et il est temps de mettre un frein à cette licence. Les distributeurs ne peuvent pas échapper à vos recherches, puisque le débit a été public et la rigueur dont on usera contre eux doit les forcer à faire connaître ceux de qui ils tiennent les exemplaires qu'ils ont vendus et vous aidera à remonter aux auteurs ». La suite de la lettre est intéressante car elle prouve à quel point dans le choix que fait le pouvoir de ses lieux d'emprisonnement, la Bastille n'est pas considérée comme une maison de force sévère : « Je crois, monsieur, qu'il est de l'ordre public que la punition soit très sévère, et que cette punition ne se termine pas à la Bastille ou à For-l'Évêque parce qu'il faut mettre une très grande différence entre le délit des gens de lettres qui se déchirent entre eux et l'insolence de ceux qui s'attaquent aux personnes les plus considérables de l'État. Je ne crois pas que Bicêtre soit trop fort pour ces derniers. »

Sartine lâche donc d'Hémery sur la piste toute fraîche. En moins de vingt-quatre heures, celui-ci se saisit d'un libraire, puis quelques jours plus tard d'un colporteur des brochures incriminées qui ne passe par la Bastille que le temps d'y être interrogé avant d'être transféré à Bicêtre. Dénoncé par le colporteur, Morellet est à son tour arrêté par d'Hémery et conduit à la Bastille le 11 juin 1760.

Le récit qu'a laissé l'abbé Morellet de son emprisonnement nous laisse une fois de plus rêveurs sur la manière dont on punit les libellistes à la Bastille. Dès le lendemain de l'interrogatoire traditionnel par le lieutenant de police, au cours duquel Morellet reconnaît bien volontiers sa faute, Malesherbes lui fait envoyer les livres qu'il a demandés à Sartine et on lui donne de l'encre et du papier. Trouvant là le calme et le temps libre qu'il n'aurait certes pas eu en liberté, et profitant des longues journées d'été, Morellet se lance dans l'étude, lit de l'anglais, traduit du latin, rédige quelques essais philosophiques. Il a évalué la durée de sa détention à six mois et réglé un calendrier de lectures et de rédaction sur ce temps. Aussi est-il surpris et pour ainsi dire déçu quand on vient le libérer au bout de deux mois. Il sort après avoir signé une « promesse de ne jamais écrire sur aucune matière qui puisse déplaire au gouvernement et d'employer son temps à des ouvrages utiles ».

Sans qu'on ait véritablement prononcé contre lui un exil, il lui est conseillé de demeurer quelques mois hors de Paris. Mais qu'importe à côté de la publicité littéraire que vient de se faire l'abbé Morellet : « Je voyais quelque gloire littéraire éclairer les murs de ma prison : persécuté, j'allais être plus connu. Les gens de lettres que j'avais vengés, et la philosophie dont j'étais le martyr, commenceraient ma réputation. Les gens du monde qui aiment la satire allaient m'accueillir mieux que jamais. La carrière s'ouvrait devant moi. »

Quels qu'en soient les auteurs, il faut bien dire que la plupart des libelles que poursuit la police ne sont que de la méchante littérature où l'on punit plus de basses attaques contre les personnes que des idées. Mais les libelles ont l'attrait du fruit défendu : « Plus le libelle est défendu, plus on est avide, écrit Mercier à la fin de l'Ancien Régime ; quand on le lit et qu'on voit que rien ne compense sa basse témérité, on est tout honteux d'avoir couru après. On n'ose presque dire, je l'ai lu. [...] On ferait mieux, poursuit Mercier, de traiter la chose par le mépris sans lui donner la publicité de la punition. D'ailleurs, ceux qui siègent sur les gradins supérieurs doivent toujours s'attendre à quelques traits lancés par ceux qui sont en bas. » Mercier voit en outre dans l'activité des libellistes une soupape à l'agitation sociale : « Observons que ces écrits qui flattent plus ou moins la malignité publique dissipent en étincelles fugitives un feu central qui comprimé serait peut-être le volcan. L'inquiétude des esprits et la mauvaise humeur se satisfont complètement avec ces pamphlets ; chacun se croit vengé quand le papier est noirci. Ne faut-il pas donner un jouet à un enfant, de peur que l'étourdi dans son oisiveté ne se mette à casser les meubles ? »

Porno

Dans la répression des livres prohibés, les romans pornographiques (ou si l'on veut érotiques) ont une place à part tout comme ils en auront une après la Révolution dans l'Enfer des Bibliothèques. Ces purs, ou plutôt impurs, produits du XVIIIe siècle ont connu une carrière commerciale autrement fructueuse que les libelles et l'on ne saurait ici les citer tous même dans le cadre des emprisonnements à la Bastille.

Certains titres ne peuvent cependant être passés sous silence en raison de l'étendue de leurs succès. L'*Histoire de Dom B...*, *portier des Chartreux* est de ceux-là et a donné à la police autant de fil à retordre que les *Nouvelles ecclésiastiques*, dans un tout autre registre évidemment. Ce livre paraît à la fin de 1740, précédé d'une épître injurieuse pour le lieutenant de police. Il y a du style, de l'action et de l'humour dans ce roman ainsi que des estampes plutôt moins laides que dans les ouvrages du même genre. La police pourtant ne le goûtera pas : « En général cet ouvrage, consigne un rapport, n'est pas loué, ni bien écrit, et est trop grossièrement obscène. » En tout cas, le succès de scandale est immédiat et aussitôt les éditions pirates prolifèrent – ce qui ne facilite pas la tâche de la police. Il y aura aussi des « suites », comme par exemple les *Mémoires de Suzon, sœur de Dom B... portier des Chartreux*, ou encore un *Dom B... aux États généraux*.

La chasse aux coupables a aussitôt donné des résultats puisqu'on voit entrer à la Bastille, dès décembre 1740, quelques jours seulement après la mise en vente du *Portier des Chartreux*, un colporteur qui le vendait avec d'autres livres obscènes. Comme d'habitude, on trouve à côté de ce qu'on cherche et dans les jours qui suivent la Bastille se referme sur deux imprimeurs, deux graveurs et l'auteur de *L'Almanach de Priape*. Ce petit monde ne reste à la Bastille que le temps d'y être interrogé puis est aussitôt transféré à l'« hôpital », entendons à Bicêtre.

Le mois suivant, en janvier 1741, c'est au tour des imprimeurs et des colporteurs de *L'Art de f...* de faire connaissance avec la Bastille. « C'est une pièce en vers qui est des plus obscènes », précise un inspecteur au lieutenant de police. Les interrogatoires permettent de compléter les prises avec, en février, l'un des imprimeurs et surtout l'auteur Baculard d'Arnaud, polygraphe fécondissime dont l'œuvre, consacrée pour l'essentiel à des romans assez plats et non pornographiques, occupe plus de dix pages du catalogue des imprimés de la Bibliothèque nationale. Pour lui, la Bastille ne sert que d'antichambre à un séjour à la maison de force de Saint-Lazare. On embastille aussi le commanditaire de *L'Art de f...*, un certain d'Harnoncourt de Morsan, avec cette circonstance aggravante qu'on le soupçonne d'avoir ajouté des travaux pratiques sur une petite fille de quatorze ans qu'il entretient à grands frais.

Mais Marville n'oublie pas pour autant le *Portier des Chartreux*, s'appuyant sur les renseignements de nouvellistes qui, à cette occasion, font bel et bien fonction de mouches. Ce qui intéresse le lieutenant de police c'est l'auteur sur lequel un début de piste s'amorce enfin : « L'auteur de *Dom B...* demeure dans une maison à côté de la Comédie, il est âgé d'environ vingt-deux ans, ne porte point d'épée, porte habit noir, perruque nouée blonde ; on le dit avocat. » Il s'agirait, semble-t-il, d'un certain Billard contre lequel on lance une lettre de cachet mais qu'on ne parvient pas à saisir du fait qu'il se déplace sans cesse. Comme il arrive souvent, c'est le lieutenant de police qui, grâce à son formidable réseau de renseignement, informe ses exempts : « M. Dubut, exempt, écrit-il à l'un d'eux, est averti qu'un de ceux dont il a des lettres de cachet pour l'ouvrage du *Portier des Chartreux*, nommé Billard, voltige continuellement, et que ce soir il est allé coucher chez M. Desportes le jeune, peintre. » Demain, il doit aller à la campagne, précise encore la note.

Pendant ce temps de véritables agents provocateurs passent commande du *Portier* pour mieux localiser imprimeries et dépôts clandestins. L'un d'eux se plaint qu'on ne veut plus rien lui vendre. Bref, il est grillé mais la police sait à merveille remplacer, dès qu'il le faut, telle ou telle pièce de son immense machinerie. Comme d'habitude les résultats ne se font pas attendre et l'on enfourne à la Bastille dans les mois qui suivent colporteurs et graveurs du *Portier des Chartreux*. On retrouve aussi, en ce printemps 1741, notre chevalier de Mouhy qui, outre ses détournements de gazetins, a aussi écrit un roman licencieux : *Les Mille et Une Faveurs*. Billard, l'auteur présumé, est enfin arrêté mais il ne reste qu'un mois à la Bastille, au bénéfice du doute. D'autres arrestations de colporteurs et de libraires suivront, mais l'on renoncera bientôt à trouver l'auteur. Dans ce genre d'affaire, on sait le nom aussitôt ou jamais.

En 1746, une suivante de « Mesdames », les filles de Louis XV, n'échappe à la Bastille que de justesse, si l'on en croit les *Mémoires* du duc de Luynes. Qu'avait-elle fait ? Elle avait donné à la princesse Adélaïde, quatrième fille du roi quoique surnommée par lui Madame Troisième, et pour lors âgée de quatorze ans, le *Portier des Chartreux*. L'affaire était grave et l'on s'émut fort au sein de la famille royale. Mais, partie parce que la suivante, Mme d'Andlau, était très aimée de Madame et de surcroît enceinte de quatre mois, partie parce qu'on craignait le scandale, on préféra éloigner la coupable à Strasbourg, où était sa famille.

En 1748, un nouveau roman pornographique prend le relais du *Portier des Chartreux*. C'est *Thérèse philosophe*, qui va connaître plus de vingt éditions jusqu'à la Révolution. La première édition provient d'une imprimerie clandestine cachée dans une chambre près de l'église de Bonne-Nouvelle mais, cette fois, la police est dans le coup avant même que l'ouvrage ne commence à circuler, car deux agents ont réussi à s'infiltrer parmi les ouvriers imprimeurs. On appréciera la précision des renseignements que l'un d'eux, nommé Bonin, adresse le 14 novembre 1748 au lieutenant de police : « Nous comptions finir dans trois semaines *Thérèse philosophe*. Aujourd'hui 14 novembre, entre six à sept heures du soir, il sera fait un transport de feuilles imprimées dudit ouvrage. On suivra le carrosse pour découvrir les entrepôts. Il est aussi nécessaire d'observer Bocheron qui conduit seul cette affaire, Joly et Louvet n'étant que de confiance pour découvrir les gravures. Le dessinateur demeure rue du Roule ; Prudhomme, rue Saint-Jacques, près Saint-Benoît est l'imprimeur en taille-douce ; averti par un parent, ancien de sa communauté, il a été obligé de transporter hors de chez lui deux presses à taille-douce pour continuer l'ouvrage. Nous avons lieu de présumer que l'auteur de *Thérèse* est à Liège. » Et le rapport de continuer ainsi sur deux pages, à aligner noms et adresses. Bonin termine en conseillant qu'il serait néanmoins à propos de laisser vendre « 60 ou 80 exemplaires » de *Thérèse* avant d'opérer la saisie, afin qu'il ne soit pas soupçonné. Aussi magnifiquement renseignée, la police n'a plus qu'à se baisser pour saisir livres et coupables, et les trois imprimeurs clandestins (on ne pousse pas le machiavélisme jusqu'à arrêter Bonin – ce qui est une faute) ainsi que l'auteur présumé, d'Arles de Montiguy, font leur entrée à la Bastille le 2 février 1749.

Saisie

La police court tout autant après les livres eux-mêmes et là encore la Bastille joue un rôle central, puisque c'est dans ses murs que s'effectue le dépôt des livres saisis. On voit d'Hémery, sous le règne de Louis XV, effectuer de véritables raids dans certaines villes du royaume à la recherche de ballots de livres clandestins, comme lorsqu'il court à Rouen pour s'emparer d'un ballot du *Portier des Chartreux*, que d'ailleurs il manque. En 1750, toujours à la recherche du fameux *Portier*, il en trouve toute une édition, *horresco referens*, dans la chapelle du roi à Versailles. Le coupable est un garçon de la « vaisselle du grand commun » qui a trouvé là un moyen efficace d'arrondir ses gages mais à qui cette audace, qui frise le lèse-majesté, va valoir dix-huit mois de Bastille, ce qui est nettement supérieur aux durées d'emprisonnement pratiquées pour ce genre de délit. À ce tarif, Mme d'Andlau, qui avait osé donner le *Portier* à Madame Adélaïde, aurait dû être beaucoup plus sévèrement punie. L'Ancien Régime, c'est aussi cela.

Pour *Thérèse philosophe*, on a vu que l'édition entière avait été saisie par la police avant même d'être mise en circulation. Celle-ci n'avait d'ailleurs pas jugé bon d'en laisser vendre quelques dizaines comme le suggérait l'imprimeur espion, car elle craignait non sans raison que chaque exemplaire en circulation suscite de nouvelles éditions. Aussi d'Hémery entre-t-il en fureur quand il en découvre sept ans plus tard des exemplaires chez un relieur. « Il n'est pas concevable, écrit-il le 1er août 1755 à Berryer, lieutenant général de police, qu'il y en ait encore après les précautions que vous avez fait prendre au sujet de l'édition, à moins que ceux qui ont été employés à cette opération, n'en aient mis à l'écart une quantité. » C'était mettre le doigt sur la plaie...

Il faut aussi une lettre de cachet pour embastiller les livres saisis. Ainsi, les 2 et 13 février 1770, délivre-t-on des ordres du roi pour saisir et transporter à la Bastille les trois premiers volumes de la nouvelle édition de l'*Encyclopédie* ; ou encore en 1772, pour neuf paquets des très jansénistes *Provinciales* de Pascal, toujours interdites. Ce sont de tels titres qui feront dire aux écrivains révolutionnaires puis à la tradition jacobine que l'on saisissait des « éditions entières du génie ». En fait, et surtout si l'on fait une place à part aux écrits jansénistes eux aussi saisis, les ouvrages obscènes ou calomniant les personnes sont les plus nombreux, à moins qu'on ne veuille compter l'ordurier *Amours de Charlot et d'Antoinette* au rang des écrits politiques attaquant le gouvernement de Louis XVI. On emporte aussi à la Bastille des imprimeries entières comme en 1761, ou en 1733 où le lieutenant de police invite le gouverneur à recevoir au château « tous les ustensiles d'une imprimerie clandestine qui a été saisie dans une chambre de l'abbaye Saint-Victor ».

En 1770 le dépôt des livres à la Bastille est devenu si important qu'il a fallu faire des travaux dans le local « pour mettre ces imprimés hors de l'injure de l'air et des saisons ». On ne garde que quelques exemplaires constituant ainsi la plus belle bibliothèque, soigneusement inventoriée, des ouvrages interdits du royaume. Quant au reste, il est mis au pilon, sauf à faire de temps à autre quelques autodafés spectaculaires du genre de celui des *Lettres philosophiques* de Voltaire, lacérées et brûlées par l'exécuteur des hautes œuvres, après un arrêt du Parlement du 10 juin 1734, ou des volumes de la *Philosophie de la nature*, brûlés en place de Grève le 14 décembre 1775.

Périodiquement, une dizaine de sous-officiers s'emploie dans l'enceinte même de la Bastille à lacérer en présence d'un inspecteur des centaines de livres vendus ensuite à des cartonniers. Bien entendu, et à commencer par les inspecteurs mal payés, la tentation est grande de garder quelque chose par-devers soi, ne serait-ce qu'en découpant les estampes des ouvrages pornographiques. Et comment résister quand il s'agit de déchirer des tirages entiers d'estampes ? Passe encore de briser ou de gratter les planches quand elles sont saisies, mais les images elles-mêmes, si séduisantes ? C'est qu'il y en a de toutes les sortes, de la caricature janséniste à l'image obscène, chacune valant beaucoup d'argent.

La Bastille a emprisonné au XVIIIᵉ siècle une cinquantaine de graveurs, à commencer par le célèbre Nicolas Larmessin, à la fin de 1704. Car tout le monde en veut de ces estampes et de ces ouvrages interdits : les subalternes pour vendre des exemplaires devenus introuvables et dont les prix ont bondi du même coup et les grands de ce monde pour enrichir leurs collections de curiosités. On a déjà vu d'Hémery en personne en réclamer le service pour sa bibliothèque. Il en faut aussi pour les ministres sans oublier Mme de Pompadour qui les lit en priorité et les reçoit de la main même du lieutenant général de police. Il n'est pas jusqu'au sévère et redouté procureur général, Joly de Fleury, qui n'en réclame : « On m'a dit, écrit-il à Marville le 23 septembre 1744, que vous aviez fait saisir, à la prière de Voltaire, l'ode qui lui est attribuée et qu'il désavoue. J'ai fait chercher des exemplaires imprimés, je n'en trouve pas ; si vous en avez quelque un de saisi, vous me feriez plaisir de m'en tenir un exemplaire. Vous m'aviez fait aussi une vieille promesse des œuvres de Voltaire, qui ont été confisquées il y a peut-être deux ans ; et, en général, comme je fais assez de cas des ouvrages saisis, il serait fort honnête à vous de penser à moi quand l'occasion s'en présente. » Et le lieutenant général de police de s'employer aussitôt à satisfaire les demandes du procureur général.

La face cachée de Voltaire

Plus que tout autre, avec deux séjours à la Bastille, un exil en Angleterre, sans parler des retraites successives toujours proches d'une frontière qui le conduiront finalement à Ferney, Voltaire incarne le type même de l'écrivain génial persécuté par le pouvoir. Or si le génie ne saurait être discuté, on peut s'interroger sur la persécution, ou plutôt sur les ambiguïtés d'une répression qui a hésité entre la sévérité et la considération. En cela, l'exemple de Voltaire résume à lui seul toute la question du contrôle de la librairie au XVIIIe siècle. Il n'est pas sans intérêt par ailleurs de découvrir par la même occasion un aspect inattendu et caché du grand Voltaire dont la philosophie au quotidien fut quelque peu en contradiction avec celle professée dans ses œuvres. Mais quoi de mieux partagé qu'une vie faite de contradictions ? Voltaire lui-même disait : « Si quelque société littéraire veut entreprendre le dictionnaire des contradictions, je souscris pour vingt volumes in-folio... »

Voltaire a vingt ans lorsque déjà une pièce de vers intitulée *Le Bourbier* provoque un exil à Tulle en 1716 sous le contrôle de son père, ancien notaire au Châtelet, receveur des épices à la Chambre des comptes. Il semble qu'il n'y a pas eu alors de lettre de cachet mais seulement un arrangement provoqué par d'Argenson dont Voltaire a été le condisciple à Louis-le-Grand, chez les jésuites. Pourtant l'année suivante, le jour de la Pentecôte, une lettre de cachet expédie cette fois Voltaire à la Bastille, pour avoir écrit *Puero regnante*, pièce de vers en latin dans laquelle il se fait l'écho de relations incestueuses entre le Régent et sa fille aînée, la duchesse de Berry. La police suspecte en outre Voltaire d'avoir commis d'autres vers sur le même thème :

> *Enfin, votre esprit est guéri*
> *Des craintes du vulgaire ;*
> *Belle duchesse de Berry,*
> *Achevez le mystère.*
> *Un nouveau Lot vous sert d'époux,*
> *Mère des Moabites :*
> *Puisse bientôt naître de vous*
> *Un peuple d'Ammonites !*
>
> *Ce n'est point le fils, c'est le père ;*
> *C'est la fille et non point la mère ;*
> *À cela près, tout va des mieux,*
> *Ils ont déjà fait Etéocle ;*
> *S'il vient à perdre les deux yeux,*
> *C'est le vrai sujet de Sophocle.*

La pièce n'était pas mal tournée et montrait une solide culture classique, mais elle aurait néanmoins coûté très cher à son auteur sous le règne précédent. Cependant les temps ont changé et Voltaire entre à la Bastille dans l'état d'esprit où Morellet en sortira, c'est-à-dire que la publicité qui va s'ensuivre vaut bien quelques jours de Bastille (c'est d'ailleurs au lendemain de sa libération qu'il prend le nom de Voltaire). L'exempt chargé de le conduire écrit à d'Argenson : « Il a beaucoup goguenardé, en disant qu'il ne croyait pas que l'on dût travailler les jours de fête (Voltaire est arrêté le jour de la Pentecôte), et qu'il était ravi d'être à la B., pourvu que l'on lui permît de continuer à prendre son lait, et que, si dans 8 jours, l'on voulait l'en faire sortir, il supplierait que l'on l'y laissât encore 15 jours, afin de le prendre sans dérangement, et qu'il connaissait fort cette maison, qu'il avait eu l'honneur d'y aller plusieurs fois rendre ses devoirs à M. le duc de Richelieu. » Voltaire nie farouchement être l'auteur des vers injurieux bien qu'il reconnaisse qu'il y a déjà longtemps qu'on met sur son compte « toutes les infamies en vers et en prose qui courent la ville. »

On ne le croit guère car il reste emprisonné onze mois au cours desquels il lit Homère (en latin) et Virgile, commence son poème sur la Ligue, termine *Œdipe* qui va le rendre célèbre et écrit un poème plein d'humour sur son arrestation dans lequel il crée le verbe « embastiller » (« Me voici donc en ce lieu de détresse, Embastillé, logé fort à l'étroit... »). Libéré le 14 avril 1718 avec relégation au village de Châtenay, près de Sceaux, où son père a une maison de campagne, il écrit ces lignes au Régent qui a bien voulu lui pardonner : « Monseigneur, je remercie Votre Altesse Royale de vouloir bien continuer à se charger de ma nourriture, mais je la prie de ne plus se charger de mon logement. »

En fait l'été n'est pas achevé qu'on laisse Voltaire revenir à Paris où, bientôt célèbre, il devient un poète mondain et brillant, vedette des salons et favori de la Cour. C'est au cours de cette vie mondaine qu'il se prend de querelle en 1726 avec le chevalier de Rohan dans la loge de Mlle Lecouvreur, à l'Opéra. Le chevalier de Rohan lève sa canne. Voltaire met la main à son épée. Mlle Lecouvreur a la bonne idée de s'évanouir. Les choses auraient pu en rester là mais c'eût été compter sans l'orgueil des protagonistes. Le chevalier de Rohan n'est pas un saint et a été lui-même enfermé à la Bastille non pas comme son aïeul pour être exécuté mais une seule journée, l'année même du premier embastillement de Voltaire, pour avoir manqué de respect à la princesse de Conti au bal de l'Opéra. Dans sa querelle avec Voltaire, qui fait grand bruit, il prend la figure d'un champion de la noblesse, laquelle est lasse des grands airs que se donne Voltaire. Ne parle-t-il pas maintenant de duel ? Quelques jours plus tard, Rohan montre comment un noble se bat contre un roturier en faisant bastonner Voltaire en plein jour, « assisté, écrira la victime, de six coupe-jarrets derrière lesquels il était hardiment posté ». À quoi, Rohan répondra modestement : « Je commandais le travail. »

Le maréchal de Villars est le seul à noter que Rohan venait de faire une mauvaise chute de cheval « qui ne lui permettait pas d'être spadassin ». C'est possible mais nombreux sont ceux à la Cour qui applaudissent et l'abbé de Caumartin lui-même, conseiller d'État et protecteur de Voltaire, ajoutera : « Nous serions bien malheureux si les poètes n'avaient point d'épaules. » Ce n'est pas ainsi que le comprend Voltaire qui ne parle plus que de se venger, écrit partout, achète des armes et réunit chez lui des traîne-rapières de la plus mauvaise mine. La famille de Rohan s'inquiète et demande au duc de Bourbon une lettre de cachet contre Voltaire. La police craint aussi que Voltaire « fasse quelque coup d'étourdi » et il n'en faut pas plus pour que notre malheureux poète soit de nouveau enfermé à la Bastille le 17 avril 1726. Le lieutenant de police écrit à cette occasion : « Le sieur de Voltaire a été trouvé muni de pistolets de poche, et la famille, sur l'avis qu'elle a eu, a applaudi unanimement et universellement à la sagesse d'un ordre qui épargne à ce jeune homme la façon de quelque nouvelle sottise, et aux honnêtes gens, dont cette famille est composée, le chagrin d'en partager la confusion. » Mais Hérault écrit par ailleurs : « Le sieur de Voltaire est d'un génie à avoir besoin de ménagements. »

On saisit au passage la diversité de fonctionnement de la grande prison d'État. La première fois, il s'agissait de punir et, si on laissa Voltaire lire et écrire à son aise, on le tint strictement renfermé pendant onze mois. Cette fois, il s'agit de rassurer la famille de Rohan et de protéger Voltaire contre lui-même. On le ménage donc, en le faisant manger à la table du gouverneur, en le laissant recevoir ses amis et surtout en le libérant au bout de douze jours avec toutefois un exil à cinquante lieues de Paris.

Dans cette circonstance comme dans la suite de son existence, Voltaire en bon fils de notaire, nous révèle un goût assez extraordinaire pour la procédure. Pendant son court emprisonnement, il a assailli Hérault de plaintes et de requêtes qui constituent le début d'une correspondance assidue avec les lieutenants de police successifs. Il réussit à échanger son exil contre une permission d'aller en Angleterre, insistant pour que ce séjour ne passe pas aux yeux du public pour un exil plus grand. Au moment où Voltaire se prépare à être reçu à bras ouverts par la société anglaise, une épigramme vengeresse paraît contre le chevalier de Rohan mais elle est trop mauvaise, estime la police, pour qu'on songe à l'imputer à Voltaire. Heureux temps où la police savait juger de ces choses...

Voltaire obtient la permission de revenir en France en 1729, d'abord à Saint-Germain avec résidence forcée, puis quelques mois plus tard à Paris. « Je suis persuadé, lui écrit le ministre Maurepas, que vous vous observerez à Paris et que vous ne vous y ferez point d'affaire qui puisse vous attirer une disgrâce. » Voltaire a élu domicile tout en haut de la rue de Vaugirard, dans une maison qu'il sous-loue à une dame Travers. Or, le 16 août 1730, on le surprend en train de rédiger en bonne et due forme une demande de lettre de cachet contre sa logeuse. « À Monsieur Hérault, conseiller d'État, lieutenant général de police [...] la nommée Travers, déjà mise une fois à l'Hôpital, continue à donner un scandale public, poussé aux derniers excès, s'enivrant tous les jours, battant ses voisines, jurant le nom de Dieu qu'elle mêle aux paroles les plus infâmes, se découvrant toute nue et montrant ce que la pudeur ne permet pas de nommer, menaçant de mettre le feu aux maisons voisines, et tenant tout le quartier dans une alarme perpétuelle. Lesdits habitants espèrent de votre justice que vous daignerez mettre ordre à ce scandale. » Non seulement la signature de Voltaire qui figure parmi celles des voisins au bas de la pétition ne lui a pas été extorquée, mais le placet est de sa propre main et c'est lui qui mène l'affaire contre sa logeuse. Le lieutenant de police demande une enquête au commissaire du quartier du Luxembourg qui confirme les accusations du placet, mais ajoute que la femme Travers se plaint de son côté, et avec quelque apparence de vérité, d'avoir été molestée par les domestiques de Voltaire et que celui-ci l'aurait menacée de lui brûler la cervelle. Le commissaire du Luxembourg n'est pas loin de penser qu'en fait Voltaire cherche à évincer la femme Travers de la maison qu'il occupe et, dans le doute, la lettre de cachet se fait attendre.

Voltaire s'obstine, écrit au lieutenant de police et suscite une nouvelle pétition décrivant de nouveau la femme Travers comme un objet permanent de scandale, sans cesse ivre et pleine d'injures, « blasphémant le saint nom de Dieu » – ce qui sous la plume de Voltaire ne manque pas de sel –, « en outre faisant même des figures (?) capables de pervertir la jeunesse et de causer des divisions dans les ménages ». Le placet qui continue sur ce ton sur deux pages, ajouté à une nouvelle lettre pressante de Voltaire à Hérault, emporte finalement l'octroi d'une lettre de cachet pour la Salpêtrière, le 25 novembre 1730.

Une contre-pétition des sœurs de la femme Travers, qui s'indignent de cette arrestation ainsi que des contre-témoignages du quartier, incite toutefois le lieutenant de police à faire libérer Sébastienne Travers au bout d'un mois, ce qui, pour la Salpêtrière, est très peu et en dit long sur le non-fondé des accusations.

De toute façon la question est ailleurs. Certes, Voltaire qui n'a alors que trente-six ans n'est pas encore devenu le patriarche de Ferney. Toutefois Voltaire, deux fois « victime » d'une lettre de cachet, n'a pas hésité à utiliser cet instrument pour ses propres intérêts, au demeurant fort mesquins. Souligner les contradictions de Voltaire revient à mettre en évidence celles de tout un mouvement de philosophes qui pour être acharnés à lutter contre l'arbitraire royal, n'en étaient pas moins fort attachés à le réclamer contre ceux qui les dérangeaient dans leur sommeil.

Quatre ans plus tard pourtant, avec la publication sans autorisation des *Lettres philosophiques*, la première bombe contre l'Ancien Régime dira Lanson, une nouvelle lettre de cachet est lancée contre Voltaire qui a le temps de s'enfuir en Lorraine, prélude à sa première retraite, au château de Cirey. En revanche, Jorre, son imprimeur, est mis à la Bastille et destitué de sa maîtrise. Un procès s'ensuit à la demande de Voltaire qui, comme d'habitude, se pose en victime. Au pauvre Jorre vite relâché mais déjà ruiné, qui a eu l'audace de faire paraître un mémoire essayant de le disculper, Voltaire prend la peine de répondre par un autre factum qui indigne l'opinion. « Celui-ci a indisposé tous les honnêtes gens contre notre poète, écrit l'abbé Le Blanc à un parlementaire, il n'y a qu'un cri d'indignation publique contre lui ; pour comble de maladresse, son propre mémoire est encore plus contre lui que celui de son libraire ; la vanité, les airs de bienfaiteur, un certain ton d'impudence qu'il y fait sentir partout, surtout les mensonges qu'il y avance avec tant d'effronterie sur sa pauvreté et sur sa générosité, tout cela fait crier contre lui. Pour le coup, le voilà, je pense, bien loin de l'Académie ; ses amis se cachent, lui-même, agité comme un démon, tourmenté par son maudit esprit, ne peut plus tenir à Paris et il part ces jours-ci. »

Jorre prétend en outre que c'est Voltaire qui l'a dénoncé à la police comme ayant imprimé les *Lettres philosophiques* sans sa permission – ce qui n'est pas impossible car Voltaire, qui veille très étroitement à ses intérêts, ne craint pas d'écrire des lettres de dénonciation, assaillant les lieutenants de police successifs de plaintes et de flagorneries. Il ne se passe guère de mois sans que Marville ne reçoive une plainte de Voltaire. « Ce n'était pas assez que les libraires aient imprimé sous mon nom l'ode aussi punissable que méprisable, au sujet de laquelle je vous ai dénoncé la Bienvenu, il faut encore que Prault, le libraire, imprime et défigure mes véritables ouvrages », lui écrit-il le 22 octobre 1744, en ajoutant : « votre place et votre goût vous engagent à protéger les arts... » À chaque fois, c'est Voltaire qui mène d'abord l'enquête et presque à chaque fois, il obtient l'arrestation de ceux qu'il accuse. Bref, Voltaire est un chicanier de premier ordre, et quand ses plaintes ne sont pas assez vite suivies d'effet, il ne craint pas d'adresser les plus vives récriminations aux lieutenants de police dont la patience est tout à fait étonnante. Avant la magistrature de Marville, Hérault aura même droit à cette ode dépitée encore que prudente :

> Ma voix vous nommerait, vous dont la vigilance
> Étend des soins nouveaux sur cette ville immense,
> Si vos jours, consacrés au maintien de nos lois,
> Vous laissaient un moment pour entendre ma voix.

Aucun adversaire n'était trop mince pour Voltaire. On l'avait bien vu quand il s'était pris de querelle avec l'abbé Desfontaines, critique littéraire si malfaisant qu'un rapport de police disait de lui : « Il est trop méchant pour n'être pas protégé. » Par un beau jour de 1725, un peu avant son altercation avec le chevalier de Rohan, Voltaire avait reçu une supplique de l'abbé Desfontaines invoquant leur éducation commune chez les jésuites et lui demandant d'intercéder pour qu'on le fasse libérer de Bicêtre où il était enfermé injustement pour crime de sodomie. Trop content de rendre service à un critique littéraire, Voltaire avait fait une belle lettre et même plusieurs au lieutenant de police, défendant le « pauvre abbé Desfontaines », assurant qu'il était « incapable de ce crime infâme » et dont tous les gens de lettres connaissaient le « mérite supérieur ». Hélas, l'enquête de police révéla après coup que la pédérastie de Desfontaines n'était que trop réelle et du même élan, un abbé Théru, grand dénonciateur de sodomites, écrivit à la police que si Voltaire défendait ainsi Desfontaines, c'est qu'il était lui-même de la gent sodomite. Horrifié, Voltaire qui s'était d'abord vanté d'avoir tiré l'abbé de Bicêtre ne sut plus désormais quoi inventer pour se démarquer de l'importun abbé qui avait repris dans Paris ses nombreuses fonctions d'écrivassier. Une guerre de libelles s'ensuivit comme seule cette époque sut en inventer. Contre Desfontaines, Voltaire écrivit, outre quelques épigrammes féroces, *Le Préservatif*, en laissant au chevalier de Mouhy la paternité de cet engin littéraire. Desfontaines, qui n'avait jamais brillé par ses qualités d'écrivain, répondit en donnant du même coup son meilleur écrit, *La Voltairomanie*. Chacun demanda justice contre l'ouvrage qui l'attaquait. La police daigna considérer la question. La république des Lettres comptait les points.

● ● ●

CHAPITRE 6

Le « droit commun »

À la différence des affaires touchant à la personne ou à la dignité du souverain, de celles concernant la religion, et dans une moindre mesure des infractions ayant trait à la librairie, ce qu'on appellerait aujourd'hui le droit commun, qu'il s'agisse de délits caractérisés relevant de nos correctionnelles ou de nos Cours d'assises, figure à la Bastille, tous délits confondus, à la toute première place avec plus de 30 pour 100 des motifs d'embastillement.

C'est assurément beaucoup si l'on se place dans la logique même des prisons d'État et des lettres de cachet qui fonctionnent sous l'Ancien Régime comme des institutions de répression capables d'agir là où la justice régulière ne peut aller. Bref s'il est « normal » de trouver à la Bastille des courtisans punis, des espions vrais ou supposés, des protestants et même des nouvellistes (encore que ces derniers soient *de jure* des délinquants), on ne devrait pas y trouver de voleurs ou de criminels. En effet, l'Ancien Régime a ses tribunaux, capables de juger et d'envoyer un condamné aux galères ou à la potence, hors de la lettre de cachet, cette « autorité immédiate » du roi louée si souvent par les lieutenants généraux de police.

Mais ce serait compter sans la complexité des institutions de l'Ancien Régime, beaucoup plus pragmatiques que les nôtres, et sans le fait que la Bastille peut tout aussi bien faire fonction de prison préventive que de prison centrale ou encore de maison de force subordonnant le temps de détention à l'amendement d'un correctionnaire. Ce côté «Bastille à tout faire» s'explique, entre autres raisons, par l'exiguïté et le mauvais état des prisons préventives, l'inexistence de prisons centrales (il n'y a pas de peines afflictives de prison sous l'Ancien Régime), ainsi que par la coutume qui s'est progressivement installée de faire de la Bastille le lieu par excellence de l'interrogatoire du lieutenant général de police – d'où la grande rotation des prisonniers et la diversité des cas. Le lieutenant de police renseigné, que passe la justice ou, si le roi préfère, qu'elle ne passe pas. C'est un peu moins vrai au XVIIIe siècle que sous le règne de Louis XIV, mais la lettre de cachet a toujours raison.

Il est de toute façon bien difficile d'énoncer des règles générales pour un Ancien Régime dans lequel le cas particulier prime si souvent. Pour n'en rester qu'au début du règne de Louis XIV, on voit entrer à la Bastille en 1665, pour assassinat, le marquis de Sortranville. Or, s'il est normalement transféré quelques mois plus tard aux prisons de la Conciergerie du palais pour y être jugé, d'autres, pour un motif identique, restent enfermés à la Bastille. Parfois, c'est la même affaire qui produit des résultats différents. À l'évidence, des pièces du dossier nous manquent pour comprendre par exemple que l'enquête, toujours soigneuse, a pu établir des degrés différents de culpabilité, voire mettre un suspect arrêté hors de cause. Pour trop d'historiens, l'«arbitraire» de l'Ancien Régime a eu bon dos.

Escroqueries en tous genres

Au-delà de l'apparente diversité des délits de «droit commun», la Bastille s'est en réalité spécialisée dans la répression des escroqueries et des malversations qui constituent à elles seules plus de 15 pour 100 des motifs d'embastillement (soit près de 800 incarcérations), c'est-à-dire plus que l'ensemble des affaires de religion.

Concussionnaires

Même en matière de délinquants, il existe une hiérarchie et ce n'est pas par hasard que la Bastille s'est réservé l'emprisonnement des concussionnaires qui, à l'opposé des petits voleurs enfermés à Bicêtre ou envoyés aux galères, prenaient à l'État des centaines de milliers, voire des millions de livres.

Dès le règne de Louis XIV, cette pratique est en effet une plaie que favorise la confusion permanente entre les comptes publics d'un haut fonctionnaire et ses comptes privés. Le meilleur exemple en est Foucquet, encore qu'à ce niveau ce ne soit plus de la concussion ou de la malversation mais de la finance à risque. Toujours est-il que le règne du Roi-Soleil est émaillé d'affaires de malversations qui viennent échouer à la Bastille. En 1683, une première affaire de conséquence y amène Pierre Bréau, architecte des bâtiments du roi et contrôleur-inspecteur des bâtiments de la Grande-Écurie à Versailles. Le fastueux palais est en train de s'achever et nombreux sont ceux qui n'ont pas oublié de se remplir les poches en grossissant à loisir comptes et factures. Dans les mois qui suivent, une bonne douzaine de personnes prennent le même chemin : le trésorier général des bâtiments royaux (qui sera déchargé de toute accusation), des maîtres maçons, des employés... L'affaire est jugée au Châtelet qui condamne Bréau, outre un blâme, à 5 000 livres d'amende et à une restitution de quelque 18 000 livres au roi. Les autres s'en tirent à moindres frais.

L'année suivante commence une affaire de plus grande importance, dite de la marine de Bourgogne — appellation étrange à première vue mais qui s'explique par les importantes commandes de bois que le ministère de la Marine effectuait en Bourgogne et en Bresse et qu'on charriait par eau jusqu'à Toulon. L'une des grandes préoccupations de Colbert est en effet la fourniture d'énormes quantités de bois pour la construction des vaisseaux de guerre. Là comme ailleurs, le grand nombre des employés et la complexité des comptes favorisent les malversations. C'est ainsi que Colbert n'hésite pas à faire arrêter le premier président de la Chambre des comptes de Bourgogne qui se voit rapidement transféré du château de Dijon à la Bastille pour y être interrogé puis jugé par une commission siégeant à la Chambre de l'Arsenal. Huit accusés, pour la plupart commis au contrôle des comptes, l'y accompagnent qui vont rester emprisonnés plusieurs années. Quant à Duguay, le président de la Chambre des comptes de Bourgogne, il meurt à la Bastille au bout de quatre ans de détention.

Il n'est guère d'année qui n'ait son affaire de concussion ou de malversation. En 1687, c'est d'Harouys de la Seilleraye, trésorier général des États de Bretagne, qui fait son entrée à la Bastille avec deux de ses notaires pour banqueroute frauduleuse. « C'était le meilleur homme du monde et le plus obligeant, dit de lui Saint-Simon, il ne savait que prêter de l'argent, et point presser pour se faire payer. Avec cette conduite, il s'obéra si bien, que, quand il fallut compter, il ne put jamais se tirer d'affaires. La confiance de la province et de tout le monde était si grande en lui, qu'on l'avait laissé plusieurs années sans compter : ce fut sa ruine. »

Le passif est colossal, s'élevant à 6 600 000 livres, ce qui fera appeler d'Harouys « le Foucquet de la Bretagne ». Il semble qu'ici, pour une fois, il n'y ait pas eu de malhonnêteté mais de l'imprudence – la plupart des mémoires s'accordent là-dessus. Avec de tels passifs, cela reste de toute façon de la culpabilité. C'est bien ainsi en tout cas que le juge le roi, obligé d'éponger une partie des dettes. D'Harouys meurt avant d'être libéré, au bout de douze ans de détention. «Il la souffrit sans se plaindre, écrit Saint-Simon, et la passa dans une grande piété, fort visité de beaucoup d'amis et secouru de plusieurs. »

On ne saurait énumérer ici toutes ces affaires pour le seul règne de Louis XIV : six embastillés en 1694 pour «marchés faits en fraude, faux toisés et autres faussetés » commis dans les travaux des fortifications de Mons en Belgique ; un entrepreneur des fourrages et un commissaire des guerres, un an plus tard, pour dilapidations, etc. On est alors en pleine guerre de la ligue d'Augsbourg et il est certain que les guerres permanentes du Roi-Soleil ne peuvent que favoriser la prévarication.

Mais c'est de loin la Régence qui bat les records dans ce genre d'affaires, avec une cinquantaine d'arrestations pour la seule Bastille. Il faut dire qu'à un moment où la dette de l'État atteint près de 2 milliards et demi de livres et où Law se prépare à lancer son papier-monnaie, tous les espoirs sont permis aux filous. Deux grands dossiers tranchent nettement par l'importance des sommes en jeu et le scandale qu'elles ont provoqué.

C'est tout d'abord une affaire très complexe de malversations et de faux commis dans la liquidation des effets royaux et qui de 1719 à 1729, sous le nom de l'affaire du Visa, va mettre en accusation le nombre impressionnant de 102 personnes dont 73 effectivement emprisonnées au Châtelet, à For-l'Évêque, et à la Bastille pour 20 d'entre elles. Le principal protagoniste est La Pierre de Talhouet, maître des requêtes, qui a d'abord échappé à la première vague d'arrestations en 1719 et 1720. Le maréchal de Villars nous le dépeint comme «un homme fort à la mode, jouant gros jeu et très heureusement, faisant la plus grande chère et la plus délicate, lié de commerce, même intime, avec des gens de la première considération». Quand le maréchal lui a parlé des mauvais bruits qui courent sur son compte dans l'affaire du Visa que sont en train d'instruire la Chambre de l'Arsenal et le Châtelet, il a répondu tranquillement qu'il a toujours agi par ordre. Paroles imprudentes qui conduisent le contrôleur général des Finances, qui se trouve être son ami, à le faire arrêter sur-le-champ. À deux heures du matin, le lieutenant de police vient en personne l'appréhender et le conduire à la Bastille, le 9 mai 1723. Quatorze mois plus tard, il est jugé et condamné à mort en même temps que trois comparses dont l'abbé Clément, conseiller au Grand Conseil de Régence. La peine est toutefois commuée en détention perpétuelle et les condamnés quittent aussitôt la Bastille pour rejoindre diverses citadelles de province. D'abord transféré aux îles Sainte-Marguerite, La Pierre de Talhouet finira ses jours dans la prison d'État de Pierre-en-Cise, près de Lyon, en 1770 — ce qui fait tout de même quarante-sept ans de détention.

À la même époque, le procès de La Jonchère, épisode majeur des incessantes malversations commises dans l'Extraordinaire des guerres, a fait beaucoup plus de bruit. L'Extraordinaire des guerres, dont la création remonte à 1553, est un budget spécial qui permet de payer les nouveaux régiments. On y manie des sommes fabuleuses, atteignant sous Louis XIV 60 millions de livres par an. La charge de trésorier, elle, se vend couramment 2 millions de livres, pour un bénéfice avoué d'un million par an. Périodiquement, des fraudes sont réprimées dans des comptes qui échappent au budget normal.

En 1682 et 1683, on enferme à la Bastille une quinzaine de commis et de trésoriers provinciaux de l'Extraordinaire des guerres. En 1701, deux trésoriers de cette curieuse institution, La Touanne et Sauvion, font banqueroute — toujours avec cet amalgame entre leurs finances personnelles et les comptes dont ils sont redevables. « On fut surpris de cette faillite, note Saint-Simon, par le soin avec lequel ils avaient soutenu et caché leur désordre sous la sérennité et le luxe des financiers. » Et de fait, tout ce monde menait grand train. La Touanne possédait trois hôtels autour de Paris et un château en Brie, menant en sa propriété de Saint-Maur un fastueux train de maison. Les princes s'y faisaient inviter rien que pour admirer l'argenterie et le service des tables qui était réglé aux coups d'une couleuvrine d'argent déclenchant un ballet de plus de cent serviteurs. Le passif, qui est à la mesure des dépenses, atteint la bagatelle de 4 millions de livres et justifie l'envoi immédiat de Sauvion à la Bastille. Quant à l'autre, il est mort avant qu'on vienne le chercher, de saisissement, ajoute La Bruyère.

Ici, la Bastille, hors des voies de la justice réglée, se justifie d'autant plus que le roi veut conserver son crédit à la veille de la guerre de la Succession d'Espagne. On négocie donc en douceur et Sauvion est libéré au bout de trois mois, ses quatre gendres, tous financiers, s'étant portés caution pour lui. Nous allons revenir sur l'absence de sévérité que provoque, en de semblables affaires, l'espoir de récupérer une partie au moins des fortunes qui viennent de se trouver englouties...

L'Extraordinaire des guerres connaît cependant son scandale le plus éclatant en 1723, à partir de l'arrestation de son trésorier, La Jonchère, l'un des financiers le plus en vue de la Régence. « Ce La Jonchère, écrit Barbier, avait commencé par une très petite commission à Metz, et s'était poussé. Il a une très jolie femme ; elle a été maîtresse de M. Le Blanc, secrétaire d'État de la Guerre, si elle ne l'est encore. Cela a fait sa grande fortune. Aussi se donnait-on de furieux airs dans cette maison et grande dépense. » Déjà, en 1717, la trop rapide augmentation de sa fortune lui avait valu un « redressement fiscal » de 600 000 livres. Après la chute de Law, les frères Paris, chargés de remettre de l'ordre dans les finances, ont porté leur attention sur l'Extraordinaire des guerres dont les trésoriers n'étaient pas tenus de rendre régulièrement des comptes. Voilà La Jonchère accusé d'avoir payé la solde des officiers en billets alors qu'il avait reçu des espèces pour ce paiement, réalisant de la sorte l'époustouflant bénéfice de 12 ou 13 millions de livres. Or, Le Blanc, ministre de la Guerre et allié à La Jonchère de la façon qu'on sait (si l'on en croit Barbier), ne peut pas avoir ignoré un pareil tripatouillage.

Après en avoir longtemps délibéré avec le Régent, le cardinal Dubois, dont on a fait un hurluberlu intrigant et libertin mais qui fut un habile homme d'État, prend la décision de faire arrêter La Jonchère. Le 27 mai, au milieu de la nuit, le commandant du guet à cheval se présente à l'hôtel de La Jonchère, lui montre sa lettre de cachet et lui laisse trois heures pour se préparer avant de le conduire à la Bastille. Barbier ne se fait guère d'illusion sur cette arrestation qui a mis Paris en émoi : « Il serait fort étonnant qu'on voulût se mettre sur le pied, dans ce pays-ci, de punir les fripons de conséquence ; car il y a longtemps que l'on dit qu'il n'y a que les petits fripons qui soient pendus. Deux ou trois exemples rendraient sage ; mais cela n'arrivera pas. »

Pourtant, le Régent et son Premier ministre sont résolus à aller jusqu'au bout de cette affaire. Les premiers interrogatoires du lieutenant général de police furent l'un de douze heures et l'autre de quatorze heures, signale le maréchal de Villars, nommé président de la commission de l'Arsenal, chargée d'abord d'instruire l'affaire puis de la juger en dernier ressort en dépit des protestations de la Chambre des comptes qui se plaint à juste titre d'être tenue à l'écart. « La Jonchère, poursuit de Villars, se troubla, se coupa, et nomma enfin les plus considérables de ceux qui avaient part à ses malversations ; mais il déclara que, s'ils étaient nommés dans son interrogatoire, il ne le signerait pas. » Le 18 juin, on le sort de la Bastille sous une escorte de 40 archers pour assister à la saisie de ses papiers selon les formes judiciaires. Pas moins de dix heures sont nécessaires à l'inventaire et il faut deux pleines charrettes pour emporter le tout à la Bastille.

D'abord on pense que l'affaire va s'arrêter à l'envoi à la Bastille de La Jonchère et de ses commis. Le ministre de la Guerre, qui est gravement compromis, semble devoir tirer son épingle du jeu en « suppliant » le Régent de lui permettre de se retirer dans ses terres. (On voit que la démission « pour raison de santé » existait déjà.) Deux autres personnages de conséquence, le comte et le chevalier de Belle-Isle, tous deux petits-fils du grand Foucquet, fort compromis peut-être par atavisme familial, semblent eux aussi devoir s'en tirer. Hélas pour eux et pour le ministre Le Blanc, les voilà qui se mêlent de vouloir faire passer un message à La Jonchère. Le lieutenant du roi refuse de se laisser fléchir. Il n'y a plus qu'à mettre le trio à la Bastille, ministre en tête.

Quelques autres les y suivent, tel Moreau de Séchelles, trésorier des Invalides, dont le plus grand tort, semble-t-il, est d'avoir été le compagnon de débauches de Le Blanc. L'affaire s'aggrave encore quand on retrouve assassiné le premier commis de La Jonchère qui avait disparu depuis trois semaines. « On peut passer aux ministres de friponner dans les caisses, commente Barbier, mais de faire assassiner est un peu trop fort. » Tout cela aurait pu finir très mal s'il n'y avait pas eu autant d'argent à récupérer. La Jonchère, normalement jugé par la Chambre de l'Arsenal au bout de quatorze mois de Bastille qui n'ont pas été de trop pour que les juges examinent sa comptabilité, est condamné au blâme et surtout à la restitution de 2 100 000 livres. Le Blanc est libéré au bout de dix-huit mois ainsi que les deux Belle-Isle, avec une condamnation à payer solidairement 600 000 livres. Barbier, qui aurait aimé quelque grand supplice comme au temps de Louis XIV, s'écrie dépité : « C'est bien là la montagne qui accouche d'une souris ! »

À preuve que la Bastille n'est pas une prison infamante, on verra par la suite La Jonchère conserver, à défaut de sa charge de trésorier de l'Extraordinaire des guerres, celle de trésorier de l'ordre royal de Saint-Louis qui lui donnait le titre de commandeur et lui permettait de porter le grand cordon rouge. Le comte de Belle-Isle sera maréchal de France en 1741 et ministre de la Guerre en 1756. Le Blanc, lui, sera rappelé d'exil en mai 1726 pour être de nouveau ministre de la Guerre et, ce qui mieux est, accueilli comme un héros. Quant à Moreau de Séchelles, qui n'est resté qu'un mois à la Bastille, il sera contrôleur général des Finances en 1754. N'était-il pas orfèvre en la matière ?

L'examen minutieux des papiers de Le Blanc avait pourtant permis d'arrêter de nouveaux concussionnaires dont le moindre n'était sûrement pas Bouret, régisseur des nouveaux droits et directeur général de la création des offices municipaux dans tout le royaume, mis à la Bastille en août 1726 et condamné par le Parlement à restituer au roi la bagatelle de 7 millions en rentes. Nicolas Barrême, le fils du fameux arithméticien (François) qui a donné son nom au barème, avait été embastillé et condamné sous le même chef. Encore quelqu'un qui savait compter...

Bien entendu, le règne personnel de Louis XV et celui de Louis XVI ont eu aussi à réprimer des malversations. Parmi les plus saillantes, il faut citer l'affaire du Canada qui, de 1761 à 1771, a conduit à la Bastille plus de vingt personnes dont le marquis de Vaudreuil, gouverneur général du Canada, et François Bigot, intendant général du Canada et principal accusé. Comme son nom l'indique, cette affaire concerne un vaste ensemble de malversations commises dans une colonie que la France était en train de perdre au terme de la guerre de Sept Ans.

Le lieutenant de police, qui est alors Sartine, fait merveille dans les interrogatoires, ne proposant à Versailles la libération des prisonniers qu'une fois qu'ils ont rendu gorge : 500 livres d'amende mais 6 millions à restituer par Cadet, munitionnaire général des troupes du Canada et le premier embastillé pour cette affaire ; 600 000 livres par un commis et autant par le major général de Québec ; 100 000 livres d'amendes et 1 500 000 livres de restitution par Varin, commissaire de la Marine à Montréal, etc. Sartine a si bien mérité du Trésor royal qu'il est gratifié par le roi d'une pension à vie de 6 000 livres par an, affectée sur les trésoriers généraux des colonies (ce qui, nonobstant les sommes effarantes récupérées, constituait toutefois une énorme pension). Le major et l'aide-major de la Bastille, ainsi que les magistrats ayant participé à l'instruction, reçoivent aussi d'importantes gratifications.

Après une affaire aussi colossale, qui laisse deviner l'ampleur de ce qui avait pu être volé à l'État, les autres font pâle figure. Citons cependant l'embastillement en 1767 de Thibault de Chanvalon, intendant des colonies de Cayenne et de la Guyane, et de quelques-uns de ses secrétaires et commis. Son administration est jugée si déplorable qu'il est condamné par une commission spéciale d'abord à la fondation d'une messe à perpétuité pour le repos de l'âme des habitants péris dans la colonie pendant son administration ainsi qu'à la construction d'un hôpital. Transféré au Mont-Saint-Michel, Thibault de Chanvalon obtiendra par la suite la révision de son procès et le roi, comme à chaque fois en semblable occasion, réparera ses torts en faisant effacer la condamnation, lui accordant une importante gratification et le nommant plus tard son commissaire-inspecteur général des colonies. La Bastille ne pouvait tout de même pas détenir que des coupables.

On a pu constater que les très grandes différences de sévérité dans ces affaires de malversations sont liées à la solvabilité des prisonniers. Tant pis pour ceux qui, comme Talhouet ou d'Harouys, n'ont plus rien, et tant mieux pour ceux qui, comme dans l'affaire du Canada, peuvent rendre gorge. Parfois le temps de détention est explicitement lié à la restitution : «L'on a présenté un placet au roi, écrit Louvois en 1675 au gouverneur de la Bastille, de la part de M. de Paumy, prisonnier à la Bastille, pour demander sa liberté ; mais S.M. ne veut pas la lui accorder qu'il n'ait restitué les 7 500 livres qu'il a touchées pour la levée d'une compagnie de chevau-légers, qu'il n'a pas mise sur pied. »

De même, en 1705, on a embastillé la femme d'un trésorier de la marine indélicat, à défaut de pouvoir mettre la main sur le mari en fuite. Le ministre Pontchartrain demande alors très clairement à d'Argenson d'aller dire à cette dame qu'elle sera relâchée quand elle aura pu s'engager financièrement sur la restitution de 30 000 livres. D'Argenson lui répond : «Comme la vue de l'ordre du Roi qui la tirera de la B. fera sur elle plus d'impression que tous les raisonnements qu'on pourrait lui faire, je crois que si vous trouvez bon de me l'adresser, il me servira de véhicule pour terminer cette affaire. » L'affaire se fait mais d'Argenson, qui a l'avantage de ne pas s'illusionner sur l'âme humaine, rend compte à Pontchartrain qu'il va tout de même «ne pas perdre tout à fait de vue» la dame et son répondant. «Ils paraissent dans la disposition de déférer à tous vos ordres : [...] S'ils s'éloignaient de ce sentiment, on serait toujours à portée de les mettre en prison, de l'autorité du Roi. »

Dans le même esprit, on met aussi à la Bastille des prisonniers pour dettes encore que cette catégorie, ainsi que les banqueroutiers, soit plutôt réservée à la maison de force de For-l'Évêque ou à la contrainte par corps dans les prisons du Grand Châtelet. Il est vrai que la Bastille ne prend que le dessus du panier, n'enfermant que des banquiers ou des receveurs de finances en déficit de plusieurs centaines de milliers de livres et dont l'État est créancier.

Faussaires

Le faux est une condition nécessaire et suffisante à la malversation mais il convient de l'examiner à part car il est réprimé en tant que tel et conduit encore plus vite à la Bastille, surtout quand il usurpe le sceau ou la signature du roi.

On trouve à la Bastille des contrefacteurs du sceau sous le ministère de Mazarin et au début du règne de Louis XIV, comme en 1672 où le chancelier en personne déclara « que le sceau était si bien contrefait qu'à peine il l'aurait osé désavoué ; mais l'écriture en découvrit la fausseté ». Les cinq embastillés à la suite de cette affaire, qui ont eu le temps de détourner ainsi des sommes considérables, sont presque tous condamnés aux galères. Les peines, en matière de faux caractérisés, sont en effet plus lourdes – d'autant plus qu'à la différence des grandes affaires de malversations évoquées plus haut, il n'y a pas d'argent à récupérer et par suite pas de coupables à ménager.

En 1712, un commis aux étapes des armées, Gabriel Chatelus, a été enfermé à la Bastille pour avoir produit de fausses feuilles de route et s'être fait ainsi rembourser des dépenses fictives. De l'aveu même des autorités, ces abus sont fréquents et il s'agit par conséquent de faire un exemple. Jugé au présidial du Châtelet le 16 février 1713, Chatelus est condamné à être pendu et exécuté le jour même de la sentence. Les complices, enfermés en même temps que lui, s'en tirent mieux faute de preuves et sortent de la prison d'État au bout d'un ou deux ans.

Les caisses de l'État étant toujours vides, l'administration royale a imaginé de payer ses fournisseurs avec des billets à échéance plus ou moins éloignée. On se doute que ces effets s'accumulant au fil des années, la contrefaçon en est plus aisée que celle du sceau royal. Aussi les faussaires ne s'en privent pas et là encore la police n'en attrape qu'une faible partie. Rares sont en revanche ceux qui, une fois refermées sur eux les portes de la Bastille, se refusent à répondre aux interrogatoires. Certains vont même au-devant, à l'instar de ce directeur de manufacture arrêté en 1727 pour avoir émis de faux billets sur le Trésor. Deux jours après son incarcération et avant même que le lieutenant de police n'ait eu le temps de venir l'interroger selon la coutume, le major de la Bastille écrit à son propos à Hérault : « Il m'a voulu faire un détail sur tout cela, et m'a dit que si M. Hérault voulait lui accorder quelque chose, il pourrait lui découvrir bien des choses sur cette affaire. » Et de fait, trois complices font leur entrée quelques jours plus tard.

On ignore quelle fut l'issue du jugement mais il faut noter qu'en ce genre d'affaires, le règne de Louis XV est à peine moins sévère que celui du Roi-Soleil. En 1742, Jeanne-Marie des Raessens, la principale coupable de trois embastillés pour une nouvelle affaire de faux bons royaux, est condamnée à être pendue et ne voit sa peine commuée en détention perpétuelle à la Salpêtrière que lorsqu'elle est déjà montée sur l'échafaud. De même en 1755, deux Toulousains restent enfermés trois ans à la Bastille pour de fausses lettres de change avant d'être jugés et condamnés aux galères à perpétuité.

Il faut arriver en 1787, en pleine déliquescence du pouvoir, pour voir des faussaires s'en tirer avec quelques mois de Bastille et surtout échapper au jugement régulier qui, une fois n'est pas coutume dans une prison d'État fonctionnant à coups de lettres de cachet, ne manquait pas d'intervenir pour ce genre de délit caractérisé.

L'un de ces faussaires a provoqué un début de panique à la Bourse de Paris en 1780 – ce qui n'était pas le moment, au plus fort de la crise économique et financière du pays. Son nom est Dargent, un nom qui ne s'invente pas. Natif d'Amiens, un temps vice-consul dans une ville d'Espagne, il débarque à Paris en 1780 avec un appétit et une morale de Rastignac. Il mène grande vie avec une fortune très au-dessous de ses dépenses. « Pour ne pas descendre du vol qu'il avait pris », écrivent joliment les auteurs de *La Bastille dévoilée* qui paraît en 1789, Dargent qui a un don de dessinateur, imagine de fabriquer des actions de l'emprunt que Necker vient de lancer. D'abord l'imprimeur se refuse à exécuter le travail mais Dargent, qui a pensé à tout, lui montre une autorisation signée de Necker, bien entendu tout aussi fausse que le reste. Les fausses actions s'écoulent doucement en Bourse mais bientôt leur revenu ne suffit pas aux besoins du faussaire qui ont encore grandi, à cause surtout du jeu et d'une maîtresse, la fameuse Colombe du Théâtre italien, qui pour en être à ses derniers feux n'en coûte pas moins cher. Alors il décide de frapper un grand coup en vendant tout le paquet. Ce premier « coup de fortune », comme on disait alors, réussit et, ajoute *La Bastille dévoilée*, « la prudence demandait que Dargent se retirât ; mais la prudence est rarement la vertu des fripons ».

Notre faussaire, donc, recommence avec de nouvelles séries de fausses actions dont la brusque affluence provoque un sérieux début de panique à la Bourse. Necker intervient en personne auprès du lieutenant général de police pour qu'on arrête au plus tôt le coupable. Un trop gros pourboire donné à un cocher va mettre la police sur la piste. Une perquisition au domicile du suspect permet de découvrir des paquets de fausses actions et de grandes rames de papier blanc sur lesquelles s'alignent des essais de signatures, à commencer par celle de Necker. Dargent est attendu comme on le devine quand il réintègre son domicile et aussitôt jeté à la Bastille, le 10 février 1781, ainsi que l'imprimeur (qui sera par la suite déchargé de l'accusation).

Promptement jugé au Parlement, Dargent est condamné à être pendu mais sa famille, de la petite bourgeoisie de Picardie, se rend au complet à Versailles, en vêtements de deuil, pour implorer sa grâce. Louis XVI, comme on ne le sait que trop, n'était pas un sanguinaire et même il versa quelques larmes à la vue de cette famille honorable drapée dans son deuil et sa dignité qui ne voulait pas se trouver déshonorée par l'exécution infamante de l'un de ses membres. Le roi commua donc la peine de mort en détention perpétuelle à Saint-Yon près de Rouen.

Autres faussaires que ceux qui fabriquent de faux billets de loterie. Cet impôt déguisé qui consiste à distribuer un million ou deux tandis qu'on en perçoit cinquante est une vieille invention mais, à la différence de notre époque, toutes sortes de loteries occasionnelles s'ajoutent à la loterie royale. Ainsi la construction de l'École militaire, au début du règne de Louis XV, fut entièrement financée par une loterie créée à cet effet. Les faussaires ont beau jeu d'imiter ces billets bien que le pouvoir se montre particulièrement féroce en semblable occasion. On le voit bien avec l'affaire de faux billets de loterie qui conduit cinq suspects à la Bastille au début de l'année 1749. Certes, trois d'entre eux seront déchargés de l'accusation et seront libérés au bout tout de même de onze mois de détention. Quant aux deux coupables, Jean-Baptiste Debray et l'abbé Fleur, ils sont condamnés à être pendus par la Chambre de l'Arsenal et exécutés le 17 décembre.

Le récit à la fois horrible et cocasse qu'a laissé un exempt de la maréchaussée de l'exécution de l'abbé Fleur prouve que tous les condamnés ne marchaient pas au supplice avec résignation (À propos de l'abbé Fleur qui s'est débattu comme un diable – si l'on ose dire, au pied de l'échafaud, un exempt de la Maréchaussée conclut : « Il a eu une vie des plus dures qui se soit jamais connue »). On aurait tort cependant d'y voir quelque chose en train de changer dans le paysage mental des sujets du roi de France même si un *livre des mœurs*, d'ailleurs condamné au feu, circule au même moment sous le manteau dénonçant la peine de mort comme contraire à la loi naturelle. Si les exécutions au sortir de la Bastille sont, répétons-le, assez rares mais entourées de beaucoup d'apparat, elles sont au contraire très fréquentes à Paris, au titre de la justice ordinaire : deux roués vifs par exemple en place de grève le 6 décembre 1742, deux autres le 15 et un autre le 18 qui mit vingt-deux heures à mourir sur la roue. Il y serait encore si on ne l'avait finalement fait étrangler, commente Barbier. Il est vrai que cette vague d'exécutions punissait une bande d'assassins (dont le chef était crieur de listes de loteries) et non des faussaires. Mais quels étaient ceux qui mettaient l'État le plus en danger ?

Les faux billets de loterie deviennent parfois de fausses loteries, telle que celle qu'invente de La Coste, célestin apostat et marié deux fois, employé un temps par Choiseul dans les affaires secrètes. Emprisonné à la Bastille au début de 1760, il est condamné le 28 août au carcan, au fouet, à la marque et aux galères à perpétuité. Il mourra l'année suivante à l'hôpital des chiourmes de Toulon. Quant à son complice et beau-frère arrêté avec lui, il écope de neuf ans de galères. On ne plaisante pas davantage avec les faux-monnayeurs encore que la Bastille, même si elle en reçoit de temps à autre, ne soit pas plus faite pour ce type de délit que pour les faux billets de loterie. C'est l'affaire de la justice ordinaire qu'on ne saurait soupçonner de faiblesse, dans ces domaines tout au moins.

Tous les faux ne servent pas directement des escroqueries financières et l'on voit par exemple entrer à la Bastille le 15 août 1700 un certain Debar qui a fabriqué pour la famille de Bouillon un faux cartulaire faisant descendre celle-ci en ligne directe des comtes héréditaires d'Auvergne et des ducs de Guyenne, la plaçant de cette façon hors de pair avec toute la noblesse de France. Le faux découvert (à cause d'une ponctuation ronde et non carrée comme elle eût dû l'être), la famille de Bouillon s'en est tirée avec le ridicule mais Debar, lui, est condamné à mort puis gracié et condamné à la détention perpétuelle à la Bastille où il meurt quatorze ans plus tard, à quatre-vingt-quatre ans. Le faux cartulaire faisait si vrai qu'en 1708, le cardinal de Bouillon s'obstine à l'interpoler dans une Histoire d'Auvergne et qu'il faut un arrêt de Parlement pour ordonner la saisie de l'ouvrage et sa mise au pilori. Le vaniteux cardinal se réfugie à Rome le temps de laisser passer l'orage, mais n'évitera pas qu'on se moque de lui comme dans cette chanson de Noël où on lui fait demander à l'enfant Jésus :

> Seigneur, votre origine,
> Dit Bouillon au bambin,
> Est-elle bien divine ?
> Le monde est si malin.

Certaines affaires de faux sont fort réjouissantes comme celle où le curé de La Pissotte-lès-Vincennes vend à un maître des requêtes des renseignements sur les jansénistes et des pièces mordantes de ces mêmes jansénistes, d'autant plus introuvables que c'est lui qui les fabrique. Le maître des requêtes se hâte d'apporter régulièrement ces trouvailles au cardinal Fleury en espérant que le ministre le nommera lieutenant général de police. Hérault, qui tient à sa place, s'intéresse à cette filière. En quelques jours, il démonte tout, fait envoyer le curé faussaire et un complice à la Bastille, et le naïf maître des requêtes en exil à Lyon.

Mais, dans le domaine du faux, il semble que le sommet ait été atteint avec Georges Arnaud du Ronsil, chirurgien et bandagiste parisien des plus réputés au début du règne de Louis XV. Il a le malheur, toutefois d'avoir une épouse infidèle et, comme il est jaloux, il obtient du ministre Maurepas une lettre de cachet pour faire enfermer sa femme à la Salpêtrière. Mais, comme le fait justement remarquer François Ravaisson, « les femmes coquettes et malheureuses ne manquent jamais de défenseurs ». L'épouse d'Arnaud en trouve un en la personne d'un certain Michel, solliciteur de procès au palais, qui envoie au ministre autant de contre-témoignages de moralité qu'il en faut pour faire libérer sa cliente. Dès lors Arnaud, qui considère à tort ou à raison que Michel est un amant de plus, jure de se venger et va inventer pour cela les stratagèmes les plus abracadabrants. Plusieurs mises en scène, l'une visant à impliquer Michel dans le viol d'une petite fille, l'autre dans un meurtre, échouent de justesse. Alors, Arnaud fabrique toute une correspondance, y compris des messages chiffrés, entre Michel et la reine de Hongrie dont le pays est alors en guerre contre la France. Sur sa dénonciation, Michel est arrêté et mis à la Bastille le 7 juin 1744. Hélas pour Arnaud, Marville a tôt fait de s'apercevoir que son prisonnier est innocent et s'intéresse du même coup à Arnaud qu'il fait mettre à la Bastille avec deux complices dix jours seulement après l'arrestation de Michel.

Une fois de plus, la justice frappe lourdement puisque les trois coupables sont condamnés aux galères à perpétuité et à 3 000 livres de dommages et intérêts pour Michel. Des demandes de grâce affluent alors de tous côtés en faveur d'Arnaud, un si bon chirurgien herniaire. Maurepas, qui a cru d'abord à la réalité de cette correspondance, tient pour la sévérité mais il doit compter avec tous ceux qui prennent dès lors le chemin de Bicêtre, où Arnaud attend la chaîne des galériens, pour se faire bander par leur chirurgien. Le directeur de la maison de force implore Marville de lui fournir une solution.

En attendant, Arnaud a réussi à se faire installer un véritable cabinet de consultation dans l'enceinte de Bicêtre où il fait merveille tant auprès des correctionnaires ravis de l'aubaine que des riches patients venus tout exprès de Paris. Décidément, on ne saurait envoyer aux galères un chirurgien si fameux. Le voilà bientôt gracié avec prière toutefois d'aller se faire oublier en Angleterre où les riches hernies sont tout aussi nombreuses qu'en France. Il mourra à Londres, de nouveau très en vue, en 1774.

Baudouin, son principal complice, qui attendait lui aussi la chaîne dans la prison du Grand Châtelet mais n'avait pas les relations d'Arnaud, a trouvé le moyen de se trancher la gorge avec un rasoir. Pour punition de ce suicide, son cadavre a été condamné à être traîné sur la claie, le visage dans le ruisseau jusqu'à la place de Grève où il a été pendu deux heures par les pieds avant d'être enterré. Mais une seule chose intéresse Marville : où diable Baudouin s'est-il procuré un rasoir ?

Le comble du faux demeure cependant, *horresco referens*, la fausse lettre de cachet. C'était simple mais il fallait y penser. Les ordres du roi, par leur forme dépouillée, sont incontestablement les faux les plus faciles à exécuter mais c'est compter sans le crime de lèse-majesté qui s'ajoute alors à celui de faux. La Bastille a tout de même vu passer dans ses murs une quinzaine de faussaires de cette catégorie. Il y a d'abord ceux qui veulent se sauver eux-mêmes, comme en 1683 ce Le Noble, sur le point d'être saisi pour dettes, qui présente aux sergents venus l'arrêter une fausse lettre de cachet de surséance (car l'ordre du roi qui punit peut être aussi celui qui fait grâce). Détail piquant, Le Noble est procureur général au Parlement de Metz, et Louis XIV qui en toute autre occasion aurait laissé le faussaire à la Bastille, avec le souci de faire connaître le moins possible ce type d'industrie, ne rate pas l'occasion de demander qu'on lui fasse son procès. Mais les magistrats ne se mangent pas entre eux et ne prononcent que neuf ans de bannissement – ce qui va déterminer les créanciers à faire durer la contrainte par corps pendant douze ans.

La fausse lettre de cachet peut aussi servir à sauver les autres, en faisant sortir par exemple une maîtresse d'une maison de force ou en rappelant quelqu'un d'exil comme en 1704 ce curé de Saint-Aignan, du diocèse de Montauban, qui avait été relégué loin de sa cure à cause d'une vie dissolue. Parfaitement imitée, la fausse lettre de cachet n'aurait pas été découverte si les paroissiens ne s'étaient pas étonnés d'une telle grâce. Le curé s'en tire avec six mois de Bastille mais le faussaire, lui, chez qui on va trouver quantité d'autres faux, reste enfermé à la Bastille jusqu'à sa mort, dix-sept ans plus tard. Toujours pratique, la police s'inquiète de savoir sur quelle vraie lettre de cachet on a copié la fausse.

Pourquoi ne pas non plus utiliser de fausses lettres de cachet pour se débarrasser d'un ennemi ? On trouve ainsi à la Bastille, en 1707, la comtesse de Pallière et un gentilhomme complice qui ont essayé de faire enfermer trois moines cisterciens qui déplaisaient au beau-frère de la dame, abbé du couvent. « Une pareille insolence ne doit pas demeurer impunie », écrit l'intendant de Besançon, chargé d'enquêter sur place. Quelques mois de Bastille seulement prouvent qu'il y a parfois des accommodements avec le ciel, à la différence, en 1736, de ce Bourges de Coulomb qui, lui, fut pendu. Il faut reconnaître que dans ce dernier cas les faussaires avaient tout particulièrement bafoué l'autorité royale : deux neveux qui voulaient dérober à leur tante 40 000 livres qu'elle cachait dans sa maison avaient payé Bourges de Coulomb qui, se faisant passer pour un commissaire et accompagné d'un complice déguisé en archer, avait enlevé la pauvre femme en chaise de poste et l'avait conduite dans un couvent en montrant bien haut une fausse lettre de cachet. Curieusement, les neveux commanditaires ne restent que quelques mois à la Bastille. Il est vrai qu'à la différence des faussaires, leurs clients peuvent toujours prétendre qu'ils croyaient que l'ordre du roi était authentique. Le bénéfice du doute, quoi qu'on dise, existait aussi sous l'Ancien Régime.

Chevaliers d'industrie

S'appuyant ou non sur des faux, les escrocs sont légion et l'on ne saurait dire que la Bastille s'en fait une spécialité. Elle en reçoit pourtant beaucoup et de toutes sortes, toujours avec cette constante qu'elle est le lieu par excellence où, dans le secret le plus absolu, le lieutenant général de police peut conduire ses interrogatoires et lancer de nouvelles arrestations quand il a affaire à de « véritables compagnies d'intrigants ». À propos de l'un d'eux, Berryer écrit qu'on l'a conduit à la Bastille « pour savoir le nœud de cette affaire ».

Indépendamment de quelques escroqueries occasionnelles, à commencer par le classique « divertissement de succession », la Bastille, au XVIIIe siècle surtout, emprisonne des escrocs professionnels qui n'en sont pas à leur coup d'essai quand la police leur met enfin la main au collet.

Une fois de plus, un train de vie disproportionné est la meilleure façon d'attirer l'attention. À propos d'un escroc qui va voir sa carrière s'achever à la Bastille, un inspecteur écrit au lieutenant de police, tenant et aboutissant de toutes choses : « Il y a trois voitures sous les remises de cette maison, savoir : un carrosse coupé, un cabriolet et une chaise de poste, et plusieurs chevaux dans l'écurie, un cocher, cuisinière et laquais. Il fait tant de dépense dans cette maison, avec des filles et autres gens qu'il y attire, qu'il s'est bu en une année 1 800 bouteilles de vin mousseux qu'il avait fait venir de Champagne. [...] Tous ceux qui le connaissent sont d'une surprise sans égale de le voir mener un train de vie si dispendieux ; ils ne peuvent s'empêcher de soupçonner ou qu'il fait un commerce caché dans lequel il gagne considérablement, ou qu'il est près de faire banqueroute. Il est mal famé à tous égards. »

Même chose pour ce Benciolini dit Malespine qui vient de passer trois ans à Tours où « il a fait grosse figure », ayant deux valets de chambre, trois laquais, et donnant de nombreux bals aux dames de la ville, toutes entichées de ce bel étranger qui se donnait comme appartenant à l'une des plus illustres familles d'Italie. Ses « espérances » étaient, disait-on, de 20 000 écus mais ses dettes, elles, en atteignaient 25 000. Malespine s'enfuit à Paris en 1707 au moment où il va être décrété de prise de corps. Il y rejouerait volontiers le même scénario mais la police veille et notre homme est enfermé à la Bastille le 24 décembre.

« Ce n'est point un vol de violence, écrit Turgot, pour lors intendant de Tours, ni débauche ni attentat criminel, c'est plutôt un vol de séduction, une imposture d'un étranger, commencée dans son pays et soutenue avec une extrême persévérance dans diverses villes du royaume. » Que va-t-on en faire ? Ou bien, poursuit Turgot, on le remet à la justice ordinaire de Tours (« Je puis vous assurer qu'elle sera très sévère »), ou bien on le laisse sous le coup de la lettre de cachet qui a prononcé son attestation mais « je le crois mieux qu'il ne mérite à la Bastille ». Le ministre est bien d'accord et fait transférer quelques mois plus tard Malespine à Bicêtre où il va rester enfermé sept ans. En 1711, le lieutenant de police écrit à son propos : « Sa détention à l'hôpital n'a pu encore amortir en lui l'esprit d'intrigue, de mensonge et d'imposture qui l'y a fait conduire. »

On pourrait multiplier les évocations de ces escrocs classiques modifiant sans cesse un nom qui n'est pas avare de titres et changeant de ville dès que leurs dupes commencent à se réveiller. Comme pour Malespine, la Bastille est trop relevée pour eux et, leurs interrogatoires achevés, on les oublie à Bicêtre et à la Salpêtrière.

Il faut compter avec une espèce plus pernicieuse encore, celle de ces faiseurs d'affaires, de ces hommes « à projets » ou « à imagination » comme on dit à l'époque, chez qui l'escroquerie s'allie à une part de sincérité, en proportions variables. « Pour moi je ne crains pas qu'on vous importune. Puisque je viens, monsieur, faire votre fortune », fait dire Molière à l'un de ses « fâcheux ». Et qu'est-ce que deux louis prêtés au regard de la fortune escomptée ? À escroc, escroc et demi : pendant la guerre de la Succession d'Espagne, le contrôleur général fait déposer les brevets de ces gens à projets contre espèces sonnantes et trébuchantes. Dès lors, les intermédiaires intrigants se multiplient et il faut envoyer les plus malhonnêtes à la Bastille.

L'un de ces « faiseurs d'affaires dans les bureaux des ministres » est une femme qui s'appelle de Rozemain, négociant des mariages et des traités de finance aussi divers que fastueux. « Jamais femme ne s'est mêlée de tant d'affaires », s'exclame d'Argenson, qui ajoute que le vice et la vertu lui étaient égaux

« pourvu qu'elle arrivât à ses fins ». On l'enferme à la Bastille le 13 décembre 1702 mais, au bout de plusieurs mois d'interrogatoires, d'Argenson renonce à démêler l'écheveau de ses intrigues : « À peine se trouvera-t-il un seul homme de la Cour dont le nom ne soit pas parmi ses papiers... » Libérée le 3 août 1703 avec exil à quarante lieues de Paris et de Versailles, elle désobéit et se voit enfermer l'été suivant à la Salpêtrière. Son cas en effet n'a plus besoin d'être étudié et d'ailleurs, en 1708, peu de temps avant qu'on se décide à la libérer, d'Argenson dit d'elle « qu'elle est de plus en plus folle ».

Autres chevaliers d'industrie que ce Jean Valade de Lavallette, avocat au Parlement ayant réussi, avant de se faire enfermer à la Bastille, à tirer 50 000 livres de ses associés sur le projet pourtant folklorique de rétablir les ordres royaux, hospitaliers et militaires du Saint-Esprit de Montpellier ; ou ce Monbans ayant inventé un nouveau système pour faire trouver au roi plus de 300 millions (et qui sur ce projet « avait attrapé plusieurs particuliers ») ; ou encore ce Louis Bourges de Longchamp, le type même de l'homme à projets : après une carrière militaire agitée tant « aux isles » que sur mer à la poursuite des corsaires, il commence à importuner « les gens en place » à partir de 1725 à coup de projets tels que celui « pour relever le flot de la Garonne », ou « un expédient pour transporter les canons par des chemins défoncés ». Plus de vingt projets détaillés sont ainsi envoyés à Versailles en quelques années et d'ailleurs l'un d'eux, qui prétend améliorer les systèmes de pompe, est expérimenté au Havre. Il n'est pas rare en effet que Versailles donne l'ordre de mettre à l'épreuve l'une des idées qui ne cessent d'affluer. Sait-on jamais ?

Le système n'a pas fonctionné et d'ailleurs Bourges de Longchamp n'était pas là – ce qui sent plus son hurluberlu que son honnête inventeur. Il continue pourtant à bombarder les ministres de projets militaires, diplomatiques, financiers et même religieux avec une *Réflexion touchant les moyens de procurer, sans le secours de la théologie, la paix dans l'Église de France*. Si on ne lui accorde pas les audiences qu'il ne cesse de demander, c'est à cause de collègues « jaloux et malintentionnés ». Souvent, les critiques les plus acerbes se mêlent à ses longs mémoires et, mû peut-être par quelque pressentiment, il s'en prend violemment aux lettres de cachet. Personne ne trouve grâce à ses yeux à commencer par le cardinal de Fleury qui, écrit-il, « manœuvre pitoyablement dans le ministère ». Cette fière réflexion lui vaut, avec bien d'autres du même tonneau, une première lettre de cachet pour la Bastille le 4 février 1731. Hérault, qui a très peur de ce genre de client, le fait libérer au bout de trois semaines avec exil en Picardie, son pays.

Bourges ne désarme pas pour autant et, désillusionné sur l'avenir de ses projets de réformes, entreprend alors d'envoyer une lettre anonyme à la maréchale de Villars : sans les 50 000 livres en or qu'on lui demandera, ni elle ni son fils ne seront en sûreté. Dans ce genre d'affaires, la police du XVIIIe siècle est magnifique de rapidité : Bourges est aussitôt arrêté et remis à la Bastille le 29 août 1741. « Ce particulier, écrit le lieutenant de police au ministre, ayant l'esprit dérangé et rempli d'idées chimériques, étant réduit dans la misère, je pense qu'il doit être transféré chez les frères de la Charité de Senlis, où le roi voudra bien payer sa pension. » C'est ce qui est fait le mois suivant. Dès lors Bourges ne va cesser de harceler de plaintes le lieutenant de police et même il trouve le moyen de glisser à Marville encore un projet qu'il avait déjà confié au ministère et dont celui-ci « avait senti l'importance ». Il s'agit d'un projet de négociation qu'il a imaginé « pour prévenir sûrement, à l'avantage et à la plus grande gloire de la France, la guerre qui paraît prochaine ».

L'histoire de Bourges de Longchamp ne s'arrête pas là mais elle serait trop longue à raconter. Remis en liberté en 1743, il recommence ses friponneries et partage désormais son temps entre de sordides escroqueries sur le pavé de Paris et des emprisonnements de plus en plus rapprochés, loin de la Bastille où il n'a plus désormais que faire, au Grand Châtelet, à la Conciergerie, à For-l'Évêque et finalement à Bicêtre où il est donné – il est temps qu'on s'en aperçoive – « comme esprit dérangé » et où il meurt probablement en 1751.

Pour en terminer avec les « hommes à projets », variété militaire cette fois, mentionnons encore deux prisonniers qui entrent à la Bastille en 1743 à quelques mois d'intervalle, en pleine guerre de Succession d'Autriche : en avril, c'est un certain Renaudin, qui se fait appeler le comte Arnaudin. Après divers projets militaires rebutés par la France, il a proposé à l'Espagne de construire une machine de guerre de son invention pour s'emparer de Gibraltar, puis, ne voyant rien venir, a offert son invention aux Anglais pour, cette fois, s'emparer de Cadix. Arrêté à la demande de l'Espagne, il sera transféré de la Bastille au château de Ham, sur la Somme, où il mourra, en 1757.

En juillet, c'est au tour d'un individu qui se fait appeler le baron de Wimsfeld mais dont le vrai nom est Rheiner et qu'on enferme d'abord comme escroc. Malgré ses antécédents peu engageants, il réussit progressivement à persuader l'état-major de la Bastille et le lieutenant général de police qu'il est un spécialiste des fortifications et du génie, inventeur de machines de guerre et d'explosifs dont il propose continuellement de faire l'expérience. Après tout, se dit le ministre de la guerre informé par Marville, pourquoi pas ? Et l'on fournit alors à Wimsfeld, à l'intérieur même de la Bastille, les matériaux nécessaires à fabriquer de petites bombes et des grenades dont l'effet, promet l'inventeur, sera prodigieux.

Un beau matin de printemps, à l'aube, l'expérience se déroule dans la cour de la Bastille, devant son état-major quelque peu inquiet et un lieutenant général d'artillerie venu tout exprès. Hélas pour Wimsfeld, l'essai même répété échoue lamentablement et il n'y a plus qu'à se débarrasser de cet importun en le transférant à la forteresse de Doullens, au nord d'Amiens. Il va y rester treize ans et s'y rendre tellement insupportable qu'il faudra le transférer au donjon de Vincennes en 1756 avant de l'exiler finalement hors du royaume. En 1750, le lieutenant de roi de Doullens écrivait au ministre : « Je vous supplie de me défaire de ce misérable qui est le sujet le plus abominable et le plus détestable, tant par la langue que par la plume, que de la vie j'aie vu, quoi qu'il m'en ait passé beaucoup entre les mains... » L'officier du roi continue sur ce ton, se plaignant que Wimsfeld a, pour s'évader, ouvert, en plusieurs endroits, la muraille de sa chambre—ce qui prouve qu'il avait tout de même certaines aptitudes aux travaux du génie.

Arnaqueurs

Une catégorie particulière d'escrocs exerce ses talents dans les nombreux jeux de hasard auxquels la Cour, la première, se livre avec frénésie. Le Roi-Soleil joue beaucoup et Mme de Montespan encore plus, et la reine aussi qui trouve une compensation dans cette passion qui, une fois allumée, ne peut plus s'éteindre. Les courtisans suivent ces augustes exemples et Paris suit la Cour. Mais Louis XIV, qui ne déteste pas voir ses nobles s'occuper et se ruiner ainsi, ne veut pas que sa bourgeoisie se détourne du droit chemin du travail et de l'épargne—ce qui l'amène à interdire périodiquement certains jeux où l'on perd encore plus vite qu'aux autres : « On a défendu le lansquenet ? lit-on dans une comédie de Dancourt. —Eh, oui, Madame, on a défendu le lansquenet ! —Vous vous moquez, Clitandre, cela ne se peut pas et c'est comme si l'on défendait de dormir... »

Une quantité de tripots s'étaient ouverts dans Paris, favorisant l'afflux des joueurs professionnels et des escrocs, quand le pouvoir se décide à les fermer en ne tolérant le jeu que dans des endroits connus de la police et accessibles à elle. Dès lors l'obtention d'une telle autorisation est très recherchée et les grands seigneurs eux-mêmes intriguent pour tenir une maison de jeu. Mais ceci n'empêche pas nombre de maisons, et des plus respectables, de fonctionner sans autorisation, en ajoutant souvent le racolage aux prestations du lieu.

D'Argenson, qui surveille cela comme le reste, écrit par exemple le 24 août 1702 au chancelier : « Je me trouve obligé de vous informer du jeu scandaleux qui se tient ouvertement chez M. Lemaye, conseiller au Parlement. Il y a plus d'un an que ce désordre est public et qu'on se plaint, même parmi les joueurs, de l'infidélité de quatre ou cinq personnes qui tiennent les premières places dans ces assemblées. Un mauvais concert en est le prétexte, mais le lansquenet ou le pharaon en sont les véritables motifs. Quelques jeunes demoiselles, d'humeur fort docile, viennent au secours des attraits usés de la maîtresse de maison qui ne laisse pas de trouver encore quelques dupes pour son propre compte... »

Au XVIIIe siècle, les choses ne s'arrangent pas, bien au contraire. La passion du jeu s'est encore accrue, gagnant la province. À Paris, la police continue à surveiller les tripots autorisés. Deux pour la bonne société se sont établis dans les hôtels de Gesvres et de Carignan où on est volé moins qu'ailleurs. Pharaon, biriby, mormony, taupe, pair ou non, roulette (où il n'existe encore que des noirs ou des blancs), pour ne citer que quelques-uns de ces nombreux jeux d'argent, ont remplacé le lansquenet, le reversi (qui perd gagne) ou le hoca (proche du loto) du siècle de Louis XIV.

Mais qu'importe le flacon pourvu qu'on ait l'ivresse, et pourvu que les arnaqueurs puissent exercer leurs talents. « Sur l'avis qui m'a été donné que l'on continuait à jouer avec plus d'acharnement que jamais dans le café d'Elie au pair ou non, j'y ai fait faire une visite dans laquelle on a trouvé grand nombre de personnes occupées à ce jeu. » Et le lieutenant de police, qui écrit ce rapport en 1749, de faire la liste des « plus opiniâtres » et de proposer diverses punitions pour ceux qui y « commettent des friponneries » : « Il est nécessaire d'en faire de temps en temps des exemples, et particulièrement en cette saison, sur ceux qui sont les plus suspects. Il en paraît actuellement plusieurs, dont quelques-uns ont déjà été punis, qui recommencent leurs manœuvres, et je pense qu'il convient de les faire conduire en prison. »

For-l'Évêque ou Bicêtre sont bien suffisants pour ces petits escrocs mais de temps à autre, quand il s'agit d'une personne de considération, c'est la Bastille qu'on choisit : nobles ou grands bourgeois ayant donné à jouer clandestinement, tricheurs venant de pays étrangers et capables de dissimuler une activité d'espion derrière le pharaon ou le jeu de paume (où l'on parie de fortes sommes). L'une de ces tenancières de maison de jeu clandestine s'appelle Jeanne-Gabrielle du Rourre de Lostende, de l'une des meilleures familles du Languedoc. D'abord enfermée dans les prisons de Montpellier où elle s'était enfuie sous le coup d'une lettre de cachet, elle a été transférée à la Bastille en 1755, y est restée quinze jours, histoire de faire un de ces exemples que réclame le lieutenant de police avant d'être libérée, avec un exil à cinquante lieues de Paris.

Dix ans après, la dame demande à revenir à Paris et Sartine qui n'a plus l'affaire en tête (400 prisonniers à peu près sont passés par la Bastille entre-temps) s'adresse au seul de ses collaborateurs dont les fiches soient toujours à jour, c'est-à-dire d'Hémery. Ce n'est pas là le domaine du célèbre inspecteur de la librairie mais d'Hémery est incollable : c'est « une espèce d'aventurière qui a toute sa vie erré de côté et d'autre. Sa figure lui a procuré des intrigues dont les trois quarts lui ont causé des aventures désagréables. Elle peut avoir trente-six ans. Dans sa première jeunesse, elle a fait une belle femme, étant grande, bien faite, brune, beau visage à la romaine, et beaucoup d'esprit ; elle a épousé fort jeune, et par amourette, un libraire de Marseille, qui, après avoir tout mangé avec elle, a passé aux îles. L'absence de son mari lui a donné beau jeu ; elle s'est attachée à plusieurs personnes... » Le décor étant aussi spirituellement planté, d'Hémery continue en expliquant que d'amant en amant la dame a pu obtenir la protection du marquis de Paulmy, un d'Argenson, petit-fils du célèbre lieutenant de police, et ouvrir grâce à cet appui un « jeu d'enfer », délestant force pigeons de sommes considérables. C'est le même marquis de Paulmy, dessillé par le lieutenant de police du moment, qui a demandé la lettre de cachet... Comme on n'est pas des monstres, on veut bien envoyer à Sartine la lettre de cachet levant l'exil, d'autant plus que la dame « paraît se conduire sagement ».

Faux sorciers

On l'a bien vu avec l'Affaire des poisons, on ne croit plus aux sorciers sous le règne de Louis XIV. Déjà un décret pontifical de 1657 invitait les juges de l'Inquisition à la prudence en matière de recherche satanique et, consécutivement aux travaux ordonnés par Colbert pour la réforme de la justice, l'ordonnance de Saint-Germain-en-Laye de 1670 ne mentionnait plus le crime satanique—ce qui, ajouté au jeu des appels judiciaires, préludait à l'extinction des bûchers des sorciers et des sorcières. Le crime de sacrilège subsiste en revanche et on a vu, à propos du bûcher de Simon Morin en 1663, que cela fait problème.

L'édit de juillet 1682, qu'on a brièvement cité à propos des poisons, est réputé avoir mis une fin définitive et officielle à la répression de la sorcellerie. En fait, ce n'est vrai qu'*a contrario*, l'exposé des motifs visant les devins, magiciens, enchanteurs, venus de pays étrangers (bohémiens) qui, par imposture, abusent

des « personnes ignorantes ou crédules ». Loin désormais de Satan, un enchaîne-
ment criminel est dénoncé, pas moins sévèrement puni, qui est celui qui mène
de l'illusionnisme à la superstition, de la superstition au sacrilège et du sacrilège
aux poisons—lesquels constituent d'ailleurs l'essentiel du fameux édit.

À ce titre, c'est ici que l'Affaire des poisons aurait eu sa place si l'implication
de Mme de Montespan n'avait pas mis le roi en cause personnellement. Il faut
dire aussi que l'exceptionnelle gravité de cette affaire tranche radicalement avec
celles que la police a eu ensuite à réprimer et qui sont nombreuses puisque la
Bastille, à elle seule, en a sanctionné plus d'une centaine. Succédant à La Reynie
en 1697, d'Argenson est le lieutenant général de police qui a déployé le plus de
zèle à réprimer ce genre de délit puisque plus de 80 pour 100 des faux sorciers
jetés à la Bastille, sans compter ceux de moindre envergure qu'on a mis ailleurs,
l'ont été à son instigation.

D'Argenson voue à cette catégorie une véritable haine, à l'opposé de la distance ironique avec laquelle il traite les autres affaires. En 1702, il publie un rapport fleuve sur les agissements de ces faux devins et prétendus sorciers. Chaque
cas invoqué est un véritable morceau d'anthologie et l'on voudrait pouvoir les
citer tous. Voilà, parmi d'autres, le baron et la baronne de Saugeon, nobles
authentiques mais soi-disant prince et princesse de La Tour d'Auvergne. Leur cas
résume assez bien ceux de leurs congénères : « Le baron Saugeon et sa femme
vendent des poudres et des fleurs pour faire aimer, s'intriguent pour des mariages mal assortis, vendent de l'eau pour rétablir des virginités qui ne subsistent
plus, regardent dans la main, expliquent les songes, tirent des horoscopes et des
figures, annoncent l'avenir, regardent dans le verre et se piquent de faire trouver
infailliblement ce qu'on a perdu… » Le couple Saugeon ne reste qu'un mois à la
Bastille, au début de 1701, avant d'être transférés, lui à Bicêtre, elle à la Salpêtrière. Trois ans plus tard, d'Argenson écrit à propos de la femme, toujours enfermée : « Le silence et l'humilité de l'hôpital ont anéanti toutes ses chimères. »

Jamais d'Argenson n'aura la moindre mansuétude pour les faux sorciers et à
propos d'une fausse magicienne enfermée à vie à la Salpêtrière et pourtant
devenue bien vieille, il écrit : « Son esprit s'affaiblit, et l'on espère que la mort
en purgera bientôt le public. » Pourtant d'Argenson, pour être souvent féroce,
ne saurait être considéré comme quelqu'un de cruel. Il fait preuve au contraire,
en de nombreuses occasions, d'une mansuétude dont seront bien incapables
les préfets de police du XIXᵉ siècle. Il faut comprendre que pour ce catholique
fervent, il s'agit de châtier ici non seulement des escrocs et d'en protéger des

dupes que d'ailleurs il a tendance à trouver coupables d'une trop grande naïveté, mais aussi de réprimer une impiété insupportable. « Faux sortilèges et impiété véritable », dit-il de la veuve Babet arrêtée en 1704 au cours d'une de ces opérations « coup de poing » qui jette à la Bastille en quelques semaines une quinzaine de faux sorciers.

C'est d'ailleurs explicitement sur ce thème qu'il commence son rapport de 1702 au ministre de la Maison du roi : « Monsieur, il y a longtemps que je diffère à vous informer d'un grand désordre qui augmente de jour en jour et qui ne se borne pas à la corruption des mœurs, mais qui tend à détruire la religion dans tous ses principes... »

En dépit de leur indiscutable polyvalence, les faux sorciers sont parfois spécialisés, à commencer par les « traditionnels » qui, même s'ils ne croient plus eux-mêmes au diable, s'emploient à le montrer à leurs dupes. « Il m'est tombé sous la main, rapporte d'Argenson à Pontchartrain en 1701, deux ou trois femmes extravagantes qui ont la fureur de se donner au diable pour avoir de l'argent mais dont le diable ne veut point du tout... » Elles précèdent à la Bastille un nommé Protain, limonadier de son état, qu'elles ont réussi à persuader qu'il était un sorcier et qui après un transfert à Bicêtre deviendra totalement fou, s'il ne l'était déjà.

Autre faux diabolique que cet abbé de Rocheblanche, enfermé en 1724, « qui faisait l'appel des démons » moyennant finances, ou encore que cette Marie-Anne Delaville « si habile à tromper les sots et qui a même trouvé l'art de fasciner les yeux de quelques personnes qu'on croyait sensées et d'esprit. Le prince de Babel lui obéissait, disait-elle, et une infinité d'esprits inférieurs étaient ses esclaves, mais toute cette autorité disparut à la Bastille ». L'ordre de transfert à la Salpêtrière stipule que cette fameuse Marie-Anne y restera toute sa vie, « ordre qui n'est pas moins fondé que nécessaire », commente l'inflexible lieutenant de police.

Un nommé Dubuisson « fait voir le diable au duc d'Olonne pour lui attraper de l'argent ». Longuement interrogé après un transfert en 1749 de For-l'Évêque à la Bastille où il va rester enfermé dix-huit mois, il s'explique : le duc d'Olonne a accepté de voir le diable car il compte lui demander 15 millions dont il a besoin. Dubuisson lui a demandé 113 livres pour payer « la peau du bouc mâle des Indes » indispensable à ses invocations. Le diable a bien voulu se montrer sous forme humaine au duc comme à une autre dupe qui, toujours pour 113 livres, prix immuable de la peau de bouc, a demandé elle aussi 15 millions mais a ajouté deux autres souhaits : que le diable la préserve de toutes les maladies,

« surtout des vapeurs et de la folie », et qu'elle ait le pouvoir de maintenir toujours la passion du marquis de Souvré, sans que celui-ci « pût rien gagner sur elle ». Tout cela pour 113 livres, c'était donné.

Il y a aussi les chercheurs de trésors qui bien entendu font payer d'avance leur intervention, et aussi les charlatans, comme ce marquis de Caretto, embastillé en 1685, qui ne s'occupait de soigner que les maladies désespérées après que le médecin eut certifié par écrit qu'il lui abandonnait son malade. On ne s'étonnera pas d'apprendre qu'il y en eut même de guéris. Il y a encore les astrologues, comme ce de Bardy de Villeclerc, enfermé un an à la Bastille en 1701 avec son assistante, « entêté de sa vaine science de figures et de devinations astronomiques [qui], poussait sa curiosité ridicule et criminelle jusqu'à mesurer la vie des princes et celle des rois mêmes ».

Il y a enfin les alchimistes, dans la seconde moitié du XVIIᵉ siècle surtout, dont une vingtaine ont fait connaissance avec la Bastille – ce qui est peu au regard des faux sorciers qui se disaient tous plus ou moins alchimistes. Alors, pourquoi la Bastille à ceux-là plus qu'aux autres ? Une instruction de Pontchartrain à d'Argenson, le 1ᵉʳ mai 1704, à propos d'une certaine Marescot, réputée pour transformer en or des « compilations » de mercure, nous fournit une explication étonnante : « Le roi veut que vous fassiez arrêter et conduire à la Bastille Marescot, pour la faire raisonner sur ses prétendus secrets, et même la faire travailler, si vous le jugez à propos, afin de voir jusqu'où ira sa prétendue science. » Bref, on n'y croit pas mais on y croit quand même. Et Pontchartrain d'insister : « On pourra ensuite, suivant ce que vous reconnaîtrez, la chasser de Paris ou la mettre en lieu où elle ne puisse plus abuser ses dupes, ou voir si elle a quelque secret et le suivre. »

Pourtant le même Pontchartrain se montre plus réaliste quatre ans plus tard à propos de Le Bègue et sa femme, eux aussi alchimistes. Ce sont, dit-il, de « véritables objets de l'hôpital » mais il convient de les mettre d'abord à la Bastille pour voir si « sous prétexte de chimie, il n'y aurait point de fausse monnaie, comme cela arrive souvent et presque toujours ».

Crimes

Avorteurs

Les avorteurs et plus souvent les avorteuses, comme les charlatans, sont rarement punis sous ce seul chef, ajoutant ce triste talent à la panoplie du parfait sorcier. Nombre d'entre eux sont jugés au moment de l'Affaire des poisons et à cette époque le pouvoir se refuse, non sans quelque apparence de raison, à dissocier ces deux métiers. À propos d'un de ces sorciers mis à la Bastille en 1684 et convaincu d'avoir pratiqué plusieurs avortements, La Reynie écrit : « Avec cela, cet homme est fourni d'instruments et de drogues qui sont apparemment propres à l'usage de ces malheureux secrets, et peut-être que celui des avortements n'est pas le seul dont il se sert. » Faute de preuves, on en restera aux avortements – ce qui évitera le bûcher au prisonnier mais pas un transfert à Saint-Lazare où il restera quatorze ans, jusqu'à sa mort.

Trois de ces avorteurs, dont deux femmes de bonne famille, d'une telle réputation d'habileté qu'ils ne faisaient payer leurs clientes que l'opération faite, sont enfermés à la Bastille en 1687. Le roi, soucieux de ne pas faire connaître ce genre de crime par un procès, fait alors jouer la lettre de cachet comme un éteignoir, reléguant à vie les avorteurs dans trois citadelles de province.

Seul l'homme, qui s'appelait Crosnier, fera reparler de lui en parvenant à s'évader du château d'Angers où il était enfermé et où d'ailleurs, il se faisait passer pour un prisonnier de la R.P.R. (« Religion prétendue réformée »), catégorie assurément plus digne de compassion que celle des avorteurs. Repris, enfermé à Vincennes puis de nouveau à la Bastille en 1701 pour y être jugé après avoir tenté d'assassiner le gouverneur de Vincennes, condamné aux galères perpétuelles, puis gracié (ancien journaliste de Hollande, il avait rendu des services à la police), il est finalement remis à Vincennes mais cette fois c'est pour la vie. Il a parlé de suicide mais s'est heurté à l'impassibilité de d'Argenson qui d'ailleurs, quelques semaines plus tard, note avec la cruelle ironie qui l'anime toujours dans ce genre d'affaire : « Crosnier n'a plus de goût pour la mort ; il veut vivre absolument ; mais il voudrait bien que ce ne fût pas à Vincennes. » C'est pourtant à Vincennes que Crosnier meurt huit ans plus tard après s'être converti, pour de bon semble-t-il, au protestantisme.

En 1701, un chirurgien accoucheur et sa femme ont été eux aussi enfermés à la Bastille pour avoir pratiqué des avortements. Après trois ans d'emprisonnement, le mari a signé un engagement forcé dans les troupes du roi tandis que la femme a été enfermée à la Salpêtrière avec sa fille. « Elle est âgée de trente-trois ans, originaire de Paris, consigne d'Argenson ; les avortements dont elle faisait une profession publique l'ont fait conduire à la Bastille, et ensuite transférer à l'hôpital ; on a trouvé dans sa chambre des fœtus de tous âges, dont elle avait fait ou commencé les dissections pour se perfectionner dans cette profession criminelle. Sa fille, qui n'avait pas encore douze ans quand on la mit à l'hôpital, savait déjà l'usage des simples qui provoquent et facilitent les accouchements anticipés ; elle n'a pu le désavouer aux sœurs qui gouvernent la maison de force, et je pense que la mère, dont un flux hépatique finira bientôt les jours, doit y être oubliée sans retour. »

Contrebandiers et voleurs

En principe, la Bastille n'est faite ni pour les contrebandiers ni pour les voleurs. Elle n'en a d'ailleurs emprisonné qu'une trentaine de chaque catégorie — ce qui est infime en regard de tous ceux dont la justice se saisissait et punissait des galères ou de la pendaison. C'est curieusement sous la Régence et le ministère de Fleury que se concentrent ces emprisonnements à la Bastille qui ne joue là le plus souvent qu'un rôle occasionnel de maison d'arrêt. Est-il possible toutefois de dessiner une typologie particulière de ces minces délinquants ? Pourquoi l'envoi, même transitoire, dans la grande prison d'État ?

Pour ce qui concerne les contrebandiers, on peut constater par exemple l'absence de faux-sauniers, gibier assurément trop vulgaire pour la Bastille. On y trouve en revanche des contrebandiers d'indiennes ou de dentelles, étoffes « à devises » jalousement gardées par le gouvernement. Ainsi en 1691, un marchand fraudeur de dentelles est enfermé cinq ans à la Bastille puis exilé du royaume à la demande des fermiers généraux (le produit de la taxe sur les dentelles étrangères était affermé d'avance et il fallait faire un exemple contre ces fauteurs de manque à gagner).

Au XVIIIᵉ siècle, la contrebande de tabac ou d'autres marchandises illicites s'associe parfois à celle d'ouvrages jansénistes encore que, nous l'avons vu, les jansénistes préfèrent assurer eux-mêmes la distribution de leurs écrits.

Pour les voleurs, on distingue également une tendance à n'arrêter que des catégories « intéressantes » : très peu de petits voleurs des rues en effet, ou de prostituées voleuses, mais des faux sorciers (encore eux) qui ont franchement détroussé leurs dupes au lieu de les escroquer, ou des voleurs « distingués » comme cet abbé, arrêté en 1744, qui volait dans les sacristies.

Les volés distingués confèrent de leur côté un peu de leur éclat à leurs voleurs et la Bastille se réserve, par exemple, les domestiques ayant commis des vols chez des grands seigneurs ou, a fortiori, à Versailles, comme en 1735 lorsque plusieurs garçons porteurs « de la bouche » ont dérobé de l'argenterie dans les cuisines du roi. Enfin les vols eux-mêmes peuvent, par leur nature, justifier de ce fait la Bastille comme en 1746 au dépôt des archives des Affaires étrangères conservées au Vieux Louvre, ou en 1758 aux archives de la Guerre aux Invalides.

En 1735, on conduit de même à la Bastille l'abbé Claude de Chancey, conservateur des estampes à la bibliothèque du roi. Depuis quatre ans qu'il occupait ce poste enviable, il dérobait une quantité si considérable d'estampes qu'il avait fini par ouvrir boutique par complice interposé à quelques pas de là. Un « Cabinet du roi » complet (c'est-à-dire un jeu complet de toutes les estampes sur grand papier se trouvant entreposées) ne rapportait pas moins de 1 000 livres à Chancey. Pourtant, l'insatiable conservateur avait trouvé plus lucratif encore d'ajouter à ces ventes celles de tirages par centaines d'exemplaires de planches de cuivre qu'il avait également dérobées. Bref, Chancey avait quasiment vidé la bibliothèque du roi et c'est par caisses entières que la police s'emploie à réintégrer les gravures ainsi dérobées.

Le roi est tellement content d'avoir récupéré la plus grande partie de ses précieuses collections qu'il veut bien ne pas demander d'indemnité à l'abbé indélicat et même ne pas trop le punir, surtout qu'il s'agit d'étouffer cette affaire très gênante pour l'administration déjà fort empêtrée de la bibliothèque du roi. Chancey est à la Bastille depuis dix-huit mois et il faut l'enlever de là mais où le mettre ? Le chirurgien de la Bastille a cru lui trouver des symptômes de vérole et on s'empresse aussitôt de le transférer aux Petites Maisons, où sont en quantité égale des vieillards, des fous et des vénériens. La vérole n'étant guère évidente, l'administration des Petites Maisons voudrait bien s'en débarrasser mais la Bastille n'en veut plus. L'abbé de Chancey met tout le monde d'accord en s'évadant le 11 février 1737. Repris quelques jours plus tard, enfermé à Charenton, rendu libre et exilé la même année à Lyon où il a un peu de famille, on mesure avec ce cas qui est loin d'être exceptionnel la complexité de la correction « de par le Roi » sous l'Ancien Régime, où la Bastille n'est souvent qu'un maillon, mais un maillon de choix.

Violents

Comme pour les contrebandiers et les voleurs, la question du choix de la Bastille pour les quelques dizaines d'auteurs de « coups et blessures » qui s'y trouvent est une partie assurément infime de toute une population d'Ancien Régime qui, au regard de nos sociétés policées où la moindre injure peut conduire son homme en correctionnelle, fait figure d'un monde de violence où non seulement les nobles mais tout aussi bien les roturiers peuvent s'étriper à la moindre algarade. Cela est particulièrement vrai pour le siècle de Louis XIV et la Bastille reçoit comme l'écho assourdi des horions qu'on se donne.

Ici le critère de sélection, hors des emprisonnements occasionnels commandés par l'urgence, est la naissance. Dès le ministère de Mazarin, on trouve un fils de famille « méchant à sa mère et à ses frères (qui) veut tout tuer », et, au début du règne de Louis XIV des hobereaux, véritables tyrans locaux, qui terrorisent et violentent les paysans du voisinage. Le cas de Guy de Sainte-Maure est tout à fait exemplaire de la façon dont l'usage de la Bastille intervient dans ces affaires : ce gentilhomme de l'élection de Saintes s'est entouré d'une bande de spadassins, fait battre les sergents du roi et, chose insupportable entre toutes, limite les impositions dans diverses paroisses. Il a été le protégé du puissant duc de Montausier mais celui-ci voudrait bien en être débarrassé désormais. L'intendant de la généralité de Bordeaux écrit donc à Colbert, le 27 octobre 1664, en sollicitant une lettre de cachet : « Quand on le tiendra, l'on verra si, pour l'honneur de sa famille, et à cause de M. le duc de Montausier, l'on voudra ne pas le juger ; mais en tout cas, il faudra le tenir en prison et ne l'en pas laisser sortir de bien longtemps. » À la Bastille donc...

Même chose pour Henri de Lorraine, prince d'Elbeuf, qui s'est battu contre les archers du guet en appelant ses gens à la rescousse. C'était alors « le genre » pour les jeunes gens de la noblesse de courir les rues la nuit en terrorisant le bourgeois et en rossant, si possible, le guet accouru. On appréciera au passage cette scène d'Ancien Régime au cours de laquelle un sergent, voyant à qui il a affaire, pare un coup de canne du prince d'Elbeuf et lui dit que, nonobstant sa qualité de gentilhomme, il va devoir « lui donner de la hallebarde par le ventre ».

Le procureur du roi a été informé de l'affaire et écrit aussitôt à Colbert que « tout le repos de Paris est établi sur cette garde qui se fait par les officiers du guet » et qu'« il est très important qu'il plaise au roi faire connaître à ceux qui tombent dans ces emportements combien il les désapprouve ». Toujours plein de mansuétude pour sa noblesse, Louis XIV ordonne d'abord de faire poursuivre par la justice les seuls domestiques du prince mais celui-ci, au lieu de se tenir tranquille, trouve le moyen à un souper de se prendre de querelle avec un autre gentilhomme et de le souffleter violemment avec un gigot. Cette fois il faut le mettre à la Bastille où il reste enfermé du 15 décembre 1681 au 15 mai 1682, date à laquelle on le laisse sortir « en permission » pour aller prendre les eaux à Barèges, dans les Pyrénées. Il réintègre la Bastille pour la forme le 16 août et il est libéré trois semaines plus tard.

Pendant que l'irascible prince d'Elbeuf est allé se calmer les nerfs en cure thermale (mais la Bastille calme aussi) on voit entrer le comte de Clermont-Lodève qui lors de l'établissement de l'assiette, c'est-à-dire de l'impôt, du diocèse de Lodève, aux États du Languedoc, a gravement insulté l'évêque. «N'étant pas satisfait de la conduite que vous avez tenue, lui écrit le roi en rappelant l'incident, je vous fais cette lettre pour vous dire qu'incontinent après l'avoir reçue vous ayez à vous rendre en mon château de la Bastille pour y demeurer jusqu'à nouvel ordre de ma part.» La libération qui suit deux semaines plus tard ne s'effectue qu'à condition que le comte ira s'excuser solennellement devant l'évêque de Lodève, en présence de quatre autres prélats et conduit par deux ducs et pairs.

La violence des grands seigneurs ne disparaît pas complètement avec le siècle de Louis XIV et le comte de Charolais, pour ne citer que lui, est réputé pour ses accès de fureur quasi démentielle, comme d'ailleurs beaucoup de membres de la maison de Condé. Les bagarres extrêmement sérieuses auxquelles le comte de Charolais est mêlé à l'époque de la Régence ne se comptent plus. Toutefois, son rang ainsi que la précaution qu'il prend toujours de se plaindre le premier lui évitent la Bastille à chaque fois. On ne peut en dire autant de ses adversaires puisqu'on voit entrer en 1724 trois des quelque quinze charretiers avec lesquels il s'est battu à cause d'un embarras de circulation (deux autres sont à l'hôpital), puis l'année suivante le comte de la Sommais et son domestique pour bagarre entre ses domestiques et ceux du comte de Charolais, ou encore en 1728 un portier pour insultes. Le commandant du guet se plaint au lieutenant de police de l'injustice qu'il y a à ce que ce soient toujours les adversaires du comte, et non lui, qui aillent à la Bastille, rappelant ses plus récentes incartades. N'a-t-il pas imaginé récemment de se déguiser en fermier pour mieux approcher une femme qu'il trouvait à son goût? On l'a reconnu mais il inspire tellement la terreur qu'au lieu de rire de lui, chacun redoute sa vengeance. L'on dit «que c'est un prince cruel et barbare, commente le commandant du guet bien placé pour le connaître, qu'il ne demande que du sang, et qu'il se soucie autant de tuer un homme comme de tuer une mouche».

Comme aujourd'hui, les altercations à cause de la circulation sont nombreuses et l'on voit par exemple le jeune duc de La Meilleraye puni en 1723 d'un mois et demi de Bastille parce que, étant ivre, il a renversé une marchande de fruits, qu'il l'a battue ensuite et enfin a donné des coups de fouet à un prêtre qui s'était porté au secours de la malheureuse. Parfois les violences sont commises sur un policier en train d'opérer une arrestation et il est certain qu'entreprendre d'« embarquer » une prostituée trop bien intégrée à son quartier n'est pas sans risques.

Mais encore une fois, la Bastille n'est pas faite pour ce genre de délits qu'elle ne punit qu'occasionnellement, tout comme l'enlèvement (on dit alors le rapt), beaucoup plus grave encore qu'assez fréquent et puni légèrement quand il est commis par un grand seigneur : onze jours en 1660 au chevalier de Grancey, fils d'un maréchal de France et neveu de l'évêque de Sées, qui reçoit la Bastille comme une bénédiction car il ne sait plus trop que faire de la fille qu'il a enlevée.

Une fois de plus, la mansuétude royale a joué non en faveur du coupable mais par égard au nom qu'il porte : « Sa Majesté ne voulut pas pour la considération de M. le maréchal de Grancey et celle de M. l'évêque de Séez, que la chose fût relevée en son nom, » écrit Le Tellier à Mazarin.

On n'observe encore que six semaines de Bastille, en 1738, pour l'ancien secrétaire du cardinal Dubois pour rapt aggravé cette fois de viol. Il est vrai que l'accusation n'a pu s'établir sur des preuves suffisantes et que la victime, Mlle Julie, de l'Opéra, a eu le plus grand mal à se faire passer pour une oie blanche.

Aux violences des maîtres répondent celles des domestiques de grandes maisons. À coup sûr la morgue des maîtres déteint sur leurs serviteurs mais la Bastille laisse ce type de délinquant à la justice ordinaire comme en juin 1753 où un cocher du comte de Charolais (encore lui) accusé d'avoir provoqué un gentilhomme est puni de cinq ans de galères après avoir été marqué « au fer chaud » et exposé au carcan avec cet écriteau : « domestique violent ». On en voit cependant entrer de temps en temps à la Bastille, eu égard à leurs maisons. Ainsi en 1721, sept domestiques de grandes maisons sont extraits du Grand Châtelet où ils auraient normalement dû être jugés pour avoir organisé une expédition punitive d'environ 180 gens de livrée armés de bâton, et enfermés trois semaines à la Bastille pour apaiser une affaire où « des gens de M. le prince de Condé, du duc de Bourbon et autres grands seigneurs étaient de la partie ».

Meurtriers

La Bastille n'est pas faite non plus pour les affaires de meurtre encore qu'elle a emprisonné une cinquantaine d'individus, nobles pour la plupart, sous ce chef d'accusation. On a une fois de plus l'occasion d'observer à quel point la destination de la première prison d'État du royaume est diversifiée et complexe : tantôt, et c'est même le plus fréquent, des accusés sont mis là pour quelques semaines en attendant d'être jugés et l'on retrouve donc l'une des fonctions de la Bastille qui est de servir de prison préventive. Toutefois, son fonctionnement est plus complexe car l'instruction se fait, à la Bastille même, par le lieutenant général de police qui, rappelons-le, est un magistrat.

Ainsi dans l'affaire d'un archer de la Monnaie, roturier mais qu'une activité complémentaire de mouche de police a rendu digne d'un embastillement le 15 juin 1741, le lieutenant de police mène l'interrogatoire qui est aussi une instruction : le 7 juin, sur la chaussée du faubourg Saint-Lazare, l'archer en question a lâché un coup de pistolet « sur un chien qui le voulait mordre, dont la balle fut donner contre la tête d'un nommé Le Vasseur ». Celui-ci n'est pas mort et a déposé plainte. Le 10 juillet, un décret de prise de corps pris par le lieutenant criminel fait transférer l'accusé au Grand Châtelet où il est jugé et acquitté, avec défense cependant de porter à l'avenir des «pistolets de poche». Mais en 1737 trois personnes accusées d'assassinat sortent de la Bastille au bout de trois semaines sans autre forme de procès simplement parce que le lieutenant de police, après interrogatoire serré, les a déclarées déchargées de l'accusation. Il en va de même pour deux domestiques accusés de l'assassinat de leur maître, l'intendant d'Auch, qui sortent de la Bastille en 1776 après trois mois d'emprisonnement, ayant été reconnus innocents sans qu'il ait paru nécessaire de les juger.

Lorsque la procédure est entamée, surtout dans une affaire de meurtre, le roi répugne à interposer une lettre de cachet soustrayant le coupable à la justice mais il y a des arrangements avec le ciel. C'est le cas sous le règne de Louis XIV qui « sait ses familles ». En 1659 par exemple, le marquis de l'Hospital est poursuivi devant plusieurs parlements par le clergé de France pour avoir lâchement assassiné un paysan et laissé pour mort un curé qui l'avait accusé à son sermon de vivre en tyran sur ses terres. Sa condamnation à mort paraît assurée car le roi a juré à son sacre de ne jamais accorder de grâce pour le meurtre d'un prêtre. Toutefois le meurtrier est proche parent de ce maréchal de l'Hospital qui a sauvé le pouvoir de Louis XIII en participant à l'assassinat de Concini en 1617. Ces choses-là ne s'oublient pas, surtout que le maréchal est toujours vivant. On met donc le meurtrier à la Bastille en dépit des protestations du Parlement de Paris.

Même chose en 1707 lorsque le fils aîné du comte de Clermont-Tonnerre, que Saint-Simon dépeint comme « une manière d'hébété, fort obscur et fort étrange », tue à la chasse d'un coup de fusil le second fils d'Amelot, conseiller d'État et pour lors ambassadeur d'Espagne. La famille du meurtrier implore le roi en plaidant l'accident mais celle de la victime prétend que l'assassinat a été commis délibérément et crie vengeance. Le roi tranche alors en faisant mettre Philippe de Clermont-Tonnerre à la Bastille pour un an, à l'exclusion de toute procédure judiciaire. Il est en outre ordonné à celui qui devient ainsi un correctionnaire de donner 10 000 livres aux pauvres à distribuer par le cardinal de Noailles et de ne jamais se trouver après sa libération dans un endroit où sera M. Amelot, le père de la victime.

Le fonctionnement de la Bastille est encore plus alambiqué dans l'affaire de Louis de Girardin mis en correction à Saint-Lazare par son oncle, qu'il a tenté d'assassiner. Le 21 avril 1695, il est transféré à la Bastille qui ne sert alors que d'antichambre à la Conciergerie, prison de la Tournelle, où il est jugé en juillet et condamné à être roué vif. Mais là encore, une exécution serait déshonorante pour la famille et notamment pour l'oncle, le chevalier de Girardin. Le roi commue donc la peine en détention perpétuelle au château de Salces, dans les Pyrénées.

Les voleurs de grand chemin, qui sont considérés à l'égal des meurtriers, sont promis à la potence et non à la Bastille où l'on en trouve cependant quelques-uns. Ce sont classiquement, soit ceux dont l'interrogatoire peut se révéler intéressant et qui ne font que passer, comme au lendemain de la guerre de la Succession d'Espagne lorsque de nombreux soldats démobilisés se reconvertissent en brigands, soit des prisonniers mis à la Bastille par considération pour leur famille, comme le duc d'Entragues de Falary, condamné à mort pour s'être associé à une bande de voleurs de grand chemin, soit encore mais plus rarement des bandits qui ont obtenu la Bastille en dénonçant des complices importants. C'est le cas en 1726 de François Duchâtelet qui s'est sauvé de la roue en dénonçant Cartouche dont il était l'un des compagnons. Treize ans après il y est toujours et l'on ne sait que faire de ce misérable à qui l'on n'a promis que la vie mais pour qui la Bastille est décidément trop relevée. On le met alors à Bicêtre en lui construisant un cachot exigu où il demeurera jusqu'à sa mort, enchaîné par le cou.

Mœurs

La Bastille étant, entre autres destinations, une maison de force pour correctionnaires, les affaires de mœurs sont plus de sa compétence que les crimes, surtout dans le contexte d'une protection de l'honneur des familles telle qu'on l'a évoquée, dans « le fait du prince », à propos des mauvais fils et des mauvaises épouses. Chez ces correctionnaires en effet, le motif le plus souvent invoqué est le libertinage, lequel doit être compris d'ailleurs dans un sens beaucoup plus large que celui qu'on lui donne aujourd'hui. Les affaires de mœurs punies d'un embastillement sont toutefois relativement peu nombreuses, avec à peine une centaine de cas – et encore conviendra-t-il d'en distinguer une soixantaine concernant spécialement la sodomie.

Débauchés

Parmi les nombreux types de débauchés, on retrouve donc, Bastille oblige, des fils de famille, comme en 1700 le très jeune duc d'Estrées qui a fait du scandale au bordel. Ici comme dans beaucoup d'autres cas, le tapage, qui en l'occurrence a tout de même consisté en bris de portes et de fenêtres, n'est que la goutte d'eau qui fait déborder le vase. Pontchartrain, dans son rapport au roi, n'omet pas de rappeler, tout en déplorant de voir l'éducation des jeunes ducs négligée de la sorte, que le duc d'Estrées passe ses nuits avec le tout aussi jeune duc de Mortemart « soit à perdre leur argent en dupes avec des filous ou à courir les lieux de débauche, au hasard de se faire maltraiter par les bretteurs qui les protègent ».

La maison d'Estrées est cependant l'une des grandes familles du royaume et pas seulement parce que Gabrielle d'Estrées a été la maîtresse officielle d'Henri IV. Pontchartrain écrit donc une lettre fort prudente au duc de Béthune, allié de la famille, en expliquant que le roi a résolu de punir le jeune duc en le mettant à la Bastille, d'autant plus que ce dernier avait déjà donné sa parole au roi de changer de conduite. Mais, « pour lui épargner le chagrin de l'y faire conduire », le roi demande au duc de Béthune de faire cela lui-même et c'est donc à lui qu'on adresse la lettre de cachet. « Vous comprendrez aisément, ajoute le ministre, le chagrin que j'ai d'être chargé d'un pareil ordre. » On ne saurait être plus gracieux mais il est évident que c'est le nom de la famille qu'on veut ici respecter.

Louis-Armand d'Estrées sort de la Bastille au bout de six mois pour recommencer aussitôt ses frasques, ce dont se plaint la duchesse de Nevers à propos d'une affaire gardée volontairement mystérieuse – ce qui ne l'empêchera pas de donner sa fille en mariage au fameux lascar, six ans plus tard, époque à laquelle pourtant la maison d'Estrées et Versailles s'inquiètent affreusement d'une liaison du duc avec « une créature qui lui a fait quitter les armes ». Pontchartrain demande à d'Argenson qu'on s'informe « de la naissance de cette femme, de son âge, de sa figure, de sa conduite » (on appréciera au passage l'ordre des termes). Qu'on se rassure, répond d'Argenson, « j'ai appris qu'il ne la voyait presque plus, que ses attraits étaient fort usés, et que les agréments de la table ou les plaisirs d'une société plus libre qu'amusante faisaient ses principaux charmes. Elle est fille d'un procureur ou d'un avocat de Toulouse. Sa taille se ressent de ses longs repas, et son visage serait fort pâle, sans le rouge qu'elle y met tous les matins. Elle approche fort de quarante ans... » (Ce dernier trait est en effet sans réplique.)

D'Argenson poursuit, dans l'un de ces rapports précis et spirituels où il excelle : « Je pense donc que la famille de M. le duc d'Estrées ne doit prendre aucune alarme par rapport à cette personne, qui ne passe pas pour intéressée, et quoiqu'on ne puisse pas la mettre au rang de ces femmes régulières qui n'inspirent à ceux qui les voient que des sentiments de politesse et de vertu, on ne saurait aussi sans injustice la regarder comme une de ces créatures désordonnées qui se prostituent sans ménagement ou ne peuvent vivre sans quelque amant déclaré. »

Pontchartrain convoque néanmoins la dame à Versailles mais se trouve rassuré quand elle lui promet de partir en province. « Informez-moi de ce qu'elle deviendra », écrit-il néanmoins à d'Argenson. Quant au duc d'Estrées, dont Saint-Simon dira qu'il passa sa vie dans la plus basse et honteuse crapule mais qu'il n'était pas sans esprit, il retourna à la Bastille en 1713, on l'a vu à propos des affaires d'étiquette, pour une altercation avec le comte d'Harcourt.

Autre débauché que le jeune des Gallois de La Tour de Gléné, fils du premier président du Parlement d'Aix-en-Provence. Le grand nombre de ses conquêtes féminines en a fait la terreur des maris et des pères de toute la Provence. D'abord enfermé à la demande de son père à Saint-Lazare d'où il a essayé de s'évader, il est mis à la Bastille en 1778 où il va rester trois ans. Quelques jours après son arrivée, le gouverneur présente ce jeune homme à belle figure à sa femme, Mme de Launey, qui s'ennuie fort à l'ombre de l'écrasante prison. Le logis du gouverneur se trouve à l'extérieur de la forteresse mais cela n'empêche pas le prisonnier d'aller tous les jours faire sa visite. On lui a donné le pseudonyme de Saint-Julien, comme c'est la règle dans la plupart des maisons de force afin que le nom de la famille demeure inconnu.

Saint-Julien peut ainsi dîner à la table du gouverneur même lorsqu'il y a des invités. Quand il y a de grands soupers, il doit tout de même demeurer dans sa cellule mais on a soin toutefois de lui porter à manger de la table du gouverneur. Quand M. et Mme de Launey sont en voyage, Saint-Julien se console en courtisant leur femme de chambre. Ce qu'il faut bien appeler ce ménage à trois semble toutefois menacer la carrière du gouverneur (ce qui, quand on connaît la suite, aurait mieux valu pour lui) et l'on se décide alors à transférer le prisonnier au couvent de Château-Thierry. Saint-Julien, décidément digne d'un roman de Stendhal, s'en évadera au bout de trois mois. Il faut croire que le régime du couvent ne valait pas celui de la Bastille.

Les précautions liées au renom d'une grande famille peuvent être motivées aussi par la nature des fautes commises. C'est le cas par exemple de celles de la marquise d'Esclainvilliers qui sont « d'une espèce singulière » et consistent à montrer « un goût dépravé pour les personnes de son sexe ». Elle est enfermée à la Bastille en 1715 et va y rester trois ans avant d'être transférée dans un couvent. Par arrêt du Conseil (rien de moins car le mari est maître de camp), tous les papiers concernant cette affaire sont retirés et déposés dans une cassette cachetée chez le greffier des commissions du Conseil. Le ministre de la Maison du roi, qui est à l'origine de cette mesure, expose qu'un pareil arrêt avait déjà été rendu dans une affaire semblable à propos d'une certaine Jollin, et « que Sa Majesté était persuadée qu'il y a des crimes qu'il faut mettre en oubli pour ne point faire connaître aux hommes qu'ils en sont capables, ce qui quelquefois les leur fait commettre. » Ici assurément on peut parler du secret de la Bastille.

Mais la Bastille punit aussi le tout-venant de la débauche : séducteurs de femmes mariées, surtout quand le séducteur est un roturier et que la séduite est noble, ecclésiastiques fréquentant trop ouvertement des prostituées ou ayant des maîtresses (bernardins et bénédictins étant ici à la hauteur de leur réputation), vieux satyres amateurs de petites filles, exhibitionnistes...

L'un de ces derniers a été surpris à la fin de l'été 1707 dans l'exercice de sa perversion au beau milieu de la cathédrale Notre-Dame, endroit prisé des exhibitionnistes tant par la prédominance de l'élément féminin que par une ombre propice. On découvre que c'est le neveu de Cyrano de Bergerac, écrivain à la mode dans la première moitié du XVIIe siècle, sceptique et libertin qui, on le sait, inspirera Edmond Rostand. La notoriété de l'oncle est encore grande et suffit à faire conduire le coupable à la Bastille mais il n'y reste que trois semaines avant d'être transporté dans un autre lieu de détention. Toutes ces affaires ont ceci de commun qu'elles sont « légères au criminel » et que la correction par lettre de cachet est donc toute désignée.

Les prostituées, quant à elles, ne sont pas dignes de la Bastille et vont directement à la Salpêtrière sauf pour quelques rares d'entre elles distinguées du fait qu'elles ont ramené dans leurs filets un gros poisson, fils de famille ou ecclésiastique. On y trouve par contre plus souvent des maquereaux et maquerelles, tenanciers de maisons clandestines ou d'établissements de bains (quasiment synonymes alors de bordels) mais toujours avec un petit ton de chic au-dessus des autres.

Mais le nombre enfermé à la Bastille est sans commune mesure avec celui des arrestations totales. En 1687, par exemple, les *Nouvelles ecclésiastiques*, qui pour être jansénistes n'en fondent pas moins leur popularité sur des informations relevant des nouvelles à la main, rapportent que «tous les jours on enlève, par ordre du roi, pour les enfermer, des femmes qui font métier de débaucher des filles ou qui en font profession. Desgrez a arrêté ces jours-ci sept fameuses débaucheuses de filles, et dans divers quartiers de Paris on a pris plus de quatre-vingts personnes de mauvaise réputation». Or, à cette même date, on ne voit passer à la Bastille que l'une de ces tenancières, appelée «la Chevalier», et qui d'ailleurs ne va y rester que quinze jours avant d'être envoyée à la Salpêtrière, au bâtiment réservé aux lettres de cachet qu'on appelle suggestivement «La Force» (et qui est toujours debout). Elle y est encore onze ans plus tard, en 1698, date à laquelle La Reynie écrit d'elle : «C'est une femme qui tenait un lieu de débauche fameux par le nombre des personnes qu'elle prostituait et par les personnes aux-quelles elles étaient prostituées. Le roi avait été directement informé.»

Sodomites

Sur la riche palette des affaires de mœurs (terme encore trop contemporain), il convient de traiter à part la «sodomie», du fait qu'elle est considérée sous l'Ancien Régime comme un crime digne du bûcher, ce qui distingue nettement les «sodomites» des autres «débauchés». D'Argenson, dès sa nomination, les poursuit d'une vindicte presque aussi grande que celle dont il pourchasse les faux sorciers. Le rôle que peut jouer la Bastille en semblable occasion est très clair : «Il y a longtemps, rapporte d'Argenson le 30 août 1701, que je connais-sais le nommé Néel pour un libertin, et le sieur de la Guillaumie pour un débauché, mais je ne pensais pas que leurs mœurs fussent parvenues à cet excès de corruption dont je viens de faire la découverte. Quelques jeunes gens de dix-sept ou dix-huit ans, dont on était en peine, m'ayant obligé de faire observer les maisons où l'on m'avait assuré qu'on les avait vus, cette recherche ne m'a pas permis de douter que le sieur Néel ne les eût séduits, et qu'après les avoir employés aux usages les plus criminels, pour son propre compte, il ne les eût vendus au sieur de la Guillaumie, son ami, et à quelques autres scélérats qui font depuis longtemps ce commerce infâme...»

Tout ce petit monde est arrêté, mais on craint que, loin d'inspirer l'horreur, un procès public suscite des vocations : «Vous savez qu'il n'y avait pas moins d'inconvénient à livrer ces trois accusés aux règles de la procédure ordinaire qu'à dissimuler leur désordre ; ainsi, je crois que le nommé Néel mérite qu'on le transfère à la Bastille, pour y être oublié... »

Louis XIV, qui pourtant répugne à ce que sa chère Bastille puisse recevoir les sodomites qu'il a en horreur, est tout à fait d'accord avec son lieutenant de police. Les jugements, même lorsqu'ils se terminent par le bûcher, font à ce « crime de nature » une trop grande publicité et, comme pour la marquise d'Esclainvilliers, côté femmes, « il y a des crimes qu'il faut mettre en oubli pour ne point faire connaître aux hommes qu'ils en sont capables ».

Bicêtre s'impose toutefois beaucoup plus souvent que la Bastille où l'on ne trouve traditionnellement pour quelques semaines avant leur transfert que ceux qui doivent subir dans le secret absolu un interrogatoire serré afin de faire connaître de véritables réseaux de prostitution masculine que la police peut alors faire tomber d'un coup. Une belle dénonciation peut même permettre à certains de s'en tirer avec quelques semaines, voire quelques jours d'emprisonnement, surtout si quelque emploi ultérieur de mouche peut de surcroît être convenu. Cela fait partie de l'extraordinaire souplesse de l'emploi des lettres de cachet.

En 1702, on jette de cette façon à la Bastille quatre « mignons » notoires. L'un d'eux est « fils d'un perruquier habillé en marquis, entretenu magnifiquement par deux abbés » ; un autre « est un beau garçon, bien fait, ci-devant laquais et qui à présent se fait passer pour un homme de qualité ». Leur interrogatoire, qui par parenthèse nous confirme que le jardin des Tuileries avec ses charmilles et ses berceaux est alors le haut lieu de rendez-vous des « sodomites », permet à d'Argenson de dresser, mine de rien, la liste complète des clients de ces beaux garçons. Ainsi s'alignent des dizaines et même des centaines de noms que recoupent interrogatoires et renseignements collectés par les inspecteurs, et dont le lieutenant de police, quand ce n'est pas le ministre de la Maison du roi, saura faire usage le moment venu. Bien qu'assaisonnés tout au long d'épithètes d'infâmes, d'abominables et d'exécrables, ces rapports n'omettent pas de préciser les compétences : celui-ci, par exemple, « envoie de beaux laquais à des seigneurs de province lorsqu'on lui en demande » ; celui-là, fort de son métier de précepteur, hante chaque soir les billards de la place Saint-Michel pour y faire moisson de jeunes écoliers d'abord attirés à quelque souper puis, grâce aux vapeurs de l'alcool, dans quelque lit.

Il faut noter toutefois que les grands seigneurs sodomites ne sont pas inquiétés et que la police se contente, si l'on ose dire, d'essayer de leur couper les vivres, en s'attaquant notamment aux « gens de livrée sodomites ». Mais surtout, qu'on ne les laisse à la Bastille que le temps d'y être interrogés. À propos de trois d'entre eux arrêtés en 1706, Pontchartrain écrit à d'Argenson qu'une fois qu'il connaîtra «leurs intrigues abominables», d'Argenson envoie «un mémoire ample» avec son avis sur le parti qu'il y aura à prendre, «car vous jugez bien, termine le ministre, que de telles gens ne méritent pas l'honneur d'être à la Bastille». Comme on s'en doute, le nombre des affaires de ce genre ne diminue pas au XVIIIᵉ siècle, bien au contraire. «Il y a longtemps, écrit Barbier dans son journal en mai 1726, que le vice de sodomie règne dans ce pays-ci, et depuis un temps il y est plus à la mode que jamais. Tous les jeunes seigneurs s'y étaient adonnés furieusement, au grand chagrin des femmes de Cour.»

La sévérité des pouvoirs demeure pourtant, comme le prouve l'affaire la plus grave de ce genre qui ait eu à passer par la Bastille. Au cours de l'année 1726, une douzaine de sodomites sont embastillés autour d'un certain Deschaufours, «célèbre parmi les infâmes». Barbier nous le dépeint comme grand fornicateur de son métier, «bel homme et bien fait. Cet homme connaissait beaucoup de monde dans le grand et dans le médiocre, car, en général, ce n'est pas là l'amusement du petit bourgeois. C'était chez lui le rendez-vous général ; les parties de débauche s'y faisaient. Il fournissait apparemment de nouveaux sujets à des seigneurs [...]. De plus, on a eu la liste de tous les participes de cette débauche, qui allait à plus de deux cents personnes de tous états. Cela a fait une affaire considérable.»

C'est un laquais qui a dénoncé Deschaufours, l'accusant en outre de viols répétés sur la personne de jeunes garçons. Deschaufours va d'abord nier, jusqu'au 26 mai 1726, date à laquelle il est jugé et condamné à être brûlé vif. Quelques minutes avant son exécution qui, comme le veut la coutume, a lieu le jour même du jugement, il se décide enfin à avouer. Oui, c'est vrai qu'il a organisé contre argent des viols collectifs après avoir mis de l'opium dans le vin des jeunes gens qu'il attirait chez lui. Et le condamné d'énumérer ses clients tandis qu'un greffier de justice s'empresse de consigner tout cela par écrit. Il y a principalement des nobles, quelques ecclésiastiques aussi. «Il a été exécuté l'après-midi en place Grève, rapporte Barbier, à la différence qu'on l'a étranglé auparavant. Il y avait longtemps qu'il n'y avait eu d'exécution pour ce crime, et cela maintiendra un peu tous ceux qui sont entichés de ce crime contre nature.»

Tous ceux qui ont été arrêtés avec Deschaufours s'en tirent avec quelques mois de Bastille, ayant eu soin de rejeter les responsabilités sur le principal accusé. Quant aux grands seigneurs impliqués dans ces tristes parties, ils sont une fois de plus laissés tranquilles. Certes, Deschaufours avait ajouté le viol à la pédérastie mais quelques dizaines d'années plus tard, le 6 juillet 1750 exactement, la justice fera encore brûler en place de Grève deux jeunes ouvriers surpris un soir par le guet en flagrant délit de sodomie. L'exécution a été faite pour l'exemple, commente Barbier, « d'autant que l'on dit que ce crime devient très commun et qu'il y a beaucoup de gens à Bicêtre pour ce fait ». Il faut rappeler en effet que c'est à Bicêtre et non à la Bastille qu'échouent en majorité les sodomites dont la justice ou la police veut bien s'occuper, toujours en évitant le scandale de l'arrestation d'un « infâme » trop titré. C'est ce qui fait dire à un nouvelliste du temps de la lieutenance de police de Hérault :

> Petit lieutenant de police,
> Tu rends plaisamment la justice,
> D'envoyer si facilement
> Les Sodomites à Bicêtre ;
> Toi qui le fus de tous les temps,
> Dis-moi, n'y devrais-tu pas être ?

Folie

On pourrait d'autant plus s'étonner de trouver la folie au chapitre du « droit commun » que sous l'Ancien Régime comme d'ailleurs au Moyen Âge et dans l'Antiquité, la folie est reconnue par chacun, les pouvoirs en tête, comme une maladie qu'on essaie même de soigner, quitte à se laisser rapidement persuader de son incurabilité (ce qui, à tout prendre, est une preuve supplémentaire du robuste bon sens de nos ancêtres). En fait, sans prétendre vouloir aborder ici la question de la folie sous l'Ancien Régime, il faut rappeler que, bien que l'on reconnaisse de plus en plus explicitement que la folie est « une des maladies les plus humiliantes et les plus affligeantes pour l'humanité », on estime toutefois qu'« autant elle est digne de pitié, autant elle exige les moyens les plus violents pour arrêter ses fureurs ». C'est ainsi qu'au XVIIIe siècle surtout, grâce à une plus grande capacité d'accueil dans les diverses maisons de force du royaume, les familles ont pris l'habitude de demander des lettres de cachet pour faire interner l'un des leurs en invoquant leur dangerosité, à charge pour les autorités d'enquêter sur le bien-fondé des demandes.

Toutefois, il existait pour cela des maisons de force plus ou moins spéciali-sées, telles que, pour n'en rester qu'à Paris, Saint-Lazare ou Charenton, ou pour des pensions moindres, Bicêtre et la Salpêtrière. En revanche, les prisons d'État, qui ne reçoivent que des prisonniers par lettres de cachet à l'initiative du pou-voir, n'ont en principe que faire des fous. La Bastille en a reçu néanmoins une cinquantaine, sans compter ceux qui se sont révélés aliénés une fois emprison-nés ou qui, les mois et les années passant, le sont devenus — ce qui en triple le nombre. Il faut aussi examiner une catégorie particulière de trublions, du type de ceux qu'on a rencontrés avec les hommes à projets, qui sans pouvoir être considérés *stricto sensu* comme aliénés, étaient tout ce qu'on voudra sauf sensés. Dans la mesure où la folie n'était pas cependant le motif d'emprisonnement mais bien des délits aussi caractérisés que divers, commençons par eux...

Demi-fous

Il ne saurait être question de s'aventurer à entreprendre la moindre étude quan-titative sur une notion aussi discutable que celle de « demi-fou ». Nous voulons seulement ici plutôt poser la question à travers quelques cas de personnages hauts en couleur et qui se retrouvent à la Bastille pour tout un tas de délits dont le caractère hétéroclite en dit long cependant sur leurs auteurs. On mesure tou-tefois le danger de pareilles interprétations car ceux qui sont embastillés pour plusieurs motifs à la fois sont légion et le fait par exemple que le maître d'hôtel de la duchesse d'Orléans soit enfermé à la fin de 1717 en même temps pour avoir volé un titre de 20 000 livres au secrétaire du duc de la Force, pour avoir écrit des libelles et des chansons diffamatoires contre ce même duc (dont il deviendra pourtant le secrétaire), et enfin pour être impliqué dans une affaire de sodomie, ne pose nullement la question de sa solidité d'esprit mais seule-ment celle de son éclectisme en matière de délinquance.

Certaines associations de délits sont d'ailleurs complémentaires : nouvellistes ou espions ajoutant l'escroquerie à leurs talents, faux sorciers sodomites, fils de famille à la fois libertins, dilapidateurs et violents, etc. D'autres associations sont plus inattendues comme ce janséniste qui joint à des écrits impitoyables et fron-deurs sur l'impureté de l'Église romaine une vie de débauché qui en fait un des meilleurs clients des prostituées qui hantent le Palais-Royal. Les classifications des chapitres précédents, justifiées par le fait que le déclenchement d'une lettre de cachet s'opère presque toujours à partir d'un motif principal, ne doivent pas cependant masquer ces fréquents cumuls dans les motifs de répression.

Surtout que, selon la formule consacrée, un train peut en cacher un autre... En octobre 1724 par exemple, est enfermé à la Bastille l'abbé Roux, vicaire de l'évêque de Beauvais, pour avoir tenté de racketter les marchands bouchers de la ville. Mais on s'aperçoit très vite que l'évêque, François-Honoré de Beauvillier, est largement complice, pour ne pas dire l'instigateur. Évêque zélé, grand prêcheur, demandeur de lettres de cachet contre les curés jansénistes de son diocèse, il a eu le malheur de s'éprendre follement d'une de ses pénitentes, Mlle Lacroix (encore un nom qui ne s'invente pas). Il l'a établie à l'évêché, l'emmenant dans ses tournées épiscopales et ne la quittant pas un instant, ce qui fait dire aux plaisants que leur évêque est un saint puisqu'il passe ses jours au pied de «la croix».

Le scandale a été si grand qu'on a dû enfermer la demoiselle, en 1728, à Sainte-Pélagie. Amoureux fou, l'évêque de Beauvais va tout entreprendre pour récupérer son adorée, et l'argent qui devait être extorqué aux bouchers de la ville entrait dans ce plan. Un enlèvement avec fausse lettre de cachet échoue en 1726, non sans provoquer l'envoi à la Bastille de quatre complices. Quant à l'évêque lui-même, le cardinal de Fleury se contente de le faire enfermer au noviciat des jésuites et, tout de même, de l'obliger à démissionner, en 1728. Pas de Bastille, en tout cas, car le scandale serait trop grand (le pouvoir sera moins prudent avec le cardinal de Rohan, dans l'Affaire du collier). Faut-il que l'évêque soit fou, se dit-on, pour perdre ainsi 60 000 livres de rente. Il est vrai qu'on lui a donné en échange l'abbaye Saint-Victor de Marseille qui en rapporte de son côté 30 000 et que depuis, l'évêque, qui se fait appeler désormais l'abbé de Saint-Aignan, se console activement avec une prostituée de seize ans.

Bref, le scandale recommence, sans parler de diverses escroqueries qui conduisent de nouveau à la Bastille d'autres complices. Une lettre de cachet est enfin lancée contre «le seigneur évêque», mais pour l'abbaye de Cîteaux dont d'ailleurs il va s'enfuir déguisé en bénédictin. On pourrait ainsi continuer à énumérer les frasques de ce personnage qui ne s'assagit, comme beaucoup, qu'avec l'âge et qui, pour expier ses fautes passées, occupa ses dernières années à Prémontré à publier une nouvelle traduction de la Bible. Quant à l'extraordinaire patience que Versailles aura témoignée à ce trublion, le ministre Maurepas s'en expliquait dans une lettre du 21 juillet 1731, insistant sur le fait qu'il ne devait cette mansuétude qu'à la considération que le roi avait pour sa famille.

Mais, après tout, il n'est pas certain que l'on doive ranger l'évêque de Beauvais dans la catégorie des demi-fous pour la seule raison qu'il était fou d'amour. En revanche, il n'est guère permis d'hésiter devant certaines carrières particulièrement folkloriques, même si, à aucun moment, les pouvoirs n'évoquent une quelconque irresponsabilité mentale. Comment ne pas évoquer par exemple l'abbé du Bucquoy, alias comte du Bucquoy, ancien prieur de Nogent-sur-Seine, convaincu à la fois d'espionnage, de sortilèges, d'impiété et de faux-saunage ? Il est d'abord enfermé à For-l'Évêque le 23 septembre 1706, dont il s'évade dès le lendemain. Car notre homme est aussi un spécialiste de l'évasion et de la transformation à vue : pour la tête, il a une perruque réversible, claire d'un côté et noire de l'autre, qu'il sait agencer de différentes manières avec ses propres cheveux qu'il a fort longs. Sa veste peut également se retourner et un policier qui est sur l'affaire en déduit intelligemment qu'elle « ne peut convenir qu'à une personne qui veut prendre différentes figures ». Quant à sa culotte, elle est si profonde et recèle tant de poches secrètes qu'il peut y dissimuler une infinité de choses qu'il arrive même à dérober à la fouille grâce à certaines contorsions opérées au bon moment. « On ne peut dire quel justaucorps il peut avoir présentement », avoue après son évasion l'avis de recherche qui dresse cependant un bref signalement (taille moyenne, nez aquilin, yeux enfoncés, noirs et vifs) et même un semblant de portrait psychologique : « Il parle beaucoup, fait le Philosophe, veut faire connoistre dans ses discours qu'il est homme scavant et de qualité, et qu'il mérite beaucoup de considération. » Mais, en résumé, c'est, selon d'Argenson, « au moins un insolent et un fourbe, ou plutôt un fripon et un scélérat capable de tout entreprendre ». Repris l'année suivante alors qu'il avait de nouveau changé de nom (on lui en connaît au moins six) et qu'il suivait pour des raisons obscures une compagnie de mousquetaires, il est enfermé à la Bastille le 11 mai 1706. Exploit rarissime sur lequel nous reviendrons, il s'en évade en 1708.

On pourrait encore évoquer ce comte de Linange, embastillé en 1709 pour trahison mais qui se révèle être un homme à projets militaires, à demi-fou, qui s'emploie à rédiger durant une détention de cinq ans de nombreux mémoires, dont un projet fleuve de rétablissement des jésuites au Japon « et par conséquent du plus pur christianisme ». Ou encore ce Pierre-Jean Mère d'abord esclave chez les Turcs, puis médecin-soldat à l'hôpital des galériens, charlatan et magicien, faux « chirurgien major du roi » vendant des drogues suspectes, polygame, et on en passe, qui est surtout le type même de l'homme à projets. Après un long emprisonnement au donjon de Vincennes de 1691 à 1715, il est enfermé à la Bastille jusqu'en 1724, date à laquelle il est transféré à Charenton.

La grande accumulation des délits explique cette sévérité qui conduit Versailles à décider parfois de l'enfermement à vie, tant on est persuadé qu'une mise en liberté, même tardive, ne pourrait que conduire ce genre d'individu à recommencer ses frasques.

Mais, dans la catégorie de ceux que, par commodité, nous appelons les demi-fous, l'abbé Pierre-Charles de Moncriff, doyen de l'église d'Autun, mérite la palme. Les aliénistes du XIXe siècle en auraient fait le type même de l'hypomaniaque revendicateur et graphomane, mais on pourrait le qualifier plus prosaïquement d'extraordinaire emmerdeur...

En 1741, l'abbé est âgé de quarante-deux ans quand son père adresse à Versailles un placet pour obtenir une lettre de cachet contre son fils : « Son caractère a toujours été et est plus que jamais d'un esprit insolite, vif, violent, entêté et emporté, haut, ambitieux, orgueilleux et fastueux. » Il prétend, poursuit le placet, descendre des rois d'Écosse, est littéralement fou de toilettes somptueuses tant à l'église où il a osé plusieurs fois se montrer en robe violet et rouge que « pour l'usage de sa personne sensuelle », en portant des chemises à coucher « chamarrées de dentelles magnifiques. » Il faut ajouter à cela l'amour de la construction, des chevaux, de la table et même des femmes : « Il aime beaucoup le confessionnal et passionnément la direction des femmes jusqu'au point de causer du soupçon et de l'indisposition à quelques maris. » Toutes ces dépenses lui ont fait contracter 70 000 livres de dettes ; il a ruiné une veuve ; il fait des procès... Et le père de conclure ce véritable réquisitoire en invoquant explicitement « le dérangement général de son esprit » pour demander l'enfermement dans une maison de force afin d'« y vivre sagement ».

Une lettre de cachet envoie alors l'abbé de Moncriff au couvent des Cordeliers de Tanlay, près de Tonnerre en Bourgogne, alors même que l'intéressé prétend ignorer absolument ce qui a pu lui attirer sa disgrâce. Une pétition de protestation d'un cousin plaide d'ailleurs l'innocence de l'abbé et demande sa libération sans qu'on n'ait « aucun égard aux poursuites atroces et énormes de son propre père ». Ce n'est que bien plus tard qu'on s'apercevra que le cousin n'a jamais existé et que l'auteur est l'abbé en personne qui d'ailleurs écrit à profusion pour se plaindre du « cachot marécageux » et (réellement) glacial où on l'a mis, mais aussi pour souhaiter régulièrement la bonne année au lieutenant général de police. Celui-ci répond poliment et l'on s'aperçoit au passage que ses attributions réelles dépassent donc largement le seul ressort de Paris.

Moncriff reste enfermé huit ans au couvent de Tanlay où il se signale par son mauvais esprit et ses intrigues, sans parler des volailles qu'il a entrepris d'élever. Comme beaucoup de correctionnaires de cet acabit, il n'est libéré que parce que les religieux de la maison de force ne veulent plus de lui. Voici Moncriff lâché dans Paris où il séduit bientôt deux sœurs de bonne famille que les parents ont eu la très mauvaise idée de lui confier pour faire leur éducation religieuse. En fait d'éducation, il engrosse la cadette et le substitut du procureur général se décide à agir sur la plainte des parents et de l'évêque d'Autun. Une fois de plus, il convient d'agir sans faire de scandale. Le substitut propose donc que les filles soient enfermées à la prison de Saint-Germain-des-Prés, «sous la conduite de la femme du concierge, et sans écrou, pour cacher l'infamie d'une pareille affaire. J'ai déjà réussi, par ce moyen, à rendre service à d'honnêtes gens, et dont les désordres de leurs parents n'ont pas rejailli sur eux, les choses étant menées secrètement».

Quant à Moncriff, une nouvelle lettre de cachet est lancée contre lui en septembre 1751. Il échappe à la police pendant plusieurs semaines avant d'être enfin trouvé chez une prostituée. «Cet abbé a beaucoup d'esprit, signale l'inspecteur qui l'a arrêté, mais des plus mauvais, et processif; il a dix-sept procès; si je l'avais cru, il m'aurait fait le dix-huitième.» Le voilà toutefois enfermé, cette fois à la Charité de Senlis où il a été conduit, selon lui, «par quatre quidams guenilleux, sans chef à leur tête». Il va se rendre plus insupportable encore à Senlis qu'à Tanlay, organisant pour les autres correctionnaires de véritables «séminaires d'évasion» avec rossignols, cordes et outils, sans oublier les travaux pratiques qui amènent les religieux à faire appel plusieurs fois aux cavaliers de la maréchaussée. Quand on enferme ce meneur dans sa chambre, les autres viennent le délivrer. Bref, «les religieux sont tout à fait rebutés de garder l'abbé de Moncriff qui met tout en combustion dans la maison». Et encore est-ce sans compter les multiples factums dont il bombarde la justice, tenue de recevoir les plaintes des prisonniers par lettres de cachet. Il commence aussi divers ouvrages et fait aussi des vers comme ceux-ci qu'il adresse au roi de Pologne, père de la reine :

> Par un ordre absolu, comme un second Virgile,
> Je me vois arraché de mon cher domicile,
> Privé de tous mes biens, accablé sous le poids
> D'une noire imposture, et délaissé des lois.
> Apollon, qui redoute un affreux esclavage,
> M'abandonnant aussi, je n'ai plus pour partage
> Que l'amère douleur de me voir abattu,
> Proscrit, chargé de fers, sans être convaincu.

Et puis un jour, il a la bonne ou mauvaise idée d'adresser une lettre au roi en exposant qu'il est dépositaire d'un secret concernant sa sécurité. Le lieutenant général de police accourt aussitôt mais Moncriff ne veut parler qu'au roi. On le transfère donc à la Bastille en août 1752, ce qui l'arrange car sa pension sera désormais payée par le roi alors que celle de la Charité de Senlis était prélevée sur son bénéfice ecclésiastique. La Bastille étant encombrée, on le transfère au bout de cinq mois à Vincennes qui apparaît une nouvelle fois là comme une annexe, une fois les interrogatoires achevés. Bien entendu, ce n'était qu'une nouvelle invention de la part de Moncriff mais on sait que ce genre de plaisanterie coûte cher à ses auteurs. Moncriff reste enfermé six ans à Vincennes avant d'être transféré à la Charité de Château-Thierry en mai 1758, puis presque aussitôt relégué à son prieuré de Villenauxe-en-Brie.

L'incorrigible abbé de Moncriff retourne à la Bastille le 5 octobre 1759 pour avoir «rompu son exil» en retournant à Paris. Mais cette fois il n'y reste que deux mois avant d'être relégué de nouveau au prieuré de Villenauxe où il ne fera plus parler de lui. Àtravers ce seul cas, on saisit l'articulation complexe qui existe entre la Bastille et les autres maisons de force du royaume. Comme dans le cas de l'abbé de Moncriff, il est fréquent qu'un prisonnier fasse successivement connaissance avec plusieurs maisons. La Bastille toutefois «donne plus», et Moncriff n'y serait jamais allé s'il n'avait pas fait allusion à la sécurité du roi.

Fous avant

Pour ceux qui sont enfermés explicitement comme fous, la Bastille s'impose lorsque, à l'instar de Moncriff, la sécurité du roi pourrait se trouver menacée. On a déjà eu l'occasion d'insister sur ce souci aigu, véritablement obsidional, à propos du fait du prince. Et pour peu qu'on estime que l'intention de nuire était réelle, la répression s'abat sans qu'on cherche à se poser la question de la folie, pour ne pas dire qu'on s'y refuse même. Ici il s'agit des fous reconnus comme tels bien qu'ils aient menacé le roi ou sa famille ou aient à tout le moins cherché à s'adresser à lui. Une mention résume à elle seule toutes les autres : «Espèce de fol qui a présenté au roi des projets extravagants...»

Dès la date de 1660, on trouve à la Bastille pas moins de cinq fous enfermés depuis plusieurs années—ce qui, sur la quarantaine de prisonniers que contient la prison d'État, constitue une assez belle proportion. Il y a là un capitaine, «fou qui demandait force pensions et voulait tuer feu son Éminence (le rapport est postérieur) s'il ne lui faisait payer ce qu'on en dit». Le second parlait de tuer le duc d'Orléans. Le troisième, «fol et extravagant, criait dans les rues pour exciter sédition». Le quatrième se contentait de suivre partout le duc de Noailles, le tourmentant et l'appelant «mon compère». Le, ou plutôt la, cinquième, Anne de Conflans de Vezilly, est une femme de très bonne famille à qui d'interminables procès ont tourné la tête. Un beau jour, masquée, elle a guetté la sortie du palais de justice d'un président à mortier et s'est, aux dires d'un témoin, «jetée au visage et cheveux dudit président». Un autre témoin l'a vue lui serrer la gorge et lui «porter deux coups de poing, l'un sur les dents et l'autre sur l'œil». Il n'y avait pas de quoi aller à la Bastille mais un autre témoin l'a entendue dire au juge ainsi agressé «qu'en tous lieux elle le poignarderait, même jusque dans la chambre du roi si elle s'y trouvait». À la Bastille donc, surtout que la dame a d'abord opposé un mutisme obstiné. Après bien des interrogatoires inutiles, on daigne enfin considérer qu'elle est «aliénée d'esprit» et, avec beaucoup de douceur, on la conduit aux Petites Maisons.

De même on transfère en 1663 aux Petites Maisons un peintre d'abord enfermé à la Bastille parce qu'il a jeté des pierres sur l'effigie de Louis XIII, place Royale. C'est le roi en personne qui, ayant eu connaissance de la chose, juge que l'homme est fou et qu'il faut le transférer. Le même mois, un certain Boudon, d'Angers, est lui aussi enfermé à la Bastille pour avoir mal parlé du roi d'Angleterre (à une des rares époques où ce pays est l'allié de la France) et dit qu'il avait la haine des tyrans. Là encore, c'est le roi qui, en personne, estime qu'il s'agit d'un fou. Pas question toutefois de le relâcher trop vite car Louis XIV, comme tout un chacun, sait que les fous ont de la suite dans les idées. De même la mansuétude dont fait preuve le souverain en faisant donner vingt pistoles à un autre insensé qui l'année suivante a proféré des menaces contre sa personne à Fontainebleau s'accompagne d'un bannissement hors du royaume «afin qu'il aille passer ailleurs ses folies».

Dans le long règne de Louis XIV, il faut encore évoquer cette domestique qui a cassé les vitres du carrosse de la reine et qui ne passe à la Bastille que le temps qu'on la transfère aux folles de la Salpêtrière, ou encore cet ancien garde du corps qui s'est emparé d'une voiture de la Cour qu'il a conduite à Versailles, l'épée au côté. «Ce sujet est bon à être enfermé à Charenton», écrit Pontchartrain à d'Argenson; c'est un lieu où l'on traite fort bien ces sortes de maladies, et il faut espérer que, par les soins qu'on en prendra, qu'il pourra guérir.»

Mais, hors de ces fous qui, après tout, pouvaient paraître dangereux, on embastille tout aussi bien des «espèces d'insensés» qui se bornent à déblatérer contre le roi ou son entourage (en 1709, l'un d'eux a dit qu'il fallait brûler Mme de Maintenon) ou simplement de lui écrire des placets extravagants. Et qu'on ne croie pas que dans l'esprit du temps, ce sont là des broutilles. À propos d'un maître couvreur enfermé un mois à la Bastille en 1701 avant d'être transféré à Bicêtre, d'Argenson écrit : « Il a tenu contre le roi et contre les personnes de la première distinction plusieurs discours qui auraient mérité le dernier supplice si le vin ou la folie de cet artisan ne leur avaient servi d'excuse. »

Au XVIIIe siècle, les fous enfermés à la Bastille sont tout aussi nombreux que sous le règne du Roi-Soleil. On a vu, dans le fait du prince, que le souci de la sécurité du roi n'est pas moins grand, surtout après l'affaire Damiens. Or, en 1758, alors que l'attentat contre Louis XV est encore dans toutes les mémoires, on se hâte de conduire à la Bastille un domestique de grande maison nommé Thorin. Ce Thorin a entendu des voix lui demandant entre autres d'assassiner le roi. Dès le début on s'est douté qu'il s'agissait d'un fou mais on essaie tout de même d'en savoir plus, en se demandant notamment si des comploteurs n'ont pas essayé de faire de ce fou un instrument. D'ailleurs on l'a mis quelques jours avant son embastillement à l'hôpital de la Charité pour lui faire donner de l'émétique et des saignées. Après d'interminables interrogatoires « pour découvrir le secret de ce prisonnier » (ne contrefait-il pas le fou ?), on classe Thorin à « fol, pour mauvais desseins sur la personne du Roy ». Un rapport plus nuancé dit : « Pour avoir inventé une histoire qui a donné de l'inquiétude sur la personne du Roy. »

De toute manière, on ne prendra pas de risque : Thorin reste quatre ans à la Bastille où son délire religieux se systématise, puis treize ans au donjon de Vincennes. Ce n'est qu'au bout de ces longues années, Louis XV étant décédé, qu'on veut bien le mettre enfin à Charenton comme fou puis l'exiler quatre ans plus tard en Suisse, sa patrie.

Hors de la sécurité du roi, il y a encore les fous qui causent du désordre, soit en faisant le siège des ministères dans un délire revendicatif, soit en provoquant des attroupements publics, toujours craints par le pouvoir.

Comme prison d'État dont le roi paie les pensions, la Bastille reçoit aussi un certain nombre de militaires devenus aliénés. A propos d'un capitaine mis à la garde des frontières, Mazarin écrit à Colbert le 6 juillet 1659 : « Je ne suis pas trop satisfait de cet homme qui est fol... » À la Bastille donc, tout comme en 1727 M. de Saint-Ferjeux, maître de camp réformé de cavalerie qui « est tombé dans un tel égarement d'esprit sur les matières de la religion, que le Roi a été obligé de l'envoyer à la Bastille pour éviter qu'il ne donnât des scènes au public ». Mais, écrit le ministre de la Guerre au gouverneur, « comme il a servi avec distinction et qu'il mérite qu'on ait pour lui des égards et des attentions, il convient que vous lui donniez toutes les aisances que sa situation pourra vous permettre, que vous le fassiez toujours manger avec vous, et que vous lui adoucissiez autant qu'il sera possible le chagrin de sa détention ».

Comme pour les autres fous, la Bastille n'est qu'une solution de transit et au bout de quelque temps, comme « sa tête est toujours très échauffée », on décide de le mettre à Saint-Lazare en dépit de ses demandes de mise en liberté. Mais dans sa folie, M. de Saint-Ferjeux est resté un militaire qui obtempère dès qu'on lui dit que le roi le désire. Six ans plus tard, il est toujours à Saint-Lazare et le ministre de la Guerre dit de lui : « On remarque que l'esprit se dérange étrangement de jour en jour. Je suis très peiné de son état, mais on ne peut faire autre chose que d'en prendre un grand soin. »

Il y a aussi les fous simplement fous, qu'on aurait pu tout aussi bien enfermer ailleurs qu'à la Bastille. Les fous à thème religieux sont les plus nombreux, à commencer par celui que Latude retrouvera à Charenton et qui, se prenant pour Dieu, se détournait avec horreur à la messe au moment de la communion, ne supportant pas de se voir manger vivant. Un autre, jeune gentilhomme champenois, est un peu plus modeste puisqu'il ne parle que de demi-dieux qui seuls seraient admis à entrer dans une nouvelle chevalerie. C'est Dieu lui-même qui lui a commandé cette mission. Il entre à la Bastille à la demande de sa famille qui, de ce fait, paie la pension qui n'est pas mince puisqu'elle se monte à 1 000 livres. Comme lui, d'autres nobles mis là à la requête de leur famille ne font en fait que passer à la Bastille le temps de s'assurer de leur folie puis de les diriger sur Charenton ou Saint-Lazare, maisons de fous haut de gamme, loin des insensés indigents qu'on met à Bicêtre et à la Salpêtrière.

Plus que pour tout autre motif, la Bastille ne se conçoit à propos des fous que comme une gare de triage. Ce sont d'abord tous ceux qui viennent d'une autre maison de force où on ne veut plus d'eux. Assez souvent en effet, les supérieurs des maisons de force de Paris et de province supplient qu'on les débarrasse de tel correctionnaire qui est « devenu diabolique », ou de tel autre pour qu'« il soit traité du trouble qui paraît dans son esprit. »

Dans tous ces cas, ce n'est pas une quelconque réputation thérapeutique de la Bastille qui est invoquée, mais bien la solidité de ses murs, seuls capables de contenir les fureurs d'un insensé en crise. Une fois les emportements terminés, la Bastille se débarrasse de ces gêneurs en les transférant dans des maisons de force qui acceptent de recevoir des insensés ou même qui s'en font une spécialité. Dans ces maisons au moins on pourra les soigner et même on ne désespère pas de les guérir : « Aussi l'on ne peut, ce me semble, écrit d'Argenson en 1701 à propos de l'un d'eux, ou que le laisser à la Bastille jusqu'à ce que son esprit soit un peu remis, ou que le faire transporter à Charenton pour voir si les remèdes qu'on lui ferait prendre ne rétabliraient pas sa santé. »

Qu'on leur donne au moins de l'air, stipule le ministre. Or à cette époque, le bon air commence à Vincennes, prison d'État plus « campagnarde » que la Bastille, où l'on envoie les prisonniers fous ou neurasthéniques « prendre l'air ». On dit de même de Charenton : « Depuis quelques mois, écrit d'Argenson en 1707 à propos d'un mélancolique transféré de la Bastille, le bon air de cette maison l'a remis dans son premier état. On est même fort content de ses mœurs et de sa docilité. » Une chose est certaine en tout cas, c'est que, comme l'écrit le ministre de la Maison du roi en 1715, « ce château n'est pas destiné à renfermer de ces sortes de gens ».

Les délires, on s'en doute, ne cessent pas du seul fait de l'embastillement et ces prisonniers sont inaccessibles aux raisonnements et aux menaces, compliquant terriblement le service de la prison d'État. En 1704, par exemple, les gardiens supplient qu'on les défasse d'un certain Varquoin, de Lille, qui ne cesse de les harceler avec un projet de planter des vignes tout autour des remparts de sa ville, « pour en faire un revenu immense qu'il partagerait avec le roi ». Le gouverneur de la Bastille porte aussi sa croix puisque, la même année, une veuve Roussel, érotomane (comme diront les aliénistes du siècle suivant), ne parlant que des procès qu'elle a gagnés et des mariages qu'elle a refusés, s'est persuadée que le gouverneur veut l'épouser.

Fous après

Non seulement la folie ne s'arrange pas à la Bastille mais souvent c'est là qu'elle se déclare. En effet, les fous révélés tels aussitôt incarcérés, ou qui le sont devenus au bout de quelques mois ou quelques années d'incarcération, sont beaucoup plus nombreux que ceux qui ont été embastillés sous le motif explicite de la folie. La nuance est par ailleurs difficile à saisir entre ceux qui de demi-fous sont passés, en quelque sorte naturellement, à la « mélancolie noire » ou à la « fureur dangereuse » dans la solitude de leur cellule, et ceux qui seraient devenus fous uniquement à cause de la réclusion.

Certains motifs d'embastillement comportent une véritable prédilection à la folie : faux sorciers, hommes à projets, convulsionnaires, faux dénonciateurs... Ces derniers sont les plus nombreux à se révéler fous, comme en 1752 la

femme Dardelle mise à la Bastille pour avoir adressé à Versailles de faux avis
d'enlèvement du roi mais qu'on remet six mois plus tard entre les mains de son
mari qui a promis de veiller sur sa conduite ; ou comme Pauquet, en 1764,
pour avoir écrit une dénonciation de complot au ministre Choiseul et à Mme
de Pompadour et qu'on se hâte de transférer de la Bastille à Charenton dès
qu'on s'aperçoit de sa folie. Le même scénario se répète périodiquement pour
des avis d'empoisonnement, ou plus simplement pour des lettres au roi « d'un
style répréhensible ».

La plupart du temps on découvre la folie dès les premiers interrogatoires :
« Il n'y fut pas plutôt que sa folie se déclara », dit d'Argenson à propos d'un
commis de la ferme générale, enfermé à la Bastille pour discours insolents
contre le roi. Pour ce garde du corps du roi embastillé pour duel, en 1678, la
folie se déclare pendant qu'on instruit son procès ; et pour cet ingénieur géo-
graphe arrêté pour espionnage en 1764, le premier regard que jette le lieutenant de police sur la multitude de mémoires délirants, du reste admirablement
calligraphiés, que Héron (c'est son nom) traîne après lui dans un grand sac,
suffit à l'édifier.

Il faut parfois un certain temps pour découvrir la folie des prisonniers de la
Bastille. Il est certain que les années s'ajoutant aux années, nombreuses sont les
raisons qui sombrent dans le désespoir puis dans la folie. Latude, avec ses
trente-cinq ans de captivité à la Bastille, à Vincennes, à Charenton et à Bicêtre,
en est un bon exemple : « Monseigneur, pour l'amour de Dieu, ayez pitié de
moi », s'écrie-t-il dans les lettres de plus en plus désordonnées qu'il adresse au
lieutenant de police. Dans un des nombreux mémoires qu'il rédige durant sa
captivité, Latude écrit en 1764 : « Ici, dans la Bastille, depuis que j'y suis, j'ai
entendu nombre de prisonniers qui avaient perdu l'esprit avant d'y avoir resté
autant de mois comme moi des années. »

Toutes les variétés de folie sont représentées avec d'abord, comme il se doit,
les mélancoliques qui vivent dans des inquiétudes continuelles, qui croient
qu'on va bientôt les exécuter, ou qui veulent « se défaire ». Mais on trouve aussi
de nombreux mystiques qui prêchent aux murs de leur cellule, des persécutés
qui croient qu'on veut les empoisonner ou qui, dans leurs hallucinations, se
voient encore poursuivis par les exempts. L'épilepsie ou la démence se décla-
rent aussi : « faibles d'esprit, hébétés fort obscurs et fort étranges », vieillards
gâteux... À propos d'un prêtre enfermé à la Bastille en 1680 pour jansénisme, le
major de la Bastille écrit de lui quinze ans plus tard : « est réduit en enfance ; il

faudrait le mettre en quelque lieu où on eût soin de lui : il reste souvent couché dans son ordure au milieu de sa chambre ». Et le ministre de répondre laconiquement : « Dans quelque hôpital. »

Le gâtisme excepté, on s'accommode éventuellement de ces fous-là mais on ne saurait en revanche supporter les fous agités, ceux « dont l'esprit est dans une continuelle fermentation », les turbulents, les coléreux et plus encore les agités dangereux. L'abbé Brochette est un de ceux-là. Ce docteur en Sorbonne, après avoir été enfermé une première fois un an à la Bastille pour avoir tenté de sauver de la saisie une imprimerie des *Nouvelles ecclésiastiques*, y retourne quelques mois plus tard pour avoir écrit insolemment au lieutenant de police et au père Griffet, jésuite à tout faire de la Bastille. Le 26 décembre 1751, trois mois après son second emprisonnement, il réveille toute la Bastille en frappant « comme un diable » dans sa porte. Le major accourt avec les porte-clefs. « Je l'ai trouvé levé, rapporte celui-ci au lieutenant de police, qui m'a dit en criant comme si on l'écorchait tout vif, qu'il étouffait, qu'il le fallait saigner dans la minute, sans quoi il se mourrait tout de suite. » Ainsi commence la folie de l'abbé Brochette qui va aller désormais sans cesse croissant, jusqu'à nécessiter son transfert à Vincennes où d'ailleurs il tentera de se suicider en essayant de se fendre le crâne à coups de bûche.

Un an après, c'est au tour d'un autre prêtre, apostat ayant de surcroît débauché une religieuse, qui au bout d'un an de Bastille « est devenu fou, fort incommode aux autres prisonniers de sa tour, qu'il empêche de dormir. Il n'est ni furieux ni méchant, mais il chante à gorge déployée, nuit et jour, des psaumes, et on l'entend du dehors ». Ce dernier trait n'est pas le moins grave car, à la Bastille, on n'aime pas la publicité. Dans une notation, savoureuse si on la mesure à l'aune de la psychiatrie, le major de la Bastille commente : « Son délire n'est pas mauvais, il ne fait que prier Dieu. » Mais il le fait avec une telle force qu'on préfère l'expédier à Charenton. Pas question en effet de s'encombrer de cette espèce de trublion et le gouverneur demande régulièrement à être débarrassé, selon ses propres termes, de tous ceux qui, la tête « leur ayant tourné », créent de l'agitation à la Bastille. L'agitation en effet est contagieuse, surtout quand la prison est bondée comme à l'époque des jansénistes ou des convulsionnaires.

Mais tout pendant que ces fous sont à la Bastille, on leur témoigne la plus grande mansuétude. Ainsi pour Jean Lacorrège qui a ceci d'intéressant qu'il sera l'un des prisonniers délivrés le 14 juillet 1789 et qui a été enfermé en janvier 1787 avec six complices pour falsification de lettres de change, on s'aperçoit très vite qu'il est hanté par des idées de persécution. Il est persuadé qu'on va l'empoisonner par du mercure et, ajoute le major de Losme, « nous ne pouvons réussir à le dissuader de cette frénétique idée ». Quelques jours après, le prisonnier a vu du verre pilé dans ses aliments. « On lui mettra un garde près de lui cette nuit pour tâcher de le tranquilliser », consigne le major. Lacorrège a demandé à voir Simon, un de ses complices emprisonnés en même temps que lui. C'est évidemment contraire à tous les usages mais cependant « on les a fait dîner et rester quatre heures ensemble, ce qui a paru donner de la confiance et remettre la tête faible du sieur La Corrège ».

Parfois, ce n'est qu'après leur sortie de la Bastille qu'on découvre la folie de certains prisonniers. En 1673 par exemple, l'abbé de Coulombier a été embastillé après avoir réussi à se faire pourvoir à Rome de la commanderie générale de l'ordre du Saint-Esprit, ordre aboli par Louis XIV en même temps que celui de Saint-Lazare. Dès cette époque, il se signale par son exaltation mais il est libéré en 1681 sans qu'on ait parlé de folie. En 1699, en revanche, une lettre de cachet l'envoie à Saint-Lazare parce qu'il s'est présenté au roi et lui a vanté ses dons de prophétie. Une note de d'Argenson en 1705 nous apprend que « son extravagance est maintenant si déclarée et si continuelle que j'ai cru le devoir mettre au nombre de ceux que la triste situation de leur esprit ne permet pas de mettre en liberté ».

On pourrait aussi citer le comte de Charolais qu'on a vu se signaler par ses innombrables violences et éviter plusieurs fois la Bastille de justesse en raison même de la terreur qu'il inspire à tous. Un gazetin de police du 24 juillet 1734 nous donne tardivement la clef de toutes ces fureurs : « Le comte de Charolais continue ses extravagances dans son mauvais lieu ordinaire, soutenu par des gens du guet qu'il paye largement. Sa folie est de se croire mort fort souvent et il veut qu'on l'enterre. »

Faux fous

Enfin, il y a ceux qui, à un moment ou à un autre, ont contrefait les fous en espérant s'éviter ainsi la Bastille à laquelle ils étaient promis. « Qu'on ne se laisse pas surprendre par leurs grimaces », recommande-t-on de Versailles. Le lieutenant de police et les officiers de la Bastille ne sont pas moins vigilants et, au début de leur emprisonnement tout au moins, beaucoup de fous sont suspectés de ne pas l'être, se trouvant qualifiés dans les rapports de « maîtres comédiens, contrefaisant le fol, faisant la bête, de fripons contrefaisant le fou pour essayer d'avoir sa liberté... »

Nombreux sont les cas où d'ailleurs il importe finalement peu qu'on soit fixé sur la folie éventuelle d'un prisonnier et, quand d'Argenson considère tel prisonnier «comme un scélérat de premier ordre ou un insensé des plus dangereux», l'affaire du prisonnier n'est pas meilleure dans un cas que dans l'autre.

Mais comment ne pas y perdre son latin ? En 1705, on enferme à la Bastille pour escroqueries un soi-disant Henry de La Cerda, marquis d'Albaterre, qui n'est en fait qu'un fils de paysan dont le vrai nom est Doucelin. Le fait qu'il persiste, une fois emprisonné, à se dire d'une grande maison d'Espagne, le récit qu'il fait d'apparitions de la Vierge et de conversations avec Dieu «face à face», et les grands jeûnes qu'il fait pour continuer de mériter le commerce avec le Ciel, le font d'abord considérer comme un fou. «Des volumes entiers ne suffiraient pas s'il fallait rapporter toutes ses extravagances», dit de lui d'Argenson à l'issue des interrogatoires. Mais voilà que notre homme, comme assuré de son fait, devient alors plus raisonnable et évoque, mine de rien, l'éventualité d'un exil dans sa province. «Au reste, la situation d'esprit où il se trouve, fait assez connaître que sa folie était feinte», en conclut le lieutenant de police. Dans le doute, on le transfère toutefois à Charenton, où, d'année en année, d'Argenson poursuit grâce aux rapports des frères de la Charité l'observation de ce faux fou qui ressemble tant à un vrai.

À propos d'un autre cas, du reste fréquent, d'Argenson nous propose une motion de synthèse : «Il a tant fait l'insensé qu'il l'est devenu en effet.»

● ● ●

CHAPITRE 7

La Bastille au quotidien

La Bastille était-elle au quotidien un horrible cachot ou une prison « quatre étoiles » ? La question mérite d'être posée tant les témoignages, assez nombreux au demeurant, de ceux qui ont été incarcérés dans la célèbre prison d'État sont contradictoires.

Quant au dogme officiel qui s'est élaboré à partir de la Révolution, nous y reviendrons, mais qu'il suffise de citer Louis Blanc dans son *Histoire de la Révolution française* (1847) : « On se sentait mourir à la Bastille. Un soupirail, pratiqué dans des murs de dix à douze pieds d'épaisseur, et fermé par trois grilles à barreaux croisés, ne transmettait à la plupart des chambres que ce qu'il faut de lumière pour qu'on en regrette l'absence. Il y avait des réduits à cages de fer [...]. Mais rien de comparable aux cachots du bas, affreux repaires de crapauds, de lézards, de rats monstrueux, d'araignées. De ces cachots, dont l'ameublement consistait en une énorme pierre recouverte d'un peu de paille et qui étaient enfoncés de dix-neuf pieds au-dessous du niveau de la cour, plusieurs n'avaient d'autre ouverture qu'une barbacane donnant sur le fossé où se dégorgeait le grand égout de la rue Saint-Antoine. De sorte qu'on y respirait un air empesté, en compagnie d'animaux hideux, au sein des ténèbres. »

Bref, la tradition républicaine et jacobine qui a si longtemps (et aujourd'hui encore) raconté « sa Bastille » a estimé, en toute bonne foi d'ailleurs, que la citadelle du despotisme, son symbole même, où l'on jetait sans l'ombre d'une justice les victimes des lettres de cachet, était à la fois lieu de torture et tombeau.

Nous allons voir que la réalité fut tout autre, encore qu'il soit évident que les quelque 6 000 prisonniers qui y ont séjourné n'ont pas connu tous la même Bastille, même si en principe le règlement était le même pour tout le monde.

L'état-major de la Bastille

Le gouverneur

On a vu, dans l'histoire des origines de la Bastille, le rôle important joué par les capitaines successifs, à une époque où la fonction militaire de la citadelle l'emportait sur la prison d'État, c'est-à-dire jusqu'au début du règne personnel de Louis XIV. C'est à partir de cette époque que le « capitaine du château » prend le titre de gouverneur ou de capitaine-gouverneur, terme qui indique assez l'ambiguïté de la fonction : il demeure un chef militaire répondant d'une citadelle, et, au titre de la prison d'État, il occupe concurremment un poste de haut fonctionnaire dont les implications diplomatiques et politiques sont très importantes.

Dans les premiers temps, le poste avait été confié à des personnages puissants tels que le duc de Guise, Sully ou Bassompière. Avec l'essor de la prison d'État, le roi ne veut plus confier la responsabilité de la Bastille à ceux-là mêmes qui peuvent un jour en devenir les prisonniers (ce fut le cas pour Bassompière) et s'adresse désormais à des militaires puis à des grands commis de l'État, en tout cas à des personnes dont le rang n'est pas suffisant pour qu'elles songent à avoir des visées politiques.

On ne saurait dresser ici la biographie de tous les gouverneurs de la Bastille qui furent au nombre de quarante-deux, et il suffira d'évoquer les plus connus de leur temps afin de bien cerner ce type de carrière.

En 1658, tandis qu'achève de se périmer la fonction militaire de la Bastille, trente-quatre capitaines-gouverneurs se sont déjà succédé, souvent au hasard des revirements politiques. À partir de cette date, avec la nomination de M. de Besmaus qui reste en poste près de quarante ans, la fonction tend à se sédentariser, les gouverneurs restant la plupart du temps en poste jusqu'à leur mort.

Petit gentilhomme gascon ayant commencé modestement sa carrière militaire au régiment des gardes en 1632, puis aux mousquetaires à cheval en 1634, Besmaus doit son avancement puis sa promotion à la tête de la Bastille à

Mazarin. Gatien de Courtilz de Sandras, enfermé à la Bastille au temps où Besmaus en était le gouverneur, en a fait le compagnon inséparable de son d'Artagnan, très aimé de ses prisonniers. À l'inverse, Sainte-Beuve, dans son *Port-Royal*, le traite de « très grossier gouverneur » puis à un autre endroit de « sec, dur et désagréable ». Ces contradictions ne sont ni les premières ni les dernières sur ces chapitres délicats, et au surplus elles émanent de littérateurs. Ce qui est certain, en tout cas, c'est que Besmaus est l'archétype du gouverneur qui ne connaît que son devoir, c'est-à-dire les ordres qu'il reçoit de Versailles.

Saint-Mars, qui lui succède en 1698, est lui aussi le type même du militaire à la fidélité inébranlable. Il a commencé sa carrière comme simple mousquetaire, et on a vu que c'est comme geôlier du Masque de fer qu'il a laissé son nom à la postérité non sans y apporter un grand sens de l'intrigue. Constantin de Renneville, embastillé de 1702 à 1713 et dont on aura l'occasion de reparler puisqu'il écrit le premier ouvrage qui soit une attaque en règle contre la Bastille, accuse Saint-Mars « d'un emportement terrible, jurant et blasphémant continuellement et paraissant toujours en colère, dur, inexorable et cruel au dernier point ». Mais l'on ne saurait dire que l'ouvrage de Constantin de Renneville est marqué au coin de l'objectivité puisqu'il s'agit d'un pamphlet. Saint-Mars meurt en 1708, à quatre-vingt-deux ans, après dix ans de poste à la Bastille. Curieusement on l'enterre au cimetière Saint-Paul à quelques pas de la tombe anonyme du Masque de fer mort cinq ans auparavant, comme si au-delà de la vie on avait voulu conserver son geôlier au célèbre prisonnier.

M. de Bernaville lui succède « dans cet emploi de première confiance » (Saint-Simon) après avoir été longtemps lieutenant de roi au donjon de Vincennes. Lui aussi de petite naissance (ce qui ne veut pas dire roturier), il a laissé la réputation d'un gouverneur d'une extrême sévérité et pas seulement sous la plume de Renneville qui en a fait un véritable bourreau acharné à la perte de ses prisonniers. Bernaville paraît plutôt avoir été un gardien sévère mais juste qui, de 1708 à 1718, a dû composer indirectement avec la difficile guerre de la Succession d'Espagne, avec ses arrivages de vrais ou faux espions, et avec une fin de règne peu propice à faciliter l'administration d'une grande prison d'État.

Pour le XVIIIe siècle, on ne retiendra que le dernier des gouverneurs de la Bastille, Bernard René Jourdan de Launey, souvent écrit depuis « Launay », dont chacun connaît la fin tragique le 14 juillet 1789, la tête au bout d'une pique. Il est né en 1740 à la Bastille où son propre père fut gouverneur de 1718 à 1749, et il succède en 1776 à M. de Jumilhac.

On ne veut retenir ici qu'une anecdote assez révélatrice du caractère de Launey : le 19 décembre 1778, les canons de la Bastille, des Invalides et de la Ville s'apprêtent à tonner pour saluer la naissance de Madame Royale, la fille de Louis XVI et de Marie-Antoinette. Toutefois le canon de la Bastille reste silencieux, ce dont s'explique le gouverneur dans une lettre à Versailles, datée du jour même : « J'ai l'honneur de vous faire part que n'ayant reçu aucun ordre que j'attendais suivant l'usage pour faire tirer le canon, je n'ai pas cru devoir prendre sur moi de le faire tirer et j'attendrai vos ordres. » Le 14 juillet 1789, de Launey attendra de nouveau les ordres...

Le budget de la Bastille figure à un article spécial non du budget des prisons mais de celui des châteaux royaux. Le gouverneur en organise la dépense, indépendamment de son propre traitement sur lequel il doit d'ailleurs à certaines époques les gages de son personnel. Si on ajoute à cela que la charge de gouverneur, comme toutes les autres, est vénale (Besmaus l'avait payée 40 000 livres), on comprend que les gouverneurs crient régulièrement misère auprès du contrôleur des Finances. Entendons par là qu'ils ne s'enrichissent pas assez vite. C'est pourquoi ils ont progressivement pris l'habitude de se payer sur la bête, c'est-à-dire sur les prisonniers, au point que cette pratique se trouve bientôt institutionnalisée : le gouverneur, à la fin du XVIIIe siècle, reçoit 10 livres par jour pour les 12 premiers prisonniers, puis 3 livres par prisonnier au-dessus de ce nombre. Le bénéfice du gouverneur étant ce qui reste après dépenses, on aperçoit le danger, violemment dénoncé par les prisonniers, d'un système où l'entrepreneur a tout intérêt à dépenser moins pour gagner plus.

En 1698, le ministre de la Guerre faisait déjà miroiter ce profit supplémentaire à Saint-Mars pour le décider à accepter la Bastille : « Sans compter le profit qui se fait ordinairement sur ce qu'il (le roi) en donne pour l'entretien des prisonniers, qui est tel que l'on sait, ce qui ne laisse pas d'être considérable. » Au-delà de ces termes un peu vagues, il paraît à peu près certain que les gouverneurs de la Bastille amassaient de jolies fortunes sur le dos de leurs prisonniers.

D'autres profits non négligeables proviennent des échoppes qui, depuis le milieu du XVIIe siècle, se sont adossées à la contrescarpe du fossé, à l'intérieur et hors de la cour extérieure de la Bastille, profitant de l'animation de la porte Saint-Antoine. Certes, elles nuisent à la défense et à la surveillance de la Bastille, mais elles ont l'avantage d'empêcher que le fossé ne devienne le dépôt d'ordures de tout le quartier. Ces boutiques sont louées par le gouverneur à charge pour lui de reverser un impôt à la ville de Paris qui, non sans raison, considère que la place lui appartient. L'herbe des larges fossés de la Bastille est également source de profit puisqu'elle est adjugée chaque année à un faneur.

Le gouverneur, qui a prêté serment au roi, n'a d'ordres à recevoir que de Versailles et du lieutenant général de police à qui il rend compte des moindres incidents. Il doit faire respecter scrupuleusement l'ensemble des règlements minutieux qui régissent le fonctionnement de la Bastille et qui sont périodiquement réédictés afin « de remédier aux inconvénients qui résultent de toutes variétés arbitraires. »

L'inspection quasi quotidienne des prisonniers par les différents officiers de son état-major doit lui être rapportée et tout contact avec l'extérieur, impossible en dehors d'une permission de Versailles ou du lieutenant de police, doit lui être également annoncée. Bref, il ne doit rien ignorer de ce qui se passe à la Bastille et ne doit jamais s'absenter sans en avoir avisé Versailles et pourvu à son remplacement par un officier du château. Toutefois, ses déplacements fréquents à Versailles, où il va conférer de ses prisonniers avec divers ministres et parfois même avec le roi, ont conduit à la construction du logis du gouverneur hors des murs de la citadelle, laquelle est obligatoirement fermée la nuit.

Cette organisation toute militaire n'empêche pas le gouverneur d'humaniser la prison d'État en ayant des contacts personnels avec ses prisonniers. Ainsi La Jonchère, enfermé en 1723 pour ses malversations dans l'Extraordinaire des guerres, consigne dans son journal au deux cent quatre-vingt-quinzième jour de son embastillement : « M. le gouverneur m'a fait une visite, en habit noir et en pleureuses. Il m'a dit que c'était un deuil de Cour de Madame Royale de Savoie, dont on a pris le deuil dimanche. » Mais à la différence de ses subordonnés, le gouverneur ne voit que qui il a envie de voir, gens de qualité ou à tout le moins prisonniers intéressants.

Le lieutenant de roi

Dans le petit état-major de la Bastille, le lieutenant de roi est le second du gouverneur qu'il supplée en son absence. Sa fonction remonte à l'origine même de la prison d'État. En fait, c'est sur lui que repose réellement le service de la prison, et l'on ne saurait énumérer la multiplicité de ses tâches qui embrassent tout le service et toute la surveillance de la prison. Premier levé et dernier couché, il préside au moindre déplacement de chaque prisonnier, que ce soit pour se rendre à un interrogatoire ou aller à la messe. À l'heure des repas, il surveille le service de la cuisine, inspectant notamment la vaisselle avant qu'elle ne retourne à la laveuse. L'une de ses obsessions, nous allons le voir, est en effet d'empêcher que les prisonniers ne communiquent entre eux ou avec l'extérieur. Ce qui fait que la Bastille est la Bastille, c'est en effet son isolement absolu.

Dans le même souci, le lieutenant de roi organise et contrôle la garde, procède lui-même à des rondes inopinées, épie les conversations d'une tour à l'autre, ou d'une cellule à l'autre, fouille à l'entrée, fouille à la sortie, fouille à l'improviste les cellules en odeur d'évasion, surveille les ouvriers venus pour des travaux de réparation et plus encore les visiteurs autorisés.

Et encore est-ce compter sans les requêtes incessantes des prisonniers, sans les décès et les maladies où il faut tout à la fois appeler le prêtre et le médecin, et sans les multiples petits événements qui viennent animer brusquement la vie de cette grande prison. Bref, la vie du lieutenant de roi, montant et redescendant à l'infini les escaliers des huit tours de la Bastille et devant partager la vie des prisonniers puisqu'il loge à l'intérieur même de la prison, est tout ce qu'on veut sauf une sinécure.

Pour prix de tout cela, son traitement est confortable, certes, mais sans commune mesure avec les bénéfices réalisés par le gouverneur. En revanche, le poste de lieutenant de roi à la Bastille est un vivier où Versailles puise volontiers quand il s'agit de nommer un nouveau gouverneur. Ainsi Bernaville, Launey père, Jumilhac ont d'abord été lieutenants de roi à la Bastille. Ceux qui ont successivement occupé ce poste n'ont pas laissé de souvenir particulier de leur passage. Il faut tout de même mentionner du Junca qui, de 1690 à 1705, a eu la bonne idée pour la postérité de rédiger un journal très exact et riche de détails des entrées et des sorties de la Bastille pendant cette période, ainsi qu'un long mémoire de doléances dans lequel il énumère méticuleusement ses multiples fonctions. Du Junca en faisait d'ailleurs trop puisque le ministre Pontchartrain doit le rappeler à l'ordre en 1693 en lui faisant dire qu'il n'a pas à s'entretenir aussi souvent avec les prisonniers.

En revanche, Versailles rappelle constamment aux gouverneurs et aux lieutenants de roi que les prisonniers ne doivent manquer de rien, qu'ils doivent être traités avec douceur mais que leur conduite comme leurs propos doivent être exactement rapportés.

Le major

Également sous l'autorité du gouverneur, le major de la Bastille a d'abord été l'officier comptable, ordonnançant les dépenses et dressant les états de paiement pour le ministre. Mais, à ce poste clef, il avait le secret des affaires, tant et si bien qu'à la fin du XVIIe siècle, c'est lui qui correspond avec le lieutenant général de police pour lui rendre compte de tout le détail de la Bastille. Il se trouve chargé du même coup de la conservation des archives. Ainsi, progressivement, le major devient une sorte de secrétaire général par lequel tout doit nécessairement passer. À la fin du XVIIIe siècle, ses fonctions ont pratiquement absorbé celles du lieutenant de roi. C'est à lui que Versailles et le lieutenant de police s'adressent directement. C'est lui que les prisonniers sollicitent dans leurs incessantes demandes.

L'administration devenant déjà paperassière, on adjoint au major dans la seconde moitié du XVIIIe siècle un aide-major ainsi qu'un scribe pour les archives. Mais ce n'est pas trop car le major doit, entre autres tâches, adresser un rapport journalier sur les moindres événements de la Bastille au lieutenant général de police. « Le feu a pris ce soir dans la cheminée de la première chambre de la tour du Trésor, écrit le major de Losme au lieutenant de police le 31 décembre 1787 ; cela ne nous inquiète pas, car c'est de cette manière que se ramonent nos cheminées ». Et pour le 3 juillet 1728 : « J'ai l'honneur de vous informer que nous n'avons rien de nouveau au château... »

Le major Chevalier, qui est resté en poste de 1749 jusqu'à sa mort en 1787, est celui qui a le plus marqué cette fonction. Il est le type accompli du fonctionnaire dévoué, intelligent, humain, capable de s'acquitter admirablement d'une tâche pourtant difficile, dont le moule semble avoir été cassé au moment de la Révolution. Au contact intime des prisonniers qu'il visite journellement, il sait tempérer la rigueur qui découle inévitablement de la vie à la prison, d'humanité et de compassion : « Je ne puis peindre ni rendre l'état actuel de ce prisonnier, écrit-il au lieutenant de police ; sa situation fait beaucoup de peine à voir. » D'un autre, il écrit : « Il se désespère, est dans un état affreux, cela ne se peut pas rendre. [...] Dieu veuille remettre ce prisonnier dans son premier état. [...] Nous ferons tout ce que nous pourrons pour le tranquilliser. » Et Chevalier de suggérer promenades, visites, interventions extérieures pour régler un héritage, menus achats, quand ce n'est pas une libération. Mais bien sûr la compassion n'est pas toujours de mise et, à propos d'un agité sur lequel Chevalier rédige trois rapports pour la seule journée du 15 janvier 1756, on lit : « Je lui ai intimé qu'à la première scène violente qu'il fera, qu'il descendra au cachot. »

C'est aussi Chevalier qui accomplit à la demande de Malesherbes une énorme enquête sur les archives de la Bastille, l'historique de la prison et de ses prisonniers, dossier par dossier, conjuguant avec bonheur tableaux statistiques et notices biographiques. Mais Chevalier savait aussi joindre l'utile à l'agréable, écrivant le 19 septembre 1775 à Malesherbes qu'il ne l'oubliera pas si, par la suite, il « trouve quelque chose qui puisse être utile, soit pour le service, ou pour la curiosité. »

Les porte-clefs

Au XVIIIe siècle, quatre porte-clefs sont chargés du « service des tours », c'est-à-dire des prisonniers, à raison d'un pour deux tours. Ces geôliers, dont l'un se trouve gratifié du titre prééminent et un rien pompeux de « capitaine des portes », logent dans la prison par roulement de deux. Leur service, qui est strictement réglementé, comporte en règle première le secret absolu sur ce qu'ils voient et entendent. En revanche, ils doivent impérativement rendre compte de tout aux officiers de l'état-major. Quant aux prisonniers qu'ils voient plusieurs fois par jour, notamment aux heures des repas, ils doivent certes leur témoigner « beaucoup de douceur et de politesse » mais « ne doivent point avoir aucun entretien ni de conversation [...] seulement de la pluie et du beau temps, à la réserve de les écouter pour leurs petits besoins ».

Il leur est défendu de recevoir la moindre gratification des prisonniers et de faire pour eux des emplettes, à moins d'y être autorisés par l'état-major. Bien entendu, il leur est absolument interdit de se charger du moindre message, et pourtant on voit de temps à autre un porte-clefs lui-même emprisonné à la Bastille pour avoir violé le règlement comme en 1708 Dumay, qui, ayant accepté de se charger de divers messages, est enfermé six mois avant d'être révoqué.

À preuve que Versailles suit de près tout ce qui se passe à la Bastille, on voit à cette occasion le ministre de la Maison du roi et même le roi en personne s'inquiéter auprès du gouverneur de l'étendue et de la nature exactes de ce trafic. De même, Jean-Baptiste Capin, dit Bellot, porte-clefs depuis trente et un ans et à la veille de prendre sa retraite, est écroué un mois à la Bastille en 1781 pour avoir, contre argent, porté dans Paris une lettre d'un prisonnier. Il est ensuite exilé, sur simple ordre du lieutenant de police, à vingt lieues de Paris, perdant à la fois son poste et son droit à la retraite.

Les très rares évasions, nous y reviendrons, sont également sanctionnées par l'incarcération immédiate des porte-clefs responsables du service. C'est le cas, le 26 juin 1750, pour tous les porte-clefs et soldats de service le jour de la première évasion de Latude, du donjon de Vincennes. Mis au cachot à la Bastille, ils n'y restent que quelques mois pour punition de leur négligence, après que le lieutenant de police s'est assuré qu'ils ne sont pas complices. Détail piquant, on demande non sans embarras à l'un d'eux qu'il veuille bien restituer le trousseau de clefs du donjon de Vincennes, qu'il a emporté par mégarde dans le cachot de la Bastille.

Mais ces quelques accidents de parcours mis à part, le service des porte-clefs se fait très exactement et, si l'on compare leur faible nombre à l'industrie des prisonniers les plus pernicieux du royaume, sans parler de leur statut social, on peut s'étonner que dans l'ensemble tout se passe si bien. Il est vrai que l'omni-présence des officiers de l'état-major et, nous allons y revenir, du lieutenant général de police contribue puissamment à éviter les tentations.

Les porte-clefs donc, au-delà de leur service « hôtelier », gardent étroite-ment leurs prisonniers, veillant par exemple à ce qu'aucun message ne soit glissé dans la vaisselle qu'ils desservent ou dans les livres de la bibliothèque (« on voit par là, précise un règlement, qu'il est nécessaire que les porte-clefs sachent lire et écrire »). Parfois, c'est sur la vaisselle même, d'étain ou d'argent, qu'il y a quelque chose d'écrit. Comme à chaque fois qu'il y a du nouveau, le porte-clefs court alors avec son assiette autographe chez le lieutenant de roi ou le major. Il est alors rappelé aux prisonniers « qu'il est contre le bon ordre de la maison d'écrire sur la vaisselle sur quoi on leur sert à manger, et qu'ils (les offi-ciers de l'état-major) espèrent qu'en leur représentant de ne plus le faire à l'a-venir, ils s'y conformeraient ; que sinon, ils seraient fâchés d'être obligés de les faire servir sur de la vaisselle de terre ou de bois, et rayer l'écriture qui est sur ladite vaisselle ».

Mais ce n'est pas tout : les porte-clefs doivent aussi vérifier au moins une fois par semaine que les verrous et les grilles des fenêtres tiennent toujours, ou que les cellules ne recèlent point d'objets interdits, à commencer par des instruments propres à forger une évasion. Les plus zélés d'entre eux montent sur les tours et tendent l'oreille dans les innombrables cheminées afin de saisir les conversations interdites qui se font d'une cellule à l'autre, nécessairement à voix forte.

Ils doivent accompagner leurs prisonniers dans le moindre de leurs déplace-ments, en s'assurant qu'ils ne laissent tomber aucun message ou qu'ils ne s'a-dressent pas à un autre prisonnier. D'ailleurs les prisonniers n'ont même pas le droit de s'apercevoir mutuellement, ce qui complique singulièrement le ser-vice intérieur. Evidemment, il faut ajouter à cette fonction de surveillance les multiples portes à ouvrir et à fermer sans cesse, le service des repas, du linge, de la propreté des cellules, du bois de chauffage, etc.

272 HISTOIRE VÉRITABLE DE LA BASTILLE

La garnison

Une compagnie franche d'une soixantaine d'hommes, directement payée par le gouverneur, constituait la garnison de la Bastille, lorsque, par ordonnance du 31 décembre 1749, il est décidé que le recrutement se fera désormais parmi les « bas-officiers » (sous-officiers) de l'hôtel des Invalides. Cette décision entérine la déchéance de la fonction militaire de la citadelle mais pèsera lourd dans le déroulement des événements du 14 juillet 1789. Ce n'est plus tant la garde de la Bastille que celle des prisonniers eux-mêmes qu'on confie à ces vieux invalides : surveillance des prisonniers avec défense de leur adresser la parole, accompagnement pendant les promenades, etc.

Mais, même pour garder des prisonniers, mieux vaut avoir bon pied bon œil, ce qui n'est assurément pas le cas lors de la grande évasion de Latude et d'Allègre la nuit du 25 février 1756. Longuement interrogées, les sentinelles de service cette nuit-là prétendent ne pas avoir quitté leur poste un instant, sauf une qui a dû s'absenter un petit moment pour rajuster son bandage herniaire. Or, même si l'on veut bien espérer que ces vieux soldats ne passent pas leurs nuits de garde à se réchauffer dans quelque encoignure, que penser de la valeur combattante d'une troupe de hernieux et autres infirmes ?

Logée dans les casernes de l'avant-cour, la garnison de la Bastille porte à quelque chose près l'uniforme des gardes-françaises, bleu foncé et rouge à passementeries blanches. À défaut de la valeur combattante, qui reste quoi qu'on dise l'apanage de la jeunesse, la discipline des gardes est irréprochable. Les fautes de service sont encore plus rares chez ces vieux soldats que chez les porte-clefs, et il faut compter pour une exception l'épisode où, en 1750, l'un d'eux est surpris à ramasser un paquet de lettres qu'un prisonnier lui a jeté. Soupçonné de favoriser depuis longtemps des correspondances avec l'extérieur, il est enfermé un an à la Bastille, après avoir été cassé en présence de la garnison en armes et rayé du registre de l'hôtel royal des Invalides. En fait, il était fou, ou en tout cas il le devient à la suite de cette aventure, et on le libère pour le remettre entre les mains de sa tante qui promet de se charger de lui.

Les rondes sont organisées avec un soin extrême et ont lieu jour et nuit sur une galerie de planches adossée en encorbellement à la contrescarpe du fossé qui ceinture la citadelle. De là on peut surveiller toutes les fenêtres par-delà le fossé qui n'est inondé qu'à certaines époques de l'année. Le reste du temps, c'est un marécage nauséabond qui incommode fort les prisonniers des étages inférieurs. Dans ses souvenirs de prisonnier, La Jonchère raconte qu'en juillet 1724 « étant couché, à une heure après minuit, j'entendis crier très fort : "À moi ! À moi ! À moi donc !" Je me levai promptement à ces cris, qui m'éveillèrent ; j'ouvris ma fenêtre ; j'entendis de plus près les mêmes cris dans le fossé. C'était un soldat ivre qui, faisant sa ronde sur le balcon, y était tombé. La garde vint, qui eut assez de peine à l'élever et à le tirer avec des cordages ». Curieusement, La Jonchère parle « des dogues du fossé » qui cette nuit-là « hurlèrent, mais heureusement ne le mordirent pas ». Or, nulle part ailleurs, il n'est fait mention de chiens de garde et Latude, qui ne perd jamais une occasion de se faire valoir ou de se faire plaindre, n'en dit pas un mot dans ses *Mémoires* lorsqu'il relate son évasion.

Indépendamment des rondes, les sentinelles doivent surveiller spécialement certains points névralgiques, à commencer bien entendu par l'entrée, très protégée, qui se fait sur le côté après un petit pont-levis extérieur dit de l'avancée et celui de la Bastille proprement dit qui aboutit à un sas fortifié où se tient le corps de garde. C'est là qu'arrivent à toute heure du jour et parfois de la nuit les prisonniers par ordre du roi et par là qu'entrent et sortent domestiques, fournisseurs et visiteurs accrédités, et dont les gardes « doivent s'appliquer à connaître la figure et le nom. »

Les portes des bâtiments extérieurs sont fermées jusqu'à cinq heures du matin l'été et six heures l'hiver, tandis qu'une sentinelle, jour et nuit, quart d'heure par quart d'heure, pique les heures à la cloche. « Il est impossible de s'imaginer, écrira l'un des nombreux historiens de la Bastille en 1789, combien cette lugubre sonnerie est accablante pour les prisonniers ; à tout moment leur sommeil est interrompu par cette cloche, qui les avertit sans cesse du malheur qu'ils ont d'être sous la puissance des tigres qui les déchirent. »

Il faut aussi surveiller les abords de la prison, et le garde qui se trouve à la grille qui donne sur la rue Saint-Antoine est spécialement invité à regarder « sur la place de la Bastille s'il n'y a pas quelques personnes qui s'y arrêtent avec grande attention à regarder aux fenêtres des tours et s'ils ne font pas des signaux [...] leur envoyer dire avec politesse et douceur de passer leur chemin, en leur faisant entendre qu'il serait obligé d'en avertir le corps de garde du château s'ils persistaient à vouloir y rester ». On verra ce que signifient politesse et douceur lors des quelques épisodes d'« émotions » provoquées par certains prisonniers ameutant les passants. Mais, comme chacun sait, les règlements militaires sont faits pour quand tout va bien.

Ainsi il n'est pas un mouvement de la vie quotidienne de la Bastille qui ne soit soigneusement codifié. Le saint sacrement vient-il à passer pour quelque prisonnier moribond ? Alors, « l'officier fera prendre les armes à ses troupes, genou en terre ; les bas-officiers présentant les armes, la baïonnette au bout du fusil, le chapeau sur la garde de l'épée, et le tambour battra aux champs... ».

Omniprésence du lieutenant général de police

En fait, du gouverneur au plus humble des porte-clefs, chacun a des comptes à rendre au lieutenant général de police dont les passages à la Bastille sont incessants et parfois journaliers. On a vu que les interrogatoires, souvent longs, qui suivent l'incarcération lui sont réservés. Mais, même après cela, le lieutenant de police n'oublie pas ses prisonniers : « Je les visite ainsi tous les huit ou dix mois, écrit en 1705 d'Argenson au ministre, pour apprendre par eux-mêmes la situation où se trouve leur esprit et leur santé, afin qu'ils ne se croyent pas entièrement oubliés... »

Au deux cent cinquante-cinquième jour de son journal de prison, La Jonchère consigne : « M. d'Ombreval est venu après la messe me visiter en sa nouvelle qualité de lieutenant général de police. Il a fait la même chose dans toutes les chambres de la maison, ce qui l'a occupé jusqu'au soir. » Onze jours plus tard, un bruit de verrous le réveille à cinq heures et quart du matin. C'est le lieutenant de police, accompagné du gouverneur, qui vient lui annoncer l'arrestation de M. de Belle-Isle et qu'il prenne plus garde que jamais à sa conduite.

Même quand il n'y est pas, le lieutenant de police s'occupe de tout ce qui se passe à la Bastille, décidant entre autres des permissions de visite aux prisonniers. Ainsi, pour les seuls mois d'avril et mai 1763, Sartine ne dicte pas moins de deux cent vingt-huit lettres pour le gouverneur dont la plupart portent sur des autorisations de visite, par le conjoint le plus souvent, et toujours en présence du major ou du lieutenant de roi, « suivant l'usage ». Ce sont aussi des autorisations de remettre des lettres, des livres, des provisions – le tout à soigneusement inspecter au préalable.

Il apparaît que tous ces échanges avec l'extérieur se sont singulièrement multipliés dans la seconde moitié du XVIIIe siècle, la Bastille s'humanisant à l'instar de son époque.

On reste en tout cas ébahi devant le souci du détail qui préside à cette correspondance : « À l'égard des ciseaux que le sieur Levasseur vous demande, écrit le major Chevalier à Sartine, le 20 juin 1772, c'est pour les avoir toujours à sa disposition parce qu'il brode du linge, et c'est pour couper les bouts de fil et découper la batiste et la mousseline. » Dans la même lettre, Chevalier ajoute :

« Nous avons donné au nommé Courtois, une robe de chambre toute neuve [...] nous lui avons donné des livres, nous lui ferons entendre la messe et il se promènera tous les jours dans la cour intérieure une heure, ne pouvant lui en donner davantage, le tout suivant vos ordres de ce jour. »

Enfin, toujours dans le même rapport, il rend compte au lieutenant de police que la veuve Méquignon qui vient d'être arrêtée a été mise toute la journée avec son fils embastillé dix jours auparavant pour libelles contre le Parlement de Maupeou. Mlle Méquignon, en simple visite, a pu se joindre à sa mère et à son frère l'après-midi. Il faut croire d'ailleurs que ces Méquignon bénéficient d'une sollicitude particulière de Sartine puisque celui-ci leur fait envoyer à chacun un panier de cerises le 15 juillet 1772, puis des melons le 10 août.

Même souci du détail du côté du lieutenant de police qui écrit par exemple le 18 janvier 1772 au major : « Je consens, Monsieur, à ce que vous fassiez relargir les vêtements du sieur Dubois, prisonnier ; et je désire que tous vos prisonniers jouissent d'une aussi bonne santé. »

Une autre fois Sartine demande à Chevalier si le père Dom Isidore Mirasson n'aurait pas un livre intitulé *Les Annales de foi*, et s'il lui est nécessaire ; « sinon je vous prierai de me le renvoyer afin que je puisse le faire rendre au bibliothécaire de Saint-Victor qui le réclame ».

En 1755, une dame Sauvé, d'abord femme de chambre de Madame, fille de France, est passée au service du duc de Bourgogne. Un paquet mystérieux (et qui se révèle ne contenir que des vieux papiers) a été mis dans le berceau du duc de Bourgogne. C'est Mme Sauvé qui a donné l'alerte, mais c'est elle aussi qu'on soupçonne en premier et qu'on emprisonne finalement à la Bastille après qu'elle a considérablement aggravé son cas en jouant les empoisonnées. De nouveau, l'obsession du complot surgit et Berryer, le lieutenant général de police, enrage de ne rien tirer de la dame Sauvé. Il lui accorde cependant toute une liste de fournitures qu'elle a demandées, à commencer par du papier, de l'encre et une plume dont il espère bien quelque confidence. Mais voilà que la dame a fait de l'esclandre à la messe. À cette nouvelle, Berryer écrit aussitôt à Chevalier : « À la réception de ma lettre, vous lui retirerez ses ciseaux, son couteau, aiguilles et ouvrage, si elle en a. Vous ne la ferez plus descendre, ni pour la messe ni pour toutes autres choses, et vous lui direz que si elle continue à faire du bruit, elle sera punie très sévèrement. »

Le lieutenant de police fait la pluie et le beau temps. Aussi produit-il la plus grande impression quand il fait irruption à la Bastille. Le gouverneur et plus encore le major et le lieutenant de roi craignent ou espèrent pour leur carrière, car cet homme est entendu du roi. Les prisonniers sont dans le même état d'esprit à cette nuance près que c'est de leur vie ou à tout le moins de leur liberté qu'il s'agit.

Constantin de Renneville, enfermé pour trahison onze ans à la Bastille de 1702 à 1713, a eu le temps de recevoir maintes visites du plus célèbre des lieutenants de police, Marc René d'Argenson. Le moins qu'on puisse dire est qu'il en donne un sombre portrait : « Quand il est revêtu magistralement avec sa robe noire, il semble être une ombre sortie de l'Achéron. On aurait peine à dire qui de son chapeau, de sa perruque, de ses sourcils, de ses yeux, de son visage ou de sa robe est le plus noir. [...] Son visage est affreux. Il est d'une sévérité terrible, d'un regard épouvantable, d'une malice redoutable. [...] Il est autant haï dans Paris qu'il y est redouté. [...] Mais l'on peut dire que c'est sur les prisonniers de la Bastille que tombe sa fureur. »

L'entrée

Arrestation

Dans le scénario le plus courant, un exempt de police et quelques archers se présentent au domicile du destinataire de la lettre de cachet, de préférence au milieu de la nuit – ce qui a le double avantage de saisir l'oiseau au nid et d'éviter les attroupements d'une arrestation en plein jour.

« De l'ordre du roi », mais sans qu'on se sente obligé à chaque fois de montrer la lettre de cachet qui est adressée au gouverneur, on jette le prisonnier dans un carrosse et on fouille aussitôt son domicile, en saisissant les papiers et tout ce qui peut avoir un rapport avec le motif de l'arrestation (les livres, par exemple, en cas de délit de librairie). Parfois l'arrestation d'une femme oblige la police à emmener aussi un enfant en bas âge qu'on ne gardera que le temps de le placer ailleurs, car on n'enferme pas d'enfants à la Bastille.

Une coutume curieuse consiste à mettre certains prisonniers quelques jours « au four » quand il n'y a pas de place à la Bastille ou quand leur destination n'est pas encore fixée mais qu'une arrestation urgente s'imposait néanmoins. On appelle ainsi une pièce réservée au domicile de chaque exempt de police où l'on peut enfermer dans le plus grand secret en compagnie de quelques archers un individu frappé d'une lettre de cachet. L'exempt est indemnisé au prorata du nombre de jours (rarement plus de cinq ou six) où son « four » a rempli son office. Parfois il arrive des accidents, comme le 4 mars 1710 où le trésorier de la duchesse d'Orléans, embastillé pour malversations, meurt deux jours après son arrestation, après avoir fait une chute mortelle en essayant de s'échapper du four de Duval, exempt du guet.

Les personnes de qualité ont droit à un scénario moins humiliant puisque déjà la lettre de cachet qui les frappe leur est adressée personnellement : « Mon intention est que vous vous rendiez dans mon château de la Bastille », écrit le roi qui, toutefois, fait envoyer une seconde lettre de cachet au gouverneur puisque celui-ci ne peut recevoir un prisonnier sans être déjà en possession du terrible document. À cette faveur s'ajoute souvent celle de pouvoir se rendre seul à la Bastille.

Dans le cas de M. de Courlandon, colonel du régiment de cavalerie qui porte son nom, et puni pour quelque faute de discipline qu'on ignore, ces assauts de civilité peuvent prendre un tour piquant : d'abord la lettre de cachet qui lui est adressée le prie de se présenter à la Bastille sans qu'on juge utile de l'humilier d'une escorte. C'est là une marque d'égards et de confiance réservée à quelques rares grands seigneurs ou, ce qui est le cas en l'occurrence, à des officiers qui n'ont pas dérogé en dépit de la punition dont ils sont frappés. M. de Courlandon se présente donc seul devant la Bastille le 26 janvier 1695 à six heures du soir, sa lettre de cachet à la main. On le mène aussitôt chez le gouverneur qui se confond en excuses : il n'y a pas de chambre prête pour le recevoir. Peut-être M. de Courlandon acceptera-t-il de passer la nuit dans un cabaret voisin, aux frais du roi, cela va sans dire ? Le colonel s'incline et s'en va coucher à l'Auberge de la Couronne, bien nommée en la circonstance. « M. de Courlandon, note dans son journal du Junca, lieutenant de roi à la Bastille, n'a pas manqué de revenir sur les onze heures du matin, ayant dîné avec M. de Besmaus et l'après-midi il est entré dans le château et on lui a donné la chambre près la mienne... » Il est vrai que la faute ne devait pas être bien grave, car le colonel ne reste à la Bastille qu'une semaine.

Pour le comte de Saint-Ilpize, cette délicatesse dans les procédés va très loin puisqu'il arrive à la Bastille, le 4 octobre 1774, dans le carrosse du ministre. Celui-ci « n'a pas voulu qu'il fût inscrit sur le registre. Il l'avait amené au château pour le punir seulement, et pour pouvoir connaître ses dettes et les payer. Il est resté environ quinze jours et n'a point été employé sur les états du roi ».

En fait les modalités de l'arrestation et de l'acheminement à la Bastille diffèrent énormément en fonction non seulement du statut social des intéressés mais aussi des circonstances. Mlle Delaunay, future Mme de Staal, secrétaire de la duchesse du Maine impliquée dans le complot de Cellamare, voit sa chambre envahie un peu avant l'aube du 29 septembre 1718 par une nuée de gardes et de mousquetaires. « De la part du roi », on examine ses papiers et ses livres et on fouille partout, en mettant la chambre sens dessus dessous. Il est évident que dans ce cas c'est plus une source de renseignements sur le complot qu'une complice qu'on vient saisir. « Une heure ou deux après, raconte Mme de Staal dans ses *Mémoires*, un officier des mousquetaires me vint dire que je me disposasse à partir, sans m'apprendre où l'on allait me mener. Je lui demandai si la fille qui me servait ne viendrait pas avec moi. Il me dit qu'il n'avait nul ordre pour cela, et ne pouvait le permettre sans savoir la volonté du Régent. Je le priai instamment de m'obtenir cette grâce, qui serait la seule que je demanderais. Il m'assura qu'elle me serait accordée, et que cette fille me suivrait de fort près. »

Jean-François Marmontel a laissé de son côté le récit de son arrestation, mais il faut souligner d'emblée que ceux qui ont ainsi laissé à la postérité des *Mémoires*, à part quelques exceptions telles que Latude ou Linguet sur lesquels nous reviendrons, étaient *ipso facto* « du côté du manche ». À la différence de notre époque, en effet, le seul fait d'écrire impliquait alors un certain statut social. Toujours est-il que Marmontel, attiré à Paris par Voltaire, est âgé de trente-six ans en 1759, date à laquelle il ne s'est pas encore rendu célèbre par ses romans défendant la tolérance (*Bélisaire*), stigmatisant l'esclavage (*Les Incas*), ou par ses notices dans l'*Encyclopédie*. Mais il dirige déjà *Le Mercure de France*, ce qui lui permet de côtoyer ministres et personnes en vue. D'ailleurs tout le monde l'aime pour son humour, qualité plus prisée au XVIIIe siècle que dans les siècles suivants.

Un soir, il récite au salon de Mme Geoffrin une satire mordante qui épingle cruellement, entre autres cibles, le duc d'Aumont, premier gentilhomme de la chambre du roi. « J'étais tranquillement à l'Opéra, raconte Marmontel dans ses *Mémoires*, à la répétition d'*Amadis*, pour entendre notre Oriane, lorsqu'on vint me dire que tout Versailles était en feu contre moi, qu'on m'accusait d'être l'auteur d'une satire contre le duc d'Aumont, que la haute noblesse en criait vengeance. » En réalité Marmontel n'est pas l'auteur de la satire, mais le duc d'Aumont insiste auprès du roi pour que l'insolent soit châtié. « C'est une satisfaction qu'il demande pour récompense de ses services et des services de ses ancêtres », explique M. de Saint-Florentin, le ministre qui doit contresigner la lettre de cachet. Il connaît bien Marmontel et l'a fait appeler à Versailles pour le prévenir qu'il va être envoyé à la Bastille. Mais qu'il aille vite voir de sa part M. de Sartine, le lieutenant général de police...

Sartine commence par s'affliger : « Lorsque nous dînâmes ensemble, me dit-il, chez M. le baron d'Holbach, qui aurait prévu que la première fois que je vous reverrais, ce serait pour vous envoyer à la Bastille ? » Mais après tout Sartine n'a pas encore reçu l'ordre fatal. Il peut donc laisser jusqu'au lendemain (28 décembre 1759) à Marmontel pour que celui-ci puisse assurer quand même la parution du *Mercure* du mois suivant. « Après avoir dormi quelques heures, je me levai, fis mes paquets, et me rendis chez M. de Sartine, où je trouvai l'exempt qui allait m'accompagner. M. de Sartine voulait qu'il se rendît à la Bastille dans une autre voiture que la mienne. Ce fut moi qui me refusai à cette offre obligeante ; et dans le même fiacre mon interlocuteur et moi nous arrivâmes à la Bastille. »

« Faire son entrée »

Les règlements sont très précis sur les formalités à observer lors de l'entrée à la Bastille. On dit que le prisonnier « fait son entrée » : la grille d'entrée, sur la droite de la rue Saint-Antoine, s'ouvre pour laisser le passage à la voiture et se referme aussitôt. La première sentinelle crie « on y va ! » et fait sonner une cloche pour avertir l'état-major et le corps de garde. Les quatre soldats du petit pont-levis, baïonnette au canon, laissent passer la voiture qui pénètre dans la cour du gouverneur et se présente devant le pont-levis du château. Soldats et témoins éventuels doivent mettre leur chapeau devant la figure ou se tourner vers le mur afin que l'anonymat de l'arrivant soit respecté. Quand le secret d'État l'exige, on l'a vu pour le Masque de fer, le prisonnier peut rester enfermé jusqu'à la nuit dans sa voiture, tous rideaux baissés. Ce luxe de précautions est une raison de plus de préférer opérer arrestations et transferts de nuit.

Le prisonnier est alors conduit par le « capitaine des portes » à la salle du conseil, située dans le corps de bâtiment qui sépare les deux cours intérieures. Là il est accueilli par le lieutenant de roi ou le major, ou encore, quand cela en vaut la peine, par le gouverneur en personne. Le registre d'écrou, accompagné de la lettre de cachet fatidique, est rempli en présence du prisonnier à qui on fait signer son entrée et à qui on demande de vider ses poches dont le contenu, quand il est précieux ou quand il est dangereux, soit encore quand il peut intéresser le lieutenant de police, est scrupuleusement inventorié et mis de côté dans un paquet cacheté.

On ne fouille que « les vauriens » (ce terme est celui-là même qu'utilise un règlement) et ce point, entre autres, fait la différence entre les relations qui ont été laissées de l'entrée de la Bastille. Celles qui s'indignent sont principalement celles de Latude et de Linguet : « Je fus introduit dans une salle basse, appelée chambre du conseil, écrit Latude, où je trouvai tous les officiers du château qui m'attendaient. Je fus fouillé de la tête aux pieds ; on me dépouilla de tous mes vêtements, on me prit tout ce que j'avais sur moi, argent, bijoux, papiers ; on me revêtit d'infâmes haillons, qui, sans doute, avaient été déjà imprégnés des larmes d'une foule d'autres malheureux. Cette cérémonie, empruntée de l'Inquisition et des voleurs de grand chemin, s'appelait à la Bastille faire l'entrée d'un prisonnier. On me fit écrire sur un registre que je venais d'entrer à la Bastille. »

Linguet raconte de son côté que « le prélude, quand on leur amène une proie nouvelle, c'est la fouille. Leur prise de possession de la personne d'un prisonnier, leur manière de constater la propriété infernale dans laquelle il va être compris, c'est de le dépouiller de toutes les siennes. Il est aussi surpris qu'effrayé de se trouver livré aux recherches, aux tâtonnements de quatre hommes dont l'apparence semble démentir les fonctions et ne les rend que plus honteuses. [...] Ils lui enlèvent son argent, de peur qu'il ne s'en serve pour corrompre quelqu'un d'entre eux ; ses bijoux, par la même considération ; ses papiers, de peur qu'il n'y trouve une ressource contre l'ennui auquel on veut le dévouer ; ses ciseaux, couteaux, etc., de peur, lui dit-on, qu'il ne se coupe la gorge, ou qu'il n'assassine ses geôliers ; car on lui explique froidement le motif de toutes ces soustractions. Après cette cérémonie qui est longue, souvent coupée par des plaisanteries et des gloses sur chaque pièce comprise dans l'inventaire, on vous entraîne vers la loge qui vous est destinée dans cette ménagerie ».

Tout différent est le récit de Marmontel, reçu par le gouverneur en personne, mais il convient lui-même qu'il était bien recommandé. On visite légèrement ses paquets et ses livres. On lui demande s'il désire conserver un domestique. On s'excuse presque. En réalité, il faut une fois de plus chercher entre ces deux extrêmes les cas les plus fréquents. L'état-major de la Bastille n'a guère de raison en effet, sauf justement cas d'exception, d'être spécialement odieux ou particulièrement aimable. Le plus souvent, donc, les formalités d'entrée se font strictement et sur le ton de la neutralité. De même que Mlle Delaunay, désagréablement impressionnée par les bruits de chaîne des ponts-levis lors de son entrée, les prisonniers sont assez saisis par le fait même d'entrer à la Bastille pour qu'il n'y ait point besoin d'en rajouter. D'ailleurs, il n'y a guère que des gens de plume comme Linguet pour s'émouvoir de la fouille. Dumouriez, en bon militaire, ne s'en étonne pas mais au contraire trouve, dans un récit plein d'humour, que la fouille est mal faite : « Il (Dumouriez se raconte à la troisième personne) arriva à

la Bastille à neuf heures du soir. Il fut reçu par le major, vieillard pédant et janséniste qui le fit fouiller exactement, et lui fit prendre son argent, son couteau et
jusqu'à ses boucles de souliers. À ce dernier article il eut la curiosité d'en demander la raison. Le major lui dit finement qu'un prisonnier avait eu la malice de s'é-
trangler, en avalant un ardillon. Après cette belle remarque, ce major eut
l'horrible imprudence de lui laisser ses boucles de jarretières. »

Les interrogatoires

À peine la Bastille s'est-elle refermée sur son prisonnier que le lieutenant général
de police accourt pour faire son interrogatoire. Il faut profiter en effet du choc de
l'emprisonnement sans laisser aux suspects le temps de se ressaisir. On a vu, quels
que soient les motifs d'arrestation, à quel point d'une certaine façon la Bastille est
d'abord faite pour cela, dans le secret de ses murs et dans la main du terrible lieutenant de police. On ne reviendra pas sur l'importance des interrogatoires ni sur
le fait qu'ils permettent souvent des arrestations en chaîne de jansénistes, de libellistes, de faux sorciers et on en passe. Si on ajoute à cela le fait que, une fois qu'il
n'y a plus rien à tirer du prisonnier, celui-ci est, une fois sur quatre, rapidement
transféré dans une autre maison de force ou devant un tribunal, la Bastille ajoute,
répétons-le, à ses fonctions de maison de correction et de prison préventive, l'é-
quivalent de celles de garde à vue et de cabinet du juge d'instruction.

Tout pendant que le lieutenant de police n'en a pas terminé avec ses interrogatoires, le prisonnier doit être mis au secret absolu et surtout n'avoir aucun
contact avec ses codétenus. D'ailleurs, quand l'enjeu est trop important pour
courir le moindre risque, le lieutenant de police préfère répartir les prisonniers
d'une même affaire entre la Bastille et Vincennes, où l'isolement est tout aussi
rigoureux. Durant cette période, tout ce que le prisonnier dit à ses geôliers,
même de plus anodin, doit être scrupuleusement consigné sur un cahier spécialement réservé à cet effet.

Les interrogatoires peuvent se faire, soit dans la cellule même du prisonnier,
soit dans la salle du conseil. Le lieutenant de police peut y procéder seul mais également se faire aider d'une commission. Parfois cette commission lui est adjointe
sans qu'il ait eu son mot à dire. C'est le cas par exemple pour Dumouriez, qu'on
a vu entrer à la Bastille en 1773 pour une affaire à mi-chemin entre la faute diplomatique et l'indiscipline grave. Trois commissaires assistés d'un greffier l'interro-
gent sans relâche pendant près de deux mois. Il y a Marville, conseiller d'État et
ancien lieutenant général de police, « homme d'esprit mais grossier et gogue-

nard », dit de lui le futur vainqueur de Valmy. Il y a Sartine, le lieutenant de police alors en fonction, « homme fin et très poli », qui est là à la fois comme magistrat (il est conseiller d'État) et comme chef de la police. Il y a enfin un maître des requêtes, nommé Villevaux, « homme très faux et grand chicaneur ».

Dumouriez, quoique militaire, a de l'humour. Il a trop lu l'Histoire de France, confie-t-il, pour ne pas connaître tout le danger d'une commission arbitraire. Il se défend donc pied à pied, ne reconnaissant à la commission que le pouvoir d'instruire et non de juger (car sous l'Ancien Régime les deux choses sont loin d'être aussi séparées qu'après la Révolution). Surtout, fort d'une relative mansuétude de Sartine qui a compris que plus vite l'affaire sera classée mieux cela vaudra pour la réputation du roi, Dumouriez répond à tout sur le ton de la plaisanterie – ce qui fera dire au duc d'Aiguillon quand la sœur du prisonnier, la baronne de Schomberg, multipliera les requêtes de mise en liberté : « Mais votre frère n'est pas mal à la Bastille ; il y rit toute la journée. »

Bien entendu, nombre d'interrogatoires se font à moins grands frais dans le seul face à face du prisonnier avec le lieutenant de police. Celui-ci, se réservant d'effrayer sa proie, s'emploie d'abord à la rassurer tout pendant qu'il y a quelque chose à en tirer. Ainsi Berryer, interrogeant Latude à la Bastille dès le lendemain de son arrestation, l'aborde avec la plus exquise courtoisie, se déclarant peiné autant que son prisonnier que des instances supérieures aient décidé de l'emprisonner. Mais il ne tient qu'à Latude d'en sortir bientôt en prouvant son innocence ou en dénonçant ses complices. Latude commence par mentir puis s'enferme dans un silence plein de sous-entendus qui achèvent de persuader Berryer que, loin de mettre la main sur un individu isolé et à demi fou, il est tombé sur un complot aux nombreuses ramifications. Quiproquo terrible pour Latude puisque cela lui coûtera trente-cinq ans d'emprisonnement. Jusqu'au bout la police croira à tort qu'on lui a caché quelque chose mais, à tort ou à raison, il ne fait pas bon laisser le lieutenant général de police sur sa faim.

Le plus souvent, toutefois, le lieutenant de police fait rapidement le tour de ce qu'il veut savoir, les prisonniers comprenant qu'ils ont tout à gagner à avouer ce qu'ils savent, d'autant plus que la police sait déjà presque tout. Les lettres de cachet, en effet, ne tombent pas au hasard et, du moins quand il s'agit de délits, une enquête a toujours précédé l'arrestation. La police a par ailleurs le souci extrême de repérer les récidivistes sur lesquels, sous l'Ancien Régime, les peines tombent très lourdement. À cet effet, on procède sur les suspects à une étrange cérémonie, juste avant les interrogatoires du lieutenant général de police, qu'on appelle à la Bastille « la cérémonie des frictions ». À défaut de fichier anthropo-métrique, on marquait les condamnés au fer rouge ; mais ceux-ci connaissaient plusieurs moyens de faire disparaître la marque infamante (V pour voleur, par exemple). Toutefois, quand on frottait vigoureusement la peau, la marque réap-paraissait. « J'ai fait faire cet après-midi, devant moi, la cérémonie des frictions très conformément à votre intention, rend compte le major au lieutenant de police, à F. Valois et il n'a rien paru d'avoir été flétri ni marqué d'aucune espèce, l'ayant bien visité ; ce prisonnier a paru fort étonné de cette besogne. »

Le logement

Les lieux

Après avoir « fait son entrée », le nouveau prisonnier est conduit à travers l'une des deux cours que sépare le bâtiment intérieur, construit à la fin du XVIIe siècle, où se trouvent les cuisines, la salle du conseil et les logements de l'état-major. Il est alors mené à l'une des huit tours qui écrasent les cours de leur masse puis-sante, à vingt-quatre mètres au-dessus du sol : la Bazinière, la Bertaudière, la tour de la Liberté (dont la tradition disait que c'était celle où avait eu lieu la pre-mière évasion réussie), la tour du Puits, la Comté, la tour du Coin, la tour de la Chapelle, et enfin la tour du Trésor, souvenir du XVIe siècle et du début du XVIIe siècle, lorsque les souverains entassaient leurs réserves monétaires à la Bas-tille. Identiques dans leur architecture massive avec des murs qui dans leur moindre épaisseur, au sommet, atteignent encore un mètre quatre-vingts, les tours possèdent toutes dans leurs fondations une basse-fosse à peine éclairée, d'un soupirail en hauteur, donnant au pied des fossés et se trouvant de ce fait inondée à certaines périodes de l'année. Ensuite se superpose une série de niveaux jusqu'à une dernière pièce juste sous le toit, appelée calotte, glaciale en hiver et brûlante en été, écrasée par la charpente et dans laquelle on ne peut se tenir debout qu'au centre. Ni les calottes ni les basses-fosses ne sont régulière-ment occupées, étant réservées aux détenus punis.

Les tours n'ont pas le même nombre de niveaux : au XVIIIe siècle, la Liberté, le Coin et le Puits ont six chambres, la Bertaudière cinq, la Comté et la Bazinière quatre, le Trésor et la Chapelle deux. Cinq autres chambres sont ménagées au-dessus des cuisines, dans le logis des cours ou dans les murailles qui relient les tours, dont une très belle, au-dessus de la nouvelle chapelle.

L'accès de chaque tour est défendu par une porte double, chacune avec une serrure différente, et par une grille fermant également à clef. Les clefs, qui furent pieusement conservées par les révolutionnaires au lendemain du 14 juillet, indiquent assez, par leur taille imposante, celle des serrures. Des grilles interrompent en outre, de distance en distance, les escaliers circulaires des tours, ménagés dans l'épaisseur des murailles.

Les cellules, de forme octogonale, relativement vastes puisqu'elles mesurent environ six mètres de diamètre, sont fermées par une double porte avec serrures et verrous. « J'entendis refermer sur moi, écrit Mlle Delaunay, cinq ou six serrures, et le double de verrous. » Une fenêtre en embrasure les éclaire, garnie dans l'épaisseur du mur de plusieurs grilles serrées, fermée à l'intérieur d'un châssis vitré et qu'un volet de bois peut masquer à l'extérieur, si le besoin s'en fait sentir pour la nécessité du service. Les chambres possèdent une cheminée, au conduit garni de grilles, ou à défaut un poêle. Le sol est de briques et à la fin du XVIIIe siècle le plafond de plâtre est souvent refait, car les prisonniers y font des trous pour communiquer d'une cellule à l'autre. Dans quelques rares chambres, des lieux d'aisances sont installés dans un réduit ménagé dans l'épaisseur du mur, mais la plupart du temps les prisonniers doivent se contenter d'une garde-robe que les porte-clefs viennent vider chaque matin.

Le « confort »

Le premier contact de Mlle Delaunay avec sa cellule n'est guère engageant : « Enfin j'arrivai dans une grande chambre où il n'y avait que les quatre murailles fort sales, et toutes charbonnées par le désœuvrement de mes prédécesseurs. Elle était si dégarnie de meubles qu'on alla chercher une petite chaise de paille pour m'asseoir ; deux pierres, pour soutenir un fagot qu'on alluma ; et on attacha proprement un petit bout de chandelle au mur pour m'éclairer. »

Il n'existe en effet au XVIIe siècle et encore au début du XVIIIe aucun « ameublement » standard tel que le connaîtront les prisons de l'époque contemporaine, et surtout on attend de savoir ce que veut et surtout peut payer le prisonnier arrivant. Les détenus font alors venir de chez eux lit, table et fauteuils, ou louent les services d'un tapissier. Mais à la fin du XVIIe siècle, le roi est informé que ces charrettes où s'empile le mobilier d'un prisonnier et qui entrent dans la Bastille sont tout à fait incompatibles avec le secret qui doit entourer l'arrestation. Aussi est-il décidé qu'un lit au moins soit fourni aux prisonniers dont la détention doit rester secrète « jusqu'à ce qu'ils aient été interrogés ». D'Argenson fit garnir une demi-douzaine de chambres d'un lit de serge verte avec rideaux et literie, d'une table et de deux chaises, ainsi que d'un nécessaire de cheminée. D'autres chambres furent meublées sous le règne de Louis XV, mais certaines restaient vides car on laissait à certaines personnes fortunées la possibilité de se meubler à leur guise.

En 1723, La Jonchère, qui prévoit « devoir faire un long séjour », fait apporter à la Bastille ainsi qu'il le consigne dans son journal (le seul qui nous soit resté en ayant été écrit au jour le jour) « un lit de calmande, composé de deux matelas, d'un lit de plumes et d'un sommier de crin ; un fauteuil et une chaise de tapisserie, deux chaises de paille, une table à écrire, deux armoires de bois blanc, une table à jouer, un guéridon, une table de nuit. Il (comme Dumouriez, ou de Villars, La Jonchère parle de lui à la troisième personne) dissimula la nudité des murs en y faisant appliquer plusieurs morceaux de tapisserie de cuir doré. » Les ustensiles de toilette, pot à eau et cuvette, ne sont pas oubliés, ainsi qu'une chaise percée garnie. Il lui faut aussi une livre de poudre à poudrer, des peignes et un peignoir. Du linge de corps et de toilette, des chemises de jour et de nuit, des souliers de maroquin sont apportés avec de la cire à cirer les souliers, des brosses, des épingles, de la soie, du fil et des aiguilles. Enfin, La Jonchère a soin de se procurer de la vaisselle : « six assiettes de faïence, deux tasses et leur soucoupe, un réchaud garni, deux couverts d'argent, deux petites cuillers en vermeil, une théière… »

Certes, cet emménagement fastueux paraît exceptionnel et étonnant quand on songe que le motif d'arrestation de La Jonchère est la concussion. Mais l'abbé Brigault, embastillé en même temps que Mlle Delaunay et pour le même motif, se fait livrer de son côté cinq fauteuils, deux pièces de tapisserie, onze tentures de serge, huit chaises, un bureau, une petite table, trois tableaux… Le marquis de Sade fait accrocher aux murs de sa cellule de hautes tentures vivement colorées. Le comte de Belle-Isle, compromis avec La Jonchère, a trouvé le moyen de se faire installer un lit garni de damas rouge brodé d'or, quatre tapisseries à sujet antique, des glaces assorties au lit, deux paravents, trois fauteuils, trois chaises de tapisserie, une commode, un guéridon, une garniture de cheminée en cuivre doré, des flambeaux de cuivre argenté, sans oublier une bibliothèque de plus de trois cents volumes. À vrai dire, on se demande comment M de Belle-Isle a fait pour loger tout cela, à moins qu'il ait obtenu la grande chambre au-dessus de la chapelle qui comporte une antichambre et une immense cheminée. On voit Dumouriez faire des pieds et des mains pour l'avoir à la fin de 1773. « Monsieur le colonel, lui dit le major, c'est la plus belle chambre du château, mais elle porte malheur. Le connétable Saint-Pol, le maréchal de Biron, le chevalier de Rohan et le général Lally, qui l'ont habitée, ont porté leur tête sur l'échafaud. » Mais Dumouriez la veut quand même et l'obtient finalement.

Mais, à vrai dire, presque tous les témoignages qui nous sont restés sont très critiques vis-à-vis du « confort » des cellules de la Bastille. C'est vrai même pour ceux qui célébreront par ailleurs le souci compatissant de l'état-major d'adoucir la détention par de menus plaisirs, à commencer par le soin apporté à la préparation des repas. Mais rien de tel sur le logement. Mlle Delaunay, dans sa cellule vide, demande si elle va devoir coucher par terre. On la transfère dans une autre cellule aussi nue que la première, puis on la ramène dans la première avec sa domestique. « J'y trouvai un petit lit assez propre, un fauteuil, deux chaises, une table, une jatte, un pot à l'eau, et une espèce de grabat pour coucher Rondel. Elle le trouva maussade et s'en plaignit. On lui dit que c'étaient les lits du roi et qu'il fallait s'en contenter. Point de réplique. On s'en va. L'on nous renferme. » Et Mlle Delaunay de poursuivre : « Je soupai, je me couchai ; l'accablement m'aurait fait dormir, si la petite cloche que la sentinelle sonne à tous les quarts d'heure, pour faire voir qu'elle ne dort pas, n'avait interrompu mon sommeil chaque fois. »

Marmontel, quand son geôlier lui demande s'il trouve son lit assez bon, répond que les matelas en sont mauvais et les couvertures malpropres. Mais, ajoute-t-il, « dans la minute, tout cela fut changé ». Dumouriez, peu suspect d'avoir l'esprit chagrin, découvre en arrivant à la Bastille ce qu'il appelle son appartement : « Un vieux lit de serge fort sale et fort mauvais, une chaise percée, une table de bois, une chaise de paille et une cruche en faisaient tout l'ameublement. » Outre les barreaux, les portes bardées de fer et « l'horrible bruit des énormes clefs », il aperçoit nombre de graffiti sur les murailles : « Beaucoup de noms, des sentences, des prières et quelques grossièretés qui lui firent juger que ce triste séjour n'avait pas toujours été habité par des gens de bonne compagnie. » Et quand Dumouriez demande au porte-clefs s'il n'y a point de meilleure chambre, il s'entend répondre que c'est une des meilleures de la tour de la Liberté, appellation sur laquelle le prisonnier ironise en remarquant « que dans ce charmant séjour, on ajoute la fine plaisanterie à l'hospitalité ».

Sensiblement à la même époque, un nommé Pelissery, négociant embastillé pour délit de librairie et qui voit sa détention prolongée à cause des « lettres très vives » qu'il se permet d'adresser au lieutenant général de police, se plaint au major de son triste appartement alors qu'il en est à sa septième année de détention : « Il y règne un froid horrible en hiver, malgré le feu médiocre que l'on y fait dans cette saison, [...] je n'ai jamais eu qu'un méchant lit ; je n'ai jamais pu faire usage du garniment tant il était déchiré, percé de vers, chargé de vilenie et de poussière ; et une méchante chaise de paille des plus communes, dont le dossier rentrait bien en dedans du siège, et brisait les épaules, les reins et la poitrine. » Pelissery se plaint en outre que l'eau qu'on lui monte l'hiver provienne des fossés et soit puante et corrompue. Linguet se plaint des exhalaisons pestilentielles qui, de ces mêmes fossés, infestent « sa caverne », du froid en hiver, de la pénombre en toute saison, des meubles « dignes du jour qui les éclaire » : « deux matelas rongés de vers, un fauteuil de canne dont le siège ne tenait qu'avec des ficelles, une table pliante, une cruche pour l'eau, deux pots de faïence, ·dont un pour boire, et deux pavés pour soutenir le feu ; voilà l'inventaire... ».

Sous le règne de Louis XIV, les témoignages ne sont pas plus favorables : Fontaine, secrétaire de l'abbé de Sacy et embastillé en même temps que lui, en 1665, pour jansénisme, dit qu'il fut placé dans une chambre ressemblant davantage « à un sépulcre de morts qu'à une demeure de vivants », au sol jonché d'ordures, aux murs « décorés » de croix noires et à la literie infestée de puces et de punaises. Même description en 1702 par Constantin de Renneville que l'on met d'abord dans une chambre obscure et puante, au sol couvert d'ordures et littéralement infestée de puces qui l'assaillent aussitôt. On le transfère sans cesse d'une cellule à l'autre pour lui donner finalement, dit-on, la meilleure chambre de la Bastille. Et pourtant, « après avoir fait plusieurs tours à grands pas de cette vaste caverne, je me mis à en faire l'inventaire qui fut fort succinct ; car il y avait pour tout meuble un petit lit composé d'une méchante paillasse, d'un petit lit de plume, d'un matelas de bourre, d'une méchante couverture, d'un petit bois de lit tout mangé de vers [...] les murailles toutes noires et enfumées de cet appartement étaient tapissées des noms de mes malheureux prédécesseurs et de tout ce qu'ils y avaient voulu écrire ». (Y figure notamment le nom du duc de Luxembourg compromis en 1680 dans l'Affaire des poisons : « Henry de Montmorency, duc de Luxembourg, a été amené ici... » – le reste effacé.)

Renneville donne lui-même la raison de conditions de détention aussi radicalement différentes (qu'on se rappelle l'ameublement de La Jonchère et celui du comte de Belle-Isle) lorsque, demandant des meubles plus confortables, on lui répond qu'il doit en payer le loyer à un tapissier. Il ne saurait donc être question ici d'une discrimination de confort d'abord fondée sur le nom ou le motif d'incarcération. Cela joue certes mais pas autant que le « pouvoir d'achat ». En 1665, par exemple, M. de Pagan, enfermé depuis quinze ans, tout comte qu'il est, se plaint d'être sans un sou et de ce fait presque nu, sans chandelle le soir et sans feu dans sa chambre. Quant aux quelques meubles qui sont là, le tapissier de la Bastille veut les enlever.

Tant pis donc pour ceux, les plus nombreux pourtant, qui ne peuvent pas consacrer des sommes importantes à l'amélioration de leur triste environnement. « Point d'argent, point de Suisse... » La pénombre pour ceux qui doivent se contenter de la mince chandelle fournie par l'établissement et le froid pour ceux qui ne peuvent se payer du bois, au-delà de la mince allocation journalière en période d'hiver de trois bûches « dont il n'y en a qu'une passablement grosse et les deux autres ne sont que de petits rondins », dit l'abbé de Roquette. Linguet de son côté appelle ces bûches des « allumettes ».

Quant à la vétusté des lieux et du mobilier, l'état-major de la Bastille en convient lui-même et s'emploie assez mollement à réparer par-ci ou remplacer par-là, au fur et à mesure que les besoins les plus criants s'en font sentir. Cela n'empêche pas, par exemple, que le 4 septembre 1757, au milieu de la nuit, tout le plancher de la calotte de la tour du Puits, où heureusement il n'y avait personne, tombe d'un seul morceau sur les deux prisonniers de la quatrième chambre, ne les blessant que légèrement, ce qui fait dire au major Chevalier que le baron de Venac « en doit une belle chandelle à Dieu ». L'autre prisonnier miraculé, cordonnier de son état et arrêté pour colportage d'écrits prohibés, ne l'intéresse visiblement pas.

Et que dire alors des punis qui vont au cachot ? Certes on ne les y met pas par un quelconque plaisir sadique, réservant cette prison dans la prison à ceux qui ont tenté de s'évader, qui se sont rendus coupables de violences sur leurs geôliers ou qui perturbent par trop le service, comme cet illuminé qui « crie au miracle de toutes ses forces, et comme il a une très bonne voix, il se fait entendre de toute la garde et tout ce qui compose le ch. de la B. ». Pour tous ceux-là, les cachots ont tout ce qu'il faut pour mériter leur appellation : une botte de paille à même le sol pour toute literie, une cruche d'eau et un morceau de mauvais pain pour toute nourriture. Un jour parcimonieux filtre de l'étroit soupirail inaccessible. Les fossés proches font ruisseler les murs d'humidité et empuantissent une atmosphère déjà raréfiée. Il n'y a pas le moindre chauffage, ce qui fait dire au major que « quatre jours de nos cachots aujourd'hui (on est en janvier) sont plus méchants qu'un mois tout entier dans la belle saison ». Le silence est écrasant, la solitude terrible. La plupart du temps, on a de surcroît enchaîné le prisonnier par les pieds et par les mains au pilier central.

1. Charles V assiste à la construction de la « Bastide Saint-Anthoine »,
énorme donjon destiné à défendre l'est de Paris, dont la construction
va demander 12 ans (1370-1382).

2

3

2. Sur ce plan de Paris du milieu du XVIᵉ siècle, on aperçoit la Bastille qui défend l'accès de la rue Saint-Antoine (alors beaucoup plus large qu'aujourd'hui). Citadelle militaire, arsenal où l'on entasse poudre et canons « pour les affaires de guerre », la Bastille a entamé en outre depuis le XVᵉ siècle sa vocation de prison d'État.

3. La Bastille au XVIIᵉ siècle. Sorties et entrées par l'est de Paris ne s'effectuent plus comme au XVᵉ siècle à travers la Bastille elle-même mais par une porte latérale (ici au premier plan), la « porte Saint-Anthoine ». Une puissante redoute renforce désormais la Bastille « hors les murs ».

4. Le 2 juillet 1652, Mademoiselle de Montpensier (ici sur une lithographie du début du XXᵉ siècle), héroïne de la Fronde et petite-fille de Henri IV, fait tirer de la plate-forme de la Bastille sur les troupes royales de Turenne pour sauver celles de Condé, déjà acculées dans les fossés et qui peuvent alors s'enfuir dans Paris par la porte Saint-Antoine.

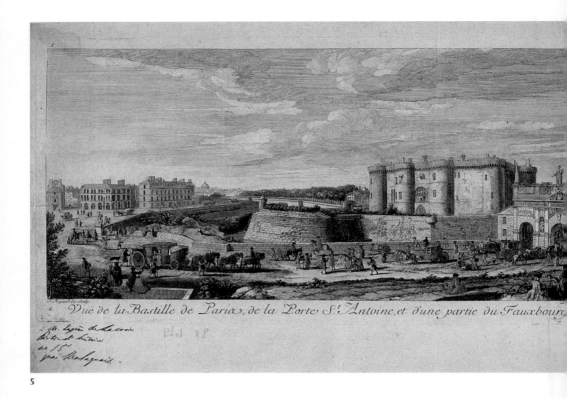

Vuë de la Bastille de Paris, de la Porte St Antoine, et d'une partie du Fauxbourg

5

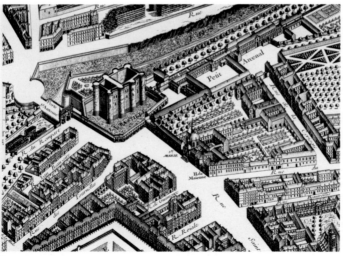

6

5. La Bastille au XVIIIe siècle (d'après une peinture de Jacques Rigaud). La forteresse, désormais à l'écart de la circulation, est devenue la prison d'État la plus importante du royaume. À droite, la porte Saint-Antoine.

6. Au XVIIIe siècle (ici sur un détail du plan Turgot), la Bastille est entourée d'une couronne de petites boutiques qui s'adossent au fossé, ce qui ne va pas sans poser des problèmes de surveillance.

7. Plan de la Bastille à la fin du XVIIIe siècle. L'entrée se fait à droite par deux ponts-levis successifs entre lesquels se trouve l'hôtel du gouverneur.

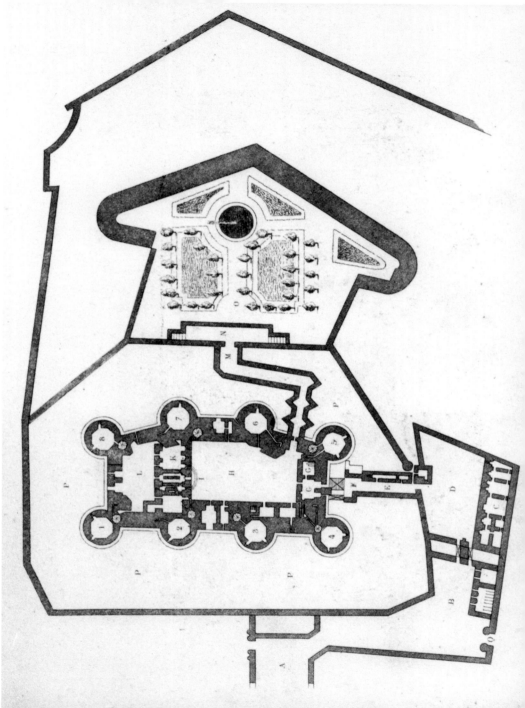

A	Porte d'entrée par la porte St. Antoine.	I	Escalier de la chambre du conseil.	1	Tour du Puits.
B	1er. Pont levis.	K	Chambre du conseil.	2	id. de la Liberté.
C	Hôtel du gouvernement.	L	Cour du Puits.	3	id. de la Bertaudière.
D	1ere. Cour.	M	Passage pour aller au jardin.	4	id. de la Bazinière.
E	Avenue de la grande Tour.	N	Escalier du jardin.	5	id. de la Comtée.
F	Porte de la gde. Tour et Pont levis.	O	Jardin.	6	id. du Trésor.
G	Corps de garde.	P	Fossés.	7	id. de la Chapelle.
H	Grande Tour intérieure.	Q	Passage du jardin de l'Arsenal.	8	id. du Coin.

8. Plan-relief de la Bastille en 1755.
L'énorme bastion a été reconverti en
jardins à la française sur lesquels le
gouverneur veille jalousement et où
de très rares prisonniers privilégiés ont
accès pour la promenade.

9. Marc-René de Voyer de Paulmy
d'Argenson, lieutenant général de
police de Paris de 1697 à 1718, et grand
pourvoyeur de lettres de cachet en
direction notamment de la Bastille.

10

10. Bernard Palissy est embastillé en 1589 pour refus d'abjuration de la « R.P.R » (la « religion prétendue réformée »). Il y meurt l'année suivante.

11. Nicolas Foucquet, surintendant des Finances, arrêté « de par le Roi » par d'Artagnan en août 1661, fait connaissance avec la Bastille avant d'être emprisonné à vie à la forteresse de Pignerol.

12. Le prisonnier au masque de fer a bien existé. Il est mort à la Bastille en 1703, incarnant à lui seul tous les sombres mystères de la prison d'État.

13

11

12

LOUIS RENÉ EDOUARD PRINCE DE ROHAN

Guemené Cardinal de la S.te Eglise Romaine, Evêque Prince de Strasbourg, Landegrave d'Alsace, Prince de l'Empire, Grand Aumonier de France &c.ca

13. Latude, mis à la Bastille en 1749 pour envoi d'un faux colis piégé à Mme de Pompadour, réussit le tour de force de s'en évader en 1756.

14. Le cardinal de Rohan fait une entrée remarquée à la Bastille en 1785 à l'occasion de l'Affaire du collier.

15. Voltaire a fait connaissance avec la Bastille par deux fois, du temps de sa jeunesse (1717 et 1726).

14

15

16

16. La prise de la Bastille, le 14 juillet 1789, a suscité toute une imagerie populaire et mythique de furieux combats au terme desquels le peuple héroïque se rend maître de la forteresse détestée. En réalité, celle-ci ne se défendit pratiquement pas.

17. Cette « prise de la Bastille » est vue de la cour du gouverneur d'où a eu lieu l'assaut. En bas à gauche, l'arrestation du comte de Launey, gouverneur. Il est alors cinq heures du soir. Une demi-heure plus tard, il va périr devant l'Hôtel de Ville, lynché par la foule des émeutiers.

18. Estampes populaires, canards et complaintes révolutionnaires et post-révolutionnaires célèbrent à l'envi la délivrance, le 14 juillet 1789, du comte de Lorges, oublié dans un cachot de la Bastille pendant 32 ans. En fait, ce personnage n'a jamais existé.

PRISE DE LA BASTILLE PAR LES BOURGEOIS ET LES BRAVES GARDES FRANÇAISES DE LA BONNE VILLE DE PARIS, le 14 Juillet 1789.

1. M. Delaunay pris par le Grenadier et le Compagnon Horloger.
2. Pavillon blanc.
3. Maison de M. Delaunay.

Dédiée à la Nation.

4. Les Cuisines.
5. Premier Pont Levi.
6. Grand Pont Levi.

17

18

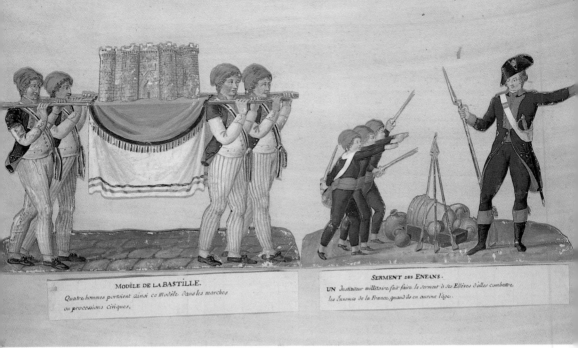

MODÈLE DE LA BASTILLE.

Quatre hommes portoient ainsi ce Modèle dans les marches ou processions civiques.

SERMENT DES ENFANS

UN *Instituteur millitaire fait faire le serment à ses Ellèves d'aller combattre les Ennemis de la France, quand ils en auront l'âge.*

19

20

21

19. La prise de la Bastille fonde la République française et ses trois couleurs. Ici, gouaches sur cartons découpés et collés sur papiers aquarellés en bleu ciel.

20. « Palloy, patriote ». Entrepreneur de la démolition de la Bastille, il a l'idée, couronnée de succès, de diffuser à travers toute la France des modèles de Bastille sculptés dans les pierres du chantier.

21. La démolition de la Bastille, haïe de tout un peuple, est entreprise aussitôt après le 14 juillet (ici, en 1790).

22. Décret de démolition de la Bastille pris le 16 juillet 1789 par le Comité permanent de l'Hôtel de Ville qui vient d'être constitué par l'Assemblée nationale.

HÔTEL-DE-VILLE
COMITÉ-PERMANENT.

Le Comité permanent assemblé à l'hôtel de ville, provisoirement autorisé jusques à l'établissement d'une municipalité régularisée et librement formé par l'élection des citoyens du district

a arrêté que la Bastille sera démolie sans perte de temps après une visite par deux architectes chargés de diriger l'opération de la démolition sous le commandement de M. le Marquis de la Salle chargé des mesures nécessaires pour prévenir les accidents

Et pour la notification de la présente ordre quatre électeurs auxquels deux députés de la ville à l'assemblée nationale actuellement présents à l'hôtel de ville seront invités de se joindre se transporteront sur le champ à la Bastille

Et sera la présente ordre lu publiée et affichée

fait et arrêté à l'hôtel de ville le 16 juillet 1789

Boucher   Fauchet   Legrand   Garran de Coulon, vice-président

23

24

25

26

23. La mode révolutionnaire s'empare (de nouveau) de la Bastille. À gauche « bonnet à la Bastille ».

24. « Ici l'on danse… » Le premier bal de la Bastille au soir du 18 juillet 1790, sur l'emplacement même de la forteresse, déjà presque détruite.

25. La nouvelle place de la Bastille avec la colonne de Juillet inaugurée en 1840 en commémoration de la Révolution de 1830. À droite, on voit encore la maquette grandeur nature et démolie seulement en 1846 du curieux projet imaginé par Napoléon : l'éléphant de la Bastille.

26. Le trône de Louis-Philippe brûlé sous la colonne de Juillet, le 24 février 1848.

27

27. 14 juillet 1880. Image populaire célébrant l'adoption, pour la première fois, de la date du 14 juillet comme jour de fête nationale (sur proposition de Benjamin Raspail, député de la Seine).

28. La place de la Bastille est désormais le lieu des grandes manifestations populaires. Ici, manifestation du Front populaire, le 14 juillet 1936.

28

Latude reste ainsi un an après sa première évasion, et trois ans après la seconde. À la fin de la première année, cependant, on ne lui laisse que les fers aux pieds et on le met au régime ordinaire des repas. Latude raconte comment il mit cette éternité à profit pour apprivoiser les rats qui venaient lui rendre visite et comment il parvint, en dépit de tout, à poursuivre son infatigable activité épistolaire, quitte à écrire avec son propre sang. Quand on l'extrait enfin de son cachot, quasiment aveugle, avec une barbe de trois ans et des vêtements en lambeaux, il n'est pas jusqu'au lieutenant de police lui-même, présent sur les lieux, qui ne soit saisi de pitié. Constantin de Renneville raconte de son côté qu'après l'évasion, le 4 mai 1709, du comte de Bucquoy, dont la chambre était au-dessus de la sienne, il a été convaincu, d'ailleurs justement, d'avoir entendu limer les grilles sans rien dire, et jeté de ce fait au cachot. Quand on l'en sort, le médecin qui le voit lui dit qu'il aurait « plutôt besoin de quelqu'un qui l'exhortât à la mort ».

Il y a pourtant des natures indomptables, comme cette veuve Poirier « méchante et extravagante », faisant du tapage et ayant même « tout mâchuré » le visage de son porte-clefs. Mise au cachot pendant six mois, les fers aux pieds et aux mains, elle trouve le moyen de s'en défaire « aussi facilement que si elle avait eu les clefs ». Un énorme cadenas subit le même sort et encore les « chefs-d'œuvre de deux maîtres serruriers » qu'on a fait venir tout exprès. « C'est un Lucifer que cette femme ! » s'exclame Chevalier. On songe à lui faire river ses fers à même le sol ou à retrouver une antique cage de fer qui sert parfois à contenir ou à punir certains prisonniers à l'intérieur des chambres elles-mêmes.

La capacité d'accueil

En théorie, la Bastille ne peut contenir que quarante prisonniers avec autant de chambres, calottes et cachots non compris. En réalité, elle peut en emprisonner davantage en logeant plusieurs prisonniers ensemble. Au début du règne de Louis XIV, le nombre dépasse fréquemment la cinquantaine pour diminuer ensuite et tomber même à une vingtaine à la fin du règne. La Bastille connaît de nouveau le plein emploi dans les années 1730 avec la conjonction des affaires de religion (jansénistes et convulsionnaires) et des délits de librairie. Le maximum de prisonniers embastillés en même temps, en l'état des renseignements chiffrés toujours lacunaires, pourrait avoir été de 63 en 1733. Dans la seconde moitié du XVIIIe siècle, le nombre décroît régulièrement, passant de la trentaine sous le règne personnel de Louis XV à la quinzaine sous le règne de Louis XVI et à moins de dix dans les dernières années de l'Ancien Régime.

Encore faut-il préciser que ces moyennes dissimulent de brusques variations d'une année à l'autre. Cette capacité, somme toute modeste, fait dire à Dumouriez embastillé à l'automne 1773 : « Ils étaient alors peu nombreux, car il n'y en a jamais eu de son temps plus de dix-neuf, et pendant plusieurs jours ils n'ont été que sept. Ainsi cette terrible Bastille, au moins à cette époque, n'engloutissait pas autant de malheureux qu'on le croyait. Depuis que les jacobins s'en mêlent, malgré les exécutions continuelles, les cachots de Paris contiennent toujours entre trois, quatre et cinq mille infortunés dont la vie ne tient qu'à un fil. »

La période de mise au secret précédant et accompagnant les interrogatoires étant terminée, et si l'on manque de place, l'état-major s'emploie à prévoir, en de savants dosages, quels sont les prisonniers qui peuvent être mis ensemble. Rarement on laissait le prisonnier seul, note Renneville ; « on lui donnait des compagnons, tous gens de même condition. Pour les crimes, on appliquait les mêmes principes. On mettait ensemble les espions avec les espions, les voleurs avec les voleurs, les empoisonneurs avec les empoisonneurs. Les deux sexes étaient toujours séparés ».

Cela donne l'occasion à Renneville de mesurer, à l'aune des prisonniers qu'on met avec lui tout au long des onze ans que dure sa détention, le peu d'estime où on le tient : l'un, emprisonné pour protestantisme, peint des passages des saintes écritures sur les murs, le tout orné de sentences (cela prouve par parenthèse qu'on lui a donné de quoi de peindre). Le second donne si fort dans la religion catholique qu'il en devient fou. Le troisième est un Bas-Normand de Domfront nommé Aubert, se disant médecin mais embastillé pour sorcellerie. Grand chicanier à la hauteur de la réputation des Normands, il a fait des procès dans toute sa région, se promenant avec une coutume de Normandie « de poche », imprimée tout exprès en caractères minuscules et copie du grand in-folio qu'il gardait religieusement chez lui. À la Bastille, où il est arrivé tout nu avec des dizaines de petites croix attachées à la barbe et aux cheveux, il éternue si fort qu'on l'entend de la porte Saint-Antoine, ce qui a pour effet invariable de faire aboyer le chien du commis de l'octroi. Aubert prétend que c'est son chien et que par magie il reçoit par ce moyen des messages de son pays. Un jour, il lit dans les lignes de la main de Renneville « en nommant les planètes de façon si crasse, que je ne puis comprendre comment les plus grossières servantes s'y laissaient tromper ».

L'accoutrement de cet « Égyptien du Pont aux Choux » était à la mesure du personnage : « Il avait un justaucorps qui lui battait jusques sur les talons ; sans exagération les poches en étaient placées bien au-dessous des genoux ; jamais ses hauts-de-chausses ni ses bas n'étaient attachés, et tombaient négligemment sur ses jambes et ses pieds [...]. Notre Magot de Bohême, pour se distinguer en tout, mettait sur ses épaules la couverture de son lit pliée en double, attachée par les coins sur sa poitrine, justement sous sa barbe, et renversait le reste sur ses épaules le laissant négligemment traîner à terre, comme un manteau royal [...]. Et pour mieux ressembler au roi des Égyptiens, il mettait une serviette sur sa tête en forme de couronne ; le tout surmonté d'un bonnet de laine très crasseux, qu'il avait roulé en croûte de pâté, et qui formait une espèce de triple couronne. »

Bref, Renneville aurait préféré rester seul plutôt que de se trouver en compagnie de ces fous. Mais c'eût été compter sans le fait qu'on ne songe pas forcément au confort personnel des prisonniers quand on les met ensemble. Ainsi, quand le lieutenant de police fait mettre d'Allègre avec Latude, c'est dans l'idée que ces deux garçons sensiblement du même âge et arrêtés pour pratiquement le même motif vont cohabiter dans une émulation de confidences, propres à le renseigner sur les complices supposés de Latude. « Donnez-moi je vous prie, écrit d'Allègre à Berryer, une chambre même sans feu ; j'aime à être seul, je me suffis à moi-même, parce que je sais m'occuper et semer pour l'avenir. » Mais ils ne seront pas inactifs à deux non plus puisqu'ils prépareront et réussiront la plus célèbre évasion de la Bastille.

Mais on « double » aussi les prisonniers pour les aider à supporter leur détention. L'abbé d'Estrées, professeur au collège Mazarin et enfermé en 1755 pour libelles, s'ennuie à mourir, et de son côté La Beaumelle, roi des mémoires falsifiés qui correspondra avec d'Allègre en se faisant passer pour une femme, « réclame à cor et à cri un compagnon de chambrée ». Si la chose peut s'accommoder, écrit au major le premier commis du lieutenant de police qui se mêle de cela comme du reste, vous les mettriez tous les deux dans une chambre spacieuse et claire car « ce sont deux hommes qui écrivent beaucoup ».

La première rencontre est surveillée de près par le major qui en rend compte aussitôt au lieutenant de police : « Cette première entrevue s'est fort bien passée. Ils se sont fait beaucoup de politesses. Ils paraissent très satisfaits. Ils se sont promenés cette après-midi ; nous les avons accompagnés, et une grande partie de leur entretien a roulé sur Voltaire, Piron, Rousseau et quelques autres auteurs ; et en remontant à la chambre, l'air de satisfaction était marqué sur leur figure à ne pouvoir s'y méprendre. Dieu veuille que ça continue. »

Il arrive souvent aussi que des domestiques ou plus rarement des secrétaires acceptent d'être enfermés avec leurs maîtres lorsque ceux-ci sont des personnes de considération. Mais il est spécifié à chaque fois au serviteur que, s'il accepte d'entrer, il ne pourra plus sortir qu'avec son maître quelle que soit la durée de détention. À ce propos, on se plaît à la Bastille à citer l'anecdote d'un laquais qui avait tout naturellement sauté derrière la voiture de son maître, voyant celle-ci quitter l'hôtel où il servait. Hélas, c'était pour la Bastille, et une fois entré, il ne resta plus au malheureux qu'à devenir captif à son tour.

Cette disposition, qui s'explique très bien du point de vue du secret qui doit entourer l'embastillement, a pour effet de plonger au bout de quelque temps certains domestiques dans le désespoir. Ainsi, en 1764, le secrétaire particulier de Lally-Tollendal, accusé de haute trahison après la perte des établissements français des Indes, « ne fut pas longtemps à se repentir de sa bonne volonté et à s'impatienter de sa captivité. Il s'imagina qu'elle serait éternelle et dès lors, il devint insupportable à M. de Lally qui demanda à être débarrassé de sa compagnie ». Mais la tradition est immuable et il n'est pas question de libérer le secrétaire qu'on enferme à part et que la solitude finit par rendre fou, au point de devoir le transférer à Charenton.

Cette curieuse coutume est plus fréquente au XVIIe siècle qu'au XVIIIe. Sans leur fidèle serviteur, les grands seigneurs du règne du Roi-Soleil, plus encore que ceux du siècle suivant, sont en effet comme des infirmes dès qu'il s'agit de faire un lit ou de dresser une table, et on n'aurait tout de même pas la cruauté d'ajouter ces supplices à celui de l'emprisonnement. Aussi ne faut-il pas s'étonner de voir le chevalier de Rohan, celui-là même qui fera bastonner Voltaire quelques années plus tard, entrer à la Bastille avec son domestique alors qu'il sait pertinemment qu'il ne va y rester que quelques jours (et d'ailleurs il ressort au bout de vingt-quatre heures). Mais quand on s'appelle de Rohan, on préférerait mourir dans un duel pour un regard de travers que d'avoir à s'occuper de son pot de chambre.

En 1773, Joseph Alexis Pallebot de Saint-Lubin, commandant aux Indes des armées du nabab Heid-Ali-Can et coupable d'avoir débauché des soldats français pour le compte de l'Angleterre, fait une entrée remarquée à la Bastille avec son nègre Narcisse. Lorsqu'en 1781 il est de nouveau embastillé pour intrigues et escroqueries, toujours aux Indes, c'est de nouveau en compagnie de son fidèle esclave, et quand il est transféré l'année suivante à Charenton après avoir habilement contrefait le fou, c'est toujours avec l'inséparable Narcisse qu'il s'en évade.

Il arrive aussi que le lieutenant de police place à côté de prisonniers sombrant dans le désespoir un compagnon, mi-garde-malade, mi-domestique, pour le désennuyer. On a donné à Latude, hébété après son premier séjour au cachot, un garde aux frais du roi. Latude est ravi car c'est un intarissable bavard mais le garde, lui, a préjugé de sa résistance. Bientôt il s'ennuie tellement de sa femme et de ses enfants qu'il passe ses jours et ses nuits à gémir et à pleurer, et que le remède devenant pire que le mal on se décide à renvoyer le désespéré chez lui.

De même le major demande au lieutenant de police « que l'on mette une femme » auprès d'une prisonnière qui « a des vapeurs [...] ne mange presque pas [...] est dégoûtée, s'ennuie très fort, pleure presque toujours ». Même chose pour les suicidaires, ou encore pour certains malades ou mourants. À Cagliostro, victime de l'Affaire du collier, on donne « un bas-officier doux, exact et ferme » sur « l'apparence de désespoir » qu'il a montrée et pour « le désennuyer et l'empêcher d'effectuer ses idées noires ».

Enfin le diabolique lieutenant de police peut mettre aussi auprès d'un prisonnier, pour lui extorquer des confidences, un faux détenu appelé comme aujourd'hui « mouton » mais aussi plus joliment « canard privé », terme désignant à l'époque les appelants dans la chasse au canard. Ce rôle délicat et peu sympathique est tenu par des mouches de police ou d'anciens détenus (l'un n'empêche pas l'autre) au point de constituer parfois une spécialité, comme pour cette dame Maréchal, sous le règne de Louis XV, qui possède au dernier degré l'art de pleurer sur les épaules de ses codétenues et de se faire conter leurs malheurs.

Ce système a tendance à s'étendre dans la seconde moitié du XVIIIᵉ siècle car il donne d'excellents résultats, désarmorçant les tentatives de mensonges lors des interrogatoires et permettant de lancer très vite de nouvelles lettres de cachet sur des coupables encore en liberté (sept d'un coup en 1725 pour propos séditieux, grâce aux renseignements du « canard privé » Dulac).

Les heures et les jours

Les repas

À partir des vastes cuisines situées au rez-de-chaussée du logis des cours, les repas sont portés par les porte-clefs dans les cellules, « le plus chaudement qu'il se pourra », précise un règlement, à sept heures, à onze heures et six heures du soir. À la différence des conditions d'hébergement presque toujours décriées, les prisonniers qui critiquent la nourriture sont rares et, au contraire, les témoignages de satisfaction abondent. Encore faut-il essayer de distinguer entre l'ordinaire, la table du gouverneur et les suppléments.

Au milieu du XVIIIe siècle, l'ordinaire, tel qu'il est prévu dans les règlements, se compose au dîner (notre déjeuner) d'une soupe, d'une entrée et d'une viande : collet de mouton ou de veau, petit salé, saucisses... On distribue en outre une livre de pain par jour et une bouteille de vin par repas. Le soir, deux plats sont prévus dont de nouveau un de viande : langue de bœuf en ragoût, foie de veau lardé, poulet, rôti. Reste à savoir comment tout cela fonctionne « sur le terrain » en écoutant les témoignages, subjectifs dans tous les cas, des prisonniers.

Ceux qui se plaignent, répétons-le, sont les moins nombreux. Écartons cependant Linguet (toujours les mêmes !) qui, dans ses idées de persécution, s'est persuadé qu'on empoisonne ses aliments. La Harpe fera justement remarquer que si Linguet survécut à ses vingt mois d'emprisonnement c'est qu'on n'avait pas voulu le faire mourir. Et puis ce n'était pas dans le style de la Bastille ni de l'Ancien Régime.

Latude, lui, raconte que « la nécessité de prendre des aliments devenait à la Bastille et en général dans toutes les prisons d'État, un des supplices de ceux qui étaient détenus. Ce n'était pas qu'on n'eût de quoi suffire amplement à ses besoins ; mais tout était toujours accommodé avec un défaut de soins et de propreté, qui annonçait au moins une indifférence bien barbare. Ce qui était plus rebutant encore, ce qui seul eût inspiré le dégoût, c'était la monotonie constante avec laquelle on servait sans cesse les mêmes mets, et toujours avec une exactitude si géométrique, qu'un prisonnier eût pu annoncer pendant un siècle entier ce qu'il devait avoir le lundi, le mardi, et tous les autres jours de chaque semaine. C'était de la viande de boucherie dure, mal cuite ou desséchée ; des légumes dans lesquels on ne se serait pas douté qu'on avait mis du beurre, si on ne l'eût senti à sa force qui finissait toujours par affecter douloureusement l'estomac ; du poisson, quelquefois pourri, toujours sans saveur et sans goût ; des pieds de cochon, qu'on ne se donnait presque jamais la peine de racler ; ou quelquefois enfin de la mauvaise pâtisserie à moitié cuite ; une soupe et du vin détestables ».

Pelissery dit qu'on lui sert le pain « le plus horrible du monde, pétri de toutes les balayures de farines du boulanger » et auquel il attribue des convulsions qu'il a eues une nuit, sans parler d'une paralysie temporaire du bras droit et des jambes. L'abbé de Roquette, qui ne boit jamais de vin, le goûte un jour avant de l'abandonner à son geôlier et le trouve « sans qualité et sans force ». La Jonchère, lui, aime boire glacé l'été. Or, à la Bastille, point de glace. Étonné, presque ravi, La Jonchère note alors « que ce n'est qu'une volupté dont on peut se passer, ne m'en étant pas moins bien porté pour avoir bu chaud ».

Évidemment suspectes sont d'autre part les descriptions de seconde main faites au lendemain de la prise de la Bastille telles que celles qu'on relève dans les anonymes *Remarques historiques et anecdotes sur la Bastille* : « vache bouillie que l'on appelle bœuf », « vieilles bribes » de volaille (au Mont-Saint-Michel, un correctionnaire parlera de son côté de « perdrix trisaïeules »), porc prétendu frais, cuisine brûlée ou insuffisamment cuite, raie puante, vin « aussi aigre que du vinaigre » (une édition du même auteur, mais antérieure à 1789, se contentait de parler de vin « plat et fort mauvais »), huile qui « fait soulever le cœur et serait tout au plus bonne pour les réverbères », etc. D'ailleurs, même dans ces plaintes, la présence de viande à chaque repas, de fruits, de légumes frais, même si on nous dit qu'ils sont mal cuits, prouve qu'on est dans un registre complètement différent de celui des autres prisons du royaume. Et l'auteur (Brossays du Perray) d'estimer pourtant qu'un tel régime « crie vengeance devant Dieu et devant les hommes ».

Plus sérieuses sont les critiques d'ailleurs unanimes mettant en cause la gestion du gouverneur qui reçoit pour chaque prisonnier une allocation infiniment supérieure à ce qui est dépensé réellement. Le ministre Pontchartrain, même s'il est implicitement admis que le gouverneur puisse faire du bénéfice, s'en émeut auprès de Besmaus dans une lettre du 29 décembre 1693, après avoir reçu le placet d'un prisonnier qui se plaint d'être obligé de payer 6 livres par mois pour son lit et que pour ce prix on ne lui donne ni bois ni chandelle et seulement une livre de pain bis par jour. « Je vous avoue, écrit le ministre, que je ne m'accoutume point à entendre parler de telles duretés pour des prisonniers pour lesquels le roi paie 50 sols par jour, et s'ils sont de cette manière, je ne les trouve pas mieux que ceux qui sont dans les prisons ordinaires au pain du roy qui est de 4 sols par jour. »

Selon un vieux principe d'administration, le chef n'a jamais tort et Pontchartrain se contente de souligner « l'avidité de quelques officiers sur qui vous vous remettez apparemment de ce soin » – ce qui revient à dire que, de toute façon, le gouverneur a mal fait son travail. On relèvera au passage que l'allocation par tête à la Bastille est douze fois supérieure à celle des autres prisons d'État. C'est énorme, et cela permet en effet à un gouverneur honnête de traiter correctement ses prisonniers tout en se payant raisonnablement.

Si l'on examine maintenant les témoignages de satisfaction, la contradiction est telle qu'il est impossible de faire une moyenne. Ce que rapporte Constantin de Renneville pèse d'un poids très lourd car, sur tous les autres chapitres de son long emprisonnement à la Bastille, il est féroce. En outre, il n'est pas un prisonnier de marque qui aurait pu justifier un traitement de faveur mais un vulgaire espion qu'on ne craint pas de loger avec des fous. Enfin, nous ne sommes qu'au tout début du XVIIIe siècle, à une époque où les subsistances sont encore soumises à des cycles de crises qui sont loin de garantir la survie des populations, fussent-elles en liberté.

Or, pour son premier repas, Renneville voit arriver « une soupe de pois verts garnis de laitues bien mitonnée et de bonne mine avec un quartier de volaille dessus ; dans une assiette il y avait une tranche de bœuf succulent avec du jus et une couronne de persil, dans une autre un quartier de godiveau (boulette de viande hachée pochée à l'eau) bien garni de ris de veau, de crêtes de coq, d'asperges, de champignons, de truffes, etc., et, dans une autre, une langue de mouton en ragoût, tout cela fort bien apprêté ; et pour le dessert un biscuit et deux pommes de reinette ». À ce qu'il faut bien considérer comme un petit festin, s'ajoute une bouteille de très bon vin de Bourgogne et du pain « qui était excellent ».

Le soir de son entrée, dans un fracas de verrous « capable de faire trembler l'homme le plus ferme », on lui apporte quatre grosses chandelles, des draps fins (« Je pris mon parti de faire mon lit pour la première fois »), une autre bouteille de vin de Bourgogne, un morceau de veau rôti avec du jus, un demi-poulet, une salade de cœurs de laitue et une assiette de fraises au vin et au sucre. Du 16 mai 1702, date de son entrée, au 31 mai, il en va de même en quantité et en qualité, avec des menus variés qui comportent tous beaucoup de viande. « Les jours maigres, j'étais encore mieux traité que les jours gras » : soupe aux écrevisses, aux huîtres, aux moules, un plat de poisson bouilli et un autre de poisson frit dans le même repas, des légumes frais, « le tout toujours très bon ». « Dans une bonne auberge de Paris, ajoute Renneville, je n'aurais pas mieux été servi à un écu par repas... »

Dans les mois qui suivent, « il y eut bien à rabattre », regrette Renneville qui passe sans qu'on l'en informe du régime de la table du gouverneur au régime ordinaire. On a peut-être cru, jusqu'aux interrogatoires, qu'il s'agissait d'une prise digne de considération. Mais Renneville se voit servir cependant « une bonne soupe aux croûtes, un morceau de bœuf passable, une langue de mouton en ragoût et deux échaudés pour mon dessert. Je fus servi à peu près de la même manière pendant tout le temps que je fus dans ce triste lieu ; quelquefois on ajoutait sur ma soupe une aile ou une cuisse de volaille, ou, quelquefois, on mettait sur le bord de l'assiette deux petits pâtés ».

Dumouriez, pourtant réputé gourmand, trouve de son côté qu'« on était fort bien nourri à la Bastille, il y avait toujours cinq plats pour le dîner, trois pour le souper, sans le dessert, ce qui, servi en ambigu (c'est-à-dire que tout arrive en même temps), paraissait magnifique ».

Marmontel a raconté lui aussi ce que fut son premier repas à la Bastille que deux geôliers vinrent servir en silence : « L'un dépose devant le feu trois petits plats couverts d'assiettes de faïence commune ; l'autre déploie, sur celle des deux tables qui était vacante, un linge un peu grossier, mais blanc. Je lui vois mettre sur cette table un couvert assez propre, cuiller et fourchette d'étain, du bon pain de ménage et une bouteille de vin. Leur service fait, les geôliers se retirent, et les deux portes se referment avec le même bruit des serrures et des verrous. Alors Bury (c'est son domestique qui a accepté de demeurer avec lui) m'invite à me mettre à table, et il me sert la soupe. C'était un vendredi. Cette soupe en maigre était une purée de fèves blanches, au beurre le plus frais, et un plat de ces mêmes fèves fut le premier que Bury me servit. Je trouvai tout cela très bon. Le plat de morue qu'il m'apporta pour le second service était meilleur encore. La petite pointe d'ail l'assaisonnait, avec une finesse de saveur et d'odeur qui aurait flatté le goût du plus friand Gascon. Le vin n'était pas excellent, mais il était passable ; point de dessert : il fallait bien être privé de quelque chose. [...] Comme je me levais de table, et que Bury allait s'y mettre (car il y avait encore à dîner pour lui dans ce qui restait), voilà mes deux geôliers qui rentrent avec des pyramides de nouveaux plats dans les mains. À l'appareil de ce service en beau linge, en belle faïence, cuiller et fourchette d'argent, nous reconnûmes notre méprise ; mais nous ne fîmes semblant de rien ; et, lorsque nos geôliers, ayant déposé tout cela, se furent retirés : "Monsieur, me dit Bury, vous venez de manger mon dîner, vous trouverez bon qu'à mon tour je mange le vôtre. — Cela est juste", lui répondis-je. [...] Ce dîner était gras ; en voici le détail : un excellent potage, une tranche de bœuf succulent, une cuisse de chapon bouilli ruisselant de graisse et fondant, un petit plat d'artichauts frits en marinade, un d'épinards, une très belle poire de crésane, du raisin frais, une bouteille de vin vieux de Bourgogne, et du meilleur café de Moka ; ce fut le dîner de Bury, à l'exception du café et du fruit, qu'il voulut bien me réserver. »

Ce récit n'est pas seulement amusant mais nous révèle à nouveau l'existence d'un ordinaire (ici plus qu'ordinaire) et d'un régime spécial appelé « table du gouverneur », ce que confirme à Marmontel le gouverneur venu lui rendre visite l'après-midi même et lui demander s'il veut un poulet pour son souper.

Marmontel, qui, comme nombre de gens de plume, n'est pas habitué à de tels festins, répond au gouverneur que les restes de son dîner suffiront.

Encore est-ce sans compter sans les menus spéciaux et les suppléments. À l'abbé de Roquette qui a résolu de ne pas manger de viande pour « attirer sur lui la miséricorde du Seigneur par cette pratique de pénitence » et qui inquiète le gouverneur à qui on a dit qu'il se laissait mourir de faim, on sert tous les jours « de nouveaux poissons excellents » jusqu'à ce que, sur ordre du médecin, l'abbé se décide à faire gras. En 1764, à Jean-Baptiste Vieilh, petit vérificateur des douanes à Alençon et emprisonné comme libelliste, on ne donne que du gibier et des volailles parce que la Faculté lui a interdit la viande de boucherie. À un employé coupable de malversations et dont l'épouse écrit au lieutenant de police pour signaler que son mari est sujet à la gravelle, et ne boit que du vin blanc, on remplace le vin rouge par du vin blanc. Le commis du lieutenant de police avait trouvé la requête tout à fait naturelle et transmis à son chef avec ce commentaire : « Ce ne serait pas un aussi grand miracle qu'aux noces de Cana. »

Ceux qui ont quelque argent peuvent en outre se payer tous les suppléments qu'ils désirent. François de Bassompierre, embastillé par Richelieu après la journée des Dupes, s'est fait livrer en 1635 pour la somme, ahurissante pour l'époque, de 900 livres de marchandises. Dumouriez, à peine arrivé, se fait envoyer un poulet par un traiteur extérieur. « Un poulet ? dit le major. Savez-vous que c'est aujourd'hui vendredi ? – Vous êtes chargé de ma garde, et non pas de ma conscience. Je suis malade, car la Bastille est une maladie ; ne me refusez pas un poulet. »

Après un premier contact très froid avec le gouverneur qu'il dépeint comme « un vieillard en robe de chambre », Dumouriez obtient de lui non seulement les menus de sa table mais de fréquents suppléments : des citrons et du sucre pour faire de la limonade, une petite provision de café, du vin étranger. Et comme son valet de chambre qui est avec lui est bon cuisinier et qu'il se pique lui-même de cuisine, il trouve même le moyen de se mitonner de sympathiques ragoûts au coin du foyer de sa cheminée. Non content d'être lui aussi au régime de la table du gouverneur, La Jonchère, de son côté, se fait livrer d'invraisemblables quantités de nourriture en supplément.

Les pièces de comptabilité de la Bastille confirment ces nombreuses commandes. Pour le mois de juillet 1750, le comte de La Bourdonnais, outre son menu ordinaire qui comporte chaque jour bouillon, bœuf, veau, fèves, haricots verts, deux œufs, pain, fraises, cerises, groseilles, oranges, deux bouteilles de vin rouge et deux bouteilles de bière, se fait envoyer, le 2, un poulet et une bouteille de muscat ; le 4, une bouteille de muscat ; le 7, du thé ; le 12, une bouteille d'eau-de-vie ; le 13, des fleurs ; le 14, des cailles ; le 15, un dindon ; le 16, un melon ; le 17, un poulet ; le 18, un lapereau ; le 19, une bouteille d'eau-de-vie ; le 20, du boudin blanc et deux melons ; et ainsi de suite...

Les boissons alcoolisées sont souvent privilégiées dans ces commandes et, pour tout dire, on boit sec à la Bastille. Aux deux bouteilles de vin allouées chaque jour s'ajoutent des bouteilles de vin fin distribuées les jours de fête de la part du gouverneur. Les prisonniers les plus sobres finissent par se constituer dans un coin de leur cellule de véritables caves. Mais plus nombreux sont ceux qui, pour lutter contre le chagrin et l'ennui, deviennent intempérants. Latude, qui se plaint tout le temps, a tôt fait de regretter le vin de la Bastille dès qu'il a goûté à celui de Charenton où il a été transféré. Le marquis de Sade, on l'a vu, fait venir une barrique de son vin de Provence « auquel il est accoutumé ».

Et qu'on n'aille pas croire qu'il est nécessaire d'être noble pour avoir le droit de se faire livrer des suppléments. Tavernier, qu'on a vu entrer à la Bastille en 1759 pour de vagues menaces contre la vie du roi à la suite de l'attentat de Damiens, est de la plus basse condition et d'ailleurs on se demande où il trouve l'argent de ses innombrables commandes. En décembre 1788 (il en est à sa trentième année de Bastille), il s'est fait livrer, outre du fromage, des fruits, du sucre, du pain de seigle et de la chandelle, trente et une bouteilles de bière, soixante-deux bouteilles de vin et quatre bouteilles d'eau de vie, le tout pour la coquette somme de 90 livres. Or, le mois précédent, la commande était sensiblement la même. On ne s'étonnera donc pas d'apprendre qu'à la veille de son arrestation, l'un des reproches qui lui étaient faits était son ivrognerie.

Certes, on pourrait penser que ce sont là des exceptions dans l'abondance, tout comme il y en a eu dans l'insuffisance. Mais, répétons-le, la contradiction entre les mémoires des prisonniers est telle qu'on ne saurait les renvoyer dos à dos, en concluant que la vérité est au milieu. Le grand nombre des témoignages nettement favorables (à commencer par celui de Renneville à l'intérieur d'un ouvrage qui, nous le verrons, fut pourtant le premier grand pamphlet contre la Bastille), tout comme une allocation journalière au moins dix fois supérieure pour la Bastille à ce qu'elle est dans les autres prisons « au pain du roi », sans oublier les menus officiels qui sont plantureux même s'il y a éventuellement lieu de suspecter la préparation, tout cela permet d'estimer raisonnablement qu'à la Bastille on soigne la nourriture, à la différence d'autres prisons d'État

(Vincennes mis à part peut-être) telles que le Mont-Saint-Michel où éclatent périodiquement de véritables émeutes de la faim.

On l'aperçoit *a contrario* quand, pour punir un prisonnier, on ne lui donne par exemple qu'une demi-bouteille de vin au lieu d'une entière ou quand (Renneville s'en fait l'écho) le régime s'est détérioré lors de la famine du « grand hyver » de 1709. Il faut voir alors l'émotion qui s'empare des prisonniers. Pour le dîner du dimanche, ils n'ont eu qu'« une soupe de bouillon de corps de garde, une tranche de vache bouillie et deux petits pâtés dont la cuisson n'est pas assez soignée pour qu'ils puissent être bons ». Le soir, « une tranche de rôti, veau ou mouton, un petit haricot où les navets abondent, et une salade [...]. Le lundi, au lieu des petits pâtés, à midi, ce sont deux côtelettes ou un haricot. Le mardi, un saucisson, ou un pied de cochon, ou une légère grillade de porc prétendu frais ». Les centaines de milliers de sujets du roi de France qui cet hiver-là moururent de famine et ceux qui survécurent au terme d'horribles privations auraient bien voulu en avoir autant.

Le vêtement

En ce qui concerne l'habillement des prisonniers, il existe une nette différence entre le XVIIe et le XVIIIe siècle. En 1699, Pontchartrain annonce au gouverneur que « le roi trouve bon qu'il fasse donner les hardes nécessaires aux prisonniers qui ne peuvent avoir de secours d'ailleurs ». Au XVIIIe siècle, un véritable magasin d'habillement s'est constitué à la Bastille où la tenue type consiste en une robe de chambre ouatée, ou fourrée de peau de lapin.

Un commissaire au Châtelet, attaché au château mais n'y résidant pas, préside à ces approvisionnements, faisant prendre des mesures et s'inquiétant des besoins de chacun : « Je vous prie, écrit-il au major le 29 août 1759, de permettre au tailleur de faire une robe de chambre avec sa veste et une culotte à Tavernier, et une veste et une culotte de ratine à de Lussan, et de permettre au bonnetier de fournir une paire de bas à Tavernier, et une paire de bas de laine et trois paires de bas de dessous à de Lussan, à qui j'envoie une paire de boucles de souliers. De Lussan donnera la mesure de son col et de son poignet pour lui faire trois chemises et trois cols. Vous permettrez au cordonnier de faire une paire de souliers à de Lussan, et comme il faut une paire de pantoufles à Tavernier, ne pensez-vous pas qu'il faut les lui envoyer toutes faites ? »

Tout comme pour la nourriture, les prisonniers ainsi choyés ne tardent pas à se montrer exigeants et, là encore, l'état-major de la Bastille estime que c'est une petite consolation qu'on peut accorder aux prisonniers. Une dame Sauvé veut absolument qu'on lui fasse une robe de soie blanche semée de fleurs vertes. La femme du commissaire Rochebrune court tout Paris à la recherche du tissu approprié. Elle n'a trouvé que de la soie blanche à rayures vertes ; si la dame de Sauvé veut bien s'en contenter, on viendra prendre les mesures.

« Monsieur le major, écrit en février 1767 Jean Hugouet au major, les chemises que l'on m'a apportées hier ne sont point celles que j'ai demandées, car il me ressouvient d'avoir écrit fines et avec manchettes brodées ; au lieu que celles qui sont ici sont grosses, d'une très mauvaise toile et avec des manchettes tout au plus propres pour un porte-clés ; c'est pourquoi je vous prie de les renvoyer à M. le commissaire, qu'il les garde, pour moi je n'en veux pas. » Ces fières réclamations émanent d'un valet de chambre, mais pas n'importe quel valet de chambre, car il sert le très fameux chevalier d'Éon et, comme beaucoup de domestiques, il a pris les manières de son maître, ou, si l'on veut ici, de sa maîtresse.

Quant à Latude, en dépit de son évasion, on accède à ses incessantes demandes en prenant en pitié ce prisonnier qui est visiblement destiné à finir ses jours en prison. Latude en profite sans vergogne, demandant par exemple en une seule fois deux gilets de flanelle d'Angleterre (« par rapport à mes rhumatismes »), deux mouchoirs de soie pour le cou, une paire de bas, une tabatière et enfin une petite lorgnette qu'il demande à Sartine « comme une petite grâce ». On lui livre tout cela dix jours plus tard, sauf la lorgnette, ce dont M. le lieutenant de police s'excuse, mais « on n'a point coutume de donner des lunettes d'approche aux prisonniers ». Un hiver, Latude veut des gants fourrés. On lui en apporte plusieurs paires pour qu'il puisse choisir. Veut-il aussi des pantoufles ? On prend la mesure de son pied et on demande au cordonnier d'en profiter pour lui faire aussi une paire de souliers. Le tout lui est livré, toujours aux frais du roi, avec deux paires de « bas de dessous » en fil et un bonnet d'hiver.

Une autre fois, Latude se refuse absolument à porter la culotte qu'on lui a fait faire, ce dont se désole le major car c'est une très bonne culotte, « doublée par excellence avec des jarretières de soie et conditionnée au mieux ». Le lieutenant général de police, premier policier du royaume, responsable de la sécurité du roi, de la réputation des familles, des approvisionnements de Paris et de la sûreté de la ville, trouve le temps de se pencher sur le problème que pose la culotte de Latude, car rien de ce qui se passe à la Bastille ne lui est indifférent. Latude refuse encore quatre mouchoirs en disant qu'ils sont juste bons à donner à des galériens. Il en voudrait six grands en indienne à fond bleu et aussi deux cravates de mousseline. Le plus amusant, c'est qu'on les lui donne, tout comme une autre année on se met en quatre pour lui trouver dans Paris certain galon propre à orner un habit qu'il veut rénover. Latude est en prison depuis si longtemps qu'il n'a pas pris conscience des changements de mode et que le galon qu'il exige à grands cris n'est plus vendu ni fabriqué nulle part.

On comprend que, de temps à autre, le lieutenant de police soit frappé de l'importance des dépenses en matière d'habillement. C'est pourtant lui qui les ordonne, comme le reste, de même qu'il autorise les envois de l'extérieur. Ceux-ci sont modestes le plus souvent : une coiffe de nuit, des chaussons, deux paires de bas... Mais La Jonchère, qui s'est déjà meublé si somptueusement, se fait envoyer en une seule fois, le 27 mai, une grande camisole, douze serviettes ouvrées, deux chemises à dentelles, deux mouchoirs, deux cravates, deux paires de chaussons, deux bonnets d'été, un peignoir, deux linges à barbe, deux chemises de nuit. Et comme il ne veut pas qu'on mêle son linge sale à celui des autres prisonniers dans le service hebdomadaire de blanchisserie de la Bastille qui pourtant traite avec l'extérieur, il a obtenu qu'on vienne lui chercher tous les jours son linge seul. Pour quelqu'un qui a volé aussi honteusement l'État, c'est se montrer bien bon.

Sur ce chapitre, plus encore que sur celui de la nourriture, on a bien du mal à trouver des prisonniers qui se plaignent. Il est vrai qu'il y a toujours Linguet, éternel mécontent. Il se gausse du gouverneur qui ne lui rend jamais visite sans lui parler des « culottes qu'il distribue libéralement à "ses" prisonniers » ("ses" est souligné). À l'en croire, il s'est promené littéralement nu dans sa cellule de septembre à novembre, sans voir une seule des fameuses culottes tant vantées par le gouverneur. Enfin on lui envoie un « convoi d'hiver » qui se réduit à des bas « qu'un enfant de six ans n'aurait pu mettre ». Alors, plein de mépris et de superbe, il prie M. le gouverneur de « renvoyer cette layette ». Linguet ajoute que le gouverneur, ne supportant pas cette plaisante repartie, lui répondit « que je pouvais m'aller faire foutre, qu'il se foutait bien de mes culottes, qu'il ne fallait pas se mettre dans le cas d'être à la Bastille, ou savoir souffrir quand on y était ». Et Linguet de souligner « ces inconcevables atrocités » qui doivent absolument « être livrées à la postérité ».

Les soins

Au XVIIIe siècle, on n'est plus comme au temps du Roi-Soleil où certains grands seigneurs pouvaient sortir de la Bastille pour une cure dans une ville d'eaux afin d'y reposer leur foie ou calmer leur goutte. Par contre, un véritable service médical s'est instauré avec un chirurgien-major, qui loge sur place et fait aussi, pendant un temps, fonction d'apothicaire, auquel sont adjoints un médecin du roi et une sage-femme qui sont attachés à l'établissement mais n'y résident pas. Des spécialistes tels que dentiste, « chirurgien-herniste », etc., peuvent en outre être appelés par le médecin, lui-même mandé par le chirurgien-major à chaque fois qu'il est besoin.

Le chirurgien-major assure de nombreuses tâches à commencer par les « actes médicaux » prescrits par le médecin : administration de potions et d'onguents, saignées innombrables (et sur ce point le XVIIIᵉ siècle n'a rien à envier au siècle de Molière), lavements... À propos de ces derniers, Mme de Staal (Mlle Delaunay) raconte dans ses *Mémoires* que l'abbé Dubois, qui suivit, avec le Régent, la Bastille de presque aussi près que Louis XIV, se serait récrié en voyant deux lavements par jour prescrits pour le même prisonnier. Le Régent lui aurait alors dit : « Puisqu'ils n'ont que ce divertissement-là, ne leur ôtons pas. »

Le chirurgien-major, comme tous les chirurgiens de l'Ancien Régime, est aussi barbier. Or ce n'est pas une mince affaire que de faire, deux fois par semaine, la barbe de tous les prisonniers. « Le chirurgien qui était du temps de M. de Besmaus, écrit Renneville, servait avec un équipage tout des plus magnifiques : bassin et coquemar d'argent, savonnette parfumée, serviette à barbe garnie de dentelles, beau bonnet, rien n'y manquait. » Bastille oblige.

Linguet ironise sur les précautions extraordinaires que prennent le chirurgien et le porte-clefs, toujours présent au moment du rasage, pour que le prisonnier ne puisse se saisir des rasoirs : « On ne les développe, comme la hache du bourreau, qu'au moment de s'en servir. »

À la différence du médecin et du chirurgien-major qui interviennent sans cesse, la sage-femme a un rôle plus occasionnel, encore que les prisonnières enceintes ou qui se proclament telles pour essayer de sortir ne soient pas si rares, surtout à l'époque où la Bastille a fait le plein de convulsionnaires. L'accouchement ne se fait pas ordinairement à la Bastille mais à l'Hôtel-Dieu, avec réintégration de la prisonnière, les couches faites. La lettre de cachet en effet n'est pas levée pour autant et l'accouchée reste « sous la main du roi », comme le rappelle en 1748 le lieutenant de police à la prieure de l'Hôtel-Dieu. Mais les fausses couches sont fréquentes et la sage-femme doit alors intervenir sur place.

L'état-major de la Bastille est en tout cas très soucieux de l'état de santé de ses prisonniers, adressant sur ce chapitre particulier des rapports quasi quotidiens au lieutenant de police et ne craignant jamais de faire venir le médecin. Ainsi, le major Chevalier écrit à Sartine le 23 décembre 1759 : « Notre dernier prisonnier, nommé Morlot, nous a fait peur, avant-hier et hier, disant qu'il avait une colique effroyable, avec un point de côté accompagné de la fièvre ; pour ce dernier article, il se trompait, l'ayant fait voir au chirurgien-major, qui me dit qu'il n'en avait pas ; à l'égard des deux autres articles, que l'on ne pouvait s'assurer du oui ou du non, je pense qu'il n'en était rien non plus. Enfin nous l'avons fait voir à M. Boyer, notre médecin, ce soir, qui l'a fort bien trouvé, et je m'imagine que ce prisonnier a joué, peut-être pour quelques choses qui nous sont inconnues. »

La Bastille, en effet, reste la Bastille. Dans le même esprit, le chirurgien-major ne doit avoir aucune conversation privée avec les prisonniers et ne pas même connaître leur nom, ce qui a pour effet de donner des rapports quelque peu surréalistes : « La troisième Comté a craché du sang ; la calotte de la Bazinière a eu une indigestion cette nuit ; la première de la Liberté est à la dernière extrémité... »

Les prisonniers sont visités si possible par le chirurgien-major dès leur arrivée : « Planier a été visité en arrivant au château, rapporte le major au lieutenant de police, et c'est une belle et bonne chaude-pisse dans toutes les règles qu'il a et que notre chirurgien-major traite. » Les maladies et les indispositions les plus fréquentes sont les indigestions, les fièvres, les rhumatismes et la goutte, les hernies, les paralysies... Mais le type de maladie qui l'emporte de loin, le cauchemar de l'état-major de la Bastille, ce sont les troubles mentaux, soit qu'ils aient précédé l'embastillement mais qu'ils subsistent ou s'aggravent, soit que l'emprisonnement les révèle ou les fasse naître. On peut dire qu'un bon tiers des prisonniers de la Bastille figurent en permanence, quoique à des degrés divers, dans la catégorie des déprimés, des abattus, des prostrés, des désespérés, avec deux conséquences fréquentes mais inacceptables pour toute administration carcérale que sont le refus d'alimentation et la tentative de suicide.

Mais la médecine d'alors « peut peu » et on a surtout recours à ce que les aliénistes de la fin du XVIIIe siècle vont appeler le traitement moral : on adoucit le régime autant que faire se peut, on autorise la visite de parents, on augmente le temps de promenade. Le régime alimentaire soigné et parfois somptueux, ainsi que les fantaisies vestimentaires qu'on passe aux prisonniers s'expliquent aussi dans ce contexte. Dans les cas aigus, on demande à Versailles s'il n'y aurait pas lieu d'envisager une libération anticipée ou à tout le moins un transfert, à Vincennes quand on escompte un dépaysement salutaire, à Charenton quand on estime qu'il n'y a plus grand-chose à espérer. Le gouverneur en personne s'applique à prodiguer propos consolants et paroles apaisantes. Bref tout le personnel, état-major et porte-clefs, est constamment sur la brèche pour remonter le moral des prisonniers déprimés. Bien entendu, chirurgien-major et médecin ne sont pas en reste. « J'ai été le voir à l'heure du dîner, rend compte le médecin à propos d'un prisonnier qui ne veut plus s'alimenter ; toute mon éloquence n'a pu que lui faire recevoir une cruche d'eau qu'il boit avec de l'orgeat. »

Il n'est pas jusqu'au confesseur, longtemps un jésuite, qui ne joue dans cette croisade un rôle privilégié, se voyant constamment invité par le gouverneur ou le lieutenant de police à aller visiter un prisonnier « pour lui remettre sa pauvre cervelle », pour le consoler au moins. Progressivement, religion et surveillance se confondant pour le plus grand bien du service, les confesseurs deviennent les grands spécialistes du dépistage antisuicidaire. À propos par exemple d'Harnoncourt, imprimeur de *L'Art de foutre*, le père de Couvrigny fait son rapport au lieutenant de police le 20 avril 1741 : « Il fait bonne contenance et paraît assez tranquille aux yeux des officiers [...] mais après quelques instants d'entretien, j'ai remarqué à son air rêveur qu'il n'était pas à beaucoup près aussi résigné et aussi en paix qu'il avait d'abord affecté de le paraître [...] je l'ai pressé de me parler avec ouverture. Enfin il l'a fait [...]. Après des aveux vagues de sa désolation secrète, il en est venu à m'avouer formellement qu'il a déjà plusieurs fois pensé à se pendre. » Et le père jésuite de poursuivre en conseillant de ne plus laisser cet homme seul des journées et des nuits entières. D'Harnoncourt a promis au prêtre de ne plus se prêter à de telles idées « mais la tentation peut revenir », ajoute le confesseur.

Il y a aussi les agités, certains « énergiques comme Satan ». Pour ceux-là on est moins désarmés, médicalement parlant, en administrant potions calmantes ou opiacées, bains et saignées sans parler du cachot dissuasif pour tout agité même fou, ou encore d'une tactique sans cesse conseillée par le lieutenant de police : le traitement par le mépris, surtout dans l'éventualité d'une simulation. C'est ce que les officiers de la Bastille pensent d'abord à propos d'Allègre, le compagnon d'évasion de Latude, qui, depuis sa réintégration, casse tout dans sa cellule et déchire son matelas et son linge. On le met au cachot, on lui supprime le vin en supposant que celui-ci contribue à sa « frénésie », et on se dit que « s'il n'est pas fol, il le joue bien ». Cela dure des mois, jusqu'à ce que progressivement on se persuade que d'Allègre est réellement fou et qu'on le fasse transférer à Charenton : « Ce prisonnier fait pitié ; il est bien malheureux de se trouver dans cet état... »

Le lieutenant de police suit tout cela de très près, s'inquiète dès qu'on lui dit qu'un prisonnier va mal, enjoint périodiquement au médecin de donner « tous les secours qu'il pourra du côté de la médecine » et se fait parfois rendre compte jour par jour de l'état d'un malade ou d'un désespéré. L'état-major n'est pas en reste, souscrivant à la demande de visite ou de soins la plus superficielle. Voici par exemple La Jonchère qui se plaint d'un mal de foie, ce qui ne devrait pas l'étonner au regard de ce qu'il mange et qu'il boit. Aussitôt M. Carrer, le chirurgien, accourt, ausculte, constate une « oppression du lobe » qui n'est pas considérable et prescrit quelques bouillons amers. (On constatera au passage que le chirurgien-major fait bel et bien fonction de médecin.)

Raffiné dans ses médications comme dans le reste, La Jonchère s'est fait confectionner un bouillon de veau dans lequel on a fait macérer des racines amères. Il l'a trouvé fort bon et a « dormi dessus jusqu'à dix heures, la paresse étant assez souvent l'apanage de cette triste habitation ». Le jour même, le chirurgien vient saigner le domestique de La Jonchère qui s'exaspère contre son emprisonnement. M. Carrer s'est fait accompagner par M. Hermant, médecin du roi, au cas où son patient tomberait en faiblesse. Six jours plus tard, nouvelle visite du chirurgien et du médecin pour La Jonchère qui a « une espèce de jaunisse, que cause apparemment la trop grande solitude ». Des bouillons amers sont prescrits de nouveau pendant huit jours mais, ajoute La Jonchère, « l'air serait le meilleur remède, après la liberté ».

Opportunément, les éternels mécontents que sont Latude, Linguet ou Pelissery viennent apporter à ces tableaux idylliques leur contrepoint : Latude ne tarit pas dans ses *Mémoires* sur le mépris dans lequel on tient ses nombreux maux physiques dont les moindres sont les rhumatismes attrapés dans les cachots de la Bastille. Pelissery, après sept ans de captivité, raconte qu'à force de mauvais traitements il a craché le sang pendant quinze mois, qu'il « a contracté un rhumatisme universel dans tout le corps, suivi d'une humeur scorbutique, telle que celle qui, tous les hivers, m'hypothèque les pieds et les mains à ne pouvoir presque pas m'en servir ». Quant à Linguet, la question des soins médicaux ne trouve pas plus grâce à ses yeux que le reste. D'abord, s'appuyant sur une recommandation de d'Argenson parlant d'« attentions charitables » pour les prisonniers, il ironise sur le paradoxe et le ridicule qu'il y a à rapprocher les mots de « Bastille » et de « charité ». Puis Linguet développe un argument, qui n'est pas sans valeur, selon lequel un prisonnier malade la nuit a toutes les chances de mourir avant d'avoir pu se faire entendre, puis d'avoir vu les lourds rouages de la Bastille se mettre en marche jusqu'à l'arrivée du médecin qui demeure traditionnellement aux Tuileries, c'est-à-dire fort loin de la Bastille. Autre remarque qui n'est pas non plus sans valeur quant à la visite médicale toujours hypothéquée par un soupçon d'imposture : « La négligence de sa parure (du prisonnier), l'abattement habituel de sa personne, le serrement non moins habituel de son cœur ne permettent pas de remarquer d'altération sur son visage ni dans son pouls : l'un et l'autre sont toujours ceux d'un malade. »

Mais tout est relatif, comme Latude, de transfert en transfert, va en faire l'expérience à Bicêtre où il échoue finalement après s'être rendu insupportable à la Bastille et à Vincennes. Enfermé dans un cabanon exigu et puant, dans d'invraisemblables conditions non pas d'hygiène mais de survie, dévoré de vermine, en proie au scorbut, battu de surcroît par les gardiens (chose absolument impensable à la Bastille), Latude finira par être transporté mourant à ce qu'on appelle pompeusement l'infirmerie. Là, à une extrémité du dortoir, sont les vérolés couverts de chancres qui attendent de passer par les « grands remèdes », c'est-à-dire une saturation de mercure dont on ne ressort pas toujours vivant. Le reste de la salle est occupé par les scorbutiques qui, à Bicêtre, sont légion. On s'entasse à quatre ou cinq par lit, les mourants mêlés aux convalescents. Le lendemain de son arrivée, le chirurgien-major vient enfin visiter Latude : « Mon ami, lui dit-il, je vais vous couper toutes ces chairs baveuses qui vous couvrent les dents. » Alors, avec des ciseaux à la propreté douteuse, il taille sans faiblesse dans les chairs nécrosées. Quinze jours durant, Latude doit subir ce supplice. Quand les chairs vives sont atteintes, le sang coule, inondant le menton et la poitrine. Il faut aussi boire, de gré ou de force, un gobelet de potion qui passe de bouche en bouche sans que personne ne songe au moins à le rincer. Et Latude de se rappeler de l'oculiste qu'on lui avait envoyé plusieurs fois à la Bastille quand il s'était plaint de sa vue qui baissait, ou du bandagiste venu tout exprès lui soutenir sa hernie.

Les secours de l'Église

À la Bastille comme partout ailleurs dans le royaume de France, le salut des âmes a plus d'importance que celui des corps. Aussi la prison d'État entretient-elle en permanence à la fois un chapelain et un confesseur. Le chapelain visite régulièrement les prisonniers, prend commande des messes qui seront dites à l'extérieur, s'enquiert de ceux, les plus nombreux, qui veulent se confesser et communier. Il célèbre aussi une messe quotidienne dans la chapelle du château, d'abord installée au troisième niveau de la tour qui prendra le nom de tour de la Chapelle et où Foucquet, le 20 décembre 1664, s'entendit condamner à la détention perpétuelle, puis construite, à la fin du XVIIe siècle, sur l'emplacement de l'ancienne porte de ville, murée depuis longtemps.

Ne va pas à la messe qui veut : « C'était, dit Latude, une faveur spéciale que l'on n'accordait que très difficilement. » Linguet dit la même chose (« grâce spéciale, faveur exquise... »). À la fin du XVIIIe siècle, Mme de Launey s'emploie sur ses fonds personnels à embellir la chapelle. Celle-ci, comme toutes les chapelles de prison, possède de petites niches où, placés derrière un rideau qu'on ne soulève qu'au moment de l'élévation, les prisonniers peuvent suivre la messe. Ces « cages [qui] n'ont ni jour ni air » indignent Linguet : « C'est là qu'on serre le malheureux dévot : au moment du sacrifice, on tire un petit rideau qui couvre une lucarne grillée par laquelle il peut, comme par le tuyau d'une lunette, découvrir le célébrant. Cette manière de participer aux cérémonies de l'Église m'a paru si honteuse et si affligeante que je n'ai pas succombé deux fois à la tentation d'en avoir le spectacle. »

Tout le monde ne voit pas dans la messe de la Bastille une occasion manquée de se récréer, et La Jonchère au contraire, qui a soin de son âme comme de son corps, écrit : « C'est la seule consolation qui nous reste. » Car, bien entendu, il fait partie des privilégiés qui ont obtenu le droit d'y assister.

Il faut aussi porter l'extrême-onction aux mourants, si possible de nuit ou du moins « à la brune », afin de ne pas affliger les autres prisonniers. « Le tout se passe sans bruit », précise le gouverneur. Il en va de même pour les inhumations qui se font également de nuit au cimetière Saint-Paul tout proche. Deux officiers du château servent de témoins et signent le registre des sépultures où le véritable nom n'est pas toujours inscrit (mais c'est rare) quand on estime que la raison d'État l'interdit. Quant aux non-chrétiens, aux hérétiques et aux suicidés, ils sont enterrés dans le jardin du bastion, l'Église interdisant qu'on les mette en terre consacrée. Cette pratique, tout à fait normale sous l'Ancien Régime, fera naître sous la Révolution l'une des nombreuses légendes noires de la Bastille : des prisonniers politiques secrètement étranglés dans leur cellule et ensevelis à la hâte sous le bastion. Nous y reviendrons.

Quant au confesseur, on a vu déjà le rôle important qu'il joue en s'employant, non sans succès, à préserver la santé morale des prisonniers. Mais aussi (faut-il dire surtout ?) le confesseur confesse, les hommes dans leur cellule, les femmes à la chapelle à travers un grillage ménagé dans une des cabines pour la messe. Linguet a beau jeu de vilipender le rôle effectivement ambigu de celui qui prétend ainsi assurer en même temps le temporel et le spirituel : « Le Confesseur fait partie de l'état-major : il est Officier de la maison. On peut apprécier quelle sûreté il y aurait à être sincère avec lui, si l'on avait des reproches sérieux à se faire. Son office n'est donc qu'un piège, ou une dérision. »

Jusqu'à la dissolution de leur ordre, ce sont des jésuites qui sont choisis en raison de leur indiscutable aptitude à affronter les situations difficiles, soit qu'ils prêchent les gens de la R.P.R., soit qu'ils confessent les prisonniers catholiques. Deux figures se détachent parmi ces confesseurs jésuites, à commencer par le père de Couvrigny, confesseur de la Bastille de 1719 à 1745. Les mauvaises langues disaient de lui que, comme il était aussi le confesseur de la femme du lieutenant général de police Marville, elle ne cessait de lui faire raconter toutes sortes d'anecdotes et de confidences qui revenaient aussitôt aux oreilles du mari.

Grand ennemi des protestants, il s'acharne à repérer les faux convertis qui n'abjurent que pour sortir de la Bastille. Il poursuit du même zèle répressif les jansénistes qui du coup le refusent comme confesseur. Ainsi, peu de temps avant Pâques, on vient informer l'abbé de Roquette, prieur du très janséniste Saint-Ymer dans le pays d'Auge, que le confesseur est dans la salle du conseil et demande à lui parler : « Je demandai si ce n'était pas un jésuite ; il me dit qu'oui. Je lui demandai encore si ce n'était pas le père Couvrigny : il me dit qu'oui. Alors je dis au commissionnaire de faire savoir de ma part au père Couvrigny que je n'allais point à confesse aux jésuites. »

Le père Griffet lui succède. C'est aussi un jésuite de haut vol, théologien, historien, professeur de littérature à Louis-le-Grand et prédicateur de Louis XV. Il est, à l'instar du père de Couvrigny, plus peut-être, l'ombre tutélaire de la Bastille, scrutant les âmes et les esprits, entretenant avec le lieutenant de police une énorme correspondance où l'on distingue mal le confesseur de l'auxiliaire de la police.

Quand Latude, après qu'on lui a confisqué encre et papier dont il abuse, s'est ingénié à écrire sur des tablettes de pain avec son propre sang, l'état-major a été en émoi, sentant bien qu'il ne suffirait pas de punir un pareil acharnement d'un nouveau séjour au cachot. Alors, on a envoyé le père Griffet qui arrive un beau matin dans la cellule de Latude, se faisant raconter sa vie et ses évasions, s'intéressant à ses projets. Flatté, Latude se met à parler tout en s'étonnant qu'on ne veuille pas le confesser. Il ne s'agit pas de cela ! Insensiblement on en vient à la question des tablettes écrites avec du sang. Le père Griffet dit son horreur : n'est-ce pas là un acte désespéré qui va vers le suicide ? Le prisonnier ne croit-il plus en Dieu ? Le jésuite dit aussi son admiration. Que Latude n'a-t-il eu pour maîtres le cardinal de Richelieu ou le roi de Prusse qui auraient su utiliser son génie au lieu de l'étouffer au fond d'un cachot ! En tout cas, Latude a promis de ne plus écrire avec son sang. En échange, le père promet de lui obtenir à nouveau encre et papier. Il aura même du papier « à la Tellière » dont le très grand format et le grain résistant plaisent à l'incorrigible graphomane.

Se distraire

On fait tout ce qui est possible à la Bastille pour distraire les prisonniers de leur ennui, mais ce n'est pas tâche aisée car les moyens sont limités. On a vu à quel point le boire et le manger, le vêtement, aussi, contribuent à cette politique assez unique dans les maisons de force de l'Ancien Régime et qu'il faut bien considérer sous l'angle d'un certain « standing ».

Sans prétendre lutter avec l'alcool qui à la Bastille coule volontiers, le tabac est un autre excitant qui est en plein essor au XVIIIᵉ siècle. On le prise, mais les militaires et les Allemands le fument à la pipe, non sans provoquer les plaintes des autres prisonniers lorsque ceux-ci viennent à partager la chambre de « tabagiques ». Prenant déjà à son compte cette nouvelle toxicomanie, la Bastille alloue deux onces de tabac par semaine (soixante grammes) aux prisonniers qui n'ont pas d'argent pour s'en payer.

Dans les cellules, certains prisonniers élèvent des animaux : des chiens que l'on dresse au manège, des chats (« J'ai remis le chat nommé Blandine à M. de Chauvreau suivant votre ordre », écrit le major au lieutenant de police), des oiseaux... Latude réussit à apprivoiser les rats de son cachot mais échoue avec les araignées, espèce répugnante et de surcroît d'un commerce difficile. Après avoir réintégré une chambre dans une tour, il se lance dans l'élevage des pigeons mais les gardiens, qui, avec Latude, sont toujours en retard d'une évasion, croient y voir les messagers d'une nouvelle entreprise machiavélique et les tuent.

La Jonchère, quant à lui, au milieu de ses incessantes commandes de fournitures (payées rubis sur l'ongle en dépit de sa retentissante faillite), demande dans le même billet, outre un crochet pour pendre sa montre et un briquet, une souricière où on puisse prendre les souris en vie. Mais les animaux domestiques ou non ne sont cependant autorisés qu'exceptionnellement, car on aperçoit bien qu'ils contribuent à détériorer encore l'inconfort des lieux. De même, on ne pousse pas la complaisance jusqu'à les nourrir, laissant ce soin aux prisonniers.

D'autres prisonniers luttent contre l'ennui en tissant, en brodant, en tricotant. Au XVIIᵉ siècle, M. de Villeroi, embastillé pour avoir fait l'espion au compte du prince d'Orange, passe son temps à découdre et recoudre sans cesse et avec beaucoup d'adresse ses habits qui sont fort beaux. Quelques-uns font des ornements pour la chapelle. Les bricoleurs bricolent, tournant le bois et fabriquant même de petits meubles. Mais les officiers de l'état-major exercent alors une haute surveillance sur les outils qui pourraient servir à quelque entreprise d'évasion. Les artistes dessinent ou peignent, ornant les murs de certaines cellules de véritables fresques.

On fait aussi de la musique. Le domestique de La Jonchère, outre qu'il tricote de la laine, joue du violon sur des partitions que son munificent patron commande à un marchand de musique du Palais-Royal. Latude joue d'un flageolet qu'il a confectionné de ses mains dans un morceau de sureau et qui ne le quittera plus jusqu'à sa mort (il est aujourd'hui au musée Carnavalet). Pellisson, premier commis de Foucquet, était enfermé avec un Basque qui lui jouait de la musette. Si tout le monde n'a pas la possibilité de faire monter dans sa cellule un clavecin (performance que réussit pourtant un prisonnier), il reste la possibilité de chanter, et même en chœur comme le fait le duc de Richelieu en se mettant à sa fenêtre et en entamant des airs d'opéra que reprennent d'autres prisonniers, dont Mlle Delaunay. « Cela faisait des sortes de chœurs d'un bel effet », dit le duc de Richelieu.

Ceux qui vivent à plusieurs dans une chambre jouent aux cartes, aux échecs ou au trictrac, jeu qui fait fureur au XVIIIe siècle. En 1788, lors de l'affaire du Parlement de Bretagne, les douze gentilshommes bretons enfermés à la Bastille ont d'abord obtenu la permission de prendre leurs repas ensemble (sinon ils ne mangeaient pas), puis de partager la plus grande chambre du château, puis enfin d'obtenir un billard en location qu'on installe à grand-peine dans la chambre du major où « ces messieurs vont faire leur partie ».

La Bastille a même connu une idylle, pas une fausse comme celle née de la mystification de La Beaumelle au détriment de ce pauvre d'Allègre, mais une vraie. Mlle Delaunay, qui est bien recommandée, a été finalement installée dans une des rares chambres confortables de la Bastille, au-dessus des cuisines, en compagnie de Rondel, sa femme de chambre, avec qui elle joue au piquet (un jeu de cartes). Comme elle a peur des souris qui abondent en ces lieux, on lui a donné une chatte pour les chasser et aussi pour la distraire. Elle dîne souvent à la table du gouverneur et se fait remarquer par le lieutenant de roi, M. de Maisonrouge, dont l'appartement est voisin du sien. « Comme j'avais remarqué, raconte Mlle Delaunay, qu'il affectait le ton plaisant, je le pris avec lui ; il me trouva toute apprivoisée. Je lui demandai des livres et des cartes à jouer. Il m'envoya quelques tomes dépareillés de Cléopâtre. »

De fil en aiguille, voilà de Maisonrouge amoureux ; mais la coquette, qui d'ailleurs semble en rajouter quelque peu sur ses pouvoirs de séduction, va en fait se servir du lieutenant de roi pour nouer une intrigue amoureuse avec le chevalier de Ménil, également embastillé et impliqué dans la conspiration de Cellamare. On échange d'abord des vers enflammés ; puis on se voit en présence du bien complaisant lieutenant de roi pourtant en proie aux affres de la jalousie ; enfin on reste seuls dans de véritables « cinq à sept » au cours desquels il est possible que l'on ait poussé les choses jusqu'à consommer. Assez vite informé, le gouverneur tremble à l'idée qu'une pareille licence puisse être sue à Versailles et s'empresse de transférer le chevalier de Ménil dans une tour éloignée. Mlle Delaunay se lamente, et de Maisonrouge avec elle.

Une fois libérée, la coquette demanda réparation au chevalier de Ménil qui avait eu la bonne idée de prendre le large. Quant à M. de Maisonrouge qui mourut l'année suivante, celle que les aliénistes du XIXᵉ siècle n'auraient pas hésité à qualifier d'érotomane laisse entendre que « la maladie de langueur » qui l'emporta n'avait d'autre cause qu'elle. En tout cas, c'était la première et la dernière fois que la Bastille connaissait semblable aventure.

Mais toutes ces distractions ne sont rien quantitativement à côté de la lecture, studieuse ou non, et de la promenade. On a déjà vu comment les intellectuels embastillés, tels que Voltaire ou l'abbé Morellet, mettaient à profit leur emprisonnement pour s'avancer dans leurs travaux de lecture et d'étude. Au XVIIᵉ siècle, les prisonniers ont tout loisir de se faire envoyer des livres, mais à partir de 1704, à l'initiative et aux frais d'un Napolitain nommé Vinache, médecin empirique et chimiste emprisonné sur un fort soupçon de fausse monnaie et qui va se suicider dans sa cellule, une véritable bibliothèque est créée à la Bastille. Elle s'accroît très vite grâce aux deniers du gouverneur et à de nombreuses donations : romans, nombreux ouvrages de religion, récits de voyages (dont l'énorme *Histoire des voyages* par l'abbé Prévost, en 76 volumes), traités de droit (avec, curieusement, les 20 volumes des *Causes célèbres et intéressantes* qui sont le catalogue souvent flatté des crimes et affaires célèbres ayant défrayé la chronique judiciaire du royaume depuis plusieurs siècles)...

Pourtant, il y a une censure qu'exerce l'omniprésent lieutenant de police. Ainsi, l'on voit Berryer profiter d'un envoi à la reliure pour écarter un « poème sur la grandeur de Dieu » comme étant un sujet « trop mélancolique pour les prisonniers ». Paradoxalement, on trouve en revanche dans les inventaires un « traité du suicide ». Bien entendu, l'ouvrage condamne tout au long cet acte grave entre tous dans une société chrétienne, mais n'est-ce pas, c'est le cas de le dire, parler de corde dans la maison d'un pendu ?

Un catalogue permet aux prisonniers de faire leur choix. Le gouverneur l'envoie à Marmontel dès son arrivée, mais celui-ci a déjà apporté tout ce qu'il lui faut. En revanche, son domestique demande et obtient les romans de l'abbé Prévost – ce qui, soit dit de nouveau, prouve que la censure ne s'exerce pas de façon draconienne, surtout si *Manon* faisait partie du lot. N'est-ce pas en effet, de l'aveu même de son auteur, « un exemple terrible de la force des passions » ? Et cette morale qui ne se déduit qu'*a contrario* (l'avocat de Flaubert défendra Mme Bovary sur le même argument) n'est-elle pas propre à échauffer l'esprit d'un prisonnier ?

Il est strictement interdit, par contre, de donner aux prisonniers gazettes et almanachs, c'est-à-dire tout ce qui donne des nouvelles. C'est pourquoi le lieutenant de police entre dans une épouvantable colère quand Latude lui dit qu'il sait que Mme de Pompadour vient de mourir. Ce sera la goutte d'eau qui fait déborder le vase, car jamais Latude ne dira comment il l'a su. Toutefois sous le règne de Louis XVI, alors que l'anarchie grandit, la Bastille, fidèle reflet d'un pouvoir qui s'effondre, laisse progressivement les journaux entrer.

Le règlement rédigé par le major défend de garder plus de quatre volumes dans sa chambre et de « retenir plus de deux jours les dictionnaires qui sont des livres seulement à consulter ». Bien entendu, il est défendu d'écrire sur les marges – ce qui pourtant semble arriver assez souvent : « Quiconque contrevient à cet article est privé pour toujours de lecture. » De même, on veille à ce qu'aucun message n'ait été glissé dans les pages, avant et après le prêt. On est à cet égard d'une vigilance extrême et l'on voit le major Chevalier demander conseil au lieutenant de police parce que, en visitant les livres de La Beaumelle, il y a trouvé un billet avec des remarques sur Tacite. « Je n'ai point voulu lui remettre avant de vous le faire passer, quoique je n'y voie rien contre le bon ordre, ni lui en parler. Nous attendons vos ordres pour lui remettre si vous nous le renvoyez. »

Les prisonniers peuvent aussi acheter des livres mais on les examine avec soin, en démontant la reliure pour vérifier qu'aucun message n'y a été glissé. La Jonchère, après plusieurs volumes dont on n'a pas le titre, fait venir *Les Métamorphoses* d'Ovide et un ouvrage de Virgile. Les jours suivants, outre « quelques livres pour l'amuser », il se fait encore livrer un psautier, l'*Imitation de Jésus-Christ* en vers de Corneille, un Montaigne, les poésies de Jean-Jacques Rousseau, un livre de géographie avec des cartes. A ceux qui n'ont pas la fortune de La Jonchère mais qui paraissent disposés à s'occuper studieusement, on essaie d'obtenir sur les deniers de la maison les livres demandés. On voit par exemple d'Allègre, alors qu'il est encore sain d'esprit, demander une liste de livres très spécialisés, dont *La Science des ingénieurs dans la conduite des fortifications et d'architecture* (demande assez provocante quand on songe qu'il a à son actif la plus célèbre évasion de la Bastille) et un *Traité sur le pilotage*. D'abord on a bien du mal à trouver ces titres ; puis, ceci expliquant cela, les livres coûtent très cher (53 livres). Le lieutenant de police pourtant donne l'ordre de les acheter.

C'est que, loin de satisfaire quelque caprice, ces ouvrages servent à l'étude. On a déjà vu le secrétaire de l'abbé de Sacy, directeur de conscience des religieuses de Port-Royal, écrire une *Histoire du Vieux et du Nouveau Testament*, ou Voltaire terminer sa tragédie d'*Œdipe* lors de son premier embastillement. La Jonchère, tout riche et jouisseur qu'il est, lit jusqu'à des heures avancées de la nuit et abat un énorme travail intellectuel : religion (il a entamé un travail colossal sur la chronologie de la Bible), philosophie, politique (il annote soigneusement *La Politique* de Machiavel, ce qui dans son cas particulier n'est pas sans utilité pratique), emblématique...

Dumouriez a militairement partagé ses lectures en quatre matières : mathématiques, histoire et politique, morale, voyages. Marmontel, « impatienté depuis longtemps du mépris que les gens de lettres témoignaient pour le poème de Lucain qu'ils n'avaient pas lu et qu'ils ne connaissaient que par la version barbare et ampoulée de Brébeuf », a résolu de le traduire fidèlement et en prose. À ce travail qu'il estime le mieux approprié à la solitude de sa prison, Marmontel a ajouté la lecture des *Commentaires* de César. « Me voilà donc au coin d'un bon feu, méditant la querelle de César et de Pompée, et oubliant la mienne avec le duc d'Aumont. » Le gouverneur, qui « avait quelque teinture de belles-lettres et même de latin, se plaisait à suivre mon travail, il en jouissait ; mais bientôt, se dérobant lui-même à ces petites dissipations : « Adieu, me disait-il, je m'en vais consoler des gens plus malheureux que vous. »

L'éternel mécontent qu'est Linguet ne voit pas les choses de la même façon. Il raconte qu'ayant voulu se remettre à la géométrie il a demandé une boîte de compas : « Il fallut solliciter cette grâce pendant deux mois ; il fallut peut-être tenir un conseil d'État. Enfin elle est accordée : l'étui arrive... sans compas. Je me récrie ; on me répond froidement que les armes sont défendues à la Bastille. Il fallut solliciter de nouveau, supplier, envoyer de longs mémoires, discuter sérieusement s'il y a quelque différence entre un étui de mathématiques et un canon. Après un autre mois, grâce à la charité, à l'imagination du commissaire du château, les compas sont venus. Mais comment ? garnis en os. » Et Linguet d'ironiser sur cette « garniture géométrique d'un genre nouveau » (cela fera peut-être école, car à la fin du XIXᵉ siècle les boîtes de compas à manches d'ivoire seront du dernier chic). Il propose même qu'après sa mort on le fasse figurer « avec honneur au milieu des monuments de l'industrie des peuples barbares ». Linguet, comme d'habitude, est très amusant mais aussi très injuste, car il sait pertinemment que la Bastille est la seule prison de France où l'on puisse songer à réclamer une boîte de compas.

Mais il n'y a pas que des intellectuels à la Bastille et, bien plus que la lecture récréative ou studieuse, la distraction la plus prisée, celle que tous les prisonniers attendent avec impatience et que pourtant tous n'obtiennent pas, est la promenade. L'état-major est tout à fait convaincu de la nécessité de faire respirer aux prisonniers un air moins confiné que celui des cellules, mais il est évident que la promenade ne peut être accordée aux prisonniers dangereux ou mis au secret. En outre, sa suppression, temporaire au moins, constitue une punition de prédilection contre tous ceux qui commettent des fautes de conduite.

Alors que dans la première moitié du XVIIᵉ siècle les seuls grands seigneurs emprisonnés flânent à peu près où ils veulent dans la forteresse, les règlements du XVIIIᵉ siècle fixent très précisément les conditions des promenades dont la durée est le plus souvent d'une heure. La promenade la plus fréquente, et en même temps la moins prisée des prisonniers, est celle de la cour intérieure. « Il faut avouer, commente l'abbé de Roquette, que cette promenade, quoique utile pour la santé, est des plus tristes. Vous êtes tout seul, vous ne voyez qu'un garde en sentinelle qui se promène dans ce qu'on appelle la cage (c'est une enceinte de barreaux en bois fermant à clef qui tient au corps de garde) ; vous n'osez lui parler ni lui vous entretenir. Si l'on veut regarder le ciel, il faut lever la tête, comme si l'on était au fond d'un puits, parce que l'épaisseur des murailles et la largeur des bâtiments rétrécissent beaucoup le terrain. Les tours sont bien plus hautes en dedans qu'elles ne paraissent ; toutes les fenêtres intérieures sont bouchées de maçonnerie, en sorte que les prisonniers ne peuvent point se voir ni se parler ; ils ne peuvent non plus avoir connaissance de ceux qui vont et viennent dans le château ; et toutes les chambres ne prennent de jour que du dehors de la Bastille, sans en recevoir de l'intérieur ou du dedans de la cour. » Et en effet, là, comme dans les autres prisons d'État, il est absolument interdit que les prisonniers puissent communiquer, ce qui implique que le détenu se promène seul, accompagné d'un garde obstinément muet.

Linguet, qui dépeint la cour intérieure comme un puits glacial l'hiver et un four l'été, nous donne à cette occasion une de ses pages les plus savoureuses. Après avoir décrit comme pièce curieuse de ce « lycée » une horloge monstrueuse, don de Sartine, décorée par deux statues enchaînées formant d'« ingénieuses guirlandes », le promeneur, ainsi mis en condition, doit en outre immédiatement interrompre sa déambulation morose pour se précipiter dans un « cabinet » pratiqué dans le mur dès qu'un étranger vient à passer. Nul prisonnier ne doit être reconnu. À la Bastille, comme le dénonce violemment Linguet, on est au secret. Or, le bâtiment intérieur où sont les cuisines comprend en outre la salle de bains qu'utilise abondamment la femme du gouverneur. Cela a pour effet de faire traverser la cour intérieure d'abord à laquais et femmes de chambre porteurs de l'eau, des serviettes et des linges annonciateurs du bain de « Madame » (Il s'agit de Mme de Launey) et de contraindre à chaque fois le prisonnier en promenade à filer au cabinet. « Enfin, arrive Madame elle-même : elle n'est pas légère ; sa marche est un peu lente ; l'espace à parcourir est assez long ; la sentinelle, pour faire sa cour et prouver son exactitude, crie : « Au cabinet » dès qu'il l'aperçoit ; il faut fuir ; il faut rester au cabinet jusqu'à ce qu'elle soit rendue à sa baignoire ; et quand elle sort, sa retraite est accompagnée des mêmes formalités en sens contraire. Le reclus a de même à supporter, dans le cabinet, la maîtresse, les femmes de chambre, et les laquais. De mon temps la sentinelle, dans un de ces passages, ayant oublié de hurler le signal de la fuite, la moderne Diane fut vue dans son déshabillé ; j'étais l'Actéon du jour ; je n'essuyai point de métamorphose ; mais le malheureux soldat fut mis en prison pour huit jours ; je ne pus l'ignorer, puisque j'en entendis donner l'ordre. Ailleurs les bains donnent de la santé, ou préparent des plaisirs. Une gouvernante de Bastille n'a point de crise de propreté qui n'en entraîne plusieurs de désespoir. »

Il y a aussi la promenade sur la plate-forme des tours, beaucoup plus recherchée des prisonniers parce qu'on y respire un air plus vif et que le regard embrasse tout le quartier Saint-Antoine et la campagne qui s'étend vers l'est. Mais cette promenade est de plus en plus souvent prohibée parce que étant trop à la vue des passants. Des prisonniers tels que Latude en abusent, parvenant avec des ruses inouïes à correspondre avec l'extérieur. Une autre fois, c'est encore Latude qui par un beau matin d'hiver découvre au début de son heure de promenade un épais tapis de neige sur le haut des tours. D'abord il envoie des boules sur son gardien qui ne veut pas jouer ; puis il en lance sur la tête des passants. Le gardien, du coup, se prend au jeu et fait de même. Hélas, un officier les a aperçus de la cour intérieure et fait punir les deux coupables.

Latude, qui s'est vu aussitôt supprimer la promenade des tours, se défend en écrivant au lieutenant de police : « Mes pelotes de neige, objet risible... », mais on a vu là quelque nouveau procédé diabolique pour lancer des messages. Trois mois après, Latude a de nouveau la permission de se promener sur les tours, ce qui prouve que la discipline n'est pas si féroce car notre homme a déjà deux évasions à son actif. C'est d'ailleurs en retrouvant cette promenade que les jeunes filles avec qui il communiquait déjà lui apprennent en déroulant une banderole de leur fenêtre que la marquise de Pompadour vient de mourir.

Il y a enfin la promenade la plus prisée de toutes et réservée à quelques rares privilégiés, qui est la promenade dans « le jardin du gouverneur ». On appelle ainsi les jardins à la française qui ont été aménagés sur l'énorme bastion, aussi vaste que la Bastille elle-même, qui a été édifié au XVIe siècle en avant de la citadelle. Si l'on en croit Linguet, le dernier gouverneur, M. de Launey, aurait affermé le jardin pour y faire pousser des fruits et des légumes, interdisant du même coup la promenade du bastion aux prisonniers.

Toutes ces distractions peuvent bien entendu se cumuler ou au contraire être brutalement ôtées en cas de faute grave ou d'instruction venue de Versailles ou de la lieutenance de police à la suite de nouvelles charges. C'est ce qui arrive à La Jonchère lorsque la police découvre que le premier commis du financier vient d'être assassiné, probablement pour supprimer un témoin gênant. Du jour au lendemain, tout change : adieu les promenades de deux heures au lieu d'une, les visites de parents et d'amis, les soupers fins chez d'autres prisonniers. Le voilà au secret dans une nouvelle chambre où, à la différence de celle qu'il quitte et qu'il a aménagée avec tant d'amour, tout confort est banni. « La nouvelle chambre que j'habite, aussi vilaine qu'elle l'est, est, dit-on, celle qu'habitait M. le duc de Richelieu ; mais je regarde la Bastille comme une méchante hôtellerie, dans laquelle, en vous logeant dans une mauvaise chambre, détestable, on vous dit que tel grand seigneur y loge toujours. C'est donc pour faire pénitence de ses péchés. »

Quand on est au secret, on ne doit rien savoir, aurait dit M. de La Palice. Or, un porte-clefs s'empresse un beau matin d'aller dire au major que M. de La Jonchère vient de lui demander s'il était vrai que le pape était mort. Aussitôt prévenu, le lieutenant de police entre dans une violente colère et se précipite chez La Jonchère pour savoir qui lui a dit cela. Le prisonnier s'explique volontiers : à la messe, où il continue d'aller, le prêtre, pendant le canon, a dit « *eligendo* » au lieu de nommer le pape. C'est donc qu'il y a conclave. Le lieutenant de police n'est qu'à moitié convaincu, car il conçoit avec peine que l'on puisse suivre la messe avec une attention aussi soutenue. Qu'on supprime donc au prisonnier la messe avec le reste.

Communiquer

Comme l'ensemble de l'état-major, le lieutenant de police est pris dans un dilemme : d'un côté, le standing de la Bastille implique qu'à l'égal des autres distractions on laisse les prisonniers correspondre par écrit et même recevoir des visites ; de l'autre, même quand le prisonnier n'est plus *stricto sensu* au secret, il est évident que de telles facilités ne peuvent s'exercer que sous la plus haute surveillance.

La distribution d'encre et de papier est donc sévèrement réglementée, non pas tant qu'on ne l'accorde qu'à quelques rares prisonniers mais qu'on en surveille étroitement l'usage, en comptant soigneusement les feuilles distribuées et en vérifiant ensuite ce qui en a été fait. Chacun a le droit d'écrire au lieutenant de police ou au ministre sauf à l'interdire à ceux qui, comme Latude, en abusent au point d'écrire chaque jour une lettre de plusieurs pages ne contenant du reste que d'éternelles récriminations. En fait, on a vu déjà à quel point les hommes de lettres enfermés à la Bastille ont toute latitude pour écrire à leur guise et de travailler à divers ouvrages, alors même que c'est justement la raison qui les a fait emprisonner. À Bussy-Rabutin, par exemple, coupable d'avoir écrit L'*Histoire amoureuse des Gaules*, l'une des premières choses qu'on donne est du papier et de l'encre.

Il est vrai qu'il est bien difficile d'empêcher d'écrire ceux qui le veulent absolument. L'abbé de Roquette, d'abord démuni de tout, commence par trouver dans une cachette de sa chambre un Nouveau Testament laissé là par « les amis de la Vérité » (ce sont les jansénistes qui se sont constitués à la Bastille en un véritable réseau clandestin), puis une bouteille d'encre et des plumes. Quant au papier, le prêtre le récupère sur des enveloppes de bougies qu'il fait acheter en quantité. La crainte d'être surpris le conduit à barricader sa porte avec une bûche quand il écrit. « Le porte-clefs, raconte l'abbé, m'en témoigna sa peine et me fit entendre que cela n'était point permis ; mais je lui témoignai que l'on devait me laisser au moins la liberté de m'enfermer en dedans tandis qu'il m'enfermait au dehors. » Enfin, deux mois après son incarcération, l'abbé

obtient officiellement encre et papier et commence aussitôt « un volume in-4°
de 656 pages sur les psaumes ».

Quand les prisonniers qui veulent écrire à tout prix ne trouvent ni encre ni
papier, tout leur est bon. On a vu Latude écrivant de son sang sur des tablettes de
mie de pain pétrie. La Beaumelle, lui, a choisi pour support la vaisselle d'étain de
la maison. On lui a confisqué le tout mais, depuis qu'on lui a donné le droit d'é-
crire, il réclame sa prose pour la recopier – ce qui pose problème au major qui
s'en ouvre aussitôt au lieutenant de police : « Il nous reste beaucoup d'écrits de
La Beaumelle qu'il a faits sur trois plats et deux assiettes et demie d'étain. Cela est
extrêmement fin et difficile à lire, il dit que ce sont de fort bonnes choses ; il y a
de mêlé dans cet ouvrage des chiffres, et souhaite ardemment de les avoir pour
copier ; si vous souhaitez, je vous ferai passer le tout et les ai serrés à cette fin. »
Ce sont, bien entendu, les chiffres qui provoquent cette suspicion.

La seule censure qui s'exerce avec constance et sévérité est celle du courrier
tant au départ qu'à l'arrivée et, pour tout dire, on ne laisse pratiquement rien
entrer ni sortir, à preuve le nombre des lettres retenues qu'on retrouve aujour-
d'hui dans les archives de la Bastille. Il est souvent difficile de comprendre les
raisons d'une telle sévérité. L'une de ces lettres, signée de l'abbé Cormaille,
enfermé en 1747 pour jansénisme, demande à un certain M. Le Sourd, marchand d'étoffes rue Saint-Denis, un bon gilet, une provision de café pour soigner des maux de tête et de jambes, un dictionnaire de latin. Certes l'abbé, à
propos de la demande de gilet, dit que les prisons de la Bastille ne sont pas
chaudes. Il regrette aussi que la perruque neuve qu'on lui a envoyée récemment ne couvre pas assez les oreilles. Bref, rien qui justifie une censure. En fait,
il semble que pour mieux garder « le secret de la Bastille » l'état-major serve
d'intermédiaire même pour des demandes aussi innocentes. Mais rien n'est
moins sûr, et il est difficile une fois de plus de faire la différence entre le régime
commun et les statuts particuliers si changeants et si nombreux que le terme de
« régime commun » ne signifie plus grand-chose. La Jonchère, pour ne citer
que lui, a le droit de correspondre jusqu'à sa mise au secret, ce qui nous vaut au
passage cette formule admirable, adressée à l'un de ses correspondants : « Je ne
vous écris pas de longues lettres, parce que j'ai le temps de les faire courtes. »

La censure s'applique aussi aux écrits de circonstance, à commencer par les
incessantes revendications de « graphomanes » telles que celles de Latude que
le lieutenant de police ne prend plus le temps de lire mais conserve cependant
car, dit-il, « elles font assez voir l'esprit du personnage ». Si les gros ouvrages

bien savants peuvent en principe à sortir sans encombre en même temps que leurs auteurs (pas question avant), épigrammes et autres écrits de circonstance sont impitoyablement retenus. Si l'on en croit *La Bastille dévoilée*, l'une de ces épigrammes, adressée à Louis XVI, serait de Linguet :

> *J'apprends de ces canons qui roulent sur ma tête,*
>
> *En ébranlant tout mon plancher,*
>
> *Que la reine vient d'accoucher,*
>
> *Qu'un dauphin nouveau-né met le royaume en fête*
>
> *Louis, c'est le temps du pardon :*
>
> *Permets pour te fléchir, que j'implore le nom*
>
> *Du gage précieux qui grossit ta famille.*
>
> *De montrer du plaisir mon cœur françois pétille ;*
>
> *Mais en conscience peut-on*
>
> *Se réjouir à la Bastille ?*

Les visites, toujours à condition que les interrogatoires soient achevés, ne sont pas un droit mais une faveur assez souvent accordée. À la différence du xvie et même du xviie siècle où les visites aux seuls grands seigneurs se font avec un certain laisser-aller préjudiciable à la sécurité du château (épouse et amis de Bussy-Rabutin entrent dans sa cellule aussi facilement que dans un moulin), le xviiie siècle a réglementé cela comme le reste. Toute autorisation de visite passe obligatoirement par le lieutenant de police qui consacre un temps fou à examiner chaque demande qu'il soumet souvent lui-même au ministre de la Maison du roi. Muni de son autorisation écrite, le visiteur est pris en charge à son arrivée par le lieutenant de roi qui le mène jusqu'à la salle du conseil, assiste à l'entretien et doit veiller à ce que les interlocuteurs, à aucun moment, ne soient assez près l'un de l'autre qu'ils puissent se donner quelque chose. À ce propos, le major Chevalier pose en 1760 une question embarrassante au lieutenant de police : faut-il laisser repartir ou embastiller incontinent un visiteur surpris à prendre une lettre d'un prisonnier ?

Les permissions de visite sont accordées plus facilement qu'on ne pourrait le croire. Ainsi, l'abbé de Roquette s'étonne de recevoir la visite pour les fêtes de Noël 1742 d'un pauvre habitant de Pont-l'Évêque qu'il a connu autrefois à son prieuré de Saint-Hymer et qui est venu tout exprès, après avoir obtenu sans la moindre difficulté la permission de le voir. À la fin du xviiie siècle, les visites deviennent plus nombreuses. On a vu la marquise de Sade venir chaque mois à la Bastille pour d'ailleurs s'y faire à chaque fois agonir par son divin époux. Un certain La Corrège, ayant prétendu devoir fréquemment conférer avec son avocat, reçoit celui-ci aussi souvent qu'il le juge à propos.

Nonobstant ces permissions licites, les prisonniers essaient de communiquer entre eux de mille manières toutes aussi ingénieuses les unes que les autres. Ceux qui ont de l'ancienneté sont les plus habiles, grimpant dans les conduits de cheminée pour converser avec le voisin du dessus, faisant descendre des fenêtres des ficelles avec des messages, descellant des carreaux pour y cacher quelque chose à l'intention du prisonnier suivant. On a vu l'état-major s'appliquant à contrarier ces entreprises et surveillant notamment la vaisselle (dont la gravure parfois à peine lisible était, à la fin du règne de Louis XIV, une spécialité des espions allemands) et les livres de la bibliothèque dont la reliure a été parfois démontée puis recollée avec un art consommé. Mais les officiers de la Bastille ne surprennent pas tout et la chapelle semble avoir été longtemps, sinon toujours, une véritable poste clandestine, une vieille chaise de paille servant de boîte à lettres.

On essaie aussi de communiquer avec l'extérieur, ne serait-ce qu'en achetant la complicité d'un porte-clefs. Mais on a vu qu'à la Bastille c'était chose très rare. En trois siècles, une dizaine tout au plus de porte-clefs, de gardiens, sans oublier en 1721 le chirurgien-major, ont été pris à se charger de messages. La nuit, avant que les fenêtres aient été fortement grillagées, ou du haut de la plate-forme au cours d'une promenade, certains prisonniers essaient de lancer des messages qui tombent le plus souvent dans le large fossé qui ceinture la forteresse, et alors gare à l'expéditeur si on le trouve. Quand le billet tombe aux pieds d'un passant, il est très rare que celui-ci aille le reporter à la Bastille et le message arrive la plupart du temps à son destinataire, les Français faisant déjà preuve d'une grande solidarité contre le gendarme.

Parents et amis, quand ils sont hardis, s'avancent la nuit au bord du fossé et parlent aux prisonniers à l'aide d'un porte-voix. Presque toujours ils ont le temps de s'enfuir avant que la garnison réveillée n'opère une sortie punitive. Aux XVIe et XVIIe siècles, cette pratique est courante. « Tous mes amis, raconte Bussy-Rabutin, venaient fort souvent sur le fossé de la Bastille me demander comment je me portais ; je parlais là un quart d'heure avec eux, malgré le gouverneur et les sentinelles à qui il donnait charge de faire semblant de tirer sur les carrosses s'ils ne se retiraient ; mais je leur criais de ne pas bouger et que ce n'était que des menaces. »

Cette anecdote, pour être vraie, n'en sent pas moins son Grand Siècle à des lieues, car, pour tout autre qu'un grand seigneur, l'affaire risquerait en effet de se terminer mal. Dès 1665, le gouverneur de Besmaus écrit à Colbert qu'il donne des soins continuels « pour tâcher de prendre quelqu'un la nuit ou le jour de ceux qui viennent crier sur le bastion Saint-Antoine et sur le rempart ; n'ayant pu éviter que l'autre jour un homme à cheval ne criât à M. de Sortos-ville, de dessus la contrescarpe, qu'il ne reconnût pas le lieutenant criminel ». Et le gouverneur ajoute : « J'ai des gens dans les fossés nuit et jour, cachés d'un côté, et ai fait une porte du côté de la porte Saint-Antoine où j'en mets encore, et je n'aurai pas de repos que je n'en aie attrapé quelqu'un. » Et de fait, ceux qui se livrent à ce sport dangereux se font de plus en plus souvent attraper. En 1690, c'est un valet qu'on met un an au cachot et qu'on ne libère qu'après pro-messe de ne plus approcher désormais de la Bastille ; en 1724, une veuve ; en 1725, trois d'un coup pour avoir fait des signaux à la dame Fontenelle et à la demoiselle Dubois, sa sœur, toutes deux emprisonnées pour contrebande ; encore un l'année suivante... Dans la seconde moitié du XVIIIe siècle, cette pra-tique trop risquée a quasiment disparu.

De l'ennui au plus sombre désespoir

Bonne table, bon vêtement, distractions et douceurs de toutes les façons n'em-pêchent pas les prisonniers de s'ennuyer. On a vu, à propos des soins, à quel point la déprime est la plaie de la Bastille. C'est qu'en effet les prisonniers de la célèbre prison d'État ne sont pas, sauf exception, de vieux récidivistes habitués à être privés de liberté. Les prisonniers les plus intéressants du royaume sont aussi les plus sensitifs. Rares donc sont ceux qui s'ennuient avec profit comme Dumouriez qui dit qu'à la Bastille « il s'est perfectionné dans l'art de vivre seul ». Mais n'est pas stoïcien qui veut, et Marmontel, en dépit du régime de faveur dont il jouit, sans parler de la perspective d'une brève détention, parle de la mélancolie dans laquelle le plonge la lecture des graffiti de sa cellule : « Les murs de ma chambre étaient couverts d'inscriptions qui toutes portaient le caractère des réflexions tristes et sombres dont, avant moi, des malheureux avaient été sans doute obsédés dans cette prison. Je croyais les y voir encore errants et gémissants, et leurs ombres m'environnaient. »

La Jonchère, de son côté, raconte qu'il est témoin de l'ennui et de l'impa-tience de son domestique Lorange qui ne sait pas s'occuper comme lui par le travail intellectuel. Mais, insensiblement, c'est à son tour de sombrer dans la morosité. Après avoir passé un après-midi à regarder les masques du carnaval défiler porte Saint-Antoine avec une lunette d'approche que, privilège exorbitant, il a pu faire venir de chez lui, le voilà qui se prend à songer que « le monde, le bruit, le mouvement font sentir davantage les peines de la privation de liberté et qu'à la Bastille « on fait un triste carnaval ».

Les plus petits événements, comme le lavage des vitres, prennent d'énormes proportions. « Toujours seul », note plus tard La Jonchère, après que son domestique à force d'exaspération contre son emprisonnement eut fini par être transféré à Charenton. « Que cette solitude serait agréable pour une personne bien détachée ! Que je suis loin de cette perfection ! »

De l'ennui au désespoir, il n'y a qu'un pas que franchissent de nombreux prisonniers. En 1757, l'abbé d'Estrées, dont on avait dissipé la mélancolie naissante en le mettant avec le pétulant La Beaumelle, se désespère après la libération de celui-ci : « Il ne s'est point couché la nuit dernière, écrit Chevalier au lieutenant de police ; il n'a rien pris aujourd'hui, il pleure à chaudes larmes, il est dans un état pitoyable ; son grand chagrin c'est qu'il croit que le sieur La Beaumelle était une fois plus coupable que lui, et de le voir en liberté, cela l'écrase. » L'abbé se rend bientôt tellement malade que le lieutenant de police doit se résoudre à demander à Versailles une lettre de cachet de libération, avec ordre toutefois de venir lui parler dès qu'il sera sorti de la Bastille.

Quant à Latude, ses lettres d'invectives au lieutenant de police traduisent le désespoir d'un emprisonnement qui se prolonge indéfiniment. « Eh toi, barbare Sartine, cœur de rocher », l'apostrophe-t-il. Ou encore : « Vous me dites de rester tranquille. Comment voulez-vous que je reste tranquille ? » Loin de se formaliser, le lieutenant de police s'apitoie sur son sort. « Ce n'est pas qu'il soit fol, explique-t-il au ministre, mais désespéré de sa prison. »

Tout cela ne va pas sans provoquer petits et grands incidents. Dumouriez, si calme pourtant, raconte qu'il ne s'ennuyait pas grâce aux livres et à la promenade, et même aux gazettes que l'aide-major laissait traîner exprès pour lui dans la salle du conseil, quand bientôt la grossièreté et l'animosité de son porte-clefs commencent à lui échauffer la bile. Le vitrier qui n'arrive pas pour réparer sa fenêtre et, sur la remarque qu'il en fait, une invective du porte-clefs qui est pourtant un colosse l'amènent, lui qui se dit « très petit mais nerveux et adroit », à se saisir d'une bûche enflammée et à en frapper la poitrine de l'insolent. Cris, arrivée de la garde, audition du major qui dit à Dumouriez qu'il a « eu tort de battre un homme du roi », puis intervention du gouverneur punissant le porte-clefs qui reconnaît avoir tutoyé Dumouriez, sont les étapes qui mettent un terme à l'incident.

Nombreuses sont par ailleurs les crises d'exaspération et de désespoir ponctuées de hurlements, de coups dans la porte, de bris de meubles ou de vaisselle. Quand le prisonnier ne veut pas entendre raison, il faut le descendre au cachot. « Nous avons été obligés, rend compte Chevalier au lieutenant de police, le 20 janvier 1758, de mettre Courtin, prisonnier, au cachot pour n'avoir pas voulu cesser de crier et de faire du bruit à la fenêtre de sa chambre, ce qui occasionnait tous les passants de s'arrêter pour l'entendre, après l'avoir bien averti, prié et défendu de ne le plus faire, rien ne l'a fléchi ; au contraire, il devenait plus impertinent et méchant. Toutes les menaces que l'on lui a faites ont été infructueuses, ce qui nous a forcés à le punir. Ce prisonnier restera là jusqu'à ce qu'il soit plus docile, et que vous en ordonniez autrement ».

L'une des obsessions de l'état-major, outre les évasions dont nous parlerons plus loin, est en effet d'éviter qu'on n'entende aucun cri du dehors, afin que la Bastille ne se fasse pas remarquer d'un quartier de Paris facile à mettre en effervescence. À cette fin il arrive qu'on mure provisoirement la fenêtre d'une chambre pour la transformer en cabanon mais on ne s'y prend pas toujours assez tôt, comme nous le montre un rapport du major daté du 23 juin 1751 : « Hier, après midi, le chevalier de Chassan étant ou contrefaisant le fol, depuis plus d'un mois, criait comme un aigle par sa fenêtre, et disant ces mots avec une voix de tonnerre : "Allez, peuple, avertir le Parlement que l'on me veut pendre ici dedans, et que je suis innocent, et je veux que ce soit le Parlement qui me juge". Puis, redoublant sa voix : "M'entendez-vous ?" La populace qui était amassée en très grand nombre à la porte Saint-Antoine, à qui cette scène faisait plaisir, lui répondait : "Oui, on y est allé..." »

Un épisode, plus mémorable encore, est celui qui mit la Bastille sens dessus dessous à la fin du règne de Louis XIV. Il y avait alors parmi les prisonniers le chevalier du Rozel, vieux capitaine d'infanterie, homme à projets, vaguement accusé de trahison, peut-être à demi fou. En 1705, il signe ses lettres : « Le plus abominable des hommes, indigne de vivre ». Renneville, dont la cellule était proche, raconte comment du Rozel organisa un scandale monstre en profitant de la fête des Rogations qui avait lieu trois jours avant l'Ascension. De nombreuses processions venues des paroisses des environs de Paris se rendaient alors à Notre-Dame en passant par la porte Saint-Antoine. Pendant quinze jours, du Rozel et ses deux compagnons de cellule ont amassé eau et vivres en prévision d'un long siège, puis se sont solidement barricadés en condamnant leur propre porte avec leurs bois de lit profondément enfoncés dans le mur qu'ils ont descellé.

Une procession s'annonce... Du Rozel se met alors à la fenêtre et crie « d'une voix de stentor qui surpassait de plus de trois tous les cris aigus des enfants de chœur qui trottaient devant les prêtres : "Peuples, écoutez-moi : il s'agit de la vie de votre Roi" ». Alors, raconte Renneville, « à ces terribles paroles, tout le monde se tut, tout le monde s'arrêta... ». Le prisonnier continue sur le même ton et le même thème, allant jusqu'à lancer des tracts. C'était bien calculé car les plus curieux se précipitent dans le fossé pour aller les chercher et la procession se défait, finissant par provoquer un véritable embouteillage que viennent grossir d'autres processions, toutes obligées de passer par là.

À l'intérieur de la Bastille, le désordre n'est pas moindre, et tout d'abord porte-clefs et officiers qui aperçoivent la foule excitée mais n'entendent pas du Rozel croient qu'on est venu assiéger le château. D'ailleurs certains processionnaires commencent à pousser des cris hostiles et il faut faire donner la garde. Désordre indescriptible, fuite éperdue des jeunes filles et des prêtres, bataille à coups de cierges et de bannières pour les plus déterminés à ne pas vider les lieux. La première procession a pu enfin être dispersée quand une seconde se met de la partie. Cette fois les porte-cierges et les porte-bannières sont de solides gaillards qu'échauffent la vue des uniformes et les harangues de du Rozel qui reprennent de plus belle. Un garde est assommé d'un coup de chandelier. Des passants sortent leur épée et se jettent dans la bagarre, bien entendu du côté des processionnaires. La garnison doit battre en retraite sous les huées.

Pendant ce temps à la Bastille, on essaie en vain de forcer la porte des prisonniers. Un instant, le gouverneur songe sérieusement à faire descendre un canon des tours mais il décide finalement le blocus. Le lieutenant de police, qui a été appelé, fait détourner les processions par une nuée d'exempts qui appréhendent en outre toute personne faisant semblant de s'arrêter pour écouter les prétendues révélations du chevalier du Rozel qui continue à tonitruer de sa tour. Les assiégés vont tenir ainsi plusieurs jours, jusqu'à la dernière miette de pain, jusqu'à l'ultime goutte d'eau et aussi de vin dont les révoltés avaient fait ample provision. La faim, la soif, la fatigue aussi finissent par s'emparer de la petite troupe. Pour démoraliser les mutins, on agite devant leur porte force vaisselle et gamelles à l'heure des repas. Un jour passe encore avant la reddition et la mise au cachot des mutins.

Et encore arrive-t-il que des révoltes se produisent au cachot même. On a vu la femme Poirier, une forcenée qui réussissait à chaque fois à se défaire de ses chaînes. Une autre fois, c'est un prisonnier qui réussit à mettre le feu à sa porte en faisant du petit bois avec son châlit et en l'allumant avec la chandelle qu'on a eu l'imprudence de lui laisser pour qu'il puisse manger. Les cachots sont si loin de tout qu'il manque d'être étouffé par la fumée avant que l'alerte soit donnée.

Enfin, on a vu ailleurs comment ces crises répétées peuvent conduire à la folie, d'abord passagère puis définitive. Ces crises de folie vont parfois jusqu'au meurtre comme, le 20 mai 1692, lorsque le père de Ham, enfermé depuis six ans pour discours violents contre le roi et réputé fou dangereux, se confectionne une arme avec une barre de son bois de lit d'où sort un gros clou puis défonce avec une sauvagerie inouïe le crâne de son geôlier pour soutenir ensuite un siège de plusieurs heures, campant frénétiquement sur le corps de sa victime.

Quel va être le sort de ce criminel qu'on a provisoirement descendu au cachot, chargé de chaînes ? Depuis le Moyen Âge, la notion d'irresponsabilité des déments est parfaitement acquise et on ne saurait donc le juger pour meurtre. On décide donc de l'enfermer à vie sur place, en lui servant à manger par un trou pratiqué dans la porte qu'on n'ouvrira jamais plus. Le prisonnier meurt à la Bastille le 3 décembre 1720 après avoir vécu dans son trou vingt-huit ans. Chacun convient dès cette époque de l'horreur d'une telle situation mais on s'est refusé, à commencer par les geôliers, à courir désormais le moindre risque.

Mais l'Ancien Régime ne saurait être prisonnier des règles de quelque code de procédure et peu de temps après, en 1703, pour un cadet du régiment des gardes suisses qui a assassiné sauvagement son compagnon de cellule et blessé de surcroît le capitaine des portes avec sa propre épée, on se refuse cette fois à envisager la question de la folie, pourtant probable ici aussi, et le forcené n'est extrait de son cachot que pour être jugé, condamné et pendu. En 1743, un autre prisonnier assassine un soldat de la garnison qu'on lui avait donné pour garde en profitant de son sommeil pour l'étouffer avec les cendres du foyer. Lui aussi est condamné à mort mais sa peine est commuée en galères perpétuelles.

Enfin, la Bastille compte, nous le verrons à propos des sorties et des décès, de nombreux suicides, ultime avatar du désespoir ou de la folie de certains prisonniers...

Selon que vous serez puissant ou misérable...

Le cardinal de Rohan, après que le gouverneur de la Bastille, chose pratiquement jamais vue, est allé le chercher chez lui dans son carrosse, a fait une entrée remarquée dans la prison d'État toute bruissante déjà de l'énorme scandale du collier de la reine. Sous le règne de Louis XVI, en effet, le secret de la Bastille ne veut plus dire grand-chose. Chacun rivalise, le gouverneur en tête, pour épargner à M. le Cardinal les petites humiliations de l'entrée à la Bastille. On l'installe avec trois de ses domestiques dans la meilleure chambre, celle-là même qu'avait briguée et obtenue à grand-peine Dumouriez. Les prisonniers de la Bastille bénéficient d'une allocation douze fois supérieure à celle des autres prisonniers du royaume ? Eh bien, le cardinal de Rohan, lui, va disposer de cent cinquante fois plus, avec une allocation journalière de 120 livres.

À sa table, servie princièrement et pour laquelle on livre force bourriches d'huîtres et bouteilles de champagne, il offrira parfois des dîners de vingt couverts où seront conviés parents et amis. Les visites qu'on lui rend sont si nombreuses que le pont-levis de la Bastille est abaissé toute la journée, « ce qu'on ne se souvenait pas d'avoir jamais vu ». De la Bastille, Rohan donc tient salon et continue de veiller aux affaires de son riche diocèse ainsi qu'à son hôtel de Strasbourg, son château de Saverne, son hôtel parisien et bien d'autres résidences encore. Quand il se promène sur les tours, c'est-à-dire quand il veut, les badauds s'attroupent au point qu'on doit prier respectueusement M. le Cardinal de renoncer à cette promenade qu'il affectionne pourtant après dîner. Peut-être que M. le Cardinal acceptera d'aller se récréer dans le jardin du gouverneur ? Mais que M. le Cardinal fasse bien attention aux légumes de M. le gouverneur.

Mais voilà qu'au bout de quatre mois le cardinal est régulièrement décrété de prise de corps par le Parlement. Cessant d'être le prisonnier du roi et devenant celui de la justice, le voilà mis au régime ordinaire des détenus. Une relative solitude succède à l'animation des visites. L'allocation journalière ne permet plus les huîtres et le champagne mais seulement le meilleur de la table du gouverneur, ce qui pour n'importe quel sujet du roi de France eût été Byzance mais qui n'est rien pour Louis René Édouard, prince de Rohan-Guéméné, cardinal, évêque de Strasbourg dont l'humeur s'assombrit et la santé s'altère.

Sous le règne du Roi-Soleil, Philippe de Vendôme, grand prieur de France, puni en 1698 d'une semaine de Bastille pour s'être querellé au jeu avec le prince de Conti, est précédé du billet suivant adressé par le ministre de la Maison du roi au gouverneur : « M. le grand prieur doit se rendre à la B., et je vous envoie l'ordre du Roi de l'y recevoir ; il faut le mettre dans le meilleur appartement avec les domestiques qu'il voudra amener, lui laisser la liberté de voir ses amis et le traiter le mieux qu'il sera possible. » Un Vendôme pourtant est plus petit qu'un

Conti, allié aux Condé. Mais la famille de Vendôme, issue d'un bâtard d'Henri IV, a toujours été fidèle et comblée d'honneurs alors que celle de Condé a pris part à la Fronde. Or Louis XIV n'oublie rien. Par ailleurs, il existe une certaine « franc-maçonnerie » entre les bâtards royaux contre les princes du sang, et aussitôt le duc du Maine et le comte de Toulouse, tous deux enfants naturels du roi, se sont intéressés au « malheureux sort » de M. de Vendôme.

Voici en 1707 le jeune comte de Clermont-Tonnerre qui a tué d'un coup de fusil, dans une partie de chasse, le fils de M. Amelot, alors ambassadeur d'Espagne. On a vu que par égard pour la famille de la victime le roi a décidé de garder le meurtrier pendant un an à la Bastille, sans d'ailleurs être en mesure de démêler si c'est un accident, une vengeance ou un acte de folie. Mais on sait à quel point le roi est soucieux de ne pas frapper les familles d'embastillés quand elles sont de considération, en préservant leur nom par un emprisonnement discret hors des voies de la justice mais aussi en continuant l'éducation de leur rejeton. C'est pourquoi Mme la comtesse de Tonnerre a été autorisée d'abord à meubler la chambre de son fils, puis à lui envoyer chaque jour « les maîtres et autres gens qui lui seront nécessaires pour son instruction, en sorte qu'il ne perde pas son temps ».

Rappelons-nous encore le comte Thomas Arthur de Lally-Tollendal, lieutenant général des armées du roi, accusé injustement de haute trahison pour la perte des établissements français aux Indes. En 1763, il est à la Bastille depuis un an et chacun sait que son affaire est grave (elle l'est tellement qu'il va être condamné à mort et décapité). Mais M. de Lally reste un grand seigneur. Ainsi s'explique la lettre qu'adresse le lieutenant de police Sartine au gouverneur : « Lorsque j'ai vu dimanche, Monsieur, à la Bastille, M. de Lally, il m'a parlé de l'incommodité de sa chambre où il ne respire qu'une très mauvaise odeur quand il règne certains vents et il m'en a écrit encore hier. Ne pourriez-vous pas, Monsieur, lui donner présentement, s'il est possible, un autre logement où il n'aurait pas ce désagrément qui influe sur sa santé quand même il serait question de faire un changement avec tel prisonnier qui ne serait pas de l'état de M. le comte de Lally... » Il serait facile d'ironiser sur la santé de Lally-Tollendal qu'on protège aussi tendrement avant de lui couper la tête, mais la question est ailleurs. M. le comte de Lally ne saurait être à l'égal d'un simple roturier, dans les petites choses comme dans les grandes, à la Bastille comme ailleurs.

Il est évident que tous les prisonniers de la Bastille n'ont pas le même statut ni par suite le même traitement. Cela vaut, nous l'avons déjà vu et nous allons en reparler, pour les durées d'incarcération, mais cela vaut aussi pour la vie quotidienne, le confort, le respect de l'état-major et des porte-clefs. Un Rohan, un Vendôme, un peu plus bas un Clermont-Tonnerre, plus bas encore un Lally-Tollendal ne perdent pas leur nom et la considération qui s'y attache parce qu'on les met à la Bastille. « Le roi m'ordonne de vous écrire, transmet Pont-chartrain au gouverneur en 1700, de traiter honnêtement M. le duc d'Estrées. » À la Bastille comme dans tout le royaume, il y a les nobles et ceux qui ne le sont pas, les riches et les pauvres, les familles que le roi connaît et celles qu'il ne connaît pas. La Bastille, c'est la société d'Ancien Régime en réduction.

Pas de numéros matricules donc, comme dans les prisons « démocratiques » du XIXe et du XXe siècle, pas de ronde anonyme des prisonniers comme dans le tableau de Van Gogh, mais des noms, les grands d'abord, les petits ensuite, ou même un lien avec le pouvoir, avec le système, écriraient certains historiens. Ni Marmontel ni l'abbé Morellet ne sont nobles, mais ils tiennent un certain rang dans la république des Lettres. De plus, sauf à s'écarter de temps en temps du droit chemin (d'où leur incarcération d'ailleurs très brève), ils sont des sujets utiles au royaume et, ce qui compte davantage encore, récupérables. On les respecte donc et même on les soigne. On a vu ce que fut le séjour de Marmontel. Quant à l'abbé Morellet, il écrira dans ses *Mémoires* rédigés au début du XIXe siè-cle : « Je puis dire au reste que, mis à la Bastille en vertu d'un ordre du roi, pris par M. de Choiseul, alors tout-puissant, et fort en colère contre moi, je n'y ai éprouvé aucune des duretés qu'on a reprochées à l'ancien régime. »

« Tout se gouverne par la faveur », constate tristement et non sans naïveté l'un des frères du Fossé, embastillé pour protestantisme, lorsqu'il se voit sou-dain entouré d'égards parce que l'état-major a appris que sa mère a obtenu une audience du ministre Le Tellier, du reste ami de la famille. De même Mme Guyon, chef de file des quiétistes, qui a mérité cent fois plus l'ire du pouvoir que n'importe quel protestant ou janséniste (allant jusqu'à gagner, chose hor-rible entre toutes, les jeunes filles de Saint-Cyr), se voit octroyer une permis-sion de six mois « en raison de sa santé » et quitte la Bastille pour se rendre dans les terres de son fils. C'est le cardinal de Noailles qui l'a demandé.

Latude, de son côté, sans naissance et même bâtard, sans fortune, sans talents, sans relations (on dit alors « sans aveu », c'est-à-dire sans protecteur ou à tout le moins sans répondant), demeure un prisonnier intéressant grâce ou plutôt à cause du motif de son embastillement. Le faux colis piégé qu'il a envoyé à Mme de Pompadour était-il la manœuvre stupide d'un individu aux abois voulant se rendre intéressant et espérant quelque gratification, ou au contraire l'acte d'un comploteur ayant des complices ? Il faudra attendre vingt-six ans pour que Versailles penche finalement pour la première hypothèse et que, *ipso facto*, Latude quitte les prisons d'État de la Bastille et de Vincennes pour être transféré à Charenton puis à Bicêtre. Mais tout pendant qu'il y a eu doute sur un éventuel complot, Latude a été un prisonnier intéressant et traité comme tel. Il n'a d'ailleurs pas manqué d'en abuser, se faisant passer ses nombreux caprices sur la nourriture, le vêtement, les soins de santé, ses besoins incessants de papier et d'encre.

Et quand Latude n'obtient pas assez vite ce qu'il veut, il se fâche, démontrant qu'il a compris la logique du système. Puisqu'il est un prisonnier important, qu'on le traite en prisonnier important et non comme un homme du vulgaire, de ces gens qu'on met à Bicêtre (il y a des mots qu'on ne devrait jamais prononcer). Et s'il n'y a pas assez d'argent dans le trésor royal, qu'on aille en demander à la marquise de Pompadour, à qui Latude, en fat qu'il est, attribue l'infernale prolongation de sa détention.

Or tous ceux qui sont mis à la Bastille, on l'a vu, y sont justement parce qu'ils sont convaincus ou suspectés d'avoir fait quelque chose qui intéresse de près ou de loin l'État. Ce sont donc tous des prisonniers « intéressants » au moins jusqu'à ce que les interrogatoires du lieutenant général de police soient achevés. Aussitôt après, la Bastille, organe de l'État, opère de nombreux rejets : « Il ne valent pas la dépense qu'ils font au roi, écrit Versailles à propos d'ouvriers déserteurs, et seraient mieux dans un château (une prison d'État) pour la moitié de ce qu'ils coûtent à la Bastille. » Un simple laboureur, qui a prononcé en 1767 des paroles séditieuses contre le roi, ne reste que trois mois à la Bastille, le temps d'y être interrogé. « Comme il aurait trop coûté au roi de le laisser à la Bastille, il a été transféré à Bicêtre. » Nombreux sont ceux qui finalement « ne méritent pas assez de considération » pour demeurer à la Bastille.

Parfois, le mépris dans lequel on tient un prisonnier va jusqu'à provoquer son élargissement pur et simple, sans même qu'on juge bon d'opérer un transfert dans une autre maison de force : « De tous les éclaircissements pris sur le compte de F. Merlier, dit Valois, prisonnier à la B. et des interrogatoires qu'il a subis, il résulte seulement que c'est un menteur, un homme de néant, de mauvaises mœurs et qui n'affectait une conduite mystérieuse à Meaux que pour se donner l'air d'un homme de conséquence, et il a avoué que tout ce qu'il avait débité était un tissu de menteries dont il demandait pardon à Dieu. Comme cet homme dépense inutilement de l'argent au Roi à la B., j'estime qu'on peut le faire sortir. » Et le lieutenant de police qui s'exprime ainsi, en 1758, de demander tout de même à son ministre de tutelle s'il pense de même.

Bref, la Bastille se mérite, même si, dans les cas les plus graves, ce mérite est si peu enviable qu'il signifie l'exécution au bout du chemin (assez rarement et presque toujours sous le règne de Louis XIV) ou de longues années d'emprisonnement. Mais, que ce soit pour la vie ou pour huit jours, la Bastille, au sommet de la pyramide des prisons d'État et des maisons de force du royaume, et plus que toute autre sous le regard du roi (c'est vrai au sens strict sous le règne de Louis XIV et cela le reste ensuite au sens politique), se doit « d'en donner plus ». Ainsi s'expliquent l'allocation journalière dix ou douze fois supérieure à celle des autres prisons d'État, et par suite un plus grand « confort ». Ainsi se comprend la symbiose de la Bastille avec une société d'Ancien Régime où l'on ne craint pas, non seulement de vivre ses inégalités sociales mais aussi de les afficher.

●　　●　　●

CHAPITRE 8

En sortir

Parmi les nombreuses mesures arbitraires et les cruautés inouïes qui furent reprochées à la Bastille, avant et surtout après 1789, la principale sûrement, avant même l'arrestation hors des voies de la justice ordinaire, fut l'emprisonnement à vie ou à tout le moins pour de longues années. Une fois qu'on était mis à la Bastille, c'était pour ne plus en sortir, et le « pour y être oublié » du ministre de la Maison du roi ou du lieutenant général de police, employé dans le sens d'étouffer un scandale, prit le sens « d'oubliettes » (le mot est prononcé au lendemain du 14 juillet) dans la mythologie révolutionnaire en train déjà de se constituer.

Nous reviendrons sur cette intéressante histoire des mythes de la Bastille, mais, pour n'en rester dans ce chapitre qu'à la question de l'issue des embastillements, il suffira de lire Michelet qui, dans son introduction à l'*Histoire de la Révolution française*, présente la Bastille en racontant une de ces pseudo-anecdotes qui feront la fortune des historiens du XIXe siècle. Quesnay, médecin de Louis XV et chef de file des physiocrates, se serait troublé en voyant le roi entrer à l'improviste. À la femme de chambre de Mme de Pompadour qui lui demandait la raison de cet émoi, il répondit : « Madame, quand je vois le roi, je me dis : voilà un homme qui peut me faire couper la tête. – Oh ! dit-elle, le roi est trop bon ! » Et Michelet d'enchaîner en remarquant que si le roi était trop bon pour ne plus faire couper les têtes, et qu'au surplus ce n'était plus dans les mœurs, « il pouvait d'un mot le faire mettre à la Bastille, et l'y oublier ». Or le sens de ce mot est sans équivoque sous la plume de Michelet puisqu'il ajoute : « Reste à savoir lequel vaut mieux de périr d'un coup ou de mourir lentement en trente ou quarante années. »

Et encore était-ce le meilleur des cas, car les quelques squelettes que les Vainqueurs de la Bastille découvriront dans les jardins du bastion au lendemain du 14 juillet accréditeront aussitôt la thèse d'une Bastille d'où l'on ne sortait que les pieds devant.

Libérations et transferts

Avant même toute étude quantitative précise, il est facile de mettre en rapport le grand nombre des embastillements (environ 6 000 au total et 5 300 de 1661 à 1789) et la capacité relativement faible de la Bastille (40 en moyenne avec, on l'a vu, des pointes à 50 aux grandes périodes de répression du jansénisme et de la librairie, et plus souvent un « étiage » à 30, voire 20) pour en déduire que de deux choses l'une : ou bien l'on étranglait secrètement les prisonniers dans leurs cellules pour faire de la place, hypothèse évidemment grotesque, ou bien la plupart des embastillés ne restaient pas longtemps emprisonnés.

Or, il suffit de compter (même si c'est long et ardu) pour constater cette évidence écrasante : tous les prisonniers ou presque sortent de la Bastille puisque 1,5 pour 100 seulement y meurent ou s'y suicident. 26,7 pour 100 sont transférés, tantôt pour être jugés tantôt pour une autre maison de forces et 71,8 pour 100 sont libérés. Quant aux durées de détention de ceux qui sont libérés, qu'il suffise de méditer sur ce nombre : 50 pour 100 des embastillés sont libérés après un emprisonnement de moins de six mois (69,6 pour 100 des libérations) et 60 pour 100 y restent moins d'un an (83,1 pour 100 des libérations). Ceux qui restent emprisonnés plus d'un an, toujours sur l'ensemble des prisonniers, ne sont que 12 pour 100 (dont 1,7 pour 100 au-delà de cinq ans).

Le mode le plus courant, le plus normal est donc de sortir rapidement de la Bastille au bout de quelques semaines ou quelques mois d'incarcération. Le rituel de la sortie est tout aussi soigneusement réglé que celui de l'entrée. Comme pour l'entrée, il faut une lettre de cachet adressée au gouverneur pour que le prisonnier puisse sortir. Les formules employées sont sensiblement les mêmes dans les deux cas : « Monsieur de l'Abadie, je vous fais cette lettre pour vous dire de laisser sortir de mon château de la Bastille le s. de Marmontel que vous y retenez par mes ordres. Sur ce, je prie Dieu qu'il vous ait, Monsieur de l'Abadie, en sa sainte garde. Écrit à Versailles, le 5 janvier 1760. Signé Louis. »

Le prisonnier, immédiatement informé de la bonne nouvelle, descend à la salle du conseil où on lui restitue les objets confisqués à son entrée. Il arrive qu'un dernier repas soit pris à la table du gouverneur quand il s'agit de prisonniers ayant quelque crédit à la Cour (le gouverneur tenant à s'assurer que le libéré n'a pas de griefs à exprimer). Mais ce n'est pas une règle, à la différence de la déclaration que chaque prisonnier libéré doit obligatoirement signer avant de quitter le château : « Le... étant en liberté, je promets, conformément aux ordres du roi, de ne parler à qui que ce soit, d'aucune manière que ce puisse être, des prisonniers ni autre chose concernant le château de la Bastille, qui auraient pu parvenir à ma connaissance. Je reconnais, de plus, que l'on m'a rendu l'or, l'argent, papiers, effets et bijoux que j'ai apportés ou fait apporter audit château pendant le temps de ma détention : en foi de quoi j'ai signé le présent, pour servir et valoir ce que de raison. Fait au château de la Bastille, le jour, le mois, l'année, à ... heures. »

Cette déclaration, à laquelle s'ajoute souvent une autre promesse écrite de ne pas recommencer les fautes qui ont motivé l'embastillement, semble avoir été assez dissuasive car fort peu d'anciens prisonniers, nous le verrons, se sont essayés à raconter leur séjour à la Bastille. « Il est plus sûr de n'en rien dire que d'en parler », se plaisait-on à dire, et il n'est pas jusqu'à l'*Encyclopédie* qui ne fasse preuve à propos de ce lieu redouté d'une discrétion remarquable.

L'abbé de Roquette, enfermé six mois à la Bastille pour jansénisme, raconte qu'à sa libération on le prie de passer chez le lieutenant de police et qu'on lui tend le fameux formulaire qu'il refuse de signer. « Un officier me fit voir la signature, en bon nombre, de tous les prisonniers qui m'avaient précédé, chacun dans des articles séparés, afin de m'engager à les imiter. Mais je tins ferme en disant que la première chose que l'on ferait serait de me demander des nouvelles de la Bastille, et que j'étais bien aise d'en dire. » Il sort pourtant, après que s'étant inquiété de ses livres et effets personnels, on ait insisté pour qu'il emporte la clef de sa cellule jusqu'à ce qu'il revienne chercher son bien.

Ce qui importe pour l'heure, c'est d'aller voir M. de Marville : « J'allai au sortir de la maison de M. le lieutenant de police, poursuit l'abbé, chez un barbier me faire couper ma longue chevelure, et de là chez l'ami à qui je remis les lettres dont j'étais chargé. On sortait de table, et il y avait bien dix à douze personnes, qui furent surprises de me voir, et je profitai de la liberté que je m'étais réservée pour leur raconter bien des choses de la Bastille ; et toute la compagnie voulut voir la clef de ma prison, que j'avais emportée, et qui était une grosse et forte clef. Ensuite je retournai à la Bastille pour faire enlever tout ce que j'y avais laissé, et les officiers étant revenus à la charge pour me faire signer leur formule, j'écrivis de ma main au-dessus de l'acte que je reconnaissais que l'on m'avait remis tout ce que j'avais apporté à la Bastille, sans y rien ajouter davantage, et je signai cette déclaration comme un simple acte de décharge. »

Marmontel, lui, quand on le libère au bout de onze jours avec son fidèle domestique, sait qu'il est un prisonnier recommandé et que c'est pour cela qu'il est resté si peu de temps à la Bastille. D'ailleurs, un exempt l'attend avec un carrosse pour le conduire chez le lieutenant de police. Cette coutume est assez fréquente, car le lieutenant de police tient à mettre personnellement en garde le libéré de l'aggravation des sanctions qui s'abattront sur lui en cas de récidive. Mais il ne s'agit pas de cela pour Marmontel. Sartine se borne à lui témoigner sa joie de le voir libéré et à lui annoncer avec tristesse une mauvaise nouvelle : le roi lui ôte *Le Mercure*. « Tant pis pour *Le Mercure* », répond superbement Marmontel.

Parfois les prisonniers libérés n'ont pas un sou vaillant et l'on s'emploie alors à leur donner quelque viatique. A un abbé janséniste qui sort de la Bastille en 1729 au bout de huit mois, le gouverneur a fait faire un habillement complet et le lieutenant de police a fait remettre 30 livres pour ses frais de route. Latude se voit accorder à sa libération une pension, certes modeste, de 400 livres par an du fait qu'il est totalement dénué de ressources (et du coup, l'incorrigible Gascon s'intitulera pompeusement « pensionnaire du roi »). En décembre 1783, un Dubut de La Tagnerette est logé quinze jours au logis du gouverneur jusqu'à ce qu'il ait pu trouver un appartement.

D'autres obtiennent même une petite prolongation de séjour dans leur cellule, quand il n'y a pas trop de presse, le temps de préparer leur retour à la liberté. Bien sûr ce sont là des exceptions, mais on a déjà vu que la Bastille n'était faite que de cela. Il faut y voir une charité difficile à comprendre de nos jours, une intelligence des pouvoirs qui tiennent à donner au libéré le minimum d'atouts pour l'empêcher de recourir à quelque expédient, à peine franchie la porte de la Bastille. N'est-ce pas l'intérêt de tout le monde ?

Cela n'empêche pas la sévérité et on a eu l'occasion de voir, en examinant les différents motifs d'incarcération, que de nombreuses libérations sont assorties d'un exil ou de diverses interdictions. Pour un capitaine de La Fontaine qui sort de la Bastille en 1662 au bout de dix-neuf jours pour motif inconnu, la lettre de cachet adressée au gouverneur stipule qu'on lui accorde sa liberté à condition qu'il signe une déclaration par laquelle il n'approchera plus que d'au moins six lieues les endroits où le roi sera. On devine qu'il s'agit une fois de plus de la sacro-sainte sécurité du roi. Quant aux assignations à résidence, rares sont les anciens embastillés qui se risquent à les transgresser car la relative indulgence qui a pu jouer lors d'un premier « délit » n'a aucune chance d'être renouvelée.

Mais on peut toujours solliciter au bout de quelque temps l'annulation d'un exil, et d'ailleurs le roi l'accorde assez souvent. De Chasteuil, avocat général au Parlement d'Aix, relégué à Reims après un emprisonnement de trois mois à la Bastille, à la fin de 1670, écrit à Colbert en 1671 : « Monseigneur, c'est avec beaucoup de respect et de crainte que j'ose, Monseigneur, dérober à Votre Grandeur des moments si précieux à l'État pour vous obliger de les employer aux plaintes d'un malheureux comme moi ; et certainement je serais toujours dans le silence que je garde depuis six mois que je suis relégué en cette ville, si je n'étais fortement persuadé que la plus glorieuse de vos occupations est de rendre justice à tous ceux qui la demandent à Votre Grandeur... » On ne saurait être plus poli, ni plus soumis. Comme beaucoup d'autres en semblable cas, l'intéressé plaide l'innocence bafouée mais sans trop insister. Il ne s'agit pas d'accuser le roi d'injustice mais d'être plaint. Bref, la permission royale (encore une lettre de cachet) arrive bientôt. Le sieur de Chasteuil peut regagner ses pénates.

Hormis l'exil et l'assignation à résidence, d'autres conditions peuvent accompagner une libération et constituer un motif de libération anticipée. C'est le cas de l'enrôlement forcé dans un régiment pour les jeunes hommes, les fortes têtes faisant, comme chacun sait, les meilleurs soldats. De temps à autre, le lieutenant général de police, qui s'occupe de cela comme du reste, émet des doutes. Ainsi d'Argenson, éternel sceptique, espère d'un « sodomite » qu'on veut envoyer à la guerre que « son courage répondra à sa taille ».

Une catégorie non négligeable de libérés (une petite centaine) est constituée par ceux qui ont été embastillés par méprise, soit qu'il y ait eu erreur sur la personne, soit que, dès le premier interrogatoire, l'innocence apparaisse à l'évidence. Dans ce cas, le pouvoir n'hésite jamais à reconnaître son erreur et s'emploie à faire sortir aussitôt l'intéressé. Ces libérations interviennent toujours très vite, au bout de vingt-quatre heures ou, tout au plus, de quelques jours.

Le gouverneur, voire le lieutenant de police sont là, qui se confondent en excuses. On va souvent jusqu'à verser une indemnité. Deux louis d'or en 1692 pour la route à Meusnier qui n'était pas le cuisinier de Fontainebleau qu'on recherchait ; 150 livres à Charles Henry et à Nicolas Louis Cochart en 1753 (peut-être plus, dans ce cas précis, parce qu'ils ont dénoncé le vrai coupable). Certaines indemnités sont beaucoup plus importantes, en proportion du dommage subi : 8 000 livres à un avocat nommé Subé, injustement accusé d'être l'auteur du *Tableau fidèle de la décadence de l'État français* ; 1 200 livres de pension à Jean Pereira, deux fois mis à la Bastille en 1773 et 1774 sous une fausse accusation d'intrigues contre la Compagnie des Indes ; 1 000 livres à une chanteuse de l'Opéra, elle aussi embastillée deux fois pour la seule raison que la police voulait à toute force mettre la main sur son amant ; etc.

Bien entendu, tous ceux qui sortent de la Bastille, déchargés de leur accusation et déjà très contents d'être libérés, ne reçoivent pas systématiquement une indemnité ou une pension, et il est bien difficile de démêler les raisons qui font que certains en reçoivent plutôt que d'autres. Parfois, c'est tout simplement parce que le prisonnier sortant a sollicité une aide qu'après enquête le lieutenant de police a reconnue fondée. On retrouve donc là le souci de ne pas mettre sur le pavé de Paris ou sur les chemins du royaume des désespérés, prêts à tout pour subsister.

Mais, de nouveau, il serait injuste de réduire l'Ancien Régime à ce robuste bon sens. On s'emploie aussi, la police la première, à faire preuve d'humanité. C'est ainsi que certaines familles d'embastillés reçoivent une petite pension, « en considération de la situation fâcheuse où vous m'avez marqué qu'ils se trouvaient », écrit à propos de l'unes d'elles Choiseul au lieutenant de police.

Quant à savoir, pour les prisonniers ou leur entourage, combien de temps durera l'embastillement, chacun peut tout au plus se livrer à des pronostics. Barbier, apprenant que l'abbé Morellet a été arrêté et mis à la Bastille, écrit dans son journal en juin 1760 : « On dit qu'il a des connaissances très décidées pour le commerce, et qu'il est réclamé vers le ministère, par MM. les intendants du commerce, comme homme très utile ; en sorte que l'on compte qu'il ne restera pas longtemps à la Bastille pour pareille misère. » C'est qu'en effet la lettre de cachet enfermant par correction, on ne saurait fixer par avance un terme à l'emprisonnement puisque la libération est subordonnée et à l'amendement du sujet et au pardon du roi. C'est justement ce qu'on va reprocher, nous le verrons, à la lettre de cachet, qu'elle envoie à la Bastille ou dans toute autre maison de force.

Bref, ceux qui franchissent le pont-levis de la Bastille ne peuvent guère que supputer, au regard de la gravité de leur faute et de leur éventuel crédit à Versailles, s'ils en ont pour peu de temps ou si, au contraire, ils ne sont pas près de sortir. Et encore... Si, forts de nos statistiques, nous savons maintenant qu'un prisonnier sur deux va être libéré avant six mois (et 59 pour 100 en moins d'un an), les contemporains sur qui se referment les portes de la célèbre prison d'État, isolés comme ils le sont les uns des autres, effrayés par la réputation et le rituel de la Bastille, n'ont pas lieu de se montrer sereins. Et le pouvoir joue là-dessus, la Bastille devant avant tout se montrer dissuasive et d'une certaine façon ordalique. C'est une autre façon d'expliquer les brèves durées d'emprisonnement et les nombreux transferts. Dans l'orchestre de la répression de l'Ancien Régime, la Bastille est un coup de cymbales, un point de passage obligé dès lors qu'on a attiré sur soi la vindicte royale.

Ainsi s'explique le transfert d'un prisonnier sur quatre, soit qu'on décide assez rapidement de le faire passer en jugement (12,7 pour 100), soit qu'on l'envoie dans une autre maison de force (14 pour 100). On a vu, à propos des différents motifs d'embastillement, les raisons très diverses et complexes qui peuvent provoquer une semblable décision, la Bastille remplissant, dans le cas du renvoi devant les tribunaux, le rôle d'une maison d'arrêt et, dans celui du transfert dans une autre maison de force, la fonction d'une maison de force pour correctionnaires, maillon lourd de toute une chaîne de répression. La rotation des prisonniers étant particulièrement grande à la Bastille, il ne s'agit le plus souvent que de faire de la place : « Le nombre des prisonniers de la Bastille, dit-on en 1762, étant beaucoup augmenté par rapport à l'affaire du Canada et pouvant même augmenter par la suite, il serait nécessaire pour avoir des chambres libres de transférer à Vincennes quelques-uns des anciens prisonniers. »

Reste, c'est le cas de le dire, le prisonnier de longue durée : 9,4 pour 100 de un à cinq ans et 2,7 pour 100 plus de cinq ans. C'est peu mais la Révolution d'abord et l'Histoire ensuite n'ont voulu retenir que ceux-là, à commencer par Latude qui avec ses trente-cinq ans de captivité, tant à la Bastille qu'à Vincennes, Charenton et Bicêtre, s'est lui-même sacré dans ses *Mémoires*, parus en 1790, « la plus célèbre victime du despotisme ». Latude n'est pourtant pas le doyen des prisonniers de la Bastille, pas plus que ce religieux hongrois enfermé pour espionnage en 1687, que Barbier dans son journal fait mourir à la Bastille au bout de trente-cinq ans, et qui en réalité a été transféré à la citadelle de Besançon dès 1691 (mais il y meurt en effet en 1722).

Le vrai doyen de la Bastille s'appelle Isaac Armet de La Motte, gentilhomme bourguignon, enfermé en 1695 pour complicité de meurtre et pour avoir ensuite fabriqué une fausse lettre de grâce. Les interrogatoires de 1695 ne permettent pas de soupçonner la moindre trace de folie, pas plus que la conduite du prisonnier dans les années qui suivent. Mais, en 1715, on le signale comme ayant « l'esprit tout à fait aliéné ». On voudrait bien s'en débarrasser mais lui-même insiste pour qu'on le garde. Il a pris ses habitudes et ne veut aller nulle part ailleurs. On garde donc par charité ce « pauvre gentilhomme qui a perdu l'esprit et, dans ses meilleurs intervalles, ne sait ni ce qu'il dit ni ce qu'il fait ». En 1749, cependant, il est devenu tout à fait gâteux, et son odeur incommode fort les soldats du corps de garde où on l'a logé pour être mieux que dans les tours. On se résout alors à le transférer à Charenton où d'ailleurs il va mourir après quelques jours. Ce malheureux était resté enfermé cinquante-quatre ans, cinq mois et dix jours. L'abbé de Roquette en parle dans ses souvenirs : « Je voyais très souvent dans l'heure de ma récréation un gentilhomme huguenot, nommé de La Motte, qui était le doyen des prisonniers. Il pouvait avoir quatre-vingt-dix ans. Il avait la liberté d'aller et de venir partout dans l'intérieur du château, à l'exception des chambres où sont les prisonniers. [...] Il paraissait extrêmement sensible au froid, et un jour que nous nous chauffions à côté l'un de l'autre à un petit coin où le soleil paraissait, il me dit que depuis dix ans il n'échauffait point pendant l'hiver et que les murailles de la Bastille lui paraissaient de glace. »

Mais, hors de ce cas extrême puisque la folie, bien qu'étrangère au motif d'incarcération, devient en elle-même une raison impérative de prolonger la détention, il est des circonstances où le pouvoir exprime nettement son intention d'enfermer un individu pour longtemps : « J'ai vu, écrit le roi à Le Tellier le 20 octobre 1662, le mémoire qui vous a été adressé sur toute la conduite de Bourdois, qui ne lui ouvrira pas sitôt les portes de sa prison. »

On peut citer aussi ce Pierre Bertrand, procureur au Châtelet d'Orléans, arrêté en 1703 pour une obscure affaire de complicité avec les révoltés des Cévennes. On a trouvé « plus de cent pièces faussement fabriquées, et toutes d'une assez grande conséquence », écrit d'Argenson qui ajoute : « Ainsi je pense que ce prisonnier doit être oublié pour un long temps à la B. pour assurer le repos public. » Ce qui fut dit fut fait et on oublia si bien le procureur à la Bastille qu'il y mourut vingt-deux ans plus tard.

Mais, répétons-le, même dans ces cas extrêmes (2,7 pour 100 de durées d'emprisonnement de plus de cinq ans), on ne saurait reprendre l'antienne des prisonniers oubliés, au sens étroit du mot, à la Bastille. Qu'il suffise de lire de nouveau Michelet : « À la mort du grand roi, on trouva à la Bastille un homme qui depuis trente-cinq ans y était sans savoir pourquoi. C'était une méprise ; on n'avait pas eu le temps de chercher son dossier... »

Passe encore que certains prisonniers, surtout quand ils sont devenus fous, oublient le motif de leur incarcération et que dans des cas encore plus rares ils l'aient toujours ignoré (ou feint d'ignorer), mais le pouvoir, lui, du roi au gouverneur de la Bastille, en passant par le ministre de la Maison du roi et le lieutenant général de police de Paris, sait très bien pourquoi et ne l'oublie à aucun moment. On a vu, à propos de la Bastille et des lettres de cachet, avec quelle exactitude le ministre se fait adresser un état mensuel des prisonniers. On a vu ailleurs avec quelle précision l'état-major de la Bastille fait ses rapports sur la conduite des prisonniers, ce qu'ils ont dit, ce qu'ils ont fait. Et quand le ministre ne se souvient plus, il demande, comme par exemple Louvois qui écrit au gouverneur le 20 octobre 1683 pour savoir pourquoi tel prisonnier est détenu depuis treize ans.

Et puis, pourquoi les ministres d'hier auraient-ils été plus monstrueux que ceux d'aujourd'hui ? « Le privilège du cœur » ne saurait être l'apanage d'une justice, d'une police ou d'une administration touchées par la grâce révolutionnaire, à l'opposé de tout ce qui a nom d'Ancien Régime. On a vu au contraire le terrible lieutenant de police faire preuve à maintes reprises non seulement d'intelligence (ce qui était obligatoire pour une pareille fonction et à cette époque) mais aussi parfois de mansuétude et même de bonté. Ainsi Berryer écrit-il le 27 mars 1753 à Silhouette, contrôleur général des Finances, à propos d'un prisonnier mis à la Bastille pour avoir écrit des lettres de menaces contre la vie du duc d'Orléans et du duc de Chartres : « Quelque juste et bien fondée que m'ait toujours paru la pénitence que l'on fait à Vérit, détenu à la B. depuis près de deux ans, y ayant été mis au commencement de mai 1751, permettez cependant que je vous rappelle le souvenir de ce prisonnier. Il m'a écrit une infinité de lettres où il paraît repentant de sa faute, et en demande continuellement pardon à feu Mgr le duc d'Orléans, qu'il croit encore vivant. L'imbécillité et la faiblesse d'esprit de cet homme, jointes à sa misère, ont eu plus de part dans le temps aux lettres de menaces qu'il faisait, qu'une véritable méchanceté. Si vous en pensez ainsi, et que vous croyiez qu'il soit suffisamment puni, faites-moi l'honneur de me le marquer, et en ce cas, je proposerais au ministre sa liberté, à la charge de l'exiler à Cognac, sa patrie, ou à Agde, en Languedoc, où il avait pris un établissement d'orfèvre avec sa famille. » Mais le lieutenant de police n'est pas toujours écouté. La preuve en est dans cette affaire puisque le prisonnier en question est transféré au donjon de Vincennes en 1757, et y meurt onze ans plus tard. C'est que, dans ce cas précis, on touche à la sécurité du roi et de sa famille et que le transfert de 1757, suivi d'un emprisonnement à vie, a été provoqué par l'attentat de Damiens réveillant la peur endémique du régicide.

Évasions

Un autre moyen de sortir de la Bastille est de s'en évader, mais cette fois « les places sont plus chères » car la forteresse est bien gardée. Quelques prisonniers pourtant ont réussi cet exploit fameux : ils sont, si nous n'avons oublié personne, au nombre de neuf, répartis sur six évasions – ce qui, sur quatre siècles, est évidemment peu.

La Bastille essuie sa première évasion sous le règne de Louis XI avec Antoine de Chabannes, comte de Dammartin, qui, après avoir été un compagnon de Jeanne d'Arc, mené une des bandes d'« écorcheurs » qui ravagèrent la France à la fin de la guerre de Cent Ans, puis s'être mis au service de Charles VII, se trouve, comme il arrive souvent, discrédité auprès de Louis XI lorsque celui-ci arrive au pouvoir. N'est-il pas allié du duc de Nemours et en relation avec les nombreux mécontents du royaume ? Un arrêt du Parlement le condamne le 20 août 1463 à la prison et à la confiscation de son bien. Le voici enfermé à la Bastille. Au bout d'un an, constatant que rien ne laisse entrevoir une prochaine libération, sa femme, Marguerite de Nanteuil, songe à le faire évader et rassemble quelques fidèles. A cette époque, il n'est pas très difficile d'entrer et même de se promener dans la Bastille quand on est noble seigneur. Deux fidèles s'en vont donc visiter le prisonnier, se promènent avec lui sur les tours et discutent tranquillement d'un plan d'évasion. Les fenêtres sont garnies de forts barreaux et de treillage de fer, mais on repère tout en haut d'une des tours une grande fenêtre sans barreaux. Quelle hauteur de corde faudra-t-il ? On demande du fil, du plomb et un morceau de fromage pour taquiner le poisson dans les fossés du château, pleins d'eau en ce mois d'octobre. Voilà la mesure prise. Un mois plus tard, la corde, qui par excès de précaution a été fabriquée à Reims, est apportée et cachée dans la Bastille – ce qui en dit long sur la piètre surveillance des prisonniers, fussent-ils d'État. (En fait, à cette époque « archaïque » de l'histoire de la Bastille, c'est tout l'un ou tout l'autre, selon la gravité des motifs d'incarcération : ou bien on est mis à la cage, ou bien on peut se promener dans tout le château avec ses visiteurs.)

Par une froide nuit de mars 1465, Antoine de Chabannes se laisse glisser le long de la corde qu'il a fixée à la fenêtre providentielle. Une barque recueille le fugitif et tout ce petit monde s'enfuit au galop par le pont de Charenton. Pris sur le fait, les conjurés auraient certainement été châtiés par Louis XI avec la dernière rigueur mais, la politique étant ce qu'elle est, Antoine de Chabannes rentra en grâce au mois d'octobre de la même année après le traité de Saint-Maur, servit Louis XI et devint même gouverneur de Paris sous Charles VIII.

Les quatre évasions suivantes ont toutes lieu sous le règne de Louis XIV, époque où la garde de la Bastille est moins strictement assurée qu'elle ne le sera au XVIIIe siècle. Ce sont d'abord, en septembre 1673, Baudouin, contrôleur de la Maison du roi, et le chevalier de La Boissière. Le rapport qu'en fait le gouverneur de la Bastille à Louvois est un morceau d'anthologie : « J'ose vous dire, en vous demandant toujours l'honneur de votre protection, le mortel déplaisir que j'ai que M. le chevalier de Beauvais se soit sauvé avec le sieur Baudouin, par une corde de dessus la terrasse, que ses amis lui ont attachée à une ficelle qu'il a jetée par-dessus la muraille des fossés du château à la faveur d'une boule de plomb et remontée en haut et liée à la muraille, et ses-dits amis lui tenaient tendue au bas dans le pré, il s'est glissé en un moment, quoique la chose paraisse affreuse et quasi impossible, et je ne saurais à qui m'en prendre qu'à l'air, et au dépit que j'ai que madame sa mère me l'ait, par trop de tendresse, fait ôter d'une bonne chambre où il a été longtemps, pour le mettre dans la cour avec ses amis qui lui ont donné tous les instruments nécessaires pour percer doucement une porte sur la terrasse la nuit et enlever avec une tarière une planche par où ils sont entrés sur la terrasse que j'ai toujours cru plus sûre que pas un cachot, et où de tout temps le roi a permis aux prisonniers de se promener. »

Bien que Louvois ait apaisé le gouverneur en lui disant qu'au moins « il faut profiter de ce qui est arrivé pour l'empêcher à l'avenir », trois prisonniers renouvellent l'exploit douze ans plus tard, en août 1685. La Bastille a déjà une telle réputation d'inviolabilité que les nouvelles à la main informent leur public que pas moins de dix personnes se sont sauvées de la Bastille d'un coup, rompant portes et fenêtres. Le ministre se contente de parler de « l'accident arrivé à la Bastille », mais exige une enquête soigneuse établissant la responsabilité éventuelle du lieutenant de roi « ou de quelque autre, afin d'en faire une justice exacte ». En dépit d'actives recherches et d'un signalement diffusé dans tout le royaume (notamment dans les ports et les villes de passage comme Lyon), celui qui semble avoir été l'artisan de l'évasion, ancien valet de pied de l'ambassadeur de Venise, ne sera jamais retrouvé. En revanche, Dupuy, impliqué dans les affaires de malversation de la marine de Bourgogne, se constitue prisonnier au bout de quelques jours de cavale. Louvois aussitôt insiste pour qu'on le traite « avec la douceur que mérite un homme qui se vient rendre lui-même en prison ». Son interrogatoire permet en outre à Louvois de tancer vertement le lieutenant de police : « Je ne doute point que vous n'ayez appris, par les interrogatoires de ce valet, combien les prisonniers sont durement traités à la Bastille et mal gardés, et qu'ils communiquent d'une chambre à l'autre au vu et su de ceux qui leur portent à manger. »

C'est encore par une belle nuit du mois d'août, mais seize ans plus tard, en 1701, que s'évade le comte Boselli, embastillé depuis trente mois pour une affaire d'espionnage et qui s'était déjà enfui à toutes jambes en descendant du carrosse qui l'amenait à la Bastille. Lui aussi a utilisé une corde pour descendre du haut des tours et on a rattrapé de justesse son valet qui se sauvait derrière lui. Cette fois on se fâche tout rouge, arrêtant dès le lendemain de nombreux membres de la famille et de l'entourage de l'évadé. Il est nettement établi que la liberté qu'avaient ceux-ci de rendre de nombreuses visites au prisonnier ont permis de préparer l'évasion et de fabriquer pas moins de quatre fausses clefs pour franchir les quatre portes séparant le comte Boselli de la plate-forme. La suite, devenue classique depuis l'évasion de 1673, a consisté à dévider jusque dans le fossé une grosse pelote de ficelle puis de remonter une corde, grâce aux soins diligents de parents postés dans le fossé. Il est certain qu'au XVIIIe siècle un pareil concours de personnes sera impossible. Ce n'est que près de trois ans plus tard que la police réussira à mettre la main sur le serrurier qui avait fait les fausses clefs. Il ne restera à la Bastille que deux mois, après avoir fait valoir avec succès qu'il ignorait la destination du travail demandé.

Le gouverneur est alors M. de Saint-Mars qui essuie en l'occurrence la première évasion de sa carrière et qui s'en désole si fort que le ministre se met en devoir de le consoler : « J'ai lu au roi la lettre que vous m'avez écrite ; vous ne devez pas prendre si fort à cœur l'évasion du sieur Boselli, c'est un malheur, mais ce n'est pas la première fois que pareille chose est arrivée à la B. ; S.M. est trop persuadée de votre fidélité et de votre zèle pour croire que cet accident soit l'effet de votre négligence, puisque tout autre y aurait pu être pris comme vous ; ainsi il faut vous tranquilliser et vous pouvez venir voir le roi quand il vous plaira, il vous recevra avec sa bonté ordinaire. »

Le long règne de Louis XIV a connu une dernière évasion en 1709 avec l'abbé du Bucquoy, demi-fou dont on a déjà décrit la veste et la perruque réversibles ainsi que la culotte à poches secrètes. Spécialiste de l'évasion grâce à ses dons de transformation à vue, il s'était échappé de For-l'Évêque et, quand on l'avait repris, on avait extrait de sa fameuse culotte « six petites limes sourdes fort fines, une petite scie, un poinçon, une espèce de burin et un manche de bois auquel tous ses outils répondent ». Il réussit pourtant dans la nuit du 5 mai à scier les barreaux de sa fenêtre et à descendre dans les fossés avec ses deux compagnons de cellule après avoir noué leurs draps de lit. L'alerte a été donnée, les deux complices repris dans les fossés, mais l'abbé du Bucquoy, se mouvant dans la nuit obscure comme dans son élément naturel, a pu s'enfuir.

Le gouverneur du moment qui est M. de Bernaville est encore plus désespéré, si c'est possible, que ne le fut Saint-Mars lors de la précédente évasion : « Je ne chercherai point de raisons pour me justifier de l'évasion de du Bucquoy, écrit-il trois jours plus tard au ministre Pontchartrain ; un homme, à ma place, qui n'a point lieu de se plaindre de la fidélité de ses officiers, n'en doit point avoir. Il doit tout savoir, tout voir et tout faire, ou faire faire par lui-même. Cet insigne fripon, qui fait gloire de forcer toutes ses prisons et en dernier lieu celle du For-l'Évêque, a forcé aussi la nôtre. [...] Je ne puis vous dire l'affliction des officiers et la mienne. Nous sommes tous au désespoir ; pour moi, j'ai été deux nuits sans dormir, et quasi sans manger, et à marcher tout le jour. Je n'ai point eu le courage de vous écrire plus tôt, la lettre de M. d'Avignon vous ayant informé de ce malheur, je souhaite à tous moments de n'avoir pas mis le pied à la B. ; je mettrais tout mon bien avec le revenu de la B. pour trouver cet homme-là ; je vous supplie de m'accorder la continuation de votre protection. »

Cette fois, les consolations du ministre sont beaucoup plus mesurées : « J'ai lu au roi votre lettre au sujet de l'évasion de du Bucquoy ; vous convenez de trop bonne foi de votre faute pour vous charger encore de reproches ; cependant je ne puis me dispenser de vous dire que non seulement vous, mais les officiers qui sont à vos ordres, avez eu grand tort de ne pas rétablir vos sentinelles ordinaires lorsque le froid extrême a été passé, et que les fossés se sont trouvés à sec. Redoublez donc vos soins pour une garde plus exacte... »

Il est certain que les évasions de la Bastille sont de plus en plus mal supportées par Versailles qui tient à la réputation de sa prison. Tout est donc mis en œuvre pour retrouver le fugitif : descentes de police dans toutes les maisons où le fugitif aurait pu aller, signalement « massivement » diffusé dans tout le royaume. Comme à chaque fois en semblable occasion, on a vu du Bucquoy partout et même en Hollande. C'est bêtement à La Fère, dans la généralité de

Soissons, là où il s'était fait reprendre après son évasion de For-l'Évêque, que du Bucquoy se fait de nouveau arrêter – ce qui en dit long sur son état mental.

Désormais, la Bastille, pendant tout le XVIIIe siècle, ne va plus connaître qu'une seule évasion, la plus célèbre d'ailleurs, celle de Latude et d'Allègre dans la nuit du 25 au 26 février 1756. Latude, dans ses *Mémoires*, s'est attribué tout le mérite de cette évasion, et c'est vrai qu'il avait à son palmarès celle de Vincennes le 25 juin 1750, en plein jour, mais le lieutenant de police qui connaît son monde dit avec raison que Latude n'était que « le tome II d'Allègre ».

Quoi qu'il en soit, après de longs mois de travail nocturne entrecoupé de fausses alertes, les deux prisonniers ont réussi à confectionner une échelle de corde de cent cinquante et un échelons (c'est celle qu'on peut encore contempler aujourd'hui au musée Carnavalet) en consommant d'énormes quantités de chemises et de linge. Les barreaux qui obstruent la cheminée à plusieurs endroits ont été patiemment sciés, travail exténuant qui à lui seul a demandé plusieurs mois. Et puis, par une nuit froide et pluvieuse de février, les deux jeunes gens se sont lancés dans le vide du haut de leur échelle pour découvrir un solide mur séparant l'immense fossé de la Bastille du fossé de la porte Saint-Antoine par où ils ont résolu de fuir. À cette époque, les rondes des gardes interdisent le moindre bruit et il faut travailler d'arrache-pied, jusqu'à l'aube, à pratiquer un trou dans le mur de séparation, pratiquement à mains nues, non sans avoir failli se noyer dans les fossés alors pleins d'eau. Le jour est sur le point de se lever quand les évadés sont enfin libres.

À la Bastille, c'est la consternation. Le lieutenant de roi entreprend de rendre compte au lieutenant de police de « cette horrible évasion dont le détail sera long et paraîtra aigre ». Ce funeste événement le met au comble de la douleur et il ne lui reste plus qu'à dire : « Montagnes, tombez sur moi ! » Quant au malheureux porte-clefs de service à la Comté (la tour où logeaient les évadés) et aux gardes de service la nuit de l'évasion, ils sont aussitôt mis au cachot et y resteront plusieurs mois, même lorsqu'il sera devenu évident qu'ils n'ont pas été complices mais tout au plus négligents.

Reste à savoir comment les évadés ont pu se procurer l'échelle de corde qu'à aucun moment on ne suppose être de fabrication maison, même si, par acquit de conscience, on perquisitionne les autres cellules (de toute façon, il y a toujours des choses à trouver). Les faucheurs qui viennent à la belle saison couper l'herbe dans les fossés de la Bastille sont suspectés du fait qu'ils ont déjà été surpris à porter des lettres pour des prisonniers.

Mais, plus que le branle-bas habituel des recherches à partir des signalements distribués à la maréchaussée avec promesse de récompense, Latude et d'Allègre ont à craindre l'étonnant limier qu'on a lancé sur leur piste : un exempt nommé Saint-Marc. C'est lui qui sept ans plus tôt a démasqué Latude comme étant l'auteur du faux colis piégé adressé à Mme de Pompadour. Il a appris à connaître la psychologie de son client et va le suivre littéralement à la trace jusqu'en Hollande, raflant au passage d'Allègre qui, lui, s'était arrêté en Belgique. À la fois « barbouze » et diplomate, le diabolique Saint-Marc reste dans l'ombre mais dirige la police hollandaise sur la foi des renseignements qu'il obtient notamment à la barque d'Anvers puis à Amsterdam (on notera au passage que ce pays des « libertés » ne craint pas de collaborer étroitement avec le porteur d'une lettre de cachet – il est vrai que Saint-Marc a parlé de « dangereux agitateurs »).

Dans une lettre empreinte de fausse modestie, Saint-Marc annonce l'arrestation de Latude à l'ambassadeur de France, lequel dépêche immédiatement un courrier spécial pour Paris. À Versailles comme à la Bastille, la joie est extraordinaire : « Je me hâte de vous apprendre la bonne nouvelle, écrit le premier commis du lieutenant de police au gouverneur, [...] voilà donc la Bastille qui va redevenir vierge. »

Et, de fait, il n'y aura plus d'évasions à la Bastille où l'on va désormais multiplier les mesures de prudence. À propos par exemple des nouvelles demandes de linge et de draps que Latude formule après son évasion, on se montre beaucoup plus circonspect que pour ses demandes de vêtements : « Attention, prévient le major, c'est un monsieur qui coupe une semaine un peu de linge sur la longueur, et une autre semaine un peu sur la largeur. Et puis il fait de même avec les draps, et à la fin de l'année il a assez de fil pour tresser une corde et s'évader. »

Quant aux tentatives avortées, elles sont assez peu nombreuses – ce qui est logique au regard de la brièveté de la plupart des séjours. Une évasion, cela se prépare... Il nous reste cependant quelques échos de tentatives d'évasion dont la plus ancienne est rapportée par Bussy-Rabutin pour l'année 1641, juste avant sa libération : « Trois semaines avant que je sortisse, un gentilhomme du prince Thomas de Savoie prisonnier depuis quatre ans, pour qui j'avais pris de l'amitié, me pria de faire entrer un coffre dans ma chambre dans lequel il se mettrait le jour que je sortirais, et serait emporté avec mon équipage ; j'y consentis sans faire de réflexion aux conséquences ; et comme ce coffre fut apporté, ce gentilhomme me demanda la clef de ma chambre pour s'aller mettre dedans, et essayer s'il y pourrait respirer quelque temps à l'aise par les petits trous qu'on avait faits, et qui étaient cachés dans le poil de la couverture ; il ferma la porte en dedans, et pendant qu'il était dans le coffre le couvercle abattu, il fit en se remuant que le coffre se ferma tout à fait : si bien que ce pauvre homme au désespoir croyant étouffer, fit de si grands efforts qu'il rompit la serrure... » Bref, l'affaire rate.

En 1754, un autre prisonnier, s'apercevant que le porte-clefs a oublié de refermer la porte de sa cellule, descend les escaliers, traverse la cour mais, bien entendu, se voit refuser l'ouverture de la porte par la sentinelle qui donne aussitôt l'alarme. Le prisonnier et le porte-clefs distrait sont mis au cachot huit jours. « À une seconde faute, menace le lieutenant de police en parlant du geôlier, il n'en serait pas quitte à si bon marché. »

Cinq ans plus tard, c'est un fou qui confectionne une espèce de mannequin pour faire croire au porte-clefs qui fait la visite du matin qu'il est encore au lit. D'abord le geôlier appelle, puis s'avance pour secouer l'endormi. Pendant ce temps, le prisonnier, qui comptait bien sur ce scénario et s'était caché derrière la porte restée ouverte, s'esquive prestement mais c'est pour tomber sur l'une des grilles qui interrompent par endroits les escaliers des tours. Il faut alors remonter piteusement pour tenter d'apaiser les clameurs du porte-clefs. Huit mois auparavant, le même prisonnier (il s'agit de Thorin) se cache derrière son tas de bois épargné tout exprès. Déjà l'alerte avait été donnée, raconte Chevalier, major de la Bastille ; « enfin, les porte-clefs ayant visité partout et dans toutes les chambres qui sont dans la tour, jusque dans les latrines, ne sachant plus à quel saint se vouer, se sont avisés de déranger le bois, où il fut trouvé heureusement. Je vous jure que 1 000 louis d'or ne m'auraient pas fait plus de plaisir ».

En 1781, c'est Dargent, celui qui a provoqué un début de panique à la Bourse en vendant massivement de fausses actions, qui, embastillé, jugé et condamné à être pendu, entreprend de se sauver dans tous les sens du mot. « Dargent, lit-on dans La Bastille dévoilée, se lève, s'habille, met un bonnet blanc et une serviette devant lui en guise de tablier ; ainsi accoutré, il se remet au lit tout chaussé et tout habillé, et ferme bien les rideaux. Le porte-clefs qui entre dans la chambre pour faire sa garde-robe, voyant ses pantoufles devant le lit et n'ayant aucune raison de se méfier de lui, se contenta en sortant de pousser une seule porte, et dédaigna de fermer les verrous. Dargent profitant du moment d'absence du porte-clefs sort doucement de sa chambre ; au bas de l'escalier et à l'entrée de la tour, il trouve un panier de bouteilles. Il met ce panier à son bras et se présente à la première sentinelle, qui le prenant pour un garçon d'office ou de cuisine lui ouvre la première porte ; la seconde sentinelle fut aussi sans méfiance, et le laisse passer. Déjà il était dans la cour du gouvernement, lorsque des bas-officiers invalides observant son habillement, et jugeant que c'était un prisonnier qui s'échappait, l'arrêtèrent. On crie aux armes. Tout l'état-major est en mouvement ; les sentinelles sont relevées, on les crut séduites ; le porte-clefs est mis aux arrêts. M. Le Noir averti, accourt ; ils sont tous interrogés ; on veut savoir s'ils ont reçu de l'argent, s'ils connaissent les parents ou la maîtresse du prisonnier, s'ils les ont vus, etc. Tout le résultat de ces interrogatoires fut de penser que Dargent ne voulait pas être pendu. » (« Lorsqu'on sait qu'on doit être pendu, on est pardonnable de témoigner quelque répugnance », commente l'auteur de *La Bastille dévoilée*.) On connaît la suite de l'histoire et on sait comment Dargent ne fut pas pendu après que sa famille en grand deuil fut venue implorer Louis XVI à Versailles.

Décès et suicides

Il est très rare, qu'on meure à la Bastille puisque seulement 1,5 pour 100 des prisonniers ne ressortent pas vivants de la citadelle. Ce sont essentiellement des morts naturelles sur lesquelles on n'a guère de renseignements médicaux. Ces décès interviennent le plus souvent chez des prisonniers enfermés de longue date. L'exemple le plus notable est celui de Bernard Palissy, qui pour être le célèbre savant et artiste que l'on sait, celui qui, dit-on, brûla son plancher et ses meubles pour alimenter son four et découvrir le secret de la fabrication des émaux, fut aussi un protestant à la foi intransigeante, refusant d'abjurer au milieu des guerres de Religion. Protégé par Catherine de Médicis, il avait été enfermé à la Bastille à la mort de celle-ci, se trouvant ainsi le premier des protestants à expier sa foi derrière les murs de la prison d'État. En 1590, alors que Bussy Le Clerc est encore gouverneur, Bernard Palissy meurt à la Bastille, à l'âge de quatre-vingts ans. On peut donc invoquer le grand âge même si Pierre de L'Estoile dit qu'il mourut « de misère, nécessité et mauvais traitement ».

À l'instar de Bernard Palissy, les rares prisonniers qui décèdent à la Bastille s'y éteignent lentement en dépit des soins du chirurgien et du médecin, et c'est souvent au matin que le porte-clefs qui fait sa première visite les retrouve morts dans leur lit. Certains décès sont toutefois plus spectaculaires, tel celui de ce prisonnier de trente-huit ans qui fait son entrée le 26 février 1736. Après les formalités d'usage dans la salle du conseil, on lui donne une plume pour signer le reçu de ses affaires : « En la prenant, il tombe raide mort de dessus sa chaise ».

Aux quelque 80 morts naturelles, il faut ajouter, pour mémoire, la trentaine d'exécutions (0,5 pour 100) déjà évoquées à propos de différents cas, et qui ont toutes pour caractère commun d'avoir fait l'objet d'une sentence judiciaire, loin des exécutions sommaires qui, répétons-le, sont à l'opposé des institutions et de la mentalité de l'Ancien Régime. On pourrait en revanche, mais c'est une autre question, discuter de l'inféodation au pouvoir royal de tribunaux d'exception dont la Chambre de l'Arsenal, véritable annexe judiciaire de la Bastille, est le plus célèbre exemple.

Rappelons parmi ces exécutions celle de Biron sous le règne d'Henri IV, la seule à notre connaissance qui se déroule à l'intérieur même de la Bastille ; celles, célèbres, du chevalier de Rohan en 1674, ou de Damiens en 1757 ; celle du malheureux comte de Lally-Tollendal le 6 mai 1766, qui fut la dernière.

Enfin, il y aussi les suicides, ultime avatar du désespoir dont nous avons vu de nombreux prisonniers frappés. Ces suicides semblent plus nombreux sous le règne de Louis XIV, époque à laquelle, tout comme pour les évasions, la surveillance est moins efficace qu'au XVIIIe siècle. En 1669, c'est un prisonnier qui a demandé à son porte-clefs une carotte de tabac et un couteau pour la couper puis qui a prié celui-ci d'aller lui chercher de l'eau à boire, temps qu'il a mis à profit pour se trancher la gorge. En 1700, c'est le complice de Debar, faussaire, qui se brise le crâne contre les murs de sa cellule (suicide que Saint-Simon impute par erreur à Debar lui-même). En 1704, c'est Vinache, le fondateur de la bibliothèque de la Bastille, qui s'ouvre la gorge avec son couteau et que l'aumônier a le temps de confesser avant qu'il expire. En 1706, c'est un certain Rémy qui trouve le moyen de se pendre à un gond de sa fenêtre avec une ficelle renforcée d'un lien d'osier pris sur les fagots de son bois de chauffage. En 1733, c'est un cabaretier inculpé d'assassinat qui en sortant de la messe se jette en remontant à sa chambre par une fenêtre de la tour du Coin...

Les rapports, toujours minutieux, en disent long sur l'acharnement que certains prisonniers ont mis à se donner la mort. Ainsi, le 11 février 1691, un chirurgien de Niort, enfermé pour protestantisme, se donne d'abord un coup de couteau dans la poitrine « dont il se fit une blessure considérable, de laquelle il a été traité et guéri par M. de Rode, chirurgien du château, et que la nuit du lundi au mardi gras, qui était le 26 ou 27 février dernier, Baconneau s'est donné un coup dans le crâne d'un clou à crochet, et après se serait poussé, par le trou qu'il s'était fait, un jonc de balai d'un demi-pied de long dans la tête, duquel coup il s'est procuré la mort, ayant vécu jusqu'à aujourd'hui, sur les trois heures du matin, n'ayant pu être guéri de la blessure qu'il s'était faite, quoiqu'on y ait apporté tous les soins et la vigilance nécessaires pendant l'intervalle desquelles blessures jusqu'à sa mort, Baconneau a marqué des sentiments de fureur et de désespoir, comme ayant l'esprit aliéné et hors de lui ».

Les « sodomites » semblent avoir une propension au suicide, puisque trois au moins d'entre eux à des époques différentes s'y tranchent la gorge (c'est le moyen le plus facile à la Bastille où les prisonniers peuvent utiliser un couteau aux repas). Et encore est-ce compter sans les nombreuses tentatives manquées : « Hier matin, sur les onze heures, Charras, prisonnier à la B., de l'ordre du Roi, se donna deux coups de couteau au-dessous du cœur ; il est à craindre qu'il n'y en ait de mortel. Il s'est servi pour cela d'un méchant couteau dont la lame est rompue à quatre doigts du manche, et qui ne semblait pas pouvoir servir à cet usage ; mais ce malheureux homme a pris soin de l'y disposer, en l'aiguisant sur une cruche de terre qu'il avait dans sa chambre. Après l'avoir rendu tranchant par l'extrémité, il s'en est frappé par deux fois, et il avait déjà perdu beaucoup de sang, lorsqu'on est venu à son secours [...] il avait écrit, avec du charbon, sur les murailles de sa chambre, les mots suivants : «Je prends à témoin le grand Dieu devant qui je vais comparaître, que je meurs innocent. Je pardonne généralement à tout le monde...» Le désespéré survit pourtant, bien que le médecin appelé à son chevet ait commencé par le saigner, ce qui en la circonstance aurait pu paraître superflu.

Il est difficile de chiffrer exactement le nombre de ces suicides (une quinzaine ? une vingtaine ?), car Versailles tient à ce que ce genre d'affaire ne s'ébruite ni à l'intérieur de crainte de faire des émules, ni à l'extérieur afin de ne pas assombrir davantage la réputation de la Bastille. Pourtant, dans une société aussi religieuse, y compris au XVIIIe siècle, le suicide est le crime absolu contre son corps d'abord, qui n'est rien, mais surtout contre son âme, qui est tout. Depuis le Moyen Âge, on a coutume de faire au cadavre du suicidé un véritable procès puis de l'exécuter symboliquement, avec force mise en scène (cadavre traîné par des chevaux jusqu'au gibet, etc.) et grand concours de foule. Rien de tel à la Bastille. À propos de Vinache qui s'est suicidé en 1704, d'Argenson écrit : « Je crois toujours que le genre de sa mort est bon à taire et toutes les fois qu'il est arrivé à la Bastille de pareils malheurs, j'ai proposé d'en ôter la connaissance au public, trop prompt à exagérer les accidents de cette espèce et à les attribuer à une barbarie de gouvernement qu'il ne connaît pas, mais qu'il présuppose... » Voilà qui est bien dit.

Quand il y a un suicide, donc, le lieutenant de police et le ministre de la Maison du roi en sont immédiatement informés. Un commissaire du Châtelet se transporte à la Bastille pour dresser procès-verbal tandis que le cadavre est visité par le chirurgien et le médecin de la maison. Mais l'on s'abstient de faire « le procès du cadavre » et l'on procède à l'enterrement tantôt sous un faux nom, ou même anonymement dans quelque trou, pratique choquante à nos yeux mais tout à fait justifiée au regard d'une société véritablement chrétienne où c'est d'âme et non de corps qu'il s'agit.

Aussi le gouverneur écrit-il au lieutenant de police le 23 novembre 1767 : « Vous n'avez pas encore eu la bonté de nous mander ce que nous devons faire au sujet de Drouhart. La façon dont il est mort ne marque pas qu'il eût la moindre religion. [...] Si vous le jugiez à propos, on pourrait l'enterrer, à la nuit, dans un jardin profond [...] où on ne va jamais, [...] on ferait une fosse très profonde et on y mettrait de la chaux vive. » À propos d'un autre cas, en 1711, le lieutenant de police écrit au ministre des Affaires étrangères à la requête duquel avait été embastillé un espion qui vient de se pendre : « On enterrera demain cet indigne homme dans un des jardins de la Bastille, comme il se pratique à l'égard de ceux qui ne méritent pas les honneurs de la sépulture ecclésiastique, et l'on tiendra sa mort secrète aussi longtemps qu'il vous plaira de le prescrire. » On se doute que cette pratique contribuera, *a posteriori*, à renforcer la légende des « mystères » de la Bastille et, pourquoi pas, d'exécutions sommaires et secrètes.

Mais c'est une fois de plus à l'implacable d'Argenson qu'il faut laisser le dernier mot. Un alchimiste (autant dire, pour le lieutenant de police, un escroc) meurt à la Bastille le 31 janvier 1712. Son interrogatoire avait commencé la veille et on le soupçonne fort d'avoir réussi à s'empoisonner – ce qui fait dire à d'Argenson : « Au reste, la mort naturelle ou précipitée du malheureux fait, ce me semble, assez connaître que c'était un insigne fripon qui a mieux aimé mourir que de révéler le secret de ses friponneries. »

• • •

CHAPITRE 9

Haro sur la Bastille

On se souvient certainement de la fable de La Fontaine intitulée *Les Animaux malades de la peste* : la peste désolant le royaume des animaux, le lion tient conseil pour que le plus coupable d'entre eux soit offert en sacrifice aux dieux en colère. Chacun, du tigre au renard, se voit excusé de ses méfaits. Quant au lion qui a dévoré force moutons et quelquefois aussi le berger, eh bien, il leur a fait beaucoup d'honneur. L'âne arrive et avoue avoir tondu d'un pré de moines la largeur de sa langue : « À ces mots, on cria haro sur le baudet... »

Même si l'analogie que nous voulons faire ici peut paraître hasardeuse, nous voulons montrer par là que la situation prérévolutionnaire qui s'installe dès le règne de Louis XV avec la révolte des parlements et une situation de faillite qui ne va plus cesser de croître, s'est cristallisée pour une bonne part dans les écrits comme dans les propos critiquant les lettres de cachet et plus particulièrement la maison de force numéro un du royaume : la Bastille.

Pas question bien sûr d'attaquer directement le roi (encore que des libelles s'y essaient à travers les personnes de la Pompadour puis de Marie-Antoinette). Pas question non plus de s'en prendre aux grands de ce monde ni même aux gens de justice. Mais la Bastille, elle, fait de plus en plus désordre au siècle des Lumières. Elle est comme une verrue sur le corps social, une tache trop voyante, un instrument nu qu'on ne saurait voir. Certes, elle n'est pas aussi innocente que notre baudet, car elle participe très réellement et très efficacement à la répression royale et à une « justice retenue » dont les sujets du roi de France ne veulent plus (car justement ils ne veulent plus être des sujets) et d'ailleurs les lieutenants de police successifs y tiennent tout autant qu'aux lettres de cachet. Mais c'était vraiment considérer le problème par le petit bout de la lorgnette...

Ils en reviennent...

Constantin de Renneville et L'Inquisition française (1724)

Le premier témoignage qui paraît sur la Bastille, ou plutôt contre elle, est celui de Constantin de Renneville, enfermé onze ans, de 1702 à 1713. Nous avons déjà eu l'occasion de citer Renneville dont l'humour n'a d'égal qu'une mauvaise foi qui d'ailleurs ne se dissimule pas.

L'Inquisition française, qui paraît en 1724 à Amsterdam et Leyde, en cinq petits volumes illustrés, se veut un pamphlet et atteint largement son but, connaissant un succès indéniable, avec de nombreuses rééditions et plusieurs traductions. Il est à ce titre précieux pour l'historien car il paraît très précocement dans le concert des attaques contre l'Ancien Régime qui vont se concentrer essentiellement sous le règne de Louis XVI.

On a peu de renseignements sur l'homme, certainement de petite noblesse bien que le registre de la Bastille le traite de faux gentilhomme. Cadet de douze frères tous aux armées, il semble s'être progressivement spécialisé dans des missions secrètes à l'étranger et être finalement passé à l'activité d'agent double avec les Hollandais, bien qu'il prétende toujours ignorer le motif de sa détention. C'est en tout cas ce qu'il prétend dans son ouvrage, ce qui évidemment va dans le sens d'une Bastille où l'on est enfermé par le caprice de quelque ministre. Toutefois, dans l'interrogatoire très serré que lui fait d'Argenson, il reconnaît avoir été espion des États généraux de Hollande, mais que c'était au compte de la France et en accord avec le ministre des Affaires étrangères. C'est pourtant ce dernier qui a demandé la lettre de cachet. Renneville a quarante-trois ans quand les portes de la Bastille se referment sur lui. Il va d'ailleurs y poursuivre sa carrière d'espion en rédigeant des rapports sur ses camarades de cellule.

Dès les premières pages du livre, la principale accusation est lancée : « Que n'ai-je pas vu dans ce lieu d'horreur pendant plus d'onze années qu'on m'y a fait souffrir [...] sans avoir jamais subi un seul interrogatoire ; sans avoir pu obtenir ni juges ni commissaires pour examiner ma cause ; sans que les ministres du roi aient voulu me déclarer le sujet de ma détention. » Voilà le grand reproche sur le fond. Voilà ce qui conduit la Bastille, en déduit Renneville, à renfermer de nombreux innocents (dont lui).

Quant à la vie à la Bastille, on y est enseveli vivant sans avoir des nouvelles de sa famille. On y meurt de froid et de faim en dépit de la pension considérable que donne le roi, parce que l'infâme gouverneur Bernaville fait fortune sur le dos des prisonniers. C'est ce qu'exprime, avec une rime extrêmement hasardeuse, le quatrain qui figure dans son livre au bas d'une vignette représentant la Bastille :

> Ce sinistre château, terrible, énorme, affreux
> Si redouté partout sous le nom de Bastille
> Est le triste tombeau de mille malheureux
> Et le Pérou de Bernaville.

Pour la moindre faute, le gouverneur plonge nobles, prêtres, dames vertueuses, vieillards et enfants dans les cachots. Les prisonniers sont en proie à la cruauté des officiers et les prisonnières à la lubricité des geôliers : « J'ai vu l'impudicité se prévaloir d'une autorité sans bornes pour séduire et forcer la vertu et la pudicité d'illustres dames, de jeunes damoiselles et d'innocentes brebis qui étaient sacrifiées à ces boucs puants et infâmes. » Bref, « la prison des princes du sang » est devenue « la caverne de Polyphème » et c'est de cet enfer que Constantin de Renneville revient.

Linguet et les Mémoires sur la Bastille... (1783)

Le témoignage de Linguet, qui paraît en 1783, va avoir plus d'audience encore que celui de Renneville, d'abord parce qu'on est en 1783, alors que commence l'agonie de l'Ancien Régime, ensuite parce que Linguet, à la différence de Renneville, est assez connu lorsque paraissent ses *Mémoires sur la Bastille et sur la détention de M. Linguet écrits par lui-même*. Il faut ajouter une troisième raison, valable en tous temps et en tous lieux : l'homme a du style et de l'humour...

Simon Nicolas Henri Linguet est né à Reims en 1736, à un jour prémonitoire puisque c'est un 14 juillet. Son père était professeur et il fait lui-même de bonnes études. Doué mais touche-à-tout et déjà pas mal agité, il est successivement secrétaire de plusieurs grands seigneurs, se lance dans la carrière des lettres et aussitôt prétend entrer à l'Académie française qui le repousse. Linguet vouera désormais à cette institution une haine inexpiable, tout comme il exécrera les philosophes qui ne voulurent jamais de lui. On le voit à un moment polémiquer avec l'abbé Morellet qui, à une thèse chère à Linguet selon laquelle le pain était un aliment nuisible et une invention de luxe, eut beau jeu de rétorquer que le poison était lent et le luxe modeste. Son goût de la polémique et aussi son caractère acrimonieux le portent alors vers le barreau où, selon l'expression consacrée, il va être contre tout ce qui est pour, et pour tout ce qui est contre. Il défend notamment le duc d'Aiguillon dans l'affaire du Parlement de Bretagne puis l'attaque comme mauvais payeur.

Bref, Linguet se fâche avec tout le monde et finit par être radié du barreau, tant ses confrères le détestent et surtout jalousent son incontestable talent oratoire. D'ailleurs on se pressait en foule à ses plaidoiries où on applaudissait chacune de ses réparties comme au théâtre.

Linguet écrit aussi de nombreux ouvrages, dont en 1768 une *Histoire impartiale des jésuites*, pas si impartiale que cela d'ailleurs puisque le Parlement condamne l'ouvrage à être brûlé par le bourreau au pied du grand escalier du palais de justice. Il se lance aussi dans un *Journal de politique et de littérature* où il achève de se faire détester de tous. Enfin, il voyage. Voltaire lui-même l'aurait reçu à Ferney, craignant la plume empoisonnée de ce fâcheux. D'Angleterre où il se sent à l'abri, il fait paraître les *Annales politiques et littéraires* auprès desquelles *Le Canard enchaîné* ferait figure de bulletin paroissial. Il passe à Bruxelles où il continue ses *Annales*, s'attaque à tous les partis et, seul du sien, ose reparaître en France « pour se défendre ». À peine a-t-il mis les pieds à Paris qu'il est jeté à la Bastille, le 27 septembre 1780.

D'une détention de vingt mois, il a laissé les souvenirs vindicatifs que l'on sait dans les *Mémoires* qui paraissent en 1783, après qu'il a pris la sage précaution de filer en Angleterre. C'est d'ailleurs à Londres que son livre est publié et connaît six éditions la même année. Ce grand succès lui ramène la faveur du public, d'autant plus que, du pays de l'*habeas corpus*, il apparaît désormais comme le champion de la lutte contre le despotisme. Son ouvrage commence dans un style qui n'est qu'à lui et qui sent son orateur : « Je suis en Angleterre ; il faut prouver que je n'ai pas pu me dispenser d'y revenir. Je ne suis plus à la Bastille ; il faut prouver que je n'ai jamais mérité d'y être. Il faut faire plus : il faut démontrer que jamais personne ne l'a mérité ; les innocens, parce qu'ils sont innocens ; les coupables, parce qu'ils ne doivent être convaincus, jugés, punis, que suivant les lois. »

C'est bien là, après Renneville et avant tant d'autres, que réside le principal grief : « Au moins, argumente Linguet plus loin, quand il y a un procès établi, on connaît la nature de l'accusation ; on sait jusqu'où elle doit s'étendre ; on suit les progrès de la procédure ; on ne perd point la victime de vue jusqu'au sacrifice, ou jusqu'au triomphe ; l'inquiétude a des bornes, et la douleur des consolations. »

De là, pire que la torture des mauvais traitements, celle de l'isolement et du secret : « C'est dans ce silence absolu, dans ce dénuement général, il faut le répéter ; dans ce néant plus cruel que celui de la mort, puisqu'il n'exclut point la douleur, ou plutôt qu'il engendre toutes les espèces de douleurs ; c'est dans cette abstraction universelle, il ne faut point se lasser de le redire, que ce qu'on appelle un prisonnier d'État à la Bastille, c'est-à-dire un homme qui a déplu à un ministre, à un commis, à un de leurs valets, est livré sans ressource d'aucun genre, sans autre distraction que ses pensées et ses alarmes, au sentiment le plus amer qui puisse affecter un cœur que le crime n'a point dégradé... »

Il y a eu, dès l'année 1783, des réponses aux *Mémoires* de Linguet : d'abord une lettre imprimée, intitulée *Réfutation des Mémoires de M. Linguet*, où l'auteur, Thomas Evans, procureur du roi en Angleterre, développe des arguments selon lesquels l'exagération même des *Mémoires* de Linguet servent la Bastille plus qu'ils ne la desservent. Toujours en 1783, et toujours d'Angleterre – ce qui n'est pas sans donner de la valeur à la chose (ou de nous intriguer), tout un ouvrage (*Observations sur l'Histoire de la Bastille publiée par M. Linguet...*) s'emploie à réfuter dialectiquement le réquisitoire de Linguet, s'étonnant d'emblée « qu'un auteur ait voulu donner au gouvernement français un caractère de férocité qui n'est pas le sien ». Après le pointage minutieux des exagérations et des mensonges de Linguet, on assiste à une défense en règle de la Bastille : « Il suffit de comparer les prisonniers de la Conciergerie de Paris, ou de Bicêtre, avec ceux du château qui donne dans la rue Saint-Antoine, et on verra que les uns sont aussi mal que les autres sont bien. L'auteur des *Mémoires de la Bastille*, en voulant donner un tableau affreux de la régie de ce château, en laisse entrevoir lui-même la douceur et l'humanité : la vérité perce au-travers de ses mensonges. »

Délaissant ce débat, Linguet s'est relancé à corps perdu dans de multiples activités. Il entreprend une édition des œuvres de Voltaire, mais la souscription est désastreuse car il a annoncé dans le prospectus qu'il allait donner une édition expurgée des doctrines erronées de l'auteur. Invité à Vienne par Joseph II qu'il a défendu en droit international contre les Hollandais à propos de la navigation sur l'Escaut, il se brouille bientôt avec lui après avoir pris fait et cause pour la révolution du Brabant. Il rentre en France dès avant 1789 pour continuer ses procès contre le duc d'Aiguillon, sans même songer que son livre pourrait lui valoir de nouveau la Bastille.

Mais la Révolution est là : il est pour. L'Assemblée nationale constituante commence ses travaux : il est contre. La Terreur s'abat sur le pays : il juge plus prudent de se faire oublier près de Ville-d'Avray où il s'occupe d'un domaine et semble même vouloir se calmer. C'est trop tard. Le tribunal révolutionnaire vient le saisir dans sa retraite en 1794 et le condamne à mort, entre autres sur l'accusation d'avoir calomnié le pain lors de sa fameuse joute avec l'abbé Morellet. Il n'y avait plus ni lettres de cachet, ni Bastille, ni despotisme royal, mais, sur ce prétexte fallacieux et sur quelques autres du même tonneau, le Tribunal révolutionnaire le fit périr sur l'échafaud le 27 juin 1794, un mois avant la chute de Robespierre.

Son indépendance d'esprit, la hardiesse de ses idées, son caractère passionné et emporté avaient fait de lui un homme isolé et détesté. Il laissa derrière lui une œuvre considérable et mal connue dont tout, loin de là, n'est pas à mépriser. Citons, entre autres, une *Histoire du siècle d'Alexandre* (1762) et *Le Fanatisme des philosophes* (1765). Il est aussi l'auteur d'un ouvrage faussement pornographique et hautement satirique intitulé *La Cacomonade* (c'est-à-dire la vérole) dont s'est certainement inspiré quelques années plus tard Restif de La Bretonne pour son célèbre *Le Pornographe, ou idées d'un honnête homme sur un projet de règlement pour les prostituées*. Enfin, Linguet laissa en mourant une grosse *Histoire de France* qui était très avancée. Mais la malchance s'acharna sur le malheureux Linguet au-delà de sa mort, car ses manuscrits furent transportés à l'École militaire et servirent à fabriquer des cartouches.

Latude et *Le Despotisme dévoilé*... (1790)

Le troisième à revenir de la Bastille et à le faire savoir avec éclat est Latude. Libéré en 1784 après trente-cinq ans de captivité à la Bastille, à Vincennes, à Charenton et finalement à Bicêtre, il a d'abord été fêté par le « Tout-Paris » comme une espèce de Robinson Crusoé des prisons royales. Partout on l'invite pour l'entendre raconter ses souvenirs et notamment ce qui se passe dans cette Bastille mystérieuse et de plus en plus détestée de cette fin de siècle, si sensible, alors que s'annonce le romantisme. Mais entre gasconner dans un salon au milieu des dames tandis qu'on sert le chocolat, et publier des *Mémoires*, il y a plus qu'une nuance. Lorsque le lieutenant de police Le Noir lui a signifié sa libération, il l'a prévenu que le moindre écrit le ramènerait aussitôt en prison. Mais la célébrité toute parisienne de Latude s'effrite au long des années et s'efface devant la guerre de l'Indépendance des États-Unis et la rumeur grandissante d'une convocation des États généraux. Cela, ajouté à une algarade en novembre 1788 au cours de laquelle un huissier le traite comme un voleur, amène Latude à franchir le Rubicon, la Manche en l'occurrence, pour attaquer en demande de dommages et intérêts tout à la fois Sartine, Le Noir et les héritiers de Mme de Pompadour. Il pense aussi à publier d'Angleterre ses *Mémoires* lorsque les événements qui éclatent à Paris l'incitent à rentrer en toute hâte. Latude a compris que son heure de gloire est arrivée.

Au lendemain de la prise de la Bastille, Latude n'a pas manqué d'aller y faire un pèlerinage remarqué. On lui a remis son échelle de corde qui était restée là depuis son évasion et il est allé la remettre en grande pompe à l'Hôtel de Ville. Le voici sacré « la plus touchante victime du despotisme » et peint en buste par Vestier. Des gravures en sont aussitôt tirées au bas desquelles on lit, entre autres couplets édifiants :

> *Instruit par ses malheurs et sa captivité,*
> *A vaincre des tyrans les efforts et la rage,*
> *Il apprit aux Français comment le vrai courage*
> *Peut conquérir la liberté.*

Il ne reste plus qu'à publier des *Mémoires* que Latude, pour aller plus vite et se méfiant peut-être de son style qui n'est pas bon, dicte à un avocat et homme de plume, nommé Thiéry. *Le Despotisme dévoilé ou Mémoires de Henry Masers de Latude...*, dédié à La Fayette, paraît au printemps 1790 et connaît aussitôt un succès prodigieux. En 1793, vingt éditions auront été épuisées et l'ouvrage traduit en plusieurs langues. *Le Mercure de France* dira que désormais le devoir des parents est d'apprendre à lire à leurs enfants dans cette œuvre sublime.

L'Assemblée nationale constituante reçoit Latude et lui rend hommage pour avoir osé le premier saper « les fondements de ces cachots terribles ». On ne saurait toutefois s'en prendre déjà au roi. C'est « à son insu » que ces infortunes accablaient le prisonnier et « il les a réparées dès qu'il a pu les connaître ».

En dictant à Thiéry l'histoire très arrangée de sa vie et de ses prisons, Latude a instauré sa propre légende. Escroc raté mais martyr réussi, il vient à point nommé conjuguer l'intérêt d'un témoignage politique contre l'arbitraire des lettres de cachet et celui d'une histoire bouleversante propre à émouvoir les âmes sensibles. « La véritable histoire de ma vie n'est que celle de mes malheurs », écrit-il non sans raison. Enhardi par le succès de ses *Mémoires*, Latude demande une augmentation de la pension de 400 livres qu'on lui avait accordée à sa libération et que depuis le début de la Révolution on ne lui verse plus que très irrégulièrement. Se proclamant lui-même « victime d'État », il fait valoir que « trente-cinq ans de captivité dont cent trente-cinq mois dans des cachots affreux, privé dix-neuf ans de feu et de lumière, sept ans au pain et à l'eau et pendant quarante mois sans un seul moment de relâche avec les fers aux mains et aux pieds, couché sur de la paille, sans couvertures ; tant d'outrages, tant d'humiliations, tant de soupirs et tant de larmes exciteront sans doute les plus vifs intérêts dans le cœur paternel des représentants de la plus généreuse de toutes les nations ».

Repoussée par la Constituante, la demande de pension est accordée par la Législative. Quant au gouvernement révolutionnaire, il fera mieux encore puisqu'il fera décréter par voie de justice que les héritiers de la marquise de Pompadour versent à Latude des dommages et intérêts considérables. Les attendus du tribunal de VIe arrondissement de Paris, alors que la Terreur est à l'ordre du jour, ne manquent pas de sel : « Il lui suffisait (à la Pompadour) de demander la liberté de ce malheureux à son amant qui, tel irrité contre Latude à cause de ses évasions de la Bastille et de Vincennes qu'on puisse le supposer, était trop faible pour résister aux désirs, bien moins encore aux caresses de cette sirène. »

La Bastille au pilori

Si les témoignages qui précèdent nous éclairent davantage sur la psychologie de leurs auteurs que sur la réalité de la Bastille, il est certain, toutefois, que de plus en plus souvent dans le XVIIIe siècle la célèbre prison d'État a été dénoncée comme « le tombeau de l'arbitraire monarchique » dans des mouvements d'opinion transformés à la veille de la Révolution en véritables campagnes de presse.

Pamphlets

La Bastille n'a pas attendu l'Affaire du collier pour être chansonnée et, dès avant le règne de Louis XIV, un poète satirique en donne une description bien réjouissante :

> Que voy-je, dans ce marescage,
> Digne de curiosité,
> Se tenir sur sa gravité,
> En citadelle de village ?
> A quoi sert ce vieux mur dans l'eau ?
> Est-ce un aqueduc, un caveau ?

Est-ce un réservoir de grenouilles ?
Si l'on ne me dit ce que c'est,
Je m'en vais tant chanter de pouilles,
Que l'on m'en payera l'intérest.

C'est la Bastille, ce me semble ;
C'est elle-mesme, par ma foy !
Ventre-bleu, voilà bien de quoy
Faire que tout le monde tremble !
Qu'a donc de si particulier
Ce massonnage irrégulier ?
Est-ce une tour ? En est-ce quatre ?
Et qui seroit le cul foireux
Qui n'eust la force de l'abatre
D'une pétarade ou de deux ?

Mais, ma Muse, admirons l'adresse
De ce chasteau sans garnison ;
Il tasche à servir de prison,
S'il ne sert pas de forteresse [...]

Mais point question de se moquer de la Bastille et encore moins de s'y attaquer sous le règne de Louis XIV ni même tellement pendant la première moitié
du XVIIIe siècle. Au-delà, par contre, c'est un déchaînement progressif. Une des
premières attaques en règle, personne ne s'en étonnera, émane de Voltaire dans
L'Ingénu (1767) dont le héros du même nom, victime d'une méprise, se trouve
jeté à la Bastille. Le nom fatidique n'est pas prononcé mais il est précisé que
l'Ingénu se trouve prisonnier « de cet affreux château, palais de la vengeance,
qui renferma souvent le crime et l'innocence ». Le ministre de la Maison du roi
y est dépeint sous le nom de Saint-Pouange comme un personnage particulièrement odieux qui, entre autres méfaits, oblige la maîtresse de l'Ingénu à coucher avec lui en échange de la lettre de cachet de libération.

La fin du règne de Louis XV voit se multiplier des pamphlets tels que *Le gazetier cuirassé*, en 1771, où, dans une série d'« anecdotes » violemment hostiles au
régime, la Bastille et les lettres de cachet figurent en bonne place. L'ouvrage,
évidemment anonyme, se flatte d'ailleurs en exergue d'avoir été « imprimé à
cent lieues de la Bastille, à l'enseigne de la liberté ».

C'est aussi en 1774, les *Remarques historiques et anecdotiques sur la Bastille*, libelle explicitement justifié par « le coup de la mort » que Louis XV a donné à la liberté des Français en s'attaquant aux parlements. « On n'entend parler que d'exils, de proscriptions, de prisons ; entre celles-ci, la plus redoutable est sans doute la Bastille. » Il est plus sûr, poursuit l'auteur à propos de « ce séjour d'horreur et de larmes », de s'en taire que d'en parler. Et, « puisque la volonté arbitraire du prince, ou plutôt de ceux qui règnent sous son nom, est mise à la place des lois, la Bastille doit être plus remplie que jamais. Il est donc très important que l'on connaisse ce château, son régime, sa police, les assauts que les prisonniers ont à y souffrir, les questions, les surprises, les pièges, les violences auxquelles ils sont exposés... »

Dès lors le branle est donné à des attaques contre la Bastille qui ne vont plus cesser. Le pamphlet le plus marquant est en 1784 une fausse *Apologie de la Bastille* donnée comme une réponse aux *Mémoires* de Linguet à qui il est reproché de s'être attaqué à la forme sans mettre le fond en cause. Sur la forme, « une bastille est toute maison solidement bâtie, hermétiquement fermée et diligemment gardée, où toute personne quel que soit son rang, son âge, son sexe, peut entrer sans savoir pourquoi, rester sans savoir combien, en attendant d'en sortir sans savoir comment ». Sur le fond, la Bastille y est présentée comme un appui de l'État et comme une école de sagesse. Fruit un peu âpre et astringent, mais salutaire, de l'arbre du droit divin, elle supplée aux lois. « Sans avoir rien prévu, elle peut remédier à tout. »

On voit par là que comme dans les *Remarques historiques* parues en 1774, la Bastille n'est pas seule en cause et que pour respecter la métaphore de l'*Apologie*, s'attaquer au fruit, c'est aussi s'attaquer à l'arbre.

Louis Sébastien Mercier, qu'on a vu défendre les libellistes dans son *Tableau de Paris* en estimant qu'ils constituent une soupape à l'agitation sociale et que les poursuivre c'est préparer le feu d'un volcan, a bien entendu consacré un de ses tableaux à la Bastille. Ce personnage paradoxal est revenu à la mode au moment du bicentenaire de la Révolution grâce à l'un de ses ouvrages, *L'An 2440*, ouvrage défendu lors de sa parution en 1770, qui est un essai de politique-fiction, mêlant idées extravagantes et vues prémonitoires (cet ouvrage fera dire à Mercier qu'il est le véritable prophète de la Révolution).

C'est en 1781 qu'il commence à faire paraître anonymement les deux premiers volumes du *Tableau de Paris*, mais il juge plus prudent d'en achever la rédaction (douze volumes) en Suisse. Revenu en France à la veille de la Révolution, député girondin à la Convention, enfermé quelques mois sous la Terreur,

Mercier devient après Thermidor un extraordinaire réactionnaire, au point de redevenir républicain sous l'Empire, faisant trembler tout le monde par ses remarques acerbes. Il accentue surtout son excentricité, s'attachant à défendre l'idée que la terre est plate ou à révolutionner la langue française en y introduisant trois mille mots nouveaux. Il meurt en 1814, à soixante-quatorze ans, en laissant derrière lui une œuvre énorme, dans les domaines les plus divers. Ne s'intitulait-il pas lui-même le plus grand « livrier » de France ?

Le *Tableau de Paris* a été en tout cas aussitôt lu par toute l'Europe. Dans cet extraordinaire tableau de mœurs dont Grimm dira que c'était « un excellent bréviaire pour un agent de police », que lit-on à propos de la Bastille ? « Prison d'État : c'est assez la qualifier. C'est un château, dit Saint-Foix, qui, sans être fort, est le plus redoutable de l'Europe. Qui sait ce qui s'est fait à la Bastille, ce qu'elle renferme, ce qu'elle a renfermé ? Mais comment écrira-t-on l'histoire de Louis XIII, de Louis XIV et de Louis XV, si l'on ne sait pas l'histoire de la Bastille ? Ce qu'il y a de plus intéressant, de plus curieux, de plus singulier, s'est passé dans ses murailles. La partie la plus intéressante de notre histoire nous sera donc à jamais cachée : rien ne transpire de ce gouffre, non plus que de l'abyme muet des tombeaux. [...] O murs épais de la Bastille ! qui avez reçu sous les trois derniers règnes les soupirs et les gémissements de tant de victimes, si vous pouviez parler, que vos récits terribles et fidèles démentiraient le langage timide et adulateur de l'Histoire ! »

Bien entendu, Mercier reprend imperturbablement l'antienne de l'ignorance dans laquelle sont tenus les embastillés du motif de leur incarcération (« L'effet en est affreux, la cause est inconnue »), ainsi que celle d'une prison dont on ne sort que les pieds devant (« Le corps n'échappe au terrible pouvoir que par la route du tombeau »).

Les mystères de la Bastille

Nombreux sont ceux en effet, sous l'Ancien Régime, qui sont intimement persuadés que la Bastille cache de terribles secrets. Mercier, pour n'en rester qu'à lui, dit en parlant de l'ouvrage de Constantin de Renneville qu'on y apprend des anecdotes « particulières et bizarres » mais rien « qui puisse porter quelque jour sur certains secrets d'État, couverts d'un voile impénétrable ». Barbier, par exemple, d'ordinaire assez sûr, raconte dans son journal, pour août 1743, qu'un prisonnier d'État est arrivé en chaise à la Bastille, « escorté de cinquante hommes » – chiffre tout à fait ridicule mais qui va bien avec l'image d'un prisonnier aussi mystérieux qu'important. Il est vrai qu'il ajoute plus loin que « cette nou-velle est devenue moins certaine » mais il suffit à notre propos qu'elle ait couru.

De même, deux ans plus tard, Barbier écrit : « On dit que le bourreau est entré à la Bastille, et l'on compte que c'est pour le sieur Sigorgne qui était un homme dangereux. En effet on ne parle plus de lui. » Or, l'abbé Sigorgne, libelliste fort peu dangereux mis à la Bastille pour avoir écrit contre l'arrestation du prince Charles-Édouard, n'y est resté que quatre mois. Quant à l'image d'un bourreau se glissant dans la Bastille pour y exécuter discrètement un prisonnier, elle est tout bonnement absurde. Mais la plus belle des fausses nouvelles que la Bastille ait engendrées est certainement celle qui courut dans Paris en mars 1743 : M. de Marville, lieutenant général de police, venait d'être lui-même embastillé !

En fait le secret de la Bastille s'est mué dans l'imaginaire collectif en « secrets de la Bastille ». On a vu comment y concourent les précautions pour cacher l'i-dentité de certains détenus (les prisonniers de famille, notamment) ou certains motifs (sécurité du roi, mœurs), sans parler des enterrements sommaires des suicidés ou des morts sans religion. De tous ces secrets et ces mystères prêtés à la prison d'État et dont en fait chacun est en mal de donner des exemples précis, celui du Masque de fer est à la fois archétype et éponyme (le « mystère du Masque de fer »). On a vu dans « le fait du prince » ce que fut la « véritable his-toire de ce prisonnier masqué sur lequel plane encore une ombre de mystère »

On a dit que c'était Voltaire qui le premier avait donné le branle à toute une série d'hypothèses n'ayant en commun que leur extravagance. Pour être plus exact, si Voltaire a effectivement popularisé la légende, il ne s'inspire pas moins des *Mémoires secrets pour servir à l'Histoire de Perse* qui paraissent en 1745 et vont connaître le plus vif succès. Monique Cottret, dans son étude *La Bastille à pren-dre*[1], insiste avec raison sur l'assimilation au despotisme oriental qui en découle, et sur la condamnation par la sensibilité collective d'une « internationale de l'arbitraire » : « Le même monstre, qui file les cordons à Constantinople, trempe les chemises dans le soufre à Lisbonne, fait rôtir le Huron en Amérique et distille les cachets à Versailles » (« *Mélanges confus sur des matières fort claires* », cité par M. Cottret). Au compte de cette cruauté orientale, on se plaît à ajouter l'histoire de ce prisonnier de Frédéric II de Prusse (autre despote, éclairé celui-là) enchaîné pour la vie dans un cachot avec à ses pieds sa tombe déjà creusée et sur la dalle dressée son nom déjà gravé.

---

[1] Monique Cottret, *la Bastille à prendre*, PUF, 1986.

Ainsi la légende d'un frère jumeau de Louis XIV, masqué de fer à la Bastille, même si dans le fond personne ne la prend au sérieux et en tout cas pas Voltaire, vient à point nourrir la contestation de la monarchie absolue. C'est une image qu'il aurait fallu inventer si elle n'avait pas existé, et dans le fond, c'est ce qu'on a fait. Dans la Bastille comme envers de Versailles, le contre-modèle du roi absolu est le prisonnier au masque de fer, prisonnier lui aussi absolu, deux fois retranché du monde, qui serait « comme » le frère du roi, à la fois identique et antithétique. Sa seule existence, même problématique, condamne et la Bastille et la royauté, confondues dans l'opprobre.

Au XVIIIe siècle, le Masque de fer est devenu, dans l'imaginaire collectif des Français, inséparable de la Bastille, et Mercier signale que « dès qu'on parle de la Bastille à Paris, on récite soudain l'histoire du Masque de fer : chacun la fabrique à son gré, et y mêle des réflexions non moins imaginaires ». Lorsque surviendra la Révolution, le mythe prendra une vigueur nouvelle, car c'est le peuple révolté qui cette fois aura le sentiment d'arracher le masque.

La Bastille doit être détruite

Au début du règne de Louis XVI, par l'effet conjugué d'un absolutisme de plus en plus tempéré et d'une faillite grandissante, les prisons d'État se vident progressivement, tandis qu'au nom de l'humanité et de l'urbanisme on démolit les prisons les plus vétustes : la prison Saint-Éloi, rue Saint-Paul, en 1780, et les prisons du Petit Châtelet et de For-l'Évêque en 1783. Quant à la Bastille, l'une de ses principales sources d'approvisionnement se voit tarie quand il est décidé que le « droit commun » n'ira plus qu'à la Conciergerie et au Grand Châtelet. Et de fait, si l'on se situe dix ans en amont et dix ans en aval de 1775, date à laquelle Malesherbes, nous y reviendrons à propos de lettres de cachet, devient ministre de la Maison du roi, on voit la moyenne annuelle des incarcérations à la Bastille tomber de 33 à 16. C'est ainsi que le 14 juillet 1789, les Vainqueurs de la Bastille n'auront que 7 prisonniers à délivrer...

En même temps, nous l'avons vu à propos de la vie quotidienne, le régime intérieur s'adoucit. Si l'on en croit les auteurs de *La Bastille dévoilée*, c'est aussi l'époque où Breteuil, nouveau ministre de la Maison du roi, se serait hâté de faire enlever, après lecture des *Mémoires* de Linguet, les statues enchaînées ornant l'horloge du bâtiment intérieur. Ce symbolisme brutal ne sied plus aux mœurs du temps et d'ailleurs c'est la Bastille tout entière qui fait désordre. Mal vue du quartier Saint-Antoine qu'elle semble depuis longtemps menacer plus que défendre, on songe à la supprimer, au moins sur les plans d'urbanisme à long terme.

En écho à Linguet implorant que la voix du roi fasse s'écrouler les murailles de cette moderne Jéricho, et montrant au frontispice de ses Mémoires une Bastille frappée par la foudre et, sur ses ruines, la statue de Louis XVI, l'architecte Corbet, inspecteur des bâtiments de la Ville de Paris, a fait graver en 1784 un plan intitulé « Projet d'une place publique à la gloire de Louis XVI sur l'emplacement de la Bastille, ses fossés et dépendances ». Cette place, qui bien entendu s'appellerait la place Louis-XVI, préfigure assez exactement l'actuelle place de la Bastille. Quant à oser rayer ainsi de la carte, même en projet, la redoutable prison d'État, l'architecte de la Ville de Paris ne s'y serait pas risqué si Versailles ne lui en avait pas donné l'ordre. Cela s'inscrit d'ailleurs dans un plan d'urbanisme plus vaste visant à faire éclater la vieille ceinture de remparts et de portes. Ainsi la Ville de Paris avait-elle déjà obtenu, par lettres patentes de 1777, de supprimer la porte Saint-Antoine voisine.

Le projet de suppression de la Bastille est tellement dans l'air que du Puget, lieutenant de roi depuis 1785, rédige en 1788 un long Mémoire sur ce sujet avec projet de transférer tout le monde à Vincennes, c'est-à-dire de faire le contraire de ce qui a été fait quelques années auparavant : « Il y a à Vincennes de quoi loger plus de 25 prisonniers ; c'est plus que suffisant dans ce siècle où le gouvernement est beaucoup plus doux ; l'air y est beaucoup meilleur, ce qui est fort à considérer pour le séjour des personnes qui font peu d'exercice... » L'avantage financier est longuement souligné, ce qui, au passage, nous prouve une fois de plus que la Bastille coûte cher (120 000 à 140 000 livres par an).

L'urbanisme y trouvera son compte, mais aussi l'opinion publique : on fera en même temps « taire les criailleries qu'on entend sans cesse sur la Bastille et son régime ». Reste la valeur militaire de la forteresse, non plus dans une quelconque guerre de remparts totalement archaïque au XVIIIe siècle, mais bien dans le but avoué de contenir éventuellement une émotion populaire. Mais sur ce point aussi, du Puget conclut à l'inutilité de la Bastille : « Craindre de la détruire, parce que c'est une retenue pour les Parisiens, ne peut entrer dans la tête de personne ; ce serait tout au plus le quartier Saint-Antoine qu'elle pourrait contenir ; encore comment dans un moment de trouble, entourée des maisons des différents particuliers ? » Ces réflexions prennent une singulière résonance quand on songe qu'elles furent formulées moins d'un an avant la prise de la Bastille.

Mais ces pointes avancées de l'urbanisme des Lumières sont ignorées du peuple et au surplus ne sauraient le satisfaire. Comme l'écrit Pierre Chaunu dans la préface de l'étude de Monique Cottret, la Bastille est « une écharde dans la chair » et elle est devenue « un pion magnifiquement utilisé par la coalition des intérêts contradictoires ». Les pamphlets de plus en plus nombreux qui s'attaquent à la Bastille la relèguent à la barbarie des temps anciens, à un Louis XI et jusqu'à un Richelieu. Mais, en cette fin de siècle, à l'époque de l'Indépendance des États-Unis et des droits des citoyens, on fait appel au bon, au juste Louis XVI, qu'un cahier de doléances ne craindra pas d'appeler « Louis le Patriote » par opposition à « Louis le Tyran » qui aurait institué la prison d'État. Que Louis XVI mette la Bastille à bas.

Certes, comme le font justement remarquer Lusebrink et Reichardt dans une étude de 1983, aucun des pamphlets prérévolutionnaires n'incite à passer à l'action, mais comment faut-il entendre le mot « Bastille » ? Opposé constamment à celui de « liberté » ne devient-il pas synonyme de monarchie ? La vieille citadelle de la porte Saint-Antoine est-elle le seul enjeu ?

Mais le schéma fonctionne aussi au premier degré, comme on peut le constater dans les cahiers de doléances : « Que la Bastille s'écroule et s'abîme, réclame le cahier du tiers état du district de Saint-Joseph, quartier des Halles, que ce même sol, arrosé des pleurs des victimes du pouvoir arbitraire, ne le soit plus que des larmes d'allégresse et de reconnaissance ; que la place, flétrie par la durée de ce sépulcre vivant, soit désormais ennoblie par un monument national, élevé à la gloire de notre bon roi, et qui retrace à la postérité la mémoire de ses vertus et de son amour pour les Français, dont il est le père ; que les démolitions de ce vaste tombeau servent elles-mêmes à jeter les fondements d'un temple à la Liberté par un monument aux États généraux ; et comme ces braves Américains, qui transformèrent en armes défensives la statue de leur oppresseur, transformons ce séjour de la tyrannie et des larmes en celui de la liberté et de la concorde : soyons français, en un mot, c'est-à-dire libres, et les soutiens du trône et de la patrie. »

En un style souvent plus ramassé, les autres cahiers réclament eux aussi la destruction de la Bastille, et même lit-on parfois de toutes « les bastilles ». Le mot s'est substantivé. On ne prête qu'aux riches.

Cinq semaines avant le 14 juillet 1789 paraît une brochure intitulée : *Projet d'un monument sur l'emplacement de la Bastille, à décerner par les États généraux à Louis XVI, restaurateur de la liberté publique et à consacrer à la Patrie, à la Liberté, à la Concorde et à la Loi, présenté à l'Académie royale d'architecture, en sa séance du lundi*

8 juin 1789, par M. *Davy de Chavigné, conseiller du Roi, auditeur ordinaire en sa Chambre des comptes de Paris.* Le titre est long et, depuis le plan de Corbet, le projet n'est pas nouveau. En revanche, ce qui est nouveau et qui prouve que depuis la récente réunion des États généraux, les événements sont en train de se précipiter, c'est que l'auteur, « fonctionnaire » et magistrat, ne craint pas de se nommer. Chacun peut désormais parler sans crainte et sans détours.

Davy de Chavigné fait de la Bastille qu'il propose de remplacer par une colonne, semblable à la colonne Trajane, surmontée de la statue de Louis XVI, un « monument de despotisme et de servitude [...] dont aucun étranger n'entend prononcer le nom sans frémir, et qui rappelle avec horreur à tous les Français les abus d'autorité sans nombre dont le despotisme ministériel a souillé les annales de notre histoire ». Et l'auteur de vouer à l'exécration universelle les grands pourvoyeurs de la Bastille : le haineux et jaloux Richelieu, le fanatique Louvois, le jésuite Le Tellier, Fleury dont la « douce administration » a expédié plus de 50 000 lettres de cachet pour la seule affaire de la bulle *Unigenitus*, la Pompadour, Maupeou... En toute logique (nous n'osons dire en toute justice), Davy de Chavigné aurait dû, après des théories aussi incisives, aller faire des travaux pratiques à la Bastille, histoire d'y regarder de plus près. Il n'y avait donc plus de lieutenant général de police ? Si, mais il n'y avait plus de pouvoir.

La croisade contre les lettres de cachet

Le peuple n'en veut plus ?

Les cahiers de doléances, pour un grand nombre d'entre eux, réclament non seulement la démolition de la Bastille mais encore la suppression des lettres de cachet. Celui par exemple qu'on a déjà cité à propos de la Bastille, ce « sépulcre vivant », réclame par ailleurs : « Que la liberté individuelle devant être sacrée, on ne puisse plus porter aucune atteinte par lettres de cachet, arrêts de propre mouvement ou autres actes de quelque nature qu'ils puissent être, tous illégaux, tous émanés du pouvoir arbitraire, auquel le monarque qui nous gouverne a voulu que la nation assignât des bornes ; et en conséquence que nul ne puisse être arrêté qu'après des formes judiciaires et, dans tous les cas, remis à ses juges naturels, dans les premières douze heures de sa détention. »

Ainsi le « peuple », pouvant enfin faire entendre sa voix, aurait unanimement condamné les lettres de cachet. Mais à travers cette seule question des lettres de cachet, on peut se demander, après d'autres, si c'est bien le peuple ou même ce que Barbier appelle « le petit-bourgeois » qui s'exprime ainsi. Au XVIIIᵉ siècle, ainsi que nous l'avons montré dans un précédent ouvrage (*De par le Roy...*), plus de 90 pour 100 des lettres de cachet délivrées par Versailles le sont à l'initiative non du roi ou de ses ministres mais des familles soucieuses de se débarrasser d'un des leurs, fou, libertin ou dilapidateur.

C'est donc une institution qui fonctionne dans un large consensus populaire et le faible nombre des séditions en est une preuve *a contrario*. On n'en relève que très peu dans l'histoire de la Bastille, et encore est-ce plutôt à mettre au compte de l'éternelle envie qu'a la populace de taper sur le gendarme : le 4 avril 1715, c'est un aubergiste, « très mutin et séditieux » et qui n'en est pas à son coup d'essai, qui provoque une petite émeute à l'occasion de la capture d'une dénommée Henriette qu'une lettre de cachet devait conduire à la Bastille (et, ladite Henriette s'étant enfuie, c'est l'aubergiste qu'on enferme à la Bastille, pour un mois).

Une autre fois, le 19 mai 1740, c'est un abbé des Brosses qui, se voyant saisi « de par le Roy » après avoir déjà fait connaissance trois ans plus tôt avec la Bastille pour une affaire d'escroquerie, s'écrie : « Au secours, messieurs, c'est un pauvre prêtre qui est persécuté ! » C'est l'exempt chargé de l'arrestation qui raconte l'histoire : « À ce discours si favorable pour un homme de sa robe, dans la conjoncture où sont les affaires de l'Église, tous les gens de la maison sont descendus et ont pris son parti, malgré les représentations que je leur faisais, que c'était en vertu d'un ordre du roi. Entre autres, un clerc de procureur ameuta nombre d'autres clercs qui se trouvèrent dans le moment, nous accablèrent de coups et nous arrachèrent des mains notre prisonnier. La conduite de ce clerc me paraît d'autant plus répréhensible, qu'il a ameuté ses camarades pour empêcher l'exécution d'un ordre si respectable, et dont Son Éminence a demandé tant de fois l'exécution à M. Hérault. L'impunité de cette faute mettrait tous les officiers hors d'état de pouvoir exécuter aucun ordre du roi dans la ville de Paris, sans risquer des rebellions qui causeraient des accidents considérables de part et d'autre, particulièrement parmi une troupe de jeunes gens aussi libertins et volontaires que sont les clercs des gens de justice. Je vous supplie de vouloir bien demander un ordre pour que ce particulier soit arrêté, tant pour le punir que pour faire exemple à ceux qui ont la témérité de mépriser les ordres du roi, ce qui n'est que trop fréquent à Paris. »

Dans le récit qui précède, on aura remarqué la présence, comme par hasard, de clercs de la basoche, espèce traditionnellement turbulente depuis le Moyen

Âge et dont on ne saurait dire qu'elle est représentative du « peuple ». Ces clercs, au contraire, traduisent dans les faits un double mouvement, fort éloigné de ce grand peuple qu'à partir de la Révolution et de Michelet, on ne va plus cesser de faire parler au nom de quelques-uns : c'est d'une part une opposition de l'intelligentsia qu'on a déjà observée tout au long des affaires de librairie, et d'autre part la révolte des parlements qui vont prendre les lettres de cachet comme cheval de bataille contre le pouvoir royal.

L'un des premiers, sinon le premier, à s'être penché sur la question des lettres de cachet est, sous le règne de Louis XVI, l'abbé de Véri, éminent sociologue (même si le mot n'existe pas encore) dont l'élévation et la sérénité des propos ne font que rendre plus digne d'attention la thèse. Pour lui, la monarchie française n'est plus une monarchie absolue mais une « monarchie tempérée ». Quelque chose a changé depuis le règne du Roi-Soleil, qui est le résultat du triomphe progressif de « l'esprit philosophique ». « À peine ose-t-on dire : servir le roi ; on y a substitué le mot : servir l'État. Ce dernier mot a été, du temps de Louis XIV, un blasphème. Nous avons vu, dans les vingt premières années de Louis XV, un reste de cet esprit lorsqu'un ministre se récria dans une académie contre le mot : servir la nation. "Il n'y a point de nation en France, dit-il, il n'y a qu'un roi." Aujourd'hui, personne presque n'oserait dire dans les cercles de Paris : je sers le roi. On le passerait seulement aux grands valets de Versailles. "Je sers l'État, j'ai servi l'État", voilà l'expression la plus usitée. La différence des expressions dénote sûrement la différence des sentiments. »

Voilà ce qu'écrit l'abbé de Véri dans son journal pour février-mars 1779. Plus loin il aura cette conclusion tout à fait visionnaire : « Je ne puis pas prévoir au juste quelle sera l'issue dans la suite des années ni fixer aucune époque à quelque révolution. Mais il me paraît impossible qu'il n'en arrive une tôt ou tard. Les peuples raisonnent autrement que sous Louis XV : la vénération sacrée pour la couronne n'existe plus : les droits de l'égalité remplissent les esprits. »

Quant aux lettres de cachet, elles sont au cœur du débat, car elles demeurent l'expression d'une autorité royale sans partage que chacun rejette désormais. L'abbé de Véri, pourtant fort modéré, est de ceux là, comme il s'en explique en 1775 : « Un malheureux auteur d'un plat libelle contre l'évêque d'Arras vient d'être enfermé à la Bastille. L'ayant connu à Rome, mauvaise tête beaucoup plus que méchant homme, j'ai profité d'un moment où je me suis trouvé avec M. de Maurepas et M. de La Vrillière, secrétaire d'État de Paris, pour plaider sa cause. J'ai justifié son cœur aux dépens de sa tête. La conversation s'étant étendue à l'usage des lettres de cachet, je ne crois pas inutile d'insérer ici les réflexions qui ont été faites. J'ai voulu soutenir que l'usage n'en pouvait être nécessaire que pour prévenir le trouble dans l'ordre de la police et pour s'assurer de ceux que la fuite pourrait soustraire à la punition, mais qu'il ne devait jamais aller au-delà de cette précaution. C'est ensuite par les formes légales qu'on doit prévenir ou punir les délits. Si l'évêque d'Arras ou le procureur général trouvaient que la brochure fût contraire aux lois, la porte des tribunaux était ouverte à leurs plaintes. L'auteur du libelle étant connu, sa punition serait pour lors approuvée, et personne ne craindrait l'exercice d'un pouvoir arbitraire qui fait trembler l'innocent. S'il peut être quelquefois exercé contre un coupable, il peut, dans une autre occasion, être le fruit d'une délation secrète, d'une calomnie et d'une erreur. Nul citoyen ne peut être tranquille contre une pareille noirceur ; au lieu qu'à l'abri des formes judiciaires, son innocence lui suffit.

La punition d'ailleurs (c'est toujours l'abbé de Véri qui s'exprime) par un acte arbitraire manque absolument son but. Elle révolte contre le gouvernement, sur lequel elle jette l'odieux de l'oppression et de l'injustice ; elle intéresse en faveur de l'opprimé, souvent même elle l'honore. La punition, au contraire, par un jugement contradictoire, porte l'existence assurée du crime, la honte de la flétrissure légale et l'approbation du public. Ses effets durent autant que s'étend la sentence, car la tache ne s'en efface jamais. Un auteur de libelle blâmé seulement par un arrêt contradictoire a toujours une atmosphère d'infamie ; tandis que le prisonnier par lettre de cachet sort de la Bastille plus célèbre et plus glorieux qu'en y entrant. Ce langage est différent des anciens principes du gouvernement, dont l'origine remonte jusqu'au cardinal de Richelieu. Louis XIV les enveloppa d'un air de dignité qui ne permit pas de disputer sur leur injustice ni sur leur danger. L'impression en a duré fort avant dans le règne de Louis XV. Certains actes révoltants ou, si l'on veut, les esprits devenus plus raisonneurs ont occasionné des discussions sur un tel usage. Les discussions ont répandu dans les pays étrangers où nos écrits sont portés une idée effrayante des mots Bastille et lettres de cachet. J'y ai vu, dans ces mêmes pays, des actes arbitraires plus fréquents et de plus grande conséquence dont on n'était pas étonné parce qu'on y était accoutumé, tandis que les mêmes personnes plaignaient les Français d'avoir à craindre la Bastille et les lettres de cachet. »

Dès lors, ces arguments ne vont plus cesser d'être repris, ne serait-ce que par Linguet faisant du « nom bizarre de lettre-de-cachet [...] une maladie particulière et propre à ce royaume, comme la peste à l'Égypte, la petite vérole à l'Arabie... ». Mercier de son côté estime que « cette partie de notre législation est très vicieuse parce qu'elle est très arbitraire ». « N'est-il pas contre les droits de l'humanité, lit-on dans un pamphlet anonyme (*Figaro au roi*) publié quelques jours après la réunion des États généraux en mai 1789, qu'un homme accusé faussement ou non de vol ou de meurtre soit interrogé et son procès instruit à huis clos ? Pour quelle raison encore, que je ne puis comprendre, est-il privé d'un défenseur dans une circonstance où sa réputation, sa fortune, sa vie même sont en danger de lui être ravies ? »

Mais celui qui a le plus fait entendre sa voix est sans conteste Mirabeau, assez triste personnage au demeurant bien qu'aujourd'hui encore encensé, et dont les plus grands titres de gloire sont les amours scandaleuses, les dettes criantes, voire les basses intrigues. Détenu pendant quarante-deux mois au donjon de Vincennes par lettre de cachet demandée par son père, il y rédige entre autres son *Des lettres de cachet et des prisons d'État*. L'ouvrage, paru clandestinement en 1782 et aussitôt célèbre, est long et bavard mais, comme à l'Opéra, s'en dégagent de temps à autre de beaux morceaux de bravoure. Michelet soulignera que ce furent les rugissements de Mirabeau qui eurent le mérite de faire éclater le scandale de l'injustice : « Tout ce qui s'éteignait, s'étouffait entre quatre murs, éclata. [...] On vit combien l'État corrompait la famille par la facilité avec laquelle le roi appuyait, secondait toutes les tyrannies domestiques. »

Tout au long du célèbre pamphlet se développe une attaque en règle contre « l'arbitraire », maître mot, dont la lettre de cachet est « l'arme la plus sûre » bien que l'usage en soit « inébranlablement établi » : cet usage repose non seulement sur le bon vouloir du prince mais aussi sur la nécessité sociale d'une police devant faire face à une population de plus en plus importante. Mirabeau ne manque pas de citer la célèbre phrase de David Hume sur la question des libertés, au pays pourtant de l'*habeas corpus* : « On doit pourtant reconnaître qu'il y a quelque difficulté à concilier une liberté si complète avec la police quotidienne d'un État, surtout celle des grandes cités. » Voilà pourquoi, explique Mirabeau, les lettres de cachet se sont considérablement multipliées. Or la lettre de cachet qui enferme sans juger porte en elle l'horreur du secret, « véritable égide de la tyrannie ». « Qu'importe, ajoute-t-il, que l'homme frappé d'une lettre de cachet soit une canaille si l'homme le plus vertueux peut être foudroyé de la même façon ? Et pourquoi les juges auraient-ils moins de temps et de compétence que les ministres pour décider d'une affaire ? »

Le coup de pied de l'âne des parlements

On a évoqué, dans « le fait du prince », l'envoi à la Bastille ou en exil de four-nées entières de conseillers des parlements de Paris et de Rennes, en révolte ouverte contre le roi à la fin du règne de Louis XV. Forts de leur relative indé-pendance vis-à-vis du pouvoir, indispensables à la marche de l'État puisque les décisions royales n'ont force de loi qu'après qu'ils les ont enregistrées, les par-lements, et notamment celui de Paris dont la juridiction est immense, se consi-dèrent comme les gardiens des institutions. Le plus curieux est que non seulement le peuple mais aussi les rois qui ont succédé à Louis XIV en sont convaincus. Ayant depuis toujours la faculté de différer un enregistrement afin de présenter au roi de « respectueuses remontrances », les parlements se sont très tôt opposés aux lettres de cachet qui les dépouillent de leur fonction prin-cipale, c'est-à-dire le pouvoir judiciaire.

Dès le XVIe siècle, on voit les ordres du roi dénoncés par le roi lui-même dans l'ordonnance d'Orléans (janvier 1560) : « Et parce qu'aucuns abusans de la faveur de nos prédécesseurs, par importunité ou plutôt subrepticement, ont obtenu quelquefois des lettres de cachet et closes, ou patentes, en vertu des-quelles ils ont fait séquestrer des filles et icelles épousé ou fait épouser contre le gré ou vouloir des pères, mères et parents [...] chose digne de punition exem-plaire... » On remarquera qu'à cette date où commencent les guerres de reli-gion, et où le roi François II vient de mourir à l'âge de seize ans, il s'agit surtout de donner des garanties aux corps constitués. Par ailleurs, ce n'est pas tant la lettre de cachet qui est en cause ici que son détournement. N'empêche que cette ordonnance, qui au passage permet de constater l'ancienneté des ordres du roi, cent ans avant que Louis XIV n'en fasse l'usage intensif que l'on sait, porte déjà en germe les reproches qui seront adressés à une institution qui ne peut fonctionner qu'avec un pouvoir fort.

Passé donc le long règne « absolu » de Louis XIV, les parlementaires ont beau jeu de dénoncer dans leurs remontrances un instrument qui les frappe parfois et qui sans cesse les dessaisit du pouvoir judiciaire qu'ils ont en appel. Une première attaque en règle a lieu en 1753 au plus fort de la répression des jansénistes. L'année d'avant, on avait laissé mourir sans communion un vieux prêtre janséniste. Le Parlement de Paris avait ordonné des poursuites contre les responsables, et aussitôt amalgamé défense des libertés religieuses et opposi-tion au pouvoir royal. Le ministre d'Argenson, le fils du lieutenant de police, se montre tout aussi clairvoyant que l'était son père quand il écrit à ce propos :

« Les esprits se tournent au mécontentement et à la désobéissance et tout che-mine à une grande révolution dans la religion et le gouvernement. » C'était apercevoir d'emblée à quel point les deux combats étaient liés.

En mars 1753, ont lieu les remontrances du Parlement (de Paris) qui ne contiennent pas moins de vingt-deux articles nécessitant trois heures de lec-ture. « On dit qu'il y a de forts beaux endroits », note Barbier. Un des articles, parmi les plus remarqués, s'attaque aux lettres de cachet. Barbier, qui ne se trompe pas sur l'importance de l'enjeu, note que « le roi ne manquera pas d'en retrancher plusieurs articles et de défendre qu'on en parle, surtout de l'article des lettres de cachet, qui va jusqu'à attaquer l'autorité de tous les ministres, et d'ailleurs qui attaque aussi la personne du roi, comme si l'on supposait qu'il signât des lettres de cachet sans qu'il sût de quoi il s'agit, ou que les ministres soient maîtres d'en délivrer de leur autorité sans en parler au roi ».

Mais il ne faut pas se tromper sur cette affirmation qu'à tout prendre on pourrait considérer comme une défense des lettres de cachet à la délivrance desquelles le roi apporterait discernement et circonspection. Dix ans aupara-vant, Barbier note dans son journal qu'à la mort du cardinal Fleury, « le roi s'é-tait fait rendre compte de toutes les lettres de cachet qui avaient été expédiées pendant le ministère ; que le nombre allait à plus de cinquante mille, et que Sa Majesté en avait marqué tant de chagrin, qu'elle avait décidé que dorénavant on n'en expédierait plus qu'elle n'en connût les raisons, et qu'elle ne les signât ». Mais, continue Barbier, le public adopta la nouvelle comme celle d'une sup-pression *de facto* des ordres du roi. Or, si la répression des jansénistes s'atténua quelque peu, les lettres de cachet continuèrent.

Mais c'est surtout pendant le règne de Louis XVI que le Parlement se déchaîne, se posant en défenseur des libertés et faisant de la dénonciation cons-tante de la lettre de cachet le levier qui va finir par ébranler non pas seulement l'autorité royale mais la royauté elle-même. Dans une séance plénière du 14 mars 1783, le Parlement de Paris représente au roi qu'il « ne peut voir avec indifférence les atteintes portées à la liberté des citoyens. [...] Que le Parlement ne cessera de représenter au roi le danger de ces prisons obscures où l'on est traduit sans forme légale, sans instruction préalable, et sans que le prisonnier puisse avoir aucun moyen de se défendre ; que ces décisions arbitraires sont inconciliables avec l'équité d'un prince qui a donné à ses peuples des monu-ments éternels de la douceur de son caractère et de la bonté de son cœur ».

Ce sont surtout les remontrances du 11 mars 1788 qui, dans un très long texte (on remonte à Hugues Capet), font le procès des lettres de cachet. Après le rappel traditionnel du devoir du Parlement de « veiller sans cesse sur les besoins des peuples et les droits du souverain », est dénoncée « l'erreur la plus funeste qui put séduire des souverains [...] l'usage des lettres de cachet. [...] À ce terrible mot, tous les cœurs se resserrent, toutes les idées se troublent ; saisi d'effroi on hésite, on se regarde, on craint de s'expliquer : et le peuple en silence ose à peine élever sa pensée vers ce pouvoir inconcevable qui dispose des hommes sans les juger, sans les entendre, qui les plonge et les retient à son gré dans d'épaisses ténèbres où trop souvent ne pénètre pas plus la lumière du jour que le regard des lois, [...] vers ce pouvoir dont le mystère est l'âme, et dont la force est le seul titre ; vers ce pouvoir qu'exercent impunément des ministres, des commis, des agents de la police ; vers ce pouvoir enfin qui, depuis les ministres jusqu'au dernier instrument de la police, établit sur nos têtes une longue chaîne d'oppresseurs formidables devant lesquels toutes les lois de la nature et de l'État doivent rester muettes ».

Par quelle fatalité l'usage des lettres de cachet s'est-il introduit dans vos États ? demande le Parlement au roi. « Que n'est-il possible à Votre Majesté d'entrer dans les détails de ces rapports fabriqués par des commis, sur des mémoires toujours secrets, sur des informations toujours clandestines ? Que ne peut-elle interroger toutes ces victimes du pouvoir arbitraire, confinées, oubliées dans les prisons impénétrables où règnent l'injustice et le silence ? Combien n'en verrait-elle pas de ces victimes infortunées qui jamais n'ont menacé ni la paix de l'État ni l'honneur de leurs familles ? Bientôt, Sire, vous seriez convaincu que l'intrigue, l'avidité, la jalousie du pouvoir, la soif de la vengeance, la crainte ou la haine de la justice, l'humeur, la simple convenance d'un homme en crédit président tour à tour à la distribution des lettres de cachet ; vous sauriez à quels tourments sont condamnés des malheureux pour qui le jour se lève sans espérance, pour qui la nuit revient sans le repos. Horrible incertitude ! Abandon pire que la mort ! Et c'est au nom du roi ! » Que les lettres de cachet soient abolies et toutes les affaires renvoyées devant la justice.

À une députation du Parlement qui vient, quelques jours après ces remontrances, réclamer l'élargissement d'un conseiller au Parlement de Rennes, Louis XVI répond : « La liberté de mes sujets m'est aussi chère qu'à eux-mêmes ; mais je ne souffrirai pas que mon Parlement s'élève contre l'exercice d'un pouvoir auquel les familles ont souvent dû la conservation de leur honneur, et l'État sa tranquillité. »

Loin de s'en tenir là, le Parlement, dans de nouvelles remontrances, le 3 mai 1788, passe du ton respectueux, qui était jusqu'alors de rigueur, à une insolence qui en dit long sur le dépérissement de l'autorité royale (même si on arrête les principaux rédacteurs) : « Sire, la réponse de Votre Majesté du 17 du mois dernier est affligeante mais le courage de votre Parlement n'en est pas abattu. » Vient alors l'expression neuve de « nation française », puis le rappel que c'est grâce au Parlement que cette nation pourra bientôt s'exprimer, puisque c'est lui qui le premier a formulé le vœu d'une réunion des États généraux. Les acteurs sont en place. Dans un an, jour pour jour pratiquement, il n'y aura plus qu'à jouer la pièce et le peuple acclamera ses défenseurs sans comprendre qu'il vient de se donner de nouveaux maîtres.

Un début de réforme

Chrétien Guillaume de Lamoignon de Malesherbes, à la différence des parlements, ne s'attaquait pas au roi à travers les lettres de cachet mais aux lettres de cachet elles-mêmes. C'est pourquoi, il a été à l'origine d'un début de réforme de cette institution tant décriée que seule la Révolution a interrompu. On a vu Malesherbes, nommé directeur de la Librairie et dépendant par conséquent du garde des Sceaux, placé dans deux rôles contradictoires : membre du gouvernement, il ne peut qu'utiliser la lettre de cachet pour punir les multiples délits de librairie même s'il ne le fait qu'avec discernement. Premier président de la Cour des aides, il va participer à la croisade contre les lettres de cachet, surtout après 1763, date à laquelle il abandonne la direction de la Librairie qui passe sous la juridiction du lieutenant général de police.

En 1767, un certain Monnerat a été emprisonné par lettre de cachet à Bicêtre pour contrebande à la demande des fermiers généraux. Il s'agissait en fait d'une erreur de nom et la victime à peine libérée porte l'affaire devant la Cour des aides qui condamne les fermiers généraux à 50 000 livres de dommages et intérêts avant de voir son arrêt cassé par le roi. Malesherbes entreprend alors, dans de « Très humbles et respectueuses remontrances que présentent au roi, notre très honoré et souverain seigneur, les gens tenant sa Cour des aides », de faire lui aussi le procès des lettres de cachet qui, dénonce-t-il, se sont « prodigieusement multipliées ». Autrefois, on les réservait aux affaires d'État, « et c'est alors, Sire, que la justice a dû respecter le secret de votre administration. On les a données ensuite dans quelques circonstances qui ont paru intéressantes, comme celles où le souverain est touché des larmes d'une famille qui craint le déshonneur.

Aujourd'hui on les croit nécessaires toutes les fois qu'un homme du peuple a manqué au respect dû à une personne considérable. [...] Il est notoire qu'on fait intervenir des ordres supérieurs dans toutes les affaires qui intéressent des particuliers un peu connus, sans qu'elles aient aucun rapport, ni à Votre Majesté personnellement ni à l'ordre public ; et cet usage est si généralement établi, que tout homme qui jouit de quelque considération croirait au-dessous de lui de demander la réparation d'une injure à la justice ordinaire. Ces ordres, signés de Votre Majesté, sont souvent remplis de noms obscurs que Votre Majesté n'a jamais pu connaître. Ces ordres sont à la disposition de vos ministres, et nécessairement de leurs commis, vu ce grand nombre qui s'en expédie. [...] Il en résulte, Sire, qu'aucun citoyen, dans votre royaume, n'est assuré de ne pas voir sa liberté sacrifiée à une vengeance ; car, personne n'est assez grand pour être à l'abri de la haine d'un ministre ni assez petit pour n'être pas digne de celle d'un commis des fermes. Un jour viendra, Sire, que la multiplicité des abus déterminera Votre Majesté à proscrire un usage si contraire à la constitution de votre royaume et à la liberté dont vos sujets ont droit de jouir ».

En 1771, de nouvelles remontrances, prenant la défense des parlements et, reprenant déjà des mots d'ordre en faveur d'une réunion des États généraux, entraînent la disgrâce de Malesherbes et son exil sur ses terres près de Pithiviers. Rappelé par Louis XVI à la tête de la Cour des aides, quatre ans plus tard, il revient à la charge dans de nouvelles remontrances où une fois de plus il se fait le défenseur des droits et des libertés de la nation. Désavoué par Versailles, il démissionne le 12 juillet 1775 mais consent toutefois à remplacer le duc de la Vrillière comme ministre de la Maison du roi, celui-là même qui contresigne les lettres de cachet. Le roi l'a assuré qu'il le laisserait réformer l'institution tant décriée, et de fait on a vu que le nombre des embastillements a radicalement diminué à partir de cette date. Malesherbes cependant, constatant qu'il ne sera pas suivi dans ses nombreux projets de réforme, démissionne l'année suivante.

Le branle a pourtant été donné à non pas une suppression des lettres de cachet que Malesherbes lui-même n'a jamais demandée, mais à une réforme de son fonctionnement. C'est ainsi que le baron de Breteuil, qui a remplacé Necker à la Maison du roi après son renvoi, expédie en 1784 au lieutenant général de police de Paris et aux intendants de province une circulaire qui fixe quelques règles nouvelles concernant les lettres de cachet, s'employant surtout à limiter la durée de détention (même s'il est ajouté aussitôt que celle-ci sera fonction de la conduite du détenu et de « l'usage qu'on doit raisonnablement présumer qu'il fera de sa liberté »). C'est le début d'une sérieuse reprise en main de l'ensemble du circuit de la correction où d'ailleurs il s'agit davantage d'empêcher les abus commis par les familles elles-mêmes que de limiter les prisonniers à l'initiative du pouvoir royal, de moins en moins nombreux (moins de 10 pour 100).

Trop tard... Au moment même où l'administration royale tente de prendre un second souffle, la coalition des résistances va laisser ces initiatives sans lendemain. « On sentait, dès 1780, quelque chose d'orageux dans l'atmosphère politique de la France, écrit dans ses souvenirs la vicomtesse de Fars Fausselandry ; l'horizon se chargeait de noir. On ressentait ce malaise qui annonce l'approche de la tempête, et sans pouvoir fixer le moment fatal, il était facile de s'apercevoir qu'il approchait. [...] Le respect pour la royauté et pour le monarque s'affaiblissait dans toutes les classes de la société et était sur le point de s'effacer entièrement. »

●   ●   ●

CHAPITRE 10

Le 14 juillet 1789

Prémices

Il est de fait, comme le noteront de nombreux mémorialistes, qu'à partir de 1780 « l'horizon se chargeait de noir », pour reprendre l'expression de la vicomtesse de Fars-Fausselandry. La crise économique s'ajoute en effet à la crise sociale et politique et Calonne, nommé contrôleur général des Finances en 1783, ne réussit pas à redresser la situation. On connaît la caricature célèbre sur l'Assemblée des notables réunie en 1786 dans l'espoir fallacieux de lui faire accepter des réformes financières qui, pour être souhaitables dans l'intérêt du pays, n'en vont pas moins à l'encontre des intérêts personnels de représentants en majorité grands seigneurs, prélats ou parlementaires. Calonne est caricaturé en singe, cuisinier de la Cour, et les notables en volailles. « Mes chers administrés, leur dit Calonne, je vous ai convoqués pour savoir à quelle sauce vous voulez être mangés. — Mais nous ne voulons pas être mangés du tout ! — Vous sortez de la question ! »

Et, en effet, les sujets du roi de France, de plus en plus souvent, sortent de la question. L'échec de Calonne sonne le glas des ultimes réformes qui auraient pu sauver le régime. Il est vrai que, sauf à l'affirmer *a posteriori* dans les nombreux mémoires qui ont suivi la Révolution, personne alors ne songe sérieusement que la monarchie « absolue » (elle ne l'est plus guère) puisse être menacée. Après la démission de Calonne en 1787, son successeur Loménie de Brienne essaie de reprendre les projets de réforme de son prédécesseur, mais se heurte aussitôt au Parlement de Paris qui défend désormais l'idée que de nouveaux subsides ne peuvent être accordés que par « la Nation, représentée par les États généraux ». À cette révolte parlementaire qui s'aggrave sans cesse en dépit de l'embastillement de quelques conseillers, s'ajoutent de plus en plus souvent des incidents violents : à Bordeaux, à Pau, à Rennes et, le 7 juin 1788, à Grenoble où la population, se solidarisant avec son parlement, monte sur les toits et crible de tuiles les troupes royales qui doivent se replier. Cette « journée des Tuiles » a montré au peuple qu'au-delà des vains débats, la violence pouvait être payante.

La convocation aux États généraux le 24 janvier 1789 et les élections qui s'ensuivent, loin d'apaiser les troubles, les multiplient dans tout le pays. Ainsi, le 30 avril à Marseille, des émeutiers s'emparent de trois forts et tuent l'un des commandants. Le faubourg Saint-Antoine, devant lequel se dresse la Bastille, n'est pas en reste car sa réputation de « quartier chaud » est établie depuis longtemps. En 1743, par exemple, après l'annonce de la levée de la milice dans Paris par tirage au sort exemptant ceux qui servent une maison comme domestiques et visant du même coup plus particulièrement les artisans et les gens de peine des faubourgs, Barbier note qu'« il y a des mouvements séditieux dans le faubourg Saint-Antoine ; tous les cabarets étaient hier remplis de ceux qui devaient tirer la milice, et l'on y parlait fort librement ». Nombreux sont ceux qui ont dit que, puisque « les fainéants de laquais » ne tireraient pas au sort, ils ne tireraient pas non plus. À cette injustice, Barbier voit cyniquement une conséquence : « La canaille se croirait en droit de se plaindre hautement, et cela pourrait aller loin. » Et lorsque, enfin, le tirage au sort de la milice se fait à l'hôtel des Invalides selon des modalités qui semblent calmer les mécontents, Barbier ajoute : « Cependant on craint que le faubourg Saint-Antoine ne soit moins tranquille [...] et l'on a remarqué beaucoup de mauvaise humeur dans ce faubourg. »

Sept ans plus tard, c'est à propos de bruits d'enlèvements d'enfants d'artisans qu'une « émotion » de grande ampleur se développe. « Cet événement est d'autant plus singulier, commente Barbier, que le peuple de Paris, en général, est assez doux et assez tranquille, et l'on convient que, depuis quarante ans, on n'a point vu de pareilles séditions, même dans les années de pain cher. Les émotions qu'il y a eu ont été dissipées en peu de temps et plus aisément. Apparemment que ce fait d'enlèvement de leurs enfants leur a été plus sensible et les a plus irrités ; il y a eu, dans ces différentes émotions, quinze ou vingt personnes tuées ou d'archers ou du peuple, sans ceux qui ont été bien blessés. »

Là encore le faubourg Saint-Antoine a joué un rôle pilote, se révoltant en cette année 1750 contre les archers du guet qui ont eu la malencontreuse idée de s'aventurer dans le quartier en poursuivant des vagabonds et des mendiants visés par un nouvel édit d'enfermement. Les archers ont tiré mais, submergés par la foule en colère, ont été assommés à coups de bûches. Douze d'entre eux ont dû être transportés à l'Hôtel-Dieu pour y être trépanés. Signe précurseur d'une déconfiture du pouvoir, le roi se contente de supprimer les bandes d'archers qui avaient été employées à la poursuite des mendiants, sans lancer ni punition ni information contre les habitants révoltés. Ce n'est pas du temps de Louis XIV qu'on aurait vu cela.

Dans ce contexte, on comprend mieux les graves événements qui surviennent le 28 avril 1789 à la fabrique de papiers peints de Réveillon, toujours au faubourg Saint-Antoine. Au milieu des petits ateliers et des échoppes du quartier, celle-ci, avec 350 ouvriers, fait figure d'usine (même si le mot n'a pas encore le sens où nous l'employons). La concentration des emplois y induit des salaires de misère et un volant de chômage essentiellement constitué d'immigrants provinciaux fraîchement débarqués qui, plus que les petits artisans, constituent la principale composante du quartier. Or ce « lumpenprolétariat », déraciné et sans qualification, se soucie bien peu des nouvelles théories économiques du libéralisme et de la concurrence internationale. Une seule chose intéresse ceux qui survivent à la limite de la disette, surtout que la récolte de 1788 a été médiocre : du pain !

Or, c'est le moment que choisit Jean-Baptiste Réveillon, jusqu'alors réputé bon patron, pour demander le 23 avril, à l'assemblée électorale de son district, une baisse des salaires. Le même jour, un autre manufacturier du quartier, Hanriot, fabriquant de salpêtre, tient des propos analogues devant sa propre assemblée (ou présente alors des candidats pour les États généraux). Il en fallait moins que cela au faubourg Saint-Antoine pour s'enflammer et, le 28 avril, les manifestations qui se succèdent depuis plusieurs jours jusque sur la place de Grève tournent à l'émeute. Les maisons de Réveillon et de Hanriot sont prises d'assaut et pillées. Le quartier est alors bouclé par le régiment des gardes françaises. Or, à la différence des gardes suisses, le second régiment chargé de la sécurité dans Paris, ces troupes ne sont pas sûres et vont montrer aussi peu de sang-froid ce jour-là qu'elles en montreront le 14 juillet, mais cette fois dans le camp des émeutiers. Le soir du 28, en effet, alors même qu'un régiment de cavalerie a été appelé en renfort, les gardes-françaises tirent à bout portant sur les manifestants.

Le bilan est très lourd : près de 1 000 blessés et de 300 morts. Dans toute l'histoire de la Révolution française, seule la journée du 10 août 1792 fera plus de victimes. C'est le 28 avril 1789, sous les murs de la Bastille, que la Révolution a véritablement commencé, entendons au sens de la violence révolutionnaire. Triomphant comme lors de la journée des Tuiles ou dans nombre d'émeutes en province où les châteaux seigneuriaux notamment furent attaqués, ou à Paris le 30 juin dans l'assaut de la prison de l'Abbaye, ou au contraire massacré comme le 28 avril (sans parler de trois émeutiers pendus dont un à la porte Saint-Antoine), le peuple en colère fait irruption sur la scène de l'Histoire. Encore conviendrait-il de s'entendre sur ce qu'il y a derrière le mot peuple...

Détail curieux, c'est dans la Bastille toute proche que se réfugie le 1er mai Jean-Baptiste Réveillon qui craint avec raison pour sa vie : « J'écris ceci du fond d'une retraite qui était le seul asile que je pusse trouver contre la fureur d'une multitude acharnée contre moi. Je n'ai dans cette retraite pour consolation que la compagnie de deux ou trois amis qui tremblent encore que leur assiduité nous trahisse. Ma femme, fugitive et errante, obligée de cacher un nom qui lui est cher, n'a d'autre asile que celui que lui a offert un pasteur vénérable. » Réveillon, quittant discrètement la Bastille le 28 mai, aura été le dernier hôte de la prison d'État, et même le seul qui y soit entré dans toute l'année 1789. Il avait pourtant inauguré une nouvelle catégorie : celle des prisonniers volontaires demandant asile dans la forteresse.

Tous ces graves événements, auxquels s'ajoute le 17 juin 1789 le dérapage des États généraux (les députés du tiers état se sont proclamés Assemblée nationale), ont déterminé Versailles à prendre des mesures de sécurité. Pas moins de seize régiments, soit environ 30 000 hommes, sous le commandement du maréchal de Broglie font mouvement sur Versailles et sur Paris, et cinq d'entre eux installent leur campement au Champ-de-Mars.

Quant à la Bastille, visiblement détestée d'un quartier qui vient de connaître la terrible émeute du 28 avril, on s'emploie à la mettre en défense. On commence à y transporter des armes et des munitions de l'Arsenal tout proche ; on remet l'artillerie du château en état de servir ; on accorde un supplément de solde à la garnison, « jusqu'à ce que la tranquillité soit rétablie dans Paris ». Enfin, le 7 juillet, 33 hommes sont détachés du régiment suisse de Salis-Samade qui campe au

Champ-de-Mars, et entrent dans la Bastille pour en renforcer la garnison. C'est une décision relativement importante car la Bastille, on l'a vu, n'a pour garnison qu'une compagnie d'invalides dont la valeur combattante est très faible.

Par chance, le lieutenant qui commande cette petite troupe et qui s'appelle Louis Deflue a laissé un récit détaillé de sa mission. Son témoignage, pratiquement le seul qu'on possède du côté des assiégés, est capital, car c'est celui d'un militaire qui ne cherche pas à se faire valoir (on ne pourra pas en dire autant du côté des assiégeants) mais qui s'efforce de relater les faits dans un rapport précis. Au surplus, aucun de ses dires n'est infirmé par les autres récits et il ne porte que peu de jugements de valeur sauf précisément sur la personnalité du gouverneur de Launey.

Dès le lendemain de son arrivée, raconte Deflue, le gouverneur lui a fait visiter la citadelle en lui montrant les dispositions qu'il a prises : il a fait boucher quelques créneaux et certaines croisées faciles à battre par un tir ennemi ; il a fait monter sur les tours plusieurs voitures de pavés et de ferrailles, munitions de siège dignes du Moyen Âge mais toujours efficaces ; dans le même but, il a installé de quoi abattre au dernier moment les nombreuses cheminées de la plate-forme.

L'armement proprement dit est loin d'être négligeable : 15 canons aux créneaux des tours (11 lançant des boulets de 8 livres et 4 des biscaïens de 4 livres) mais peu faciles à manœuvrer parce que montés sur des affûts de marine ; 3 autres canons de 8 ont été placés dans la grande cour face à la porte d'entrée ; 12 fusils de rempart à une livre et demie de balles complètent cet armement, sans compter bien sûr l'armement individuel de chaque soldat. Quant aux munitions, à la suite de la décision de transférer progressivement à la Bastille celles de l'Arsenal facile à piller, il y a de quoi soutenir un siège en règle : un demi-millier de boulets, autant de biscaïens de balles, 20 000 cartouches, 250 barils de poudre.

Pour servir tout cela, on peut désormais compter sur une centaine d'hommes, même en ôtant les plus vieux et les plus infirmes des invalides. Parmi ceux qui sont en état de combattre, quelques-uns sont même des canonniers expérimentés, vétérans de la guerre de Sept Ans. Certes, il n'y a guère de vivres ni d'eau pour soutenir un siège en règle, mais on pense avec raison qu'il s'agit d'abord de faire face à une attaque éventuelle et que, le soir venu, ou bien les assaillants se disperseront, ou bien les nombreuses troupes qui campent alentour se porteront au secours de la forteresse.

Toutefois, il n'est pas certain que les soldats de la garnison soient décidés à tirer sur le peuple. Les invalides sont tout à fait intégrés au quartier où ils logent quand ils ne sont pas de service. Les gardes suisses sont à peine plus sûrs et, le 15 juillet, on comptera 75 déserteurs au régiment de Salis-Samade. En outre, ces soldats n'ont terminé le déménagement de l'Arsenal que dans la nuit du 12 au 13 juillet, et encore leur a-t-il fallu redéménager tout au long de la journée du 13 dans les souterrains les barils de poudre d'abord entreposés dans la tour du Puits. Bref, au petit matin du 14 juillet, on est devant une garnison qui non seulement a mauvais moral mais qui est physiquement fatiguée.

Mais tout cela ne serait rien si la forteresse pouvait compter sur un chef déterminé. Or, à en croire Deflue, ce n'est pas le cas. Certes de Launey a fait preuve d'une certaine détermination en organisant la défense mais qu'en fera-t-il si on attaque la Bastille, lui qui n'a pas osé, faute d'instructions, faire tonner le canon pour saluer la naissance de la fille du roi ? Deflue, qui estime avec raison que la place ne pourra résister que si « chacun fait son devoir », constate que le défaitisme règne. Aussi le jugement qu'il portera ensuite sur le gouverneur est-il sévère : « Le gouverneur de ce château, le comte de Launey, était un homme sans grandes connaissances militaires, sans expérience et de peu de cœur. [...] Dès le premier jour, j'appris à connaître cet homme par tous les préparatifs qu'il faisait pour la défense de son poste, et qui ne rimaient à rien, et par son inquiétude continuelle et son irrésolution, je vis clairement que nous serions bien mal commandés si nous étions attaqués. Il était tellement frappé de terreur que, la nuit, il prenait pour des ennemis les ombres des arbres et des autres objets environnants. Les Messieurs de l'état-major, le lieutenant de roi, le major de la place et moi-même, nous lui faisions très souvent des représentations, d'une part pour le tranquilliser sur la faiblesse de la garnison dont il se plaignait sans cesse, et d'autre part pour l'engager à ne pas se préoccuper de détails insignifiants et à ne pas négliger les choses importantes. Il nous écoutait, il paraissait nous approuver et ensuite il agissait tout autrement, puis, un instant après, il changeait d'avis ; en un mot, dans tous ses faits et gestes, il faisait preuve de la plus grande irrésolution... »

Le baron de Besenval, lieutenant général des armées à l'intérieur du royaume, venu inspecter les défenses de la Bastille quelques jours après l'arrivée du lieutenant Deflue, ne dit pas autre chose dans ses *Mémoires* : « Causant avec ce gouverneur, et lui trouvant la mine d'un homme effrayé, je priai M. le maréchal de Broglie de le remplacer par M. de Verteuil, officier nerveux, qu'il serait difficile de forcer dans un pareil poste. Des considérations d'équité firent rejeter ma proposition, et la Bastille fut prise. »

En ce début de juillet 1789, la situation devient franchement révolution-naire tant au niveau politique à Versailles qu'à celui des incidents de plus en plus rapprochés qui surviennent à Paris. À Versailles, en effet, le conflit entre l'Assemblée du tiers état et le roi prend un tour aigu lorsque celle-ci, après s'ê-tre proclamée Assemblée nationale et avoir vu les députés des ordres privilégiés la rejoindre sur ordre du roi (27 juin), se baptise désormais Assemblée natio-nale constituante (9 juillet). Il ne s'agit plus désormais d'écouter le roi qui veut qu'on le sauve de la faillite mais de lui parler de partager le pouvoir. Necker, qui a le don rare de rassurer le peuple, a été rappelé après que Loménie de Brienne eut démissionné, le 25 août 1788, mais toute la Cour lui est farouche-ment opposée et chacun peut raisonnablement se demander pourquoi il réussi-rait là où ses prédécesseurs, sensiblement avec les mêmes projets, ont échoué.

La présence de troupes de plus en plus nombreuses, choisies exprès parmi des régiments étrangers peu perméables à l'agitation populaire, exaspère Pari-siens et députés. À Versailles, c'est Mirabeau qui mène le combat oratoire, exi-geant sans cesse que le roi éloigne ses soldats dont la seule présence, dit-il, entretient l'agitation. « Avant, tout était tranquille », prétend avec aplomb le puissant orateur.

Les gardes françaises sont de plus en plus gagnés à la rébellion, discourant dans les cabarets et promettant de déserter à la première occasion. Le Palais-Royal est devenu un haut lieu de l'agitation, car c'est une propriété du duc d'Orléans où ni la police ni l'armée n'a le droit de pénétrer. Député de la noblesse aux États généraux mais ayant rallié parmi les premiers le tiers état, Louis Philippe Joseph, duc d'Orléans, prendra le nom de Philippe Égalité en se faisant élire en 1792 à la Convention où il votera la mort du roi, son cousin. Grand maître maçonnique depuis 1786, son rôle amène à s'interroger sur celui des francs-maçons à la veille du 14 juillet 1789. Nous y reviendrons.

Or, le vendredi 10 juillet, Louis XVI, qui jusqu'alors n'a fait qu'entériner les coups de force successifs des députés du tiers état, se décide brusquement à écouter son entourage en répondant d'abord négativement à la demande que lui a faite l'Assemblée d'éloigner les troupes. Ce n'est que le prélude au vérita-ble coup d'État du lendemain, avec le renvoi de Necker, remplacé par le baron de Breteuil, homme totalement dévoué au roi. Paris apprend la nouvelle le 12 juillet et entre aussitôt en effervescence. Le petit peuple est persuadé que cette nouvelle disgrâce signifie le retour des spéculateurs et de la disette. Au Palais-Royal, Camille Desmoulins, bien que bègue, appelle aux armes : « Citoyens, il n'y a pas un moment à perdre. J'arrive de Versailles. M. Necker est renvoyé ; ce renvoi est le tocsin d'une Saint-Barthélemy des patriotes ; ce soir même, tous les bataillons suisses et allemands sortiront du Champ-de-Mars pour nous égorger. Il ne nous reste qu'une ressource, c'est de courir aux armes et de prendre des cocardes pour nous reconnaître. » Peur et colère constituent désormais le mélange détonant dont on fait les révolutions.

On porte en triomphe le buste de Necker et des manifestations se forment un peu partout. Que va faire l'armée, omniprésente ? Le baron de Besenval, qui commande les troupes mais ne peut rien faire sans les ordres du maréchal de Broglie qui vient d'être nommé ministre de la Guerre, s'explique dans ses *Mémoires* sur l'attitude de l'armée, évidemment déterminante : « L'insurrection du 12 prit un caractère alarmant. Dans la crainte que les différents postes de cavalerie destinés à maintenir la tranquillité des faubourgs ne fussent insuffisants, ou que, provoqués à certain point, ils ne s'écartassent de la consigne expresse qui leur avait été donnée, je leur envoyai l'ordre de se porter à la place de Louis XV (l'actuelle place de la Concorde). Un fort détachement des gardes suisses était déjà dans les Champs-Elysées, avec quatre pièces de canon. [...] Les troupes, en se rendant à la place de Louis XV, furent assaillies de propos injurieux, de coups de pierres, de coups de pistolets ; plusieurs hommes furent blessés grièvement, sans qu'il échappât même un geste menaçant aux soldats, tant fut respecté l'ordre de ne pas répandre une seule goutte du sang des citoyens. Reconnaît-on à cette conduite ce complot contre Paris, avec lequel on a renversé la tête de ses habitants ? »

Il semble que la réalité ait été quelque peu différente et que le prince de Lambesc, colonel du Royal-Allemand, probablement après avoir essuyé des coups de feu de gardes françaises déjà passés à la sédition, ait fait charger les manifestants sabre au clair jusque dans le jardin des Tuileries où de paisibles promeneurs auraient été blessés et où peut-être un vieillard aurait même été tué.

Mais il est évident que, dans ses *Mémoires*, le baron de Besenval cherche d'abord à se justifier. Devant la postérité, il ne veut pas perdre sur les deux tableaux, s'employant à démontrer que, s'il n'a pas réussi à maintenir l'ordre, il a au moins évité le carnage et que, de toute façon, « c'était fichu » : « Le désordre ne faisant qu'augmenter d'heure en heure, mon embarras redoublait aussi. Quelle résolution embrasser ? Si j'engageais les troupes dans Paris, j'allumais la guerre civile. Un sang précieux, de quelque côté qu'il coulât, allait être versé, sans qu'il en résultât rien d'utile à la tranquillité publique. On abordait mes troupes, presque à mes yeux, avec toutes les séductions accoutumées. Je recevais des avis qui m'alarmaient sur leur fidélité ; Versailles m'oubliait dans cette situation cruelle, et s'obstinait à regarder 300 000 hommes mutinés comme un attroupement, et la révolution comme une émeute. Toutes ces choses considérées, je crus que le plus sage était de retirer les troupes, et de livrer Paris à lui-même. C'est à quoi je me déterminai vers une heure du matin. »

Le baron de Besenval aura en outre beau jeu de prétendre que, sans les ordres du maréchal de Broglie, il ne pouvait rien faire. Celui-ci, héros de la guerre de Sept Ans, âgé de soixante et onze ans, et qui d'ailleurs va démissionner dans les jours qui suivent, ne bronchera pas alors que se joue le sort de la monarchie. Effectivement, Versailles « oublia » Besenval. L'explication demeure toutefois un peu courte car Besenval, commandant en chef, aurait pu tout aussi bien estimer que, même en l'absence d'ordres de Versailles, son devoir était de maintenir l'ordre et non de livrer Paris à l'émeute. Quant à parler de 300 000 hommes mutinés (la totalité de la population mâle de Paris, enfants et vieillards compris !) et considérer avec une clairvoyance rare que l'émeute est en réalité une révolution, c'est démontrer du même coup l'inconvénient des mémoires lorsqu'ils cherchent à justifier leur auteur ou à prédire l'avenir a posteriori.

Quoi qu'il en soit, la charge du Royal-Allemand, avec des blessés aussitôt promus au rang de martyrs, n'a fait que raviver l'émeute. La nuit qui a suivi, le tocsin a retenti dans tout Paris et les boutiques d'armuriers ont été pillées. Le lendemain, 13 juillet, les émeutiers se sont portés aux barrières de Paris (octrois) qu'ils ont incendiées, espérant ainsi faire baisser le prix du grain qui n'a jamais été aussi élevé. Le couvent de Saint-Lazare, soupçonné de stocker du blé, est pillé et incendié.

Pendant ce temps les Électeurs de Paris, c'est-à-dire ceux qui ont élu les députés aux États généraux au suffrage censitaire et qui sont de ce fait fort éloignés de « la racaille » dont parlait Barbier, essaient déjà de récupérer le mouvement populaire, de l'endiguer tout au moins, en se réunissant régulièrement à l'Hôtel de Ville où ils décident de former un comité permanent et de créer une « milice bourgeoise » (l'épithète est lâchée), future garde nationale. Une cocarde de reconnaissance rouge et bleu, aux couleurs de Paris, sera arborée. Les couleurs nationales sont en train de naître.

Cette milice, il faut l'armer. Trouver des armes devient le mot d'ordre officiel, ainsi qu'on le constate un peu partout dans Paris. Toujours le 13 juillet, on voit par exemple un millier de parisiens se réunir dans l'église du Petit Saint-Antoine et instituer une milice bourgeoise d'environ 400 hommes spécifiant que « chacun portera lorsqu'il sera de service les armes qu'il pourra se procurer à l'exception du pistolet qui est interdit comme arme dangereuse » (sic). On a récupéré les armes se trouvant au mont-de-piété mais elles sont peu nombreuses, souvent en mauvais état et plus propres à convenir à des collectionneurs qu'à des combattants.

En fait, et chacun le sait, il n'y a d'armes en quantité suffisante qu'à l'hôtel des Invalides où 33 000 fusils sont entreposés dans les souterrains situés sous le dôme. C'est pourquoi une délégation des Électeurs se rend aux Invalides l'après-midi du 13 pour y demander officiellement des armes. Besenval, qui les reçoit, essaie de gagner du temps en faisant valoir qu'il doit en référer à Versailles. Au cours de la nuit suivante, le gouverneur des Invalides va essayer de faire mettre hors de service le plus de fusils possible en en faisant enlever chien et baguette, mais la mauvaise volonté des invalides employés à cette tâche sera telle qu'à peine une vingtaine seront désarmés. Mais c'est Besenval qui raconte cela, toujours en faveur de sa thèse selon laquelle « il n'y avait rien à faire ».

Ce qui apparaît dès cette journée du 13 juillet, c'est que d'une certaine façon la « Grande Peur » qui va se développer dans les jours et les semaines qui vont suivre a déjà commencé. Des rumeurs de troupes progressant le long de certaines rues de la capitale ajoutent la peur à la colère. Ces rumeurs sont d'ailleurs fausses car, l'escarmouche du 12 de la place Louis-XV et du jardin des Tuileries mise à part, l'armée ne bougera pas. Mais la peur, source d'excès, est là néanmoins. Besenval raconte, à propos de la délégation qui vint le 13 lui demander les armes de l'hôtel des Invalides, que « l'expression de leur frayeur était vive. Ils se dirent investis de brigands qui menaçaient leurs maisons du pillage et du feu ».

La nuit du 13 au 14 se passe dans la fièvre d'autant plus qu'il fait très beau et que nombreux sont ceux qui ne sont pas allés se coucher. Au petit matin de ce mardi 14 juillet, la journée s'annonce très chaude dans tous les sens du mot. D'ailleurs, on le vérifiera tout au long du XIXᵉ siècle, les révolutions ne se font en France que lorsque la météo est propice. Car c'est bien déjà de révolution qu'il s'agit, ainsi que l'évoque l'abbé Morellet qui a passé la nuit du 13 au 14 à observer les événements du haut de sa fenêtre : « Je passai, à mes fenêtres, dans la rue Saint-Honoré, près la place Vendôme, une grande partie de la nuit du 13 au 14, à voir des hommes de la plus vile populace armés de fusils, de broches, de piques, se faisant ouvrir les portes des maisons, se faisant donner à boire, à manger, de l'argent, des armes. Les canons traînés dans les rues, les rues dépavées, des barricades, le tocsin de toutes les églises, une illumination soudaine, annonçaient les dangers du lendemain. Le lendemain, les boutiques sont fermées ; le peuple s'amasse, l'effroi et la fureur ensemble dans les yeux. Je connus dès lors que le peuple allait être le tyran de tous ceux qui avaient quelque chose à perdre, de toute autorité, de toute magistrature, des troupes, de l'Assemblée, du roi, et que nous pouvions nous attendre à toutes les horreurs qui ont accompagné, de tout temps, une semblable domination. J'avoue que, dès ce moment, je fus saisi de crainte à la vue de cette grande puissance jusque-là désarmée, et qui commençait à sentir sa force et à se mettre en état de l'exercer tout entière. »

Le matin du 14, une foule, qui grossit au fur et à mesure qu'elle avance, se dirige vers l'hôtel des Invalides. Combien y a-t-il de personnes à se masser devant les grilles ? 30 000 ? 50 000 ? Tout va se jouer là. C'est le moment capital de la journée, celui de l'épreuve de force plusieurs fois différée. Que vont faire les invalides postés derrière leurs canons ? Que vont faire les régiments qui campent à quelques pas de là ? Rien, et Besenval s'explique laborieusement sur ce rien, disant qu'il réunit ses officiers et que ceux-ci l'avertissent que leurs troupes n'accepteraient pas de réprimer l'émeute et qu'elles étaient gagnées à la cause populaire. Mais, s'il est certain qu'au matin du 14 les gardes françaises et, dans une moindre mesure, les invalides sont gagnés au mouvement populaire, c'est loin d'être aussi sûr pour des « mercenaires » étrangers arrivés depuis peu et dont on a peine à croire qu'ils aient pu être gagnés en quelques jours. Là encore, le témoignage de Besenval, ressemble trop à un plaidoyer pro domo. Toutefois, il y eut des désertions mais la démoralisation indiscutable des troupes peut tout aussi bien s'expliquer par l'inaction et les atermoiements du commandement.

Toujours est-il que, voyant que rien ne va s'opposer à elle, la foule escalade les fossés, renverse les grilles et envahit l'hôtel des Invalides. Dans un désordre indescriptible, on s'empare des 30 000 fusils et d'une dizaine de canons. Les représentants de l'Hôtel de Ville sont là qui voudraient bien organiser tout cela mais personne ne les écoute, chacun ne se préoccupant que d'avoir son fusil. Il est dix heures et demie du matin.

L'émeute, sûre maintenant de son fait, a pris l'élan nécessaire pour une nouvelle étape : on a des armes mais pas de munitions. Or, nombreux sont ceux du quartier Saint-Antoine qui ont vu s'opérer au cours des jours précédents les transferts de munitions de l'Arsenal à la Bastille. À la Bastille, donc. Jean-Baptiste Humbert, horloger de son état mais aussi « patriote », a relaté ces destinations successives : pour avoir un fusil, il est allé à l'hôtel des Invalides où il a failli périr étouffé dans la bousculade ; on lui a dit qu'il y avait de la poudre à l'Hôtel de Ville et il y est allé ; là, il entend dire qu'on assiège la Bastille : « Je partis aussitôt pour la Bastille et chargeai mon fusil en chemin. »

Il n'est donc pas certain qu'au moment précis où la foule en armes commence à crier « à la Bastille », ce soit déjà au symbole de l'absolutisme qu'on s'en prenne. Toutefois on ne saurait considérer que ceux qui se dirigent alors vers la citadelle ne pensent qu'à y trouver les munitions qui leur manquent. On veut aussi se prémunir contre la menace que font peser les canons de la Bastille sur tout un quartier de Paris, et on veut surtout en découdre, que ce soit contre le Royal-Allemand ou contre une prison d'État.

Chaque camp accusera bientôt l'autre de complot et la grande question, sans cesse débattue entre l'historiographie de « droite » et celle de « gauche », est notamment de savoir si l'attaque de la Bastille fut ou non préméditée par un « noyau dur ». Nous reviendrons sur cette question à propos des mythes de la Bastille, mais il est de toute façon certain que l'émeute brutale du petit peuple parisien qui se développe depuis le renvoi de Necker s'insère, comme le fait remarquer Jacques Godechot, dans un mouvement révolutionnaire plus vaste. Depuis vingt ans en Europe et en Amérique du Nord, depuis deux ans en France, la révolution est là. L'insurrection du 14 juillet qui vient de commencer et l'attaque qui se prépare sont indissociables de l'insurrection nationale.

L'attaque

À la Bastille, de Launey, qui ne cesse de monter sur les tours pour observer le voisinage, est parvenu au comble de l'inquiétude en observant les incendies des barrières les plus proches. Le 13, il a donné l'ordre d'évacuer tous les bâtiments extérieurs et a fait prendre les armes à la garnison. On ne s'est pas assez interrogé sur les conséquences tactiques et poliorcétiques de ce repli préventif dans la citadelle. Certes, à la différence de la Bastille proprement dite, les bâtiments extérieurs eussent été impropres à soutenir un siège en règle. Mais les abandonner par avance, n'était-ce pas se mettre ipso facto en position d'assiégés, en laissant les émeutiers pénétrer dans les cours extérieures, c'est-à-dire déjà dans l'inviolable Bastille ? Bref, n'était-ce pas favoriser le premier pas, lequel, comme chacun sait, est le seul qui coûte ?

Dans la nuit du 13 au 14, les sentinelles en faction sur la plate-forme ont essuyé quelques coups de feu, et l'affolement qu'a alors montré de Launey n'a pas contribué à raffermir le moral d'une garnison qui se sent moins que jamais commandée alors que chacun devine qu'on est à la veille d'événements graves. Le mardi 14 juillet, à dix heures du matin, au moment où l'hôtel des Invalides est pillé (ce que bien entendu on ignore à la Bastille), une délégation du Comité permanent de l'Hôtel de Ville, composée de trois hommes que suit de près une foule déjà dense, se présente pour engager le gouverneur à retirer les canons braqués en haut des tours, parce qu'ils « causent beaucoup d'inquiétude et répandent l'alarme dans tout Paris ». De Launey a accueilli la députation le plus civilement du monde et même l'a invitée à partager son « déjeuner ». Il a accepté de faire retirer les canons des embrasures qu'il a fait masquer avec des planches. (Deflue dit que cette mesure fut prise avant même que n'arrive la députation dès que le gouverneur apprit que le quartier Saint-Antoine s'alarmait des dispositions prises à la Bastille.) De Launey a affirmé que ses intentions n'étaient pas belliqueuses, mais à aucun moment il n'a été question ni de déposer les armes, ni de livrer la moindre munition.

Pendant ce temps, la foule qui suivait la députation s'est déjà installée dans la première cour extérieure jusqu'au premier petit pont-levis dit « de l'avancée ». La voilà donc dans la place et il n'est plus question qu'elle en reparte sans qu'il se soit passé quelque chose. On réclame les émissaires à cor et à cri, craignant que le gouverneur ne les retienne prisonniers ou, pourquoi pas, leur fasse un mauvais parti. Une seconde délégation de bourgeois en armes, conduite par Thuriot de La Rozière, avocat et futur conventionnel, s'apprête à partir quand enfin les premiers émissaires sortent de la Bastille pour être aussitôt accusés d'avoir sympathisé avec l'ennemi, abreuvés d'injures et retenus prisonniers. Il est onze heures et demie, peut-être un peu plus.

La foule grossit sans cesse, au fur et à mesure qu'arrivent des groupes armés venant des Invalides. Le ton monte d'autant plus facilement que les premiers émissaires ont signalé le peu de détermination du gouverneur à en découdre. Le projet de s'emparer de la Bastille est déjà exprimé par quelques-uns, même si d'autres parlent encore de réclamer poudre et munitions contre des troupes étrangères que d'ailleurs on ne rencontre plus nulle part. La Bastille, en revanche, crainte et détestée, est bien là qui dresse sa masse imposante et proclame par sa seule présence son exterritorialité de château royal et de prison d'État.

La nouvelle délégation est reçue aussi civilement que la première par le gouverneur. Thuriot de La Rozière connaît bien la Bastille où se trouve justement emprisonné un de ses clients, Jean Lacorrège, arrêté pour une affaire de faux. D'abord admis à l'hôtel du gouverneur, il obtient après beaucoup de difficultés le droit de pénétrer à l'intérieur même de la Bastille pour se rendre compte de la situation. M. de Launey, raconte Deflue, « entra dans la Bastille même avec un homme, qu'on me dit être un monsieur qui avait déjà été plusieurs fois à la Bastille, ayant une permission pour voir des prisonniers. M'étant joint à eux, j'appris par leur conversation que ce bourgeois demandait, au nom de la ville, qu'on descendît les canons des tours ; qu'en cas qu'on vînt attaquer la place on ne fît de résistance, qu'on ne devait point faire la guerre à la nation, qu'il était inutile de verser le sang de citoyens, et qu'après avoir tué beaucoup de monde on serait toujours obligé de se rendre. Il demandait encore qu'on laissât entrer une garde bourgeoise pour défendre le fort conjointement avec la garnison. Le gouverneur lui répondit qu'il ne pouvait rendre la place à qui que ce fût, que sa tête en répondait, et qu'il la défendrait si longtemps qu'il le pourrait ; que cependant, pour tranquilliser la bourgeoisie, il avait déjà fait dépointer et retirer les canons, qu'il pouvait en assurer ses commettans, et qu'il lui donnait sa parole d'honneur que son intention était de n'insulter qui que ce fût, pourvu qu'on ne cherchât point à s'emparer de la place, et qu'on ne vînt point attaquer ni les ponts ni les portes ».

On voit que dès ce moment il n'est plus question de prendre des munitions à la Bastille mais bel et bien de s'assurer d'une façon ou d'une autre du contrôle de la forteresse. Deflue affirmera en outre que de Launey, de plus en plus affolé, se serait aussitôt rendu si son état-major ne lui avait pas fait valoir que c'eût été se déshonorer. De son côté, Thuriot, qui ressort de la Bastille vers une heure pour aller rendre compte de sa mission à l'Hôtel de Ville, dit à tous ceux qui le pressent de questions que le gouverneur « n'était plus à lui ».

À l'Hôtel de Ville, le comité des Électeurs, de plus en plus inquiet de la tournure que prennent les événements depuis le matin, met au point avec Thuriot de La Rozière une proclamation apaisante informant la population que le gouverneur de la Bastille a promis de ne faire aucun usage offensif de ses armes. On en est encore à discuter d'une virgule quand soudain tout le monde se tait. On vient d'entendre un coup de canon. C'est la Bastille qui vient de tirer. Il est une heure et demie.

Que s'est-il passé ? Depuis la fin de la matinée, une foule énorme, et qui ignore dans sa grande majorité les démarches effectuées auprès du gouverneur, se presse devant la citadelle et dans la première cour. Il y a là en majorité des artisans, des hommes de peine et des chômeurs du quartier Saint-Antoine, et aussi du faubourg Saint-Marcel, mais aussi des bourgeois et des commerçants armés de la veille ou du matin, maintenant que ceux des Invalides ont rejoint la Bastille. Il y a aussi des militaires en rupture de caserne et notamment des gardes françaises qui d'ailleurs s'emploient davantage à assurer un minimum d'ordre qu'à exciter la foule comme on l'a souvent dit. La foule, de toute manière, n'a pas besoin d'être excitée, scandant : « Nous voulons la Bastille ! En bas la troupe ! »

Nombreux sont aussi ceux qui sont là plus en curieux qu'en patriotes révolutionnaires. Le chancelier Pasquier raconte dans ses *Mémoires* que « la vérité est que ce grand combat n'a pas un instant effrayé les nombreux spectateurs qui étaient accourus pour en voir le résultat. Parmi eux se trouvaient beaucoup de femmes très élégantes : elles avaient, afin de s'approcher plus aisément, laissé leurs voitures à quelque distance. J'étais appuyé sur l'extrémité de la barrière qui fermait, du côté de la place de la Bastille, le jardin longeant la maison de Beaumarchais et sur lequel il fit mettre, peu de jours après, l'inscription suivante : "Ce petit jardin fut planté l'an premier de la Liberté." À côté de moi était Mlle Contat, de la Comédie-Française ; nous restâmes jusqu'au dénouement et je lui donnai le bras jusqu'à sa voiture, qui était place Royale ».

En réalité, il faut distinguer entre ceux qui étaient autour de la Bastille, pour beaucoup en spectateurs, et ceux qui, à l'intérieur de la première cour, s'apprêtaient à livrer bataille. Entre la tradition républicaine qui a fait, nous le verrons, de la prise de la Bastille un combat aussi glorieux qu'acharné et le chancelier Pasquier (et beaucoup d'autres royalistes) qui prétend que « ce qu'on a appelé combat ne fut pas sérieux et que la résistance fut complètement nulle », il y a place pour une vérité intermédiaire, plus proche toutefois de la seconde interprétation.

À une heure et demie donc, deux émeutiers se sont hissés sur le toit peu élevé d'un bâtiment séparant la première cour de celle dite du gouvernement. Sur ce point précis comme sur tous les autres, les témoignages divergent constamment, même entre assiégeants. Ainsi les récits ne sont même pas d'accord pour dire par quel toit passèrent les deux intrépides à qui Jean Armand Pannetier, épicier, fit la courte échelle — acte glorieux qui le fit passer à la postérité après qu'il eut pris soin d'en publier lui-même le récit. Or, si les contradictions des récits n'ont guère d'importance à ce niveau, on se doute qu'elles en ont lorsqu'il s'agit de savoir qui a tiré le premier. Il semble curieusement que les défenseurs n'aient pas tiré sur les deux émeutiers se laissant tomber dans la cour du gouvernement et entreprenant derechef d'abattre les chaînes du pont-levis de l'avancée à coups de hache. Mais ce ne fut ni le premier ni le dernier fait curieux qui se produisit en ce 14 juillet.

Les assaillants prétendront qu'on tira sur eux au moment où, le pont-levis de l'avancée abattu, ils se précipitèrent dans la cour du gouvernement – ce qui est vraisemblable. Deflue, qui se trompe en disant qu'il était trois heures, affirme que ce furent au contraire les assiégeants qui tirèrent les premiers sur les défenseurs, mais alors on peut aussi bien remonter aux coups de fusil de la nuit précédente. À en croire Deflue, entre le moment où les émeutiers envahirent la cour du gouvernement et le moment où commença le feu des assiégés, on prit le temps de discuter devant le pont-levis de la Bastille : « On leur demanda ce qu'ils désiraient, et ce fut un cri général qu'on baissât les ponts. On leur répondit que cela ne se pouvait pas, et qu'ils eussent à se retirer, sinon qu'on les chargerait. On redoubla les cris bas les ponts ! bas les ponts ! Alors on ordonna à une trentaine d'invalides qui étaient postés dans les créneaux, aux deux côtés de la porte, de faire feu. » Or ce texte pose lui aussi plus de questions qu'il n'en résout. Les assaillants avaient-ils commencé à tirer ? Comment peut-on échanger des paroles aussi décisives dans le tumulte ? Fut-ce le gouverneur qui commanda le premier tir ou les fusils partirent-ils tout seuls ? Deflue dit que ce furent les invalides qui tirèrent, mais les invalides disent que ce furent les Suisses de Deflue, et ajoutent qu'on menaça de les fusiller s'ils ne voulaient pas défendre la Bastille (mais ils témoignent alors qu'ils viennent d'être faits prisonniers et qu'ils essaient de sauver leur peau).

Toujours est-il qu'à une heure et demie le combat s'engage pour de bon. Après le premier coup de canon tiré de la Bastille, on ne sait trop sur qui, et les premières salves, on voit arriver à l'Hôtel de Ville sur des brancards portés par une foule au comble de la fureur, un garde-française en train d'expirer et un homme blessé au bras. D'autres blessés ont été transportés dans les maisons avoisinant la Bastille. La première salve, tirée de très près sur une masse compacte, a en effet été assez meurtrière, et c'est à ce moment-là que se situe la légende, qui aura la vie dure, selon laquelle le gouverneur aurait lui-même fait entrer la foule dans la seconde cour pour mieux la mitrailler à bout portant.

C'est cette « horrible perfidie », cette « ignominieuse trahison » (la tradition républicaine ne trouve pas de termes assez durs pour exprimer son indignation) qui aurait donné le signal de l'attaque et par suite de la prise de la Bastille. Or, il n'est pas douteux que la cour du gouvernement, celle qui donnait l'accès à l'entrée de la forteresse, ait été envahie de force, mais la foule des manifestants, qui n'avait essuyé aucun coup de feu dans la première cour, put estimer que l'état de grâce allait se poursuivre une fois qu'elle aurait pénétré dans la seconde. Nombreux furent d'ailleurs les manifestants qui, n'étant pas aux premiers rangs, crurent de bonne foi que c'était le gouverneur qui avait fait baisser le pont-levis de l'avancée.

En fait, loin d'un gouverneur disposé à massacrer les foules, on assiste au contraire à une riposte extrêmement modérée, une fois tirée la première salve et les assaillants prudemment repliés. On laisse à imaginer que le nombre des premières victimes eût été tout autre si les canons de la Bastille avaient tiré à mitraille sur une foule aussi compacte. La vérité est qu'à aucun moment les assiégeants n'essuieront un feu suffisamment nourri et dirigé, et que les invalides feront plutôt du tir de dissuasion, passant plus de temps à agiter leurs chapeaux pour empêcher la foule d'avancer qu'à ajuster leur cible. Cette attitude fera croire aux assaillants que les défenseurs cherchaient à se rendre (ce qui n'est pas impossible pour certains d'entre eux) et du coup fera encore crier à la trahison quand de nouveau des salves viendront abattre des manifestants. Deflue confirme la modération relative du tir en signalant qu'on ne fit pas « grand usage » des fusils de rempart qui auraient pu, eux aussi, être terriblement meurtriers.

À deux heures, une troisième délégation arrive à la Bastille alors que la fusillade bat son plein. Elle ne peut parvenir jusqu'à l'entrée et on reprochera aux délégués d'avoir fait massacrer à leurs côtés plusieurs citoyens dont « ils avaient suspendu les coups ». Le combat prend de l'intensité quand l'hôtel du gouverneur est incendié et que deux voitures de fumier enflammé sont poussées en direction du pont-levis. C'est une vieille ruse de guerre destinée à empêcher les défenseurs d'ajuster leur tir, mais qui bientôt se retourne contre les assaillants qui non seulement n'y voient plus rien à leur tour mais doivent endurer la fumée et la chaleur au plus chaud de cette lourde journée d'été.

À trois heures, une quatrième délégation sous la direction d'Éthis de Corny, procureur du roi, part de l'Hôtel de Ville qui s'acharne sinon à maîtriser l'événement, du moins à ne pas s'en trouver totalement dissocié. Drapeau blanc et tambour en tête, elle parvient au pied de la citadelle devant le pont-levis. Des pourparlers confus s'engagent au milieu des coups de feu qui n'ont cessé ni d'un côté ni de l'autre, lorsque soudain une décharge meurtrière est tirée des tours. Il est possible que ce soit là le seul coup de canon à mitraille ou en tout cas de fusil de rempart qui fut tiré de la journée mais, si l'on ose dire, ce n'était pas le moment car aussitôt les assiégeants crient à la trahison : on n'a pas respecté les parlementaires !

Mais là comme ailleurs, les récits divergent, certains assiégeants affirmant même avoir vu alors le drapeau blanc hissé sur les tours et d'autres avoir vu les invalides mettre la crosse en l'air. Le chancelier Pasquier, peu suspect de donner raison aux assiégeants, affirme lui aussi avoir « vu parfaitement [...] l'action des soldats invalides ou autres, rangés sur la plate-forme de la haute tour, levant la crosse de leur fusil en l'air et exprimant par tous les moyens usités en pareille circonstance leur volonté de se rendre ». Mais toute la question est de savoir à quel moment cela s'est produit.

Même sans parler de reddition à ce moment, feinte ou mal comprise, certains historiens ont accrédité la thèse du gouverneur qui, ayant perdu l'esprit, a fait tirer sur cette nouvelle délégation après avoir dit qu'elle constituait une ruse de guerre, ou que, autre explication parfois avancée, il n'en reconnaissait pas la représentativité (mais alors, pourquoi avoir accueilli les précédentes ?). Mais encore une fois, personne n'ayant cessé de tirer, il n'y a eu aucune espèce de trêve rompue et surtout on voit mal le timoré de Launey faisant délibérément tirer sur une députation. Ce qui est certain, en tout cas, c'est que c'est bien le personnage et la conduite de de Launey qui décident du destin de cette journée. Entre résister à outrance ou se rendre aussitôt en allant embrasser le peuple, de Launey a choisi la pire des solutions en faisant tirer suffisamment pour tuer du monde et exaspérer les émeutiers, mais pas assez pour décourager l'attaque. Certes l'effroyable bain de sang qui aurait été alors provoqué n'aurait pas suffi à empêcher une révolution qui avait déjà commencé, mais la Bastille n'aurait pas été prise ni le 14 ni les jours suivants, la vieille forteresse ne pouvant être réduite que par la faim et la soif. Qu'aurait fait alors Versailles ? Et l'armée ? Besenval aurait-il maintenu l'ordre de retrait de ses troupes de Paris ?

En ces heures tragiques de l'après-midi du 14 juillet 1789, de Launey est non pas à un moment de l'Histoire mais il est ce moment lui-même, quand le destin se joue à pile ou face. Encore faut-il se demander quelles étaient les instructions laissées au gouverneur. Il semble qu'il n'y en ait eu aucune, même si Bailly, dans ses *Mémoires*, dit qu'on arrêta le matin du 14 juillet un messager portant au gouverneur de la Bastille ce message de Besenval : « M. de Launey tiendra jusqu'à la dernière extrémité ; je lui ai envoyé des forces suffisantes. » Mais justement ce message n'arriva pas et, au surplus, son authenticité est discutable, car on voit mal Besenval donner de semblables instructions alors même qu'il a décidé de ne pas faire intervenir ses troupes et qu'il va quelques heures plus tard laisser piller sous ses yeux l'Hôtel des Invalides.

Mais voici qu'a sonné l'heure des chefs. La Bastille, en la personne de de Launey, n'en a pas. Les assiégeants en voient surgir deux en même temps. L'un s'appelle Hulin, patron d'une buanderie à Épinay après avoir été enfant de troupe, sergent aux gardes suisses puis domestique du marquis de Conflans. Il a trente et un ans, sera général de l'Empire et siégera au conseil de guerre condamnant à mort le duc d'Enghien. Le 12 juillet, il a harangué la foule au Palais-Royal ; la nuit du 13 au 14, il a patrouillé avec la milice de son district ; le matin du 14, il est à l'Hôtel de Ville alors qu'on vient d'apprendre la nouvelle trahison de l'horrible de Launey. Alors, raconte Louis Guillaume Pitra (Électeur de Paris), Hulin, après avoir tenté inutilement de gravir le perron de l'Hôtel de Ville noir de monde, se trouve soudain en face de deux compagnies de gardes françaises qu'il apostrophe ainsi : « Êtes-vous citoyens, braves gardes françaises, et entendez-vous ces cris ? [...] Voyez-vous ces malheureux que l'on apporte et qui vous tendent les bras ? Entendez-vous le canon [...] avec lequel ce scélérat de de Launey assassine nos pères, nos femmes, nos enfants qui sont sans armes autour de la Bastille ? Les laisserez-vous égorger, vous qui avez du canon et la force en main ? Mes amis ! braves gens ! (et les larmes coulaient de ses yeux), gardes françaises ! on assassine les Parisiens comme des moutons, et vous ne marcherez pas à la Bastille ! » Et les sergents de lui répondre : « Commandez-nous, brave homme... » C'était simple mais il fallait y penser : les gardes françaises n'attendaient que d'être commandés.

Arrivé à la Bastille à la tête d'un détachement de gardes françaises qui ne compte plus qu'une soixantaine d'hommes mais qui traînent avec eux les canons pris aux Invalides, Hulin y rencontre Élie qui, au même moment, arrive avec une colonne de citoyens armés. Sous-lieutenant au régiment de la reine après vingt-deux ans de campagnes, c'est un des rares officiers non nobles dits « de fortune », c'est-à-dire sortis du rang, que l'Ancien Régime ait eus. Lui aussi sera général en 1793 et fera toutes les guerres de la Révolution.

Avec ces deux chefs et la petite troupe suffisamment disciplinée qu'ils commandent, le combat mené jusqu'alors de façon anarchique et individuelle va changer d'allure. À ce moment du siège de la Bastille (il est environ trois heures et demie), les victimes sont infiniment plus nombreuses du côté des assiégeants qui, lorsque le combat aura cessé, compteront un peu moins d'une centaine de morts et à peu près autant de blessés. Côté assiégés, il n'y a alors qu'un invalide de tué et deux ou trois blessés, et encore n'est-ce que du fait de tireurs isolés qui se sont postés sur les toits des maisons qui entourent la Bastille et dont le tir n'a pas été repéré.

Ce sont les canons qui vont faire la décision. Une pièce isolée a bien été mise en batterie par Cholat, marchand de vins, qui raconte que dès le premier coup tiré le recul blessa assez gravement ses deux servants. Cependant, avec les gardes françaises commandés par Élie et Hulin, les nouveaux canons sont mis en batterie à divers endroits et font feu, mais ils n'entament guère les murs épais de la forteresse, achevant en revanche de ruiner le moral du gouverneur. Après bien des difficultés et après qu'on a retiré notamment sous le feu des défenseurs les charrettes incendiées, deux canons démontés puis remontés sont mis en batterie dans la cour du gouverneur, devant le pont-levis qui commande l'entrée de la Bastille. Tout se joue là maintenant, et Jacques Godechot fait valoir avec raison que la victoire des assaillants paraît désormais assurée, tant à cause de la détermination et de la bravoure de ceux qui essuient le feu des défenseurs pratiquement sans abri que par la menace décisive que les canons font désormais peser sur la porte d'entrée. Mais c'est compter toutefois sans le large fossé qui resterait à franchir même lorsque la porte serait fracassée, et sans les canons des défenseurs qui barrent l'entrée de l'autre côté et qui pourraient être défendus, le temps de recharger, par une terrible concentration de tir des fusils de rempart.

Mais cela supposerait, une fois de plus, que la Bastille soit décidée à opposer une résistance farouche et terriblement meurtrière pour les assaillants d'abord et pour les défenseurs ensuite qui ne pourraient plus espérer le moindre quartier. Or, à aucun moment cet esprit n'a prévalu ni même existé. L'esprit est au contraire plus que jamais à la reddition. Comme l'écrira Dusaulx dans sa très officielle relation des événements : « Tandis qu'il n'y avait au-dehors de la Bastille que valeur, patriotisme et dévouement, ce n'était au-dedans qu'imprévoyance, irrésolution, faiblesse. »

La reddition

Les invalides raconteront que de Launey ne parle plus alors que de vendre chèrement sa peau en faisant sauter la sainte-barbe. Deflue ajoute qu'il fallut même croiser les baïonnettes devant lui alors qu'il se précipitait déjà une mèche allumée à la main. Tout cela ne ressemble pas à de Launey mais pourquoi pas, après tout ? Le plus grand désespoir rejoint parfois la plus grande bravoure.

Mais à la Bastille, tout le monde est maintenant d'accord pour arrêter la résistance. Il peut être quatre heures et demie de l'après-midi. On cherche un drapeau blanc. Comme il arrive souvent en ces graves occasions, on n'en trouve pas, et c'est le gouverneur qui fournit son propre mouchoir (d'autres témoignages, moins poétiques, parlent d'une serviette). La garnison cesse de tirer et promène son drapeau blanc autour de la plate-forme derrière un tambour qui bat la chamade. Pendant plus d'un quart d'heure, les assiégeants continuent à tirer puis, s'apercevant enfin que le feu des assiégés a cessé, se pressent vers l'entrée de la Bastille en criant : « Abaissez le pont ! Abaissez le pont ! »

Par une meurtrière qu'il avait fait pratiquer à travers le pont-levis relevé et qui a terriblement mérité son nom tout au long du combat, Deflue parlemente et demande que la garnison puisse sortir avec les honneurs de la guerre. La foule répond non. Alors, il passe un message sur lequel le gouverneur a écrit : « Nous avons vingt milliers de poudre ; nous ferons sauter le fort, la garnison et les environs si vous n'acceptez pas la capitulation. » Une planche est posée en travers du fossé et, tandis qu'à un bout les assiégeants font contrepoids, un combattant se risque sur ce chemin précaire mais tombe dans le fossé où il se blesse sérieusement. Enfin un second (Maillard ?) s'empare du message qu'il remet à Élie. Là encore les récits divergent : selon certains, Élie aurait alors crié : « Foi d'officier, nous l'acceptons, baissez vos ponts », mais selon d'autres, la foule a persisté à crier : « Point de capitulation ! Bas les ponts ! » Il est cinq heures du soir.

Hulin et Élie s'apprêtent à faire tirer les canons sur les portes quand soudain le petit pont-levis est baissé (il y en avait un petit et un grand). Que s'est-il passé ? Deflue raconte qu'au moment où il retournait vers le gouverneur il fut très surpris de voir quatre invalides ouvrir les portes et que « la foule entra tout à coup ». Était-ce le gouverneur qui leur avait donné les clefs ? C'est plus que probable puisque lui seul en principe les détenait, mais ce n'est pas certain.

C'est en tout cas une ruée indescriptible que ne parviennent à contrôler ni Hulin ni Élie entrés les premiers (mais nombreux seront ceux qui par la suite revendiqueront cet honneur), surtout après que le grand pont-levis a été à son tour abattu. « On nous désarma à l'instant, poursuit Deflue, et une garde fut donnée à chacun de nous. On entra dans tous les appartements, on saccagea tout, on s'empara des armes qui y étaient, on jeta par les fenêtres les papiers des archives, et tout fut au pillage. Les soldats qui n'avaient pas leurs sacs avec eux ont perdu tous leurs effets, ainsi que moi. Il n'y a pas de mauvais traitements que nous n'ayons essuyés dans ces moments. Nous étions menacés d'être massacrés de toutes les manières possibles. »

En fait, Deflue n'a pas compris que ses Suisses et lui-même auraient été aussitôt massacrés, tant il était patent qu'ils avaient été les principaux artisans de la résistance, si leurs blouses de toile ne les avaient pas d'abord fait passer pour des prisonniers de la Bastille. La fureur est en effet à son comble et des coups de feu sont même tirés par de nouveaux arrivants sur ceux des assiégeants qu'on voit aux fenêtres du bâtiment intérieur en train de tout saccager et qui sont pris pour des gens de la garnison. Au milieu de cette extrême confusion, le lieutenant de roi du Puget, celui qui avait produit l'année précédente un *Mémoire* concluant à l'inutilité de la Bastille, est le seul à pouvoir s'évader. Il a eu l'idée simple et géniale d'ôter sa perruque, de mettre ses cheveux et ses habits en désordre et de s'armer d'un bâton, bref de ressembler à un assaillant, puis insensiblement de prendre le large par les jardins de l'Arsenal. Il semble en fait que du Puget ait d'abord été fait prisonnier et que tout ce stratagème ait été favorisé par son garde qui se trouva avoir servi autrefois dans le même régiment que lui. C'est évidemment moins romanesque mais on voit mal, sans cela, comment notre homme aurait pu franchir les pont-levis de la Bastille, devant lesquels une foule d'assaillants continuait d'entrer en criant : « À mort ! »

Quant à de Launey, on l'a aisément reconnu, bien qu'il portât simplement « un petit frac gris blanc, point de chapeau, point de croix de Saint-Louis, mais seulement un ruban ponceau, comme les militaires en négligé ». Des témoignages ajoutent que le gouverneur avait sur lui un poignard dont il voulait se frapper quand on l'arrêterait. D'autres disent que ce n'était pas un poignard mais une canne à système, cachant un dard effilé – arme assurément plus adaptée à un « traître ». Toujours est-il que de nombreuses mains s'emparent du gouverneur et le remettent à Hulin qui lui promet de respecter la capitulation en lui assurant la vie sauve. Mais, comme l'écrira Michelet, c'était entreprendre là plus que les douze travaux d'Hercule.

Que faire en effet des prisonniers ? Élie et Hulin ont compris que, si on les laisse un instant de plus dans la Bastille, ils vont y être incontinent massacrés. L'idée s'impose aussitôt de les conduire à l'Hôtel de Ville, seul endroit où figure un semblant d'autorité. Deflue a laissé un récit saisissant de ce périlleux transfert au milieu d'une foule assoiffée de sang : « Pendant le trajet, les rues et les maisons, même sur les toits, étaient remplies d'un monde innombrable qui m'insultait et me maudissait. J'avais continuellement des épées, des baïonnettes, des pistolets sur le corps. Je ne savais comment je périrais, mais j'étais toujours à mon dernier moment. Ceux qui n'avaient point d'armes lançaient des pierres contre moi, les femmes grinçaient des dents et me menaçaient de leurs poings. Déjà deux de mes soldats avaient été assassinés derrière moi par le peuple furieux, et moi-même je suis persuadé que je ne serais pas parvenu jusqu'à l'Hôtel de Ville, sans un chevalier de l'Arquebuse nommé M. Ricart, et un nommé Favereau, qui m'escortaient et engageaient le peuple à respecter les prisonniers. »

Mais cela n'est rien à côté de ce qui est réservé au gouverneur. Bien que Hulin ait fait l'impossible pour protéger son prisonnier, il confiera plus tard qu'il courut alors plus de dangers que lors du siège lui-même. Hulin, l'épée à la main, précède le gouverneur qu'encadrent quelques gardes-françaises. Sans cesse il doit repousser des assaillants qui se précipitent sur de Launey pour le frapper et c'est parfois lui qui reçoit les coups. « Trois fois, raconte Pitra, le peuple leur arracha cet infortuné des mains, trois fois ils le reprirent à la multitude qui, dans sa rage, déchirait les habits et ensanglantait le visage de ce malheureux. »

De la Bastille à l'Hôtel de Ville, la route paraît horriblement longue, mais enfin on approche du but et l'on s'apprête à traverser la place de Grève. C'est alors que de nouveau la foule s'empare du gouverneur sans que l'escorte, abrutie de clameurs et de coups, puisse s'y opposer. De Launey, déjà blessé à l'épaule droite d'un coup d'épée, une partie des cheveux arrachés, est frappé de nouveau à coups de pied.

Desnot, cuisinier en chômage, a raconté la suite du drame : d'abord il aurait essayé de protéger le gouverneur mais celui-ci en se débattant sous les coups pleuvant de toutes parts lui aurait décoché involontairement un coup de pied dans les testicules et son cri de douleur aurait provoqué le massacre. Toujours est-il qu'un premier coup de baïonnette lui perce le ventre aussitôt suivi de plusieurs autres. On traîne la victime sur un tas de cailloux : on l'achève de plusieurs coups de pistolet en criant qu'il faut abattre ce monstre qui a trahi le peuple. Alors, quelqu'un remet à Desnot un sabre en lui disant que puisqu'il a été blessé par le gouverneur, c'est à lui que revient l'honneur de lui couper la tête. Desnot frappe le cou du gouverneur mais le sabre ne coupe pas, alors il prend un « petit couteau à manche noir » et, comme il sait « travailler les viandes », il achève de détacher la tête qui est hissée aussitôt au bout d'une pique à trois branches et promenée en triomphe dans les rues de Paris.

Il est un peu plus de cinq heures et demie lorsque périt le gouverneur pratiquement sous les yeux des membres du Comité permanent de l'Hôtel de Ville, ceux-là mêmes qui, ayant obtenu la capitulation de la Bastille une demi-heure seulement auparavant, auraient dû en garantir les conditions implicites. Mais le pouvaient-ils ? Au même moment et au même endroit, le major de la Bastille, de Losme, est également massacré et décapité. Comme si le mot d'ordre en avait mystérieusement couru, Miray, aide-major, est assassiné en même temps rue des Tournelles, et Person, lieutenant de la compagnie d'invalides, subit le même sort sur le Port-au-Blé. Tous deux sont également décapités. Bécart, sous-officier des invalides, est mis à mort rue Saint-Antoine tandis qu'un garde suisse reçoit la mort sur les marches de l'église des Visitandines. Leurs cadavres, dont on a tranché la main droite, sont pendus à des réverbères.

Seul à ne pas avoir pris part à la défense de la Bastille, Jacques de Flesselles, ancien intendant de Lyon et prévôt des marchands de Paris, et surtout dernier représentant du pouvoir royal, subit le même sort. Peut-être coupable d'avoir mené double jeu entre Paris et la Cour mais plus certainement bouc émissaire, il est abattu d'un coup de pistolet à l'extrémité de la place de Grève alors qu'on le conduit prisonnier de l'Hôtel de Ville au Palais-Royal. Sa tête est coupée et promenée au bout d'une pique avec celle du gouverneur. Elles le seront encore toute la journée du 15 juillet après que, détail macabre, elles eurent été déposées la nuit du 14 vers onze heures « en consigne » à la basse-geôle du Châtelet et à la condition expresse que leurs porteurs pourront les récupérer le lendemain. Ainsi, curieusement, la Bastille finit son histoire, à quatre cent trente et un ans d'intervalle, comme elle l'avait commencée, par l'assassinat du prévôt des marchands de Paris.

Dans l'Hôtel de Ville même, on a donc été plus que jamais débordé par les événements, ne recevant que l'écho de ce qui se passait à la Bastille, et voyant le massacre se dérouler pratiquement sur les marches du perron. Pitra a laissé le récit emphatique et coloré de l'arrivée de ceux qu'on appelle déjà les « Vainqueurs de la Bastille ». D'abord une rumeur extraordinaire les a précédés : « La Bastille est prise ! » Alors, poursuit Pitra, « c'est au milieu de ces cris de victoire ou plutôt des sons confus de cent mille voix qui entouraient ou remplissaient l'Hôtel de Ville, que nous vîmes entrer ou se précipiter dans la grande salle les vainqueurs de la Bastille. Cette multitude d'hommes de tous états, armés de manières si diverses, tous respirant la vengeance et le carnage, traînaient au milieu d'eux trente ou quarante invalides ou petits Suisses (sic) en criant : "Pendus ! La mort ! Point de grâce !" Ces hommes, dont les figures et les yeux enflammés de fureur effrayaient autant que leurs cris, étaient suivis d'une foule de citoyens mêlés aux gardes françaises, portant sur leurs bras le brave Élie. Quel spectacle ! Cet homme vêtu de son uniforme du régiment de la reine, sur lequel on distinguait des taches de sang, sans chapeau, les cheveux hérissés sur le front, tenant en sa main gauche son épée faussée en plusieurs endroits et presque courbée, faisait des efforts inutiles pour s'arracher des bras de ceux qui, à travers la foule qui s'empressait autour de lui, voulaient le porter et le portèrent au Bureau. Ah ! Qu'il était beau cet Élie, devant qui marchait le marquis de La Salle, tenant dans ses mains et montrant au peuple les clefs de la Bastille et la capitulation qu'Élie venait de lui remettre ! C'est ainsi que je vis porter jusqu'au Bureau et soutenir longtemps dans les bras cet homme ou plutôt ce Mars, car jamais mortel n'a peut-être offert davantage l'image de ce dieu de la guerre ».

Bailly raconte de son côté qu'on apportait successivement comme autant de trophées les clefs de la Bastille, le drapeau, de vieilles armures, le grand registre et jusqu'à l'argenterie du gouverneur qu'on offrit à Élie mais qui la refusa.

Le reste de la garnison n'a échappé au massacre que de justesse. Ce sont les gardes-françaises, mieux à même de comprendre ce que sont les devoirs d'un soldat, qui ont imploré leur grâce, soutenus en cela par Jacob Élie, le dieu du jour. Hulin, quant à lui, avait été tellement malmené par la foule en fureur qu'il avait fallu le transporter dans une boutique pour lui prodiguer des soins puis le conduire chez lui, à bout de forces et inconsolable de n'avoir pu conserver la vie à son prisonnier. Après avoir hésité un instant, le peuple, versatile, a crié grâce à son tour, et les invalides de la garnison, ainsi miraculés, ont trouvé abri dans une caserne de gardes françaises.

Deflue et ses Suisses ont été conduits de leur côté au Palais-Royal. « On nous fit faire, raconte-t-il, le tour du jardin pour nous montrer au peuple, lequel ne paraissait pas encore tout à fait apaisé ; mais un heureux hasard acheva de nous gagner entièrement son affection. Il arriva que dans ce moment on promenait aussi dans le jardin un prisonnier d'État qu'on avait délivré de la Bastille. Nous fûmes pris également pour des prisonniers délivrés, de manière que tout le monde avait compassion de nous. Il y en avait même qui croyaient apercevoir à nos mains la marque des fers dont nous avions été chargés. Enfin la méprise fut si complète, qu'après nous avoir fait monter dans une salle, un orateur se mit à la croisée, nous fit approcher de même pour nous montrer au peuple assemblé dans le jardin, auquel il dit dans sa harangue que nous étions des prisonniers délivrés de la Bastille ; que nous y avions été enfermés par nos officiers et supérieurs, parce que nous avions refusé de faire feu sur les citoyens ; que nous étions des gens qui méritaient leur estime, et qu'il nous recommandait à leur bienveillance. Incontinent on envoya quelqu'un avec un panier faire la quête pour nous. » Si l'histoire est vraie, elle est belle, mais l'ennui est que Deflue est seul à la raconter. Mais pourquoi pas, après tout ? Beaucoup plus suspects en revanche seront les nombreux récits des vainqueurs de la Bastille relatant leurs faits d'armes et prétendant à qui mieux mieux d'être entrés le premier dans la place, avoir le premier reconnu l'infâme gouverneur, ou d'être monté le premier sur les tours.

Le Dr Rigby, voyageur anglais présent à Paris en cette journée historique, a raconté la joie délirante que le peuple manifeste à l'annonce de la prise de la Bastille, même s'il précise qu'« il était malaisé de trouver deux personnes s'accordant sur les détails » : « Nous courûmes au bout de la rue Saint-Honoré. Là, nous vîmes bientôt une immense multitude se dirigeant sur le Palais-Royal, en poussant des cris d'un genre extraordinaire, mais qui indiquaient suffisamment un événement joyeux. Et, comme elle approchait, nous aperçûmes un drapeau, de grosses clefs, et un papier fixé à une perche au-dessus de la foule, sur lequel on lisait : "La Bastille est prise et les portes sont ouvertes..." La nouvelle de cet étrange événement ainsi communiquée produisit sur le peuple un effet réellement indescriptible. Une explosion soudaine de la joie la plus frénétique éclata instantanément ; les transports de la plus vive allégresse se manifestèrent de toutes les façons imaginables. Le peuple criait et acclamait, dansait et s'embrassait, riait et pleurait. Chaque cri, chaque geste, dont le caractère était presque nerveux et hystérique, témoignaient, dans cette foule mêlée, d'un accès subit et unanime de jubilation extrême, telle, je suppose, qu'aucun être humain n'en a jamais éprouvé. Nous fûmes reconnus comme Anglais ; on nous embrassa en notre qualité d'hommes libres ; car les Français, disaient-ils, sont libres maintenant comme vous-mêmes. Désormais nous ne sommes plus ennemis, nous sommes frères, et la guerre ne nous divisera jamais. L'enthousiasme général nous gagna ; nous mêlâmes joyeusement nos cris de liberté à ceux de la foule ; nous serrâmes les mains des Français affranchis avec la plus grande cordialité. [...] La foule continua son chemin vers le Palais-Royal et quelques minutes après une autre la remplaça. Son arrivée s'annonçait aussi par de bruyantes acclamations de triomphe. Mais comme elle approchait, nous distinguâmes bientôt son caractère spécial, et, bien qu'elle apportât une nouvelle preuve du fait annoncé par la première foule, l'impression qu'elle produisit était d'une nature différente. Un murmure sourd et prolongé se fit entendre tout à coup ; les visages exprimèrent un étonnement mêlé de crainte. Nous ne pûmes tout d'abord nous expliquer ce changement, mais en avançant davantage au milieu de la foule, nous partageâmes soudain le sentiment général, car à ce moment seulement nous aperçûmes, portées sur des piques, deux têtes sanglantes que l'on disait être les têtes du marquis de Launey, gouverneur de la Bastille, et de M. Flesselles, prévôt des marchands. C'était un spectacle horrible, à faire frissonner. Une idée de sauvagerie féroce saisit les spectateurs, et aussitôt arrêta ces sentiments de joie qui avaient débordé jusqu'ici. Beaucoup, comme nous, frappés d'horreur et de dégoût à cette vue, se retirèrent immédiatement. »

Le baron de Besenval, une heure après la capitulation de la Bastille, et « certain de n'être bon à rien », a pris le parti de replier les troupes sur Sèvres. Il fera ce commentaire qui fait bon marché de sa propre inertie : « L'imprévoyance de M. de Launey, sa tête troublée du bruit et la trahison d'un sous-ordre avaient livré cette forteresse à des avocats. »

Demain, Paris chantera, sur l'air de « Barbari, mon ami » :

> Combien Paris est changé
> La France est enfin libre
> Le tiers état qui s'est vengé
> N'est plus en équilibre
> La Bastille cède au canon
> La faridondaine
> La faridondon
> Et son gros mur est démoli
> Biribi
> A la façon de Barbari
> Mon ami.
> De la tête du Gouverneur
> On a fait un exemple
> Pour que chaque traître aye peur
> Sitôt qu'il la contemple

La délivrance des prisonniers

Et les prisonniers de la Bastille, pendant ce temps ? Dans la fièvre de la victoire, on a commencé par les oublier. Enfin, on veut bien se rappeler que la Bastille est une prison d'État, la plus abhorrée de toutes. On a vu qu'elle était en train de tomber en désuétude sous le règne de Louis XVI et que le nombre des incarcérations y avait considérablement diminué. La dernière remontait à septembre 1788 – ce qui, ajouté à la brièveté des emprisonnements encore accentuée sous le règne de Louis XVI, ne laissait en tout et pour tout que sept prisonniers à la Bastille au soir du 14 juillet 1789.

Celui qui y est depuis le plus longtemps, et dont nous avons parlé à plusieurs reprises, s'appelle Tavernier, coupable d'avoir proféré des menaces de mort contre le roi au moment de l'attentat de Damiens. Mais s'il est là depuis trente ans, c'est en fait parce qu'il est devenu fou et que, sous l'Ancien Régime, nulle part on ne relâche les fous. Deux autres sont là depuis cinq ans : de Whyte qui lui aussi est fou et a été enfermé à ce titre, et le comte de Solages, correctionnaire à la demande de son père, très probablement pour inceste avec sa sœur (on n'en est pas très certain car les autorités, on l'a vu, étaient toujours d'une grande discrétion dans ce genre d'affaire) ; mais sa sœur fut arrêtée en même temps que lui et un oncle écrivit à l'intendant du Languedoc : « Les crimes atroces dont le comte de Solages s'est souillé ne méritent que trop qu'il soit renfermé toute sa vie. »

Les quatre autres ont été embastillés en même temps, trente mois auparavant, pour falsification d'une lettre de change. L'affaire était régulièrement instruite par les tribunaux mais les événements politiques en avaient considérablement ralenti la procédure. L'un d'eux, Jean Lacorrège, dont l'avocat est Thuriot de La Rozière, est d'ailleurs en train de devenir fou, comme on l'a vu à propos des nombreux prisonniers dont la folie se révélait ou se déclarait au bout de quelques mois d'embastillement.

Les porte-clefs, qui ont été faits prisonniers eux-aussi et qui n'en mènent pas large, sont enfin sommés d'indiquer les cellules où sont les prisonniers. Mais, raconte La Bastille dévoilée, « les porte-clefs ne purent que les indiquer ; ils n'avaient plus leurs clefs : dans un moment où elles étaient devenues si nécessaires, on les portait en triomphe dans toutes les rues de Paris ». Il faut donc enfoncer les portes mais les relations qui seront faites de ces moments solennels ne s'arrêteront pas à cela. Voici les combattants qui dans un élan unanime ont abattu les triples portes alourdies de fers. Les portes abattues, « ils reculent d'horreur, en voyant à la lueur des flambeaux ces froides catacombes, ces hideux sépulcres, où la vie se consumait lentement entre les bras de la mort » (Dusaulx).

Tavernier et un autre prisonnier ont été trouvés dans les cachots, désaffectés depuis longtemps mais où on les avait mis au moment de l'attaque parce que les fenêtres de leurs cellules étaient exposées au tir des assaillants. Voici comment Dusaulx raconte leur libération : « Les clameurs de plus de cinquante mille, tant combattants que spectateurs, avaient retenti dans l'intérieur des tours, et dans l'un de ces réduits funèbres où se mourait, depuis trente ans, un vieillard qui en avait déjà passé dix dans une autre Bastille. Il ne savait plus ni qui régnait dans son pays ni où nous en étions à cette époque, aussi imprévue qu'unique dans l'Histoire, et même il commençait à croire qu'il n'existait plus, sur la terre désolée, d'autres humains que ses geôliers. Tavernier, c'est le nom de ce prisonnier, entend gémir sa porte, que l'on enfonçait à grands coups de hache et de massue. "Vient-on enfin, s'écria-t-il, me délivrer de ma captivité, ou plutôt du fardeau de cette existence amère vraiment insupportable ?" Quelque misérable qu'elle fût, cette vie trop prolongée, il se disposait néanmoins à la défendre, lorsqu'au lieu des assassins qu'il redoutait, il se sentit tout à coup presser par les douces étreintes de ses libérateurs, qui l'arrosèrent de leurs larmes généreuses. »

Les sept prisonniers, que l'imagerie populaire ne manquera pas de représenter les vêtements en lambeaux et affublés d'une longue barbe blanche, ont été réunis dans la cour de la Bastille au milieu des acclamations. D'abord éberlués, les quatre faussaires, peu soucieux de jouir d'un triomphe qu'ils ont l'intelligence de supposer éphémère, se sont insensiblement fondus dans la foule pour disparaître à jamais. Ils n'avaient pas tort car, le 17 avril 1790, un décret de l'Assemblée nationale ordonnera au Châtelet de reprendre contre eux la procédure. On se rabat alors sur les trois autres qu'on promène avec mille marques de respect dans les rues de Paris.

À sept heures un quart du soir, les députés du district de l'Oratoire voient arriver « un gentilhomme du Languedoc, d'une figure noble et imposante, mais couverts d'habits qui annoncent la captivité ». C'est le comte de Solages qui leur fait un beau discours : « J'ai langui pendant quatorze ans dans les prisons de Pierre-en-Cize, Vincennes et la Bastille. Les cachots de la dernière viennent de s'ouvrir par votre ouvrage et aux dépens de vos jours. Je consacrerai les miens à en prouver ma reconnaissance à tous mes libérateurs et particulièrement à cette assemblée dont je réclame la protection. » Sur ces belles paroles, on fait fête au comte de Solages que l'on emmène à l'Hôtel de Rouen, rue d'Angevilliers,

« pour y être logé, habillé et nourri aux dépens du district, jusqu'au moment où sa famille le réclamerait ». On ne sait pas la fin de l'histoire, mais tout laisse à penser que Solages retourna ensuite dans son pays, aux environs d'Albi.

Quant à Tavernier et de Whyte, on n'a pas tardé à découvrir qu'ils étaient fous. De Whyte est conduit à Charenton dès le 15 juillet, tandis que Tavernier est d'abord conservé jalousement par ceux qui tiennent à exhiber chaque jour au public cette preuve vivante et pathétique du despotisme. Enfin, le 20 juillet, on l'enferme à son tour à la maison de fous de Charenton.

Bien que, dans les jours qui ont suivi la reddition, on ait visité à fond cellules et cachots, on n'a pas trouvé d'autres prisonniers. Le 18 juillet, l'interrogatoire musclé des porte-clefs a confirmé cette vérité décevante : il n'y avait bien que sept prisonniers à la Bastille le jour du 14 juillet. Qu'à cela ne tienne, on va en inventer d'autres, ou plutôt un autre, archétype du prisonnier de la Bastille : le comte de Lorges (il y eut effectivement un comte de Lorges à la Bastille, mais en 1665), dont plus d'un trait est emprunté au comte de Solages. Mais entre l'inceste de ce dernier, la folie de deux autres et le délit caractérisé des quatre derniers, il y avait une place nécessaire pour un motif injuste. Voici comment le Dr Rigby le décrit dans ses lettres, comme s'il s'agissait de quelqu'un qu'il a réellement rencontré : « Un vieillard de haute taille et plutôt robuste ; son extérieur et toute son attitude excitaient l'intérêt au plus haut point ; il marchait en se tenant très droit, d'un pas ferme et assuré, il tenait les mains croisées et hautes, il regardait à peine la foule ; sa physionomie trahissait à la fois la surprise et la crainte, car il ne savait pas où on le menait, il ignorait quel sort l'attendait ; son visage était tourné vers le ciel, mais ses yeux étaient à peine ouverts. Si vraiment, comme on me le dit, il était enfermé depuis quarante-deux ans dans une de ces cellules où la lumière du jour ne peut pénétrer, il est facile de s'expliquer pourquoi ses yeux s'ouvraient si peu »...

Sa chevelure est aussi longue que sa barbe poursuit Rigby. Son délit est d'avoir écrit un pamphlet contre les jésuites et quand on a chassé les jésuites, on n'a pas voulu se déjuger et on a gardé le comte de Lorges à la Bastille où il est resté trente-deux ans. » Et Rigby de souligner son émotion « inspirée aussi bien par l'horreur et la haine d'un gouvernement capable d'exposer aussi opiniâtrement qu'injustement des êtres humains à de telles souffrances, que par la pitié à l'égard de ces malheureux individus ».

Une variante de ce récit est encore plus pathétique : le comte de Lorges, quand on l'eut extrait de son cachot, demanda qu'on le tue parce qu'il était en prison depuis si longtemps qu'il ne savait plus où aller. Chacun comprit alors, horreur suprême, que sa raison était égarée. « Allons, allons, répondit la foule tout d'une voix, la nation te nourrira. »

Aussitôt se multiplient canards et complaintes sur le comte de Lorges. Il n'y a plus de secrets de la Bastille mais de terribles réalités. Au vécu immédiat de la prise de la Bastille et de la délivrance des prisonniers d'État, se substitue aussitôt la conscience politique du peuple vainqueur. Ainsi lit-on dans *Le Comte de Lorges*, massivement diffusé dès le mois d'août 1789 : « Après une captivité aussi longue et aussi rigoureuse, l'Être suprême a pris en pitié ma destinée malheureuse et n'a pas permis que je finisse ma carrière au fond d'un cachot : des décrets éternels avaient décidé que la Nation française, après un sommeil léthargique de plus de quatre siècles, se réveillerait et qu'au bruit des chaînes que briserait la Liberté, les Ministres du Despotisme fuyeraient, frappés de la proscription des Peuples et couverts d'une infamie éternelle. » C'est montrer déjà, avant qu'on y revienne plus longuement, le mythe en train de se constituer, si vivace qu'il n'attend pas pour naître que s'éteignent les échos du combat.

La Bastille est tombée !

Dans l'heure qui suit la reddition de la Bastille, plus personne à Paris ne saurait ignorer la stupéfiante nouvelle. Nombreux sont ceux qui sont allés se rendre compte sur place, les premiers pillant, les suivants visitant. Un témoin relate dans un *Voyage à la Bastille fait le 16 juillet 1789...* que dans les jours qui suivirent le 14 juillet la Bastille fut constamment « remplie de curieux qui étaient venus, ainsi que nous, interroger les témoins oculaires, c'est-à-dire les soldats et les autres assiégeants qui étaient encore là en assez grand nombre ».

Mais rapidement le Comité de l'Hôtel de Ville s'est résolu à faire garder la forteresse et il faut désormais un laissez-passer pour y entrer. G. Morris diplomate et futur ministre plénipotentiaire des États-Unis en France, raconte dans son journal que le 20 juillet il a obtenu du marquis de La Fayette, nommé depuis le 15 commandant de la garde nationale, un laissez-passer pour visiter la Bastille le lendemain avec quelques amis : « Nous avons du mal à passer les sentinelles, malgré mon laissez-passer. L'architecte chargé de la démolition est un vieil ami de l'abbé, et est heureux de lui être utile. Il nous montre tout, plus que je ne voudrais voir, car la puanteur est horrible. La prise de ce château était une témérité. »

Mais comment, et surtout quand, la nouvelle est-elle arrivée à Versailles ? Il semble que la tradition, pourtant bien établie, qui fait coucher tout le monde à la Cour, le soir du 14, dans l'ignorance des événements de la journée, ne soit pas exacte. On connaît la réplique célèbre qu'aurait adressée au roi le duc de Liancourt, grand maître de la garde-robe, éveillant le roi au petit matin du 15 et lui apprenant les terribles nouvelles de la veille. Au roi qui se serait exclamé : « Mais c'est une révolte ! », il aurait répondu : « Non, Sire, c'est une révolution. » Le carnet sur lequel Louis XVI inscrivit au regard du 14 juillet : « Rien » a également servi d'argument tantôt pour étayer la thèse de son ignorance des événements le jour même, tantôt pour souligner, dans le cas contraire, son incompréhension de la gravité de la situation – mais on sait aujourd'hui que c'était sûrement son carnet de chasse, et qu'il ne s'agissait peut-être que de dire que, le 14, l'enragé chasseur qu'était Louis XVI n'avait rien tué. Mais, sur ce même carnet, le roi écrit pour le dimanche 12 juillet : « Vespres et Salut » et pour le vendredi 17 « Voyage à Paris à l'Hôtel de Ville ». Il ne s'agit donc pas que de chasse. Alors pourquoi la Bastille n'y est-elle pas ?

En réalité, la nouvelle de la prise de la Bastille est parvenue à Versailles très peu de temps après l'événement ainsi que le note, parmi d'autres courtisans à Versailles ce jour-là, la marquise de La Rochejaquelein : « Le 13 juillet 1789, les régiments de Bouillon et de Nassau arrivèrent à Versailles. On les logea dans l'Orangerie ; nous fûmes les voir. Le lendemain, 14 juillet, une foule brillante et nombreuse se promenait dans le parterre du midi, au-dessus de l'Orangerie. Les officiers avaient rassemblé la musique, qui jouait des airs charmants ; la joie brillait sur tous les visages : c'était un tableau ravissant ; mais jamais je n'oublierai le changement subit qui s'opéra. Nous entendîmes d'abord des chuchotements. M. de Bonssol, officier des gardes du corps, vint à nous, et dit tout bas : "Rentrez, rentrez, le peuple de Paris est soulevé ; il a pris la Bastille ; on dit qu'il marche sur Versailles." Nous nous dirigeâmes aussitôt vers notre appartement. Partout la crainte succédait à la gaieté, et en un instant les terrasses furent désertes. »

À l'Assemblée, qui siège en permanence depuis deux jours et qui cherche les moyens d'obtenir du roi de renvoyer les troupes qu'il a fait venir à Versailles (pas seulement selon elle pour y donner des aubades), l'inquiétude est à son comble. « L'incertitude de ce qui se passait dans la capitale, raconte Mirabeau qui siège parmi les députés, le mystère effrayant du cabinet, les troupes retenues dans Versailles même, des faits certains, des proscriptions soupçonnées donnaient à notre séance cette émotion involontaire que l'on éprouve à l'approche d'un dénouement qui doit décider du salut ou de la perte d'un État. »

Pendant qu'en cette fin d'après-midi du 14 des représentants des députés attendent d'être reçus en audience par le roi, deux envoyés du Comité des électeurs de Paris arrivent devant l'Assemblée : « Ils nous exposèrent tous les événements du jour. Quand ils furent à ce moment où après les premiers coups de canons tirés de la Bastille, son perfide gouverneur laissa entrer une députation nombreuse de citoyens qui venaient sans armes traiter de la paix, pour les assassiner, frapper du feu de ses batteries le peuple qui attendait le retour de ses négociateurs, la salle retentit d'un cri douloureux d'indignation qui appelait la vengeance du ciel et des hommes sur la tête du coupable [...]. »

« Ce qui mérite une attention particulière, poursuit plus loin Mirabeau, c'est l'événement qui a fait évanouir les projets sinistres du Ministère (comme beaucoup d'autres, Mirabeau accrédite la thèse d'un "complot des ministres" visant à faire arrêter tous les députés du tiers état), c'est le bon ordre de la capitale, c'est la prise étonnante de la Bastille, opérée en trois heures d'assaut par des prodiges de valeur ; c'est la réunion des gardes-françaises, qui ne se sont pas démentis un instant dans leur noble dévouement à la cause de la liberté ; c'est le caractère même du peuple dans cette révolution singulière où l'on n'a vu dans le désordre ni soif de pillage ni férocité... »

Dans une analogie, devenue alors classique, qui assimilait Bastille et pouvoir despotique, Mirabeau ajoute : « Tout l'antique édifice, usé, vermoulu dans tous ses appuis, pourri dans tous ses liens, est tombé dès le premier choc, pour ne se relever jamais : et l'aire étant nettoyée, on pourra construire sur un nouveau plan, et affermir cette structure sur les bases immuables des droits éternels des peuples. [...] Ainsi nous mettrons à profit la destruction de cette forteresse de la tyrannie qui depuis deux cents ans était la honte et l'effroi de la capitale. »

Il paraît donc impossible que Louis XVI ait été le seul de la Cour à ignorer les événements qui viennent de se dérouler dans Paris, et d'ailleurs la reine et le comte d'Artois, frère du roi, voient là un argument supplémentaire pour l'inciter à se réfugier à Metz, là où il pourra compter sur la protection de troupes fidèles, hors de portée d'une irruption parisienne. En effet, parmi les fausses rumeurs qui commencent à circuler, on annonce dès le soir du 14 qu'une multitude de Parisiens en armes marche sur Versailles – ce qui d'ailleurs ne fait qu'avoir trois mois d'avance sur les faits.

Mais Louis XVI, comme auparavant et surtout comme ensuite, va rester passif. Besenval dresse du roi, en ces jours décisifs pour le destin de la monarchie, un portrait psychologique qui paraît juste : « Ce pauvre prince, las de consulter, peu capable d'agir avec vigueur, tiraillé par toutes les contradictions possibles, s'abandonnait au cours des événements, et, sans se dissimuler les échecs qui morcelaient son autorité, semblait croire qu'il lui restait encore assez de royauté pour ce qu'il en voulait. » Louis XVI accède donc à la demande des députés du tiers état en donnant l'ordre aux troupes de Paris de se retirer — ce que d'ailleurs elles avaient commencé à faire en se repliant sur Saint-Cloud. En « ordonnant » que des officiers généraux soient mis à la tête de la milice bourgeoise, le roi, en outre, légitime ipso facto que le peuple a pris les armes. Bref, comme l'écrivent François Furet et Denis Richet, « la ville a brisé la Cour ».

Louis XVI n'a pas donné aussitôt aux événements du 14 juillet et notamment à la prise de la Bastille l'importance qu'ils avaient réellement. Il y a toute une historiographie, minoritaire mais bien présente, pour souligner que ce n'est que par la suite qu'on a fait de la prise de la Bastille le coup d'envoi de la Révolution. Frantz Funck-Brentano, lorsque la question reprit de l'actualité avec le premier centenaire de 1789, écrivait dans *La Revue historique* (mars-avril 1890) : « Ce n'est que plus tard et de loin que l'on s'aperçut de l'importance que la prise de la Bastille aurait dû avoir. » Or, à l'évidence, celui qui fut le premier à montrer en son temps que la Bastille valait mieux que sa légende noire, se trompe sur ce point.

Bien sûr, on pourrait compter pour rien les mémoires écrits postérieurement où il est si facile de prédire l'avenir puisque c'est déjà du passé. Ainsi, Mme de Staël, enthousiasmée de surcroît par la Révolution, écrit : « Quoique des assassinats sanguinaires eussent été commis par la populace, la journée du 14 juillet avait de la grandeur : le mouvement était national ; aucune faction intérieure ni étrangère ne pouvait exciter un tel enthousiasme. La France entière le partageait, et l'émotion de tout un peuple tient toujours à des sentiments vrais et naturels. »

Il est plus intéressant en revanche d'observer que de leur côté tous les diplomates étrangers, qui rendent compte aussitôt à leurs gouvernements des faits du 14 juillet, insistent tous sur l'exceptionnelle gravité de ce qui vient de se passer. Le duc de Dorset, ambassadeur du roi d'Angleterre et familier du comte d'Artois, écrit le 16 juillet au Foreign Office : « Ainsi, mylord, s'est accomplie la plus grande révolution dont l'Histoire ait conservé le souvenir, et, relativement parlant, si l'on considère l'importance des résultats, elle n'a coûté que bien peu de sang. De ce moment, nous pouvons regarder la France comme un pays libre, le roi comme un monarque dont les pouvoirs sont limités et la noblesse comme réduite au niveau du reste de la nation. »

Le comte de Mercy-Argenteau, ambassadeur de l'empereur d'Allemagne et confident de Marie-Antoinette, écrit de son côté, le 23 juillet : « Quelque invraisemblable que paraisse la révolution qui vient de s'accomplir, il n'en est pas moins absolument certain que désormais la ville de Paris joue réellement en France le rôle d'un roi et qu'il dépend de son bon plaisir d'envoyer une armée de 40 à 50 000 bourgeois en armes entourer l'Assemblée et lui dicter des lois. »

Les autres diplomates étrangers ne disent pas autre chose, sauf à aller plus loin encore dans l'estimation de la gravité du 14 juillet. Ainsi le ministre Simolin, envoyé de Russie, annonce à son gouvernement le 19 juillet que le pouvoir royal n'existe plus, et G. Morris écrit à Washington « qu'il peut regarder la révolution comme terminée, en ce sens que l'autorité du roi et la noblesse est entièrement détruite ». De simples observateurs étrangers, tels que le Dr Rigby, saluent de leur côté l'extraordinaire nouvelle : « J'ai été témoin, écrit-il à sa femme le 18 juillet, de la plus extraordinaire révolution qui peut-être ait jamais eu lieu dans la société humaine. » La presse étrangère en fait autant et, partout en Europe, la nouvelle soulève une émotion violente. Partout on s'étonne qu'une si petite effusion de sang ait pu produire une aussi grande conséquence. Dans des pays comme l'Allemagne (ou plutôt les pays d'Empire), certains libéraux y voient l'aube de temps nouveaux.

À Versailles, qu'on soit consterné côté Cour, ou au contraire rassuré côté députés du tiers état où, à l'instar de Mirabeau, on ne craint plus désormais la contre-révolution, personne en tout cas ne saurait sous-estimer la portée du 14 juillet. À Paris, un déferlement d'écrits dithyrambiques salue à qui mieux mieux la prise de l'abominable Bastille qu'a justifiée la non moins abominable trahison du gouverneur (antienne reprise jusque dans les rapports des diplomates étrangers). À la peur, dans la nuit du 14 au 15, de voir intervenir l'armée, a succédé une joie extraordinaire même si des bourgeois, modérés par essence, tels que Hardy n'en donnent qu'un écho mitigé : « Les Parisiens en ce moment [le journal de Hardy est à la date du 15 juillet] paraissaient ivres de joie ; il ne s'agissait plus que de désirer que cette joie pût se soutenir et n'être troublée par aucun choc nouveau et inattendu. Quoique les angoisses, les agitations et les inquiétudes n'eussent duré que deux jours, il était temps d'en voir la fin. »

Reste la province où, comme dans l'histoire du « 22 à Asnières », il semble que souvent la nouvelle soit arrivée moins vite qu'à l'étranger. La rapidité de sa diffusion a été en fait très inégale : dès le 14 au soir, les habitants de Rouen voient arriver la malle de Paris dont le courrier, qui arbore une cocarde tricolore au chapeau, raconte que la Bastille est assiégée, nouvelle qui se répand aussitôt dans toute la ville. À l'inverse, nombreuses seront les villes qui n'apprendront la prise de la Bastille que trois voire quatre ou même cinq jours plus tard. Ce sont parfois des lettres de députés du tiers état qui informent leurs mandants (on dit alors « commettants »).

Certains ont du mal à y croire tant la nouvelle est inouïe, en effet. C'est le cas du baron de Frénilly, alors à Poitiers, qui raconte dans ses souvenirs que la prise de la Bastille lui coûta le pari d'un louis « car la prise de cette forteresse et celle de la lune me paraissaient à peu près du même ordre. Je commençai par nier, puis je pariai, puis je perdis, et j'appris de bonne heure à ne défier le gouvernement d'aucune sottise ».

À Nantes, déjà en proie à une violente agitation, la nouvelle parvient le 17 juillet et porte l'exaltation à son comble. Aussitôt, on se prépare à attaquer la Bastille de la ville, qui est le château de Nantes, autre prison d'État où il y a eu quelques prisonniers dans les règnes qui ont précédé celui de Louis XVI. Mais cette fois le gouverneur du château de Nantes a la bonne idée de négocier une garde conjointe avec les bourgeois en armes, s'évitant ainsi une nouvelle prise de la Bastille.

À Strasbourg, réuni à la France depuis 1681, à l'annonce de la stupéfiante nouvelle « soudain, la ville changea de face, comme par une espèce de magie. Les bourgeois couraient au-devant les uns des autres et s'embrassaient avec une espèce de transport. Les soldats partagèrent bientôt cette effrayante allégresse. Les visages mornes et abattus, peu de jours avant, parurent fiers et radieux ». Mais, dans le même élan, le 19 juillet, l'Hôtel de Ville est pris d'assaut sous l'œil complaisant de la garnison et les archives sont jetées par les fenêtres.

Que la nouvelle parvienne tardivement ou non, elle éclate partout comme un coup de tonnerre et donne le signal de l'agitation. De même qu'à Paris, on a pu distinguer un mouvement populaire (celui qui, de l'émeute contre la manufacture Réveillon au pillage de l'Hôtel des Invalides, s'est finalement porté devant la Bastille) et un mouvement bourgeois (autour du Comité des Électeurs à l'Hôtel de Ville et de la fiction initiale d'une « milice bourgeoise »), on peut discerner deux mouvements semblables en province : dans les villes, la nouvelle de la prise de la Bastille amène à illuminer, comme à Rennes ou à Bordeaux, ou à arborer la cocarde tricolore comme les bourgeois de Rouen qui paraissent ainsi à la Bourse. On s'arme aussi mais, à l'instar de la milice de Paris, dans le cadre de milices municipales, comme par exemple à Saintes le 24 juillet.

Dans les campagnes, il en va tout différemment et les historiens n'ont pas toujours assez nettement lié le début de la Grande Peur à l'annonce de la prise de la Bastille, véritable détonateur faisant exploser une colère vieille de plusieurs siècles mais provoquant en même temps la peur du chaos. C'est au son du tocsin que paysans et manœuvriers s'arment de fusils, de pistolets, de piques, de haches et de faux avant de se diriger vers l'endroit présumé d'un danger toujours vague : des troupes de soldats (on parlera d'une armée de 50 000 hommes) mettant le pays à feu et à sang ; des brigands s'apprêtant à piller les récoltes alors qu'on sort d'un hiver de disette...

Pendant la dernière décade de juillet et les tout premiers jours d'août, cette Grande Peur s'accompagne d'une révolte contre les droits féodaux qui, de sporadique avant le 14 juillet, devient alors générale dans toute la France. On refuse de payer les droits comme à Troyes, le 18 juillet, où les paysans refusent d'acquitter les taxes d'entrée. Les étangs sont pêchés, les gibiers des terres seigneuriales chassés, les pigeons des colombiers, autre privilège seigneurial, tirés. Les châteaux sont mis à sac et les documents réglant les droits seigneuriaux brûlés. La crainte des juges à entamer la moindre répression tout comme l'émigration qui dans certains châteaux commence déjà enhardissent ce véritable soulèvement national. Or, l'exemple a été donné par l'attaque de ce premier bastion d'un régime féodal révolu qu'était la Bastille.

Ainsi la prise de la Bastille aura aussitôt pesé de façon décisive sur les événements, sur le roi comme sur l'Assemblée réunie à Versailles, sur Paris comme sur la province. Elle est donc bien plus qu'un symbole et constitue bien le jour J du début de la Révolution. Reste à examiner comment la prise de la Bastille, si mince d'un point de vue strictement militaire mais inouïe dans sa portée politique, a pesé sur les mentalités des Français.

●　●　●

CHAPITRE 11

Mythes et commémorations

Mythes et interprétations

On a vu avec l'invention d'un prisonnier de la Bastille (le comte de Lorges), qui peut figurer « Le » prisonnier de la Bastille plus valablement que les quelques fous ou faussaires qui furent libérés le 14 juillet, le mythe en train de se constituer « à chaud ». On sait aussi que l'imaginaire social n'avait pas attendu le 14 juillet 1789 pour s'investir dans les secrets de la Bastille (le Masque de fer notamment) et dans la détestation de ce temple de la liberté bafouée. La Bastille, à l'exemple de Carthage, devait être détruite...

C'est dire qu'au lendemain du 14 juillet, on assiste à un déferlement d'écrits dont on ne saurait ici rendre compte entièrement tant il fut foisonnant et d'ailleurs se copiant sans cesse.

Frénésie

C'est bien entendu la prise de la Bastille elle-même qui s'est trouvée aussitôt embellie de hauts faits de bravoure. L'abondante iconographie n'a pas manqué de montrer des combats acharnés autour d'une Bastille aux créneaux empanachés de fumée, des canons en rangs serrés se mitraillant de part et d'autre, de furieux corps à corps. Le traître de Launey n'est pas oublié qui fit tirer sur le peuple après avoir hissé le drapeau blanc et qui de ce fait, comme si sa fonction de gouverneur de la Bastille n'avait pas été suffisante en soi, devient « le monstre de la Bastille », hydre dont le cuisinier Desnot saura couper la tête. Certaines gravures n'ont pas craint de montrer des échelles prenant d'assaut les murailles, niant implicitement que la prise de la Bastille n'a été qu'une reddition.

Voici comment Camille Desmoulins rend compte à son père, le 16 juillet, d'un fait tellement inouï qu'il ne saurait se satisfaire de la simple vérité : « C'était le mardi ; tout le matin passa à s'armer. À peine a-t-on des armes qu'on va à la Bastille. Le gouverneur, surpris de voir tout d'un coup dans Paris 100 000 fusils armés de baïonnettes, et ne sachant point si ces armes étaient tombées du ciel, devait être fort embarrassé. On tiraille une heure ou deux : on arquebuse ceux qui se montrent sur les tours. Le gouverneur, le comte de Launey, amène pavillon, il baisse le pont-levis ; on se précipite ; mais il le lève aussitôt et tire à mitraille. Alors le canon des gardes françaises fait une brèche. Bourgeois, soldats, chacun se précipite. Un graveur monte le premier ; on le jette en bas et on lui casse les jambes. Un garde française, plus heureux, le suit, saisit la mèche d'un canonnier, se défend et la place est emportée d'assaut en une demi-heure. J'étais accouru au premier coup de canon, mais la Bastille était déjà prise, en deux heures et demie, chose qui tient du prodige. »

D'autres récits se plaisent aussi à créer cette brèche dans les murailles. Ainsi, les *Remarques historiques sur la Bastille*, publiées au lendemain du 14 juillet, rendent hommage au « brave grenadier qui le premier se rendit maître de la brèche ». Parfois, renonçant à percer les murailles de la Bastille, on se contente d'en fracasser les portes à coups de canon. Mais peu importe la façon dont on est entré. Ce qui compte c'est l'extraordinaire bravoure de tout un peuple. Il n'est pas jusqu'aux femmes qui n'aient joué un grand rôle : « Les femmes même, loin d'écouter la timidité naturelle à notre sexe, bravaient le canon de la Bastille, pour porter des vivres à leurs enfants et à leurs maris, et pleines d'un courage digne des matrones romaines, elles les excitaient au combat. » (*Lettres écrites de France à une amie…*)

La bravoure mais aussi, plus mythique encore, la tempérance avant et même après la prise de la Bastille : « Lorsque les héros de la Bastille, après qu'elle se fut rendue, traversèrent les rues, les citoyens à la porte de leurs maisons, les mains pleines de vin et d'eau-de-vie, et d'autres rafraîchissements, les offraient à ces libérateurs de leur pays. Mais ils refusèrent unaniment de goûter aucunes liqueurs fortes, considérant que le grand ouvrage qu'ils avaient entrepris n'était pas fini, et qu'il fallait veiller toute la nuit dans la crainte d'une surprise » (*Lettres écrites de France à une amie...*).

Et lorsqu'on se hasarde à signaler que ce « colosse effrayant », que Louis XIV et Turenne jugeaient imprenable, a été emporté après un assaut de quelques heures « par une milice indisciplinée et sans chef, par des bourgeois inexpérimentés », c'est pour mieux souligner la force que donnent les causes justes : « O sainte Liberté, quelle est donc ta puissance ! » (*Remarques historiques...*)

Le « cousin Jacques » (Beffroy de Reigny), éditeur du journal littéraire *Le Courrier des planètes*, est un des rares écrivains du moment à déplorer dans son numéro du 16 août 1789 qu'« on a fait circuler dans cette capitale et de là dans toutes nos provinces une litanie successive de pamphlets anonymes, où les lecteurs avides ont puisé des mensonges pour des vérités. [...] Dans une révolution comme celle qui vient d'avoir lieu, c'est une erreur de croire qu'on puisse raconter les faits à mesure qu'ils arrivent ». Mais le « cousin Jacques » dans son *Précis exact de la prise de la Bastille*, qu'il a fait paraître dès 1789 et qu'il réédite avec des additions successives, n'a pourtant pas évité, lui non plus, de reprendre nombre de légendes, à commencer par celle de la trahison du gouverneur.

Le plus significatif de ces récits, indépendamment de la véritable saga qui va se constituer autour des Vainqueurs de la Bastille et qu'on examinera à propos des commémorations, est peut-être celui qu'a laissé Pierre Curtius, lui-même Vainqueur de la Bastille. Cet Allemand possédait plusieurs musées de figures de cire et s'était vu emprunter de vive force le 12 juillet les bustes de Necker et du duc d'Orléans que la foule avait promenés dans tout Paris – ce qui lui fera dire en toute simplicité que le premier acte de la Révolution se passa chez lui.

À l'instar de l'aubergiste Cholat ou de l'horloger Humbert, il a publié le récit très arrangé de sa participation à la prise de la Bastille. Bien qu'il soit arrivé après la reddition, il affirme qu'à la tête d'une troupe de braves, il est arrivé « assez à temps pour partager les derniers dangers et la gloire d'une conquête qui mettait le sceau à notre liberté ». Et notre Curtius, au nom si romain, de s'employer alors à établir divers témoignages attestant sa participation, à commencer par celui du brave Hulin, et même d'invalides présents aux créneaux au moment du siège et dont on ne saurait trop admirer en semblable occasion une vue assez perçante pour reconnaître du haut des tours et au plus fort de la bataille le dénommé Curtius dans la cour du Passage où les assaillants se pressaient en foule (chose d'autant plus admirable que ces témoignages ne furent recueillis que le 9 avril 1790, les invalides ajoutant à une rare acuité visuelle une mémoire extraordinaire).

D'abord Curtius a obtenu un magnifique certificat, daté du 19 octobre 1789 : « Nous, soussignés, Volontaires de la Bastille, formant le corps des Volontaires nationaux de la Bastille, sanctionné par la municipalité, reconnaissons M. Curtius, ancien député de l'Académie de Saint-Luc, pour s'être trouvé au siège de la Bastille, et, d'après les preuves de son zèle et de son patriotisme, d'après le sacrifice qu'il a fait à la partie de ses jours, de ses nuits, de tous ses moments enfin et même de sa bourse dans différentes occasions, singulièrement au poste de la Bastille, dont il a été chargé en qualité d'officier de garde, nous réclamons que ce citoyen demeure parmi nous et qu'il participe aux places, récompenses et marques d'honneur que ledit corps, dont il est membre, pourrait obtenir. En foi de quoi nous lui avons délivré le présent comme le témoignage le plus sensible de notre estime et de notre reconnaissance. » Enfin, après les témoignages que l'on sait, c'est la consécration finale : le voilà, le 21 avril 1790, sacré Vainqueur de la Bastille. Ici le mythe rejoint la commémoration. Nous y reviendrons.

Tous les discours lient la chute de la Bastille à celle de la tyrannie : « Ils sont tombés ces murs élevés par la vengeance et la tyrannie ! » (*Mémoires historiques et authentiques sur la Bastille.*) « Elles ont disparu ces tours menaçantes qui renfermaient les victimes de l'orgueil monarchique et les affreux secrets du despotisme. Mais le sang impur de quelques traîtres immolés sur leurs débris ne peut apaiser les mânes des infortunés qui ont gémi ou qui sont morts dans cet horrible Tartare. C'est donc à l'Histoire à venger, au nom de ces infortunés, les loix de la justice indignement violées [...] peuples de la terre, lisez ces annales du crime... »

Il n'y a pas de termes assez durs pour qualifier la Bastille, cet « infernal colosse de la vengeance des rois et de la prévarication des ministres » (*Le Comte de Lorges*), cet « affreux palais de la vengeance », « une des plus monstrueuses têtes de l'hydre du despotisme » (*La Bastille dévoilée*), cet « antre de Polyphème » (*La Police de Paris dévoilée*). « De tous les épouvantails que la tyrannie a imaginés, le plus redoutable sans doute pour les individus que le hasard a fait naître français, c'est la BASTILLE. [...] O vous, sauvages, que les voyageurs européens ont tant calomniés, vous brûlez, il est vrai, vous mangez quelquefois vos ennemis après les avoir massacrés d'une main sanguinaire ; mais au moins chez vous les motifs de la vengeance ne sont pas fondés sur des chimères. » (*Remarques historiques sur la Bastille.*)

Comme lors des attaques antérieures à 1789, Louis XVI lui-même est d'abord excepté dans cet opprobre (il peut encore servir) : « D'ailleurs depuis les progrès de l'esprit philosophique, l'humanité commence à oser élever sa voix, les princes semblent s'accoutumer à l'entendre, et rougiraient aujourd'hui d'employer les moyens honteux qui ont terni la gloire de leurs prédécesseurs. » Parfois, on ne craint pas d'affirmer que Louis XVI ignorait l'existence de la Bastille et que dans le cas contraire il n'eût pas manqué d'en être affligé. Au moins « le roi ne connaissait aucun des assassinats que commandaient ses ministres au lieutenant de police. Est-ce lui, juste et bon, comme il l'est, qui eût laissé trois mois sous des voûtes de bronze ce Brissot de Varville, dont le défaut est celui du sévère Caton, la passion de la vertu ? » (Cet ouvrage, *La Police de Paris dévoilée* est publié un peu plus tard que les autres, en 1792, d'où la lourde flatterie à l'endroit de Brissot, l'homme fort du moment.)

Car des assassinats, il y en a eu et il s'agit désormais de percer à jour les terribles mystères de la Bastille. Miss Williams, vraie ou pseudo-voyageuse anglaise, a visité comme tant d'autres la Bastille (*Lettres écrites de France à une amie...*). La visite avait commencé comme une promenade et en montant dans la voiture on avait crié au cocher d'un air enjoué : « À la Bastille ; mais nous n'y resterons pas ! » Mais à peine franchie la porte, chacun s'assombrit en se demandant combien sont passés là pour ne jamais en revenir. Voilà les cachots... Qui peut avoir vu les cachots de la Bastille et ne pas applaudir à la Révolution ? Obscurité, chaînes aux murs, vapeur malsaine qui éteint plusieurs fois la chandelle constituent le décor qui prélude à l'horrible découverte : « On a trouvé dans quelques-uns de ces cachots des squelettes desséchés, portant encore des fers sur leurs os à moitié réduits en poussière. »

Alors qu'on était en train de détruire la Bastille (nous y reviendrons), des ouvriers ont découvert sous les casemates du bastion deux squelettes. On sait qu'en effet on enterrait là les rares prisonniers décédés hors de la religion. Mais, si on ose dire, ces squelettes vont avoir la vie dure... L'émotion est aussitôt à son comble. À l'Assemblée nationale constituante, le président, l'abbé Claude Fauchet, l'un des Vainqueurs de la Bastille et déjà réputé pour la véhémence de ses discours, stigmatise les crimes des tyrans : « Le procès-verbal, messieurs, que vous remettez dans les archives de la commune, constate que les cadavres appartiennent au despotisme, et que c'est lui qui les avait scellés dans les murs de ces cachots, qu'il croyait éternellement impénétrables à la lumière. Le jour de la révélation est arrivé ; les os se sont levés à la voix de la liberté française ; ils déposent contre les siècles de l'oppression et de la mort, prophétisent la régénération de la nature humaine, et la vie des nations. »

Voilà, pense-t-on, pourquoi on n'a pas trouvé plus de prisonniers vivants le 14 juillet. On les tuait au cours d'exécutions secrètes ou en mettant du poison dans leurs aliments. « On a trouvé sur les registres de la Bastille, écrit à un ami notaire le député de Charolles, en Saône-et-Loire, des monuments d'atrocités. Il y a des lettres des lieutenants de police, conçues à peu près en ces termes : "Je vous envoie un personnage de considération, dont vous aurez soin de vous débarrasser sous trois jours." » Mirabeau aurait eu quant à lui cette saillie macabre : « Les ministres ont manqué de prévoyance, ils ont oublié de manger les os ! »

Mais l'apothéose, c'est la soi-disant découverte du squelette du Masque de fer, tel que le représentent plusieurs estampes du temps, grands médias de l'époque, où s'associent l'information et le mythe. Parfois c'est un diptyque où, à côté du squelette du Masque de fer (encore enchaîné), figure la délivrance du comte de Lorges. « L'homme au Masque de fer, ou plutôt son histoire qui a si longtemps fixé les recherches d'une infinité d'auteurs, vient de sortir enfin du ténébreux cachot où la discrétion barbare d'intermédiaires ministériels l'avaient plongé jusqu'à présent ». Le peuple a déchiré le rideau. Il a fait tomber et le soleil et son ombre. Que commencent désormais les lendemains qui chantent.

On s'emploie aussi à découvrir en même temps que « le trésor de la Bastille », quelque passage secret, quelque pièce dérobée qui révéleront d'autres horreurs. On est persuadé qu'il existe un souterrain entre la Bastille et le donjon de Vincennes, lequel aurait bien sûr permis d'évacuer plus commodément les corps des victimes immolées. Et puisqu'il n'y a point d'exécutions sans tortures, on trouve des instruments de torture, des « bascules posées sur des roues tournantes garnies de lames d'acier » (*Mémoires historiques...*).

Dusaulx de son côté l'a vu et même l'a touché « ce vieux corselet de fer inventé pour retenir un homme par toutes les articulations du corps, et le réduire, comme Thésée dans les Enfers, à une éternelle immobilité ». Il a vu aussi « plusieurs autres machines, non moins combinées, non moins destructives, mais personne n'en pouvait deviner ni les noms ni l'usage direct ; c'était le secret des bourreaux et de ceux qui les payaient ».

On connaît au moins l'une de ces machines : c'était l'imprimerie embastillée en même temps que son propriétaire, François Lenormand, le 4 février 1786. Le prisonnier, coupable d'avoir imprimé clandestinement des écrits sur l'Affaire du collier, avait été relâché le 29 mai de la même année mais on avait gardé l'imprimerie qu'on avait reléguée au fond d'un cachot. Les Vainqueurs de la Bastille qui la découvrirent là crurent que c'était un instrument de torture.

Mais le passé n'étant pas un temps suffisamment pédagogique, certains récits composés au lendemain même du 14 juillet ne craignent pas de donner à leurs

« découvertes » un présent d'actualité : « Avec quel empressement, Français, vous portez vos regards vers cet édifice si antique [...]. Pénétrez dans le fond de ces cachots affreux, voyez des citoyens vertueux qui y languissent dans les fers depuis plus de vingt ans, qui n'ont fait d'autres crimes que de trop aimer la vertu, et d'avoir voulu la montrer dans tout son jour. Entrez dans ces souterrains horribles, vous y trouverez encore des restes gémissans de vos parents dont vous ignoriez le destin ; vous y verrez des squelettes vivans qui doutent encore s'ils existent ou non, abrutis par les tortures sous lesquelles ils ont gémi depuis si long temps, interrogez-les, vous n'entendrez qu'avec horreur le récit affreux des tourmens que leur ont fait souffrir des ministres odieux. » (*La Bastille.*)

Les poètes prennent leur luth, à commencer par André de Chénier : « O sainte égalité ! Dissipe nos ténèbres, Renverse les verrous, les bastilles funèbres. » Mais la sainte égalité le fit guillotiner...

Citons encore parmi les nombreux vers de circonstance, cette curieuse parodie de la célèbre tirade de Camille contre Horace (« Rome, l'unique objet... ») envoyée aux rédacteurs de *La Bastille dévoilée* par un soi-disant ancien prisonnier de la Bastille :

> *La bastille, où la nuit sert des tyrans heureux !*
> *La bastille, où la haine est le plaisir des dieux !*
> *La bastille où la force enchaîne le génie !*
> *La bastille, où l'on meurt sans sortir de la vie !*
> *Puissent les citoyens ensemble conjurés,*
> *Enfoncer ses cachots par le fer assurés !*
> *Et si pour ébranler ce colosse de pierre ;*
> *Paris ne suffit pas, vienne la France entière.*
> *A pas précipités que cent peuples divers*
> *Passent pour la détruire et les monts et les mers*
> *Qu'elle même sur soi renverse ses murailles :*
> *Que l'enfer agrandi s'ouvre par ses entrailles.*
> *Que le ciel en courroux allumé par mes vœux,*
> *Fasse pleuvoir sur elle un déluge de feux.*

Dans son premier numéro, qui paraît le 17 juillet 1789, le *Révolutions de Paris* conclut au récit du 14 juillet en proclamant que « cette journée doit étonner nos ennemis et nous présage enfin le triomphe de la justice et de la liberté ».

C'est dire que la journée du 14 juillet n'est pas seulement mémorable mais aussi, mais surtout, fondatrice d'un monde nouveau. Ainsi transcendé, l'événement ne peut plus être réduit à ses composantes objectives et somme toute assez minces. Le mythe donc ne surgit pas, mais vient à son heure, et en quelque sorte naît à terme. Comme toujours, il procède d'un besoin, celui de souder tout un peuple à de nouvelles représentations mentales et par suite de nouvelles règles de conduite. Peu importe dans cette perspective que la Bastille n'ait pas du tout été ce qu'on en dit ni que sa chute ne se soit pas déroulée comme cela, puisque la Bastille n'est plus un objet de pierre mais un concept, un rêve, une religion.

Historiographie

Au XIXe siècle, l'historiographie de la Bastille et celle de la Révolution française ne font plus qu'un, celle-ci se fondant dans celle-là et aussi la fondant. Or, l'on ne saurait faire ici l'étude intégrale, digne d'un ouvrage à elle seule et ô combien complexe, des controverses qui, de 1789 à 1989, n'ont pas cessé (et ne cessent pas) sur les interprétations de la Révolution française. Il est intéressant toutefois d'en pointer quelques étapes en se cantonnant bien sûr à la seule Bastille.

La tradition jacobine, brillamment inaugurée par les innombrables écrits de 1789 et des années qui ont immédiatement suivi, s'est prolongée dans les divers mouvements libéraux du début du XIXe siècle, même si la référence révolutionnaire, selon les circonstances, fut appelée à être tantôt affirmée bien haut (à l'approche de 1830), tantôt éludée (lorsqu'il fallut ensuite rallier les modérés).

Plus que tout autre mouvement, le romantisme ne pouvait qu'être fasciné par la Révolution française et s'y mirer sans retenue. Passé à gauche depuis 1835, il ne va pas manquer de célébrer le peuple, seul héros de la Révolution française. Le jacobinisme le plus outrancier ne sera guère allé plus loin dans la détestation de la monarchie et de son instrument maudit que fut la Bastille : « Les régimes de terreur les plus violents n'offrent pas d'exemples aussi nombreux de révoltantes cruautés. Paris, Rouen, Nantes, Marseille, Bordeaux furent noyées dans les pleurs et dans le sang. La Bastille regorgea de prisonniers, son arsenal de tortures fut déployé contre des jeunes filles et des enfants. C'est l'une des phases les plus lugubres de l'histoire de cette prison. Nous recueillerons quelques-uns des faits, et si courageuse que puisse être notre plume, si franche que puisse être notre indignation, nous serons forcés d'adoucir les teintes des tableaux historiques. L'horreur et la démence, les passions crapuleuses et les passions sanguinaires vont régner dans cet antre où le roi, fanatique et ivre du pouvoir, pousse des créatures innocentes, attendues par la luxure et la férocité des bourreaux. »

Cette impressionnante diatribe ne donne qu'un petit aperçu de l'énorme *Histoire de la Bastille*, richement et suggestivement illustrée, d'Arnould et Alboize du Pujol, qui paraît en 1844. Son sous-titre est à lui seul tout un programme : « *Ses prisonniers, ses gouverneurs, ses archives, détails des tortures et supplices usités envers les prisonniers ; révélation sur le régime intérieur de la Bastille ; aventures dramatiques, lugubres, scandaleuses ; évasions ; archives de la police.* »

Quant aux tortures et aux exécutions qui étaient le pain quotidien de l'infâme prison d'État, qu'on en juge par cette évocation : depuis 1559 jusqu'en 1789, les prisonniers destinés à périr étaient conduits dans la chambre dite du « dernier mot » : « Cette chambre n'offrait rien de sinistre, rien d'effrayant ; elle était splendidement éclairée ; des fleurs y répandaient un parfum délicieux. À peine le prisonnier et son conducteur étaient-ils arrivés dans ce nouvel appartement, qu'ils s'asseyaient l'un et l'autre. Le gouverneur lui laissait entrevoir qu'il jouirait bientôt de sa liberté. Cet espoir imprévu ranimait son courage ; il croyait encore exister avec des hommes, et saisissait avec avidité l'illusion d'un bonheur inespéré. Mais dès l'instant que son bourreau s'apercevait qu'il reprenait un peu de calme, il donnait l'affreux signal. Une bascule, pratiquée dans le parquet, s'ouvrait et faisait disparaître l'infortuné, qui tombait sur une roue garnie de rasoirs, que des agents secrets faisaient mouvoir, et qui déchirait ses membres par lambeaux. »

Mais c'est Jules Michelet qui, plus que tout autre, a aperçu « la France, c'est-à-dire le peuple », dans « l'éclair de juillet ». Un an avant la Révolution de 1848, paraissent en même temps trois ouvrages qui vont connaître un énorme succès : l'*Histoire des Girondins*, de Lamartine, l'*Histoire de la Révolution française*, de Louis Blanc, et celle de Jules Michelet... Michelet, dont les cours au Collège de France ont enthousiasmé un auditoire dépassant largement le seul public universitaire, plaide pour le peuple contre le monarchisme et l'aristocratisme, contre la religion, mais aussi contre la Terreur et même contre le socialisme naissant qui essaie déjà de porter à son crédit la Révolution de 1789.

Pour en rester à la Bastille, Michelet, dès l'introduction des sept volumes de son *Histoire de la Révolution française*, avance l'idée que la Bastille fut l'un des éléments définissant voire constituant l'ancienne France. Avec la lettre de cachet, cette « excommunication du roi », la Bastille est au centre du système monarchique. Certes, il y a encore des prisons de par le globe et il n'y a guère qu'en France qu'on puisse encore non seulement penser mais encore parler. « Et c'est justement pour cela que la Bastille de France, la Bastille de Paris (j'aimerais mieux dire, la prison de la pensée), fut, entre toutes les bastilles, exécrable, infâme et maudite. Dès le dernier siècle, Paris était déjà la voix du globe. La planète parlait par trois hommes : Voltaire, Jean-Jacques Rousseau et Montesquieu. Que les interprètes du monde vissent toujours pendue sur leur tête l'indigne menace, que l'étroite issue par où la douleur du genre humain pouvait exhaler ses soupirs, on essayât de la fermer, c'était trop. [...] Du prêtre au roi, de l'Inquisition à la Bastille, le chemin est direct, mais long. Sainte, sainte Révolution, que vous tardez à venir !... Moi qui vous attendais depuis mille ans, sur le sillon du Moyen Âge, quoi ! je vous attends encore !... Arriverez-vous jamais ? »

Enfin la Révolution est venue, continue Michelet. Avant c'était l'Ancien Régime, c'est-à-dire « la tyrannie au nom de la Grâce » ; à l'inverse la Révolution est « la réaction de l'équité, l'avènement tardif de la justice éternelle ». D'un côté l'artificiel, de l'autre le naturel. D'avance la Révolution avait pris la Bastille. Michelet en donne un récit flamboyant : « L'attaque de la Bastille, écrit-il notamment, ne fut nullement raisonnable. Ce fut un acte de foi. » Il nie au passage toute idée d'action préméditée ou concertée : « Seul le 14 juillet fut le jour du peuple entier. Qu'il reste donc, ce grand jour, qu'il reste une des fêtes éternelles du genre humain, non seulement pour avoir été le premier de la délivrance, mais pour avoir été le plus haut dans la concorde. »

Après le souffle romantique d'un Michelet, il faut bien avouer que Louis Blanc fait pâle figure. Dans le chapitre qu'il consacre à la prise de la Bastille dans son *Histoire de la Révolution française* (tome 2), il écrit en avertissement qu'« il a été publié, le lendemain de la prise de la Bastille et les jours suivants, une foule de relations diverses et contradictoires au milieu desquelles il semble d'abord fort difficile qu'on parvienne à se reconnaître. Et cependant, jamais, comme on en jugera par notre récit, l'exactitude ne fut plus nécessaire, même dans les moindres circonstances. Notre premier soin a donc été de rassembler tous les documents épars ; nous les avons ensuite soumis à un travail de vérification très scrupuleux... »

Que lit-on cependant ? Que l'aspect des lieux était effroyable, qu'« on se sentait mourir à la Bastille » (et nous citons en introduction au chapitre sur la vie quotidienne à la Bastille l'étonnante évocation, où défilent crapauds, lézards, rats monstrueux et araignées – description d'ailleurs empruntée à *La Bastille dévoilée*).

Louis Blanc fait siennes les récriminations de Linguet et, comme Michelet, s'attarde longuement sur la triste histoire de Latude. Quant au récit du siège proprement dit, il suit principalement Dusaulx dont le récit, pour avoir été quasi officiel, n'en est pas moins celui qui pêche le plus par manque d'objectivité. Comme Michelet, il signale toutefois que les pauvres n'allaient pas à la Bastille et qu'« on les envoyait souffrir à Bicêtre », mais cette concession à la réalité sert son propos : « Chose éternellement digne de respect, d'admiration, de reconnaissance ! Au mois de juillet 1789, le peuple manque de pain, et que demande-t-il ? des armes. Il peut courir à Bicêtre, et quelle forteresse parle-t-il de renverser ? la Bastille. C'est qu'il est dans la vie des grands peuples, comme dans celle des grands hommes, des moments d'inspiration souveraine. Ces rudes artisans, ces hôtes incultes des faubourgs, un instinct d'essence divine les avertit qu'à eux aussi appartenait la gloire des emportements chevaleresques ; que le premier des privilèges à anéantir c'était celui qui se montrait associé à des tortures, et que la liberté devait s'annoncer par un acte conforme à son génie, c'est-à-dire par un bienfait accordé à ses ennemis. Oui, des plébéiens mettant au nombre de leurs préoccupations les plus ardentes la destruction d'une prison patricienne, voilà ce qui n'a pas été assez remarqué et ce qui entoure d'une immortelle splendeur les premiers coups que la Révolution vint frapper. »

Citons encore au début du XXᵉ siècle, loin de l'illuminisme d'un Louis Blanc, la dialectique de Jean Jaurès renouant avec une tradition, d'abord timide, qui veut faire remonter le socialisme à la Révolution française. Sans que le lyrisme d'un Michelet ait totalement disparu, on y voit apparaître la thèse marxiste de « l'avènement de classe de la bourgeoisie » précisément au moment de la prise de la Bastille : « Ce qu'il y a d'admirable à cette heure dans la bourgeoisie révolutionnaire de Paris, ce qui montre bien la légitimité historique de son avènement de classe, c'est son absolue confiance en elle-même. Elle ne craint pas d'être prise entre les révoltes de la misère et le coup d'État du roi. [...] Elle n'a point peur que, dans la secousse révolutionnaire, cet abcès de misère crève sur elle. Elle n'a pas peur de distribuer des armes : elle sait qu'elle est assez forte pour en surveiller l'emploi... »

Après Mathiez, après Lefebvre, du socialisme au communisme, Albert Soboul, *mezza voce*, ne dira pas autre chose : « Victoire réelle de la bourgeoisie, le 14 juillet devint plus encore : un symbole de liberté. Si cette journée consacrait l'arrivée au pouvoir d'une nouvelle classe, elle signifiait aussi l'effondrement de l'Ancien Régime, dans la mesure où la Bastille l'incarnait : en ce sens, elle parut ouvrir un immense espoir à tous les peuples opprimés. »

En ces années 1960, on aurait pu croire l'interprétation marxiste de la Révolution française installée pour longtemps sinon pour toujours, mais c'eût été oublier qu'il y a autant d'histoires de la Révolution que d'opinions. François Furet vint (*Penser la Révolution française*, 1978) et polémiqua cruellement avec les historiens marxistes, rompant selon sa propre expression « le cercle vicieux de l'historiographie commémorative », proposant entre autres une relecture attentive de Quinet (*La Révolution française*, 1866) et de Tocqueville (*L'Ancien Régime et la Révolution*, 1856), seul à échapper « au mythe des origines », et réintroduisant dans l'histoire de la Révolution la notion trop souvent éludée de spontanéité des masses et de ses dérapages consécutifs. Nous voici apparemment bien loin de la Bastille, mais c'est indiquer que le débat est riche, à preuve la rigueur qu'il reprit avec la commémoration du bicentenaire.

Pour en revenir à la prise de la Bastille, la tradition historiographique, dont nous n'avons que grossièrement esquissé les grandes étapes, possède, en dépit des profondes différences qui séparent par exemple un Michelet d'un Jaurès, cette idée commune que les principes de liberté, d'égalité et de progrès qui font désormais partie de notre patrimoine politique sont issus de la Révolution qui elle-même prend naissance dans la journée du 14 juillet. Celle-ci prend ainsi valeur et, avec sa commémoration nationale, sens de journée messianique.

Bien entendu le catéchisme républicain (sans que nous cherchions à donner à cette expression un sens péjoratif), tel qu'il sera enseigné dans nos écoles à partir de la IIIe République, ne dira pas autre chose : un seul acteur, le peuple de Paris, fit tomber le 14 juillet 1789 le monument du despotisme qu'était la Bastille. Avec elle disparurent les abus et les privilèges de l'Ancien Régime et les temps nouveaux purent commencer. « De la prise de la Bastille, date la société moderne », écrit en 1881 G. Lecocq (*La Prise de la Bastille*).

À ce concert largement majoritaire s'oppose le courant historiographique contre-révolutionnaire, dont il faut tout de suite dire qu'il est infiniment moins riche, car il lui manque en quelque sorte le moteur. La tradition libérale, puis romantique, puis républicaine, puis socialiste, puis marxiste a pu dire : « Voyez à quoi la Révolution a servi » ; « Voilà à quoi nous avons marché. » La tradition contre-révolutionnaire, elle, ne peut dire que « ce n'est pas vrai ! » – ce qui est incontestablement plus court et moins dynamique. Là encore, nous ne prétendons pas en faire l'étude mais en pointer seulement quelques aspects, toujours à propos de la prise de la Bastille.

Au lendemain du 14 juillet, rarissimes sont les écrits qui osent déplorer la prise de la Bastille. C'est pourtant le cas d'un pamphlet évidemment anonyme, intitulé *Catastrophe du 14 juillet*, qui provoque l'indignation de l'Assemblée nationale où l'on voue à l'exécration « le fanatique écrivain » qui a osé cela. Ces quelques feuilles ne s'en prennent d'ailleurs qu'aux fameux squelettes qui sont la grande affaire du moment en prétendant qu'on est allé les chercher dans la collection d'anatomie du chirurgien de la Bastille. Quelques vers terminent le récit :

> De la Bastille ouverte, enfonçant les remparts,
> Ces cent vingt mille soldats, plus heureux qu'intrépides,
> Faisaient mordre la terre à quatorze invalides.

Nombreux sont en revanche les *Mémoires* qui paraissent dans les décennies suivantes et qui ne manquent pas de mentionner l'événement, le plus souvent brièvement puisqu'il est encore présent à l'esprit de tous les contemporains. Les défenseurs de la monarchie, émigrés ou non, s'en affligent évidemment. Rivarol, défenseur de la monarchie et contraint de s'exiler, mort à Berlin en 1801, écrit que la prise de la Bastille, tant célébrée par « la populace parisienne », se réduit à ceci : « Peu de risques, beaucoup d'atrocités de leur part, et une lourde imprévoyance de la part de M. de Launay, voilà tout ; ce ne fut, en un mot, qu'une prise de possession. »

Marmontel, qui meurt en 1799 et qui fut l'un des prisonniers choyés de la Bastille, écrit de son côté : « Les gens de bien les plus paisibles et même les plus éclairés voulaient aussi que la Bastille fût détruite, en haine de ce despotisme dont elle était le boulevard ; en quoi ils s'occupaient bien plus de leur sécurité que de leur sûreté réelle : car le despotisme de la licence est mille fois plus redoutable que celui de l'autorité, et la populace effrénée est le plus cruel des tyrans. Il ne fallait donc pas que la Bastille fût détruite, mais que les clefs en fussent déposées dans le sanctuaire des lois. »

Certes, mais plus intéressante est la thèse du complot, cheval de bataille des contre-révolutionnaires tentant de dénier toute valeur unanimiste et populaire à la journée du 14 juillet. Marmontel écrit dans ses *Mémoires* que la résolution d'attaquer la Bastille « parut inopinée et soudaine parmi le peuple ; mais elle était préméditée dans le conseil des chefs de la Révolution. [...] Pour remuer à son gré ce peuple et le faire agir hardiment, la faction républicaine voulait donc qu'il fût délivré de ce voisinage importun ».

Du mouvement philosophique à la franc-maçonnerie et de la franc-maçonnerie au jacobinisme, la filiation a paru évidente à certains dès le lendemain de 1789 avec notamment *Le voile levé pour les curieux ou le secret de la Révolution révélé à l'aide de la franc-maçonnerie*, de l'abbé Lefranc en 1791, et surtout les *Mémoires pour servir à l'histoire du jacobinisme* de l'abbé Barruel, entre 1797 et 1799, où est développée l'idée d'un complot maçonnique à l'échelle européenne ayant pour instrument en France les Jacobins. Plus que tout autre, la thèse du complot maçonnique a su cliver et dresser face à face l'historiographie de droite, voire d'extrême droite, et l'historiographie de gauche.

La première n'a que peu de représentants. Citons surtout Gaston Martin (*La Franc-Maçonnerie et la préparation de la Révolution*, Paris, 1926) : « Le 14 juillet est l'aboutissement d'une fermentation qui date de plusieurs mois et dont le synchronisme avec la réunion des États généraux ne peut être pris pour l'effet du simple hasard... Le renversement de la monarchie absolue a été une action préparée jusqu'en ses plus minces détails. »

En 1980, Isabelle Storez s'est attaquée à ce « mythe intouchable », en essayant de ressusciter la thèse d'un 14 juillet, coup monté par les francs-maçons acharnés à détruire la monarchie catholique – et l'historienne d'exciper de l'armée noyautée par ses propres officiers, tous compagnons de mêmes loges (ce qui n'est pas faux), de nombreux chefs du tiers état francs-maçons tels que Mirabeau (ce n'est pas lui, c'est son frère, Mirabeau-Tonneau), Sieyès, La Fayette, Bailly, sans parler du duc d'Orléans grand maître franc-maçon qui mit le sanctuaire du Palais-Royal au service des fomentateurs de la révolte, avant de mettre son nom au service de la Révolution sous le nom de Philippe-Égalité. Isabelle Storez reprend à son compte l'affirmation de Bertrand de Moleville, ancien intendant de Bretagne et chef de la police secrète chargée en mars 1792 (c'était un peu tard) de surveiller les Jacobins : « C'est dans une séance de la loge des Amis Réunis que fut décidée la prise de la Bastille » (*Histoire de la Révolution de France*, Paris, 1801). Et voici même des précisions : « L'affaire avait été menée par une minorité de révolutionnaires, 600 hommes environ ainsi répartis : le groupe du faubourg Saint-Antoine, commandé par Santerre (du Contrat social) et par Palloy (souverain prince de la Société des amis de la jeunesse et de l'humanité) ; le groupe des Halles sous les ordres de Fournier, qui s'installa dans les locaux de la loge du Contrat social ; le groupe des chevaliers de l'Arc, dont le chef était Coconnier, appartenant à la loge Saint-Julien de la tranquillité. »

Il en faut moins que cela aujourd'hui pour se faire cataloguer d'historien d'extrême droite, et les historiens de gauche ont beau jeu de se moquer d'une thèse aussi simpliste. « On a substitué, écrivait J.J. Mounier dès 1801, à des causes très compliquées des causes simples, à la portée des esprits les plus paresseux et les plus superficiels ». Nous n'aurons certes pas l'imprudence ou l'outrecuidance de chercher à trancher ce vieux débat, en notant toutefois que nier ou ridiculiser avec une belle constance toute action concertée les 13 et 14 juillet des francs-maçons et du club breton, futur club des Jacobins, n'est pas pour autant faire la démonstration du contraire. « Personne, je le répète, ne donna l'impulsion », prévient Michelet. Mais pourquoi prévenir ? Albert Soboul est plus nuancé quand il se borne à écrire que le rôle des francs-maçons ne saurait être exagéré. Daniel Ligou, auteur d'une *Histoire de la franc-maçonnerie* (Privat), souligne dans un article du *Point* (25-31 juillet 1988 – dossier Révolution) que le rôle des francs-maçons fut très faible, « à la dimension de leur importance », mais quelques lignes plus bas il nous apprend qu'il y avait 199 députés maçons aux États généraux. Bref, le débat méritait d'être rappelé.

Si le complot des francs-maçons comme origine du 14 juillet est cher à une historiographie contre-révolutionnaire de droite qui a manqué (et manque encore) des ténors qui auraient su lui donner une audience suffisante, d'autres révélations de complots ont répondu comme en écho dans le puissant camp de gauche. C'est d'abord l'idée, répétée jusque dans les manuels scolaires du Malet-Isaac, selon laquelle le roi préparait un coup d'État militaire qui consistait à faire arrêter les députés de l'Assemblée nationale. Seule l'intervention du peuple de Paris le 14 juillet 1789 aurait sauvé l'Assemblée et assuré du même coup le triomphe de la Révolution. Mais on voit mal Louis XVI permettre le moindre coup d'État militaire, lui qui refusera à Varennes de se faire libérer par les dragons alors même qu'il avait résolu de fuir.

De même on voit mal les ministres de Louis XV organiser cet autre complot qu'aurait été le pacte de famine dont la Bastille fut encore le protagoniste : le 17 novembre 1768, on embastille Jean Charles Guillaume Leprévôt dit de Beaumont, natif du charmant village de Beaumont-le-Roger en Normandie et coupable d'avoir publié plusieurs mémoires séditieux accusant les ministres et le lieutenant général de police (qui est alors Sartine) de monopoliser secrètement les blés. Le mythe du pacte de famine était né. Leprévôt de Beaumont reste d'abord un an à la Bastille où il se rend insupportable, réussissant en outre à faire parvenir au-dehors des « portraits atroces sur les ministres ». Transféré au donjon de Vincennes, il y reste emprisonné quinze ans avant un nouveau transfert à Charenton pour aliénation d'esprit, puis à Bicêtre. Libéré à la Révolution, il fait figure de héros à l'instar de Latude et en profite pour faire paraître en 1791 le récit de sa captivité qui n'a qu'un médiocre succès. La thèse du pacte de famine connaît en revanche un regain de crédit et ne cessera plus dès lors d'être citée parmi les actions les plus noires de l'Ancien Régime.

Le mythe trouve sa consécration en 1839 après le mariage d'amour entre romantisme et Révolution française, consécutif à la Révolution de 1830. Une pièce en cinq actes est alors jouée, *Le Pacte de famine*, dont le héros, Leprévôt de Beaumont, gentilhomme, a surpris le secret des accapareurs dont le vrai chef est Louis XV en personne. Attaché désormais à réunir les preuves de ce complot atroce entre tous, Leprévôt est trahi et jeté à la Bastille où il va rester vingt ans au fond d'un cachot creusé exprès pour lui. Mais Leprévôt a un fils, Jules, qui jure tous les matins sur son épée de venger son père. Le 14 juillet 1789, le peuple ameuté par Jules se rue à l'assaut de la Bastille. La forteresse est prise, ses murs abattus (tableau). Alors que voit-on paraître ? Leprévôt de Beaumont en personne, cadavre vivant ne marchant qu'avec peine et s'appuyant d'un côté sur sa femme et de l'autre sur son fils qui l'étreignent avec amour :

LE PEUPLE. — En triomphe ! en triomphe !

BOYREL. — *Mes amis... Ne l'entourez pas... Il a besoin d'air... il vivra... nous l'espérons...* Silence ! il va parler.

LE PRÉVÔT (parlant avec peine). — *Ce peuple, qui a conquis son indépendance, est-il délivré de la faim ?*

BOYREL. — *Pas encore... mais il sait où est le pacte de famine... et il ira le déchirer.*

le prévôt. — *Oh ! mes amis, mes frères !... Le rêve de toute ma vie se réalise... Le peuple aura du pain ! Dieu soit béni, qui associe ma délivrance à celle d'une grande nation !... Dieu soit béni, qui a fait descendre jusque dans mon cachot les premières racines de cet arbre de liberté qui va se lever sur le monde.*

(Cris de : *Vive Beaumont ! vive la liberté !*)

Au lendemain de la première, le très officiel *Moniteur* fait aussitôt siennes et l'histoire de Leprévôt de Beaumont telle qu'elle est contée dans la pièce et la thèse du pacte de famine. Comme presque tous les autres historiens de la monarchie de Juillet, Michelet s'empare de l'histoire, mais avec quelle force : « Le monde voit avec étonnement un roi qui trafique de la vie de ses sujets, un roi qui spécule sur la disette et la mort, un roi assassin du peuple. La famine n'est plus seulement le résultat des saisons, un phénomène naturel ; ce n'est ni la pluie ni la grêle ; c'est un fait d'ordre civil : on a faim De par le Roi. [...] La famine est alors une science, un art compliqué d'administration, de commerce. Elle a son père et sa mère, le fisc, l'accaparement. Elle engendre une race à part, race bâtarde de fournisseurs, banquiers, financiers, fermiers généraux, intendants, conseillers, ministres. Un mot profond sur l'alliance des spéculateurs et des politiques sortit des entrailles du peuple : Pacte de famine ! »

Commémorations

Les Vainqueurs de la Bastille

Il est certainement artificiel de distinguer la commémoration du mythe puisque celle-ci entretient celui-là. Parfois même, les deux se confondent comme c'est le cas avec l'institution des Vainqueurs de la Bastille. Qu'on se rappelle déjà le récit de Curtius... Mais avant tout, il importe de ne pas confondre les Vainqueurs et les Volontaires de la Bastille. Ces derniers se sont baptisés ainsi dès le 15 juillet, se constituant en compagnie sous le commandement du « brave Hulin ». Les Volontaires de la Bastille ont assuré la garde de la Bastille jusqu'à sa destruction, puis de l'Hôtel de Ville et de l'Assemblée nationale. Chose plus curieuse, ils ont assuré à la fin d'août 1789 un maintien de l'ordre musclé contre les ouvriers manifestant à Montmartre après la fermeture des ateliers de charité. Le maire de Paris, Bailly, propose en outre à La Fayette, au printemps 1790, de les employer à faire la chasse aux voleurs qui infestent les Champs-Élysées, déserts et propices aux guet-apens. Les Volontaires de la Bastille portent un insigne aux couleurs bleu et rouge de la Ville de Paris, avec la date du 14 juillet et une tour renversée.

De leur côté, les gardes françaises qui ont participé de près ou de loin à la prise de la Bastille se sont fait décerner un autre insigne représentant un faisceau de chaînes rompues avec la date du 14 juillet et ces mots : « La liberté conquise. » Il faut compter aussi tous ceux qui, individuellement, s'adressent à la commune de Paris pour réclamer distinctions ou pensions du fait de leur participation, prétendue ou vraie, à la prise de la Bastille. C'est pourquoi la commune de Paris institue une commission (avec Dusaulx, Thuriot de la Rozière, et d'autres électeurs) ayant pour mission d'arrêter la liste des Vainqueurs de la Bastille. C'est chose faite le 16 juin 1790, date à laquelle est porté solennellement à l'Assemblée un grand panneau où sont inscrits les noms de 871 Vainqueurs, sans compter ceux de 16 veuves. Ce nombre varie selon les documents, allant parfois jusqu'à 954. Dusaulx, de son côté, n'en donne que 849 répartis ainsi :

Morts sur la place 83
Morts des suites de leurs blessures 15
Blessés 60
Estropiés 13
Vainqueurs n'ayant pas été blessés 654
Veuves 19
Orphelins 5

C'est peu, comparé aux dizaines de milliers de Parisiens qui se seraient trouvés devant la Bastille le 14 juillet, mais il faut compter avec les innombrables curieux que signale entre autres le chancelier Pasquier, et qui ne purent faire valoir de titres au combat, ainsi que sur tous ceux qui pour des raisons diverses ne voulurent pas se faire connaître. Il faut aussi mettre en cause les choix de la commission, qui dans les oublis comme dans les inscriptions discutables, ne travailla guère dans la sérénité. Il suffit pour cela d'observer les titres de gloire que firent valoir nombre de candidats Vainqueurs. Antoine Cholat a non seulement « partagé les dangers de la prise de la Bastille » mais « arraché la famille de de Launey aux fureurs des vainqueurs » (parfaitement absente des lieux le 14 juillet). Un autre, surnommé Massic, est l'un des nombreux Vainqueurs à « être entré le premier » dans le fort où il a « désarmé » quatre soldats suisses.

Antoine-Joseph Santerre, lui, est appelé à devenir célèbre puisque, nommé chef de la garde nationale après le 10 août 1792, il sera chargé de la garde de la famille royale à la prison du Temple et conduira Louis XVI à l'échafaud avant de devenir général de division pendant la guerre de Vendée en 1793. En attendant, ce brasseur du faubourg Saint-Antoine (encore le faubourg Saint-Antoine), surnommé le Père du faubourg en raison de sa générosité et de son physique imposant, n'a que peu d'arguments à faire valoir pour figurer dans la liste des Vainqueurs de la Bastille. C'est lui toutefois qui a transporté à la Bastille les deux charrettes de fumier qu'on incendia devant l'entrée (ce qui fera dire à un autre Vainqueur, Rossignol, qu'il fallait inscrire les chevaux de Santerre comme Vainqueurs de la Bastille, mais pas Santerre lui-même). Mais il sera néanmoins intronisé Vainqueur après qu'on lui eut trouvé le titre glorieux entre tous d'avoir empêché de Launey de faire sauter la Bastille.

Toutefois le pompon revient à Louis Lareynie, vaguement ecclésiastique, ayant commis plusieurs écrits avant de se lancer dans l'agitation politique avec l'ouverture des États généraux. Certes, il a participé à la prise de la Bastille puisque aussi bien il est partout où il y a de l'agitation. Voici cependant les diverses raisons qu'il fit valoir pour figurer parmi les Vainqueurs. D'abord il se prétend victime du despotisme pour avoir été embastillé en 1784 (ce qui est parfaitement faux) et assure qu'il a proposé dès le 13 juillet le siège de la Bastille au Palais-Royal où bien sûr il était. Le jour de l'attaque, il est là et il fait partie des citoyens que la trahison du gouverneur a fait fusiller à bout portant. Lui n'a eu que son chapeau percé de balles. Il s'élance alors dans l'hôtel du gouverneur et y trouve les clefs de la Bastille, non sans avoir capturé au passage un gentilhomme, chevalier de l'ordre de Saint-Louis qui s'était caché dans la chambre du gouverneur. Il fait ouvrir le petit pont-levis, monte le premier dans la tour du coin et, en se battant comme un lion, reçoit un coup de baïonnette « entre le cœur et l'épaule gauche » mais trouve cependant la force de s'emparer du chef de la garnison, de délivrer les prisonniers, de faire éteindre les incendies. Bref, à l'en croire, il a pris la Bastille à lui tout seul, et l'on comprend que Rivarol ait dit de lui : « On dit que c'est une des plus belles imaginations du royaume. »

Ce qui est certain, c'est que Lareynie est emprisonné après avoir été convaincu du vol des vases sacrés de la chapelle de la Bastille retrouvés cachés, si l'on en croit les *Mémoires* de Condorcet, chez sa maîtresse, prostituée notoire. C'était, se défend-il, pour les mettre en sûreté et, comme un Vainqueur de la Bastille en prison fait désordre, on le relaxe le 8 août, ce qui lui permet de figurer en bonne place parmi les Vainqueurs qui s'en vont à Versailles le 5 octobre chercher le roi.

Bien entendu, il y eut aussi et même surtout les Vainqueurs de la Bastille qui se contentèrent de dire et de faire attester, sans autre forfanterie, « j'y étais ! » À observer de plus près ce petit millier de Vainqueurs, on y trouve en majorité des artisans du quartier Saint-Antoine, lequel sera surnommé de ce fait « l'Aventin de la démocratie ». Il semble donc que les chômeurs et les hommes de peine, nombreux certainement lors de l'attaque de la Bastille, n'aient pas été jugés dignes par la commission de figurer parmi les Vainqueurs et qu'au surplus il ait été difficile de les retrouver. Aucun des Vainqueurs n'habite à plus de deux kilomètres de la Bastille. Une bonne moitié n'est parisienne que de fraîche date, issue en majorité du quart nord-est de la France. Il y a aussi des étrangers en quantité non négligeable, 45 au total : Italiens, Belges, Allemands... Détail plus intéressant : une bonne douzaine de Vainqueurs a déjà participé personnellement, soit à la révolution de Genève, soit à celle d'Amérique.

Après avoir donc reçu solennellement la fameuse liste, l'Assemblée nationale, dans sa séance du 19 juin 1790, prend un décret « en faveur des citoyens qui se sont distingués à la prise de la Bastille » et dont le préambule commence ainsi : « L'Assemblée nationale, frappée d'une juste admiration pour l'héroïque intrépidité des Vainqueurs de la Bastille, et voulant donner, au nom de la Nation, un témoignage public à ceux qui ont exposé et sacrifié leur vie pour secouer le joug de l'esclavage et rendre une Patrie libre... » Il est décidé que le Trésor public fournira à chaque Vainqueur un uniforme et un armement spéciaux à ceux qui sont en état de porter les armes, ainsi qu'un brevet. La poignée du sabre de Vainqueur de la Bastille était du plus bel effet, entrelaçant dans son pommeau une Bastille et un trophée d'armes. Sur le canon du fusil, comme sur la lame du sabre, on pouvait lire : « Donné par la Nation à Untel, Vainqueur de la Bastille. » Divers insignes et cachets complètent cet arsenal distinctif sans parler du magnifique brevet, recherché aujourd'hui par les collectionneurs, qui reproduisait le préambule du décret de l'Assemblée nationale et que rehaussaient cachets de cire et ruban tricolore.

Mais tant d'honneurs avaient aussitôt provoqué une horrible jalousie. Nombreux furent ceux qui réclamèrent qu'on ajoutât leur nom. D'autres protestèrent contre « ce titre fastueux de Vainqueurs de la Bastille pris par une poignée d'individus » (section de Saint-Louis-la-Culture). Les plus machiavéliques allèrent trouver les Vainqueurs en leur demandant pourquoi ils voulaient monnayer ainsi un patriotisme que tous les citoyens de Paris partageaient. Et même, à bien y réfléchir, est-ce que de pareilles distinctions ne convenaient pas plutôt au régime despotique précédent ? Émus mais aussi inquiets, les Vainqueurs, dans une délégation conduite par Hulin et Bailly, accoururent alors à la barre de l'Assemblée, déclarant renoncer à ces honneurs si le bien de la Constitution l'exigeait. L'Assemblée accepta cette noble renonciation qui d'ailleurs n'eut pas d'autre effet que celui de grossir le nombre des Vainqueurs de ceux qui avaient protesté le plus fort.

La guerre venant et la jeune République ayant besoin de véritables vainqueurs sur les champs de bataille, le corps des Vainqueurs de la Bastille fut dissous et réparti dans les troupes régulières ou dans la gendarmerie quand l'âge le permettait. Mais cela n'empêchera pas les Vainqueurs de renaître de leurs cendres à chaque fois qu'il y aura honneurs ou subsides à espérer. Par exemple, la création de la Légion d'honneur, le 19 mai 1802, réveille la soif d'honneurs des Vainqueurs qui estiment que cette distinction leur revient de droit. Mais sous l'Empire, le ruban rouge ne s'obtenait pas aussi facilement qu'aujourd'hui, et les nombreuses démarches des Vainqueurs n'aboutirent pas.

Après la Révolution de 1830, lorsqu'il fut question d'élever sur l'emplacement de la Bastille une colonne à la mémoire des victimes des journées de Juillet, les Vainqueurs demandèrent et obtinrent de Louis-Philippe une pension annuelle de 500 francs. Une quantité d'usurpateurs figurait sur la nouvelle liste alors que Hulin, Élie, Maillard, Thuriot, Santerre, Cholat et bien d'autres toujours en vie n'y étaient pas. Une pétition de protestation fut présentée mais par « les gardes françaises vainqueurs de la Bastille », lesquels, n'entrant pas dans ces détails, réclamaient les mêmes faveurs que « les bourgeois vainqueurs de la

Bastille ». Et on trouve encore à l'occasion de la révolution de 1848 une ultime pétition des « survivants des Vainqueurs de la Bastille ».

L'institution tout à fait curieuse des Vainqueurs de la Bastille avait suscité très tôt, au-delà des jalousies, des appréciations diverses. Au lyrisme de l'historien anglais Carlyle (1837) condamnant par ailleurs la Révolution française mais célébrant la chute de l'Ancien Régime et comparant les Vainqueurs de la Bastille à de modernes argonautes s'emparant de la Toison d'or, il faut opposer les jugements très défavorables du « cousin Jacques » qui, revenu de son enthousiasme de 1789, écrit dans son Testament « que cette tourbe de vainqueurs se composait surtout de menteurs et d'intrigants, dont quelques-uns sont devenus généraux d'armée, des Jacobins de marque ou des scélérats qui n'ont cessé de conspirer contre le gouvernement ». Côté aristocratique, Chateaubriand évoque un cortège de vainqueurs dans des fiacres, ivrognes heureux déclarés conquérants au cabaret, escortés de sans-culottes et de prostituées. Les passants, ajoute-t-il, se découvraient devant ces héros avec le respect de la peur.

Mais la province sera fière de compter quelques-uns de ces Vainqueurs, comme à Pont-l'Abbé-d'Arnoult en Saintonge dont le cimetière s'enorgueillit du cénotaphe de Jean-Martin Bienassis, avec cette inscription : « Le 14 juillet 1789 le vit l'un des premiers sur la brèche, à l'assaut de l'Ancien Régime. Puis, il retourna à son atelier, comme Cincinnatus à sa charrue, soupçonnant à peine la grandeur de son œuvre et la sublimité de son dévouement. » Et l'épitaphe de se prolonger en leçon d'instruction civique : « Passant, si jamais la haine du despotisme pouvait faiblir en ton âme au retour anniversaire de ce quantième où il s'est immortalisé, viens sur cette tombe évoquer le Vainqueur de la Bastille et te retremper de son souvenir. » Leçon encore entendue puisque, nous apprend Charly Grenon, la tombe est fleurie des trois couleurs à chaque 14 juillet.

Nombreux ont été par ailleurs les divers objets (tabatières, éventails, reliures, etc.) et surtout les estampes à commémorer la prise de la Bastille. La mode s'en est mêlée, et Miss Williams dans l'une de ses lettres décrit un bijou « à la Bastille » qu'une certaine Mme Brulart a fait réaliser : « Mais, revenons à Mme Brulart, qui porte à son col un médaillon fait d'une pierre polie de la bastille. Au milieu du médaillon, est écrit en diamans : liberté. Au-dessus est marquée, aussi en diamans, la planette qui brilloit le 14 juillet, et au-dessous est la lune représentée de la grandeur qu'elle avoit ce jour mémorable. Autour du médaillon est une guirlande de laurier composée d'émeraudes et attachée avec une cocarde nationale, formée de pierres précieuses aux trois couleurs de la nation. »

Les pierres de la Bastille qu'on est alors en train de détruire sont en effet devenues des reliques, nous allons y revenir, même lorsqu'elles ne sont pas appelées à voir comme ici des diamants s'y enchâsser. Les différents ustensiles de la vie quotidienne à la Bastille sont eux aussi activement recherchés par les collectionneurs. Mais ce sont de loin les énormes clefs de la prison d'État qui priment sur le marché, au point de rendre douteuse l'authenticité de la plupart d'entre elles. On peut néanmoins supposer que celle que le général La Fayette envoya à George Washington, et que celui-ci fit mettre sous verre, était vraie.

Les 14 juillet

Cependant les commémorations sont d'abord affaire de dates. Or la prise de la Bastille est entrée aussitôt dans le calendrier, avec la décision de l'Assemblée nationale constituante d'organiser le 14 juillet 1790 une grande fête nationale célébrant (pour mieux les canaliser) les fédérations de gardes nationales qui s'étaient multipliées, à partir du Midi, dans toute la France.

La Fête de la Fédération a été une immense fête, la plus grande peut-être de toute l'histoire de notre pays. La foule s'était habillée dans les tons bleu blanc rouge, les hommes avec des tenues « à la Révolution », les femmes « à la Constitution ». Seuls quelques rares aristocrates (on dit alors « aristocruches ») ont eu le front de s'habiller tout de noir, « pour pleurer le temps passé », mais le jour est à la fraternisation et à la joie. On boit. Parmi les nombreux toasts que propose *Le Patriote français*, journal de Brissot, il y a « aux mânes de ceux qui périrent dans les cachots de la Bastille ».

Un immense cortège est parti de la Bastille à destination du Champ-de-Mars. Toute la province est là, représentée par ses Fédérés, et bien sûr tout Paris aussi. C'est la France qui se donne en spectacle à elle-même. Le roi et la famille royale sont présents, et La Fayette qui caracole sur son cheval blanc. L'évêque d'Autun, Talleyrand, dit la messe sur un autel à l'antique entouré de 300 prêtres vêtus d'une aube blanche coupée d'une large ceinture tricolore. Le baron de Frénilly, d'habitude si affable dans ses *Mémoires*, se déchaîne littéralement contre la future Éminence de l'empereur : « On ne trouva que ce petit évêque, athée, joueur, crapuleux et boiteux pour chanter cette fameuse grand-messe en plein air que le ciel sembla prendre plaisir à noyer de cinq minutes en cinq minutes par vingt torrents de pluie. Je ne me rappelle pas une pareille succession d'avalanches ; elles étaient telles qu'en deux minutes tous les talus étaient déserts. Au bout de dix minutes le soleil reparaissait, on remontait, et dix autres minutes après il fallait s'enfuir de plus belle. Toute la journée se passa ainsi et le petit évêque n'en perdit pas une goutte ; toutes les lorgnettes étaient braquées sur lui, et c'était une consolation universelle, car il jouissait déjà de cette fortune qui ne l'a jamais quitté, d'être aussi méprisé de ses amis que de ses ennemis. »

À la différence du 14 juillet 1789 où le temps avait été splendide, il pleuvait donc ce jour-là par averses successives et l'on raconte par ailleurs que, sous la Restauration, Talleyrand, qui regardant un jour par une fenêtre des Tuileries les promeneurs fuir sous les averses pour revenir aussitôt le soleil reparu, s'écria tout à coup : « Oh ! Quel temps, quel temps ! C'est comme le jour de la Fédération. » C'est donc entre deux ondées que La Fayette est monté à l'autel et a juré au nom des fédérés fidélité à la nation, au roi, à la loi. Le roi à son tour, chapeau à la main, a juré de maintenir la Constitution. La reine a élevé comme dans une offrande le dauphin dans ses bras et la foule a bien voulu applaudir.

Au même moment dans tout le royaume, les municipalités célébraient la même fête « afin que le pacte fédératif soit prononcé de concert et au même instant par tous les habitants de toutes les parties de cet empire ». Rares furent ceux qui alors refusèrent de se fondre dans l'unanimité nationale. Ce fut néanmoins le cas du curé de la paroisse de Saint-Hilaire dans la Nièvre qui, forcé de célébrer la messe de la Fédération, monta le 14 juillet 1790 à son autel tout de noir vêtu pour y chanter la messe des morts.

Le 18 juillet 1790, c'est sur l'emplacement même de la Bastille, déjà presque détruite, que se poursuivent les réjouissances offertes aux « frères fédérés » des quatre-vingt-trois départements. « Le terrain de la Bastille, dit le *Journal de Paris* du 20 juillet, offrait une fête d'un autre genre. On avait planté sur ce terrain un bosquet artificiel formé de grands arbres, et très bien illuminé. À côté, on avait enterré les ruines de la Bastille, parmi lesquelles on voyait, avec des fers et des grilles, le bas-relief trop fameux représentant des esclaves enchaînés et qui décorait dignement l'horloge de cette redoutable forteresse. » (C'est donc que Breteuil ne les avait pas fait enlever ?) « Ces décombres, poursuit le *Journal de Paris*, formaient un contraste frappant avec cette inscription, qu'on lisait à l'entrée du bosquet : Ici l'on danse. » Le premier bal de la Bastille était né.

En prélude à la seconde fête de la Fédération, Palloy, entrepreneur de la démolition de la Bastille et grand ordonnateur, nous allons le voir, de toutes les commémorations qui s'y rapportent, obtient que les cendres de Voltaire, dont l'Assemblée nationale a décidé la translation au Panthéon, transitent par les ruines de la Bastille, le 11 juillet 1791. Au milieu de l'emplacement orné « de bosquets d'arbres verts disposés avec goût, s'élevaient des débris de pierre de ce célèbre château sur lesquels on lisait : Reçois dans ce lieu où le despotisme t'enchaîna, Voltaire, les honneurs que te rend ta Patrie » (*Journal de Paris*, 11 juillet 1791). Dans le cortège qui traversa la moitié de Paris, on portait sur des brancards un modèle de la Bastille, ainsi que les boulets retirés, de l'épaisseur de la tour de la Comté, et « un drapeau, enfin, qui déployait dans les airs l'image entière de cette odieuse Bastille, image qui désormais ne doit plus faire trembler que les despotes » (*Journal de Paris*, 13 juillet 1791). Deux mois plus tard, le 18 septembre, une nouvelle fête avec feu d'artifice sera donnée sur l'emplacement de la Bastille, en l'honneur de l'acceptation de la Constitution par le roi.

Le 14 juillet 1791 on célèbre donc de nouveau la fête de la Fédération. Plusieurs villes d'Europe (Hambourg notamment) avaient déjà célébré l'anniversaire de la prise de la Bastille le 14 juillet précédent, mais en 1791 la Révolution française fait déjà moins recette, en Angleterre surtout, où le célèbre chimiste Priestley voit sa maison incendiée pour avoir voulu commémorer tout seul cette date.

Le 14 juillet 1792 réunit de nouveau une foule énorme au Champ-de-Mars, appelé pour lors Champ de la Fédération. A cette même date du 14 juillet 1792, soixante députés choisis au sein de l'Assemblée législative assistent à la pose de la première pierre de la colonne de la Liberté sur l'emplacement de la Bastille. Dans une boîte de cèdre qu'on va sceller dans la pierre avec du mastic fait avec des cendres d'anciens titres de noblesse, on a placé la Déclaration des droits de l'homme, une copie de la Constitution, des médailles fondues dans des fers de la Bastille, la liste des patriotes morts au siège de la Bastille.

La journée du 10 août 1792, où tombe définitivement la monarchie, vient telle une seconde vague ajouter ses commémorations à celles du 14 juillet, et l'on voit par exemple une fontaine de la Régénération élevée sur les débris de la Bastille, le 10 août 1793.

L'assassinat de Marat le 13 juillet 1793 et, le même été, la Terreur à l'ordre du jour tempèrent sérieusement l'enthousiasme commémoratif mais l'année suivante, Robespierre fait décréter comme fêtes nationales les commémorations non seulement du 14 juillet 1789, du 10 août 1792, mais encore du 21 janvier 1793 (exécution du roi) et du 31 mai 1793 (arrestation des Girondins).

Le cinquième anniversaire de la prise de la Bastille (26 messidor an II), alors qu'on est en pleine Terreur, se doit donc d'être particulièrement célébré. C'est un discours musclé qu'adresse Fleuriot-Lescot, maire de Paris et ami de

Robespierre, aux comités de surveillance révolutionnaire : « Salut au 14 juillet ! Salut au jour à jamais mémorable où le peuple de Paris a cimenté de son sang la première pierre de la liberté publique, en renversant la Bastille ! Salut à vous tous qui avez concouru ce jour-là par votre énergie à renverser le despotisme, dans un combat à mort qui lui a été livré. Que nos cœurs se réjouissent, et que les tyrans se désespèrent en se rappelant cette première époque de notre immortelle révolution. [...] Que les méchans, s'il s'en trouve encore parmi nous, soient obligés de cacher leur honte et leur désespoir. » Toujours en ce 14 juillet 1794, la peur fait des miracles de ferveur révolutionnaire jusqu'en province où à Rouen, Reims, Cahors, Angers et d'autres villes, des figurants se ruent à l'assaut de Bastilles reconstituées. « Le monument tyrannique de la Bastille est tombé sous la massue du peuple », s'écrie le maire de Sceaux.

La commémoration des 14 juillet se poursuit sous le Directoire (le 26 messidor an VI, Marie-Joseph de Chénier, dont l'exécution du frère n'a pas ralenti l'ardeur révolutionnaire, salue cette « première journée de la liberté qui rendit sa dignité à l'homme et fonda la République ») puis sous le Consulat. Sous l'Empire, en revanche, plus rien, car Napoléon ne saurait commémorer une journée d'insurrection populaire. Rien non plus sous la Restauration sauf à en faire pour les libéraux une commémoration de l'opposition qui va triompher au lendemain des Trois Glorieuses.

Lors de la pose de la première pierre de la colonne érigée en mémoire des martyrs de la Révolution de juillet, le 27 juillet 1831, place de la Bastille, c'est à peine si Louis-Philippe évoque « cette grande victoire nationale du 14 juillet 1789 » et, le 14, les gardes nationaux ont dispersé des citoyens venus en pèlerinage sur l'emplacement de la Bastille. Du coup les Républicains feront du 14 juillet un jour de manifestation. Plus curieusement, la Seconde République, issue de la révolution de février 1848, ne veut pas non plus du 14 juillet, même dans sa phase révolutionnaire avec des hommes au gouvernement provisoire tels que Lamartine, Louis Blanc, Ledru-Rollin. Après les terribles journées de juin et surtout à partir du Second Empire, le 14 juillet est plus que jamais hors la loi, la fête nationale étant sous Napoléon III fixée au 15 août. Mais avec le réveil de l'opposition républicaine, la référence au 14 juillet revient en force : « La vérité, c'est que la Bastille est toujours debout, hélas, et que les prisonniers attendent toujours leur délivrance. » (*Le Rappel*, 15 juillet 1869.)

La défaite contre la Prusse, l'échec de la Commune et les premiers pas chancelants de la IIIᵉ République après la Restauration manquée de 1873 ne sont guère plus favorables à un retour officiel du 14 juillet et il faut d'abord que les Républicains, de 1876 à 1879, fassent la conquête de la république. En revanche, à peine les Républicains se sont-ils enfin assurés du pouvoir qu'ils comprennent que la consécration du 14 juillet constituera à la fois le rituel du régime par la célébration d'un culte national et la substance même de son programme politique : « Aujourd'hui, la France républicaine, si loin qu'elle regarde en arrière, ne trouve comme traditions incontestables que celles de la Révolution de 1789. » (G. Lecocq, *la Prise de la Bastille et ses anniversaires*, Paris, 1881.)

C'est pourquoi le 6 juillet 1880, après un projet proposé par Benjamin Raspail, député de la Seine, une loi est votée par laquelle la République adopte la date du 14 juillet comme jour de fête nationale annuelle. D'autres dates avaient été proposées, comme le 4 août (abolition des privilèges) ou le 21 septembre (abolition de la royauté), mais le credo des Droits de l'homme, tel qu'il va s'enseigner à partir de l'année suivante dans les écoles de la République, ne saurait se fonder sur des dates négatives. Il lui faut une dynamique populaire : « Cette fête est une fête populaire, dit Hugo aux sénateurs à la veille de la première célébration, [...] c'est plus qu'une fête populaire, c'est une fête nationale [...] c'est plus qu'une fête nationale, c'est une fête universelle. [...] Messieurs, le 14 juillet, c'est la fête humaine... Oui, la chute de la Bastille, c'est la chute de toutes les Bastilles... Le 14 juillet a marqué la fin de tous les esclavages, le grand effort humain a été un effort divin. »

La commémoration a ainsi retrouvé le mythe. Marianne a coiffé le bonnet phrygien. Le drapeau tricolore réconcilie les Français et proclame l'union nationale. Il y eut toutefois de terribles combats d'arrière-garde côté catholique et royaliste. On vit reparaître le spectre du complot franc-maçon (Raspail, comme par hasard, en était) ou celui, plus terrifiant encore, de l'avènement de la « voyoucratie ». Le journal *La Croix* parla de « la folie du 14 juillet ». Jeanne d'Arc fut proposée comme contre-commémoration à partir de 1894. L'extrême gauche, de son côté, refusa d'abord de se rallier. Jules Guesde, dans l'*Égalité*, le premier journal marxiste français, proclama dans le numéro du 14 juillet 1880 : « Tant qu'un 14 juillet ouvrier n'aura pas passé sur ces Bastilles capitalistes [...] le peuple n'aura rien à fêter. » Jaurès, un ton en dessous, écrit dans son *Histoire socialiste de la Révolution française* : « En cette héroïque journée de la révolution bourgeoise, le sang ouvrier coula pour la liberté. » Mais la population s'étant déjà ralliée, les états-majors durent suivre, chacun, comme dans les auberges espagnoles, ne trouvant dans le 14 juillet que ce qu'il y apportait.

Car, dans le fond, la fête nationale du 14 juillet ne pouvait pas ne pas réussir en ceci qu'elle était d'abord une fête. Quand J. Berque écrit dans *Esprit*, en 1963, que le 14 juillet, « le peuple danse sa liberté » c'est transposer au plan politico-poétique que, plus trivialement, le peuple danse. Retraite aux flambeaux, feu d'artifice et bal aux lampions n'ont qu'une symbolique bien faible à côté de leur vertu festive. Et quand on allait joyeux à la revue « voir et complimenter l'armée française », on n'était pas ipso facto dans l'adhésion nationale voire dans la communion d'un peuple avec son armée.

Bref, il y avait de la fête foraine dans la prise de la Bastille et on sut en exploiter la veine tout particulièrement pour le premier centenaire de 1789 (un 14 juillet où il plut autant sinon plus que le jour de la fête de la Fédération) qui coïncidait avec la grande Exposition universelle. Pour la circonstance, on avait reconstitué sur le Champ-de-Mars une Bastille en réduction. Des invitations illustrées pour un dîner à la Bastille furent envoyées par « les gouverneurs du Bon Bock », et Victorien Sardou, l'auteur de *Madame Sans-Gêne*, pourtant peu adepte de la vraisemblance dans ses pièces historiques, raconte : « Je visitais, avec quelques amis, à la grande Exposition de 1889, cette réduction de la Bastille, que tout le monde a pu voir, et qui d'ailleurs était bien faite pour en donner l'idée la plus fausse. À peine avait-on franchi la porte d'entrée, que l'on voyait, dans l'obscurité, un vieillard, affublé d'une longue barbe blanche, couché sur « la paille humide » traditionnelle, – agitant ses chaînes, et poussant des hou ! hou ! ! lamentables. Et le guide des visiteurs disait, non sans émotion : "Vous voyez ici l'infortuné Latude, qui est resté dans cette position, les deux bras enchaînés derrière le dos, pendant trente-cinq ans !" »

Avec la consolidation définitive de la République, la commémoration des 14 juillet est entrée définitivement dans les mœurs et se poursuit désormais avec sérénité. Quelques dates marquantes donnent cependant à la commémoration un éclat et un sens particuliers. Ainsi, après l'éclipse de la guerre 1914-1918, le 14 juillet 1919 retrempe le mythe en le détournant. Le défilé militaire est alors celui de la Victoire et si quelqu'un pense alors à la Bastille, c'est qu'elle est devenue en la circonstance synonyme de barbarie germanique.

Autres 14 juillet relançant cette fois le mythe des origines que ceux du Front populaire. Conscient de sa force, le peuple va renverser la Bastille du fascisme et, le danger conjuré, préparer les lendemains qui chantent : « Debout ma blonde/Chantons au vent/Debout Amis !/Il va vers le soleil levant,/Notre Pays. » Et René Clair d'immortaliser à l'écran l'unanimisme retrouvé.

Hélas, trois ans plus tard, en 1939, pour le cent cinquantenaire de la prise de la Bastille, quand le président Lebrun met l'accent plus sur la fête de la Fédération que sur le 14 juillet 89, c'est pour mieux exhorter à l'union des Français plus que jamais divisés après l'échec du Front populaire. Pour l'*Humanité* du 15 juillet 1939, les militants qui ont défilé (à part) étaient les seuls vrais fils des sans-culottes dressés contre l'armée de Coblence. Une carte postale du cent cinquantenaire est éditée sur le thème de la patrie en danger et pour la défense du Pain, de la Liberté et de la Paix. A l'opposé, *La Croix* du 16 juillet, toujours fidèle à elle-même, appelle à refuser « la dictature de la canaille ». *Je suis partout*, de sinistre mémoire, dédie son numéro du 31 juillet 1939 à Charlotte Corday et vilipende « la chienlit de la Bastille ». C'est aussi l'essai intitulé : *Histoire d'une histoire, esquissée pour le troisième cinquantenaire de la Révolution française*, de D. Halévy, qui montre les Français voués au culte d'une nouvelle légitimité, la Révolution, en proie à une « crampe cérébrale » que cinquante ans de conformisme scolaire et maçonnique n'ont fait qu'aggraver (cité par Alice Gérard). Bref, la division, quant à l'interprétation de l'événement, reste totale.

Sous le gouvernement de Vichy, jusqu'en 1942 du moins, le maréchal Pétain maintient la commémoration du 14 juillet mais devant les monuments aux morts, en signe d'expiation. C'est encore trop pour les ultras de la Révolution nationale, et au lendemain du 14 juillet 1941, *Je suis partout* regrette « que l'on ait conservé comme fête nationale du nouveau régime ce jour déshonoré par les émeutes de 1789 et les palabres républicaines des dernières années et les piétinements de la Bastille à la Nation avec serment et banderoles, en 1935 et 1936 » (cité par Rosemonde Sanson).

Pour la France libre et la Résistance au contraire, les 14 juillet deviennent des « 14 juillet d'Espoir » (R. Sanson) dans une France occupée devenue une immense Bastille nazie. Le général de Gaulle s'adresse ainsi aux Français le 14 juillet 1940 : « Le 14 juillet fut jadis la fête de la nation française. Mais il n'y a plus de fête pour un grand peuple abattu. [...] Est-ce à dire que ce 14 juillet de deuil n'aura pour notre peuple aucune signification ? Il faut que ce soit le contraire. Au fond de notre abaissement, ce jour doit nous rassembler dans la foi, la volonté, l'espérance. [...] Le 14 juillet 1940 ne marque pas seulement la grande douleur de la patrie. C'est aussi le jour d'une promesse que doivent se faire les Français. Par tous les moyens dont chacun dispose, résister à l'ennemi, momentanément triomphant, afin que la France, la vraie France, puisse être présente à la victoire » (cité par R. Sanson). Et pour n'en rester qu'à la commémoration du 14 juillet, Jean Guéhenno raconte dans un texte émouvant comment les Parisiens s'ingénièrent le 14 juillet 1941 à arborer par tous les moyens les trois couleurs désormais interdites.

Après l'apothéose du 14 juillet 1945, digne émule du 14 juillet 1919, la commémoration du 14 juillet a eu tôt fait de reprendre son train-train. Qu'en reste-t-il aujourd'hui dans la « France profonde » ? Une commémoration vidée de son idéologie et de ses mythes, pas même une fête, un jour férié tout au plus. Il en va d'ailleurs de même pour les grandes fêtes religieuses comme Noël ou Pâques et il faudrait tout un livre pour en analyser les raisons, de la mort rampante du consensus de l'école républicaine à la paralysie des masses par la télévision. Valéry Giscard d'Estaing, quand il fut président de la République, essaya (comme de Gaulle en 1958) de faire renaître le 14 juillet et la fête populaire, en transférant le défilé des troupes des Champs-Élysées à la Bastille-République, en faisant aller tout le monde à pied et en allant déposer une gerbe au pied de la colonne de Juillet, place de la Bastille. Comme d'habitude, les médias se réveillèrent à contretemps et Giscard ne fut pas plus compris que lorsqu'il voulut faire jouer *La Marseillaise* plus lentement. À gauche comme à droite, on ironisa, souvent lourdement.

Il faut laisser les morts enterrer les morts. Le 14 juillet n'est plus et ne sera plus une fête idéologique, sauf à passer éphémèrement sous le poumon artificiel du bicentenaire de 1989. Il n'y a plus de consensus et dans le fond il n'y en a jamais eu.

Le génie de la Bastille

On a vu que dès avant le 14 juillet 1789, la Bastille était promise à la démolition tant au nom du dépérissement de la répression d'État qu'en celui de l'urbanisme triomphant de la fin du XVIIIe siècle. Mais au soir du 14 juillet, personne bien sûr ne songe à l'urbanisme. Il ne s'agit que de détruire la sinistre prison d'État, dans la fièvre de la victoire et l'acharnement que donne une haine longtemps accumulée. C'est ainsi que s'explique l'énorme mise à sac qui a immédiatement suivi la reddition de la place. À l'Hôtel de Ville, où en principe tout ce qui est saisi à la Bastille doit être apporté comme autant de pièces à conviction du despotisme vaincu, on s'émeut rapidement d'un tel pillage. C'est pourquoi, dès la nuit du 14 au 15, un Électeur, Soulès, est nommé commandant de la Bastille avec la mission délicate de mettre fin au désordre. Alors commencent pour le pauvre Soulès de nombreuses difficultés. D'abord un officier des gardes françaises qui s'était improvisé commandant de la place refuse de reconnaître son autorité et même le provoque en duel. Une fois installé, il ne parvient pas à arrêter le pillage ou plutôt il n'y a plus rien à piller : « Je trouvai tout brisé, des papiers, des livres, des cartons dans toutes les cours, et les canons déchargés. » Et puis, le temps d'aller quelques heures à l'Hôtel de Ville le 15 pour ruiner les prétentions d'un troisième candidat au commandement de la Bastille, voilà qu'à peine de retour dans la rue Saint-Antoine, il aperçoit sur les tours une multitude occupée à démolir les créneaux. Or, Soulès ne veut pas qu'on abîme la Bastille. Il est bien le seul et lorsque, dans ces entrefaites, Danton arrive à la tête d'une troupe, faisant quasiment là sa première apparition sur la scène de l'Histoire, il s'ensuit un dialogue homérique entre les deux hommes. Soulès a même parlé de faire réparer ce qui a été cassé, idée qui paraît si scandaleuse à Danton qu'il s'empare manu militari de l'obstiné « commandant » pour le traîner sous escorte à l'Hôtel de Ville. Sur le parcours, Danton, de sa voix de stentor, proclame qu'il vient d'arrêter « le gouverneur de la Bastille » et voilà que de nouveau la foule gronde, prête à lui faire un mauvais parti. Enfin, grâce à La Fayette fort heureusement à l'Hôtel de Ville à ce moment-là, le pauvre Soulès est arraché aux griffes de Danton. Il n'y a plus de « commandant de la Bastille » mais il est décidé d'assurer une garde vigilante.

Palloy, patriote

Le lendemain matin, 16 juillet, l'Assemblée des Électeurs toujours soucieuse de s'assurer un semblant d'autorité en instituant *de jure* ce qui a déjà commencé dans les faits, décide que « la Bastille sera démolie sans perte de temps, après une visite par deux architectes chargés de diriger l'opération de la démolition ». Proclamation est faite aussitôt et c'est là que Palloy entre en scène...

Pierre-François Palloy a trente quatre ans en 1789. Il prétend avoir pris part au siège de la Bastille mais ne figure pas sur la première liste des Vainqueurs. Il fera néanmoins partie de ceux que la commission de la commune de Paris ajoutera à la liste officielle après « vérification des faits et gestes de la Bastille ». Quand il apprend que cette énorme masse de pierres est officiellement promise à la démolition, son sang ne fait qu'un tour, le sang du patriote d'ailleurs très sincère qu'il est, mais aussi le sang de l'entrepreneur de maçonnerie qu'il est de son métier. Dans l'heure qui suit la proclamation du 16, Palloy écrit une longue lettre d'offre de services à l'Assemblée des Électeurs : « C'est au corps des Électeurs assemblés, c'est à M. Dusaulx à qui je m'adresse pour qu'il se rappelle que je lui ai dit qu'il n'y avait pas besoin de catapulte pour prendre la Bastille, et encore moins d'instruments pour machiner sa destruction ; il ne faut que des bras pour continuer à mettre bas ce colosse. [...] Je peux vous assurer, messieurs, que mon intention est de ne pas quitter jusqu'à ce que j'aie la satisfaction de voir la dernière pierre arrachée, et tel est le vœu général du peuple, car ils sont après comme des acharnés... » Quant au reste de la lettre, Palloy demande qu'on se défie de tous les autres, y compris les architectes, qui sont des traîtres. En fait, certains passages laissent à penser que Palloy avait déjà pris langue avec les Électeurs et que d'une certaine façon, il s'était emparé dès le soir du 14 de la carcasse de la Bastille. Toujours est-il que le 16 il obtient officiellement l'entreprise de la démolition.

Le mérite de Palloy c'est d'avoir compris avant tout le monde l'importance que va prendre tout ce qui touche à la Bastille. Son atout, c'est une ténacité hors du commun. Mais, par-dessus tout, Palloy s'est totalement identifié à la Bastille qui est désormais sa chose. Dès le début des travaux, il manque pourtant plus d'une fois d'être débordé, et d'abord par l'enthousiasme populaire. Un témoin anglais (Thomas Clarkson) raconte que « les portes, qu'elles soient intérieures ou extérieures, avaient toutes été détruites et on pouvait avoir accès – toute personne sans aucune exception. Les ouvriers avaient juste commencé à détruire quelques-uns des créneaux les plus élevés. Je me joignis à eux au sommet et y trouvai un certain nombre de curieux. Presque tous se réjouissaient de la destruction de cette célèbre prison et rivalisaient les uns avec les autres à desceller les pierres et à les jeter dans le fossé. Des groupes importants se succédaient, tous dans le même but. Je ne vis personne – homme ou femme – qui ne se soit senti satisfait jusqu'à ce qu'il ait jeté quelque petit fragment de cet édifice haï. »

On aurait vu ainsi défiler pour les premiers coups de pioche, au milieu d'un enthousiasme inouï, Mirabeau, Beaumarchais (qui habitait à deux pas) et bien d'autres. Chacun y était allé de sa pierre dans les fossés. Des amateurs d'émotions rares et même des femmes du meilleur monde s'étaient en outre fait enfermer pour une nuit dans l'un des cachots, histoire d'épater ensuite leur entourage.

Palloy a de plus des difficultés avec ses ouvriers. Dès l'annonce des travaux, il en est accouru de toutes parts, exigeant d'être embauchés au nom du patriotisme, et on a eu bien du mal à limiter leur nombre à un millier – nombre au demeurant considérable, facilitant la paresse, l'insubordination et même des « soulèvements ». Les ouvriers patriotes revendent leur carte de travail au marché noir ou extorquent de l'argent aux visiteurs sous prétexte de leur montrer les fameux cachots appelés dès lors « les oubliettes ». Ils sillonnent la capitale pour y vendre à des prix exorbitants de vieilles armures trouvées soi-disant à la Bastille.

Palloy, de son côté, a compris tout le parti qu'il peut tirer des vestiges de la Bastille mais, lui, veut faire cela en grand et officiellement. Donc, il exploite tout, fabriquant avec les matériaux les plus variés mais provenant authentiquement de la Bastille les objets les plus divers : bustes, statuettes, médaillons, presse-papiers, encriers, bonbonnières, etc. Palloy a aussi fait fabriquer des médailles en fer provenant des chaînes de la Bastille en rappelant que les portes de Notre-Dame-de-Lorette furent faites avec les chaînes des esclaves chrétiens délivrés après la victoire de Lépante. C'est affublés de ces médailles pendant à des rubans tricolores que vinrent un jour visiter la Bastille en démolition les enfants du duc d'Orléans, lequel en faisait décidément trop dans le rôle de l'anti-aristocrate. Leur gouvernante, Mme de Genlis, les accompagnait avec un bijou « à la Bastille » en tous points semblable à celui qu'on a vu briller sur Mme Brulart.

Palloy a eu aussi l'idée saugrenue de faire fabriquer avec du marbre provenant de la Bastille un jeu de dominos que les grenadiers de la garde nationale offrent le 1ᵉʳ janvier 1790 au jeune dauphin. Sur le couvercle de la boîte conservée aujourd'hui au musée Carnavalet, on peut lire la dédicace qui fut faite au dauphin, deux ans et demi avant son ignominieuse incarcération à la prison du Temple, à l'âge de sept ans :

> *De ces cachots affreux, la terreur des Français,*
> *Vous voyez les débris transformés en hochets.*
> *Puissent-ils en servant aux jeux de votre enfance*
> *Du peuple vous prouver l'amour et la puissance.*

Mais tout cela n'est rien comparé à la grande idée de Palloy : les pierres de la Bastille... La Bastille était construite en grand appareil de pierres de taille calcaires, donc tendres – d'où l'idée d'y sculpter des Bastilles en réduction. Palloy s'en explique dans une lettre qu'il envoie à la municipalité de Toulouse le 16 décembre 1790 : « Je n'eus pas appliqué l'instrument destructeur aux flancs de la Bastille devenue le tombeau des Français, qu'il me vint l'heureuse idée d'en perpétuer l'image en la multipliant et la disséminant sur la surface de la France. » Aussitôt Palloy a vu grand, en commençant par faire envoyer une Bastille en réduction aux sections de Paris ainsi qu'à chacun des départements nouvellement créés. Dans la caisse contenant le modèle de la Bastille figurent en outre « plusieurs monumens accessoires » qui peuvent varier. En novembre 1790, par exemple, le département de la Côte-d'Or reçoit en prime une *Histoire de la Bastille* par Dussault, une *Vie de l'infortuné Latude*, un tableau « représentant le tombeau sous lequel reposent les victimes trouvées mortes dans les cachots », ainsi que diverses reliques provenant des décombres de la Bastille.

Les envois se succèdent de 1790 à 1793 et les demandes se multiplient au point que Palloy se contente de plus en plus souvent d'expédier une pierre de la Bastille non sculptée, mais où il a fait graver par exemple des extraits de la Déclaration des droits de l'homme ou encore un bonnet phrygien. Les districts sont jaloux des départements et réclament à leur tour des pierres de la Bastille. Mais il y a 547 districts. Jamais à court d'idées, Palloy réinvente l'œuf de Christophe Colomb : « J'ai en conséquence des pierres tirées des cachots du colosse que la liberté a anéanti ; et partagé en 547 parties ces débris, je les ai fait parvenir en partie à tous les districts. » Qu'on n'aille pas croire que Palloy tombe pour autant dans la facilité, car on le voit au même moment faire réaliser par un faïencier du faubourg Saint-Antoine (comme il se doit) un magnifique poêle en forme de Bastille destiné à chauffer la salle du Manège où siège la Convention. On peut admirer encore aujourd'hui cette pièce rare au musée Carnavalet.

On ne peut qu'être confondu aujourd'hui devant l'activité déployée par Palloy, et qu'admirer son sens de l'organisation. Ses caisses sont acheminées par une brigade spéciale de jeunes gens choisis pour leur patriotisme et leur prestance et parés du titre d'« apôtres de la liberté ». Une énorme correspondance précède et accompagne les envois : certificats d'authentification (comme celui que le fameux Curtuis demande à Palloy le 18 février 1790), serments républicains, à partir de septembre 1792 : « Autant qu'il sera en notre pouvoir, nulle Bastille ne restera sur la terre, nul peuple dans les fers... »

Palloy n'oublie pas pour autant sa propre publicité, n'omettant jamais de signer ses multiples envois d'un laconique mais fier « Palloy, patriote », et diffusant à partir de 1792 un portrait de lui, figure ronde, air bonhomme, mise élégante, portant perruque et jabot. Toutefois, les deux quatrains qui accompagnent le portrait en médaillon ne brillent pas par leur modestie :

> Sur l'autel de la Liberté
> Il mît fon cœur et fon génie
> L'un appartient à la patrie,
> Et l'autre à l'immortalité.
> Il fervit fa patrie et respecta la loi ;
> Du nom de patriote un Décret le décore.

Il mérita ce titre, et dans mille ans encore.

Nos neveux confondront Patriote et Palloy.

Cela amène à se poser la question de la sincérité de Palloy et aussi celle de son intégrité. De nombreux auteurs, jusqu'à aujourd'hui, ont fait de lui un aventurier sans scrupules, ayant fait fortune avec ses pierres de la Bastille. Rien n'est plus faux, d'abord parce que Palloy ne faisait pas payer ses destinataires ainsi que l'attestent les nombreuses lettres le remerciant de ses dons ; ensuite parce que Palloy est effectivement un patriote, jacobin convaincu, républicain de la première heure, soucieux de combat politique et non de résultats financiers.

La lettre d'envoi toute pleine d'exhortation républicaine qu'il adresse aux citoyens du district de Metz le 30 janvier 1793, alors que la France est en guerre depuis neuf mois, est à cet égard révélatrice et va largement au-delà du simple opportunisme : « Veuillez bien citoyens recevoir ce vestige du despotisme offert par un homme franc et loyal Républicain qui a connu avant la Révolution les droits naturels attaché à tous les humains, et qui sacrifiera sa vie pour soutenir la liberté et la République. [...] Faites en sorte que cette pierre soit le témoin muet de vos sermens. [...] Citoyens ce sentiment si naturel doit vous pétrifier d'amour pour cette liberté que nous avons conquis avec tant de gloire, et que des ennemis de notre bonheur ont voulu nous arracher, elle est trop gravée dans le cœur des Français, ce ne sera qu'après avoir assassiné le dernier des patriotes qu'ils pourront nous la ravir ; ce qui leur sera très difficile quand même les rois et leurs esclaves se ligueraient ils ne gagneraient rien, ils ne connaissent pas le courage et la force de 25 millions d'hommes qui ont sacrifié tout pour vivre libres ». (Cité par Ch. Hiegel.) Quant au roi qui vient d'être exécuté neuf jours auparavant, Palloy le qualifie de « Roi lâche et traître qui aima mieux égorger son peuple pour vivre et régner avec l'insolence sur les corps sanglants des patriotes ; la nation n'a pu souffrir plus longtemps de pareilles horreurs, elle se leva toute entière, brisa le sceptre et la couronne, en abhorrant pour toujours la royauté. »

Toujours en 1793, Palloy durcit également le ton de son serment républicain : « Nous promettons, en Républicains, que nous exterminerons tous les tyrans, tous les despotes coalisés contre notre sainte Liberté ; que nous promènerons le niveau redoutable de l'Égalité. » Serments dignes d'un sans-culotte et lourds de sens, alors que la guillotine qui a fonctionné d'abord place de la Révolution (ex-Louis XV, future Concorde) vient justement de transiter cinq jours par la place de la Bastille, le temps tout de même d'y faire tomber 97 têtes, c'est-à-dire bien plus qu'il n'y eut d'exécutions en quatre siècles d'histoire de la Bastille, avant de s'en aller en juin 1794 place du Trône renversé (Nation).

Et pourtant Palloy aurait pu faire partie des charrettes de condamnés de la Terreur. Après deux ans et demi de travaux, la Bastille étant enfin démolie, Palloy avait présenté le 11 mars 1792 ses comptes à l'Assemblée en précisant que le total des dépenses n'était pas « aussi considérable que la malveillance le suppose ». En fait, il y en avait pour 800 000 livres – ce qui était tout de même beaucoup. Mais les commissaires chargés d'examiner ses comptes, au demeurant fort embrouillés, ne peuvent lui reprocher qu'une mauvaise gestion, car là encore Palloy ne s'est pas fait payer. Toutefois, au plus fort de la Terreur, les médisances sur ses prétendus bénéfices et aussi son zèle envahissant provoquent son arrestation le 28 décembre 1793.

Mais Palloy a la force de la conviction politique et de l'innocence. Déjà, lors de ses demandes de comptes sur la démolition de la Bastille, il avait répondu en mars 1792 au procureur de la commune de Paris qu'il s'agissait pour lui de reddition devant le peuple de sa « mission de travaux de la Bastille » et non de comptes (« car je ne suis pas comptable »). « Je dois l'effectuer, ou passer pour un jean-foutre, ou pour un aristocrate, ce n'est pas dans mes sentiments, je suis honnête homme et patriote » (lettre 75 du catalogue Drouot du 20 novembre 1987).

En prison, il en dit bien d'autres, et il n'est décidément pas concevable de faire passer le patriote Palloy devant le Tribunal révolutionnaire. Le voilà donc libéré au bout de trois mois, rappelant bien haut qu'il reste « le créancier de la République » et obtenant l'une des barres de fer de son cachot (sa Bastille, dit-il) pour en faire des médailles. Palloy juge toutefois plus prudent de se retirer désormais dans sa petite maison de Sceaux où il va cependant s'employer activement dans les manifestations locales. C'est notamment le cas le 14 juillet 1794 où il inaugure la cérémonie par un discours suivi de l'inévitable offrande d'une Bastille, en plâtre celle-là.

La Révolution passée, Palloy continue à harceler l'Empereur puis Louis XVIII et Charles X de ses projets et pétitions. Dans la misère, il demande aussi des subsides étant lui-même devenu, dit-il, « une ruine de la Bastille ». Il est toujours en vie lorsque survient la Révolution de 1830, et la dernière survivante des filles de Louis-Philippe racontera que lorsqu'elle avait quatorze ou quinze ans, à l'un des défilés de la garde nationale de la banlieue devant le roi, elle vit s'approcher de son père un vieil officier de la milice citoyenne qui mit la main sur son cœur, fit un profond salut et dit solennellement : « Sire, le patriote Palloy. »

Cet étonnant personnage meurt le 19 janvier 1835, à l'âge de quatre-vingts ans. Son ami Dusaulx lui avait composé de son vivant l'épitaphe suivante qu'on n'eut pas la coquetterie de graver sur sa tombe :

> Ci-gît Palloy
> Qui, jeune encore,
> L'assiégea, la démolit
> Et dispersa
> Les membres de ce monstre infernal
> Sur la face du globe.

Place de la Bastille

En attendant que les travaux de démolition de la Bastille, qui traînaient en longueur, fussent achevés, on s'était remis à réfléchir sur ce qu'on allait faire de la place ainsi libérée. Fallait-il vendre le terrain (14 550 mètres carrés) par lots ou élever un monument commémoratif au centre d'une place publique ? On a vu que, dès avant la Révolution, divers projets d'urbanisme avaient envisagé la démolition de la Bastille et son remplacement par une place Louis XVI (projet de Corbet en 1784) ornée d'une colonne surmontée de la statue de Louis XVI dont le piédestal de rocaille serait flanqué des allégories de la France, de la Liberté, de la Concorde et de la Loi (projet Davy de Chavigné).

Après la prise de la Bastille et sa mise en démolition, les nouveaux projets abondent où domine cependant l'idée d'une colonne. Nombreux sont ceux qui envisagent encore d'y jucher le roi mais déjà celui de Gatteaux, du 18 mars 1790 qui se monte à la somme exorbitante de 9 224 629 livres, propose de la surmonter d'une statue de la liberté. La liberté, comme chacun sait, n'a pas de prix.

L'un de ces projets, daté du 9 avril 1790, est accompagné d'une lettre, tout à fait attendrissante, adressée au président de l'Assemblée nationale : « J'ai l'honneur de vous adresser le plan d'une place nationale à élever en la gloire de la liberté sur les ruines de la Bastille. C'est le fruit des premières études d'un jeune homme, envoyé depuis quelque tems de sa province à Paris pour y suivre la carrière de l'architecture. Témoin chaque jour et souvent ému de l'empressement de tous les bons citoyens à venir déposer leur offrande sur l'autel de la Patrie, je me disais souvent à moi-même et avec amertume : "Je serai donc le seul à ne pouvoir faire le moindre sacrifice !" [...] Eh bien, consacrons à la Patrie les premiers essais de nos faibles talens. L'Assemblée nationale constituante a accueilli avec tant de bonté les dons les plus légers des mains même de l'enfance ; elle daignera peut-être sourire à mes efforts... » Signé Mouillefarine, le fils, de Troyes en Champagne, âgé de vingt-trois ans et demi...

Le projet consiste en une vaste place circulaire avec sur sa circonférence une couronne de boutiques basses ; au centre « une statue pédestre de Louis XVI, tenant des tablettes sur lesquelles serait écrite la convocation des États généraux, au bas de laquelle serait le génie ministériel qui sonnerait de la trompette, et tenant d'une main des chaînes dont les chaînons seraient cassés pour servir d'allégorie que ce fut sous le règne de Louis le Bienfaisant, restorateur de la liberté française ». Ce projet ne fut pas retenu et nous le regrettons personnellement car c'eut été sûrement une chose étonnante qu'un génie ministériel sonnant de la trompette...

Il y eut un projet plus étonnant encore, quoique plus politico-littéraire qu'architectural, dont le principe directeur était de combattre tous les autres, jugés insuffisamment révolutionnaires. Celui-là en revanche l'était puisqu'il s'agissait d'élever à la place de la forteresse un fantôme en pierre de Bastille revêtu du manteau royal avec des fleurs de lys abaissées symbolisant « l'avilissement de la Maison de Bourbon » : « À ses pieds, une corne d'abondance renversée abandonnerait les richesses d'un royaume fertile aux flammes dont une Furie couronnée, armée d'un flambeau, les rendrait la proie. » Aux quatre coins du piédestal, les statues de Saint-Florentin, Sartine, Lenoir, enchaînés par la Liberté et vomissant parmi des flammes des monceaux de lettres de cachet, puis du premier président d'Aligre, aux traits animés par la rage et le front ceint du bandeau d'infamie. Samson, le bourreau, leur présenterait les fers destinés à les flétrir, et Necker, le charlatan des finances, fuirait le fantôme royal, tenant entre ses mains le masque imposteur dont il se couvrait le visage » (*Nouveau Tableau de Paris*, 1790). Voilà qui, en effet, était empreint du plus pur esprit révolutionnaire.

Au commencement de l'année 1792, Palloy ne manque pas de produire son propre projet : on y voit encore une colonne de la liberté dont le piédestal aurait été fait d'un modèle de la Bastille (c'est là qu'on reconnaît Palloy) et le fût, des pierres de la démolition. Aussitôt Palloy fait le siège de la municipalité puis de l'Assemblée législative. Le 16 juin 1792, celle-ci décrète que « sur la pétition du Patriote Palloy [...] article premier – il sera formé sur l'ancien terrain de la Bastille une place qui portera le nom de place de la Liberté. Article deux – il sera élevé au milieu de cette place une colonne surmontée de la statue de la Liberté... » Il est en outre stipulé que la première pierre sera posée le 14 juillet prochain et que les plans de Palloy seront examinés. Mais il est dit aussi qu'un concours sera ouvert à tous et que d'abord il faut achever la démolition des tours de la Bastille.

Le 16 juin 1792 donc, la démolition n'est pas encore complètement terminée. Palloy, en tout cas, n'a pas réussi à imposer son projet, pas plus qu'une demande, si l'exécution de son plan « n'était pas entièrement ordonnée », d'autorisation « à élever une pyramide qui, construite avec des pierres de la Bastille dans une forme simple et majestueuse, causerait peu de dépense ».

Enfin, on l'a vu à propos des commémorations, la première pierre de la colonne de la Liberté est posée le 14 juillet 1792, sans qu'un projet ait été retenu plus qu'un autre. Il y a d'autres urgences, à commencer par la guerre. On en reste donc longtemps à cette première pierre et même on revient en arrière puisque le 25 avril 1793, la Convention ordonne que le coffre qui a été scellé le 14 juillet 1792 soit retiré et que les « monumens » qui s'y trouvent (notamment la copie de la première constitution) soient « brisés comme présentant des caractères contraires au système général de la liberté, de l'égalité, de l'unité et de l'indivisibilité de la République ».

Dans le même temps, on a édifié sur les débris de la Bastille qui forment alors un immense terrain chaotique, dont toutes les pierres sont loin d'avoir été enlevées (elles servent à diverses entreprises de travaux publics dans Paris), une étonnante fontaine de la Régénération, constituée de la déesse Isis faisant jaillir l'eau de ses seins. Le populaire président de la Convention, Hérault de Séchelles s'y désaltéra en grande pompe (c'est le cas de le dire) le 10 août 1793 pour fêter à cette date la nouvelle Constitution. Mais cet étrange monument en plâtre, presque aussitôt privé de ses tuyaux, va bientôt tomber en ruine et sera rasé en 1802.

La loi du 29 floréal an X (19 mai 1802), ordonnant la création d'un canal de dérivation de l'Ourcq et l'ouverture d'un autre canal de navigation partant « de la Seine au-dessous du bastion de l'Arsenal » pour rejoindre le bassin de la Villette, relance la question de l'aménagement de la place de la Bastille. Bonaparte décide alors d'en finir avec « ce monceau de décombres qui obstruent et déshonorent l'emplacement de la Bastille » (Rapport de Chaptal, ministre de l'Intérieur), et signe le 11 frimaire de l'an XII (3 décembre 1803) un arrêté dont l'article premier, à la beauté lapidaire, stipule : « La loi du 27 juin 1792 (sic pour le 16 juin) qui ordonne la formation d'une place sur le terrain de la Bastille, recevra son exécution. » Les travaux commencent aussitôt et on songe de nouveau à la décoration du centre de la place que d'ailleurs les textes officiels n'appellent pas encore « place de la Bastille » mais n'appellent plus déjà place de la Liberté.

Un bassin circulaire est prévu, entouré d'une double rangée d'arbres. Le Premier Consul, devenu entre-temps l'empereur Napoléon Ier, aurait songé un moment à y élever son Arc de triomphe. En 1806, Davy de Chavigné, encore vivant et toujours fécond, propose l'érection d'une colonne triomphale à la gloire de Napoléon (ce sera la colonne Vendôme). Enfin, Napoléon décide en 1808 que ce sera un bassin au centre duquel sera un éléphant colossal en bronze portant une tour dans laquelle on pourra monter par un escalier intérieur. On a voulu voir dans ce projet hautement baroque une réminiscence évidente de l'expédition d'Égypte, mais la paternité en revient à l'architecte Ribart qui accoucha en 1758 du « projet d'un éléphant triomphal au milieu d'un jardin à la française, avec cascades et jets d'eau ».

C'est une étonnante histoire que celle de l'éléphant de la Bastille auquel Napoléon s'est spécialement intéressé. Tandis que la première pierre de la fontaine de la Bastille a été posée par le ministre Crétet le 2 décembre 1808, l'empereur spécifie le 9 février 1810 que l'animal sera fondu avec le bronze des canons pris en Espagne et que l'inauguration devra être faite le 2 décembre 1811. Hélas, Napoléon n'aura pas son éléphant en bronze, non pas tant parce que le devis s'élève à plus de 2 millions de francs (il y a notamment deux cents tonnes de bronze à fondre) mais parce que les travaux, confiés à l'architecte Cellerier âgé alors de soixante-dix ans, prennent du retard, ne commençant qu'en 1813 avec la construction dans un hangar spécialement construit d'une maquette en bois, plâtre et ciment, grandeur d'exécution, de quatorze mètres soixante de haut et de seize mètres vingt de long.

Le temps d'achever ce premier monstre, on est en 1814, date à laquelle abdique l'empereur et meurt Cellerier. Est-ce la fin de l'histoire de l'éléphant de la Bastille ? Non, bien que de nombreuses voix prétendent que cet énorme bestiau va gâter la place et que les pouvoirs publics hésitent à fondre une pareille masse de métal. Jean Alavoine, ancien adjoint et successeur de Cellerier, est avisé par Vaublanc, le nouveau ministre de l'Intérieur, qu'il faut renoncer à l'éléphant de bronze et préparer un projet de groupe en marbre, une allégorie de la Ville de Paris. En attendant qu'on trouve enfin quelque chose à mettre sur le socle de marbre blanc qui avait été posé pour la fontaine de l'Éléphant, on a décidé d'exposer non loin, près du bassin de l'Arsenal, à l'angle sud-est de la place, l'éléphant en bois et ciment. Pour cela il a suffi de remplacer le hangar par une palissade.

L'éléphant de la Bastille est offert désormais à la curiosité des Parisiens et à l'admiration des provinciaux de passage. Victor Hugo, dans *Les Misérables*, y fait loger Gavroche, s'appuyant d'ailleurs sur un fait divers authentique d'enfant vagabond surpris couché à l'intérieur de l'éléphant. On doit là à Hugo parmi les plus belles pages des *Misérables*, pleines de tendresse pour Gavroche bien sûr mais aussi pour l'éléphant de la Bastille, monstre pathétique, « fantôme puissant, visible et debout à côté du spectre invisible de la Bastille [...] Il était là dans son coin, morne, malade, croulant, entouré d'une palissade pourrie, des crevasses lui lézardaient le ventre, une latte lui sortait de la queue, et comme le niveau de la place s'élevait depuis trente ans tout autour par ce mouvement lent et continu qui exhausse insensiblement le sol des grandes villes, il était dans un creux et il semblait que la terre s'enfonçât sous lui. [...] La nuit, l'aspect changeait. Dès que tombait le crépuscule, le vieil éléphant se transfigurait, il prenait une figure tranquille et redoutable dans la formidable sérénité des ténèbres. Étant du passé, il était de la nuit, et cette obscurité allait à sa grandeur... »

En 1827, l'éléphant est dans un état si lamentable que les habitants du quartier exigent sa suppression immédiate. Pourtant il va survivre encore pendant près de vingt ans et même manquer de ressusciter en cuivre martelé en 1829 puis en 1831. Les années passant et la loque monumentale demeurant, on lui avait donné un cornac chargé de sa surveillance pour 800 francs par an. Enfin, sur décision du préfet de la Seine Rambuteau, l'éléphant fut démoli, laissant échapper de ses flancs des nuées de rats contre lesquels il fallut organiser de véritables battues.

« J'ai bien fait de rendre visite à l'éléphant de la Bastille, écrit le 25 juillet 1846 Charles Monselet, fraîchement débarqué à Paris, à un ami de Bordeaux ; on le démolit à l'heure qu'il est. C'est pourtant une des choses qui m'ont le plus charmé à Paris. » Le pauvre éléphant avait fait couler beaucoup d'encre et Palloy le premier dans une *Ode à Louis XVIII* avait écrit : « Français, qu'a donc produit la Bastille en tombant ? Est-ce la Liberté ? Non, c'est un éléphant ! »

Pendant ce temps, le centre de la place restait désespérément vide (sauf à y faire aboutir en 1828 la première ligne d'omnibus à chevaux Madeleine-Bastille) lorsque la révolution de 1830 relance l'idée d'un « obélisque national a élever place de la Bastille, monument commémoratif de la conquête de la liberté par les citoyens de Paris dans les journées du 14 juillet 1789, première époque de la Révolution française, et des 27, 28, 29 juillet 1830, première époque de la défense des libertés publiques » (Bonneville, *Essai sur quelques monuments nationaux et d'utilité publique, présenté au Roi*, Paris, 1830).

L'idée de la colonne de Juillet est ainsi lancée, que Louis-Philippe fait entrer dans la voie de la réalisation en signant le 10 décembre 1830 la loi ordonnant « qu'un monument serait élevé sur la place de l'ancienne Bastille en l'honneur des citoyens morts dans les journées des 27, 28 et 29 juillet 1830 » et en confiant l'exécution à Alavoine. La première pierre, une de plus, est posée solennellement par le roi le 27 juillet 1831, premier anniversaire de la révolution de Juillet. Sur le socle déjà existant, on a élevé un simulacre d'obélisque sur le soubassement duquel le peintre Gosse a figuré quatre bas-reliefs représentant la prise de la Bastille, la prise de l'Hôtel de Ville, le combat du Louvre et le serment de Louis-Philippe liant ainsi 1830 à 1789. Victor Hugo a composé à cette occasion l'hymne célèbre :

> Ceux qui pieusement sont morts pour la patrie
> Ont droit qu'à leur cercueil la foule vienne et prie.

Cette fois, c'est parti. Le 12 décembre 1833, Alavoine présente son projet de colonne en bronze sur le fût de laquelle seront gravés les noms des morts des combats de juillet. La fontaine, qui avait été terminée entre-temps, est comblée. Le 28 août 1839, on installe sur le fût de la colonne le chapiteau que dans son enthousiasme, la foule, se substituant aux chevaux, traîne pendant une partie du trajet. Enfin le 30 avril suivant, on hisse sur le tout qui s'élève à une cinquantaine de mètres le génie de la Liberté, œuvre de Dumont, qui couronne et achève le monument. L'inauguration a lieu le 28 juillet 1840 au cours d'une cérémonie grandiose au cours de laquelle les cendres des 504 martyrs de Juillet qui étaient destinées au Panthéon sont finalement déposées dans des caveaux sous la colonne même. On exécute la *Symphonie funèbre et triomphale*, composée spécialement à cette occasion par Berlioz. Théophile Gautier, alors en Espagne, envoya au *Moniteur* un poème de circonstance :

> À l'endroit où fut la Bastille,
> Sol sacré bien doux pour vos os,
> Vous irez dormir en famille,
> Nobles enfants des vieux héros.

La place de la Bastille possède enfin son monument mais il faut encore plusieurs années pour que cette aire immense de plus de deux hectares soit pavée et éclairée et que la circulation des rues attenantes s'y organise. C'est au pied de la colonne de Juillet que le 27 février 1848 est brûlé le trône de Louis-Philippe et proclamée la République après que, tradition oblige, les ouvriers du faubourg Saint-Antoine ont donné le signal de l'émeute.

Mais la colonne de Juillet elle-même n'avait pas rallié tous les suffrages, surtout du côté des républicains. D'aucuns s'étaient pris à regretter l'éléphant de la Bastille, qui au moment de l'inauguration de la colonne, était encore dans son coin et que, quatre ans auparavant, de pieuses mains avaient repeint en vert bronze. Hugo fut certainement l'adversaire le plus acharné de la colonne de Juillet, « ce tuyau de poêle, monument manqué d'une révolution avortée », qui ne valait pas l'éléphant de la Bastille : « Ce monument, rude, trapu, pesant, âpre, austère, presque difforme, mais à coup sûr majestueux et empreint d'une sorte de gravité magnifique et sauvage, a disparu pour laisser régner en paix l'espèce de poêle gigantesque orné de son tuyau qui a remplacé la sombre forteresse à neuf tours (sic), à peu près comme la bourgeoisie remplace la féodalité. Il est tout simple qu'un poêle soit le symbole d'une époque dont une marmite contient la puissance. [...] Quoi qu'il en soit, pour revenir à la place de la Bastille, l'architecte de l'éléphant avec du plâtre était parvenu à faire du grand ; l'architecte du tuyau de poêle a réussi à faire du petit avec du bronze. » (*Les Misérables.*)

On eut beau jeu également de se gausser du grêle génie ailé de la Liberté en équilibre instable au sommet de sa colonne, en faisant remarquer qu'il symbolisait trop bien en effet la liberté en France, toujours prête à s'envoler.

● ● ●

Éloge de la Bastille

Aurions-nous, tout bien considéré, fait l'éloge de la Bastille ? Peut-être. Nous avons été en tout cas amenés, dossiers en main, à ruiner sa légende noire. Non, on n'y entrait pas sans raison, par quelque caprice du souverain, d'un ministre ou même, dira Arthur Young et bien d'autres, de l'acheteur d'une lettre de cachet en blanc.

L'arrestation de Foucquet n'est pas un caprice mais une injustice et le procès qui suit son embastillement est tout aussi injuste, car jugé d'avance. Mais pour n'en rester qu'au « fait de prince », ceux qui menacent la vie du roi (même si ce ne sont que des demi-fous), ceux qui complotent ou trahissent, les courtisans qui manquent à l'étiquette ou les officiers qui se montrent indisciplinés, les parlementaires en révolte ouverte contre l'autorité du roi, sans parler de ceux qui offensent la dignité royale, sont autant de cas qui pour être, au sens très large, « politiques » ne sont pas mystérieux ni même iniques, quelques exceptions comme l'arrestation du prince Charles-Édouard sous Louis XV mises à part. À chaque fois, on l'a vu, il existait un motif caractérisé dont la gravité demande bien entendu à être comprise dans le contexte de l'Ancien Régime.

C'est encore plus vrai pour ce que, par commodité, nous avons appelé le droit commun : les escrocs sont bien escrocs, les meurtriers sont bien meurtriers, les « sodomites » incontestablement sodomites et les fous tout à fait fous. Cela reste vrai, nous l'avons montré, pour le contrôle de la librairie, que ce soit dans la répression des nouvelles à la main ou dans celle des livres édités anonymement et clandestinement. On peut même s'étonner au contraire que la répression ne soit pas plus féroce et qu'on laisse par exemple les auteurs de libelles continuer leurs écrits à l'intérieur même de la Bastille. C'est moins vrai en revanche dans les affaires de religion encore qu'il convienne de distinguer la persécution des protestants, inexpiablement injuste, de la répression des jansénistes et de leur rameau convulsionnaire, qui vise tout autant sinon plus l'opposition politique voire le trouble social que le non-alignement religieux.

D'ailleurs rarissimes et de mauvaise foi sont les embastillés qui, tels que Bussy-Rabutin, prétendent ne pas savoir pourquoi ils sont là.

Non, on n'était pas enterré vivant à la Bastille puisqu'un prisonnier sur deux en ressort avant six mois, qu'un sur quatre est transféré ailleurs après un délai souvent court et que le total des décès et des suicides n'est que de 1,5 pour 100. Quant aux exécutions qui ont fait couler tant d'encre au lendemain du 14 juillet, elles atteignent tout au plus une trentaine, sont toujours consécutives au jugement d'un tribunal (dont l'indépendance vis-à-vis du pouvoir est certes proche du néant) et ont toujours lieu hors de l'enceinte de la Bastille, sauf une (en quatre siècles), celle du maréchal de Biron sous Henri IV.

Quant à la justice dans les mains de laquelle tant d'embastillés réclament d'être mis, on a vu qu'à chaque fois qu'elle a instruit régulièrement le procès d'un prisonnier enfermé préventivement à la Bastille, elle a eu plutôt la main lourde, distribuant des années de galères, voire le gibet ou la roue, là où la Bastille n'aurait infligé que quelques mois de détention.

Non, on n'était pas maltraité à la Bastille. On a vu que le confort de ses vieux murs et de son mobilier mité n'était pas fameux, mais on a vu aussi que les repas y étaient fort soignés et que les distractions comme la sollicitude et la courtoisie de l'état-major n'y étaient pas mesurées. Et d'ailleurs on ose presque avancer que la déprime et les tentations de suicide des prisonniers de la Bastille sont des attitudes de prisonniers trop choyés. Voyez Latude à la Bastille, il refuse une culotte doublée avec des jarretières de soie que vient de lui faire confectionner le major de la Bastille ou une autre fois, il jure comme un diable parce que sa volaille n'a pas été entrelardée. Voyez-le ensuite à Bicêtre, prison dépotoir du royaume : il ne dit plus rien ; il se contente de lutter en silence pour sa survie dans un cabanon infect, de se battre avec les autres prisonniers pour un quignon de pain et de parer quand il le peut les coups de bâton des gardiens.

Frantz Funck-Brentano n'a donc pas tort d'écrire que la Bastille, c'est « la prison de luxe, la prison artistocratique de l'Ancien Régime ». Ou plutôt, il a tort de le dire comme cela, ou même de le dire. N'est-ce pas, aujourd'hui encore, difficile à entendre ?

Certes une prison reste une prison. Certes, la Bastille d'un La Jonchère, raffiné dans sa prison comme il l'était à la ville, ou d'un cardinal de Rohan, prince embastillé mais prince quand même à qui personne n'aurait la drôle d'idée d'ôter sa vaisselle d'argent, n'est pas la Bastille d'un obscur libelliste ou même d'un petit gentilhomme protestant réduit au strict ordinaire. Mais on a vu que justement cet ordinaire était moins strict qu'ailleurs, et quand Linguet se lamente parce qu'on ne lui a pas apporté assez vite la boîte de compas qu'il a demandée, et ricane parce qu'on lui a fait faire, par mesure de sécurité, spécialement des manches en os il fait a contrario la démonstration que la Bastille n'est pas la prison de tout le monde. Partout ailleurs dans le royaume, sauf peut-être au donjon de Vincennes (et encore), une pareille demande aurait été jugée ridicule. Mieux, nulle part ailleurs, un prisonnier n'aurait seulement songé à la formuler.

Mais, à vrai dire, le débat n'est pas là. Il faut plutôt se demander pourquoi, comme Carthage, la Bastille devait être détruite. Et pour cela, il n'est pas sans intérêt d'écouter d'abord ceux, bien rares au demeurant, qui en ont défendu l'institution. En 1911, les docteurs Sérieux et Libert, aliénistes parisiens connus pour leurs travaux en histoire de la psychiatrie, développent dans la très sérieuse revue de la Société de médecine de Gand une thèse qu'ils ne vont plus cesser de défendre : la Bastille fut sous l'Ancien Régime « un asile de sûreté » qui en dépit « des écrits haineux de ses détracteurs » a rempli un véritable rôle social, internant non seulement d'authentiques délinquants et des fous tels que ceux qui peuplent depuis les asiles d'aliénés, mais encore des « dégénérés dangereux », des « anormaux constitutionnels » ou à tout le moins des « sujets à responsabilité atténuée » inadaptés à leur milieu social. Et les deux psychiatres qui, comme on le voit, n'y vont pas de mainmorte, alors même qu'ils ne craignent pas au passage de voir dans l'œuvre de Michelet « le plus bel exemple de ce qui peut résulter du parti-pris en histoire », d'énumérer « les débiles, imbéciles, fous normaux (*sic*), déséquilibrés mystiques, fanatiques, invertis et pervertis sexuels, interprétateurs, revendicateurs, mythomanes, imposteurs, etc. » qui peuplaient la Bastille. La suppression de cet asile de sûreté, déplorent ces psychiatres musclés, a laissé la société désarmée contre les agressions des

« dégénérés malfaisants ». « La vieille prison d'État est donc un établissement de répression, de prophylaxie et de défense sociales. »

On retrouve cette idée, de nouveau du côté des médecins, dans une publicité d'après guerre sur les sédatifs « Olympax ». Le mode ironique ne doit pas, selon nous, en masquer le discours surtout sur la trouvaille d'une Bastille qualifiée de « tranquillisant d'État » : « La plus haute expression du tranquillisant carcéraire demeure évidemment la Bastille. Son nom est resté le symbole du tranquillisant d'État. D'illustres perturbateurs et de modestes dévoyés y ont assuré à la fois le repos de la nation et la paix de leurs familles en jouissant eux-mêmes des bienfaits d'un séjour silencieux, d'une vie régulière, d'une nourriture abondante et d'une société choisie, le tout fortement défendu contre les périls du siècle par l'épaisseur des murailles et la sollicitude des gardiens. Tant et si bien que l'inquiétude ayant disparu du royaume, l'ennui devint si menaçant que des sujets d'inquiétude, forgés par des spécialistes, furent distribués gratuitement au peuple par de riches bourgeois. Il va de soi que le premier mouvement fut de jeter bas la Bastille de quiétude où trois patients en cours de traitement furent admis sur-le-champ aux bienfaits de l'angoisse et de l'agitation. »

Bien sûr ces thuriféraires voulaient bien reconnaître que l'usage des lettres de cachet, pourvoyeuses de la Bastille, n'était pas allé sans quelques excès, mais le constat n'en demeurait pas moins globalement positif : « Qu'il y ait eu des abus dans l'emploi des lettres de cachet, que l'arbitraire de ces mesures administratives ait favorisé les persécutions religieuses, les vengeances personnelles, etc., personne ne peut le contester. Mais ces excès, d'ailleurs rares, ne doivent pas faire méconnaître les services considérables qu'ont rendus, d'autre part, à la société, prisons d'État et lettres de cachet » (Sérieux et Libert).

Ce ne sont toujours pas les lieutenants généraux de police de Paris qui auraient nié qu'en effet prisons d'État et lettres de cachet rendaient des services considérables ! On se souvient notamment du terrible d'Argenson expliquant en 1701 : « La justice ordinaire autorise souvent les plus grands crimes par une jurisprudence relâchée et c'est ce qui m'oblige aussi dans ces occasions à recourir à l'autorité immédiate du roi qui, seule, fait trembler nos scélérats et sur qui les détours ingénieux ni le savoir faire de la chicane ne peuvent rien. »

Mais la lettre de cachet, que d'Argenson appelle d'une façon si charmante « la ressource ordinaire de ma faiblesse », et sa concrétisation (on pourrait presque dire son incarnation) la plus voyante qu'est la Bastille ne sont tolérables que dans une monarchie forte. Sous Louis XIV, « tout l'État est dans le prince », comme l'affirme hautement Bossuet qui demande aux pensées vulgaires de se taire et de céder aux pensées royales. La lettre de cachet a alors la force indiscutable d'une loi que le roi donne non plus à tous, mais à quelqu'un en particulier. Les théoriciens du pouvoir tels que Jean Bodin au XVIe siècle ne disent pas autre chose.

Mais avec la multiplication des lettres de cachet dont on a vu les lieutenants généraux de police successifs faire un usage, justifié peut-être mais intensif, avec aussi la naissance au XVIIIe siècle de « l'esprit philosophique », le système s'est enrayé en même temps qu'il s'est emballé. On se souvient de ce qu'en dit l'abbé de Véri au début du règne de Louis XVI quand il constate qu'on ne parle plus désormais de servir le roi mais de servir l'État, que « les droits de l'égalité remplissent les esprits », qu'une révolution est en marche, que les lettres de cachet ont passé de mode et qu'il faut leur substituer les formes judiciaires.

Dans ce contexte, la Bastille est au cœur du débat dans la mesure où, étant la plus célèbre des prisons d'État et au-delà de toutes les maisons de force du royaume, elle les symbolise toutes. Bastille et lettre de cachet ne font qu'un et les deux sont au centre du système monarchique. Michelet a bien vu cela, donnant de la lettre de cachet cette formule : c'est, dit-il, « l'excommunication du roi ». Mais de cette religion, de cette « tyrannie au nom de la Grâce », dit encore Michelet, personne ne veut plus. Le « Peuple » veut la « Justice » et tant pis si ces deux notions sont illusoires puisque justement on veut de l'illusion.

Le mythe est en train de naître et son accomplissement passe par la prise de la Bastille et sa nécessaire exécration. En 1870, à l'une des heures sombres de l'Histoire de France, Rimbaud, qui a seize ans, se lève tout à coup, « comme Jeanne d'Arc » dira-t-il lui-même. Dans Le Forgeron, poème fleuve et incantatoire, au « palais des Tuileries, vers le 10 août 1792 », voici le peuple des pauvres et des travailleurs et voici le roi, bien pâle :

> « Oh ! Le peuple n'est plus une putain. Trois pas
> Et, tous, nous avons mis la Bastille en poussière.
> Cette bête suait du sang à chaque pierre
> Et c'était dégoûtant, la Bastille debout
> Avec ses murs lépreux qui nous racontaient tout
> Et, toujours, nous tenaient enfermés dans leur ombre !
> Citoyen ! Citoyen ! C'était le passé sombre
> Qui coulait, qui râlait, quand nous prîmes la tour ! »

Entre le peuple spectateur et le peuple acteur, il y avait toute l'épaisseur de la Bastille. Arthur Young (Voyages en France) se trompe de registre quand il explique

que n'étant pas lui-même menacé de Bastille, le peuple ne prend pas les armes pour cette raison mais contre les abus fiscaux. Le peuple n'est pas concrètement menacé de Bastille, mais mythologiquement empêché d'exister par elle.

Et d'ailleurs celle-ci, telle l'Hydre de Lerne, ne demandera une fois prise qu'à repousser en autant de Bastilles qu'il y aura de menaces vraies ou supposées à la Liberté. Ainsi, lors de la discussion de la loi de 1838 sur les aliénés (Bastille et psychiatrie font décidément bon ménage), d'aucuns se prennent à craindre que les asiles qui vont être institués soient « autant de petites Bastilles capables de remplacer celle que la colère des Parisiens abattit le 14 juillet ».

En attaquant la Bastille, donc, le peuple (peu importe, ici du moins, le dosage de bourgeois qu'on doit y mettre) ne se trompe pas de cible et l'enjeu est d'importance. Peu importe que cette prison ne soit pas la sienne (encore qu'elle soit de plus en plus remplie de roturiers, mais aux délits distingués), puisque ce n'est pas à l'assaut de la seule Bastille qu'on va mais à celui de la monarchie et de l'Ancien Régime.

N'est-ce pas par exemple un lapsus révélateur ou alors une intention proclamée que cette épitaphe sur la tombe d'un Vainqueur de la Bastille, à Pont-l'Abbé-d'Arnoult en Saintonge : « Le 14 juillet 1789 le vit l'un des premiers sur la brèche, à l'assaut de l'Ancien Régime » ? Nul ne l'a dit mieux que Michelet dans son *Histoire de France* : « Le sceau, la clef de voûte du grand sépulcre monarchique c'est le roi. Roi, Bastille sont deux mots synonymes. On le vit en 1789 ; nul grand coup ne l'émeut mais on prend la Bastille ? Il tressaille... C'était lui-même. »

Attaquer la Bastille c'est significativement refuser le régulateur le plus voyant d'une société inégalitaire fondée sur le prince, non pas dans le sens du roi héréditaire mais dans celui, machiavélien, de celui qui exerce tout le pouvoir (ou qui prétend l'exercer, ou qui l'exerce en théorie). Car, en effet, la Bastille a été un extraordinaire régulateur social. Dans tous les cas, il s'est agi de défendre le prince et donc, les deux se confondant, l'État – et ce à tous les niveaux.

Au plus haut, le roi ne partage pas son pouvoir ni même sa gloire (Fouquet), ne met pas sa vie en danger car elle appartient à tous ses sujets (Damiens et les nombreux demi-fous qui parlent d'attentat), ne laisse pas souiller son image (les poisons, le Collier) et même se venge (le Masque de fer).

À un niveau plus trivial et plus quotidien, il y règle les ratés de sa diplomatie secrète, punit les grandes et les petites désobéissances de sa noblesse, protège l'honneur des familles (le jeune duc de Richelieu, le marquis de Sade) de la même façon qu'il protège le sien. Fidèle au vieil adage : « Une foi, une loi, un roi », Louis XIV, qui estime que « la différence de religion défigure l'État », persécute protestants et jansénistes – et ces derniers d'autant plus volontiers que leur résistance devient de plus en plus politique.

À la Bastille aussi, la cohorte des nouvellistes à la main, des colporteurs, des imprimeurs, sans oublier les auteurs, qui attaquent la monarchie, souvent de la manière la plus basse, et sont de toute façon en contradiction flagrante avec les règlements de la Librairie.

À la Bastille aussi, toutes les affaires si bien appelées « trop légères au criminel », l'infrapénal donc et aussi le parapénal ; tout ce qui intéresse la police, tout ce qui la renseigne et tout ce qui a besoin d'une prompte répression. Pour la Bastille encore toutes les affaires qui doivent être tues, encore que les 15 pour 100 de motifs inconnus ne signifient pas qu'ils aient été tous tenus secrets mais correspondent le plus souvent à une lacune des archives. Il y en a cependant, du politique (Masque de fer) au scabreux (prisonniers de familles mis là pour des affaires de mœurs, par exemple).

On touche là justement à l'esprit même de l'institution et on se souviendra de l'extraordinaire remarque que fait le ministre de la Maison du roi au sujet d'une femme embastillée pour lesbianisme : « Sa Majesté était persuadée qu'il y a des crimes qu'il faut mettre en oubli pour ne point faire connaître aux hommes qu'ils en sont capables, ce qui quelquefois les leur fait commettre. » De là le trop fameux « pour y être oublié », interprété à contresens. C'est la faute qu'on veut faire oublier et non le fautif qu'on met aux oubliettes. La Bastille, si elle joue aussi le rôle de prison préventive et même de prison centrale, est avant tout une maison de correction. Ceci a d'ailleurs pour le correctionnaire l'inconvénient de voir sa libération subordonnée à un hypothétique amendement, critère complexe et mystérieux dont Versailles est le seul juge, et c'est pour le coup que les adversaires des lettres de cachet ont beau jeu de reparler d'oubliettes. On est là indiscutablement, la coutume et aussi l'esprit primant le droit, aux antipodes de notre société du code civil et du code pénal mais encore une fois on ne saurait comprendre la Bastille sans comprendre l'Ancien Régime.

Mais on a vu aussi la Bastille s'emparer de délits caractérisés, à commencer par les escroqueries en tous genres, mais aussi les crimes, les affaires de mœurs et même la folie. C'est tantôt pour éviter à des familles dignes de considération le déshonneur d'une condamnation par la justice (la Bastille n'est pas infamante) mais c'est le plus souvent pour frapper vite et fort et l'on se souvient à ce propos de ce que dit d'Argenson. De là, une véritable compétition avec les parlements qui du même coup vont devenir les adversaires les plus acharnés des ordres du roi. Peu importe que la Bastille ne soit que la partie émergée de l'iceberg, le maillon lourd d'un réseau de correction par lettres de cachet qui compte dans le royaume plusieurs dizaines de prisons d'État et un demi-millier de maisons de force (la plupart fonctionnant sur lettres de cachet demandées par les familles). La Bastille, à tout seigneur tout honneur, est devenue le « tombeau de l'arbitraire monarchique », le « palais de la vengeance » (*L'Ingénu* de Voltaire) et donc la face cachée de Versailles.

La Révolution et après elle, *mezza voce*, nos républiques n'auront pas de mots assez durs pour stigmatiser ce qu'on pourrait appeler finalement le système de la Bastille et des lettres de cachet, « subversion de toute liberté », « honte de notre nation » et produit de « la féroce ignorance des rois qui ont porté le délire jusqu'à croire que maîtres de l'État, ils pouvaient en subvertir les ressorts et mettre leur volonté particulière ou celle de leurs ministres à la place de la volonté générale » (*Encyclopédie méthodique*, 1789). Mais qu'on se rassure, l'ère nouvelle que vient d'ouvrir la prise de la Bastille ne condamnera plus les coupables (car il y en a) à la mort lente et secrète des maisons de force, eux qui doivent « expier leur vie en donnant l'exemple utile des échafauds » (*La Police de Paris dévoilée*, an II). Voilà en effet qui est mieux.

C'est à Diderot, plutôt qu'à Louis XIV ou à d'Argenson qui eux prêchaient pour leur saint, que nous voulons laisser le dernier mot. Le chef de file des philosophes, le père de l'*Encyclopédie*, enfermé quelques mois non pas à la Bastille mais, ce qui revient au même, au donjon de Vincennes en 1749 après sa *Lettre sur les aveugles à l'usage de ceux qui voient*, écrivait en 1767 dans un *Mémoire* qu'il remettait à Sartine à propos des affaires de librairie ces lignes qui, lorsqu'on songe à la Bastille, à ce qu'elle fut et à ce qu'en a dit la postérité, prennent une singulière résonance : « Il ne faut pas imaginer que les choses se fassent sans cause, qu'il n'y ait d'hommes sages qu'au temps où l'on vit et que l'intérêt public ait été moins connu ou moins cher à nos prédécesseurs qu'à nous. Séduits par des idées systématiques, nous attaquons leur conduite, et nous sommes d'autant moins disposés à reconnaître leur prudence, que l'inconvénient auquel ils ont remédié par leur police ne nous frappe plus. »

●   ●   ●

Table des matières

CHAPITRE 3
Le fait du prince

CHAPITRE 4
Les affaires de religion

CHAPITRE 10

Le 14 juillet 1789

CHAPITRE 11

Mythes et commémorations

Crédits photographiques

Couverture • Musée Carnavalet, Paris. Ph. © Gianni Dagli Orti / Corbis
Hors-Texte • 1 : Bibliothèque Sainte-Geneviève, Paris. Ph. R. Lalance © Archives Larbor • 2 ht :Ph. © Bibliothèque municipale de Caen • 2 bas : Ph. © Archives Larbor • 3 : dessin de Maurice Leloir, 1904. Collection particulière. Ph. Olivier Ploton © Archives Larousse – DR • 4 ht : Musée Carnavalet, Paris. Ph. © Archives Larbor • 4 bas : Ph. Coll. Archives Larousse • 5 : Ph. © Bibliothèque municipale de Caen • 6 et 7: Musée Carnavalet, Paris. Ph. © Archives Larbor • 7 ht d : Ph. Olivier Ploton Coll. Archives Larousse • 8 ht g : Bibliothèque nationale de France, Paris. Ph. Olivier Ploton Coll. Archives Larousse • 8 m : Ph. Olivier Ploton © Archives Larousse • 8 bas g : Musée Carnavalet, Paris. Ph. Olivier Ploton © Archives Larousse • 9 ht g : Bibliothèque nationale de France, Paris. Ph. Coll. Archives Larbor • 9 bas g : Musée Carnavalet, Paris. Ph. © Archives Larbor • 9 bas d : Musée Carnavalet, Paris. Ph. Coll. Archives Larbor • 10 : Bibliothèque nationale de France, Paris. Ph. Coll. Archives Larbor • 11 ht : Bibliothèque nationale de France, Paris. Ph. Coll. Archives Larbor • 11 bas : Bibliothèque historique de la Ville de Paris. Ph. © LAPI / Roger-Viollet • 12 ht : Gouaches de Le Sueur père; Musée Carnavalet, Paris. Ph. Jeanbor © Archives Larbor • 12 bas g : Peinture de A. Donchery. Musée Carnavalet, Paris. Ph. © Bulloz / RMN • 12 bas d : Bibliothèque nationale de France, Paris. Ph. Coll. Archives Larbor • 13 : Ph. Olivier Ploton © Archives Larousse • 14 ht : Bibliothèque nationale de France, Paris. Ph. Coll. Archives Larbor • 14 bas : Musée Carnavalet, Paris. Ph. Olivier Ploton © Archives Larousse • 15 ht : Ph. © Archives Larbor • 15 bas : Bibliothèque nationale de France, Paris. Ph. Coll. Archives Nathan • 16 ht : Bibliothèque nationale de France, Paris. Ph. Jeanbor © Archives Larbor • 16 bas : Ph. Coll. Archives Larousse - DR

N° de projet : 11002279
Imprimerie : Graficas Estella à Estella
Dépôt légal : avril 2006
Imprimé en Espagne
505576-avril 2006